東北アジアにおける
騎馬文化の考古学的研究

諫早 直人 著

雄山閣

◆ 目　次 ◆

序　章　本研究の目的と課題
　　1. 本研究の射程 …………………………………………………………………… 1
　　2. 検討対象・地域・時期 ………………………………………………………… 6
　　3. 本書の構成 ……………………………………………………………………… 10

■ 第Ⅰ部　東北アジアにおける馬具製作技術とその年代 ■

第1章　鉄製轡の製作技術とその変遷―朝鮮半島南部三国時代を中心に―
　　1. 問題の所在 ……………………………………………………………………… 15
　　2. 研究史と分析の視角 …………………………………………………………… 15
　　3. 轡の諸属性の分類 ……………………………………………………………… 20
　　4. 資料の分析 ……………………………………………………………………… 23
　　5. 朝鮮半島南部三国時代における轡製作技術の展開 ……………………… 29
　　6. 結　語 …………………………………………………………………………… 35

第2章　東北アジア出土馬具の製作年代（1）―三燕・高句麗・新羅―
　　1. 問題の所在 ……………………………………………………………………… 39
　　2. 朝鮮半島南部における轡と鐙の変遷 ………………………………………… 41
　　3. 三燕馬具の製作年代 …………………………………………………………… 43
　　4. 高句麗馬具の製作年代 ………………………………………………………… 49
　　5. 三燕・高句麗馬具からみた新羅馬具の製作年代 ………………………… 57
　　6. 結　語 …………………………………………………………………………… 60

第3章　東北アジア出土馬具の製作年代（2）―百済・加耶・倭―
　　1. 問題の所在 ……………………………………………………………………… 65
　　2. 朝鮮半島南部出土馬具の相対編年 …………………………………………… 67
　　3. 朝鮮半島南部出土馬具の製作年代 …………………………………………… 73
　　4. 日本列島の初期馬具の位置づけ ……………………………………………… 74
　　5. 結　語 …………………………………………………………………………… 75

■ 第Ⅱ部　朝鮮半島南部における騎馬文化の受容 ■

第4章　原三国時代における鉄製轡製作技術の特質
　　1. 問題の所在 ……………………………………………………………………… 79

2. 研 究 史‥‥‥‥‥‥‥‥‥‥‥‥‥‥‥‥‥‥‥‥‥‥‥‥‥‥‥‥‥‥‥‥‥‥79
　　3. 朝鮮半島南部における鉄製轡の製作技術‥‥‥‥‥‥‥‥‥‥‥‥‥‥‥‥‥‥80
　　4. 朝鮮半島北部における鉄製轡の製作技術‥‥‥‥‥‥‥‥‥‥‥‥‥‥‥‥‥‥86
　　5. 原三国時代における鉄製轡製作技術の特質‥‥‥‥‥‥‥‥‥‥‥‥‥‥‥‥‥89
　　6. 結　語‥‥‥‥‥‥‥‥‥‥‥‥‥‥‥‥‥‥‥‥‥‥‥‥‥‥‥‥‥‥‥‥‥91

第5章　轡製作技術からみた朝鮮半島南部における騎馬文化の受容
　　1. 問題の所在‥‥‥‥‥‥‥‥‥‥‥‥‥‥‥‥‥‥‥‥‥‥‥‥‥‥‥‥‥‥‥95
　　2. 鳳鳴洞C-31号墳の轡製作技術と無捩り技法の細分‥‥‥‥‥‥‥‥‥‥‥‥‥96
　　3. 老河深遺跡中層の轡製作技術‥‥‥‥‥‥‥‥‥‥‥‥‥‥‥‥‥‥‥‥‥‥98
　　4. 無捩り技法a類銜の時間的・空間的位置づけ‥‥‥‥‥‥‥‥‥‥‥‥‥‥‥101
　　5. 老河深の轡と朝鮮半島南部初期轡の比較‥‥‥‥‥‥‥‥‥‥‥‥‥‥‥‥‥107
　　6. 結　語‥‥‥‥‥‥‥‥‥‥‥‥‥‥‥‥‥‥‥‥‥‥‥‥‥‥‥‥‥‥‥‥109

第6章　鐙からみた朝鮮半島南部における騎馬文化の受容
　　1. 問題の所在‥‥‥‥‥‥‥‥‥‥‥‥‥‥‥‥‥‥‥‥‥‥‥‥‥‥‥‥‥‥113
　　2. 研 究 史‥‥‥‥‥‥‥‥‥‥‥‥‥‥‥‥‥‥‥‥‥‥‥‥‥‥‥‥‥‥‥113
　　3. 朝鮮半島北部の鐙‥‥‥‥‥‥‥‥‥‥‥‥‥‥‥‥‥‥‥‥‥‥‥‥‥‥‥117
　　4. 朝鮮半島南部の鐙‥‥‥‥‥‥‥‥‥‥‥‥‥‥‥‥‥‥‥‥‥‥‥‥‥‥‥121
　　5. 日本列島の鐙‥‥‥‥‥‥‥‥‥‥‥‥‥‥‥‥‥‥‥‥‥‥‥‥‥‥‥‥‥124
　　6. 系譜の検討‥‥‥‥‥‥‥‥‥‥‥‥‥‥‥‥‥‥‥‥‥‥‥‥‥‥‥‥‥‥126
　　7. 結　語‥‥‥‥‥‥‥‥‥‥‥‥‥‥‥‥‥‥‥‥‥‥‥‥‥‥‥‥‥‥‥‥130

■ 第Ⅲ部　朝鮮半島南部における騎馬文化の展開 ■

第7章　洛東江下流域における馬具の地域性とその背景
　　1. 問題の所在‥‥‥‥‥‥‥‥‥‥‥‥‥‥‥‥‥‥‥‥‥‥‥‥‥‥‥‥‥‥135
　　2. 釜山地域出土馬具の編年‥‥‥‥‥‥‥‥‥‥‥‥‥‥‥‥‥‥‥‥‥‥‥‥137
　　3. 金海地域出土馬具の編年‥‥‥‥‥‥‥‥‥‥‥‥‥‥‥‥‥‥‥‥‥‥‥‥142
　　4. 洛東江下流域における馬具の地域性とその背景‥‥‥‥‥‥‥‥‥‥‥‥‥‥147
　　5. 結　語‥‥‥‥‥‥‥‥‥‥‥‥‥‥‥‥‥‥‥‥‥‥‥‥‥‥‥‥‥‥‥‥152

第8章　洛東江以東地方における馬具生産の展開とその特質
　　1. 問題の所在‥‥‥‥‥‥‥‥‥‥‥‥‥‥‥‥‥‥‥‥‥‥‥‥‥‥‥‥‥‥157
　　2. 慶州地域出土馬具の編年‥‥‥‥‥‥‥‥‥‥‥‥‥‥‥‥‥‥‥‥‥‥‥‥159
　　3. 慶山地域出土馬具の編年‥‥‥‥‥‥‥‥‥‥‥‥‥‥‥‥‥‥‥‥‥‥‥‥168
　　4. 新羅における装飾馬具生産の特質‥‥‥‥‥‥‥‥‥‥‥‥‥‥‥‥‥‥‥‥173

5. 結　語 ………………………………………………………………………………181

第9章　洛東江以西地方における馬具生産の展開とその特質
　　1. 問題の所在 ……………………………………………………………………………187
　　2. 大加耶馬具の編年 ……………………………………………………………………187
　　3. 大加耶における馬具生産の展開とその特質 ………………………………………193
　　4. 結　語 …………………………………………………………………………………199

第10章　中西部における馬具生産の展開とその特質
　　1. 問題の所在 ……………………………………………………………………………203
　　2. 百済馬具の編年 ………………………………………………………………………204
　　3. 百済における馬具生産の展開とその特質 …………………………………………216
　　4. 結　語 …………………………………………………………………………………222

■ 第Ⅳ部　日本列島における騎馬文化の受容と展開 ■

第11章　日本最古の馬具をめぐって―鑣子状鉄製品と初期の轡―
　　1. 問題の所在 ……………………………………………………………………………229
　　2. 老司古墳出土鑣子状鉄製品について ………………………………………………229
　　3. 類例の検討 ……………………………………………………………………………231
　　4. 鑣子状鉄製品の機能・用途 …………………………………………………………236
　　5. 結　語 …………………………………………………………………………………238

第12章　日本列島初期の轡の技術と系譜
　　1. 問題の所在 ……………………………………………………………………………241
　　2. 研 究 史 ………………………………………………………………………………241
　　3. 初期轡の製作技術 ……………………………………………………………………242
　　4. 初期轡の製作年代 ……………………………………………………………………249
　　5. 初期轡の系譜 …………………………………………………………………………253
　　6. 結　語 …………………………………………………………………………………255

第13章　日本最古の鉄製輪鐙―東アジアにおける鉄製輪鐙の出現―
　　1. 問題の所在 ……………………………………………………………………………259
　　2. 研 究 史 ………………………………………………………………………………259
　　3. 資料の紹介 ……………………………………………………………………………260
　　4. 飯綱社型鉄製輪鐙の設定 ……………………………………………………………262
　　5. 東アジアにおける鉄製輪鐙の登場とその意義 ……………………………………263

6. 結　語 …………………………………………………………………266

第14章　日本列島における騎馬文化の受容と展開
　　1. 問題の所在……………………………………………………………269
　　2. 初期馬具の系譜と馬匹の供給元……………………………………270
　　3. 倭における馬具生産の開始…………………………………………283
　　4. 結　語 …………………………………………………………………289

終　章　騎馬文化の東漸とその史的意義
　　1. 東北アジアにおける装飾騎馬文化の成立…………………………293
　　2. 東北アジアにおける装飾騎馬文化の拡散…………………………297
　　3. 騎馬文化の東漸とその史的意義……………………………………302

参考文献……………………………………………………………………………309

図版出典……………………………………………………………………………338

索　引………………………………………………………………………………341

あとがき……………………………………………………………………………349

Abstract（英文要旨）……………………………………………………………352

요지（韓文要旨）…………………………………………………………………356

◆ 図版目次 ◆

図1	主要馬具の名称	6
図2	主要馬具の部分名称	7
図3	東北アジアの地域区分	8
図4	各国の時代区分	9
図5	馬の頭骸骨と歯槽間縁	17
図6	3條捩り技法	17
図7	條線（捩り）の単位	18
図8	轡の各属性	19
図9	折り返し成形とT字成形	20
図10	本章（第1章）の分析対象	23
図11	木心鉄板張輪鐙の諸型式	27
図12	朝鮮半島南部三国時代における鉄製轡の変遷	30
図13	朝鮮半島南部三国時代I段階の様相	31
図14	朝鮮半島南部三国時代II段階の様相	32
図15	朝鮮半島南部三国時代III段階の様相	32
図16	各古墳群出土轡の段階	34
図17	本章（第2章）の対象とする地域	40
図18	三燕の轡	44
図19	三燕の各種馬具	46
図20	圭形杏葉の規格性	47
図21	高句麗の轡①	50
図22	高句麗の轡②	51
図23	高句麗の歩揺付菊形飾金具	52
図24	高句麗馬具の編年	54
図25	新羅の各種馬具	58
図26	太王陵と皇南大塚南墳の被葬者候補の対応関係	59
図27	東北アジア出土馬具の製作年代	60
図28	本章（第3章）の対象とする地域	66
図29	日朝出土馬具の編年①	70
図30	日朝出土馬具の編年②	71
図31	朝鮮半島南部原三国時代における鉄製轡の分布	81
図32	原三国時代轡の部分名称	81
図33	朝鮮半島南部原三国時代の鉄製轡①	83
図34	朝鮮半島南部原三国時代の鉄製轡②	84
図35	朝鮮半島北部の鉄製轡	87
図36	中原の鉄製轡	90
図37	清州 鳳鳴洞C-31号墳出土轡実測図	96
図38	清州 鳳鳴洞C-31号墳出土轡写真	97
図39	無捩り技法の細分	98
図40	楡樹 老河深遺跡中層出土馬具	99
図41	無捩り技法a類銜の類例①	102
図42	無捩り技法a類銜の類例②	103
図43	無捩り技法a類銜の分布	106
図44	2孔式鑣から立聞式鑣へ	107
図45	洛東江下流域の初期轡	108
図46	各属性の比較	109
図47	平壌 石巌里9号墓出土「銅鍑」	113
図48	李海蓮の銅鍑分類	116
図49	朝鮮半島北部の銅鍑	118
図50	朝鮮半島北部の鉄鍑	120
図51	朝鮮半島南部の銅鍑	122
図52	朝鮮半島南部の鉄鍑	123
図53	加平 大成里（原）12号住居址出土鉄鍑と共伴遺物	124
図54	日本列島の銅鍑と鉄鍑	125
図55	中国東北部の銅鍑	127
図56	漢式釜の類例	128
図57	金属製筒形容器と花盆形土器	129
図58	本章（第7章）の分析対象	136
図59	洛東江下流域出土馬具の編年（釜山地域）	139
図60	金海 良洞里古墳群出土馬具	143
図61	複環式環板轡の地域性	145
図62	洛東江下流域出土馬具の編年（金海地域）	146
図63	釜山 福泉洞54号墳の鉄鋌と鏡板轡	148
図64	環板轡の分布	149
図65	補強鉄棒をもつ木心輪鐙の分布	149
図66	釜山 福泉洞31・32号墳出土環板轡とその類例	149
図67	釜山 福泉洞39号墳出土鏡板轡とその類例	150
図68	永川 龍田里木棺墓出土馬具	159
図69	慶州 隍城洞20号木槨墓出土馬具	162
図70	慶州 仁旺洞C-1号墳出土馬具	163
図71	慶州 皇南大塚南墳出土'木心鉄板張輪鐙模倣'鋳銅製輪鐙	164
図72	'鉄製輪鐙模倣'木心鉄板張輪鐙	165
図73	新羅馬具の編年（慶州 邑南古墳群）	166
図74	慶山 林堂古墳群における埋葬施設間の重複関係	168
図75	新羅馬具の編年（慶山 林堂古墳群）	171
図76	朝鮮半島南東部三国時代I段階後半における馬具の地域性	174
図77	杏葉にみる新羅III段階の馬装の階層	

分化 …………………………… 177	（筆者案）………………………… 235
図78　慶州 皇南大塚南墳出土玉虫装飾品 …… 178	図102　鑣子状鉄製品の出土状況 ………… 237
図79　大加耶馬具の編年（高霊地域）……… 190	図103　日本列島の鏡板轡A類 …………… 243
図80　大加耶馬具の編年（高霊地域以外）… 191	図104　日本列島の環板轡 ………………… 245
図81　李尚律分類Aa式の心葉形杏葉……… 193	図105　日本列島の鑣轡① ………………… 247
図82　慶州 皇南大塚南墳出土金銅製心葉形	図106　日本列島の鑣轡② ………………… 248
杏葉 ……………………………… 194	図107　鏡板轡B類との共伴 ……………… 251
図83　陝川 玉田35号墳の馬具と土器 …… 194	図108　飯綱社型鉄製輪鐙の諸例 ………… 261
図84　陝川 玉田M1号墳出土木心鉄板張輪鐙	図109　鉄製（金属製）輪鐙の諸例 ……… 265
の系譜 …………………………… 195	図110　梯形（長方形）鏡板轡A類の類例 … 271
図85　f字形鏡板轡と剣菱形杏葉の分布 …… 196	図111　ⅠA₁式木心鉄板張輪鐙の類例 …… 272
図86　高霊 池山洞44号墳出土馬具に	図112　ⅠA₄式木心鉄板張輪鐙の類例 …… 273
みられる異製品間の装飾技術の共有 … 197	図113　洲浜・磯分離鞍と洲浜・磯一体鞍 … 274
図87　清州 鳳鳴洞C-9号墳出土馬具 ……… 206	図114　大阪府 小倉東E1号墳出土鑣轡の
図88　木心輪鐙から木心壺鐙へ …………… 209	系譜 ……………………………… 275
図89　中国陶磁と鐙の共伴関係 …………… 211	図115　ⅠA₄・₅式木心鉄板張輪鐙の類例 … 278
図90　論山 表井里一括出土遺物 ………… 214	図116　ⅡB₁式木心鉄板張輪鐙と遊環をもつ
図91　百済馬具の編年 …………………… 215	鑣轡 ……………………………… 279
図92　光州 新昌洞遺跡出土馬車部材 ……… 217	図117　倭の圭形杏葉と前燕の圭形杏葉 …… 280
図93　公州 水村里Ⅱ-4号墳の馬具と冠 …… 220	図118　初期馬具の分布 …………………… 282
図94　扶安 竹幕洞遺跡出土馬具 ………… 221	図119　滋賀県 新開1号墳出土鏡板轡とその
図95　各段階における馬具の分布 ………… 223	類例 ……………………………… 285
図96　鑣子状鉄製品の部分名称 …………… 229	図120　福岡県 月岡古墳出土各種金銅製品 … 287
図97　福岡県 老司古墳出土鑣子状鉄製品 … 230	図121　三鹿文飾金具と歩揺付冠飾 ……… 293
図98　轡としての復元案（橋口達也案）…… 231	図122　三燕の晋式帯金具と鞍 …………… 294
図99　棒状金具をもつ鑣子状鉄製品 ……… 233	図123　黄道北道 安岳3号墳の鹵簿出行図 … 296
図100　釜山 福泉洞93号墳の鑣子状鉄製品と	図124　東北アジア各地の着装型金工品と
轡 ………………………………… 234	装飾馬具 ………………………… 305
図101　鑣子状鉄製品としての復元案	

◆ 表 目 次 ◆

表1　銜の製作技法……………………………23
表2　各古墳群における銜の製作技法………23
表3　銜の製作技法と引手形態の相関………25
表4　銜の製作技法と銜留の相関……………25
表5　銜留と引手形態の相関…………………25
表6　銜の製作技法・引手の形態と連結方法の
　　　相関……………………………………26
表7　轡と鐙の共伴関係（1）………………28
表8　轡と鐙の共伴関係（2）………………29
表9　三燕の轡…………………………………44
表10　三燕の各種馬具………………………46
表11　三燕の鞍橋……………………………47
表12　高句麗の轡……………………………49
表13　高句麗の歩揺付飾金具………………52
表14　高句麗の鐙……………………………53
表15　朝鮮半島南部原三国時代の鉄製轡……82
表16　銜の製作技法…………………………82
表17　鑣の形態と孔数の相関………………84
表18　銜と鑣の相関…………………………85
表19　無捩り技法a類銜をもつ轡の諸属性…106
表20　洛東江下流域出土馬具の編年
　　　（釜山地域）……………………………138
表21　洛東江下流域出土馬具の編年
　　　（金海地域）……………………………144
表22　新羅馬具の編年（慶州 邑南古墳群①）…160
表23　新羅馬具の編年（慶州 邑南古墳群②）…161

表24　新羅馬具の編年（慶山 林堂古墳群）…169
表25　杏葉の形態と材質……………………176
表26　大加耶III段階における馬装の格差……197
表27　大加耶IV段階における馬装の格差……199
表28　百済馬具の編年①……………………207
表29　百済馬具の編年②……………………208
表30　百済馬具の編年③……………………213
表31　棒状金具をもつ鑣子状鉄製品一覧……232
表32　銜、引手、棒状金具と遊環の有無の
　　　相関……………………………………234
表33　福岡県 老司古墳出土鑣子状鉄製品…236
表34　棒状金具をもつ鑣子状鉄製品の出土位置
　　　と共伴遺物……………………………236
表35　鏡板轡A類の諸属性…………………244
表36　鏡板轡A類の新古……………………244
表37　環板轡の諸属性………………………244
表38　鑣轡の諸属性…………………………246
表39　鑣轡の銜・引手の組合せ……………249
表40　鐙、短甲との共伴関係………………250
表41　須恵器との共伴関係…………………252
表42　日本列島I段階の馬具…………………270
表43　日本列島II段階の馬具…………………271
表44　日本列島III段階の馬具…………………277
表45　三国時代III段階における馬具の
　　　地域性…………………………………277

序章　本研究の目的と課題

1. 本研究の射程

　日本列島の長い歴史の中で、馬（ウマ）[1]が登場するのは、ごくごく最近のことである。その時期は、いちばん古く見積もる場合でも縄文時代であるから、少なくともヒトの登場よりもずっと新しい[2]。陸生の大型哺乳動物である馬が、すでに四周を海に囲まれていた日本列島に渡ってくるためには、船という乗り物と、航海術をもったヒトの助けが必須であった。すなわち、日本列島に馬がいるということは、それ自体、極めて人為的な現象といえるだろう。

　その渡来の時期をめぐっては、戦前に始まる膨大な学史がある。かつては縄文〜弥生時代の貝塚出土馬歯・馬骨といったウマ遺存体をもとに、「縄文馬」の存在を認める立場が一般的であった［直良 1970、加茂 1973、林田 1974 など］。しかし、馬歯に含まれるフッ素分析による年代測定や［松浦 1983、近藤恵 1993、近藤恵ほか 1991・1993］、出土層位に対する再検討の結果、それらの多くが古墳時代以前には遡らないことが明らかとされた［松井 1990・1991、佐原 1993 など］。これは『三国志』魏書東夷伝倭人条に記された「其地無牛馬虎豹羊鵲」という記録とも矛盾しないことから、現在では古墳時代中期渡来説が最も有力な見解となっている［小林行 1951 など］。

　とはいえ、古墳時代中期以前に遡る馬の痕跡は近年も少しずつ蓄積されており、無視しがたい状況にあることもまた事実である。たとえば山梨県塩部遺跡や長野県篠ノ井遺跡などからは古墳時代前期後半に遡る馬歯の出土が［櫻井ほか 1997、村石 1998・2004］、奈良県箸墓古墳の周溝からは布留1式の土器とともに木製輪鐙の出土がそれぞれ報告され［橋本輝 2002］、注目を浴びたのは記憶に新しい。また積山洋は大阪府河内平野で出土したウマ遺存体を集成し、古墳時代中期以降の「大量渡来」に先立って、弥生時代終末期（庄内期前半）には「一定の前史的渡来をみていた」とする［積山 2010：77］。

　ここで注意しておきたいのは、馬の出現時期が溯上するからといって、かつて学史を賑わした「縄文馬」の復権に繋がるわけではない、ということである。このことは、ユーラシア大陸の東端に位置し、日本列島への馬の主要流入経路とみられる朝鮮半島南部でさえ、後述するように原三国時代（前1〜後3世紀）以前に馬を飼育していた形跡が認められないことからして、確かであろう。そもそも縄文時代の1〜2人乗りの単材丸木舟で、馬という大型の哺乳動物を海路輸送することは、物理的にも不可能である。すなわち、四周を海に囲まれた日本列島における馬匹輸入開始の上限年代は、どんなに古く遡ったとしても準構造船の出現する弥生時代中期を遡ることはない[3]。

　ともあれ、日本列島における馬の渡来時期は、これまで考えられてきたよりも古くなる可能性が高い。一方でその証拠は断片的で、馬の渡来があったとしても散発的なものに留まったこともまた確かである。今から半世紀以上前に小林行雄は、古墳の副葬品目に騎乗用馬具が加わる古墳時代中期を乗馬の風習の伝来時期とみた［小林行 1951：176］。これは、「縄文馬」の存在を前提とする点

1

をのぞけば、今なお一定の妥当性をもっており、本書においても日本列島における馬の渡来・普及を、騎馬の風習の伝来（騎乗用馬具の出現）とおおむね同時期とみた上で議論を進めていきたい。

　この日本列島に突如として出現する騎馬文化は、大陸のどの地域との、どのような関係にもとづいてもたらされ、そしていかにして日本列島の広範な地域に定着していったのであろうか。四周を海に囲まれた日本列島にまで馬を船で運び、それを極めて短期間で定着させた事実に思いを馳せた時、そこにはヒトの強い意志を感じずにはいられない。本書は、この素朴な問いに対する、私なりの解答である。

　考古学からこの問題を考えるにあたって、江上波夫によって提唱された「騎馬民族日本列島征服王朝説（以下、騎馬民族説）」に触れないわけにはいかないだろう。江上は1948年5月、東京お茶の水の小さな喫茶店でおこなわれた座談会（「日本民族＝文化の源流と日本国家の形成」）の席で、以下の六つの理由を挙げた上で、「前期古墳文化人たる倭人が自主的な立場で、騎馬民族的大陸北方系文化を受入し、その農耕民的文化を変貌せしめたのではなく、大陸から朝鮮半島を経由し、直接日本に渡来侵入し、倭人を征服支配した或る有力な騎馬民族があつて、その征服民族が以上のような大陸北方系文化複合体を自ら帯同して来て日本に普及せしめたと考える方が、より自然であろう」と述べた［石田ほか1949：240］。その理由とは、次の通りである。

　（一）（弥生式文化ないし前期古墳文化と後期古墳文化とが互いに：筆者補註）根本的に異質なこと。

　（二）その変化が急激で、その間に自然な推移の跡を認め難いこと。

　（三）一般的に見て農耕民族は己れの伝統的文化に固執する性格が強く、急激に他国或は他民族の異質的文化を受入して、己れの伝統的な文化の性格を変革せしめるような傾向は極めて少いこと、農耕民たる倭人の場合でも同様であつたと思われること。

　（四）後期古墳文化がHerrentum的（王侯貴族的：筆者補註）、騎馬民族的文化で、その伝播普及が武力による日本の征服支配を暗示せしめること。

　（五）わが国における後期古墳文化の大陸北方系複合体は大陸及び半島におけるそれと全く共通し、その複合体のあるものが部分的に、或は選択的に日本に受入されたと認め得ないこと、換言すれば大陸北方系騎馬民族文化が一の複合体として、そつくりそのまゝ、何人かによつて日本に持ち込まれたものであらうと解されること。

　（六）弥生式文化乃至前期古墳文化の時代に馬牛の少かつた日本が、後期古墳文化の時代になつて、急に多数の馬匹を飼養するようになつたが、これは馬だけ大陸から渡来して人は来なかつたとは解し難く、どうしてもこれは騎馬を常習した民族が馬を伴つて多数大陸から日本に渡来したと考察しなければ、不自然なこと。

　この「騎馬民族説」は、必ずしも考古学のみに立脚するものではないが、小林行雄［1951］以来、すでに多くの考古学者によって批判を受けてきた［石田（編）1966、小野山1975b、佐原1986・1993、穴沢1990c、田中琢1991、岡内1993など］。もちろん江上もこれらの批判に対して積極的に反論をおこなってきたものの［江上1965・1967・1986・1989・1992、石田（編）1966、江上ほか1982・1990など］、

もはやそれがそのままのかたちでは成り立ちえないことは明らかであろう。この「騎馬民族説」をめぐる膨大な研究史を振り返ることは別の機会に譲り、ここでは、本論を進めていくうえで無視できない問題点を一つだけ指摘しておきたい。

　それは「騎馬民族」という用語の問題である。江上以来、広く一般に用いられている「騎馬民族」とは、一体どのような人々を指すのであろうか。江上によれば「遊牧民族即騎馬民族」といってもよいほど両者は一体的存在をなすとしつつも、「騎馬民族」をすべて遊牧民とみなすことはできず、狩猟民族や、半猟半農、半猟半牧、半牧半農の民族が「騎馬民族」になる場合も少なくないという［江上 1967：8］。しかし、もしこのような定義を認めるのであれば、江上自身が対立的に描く「騎馬民族」と「農耕民族」という区分は何ら意味をもたない、まったくもって恣意的な分類概念となってしまう。そして、この実態のない空虚な概念[4]に、これまでの研究史は振り回されつづけてきたといっても過言ではない。

　たとえば、「騎馬民族説」を最初に批判した考古学者である小林行雄は、日本列島への「騎馬民族」の渡来は明快に否定しつつも、その前提となる朝鮮半島における「騎馬民族」の存在は否定しない［小林行 1951：173］。その後の議論の歩みを振り返っても、「騎馬民族説」を批判する研究者自身が安易に「騎馬民族」という用語を使いつづける状況に、何ら変わりはない［佐原 1986・1993、穴沢 1990c、田中琢 1991、岡内 1993 など］。中央ユーラシアの研究者が「騎馬民族」という用語を意識的に避け、「騎馬遊牧民」という用語を用いていることをふまえれば［後藤冨 1970、杉山 1997、林俊 2007 など］、日本考古学の研究者は「騎馬民族」という用語に対してあまりに無頓着であったのではないだろうか。そもそも生業にもとづく区分に過ぎない以上、「民族」という用語を用いることは適当でなく、江上のそれは、農耕民（農耕社会）や騎馬遊牧民（騎馬遊牧社会）と呼ぶべきものであろう。それでも敢えて、生業にもとづく「農耕民族」という概念を用いるのであれば、それと対比すべきは「騎馬民族」ではなく、「騎馬遊牧民族」である。結局、江上のいう「騎馬民族」とは、騎馬の風習をもつ人々の中で、江上によって「騎馬民族」として認められた集団の総称に過ぎない[5]。また本書の主たる舞台となる朝鮮半島と日本列島には、生業としての騎馬遊牧が存在した形跡が一切認められない。この事実は、「騎馬民族説」の是非を問う際には、常に頭に入れておく必要があろう。

　ところで騎馬文化の根幹をなす騎馬の風習は、これまでの考古学的知見にもとづく限り、野生馬[6]の棲息するユーラシア草原地帯で発生したようである[7]［クラトン＝ブロック 1997 など］。彼らは、騎馬の機動力の助けをえることによって、初めて地味の乏しい草原地帯において、少人数で多くの家畜を効率的に飼うことができた[8]。「広大なステップの生活圏化は、まず騎馬という機動力をえてはじめて可能であった」という後藤冨男の指摘は、まことに正鵠をえたものといえよう［後藤冨 1970：85］。そしてこの騎馬遊牧（Pastoral Nomadism）という生業形態の成立と、それによる草原の開発こそが、ユーラシア草原地帯における王権誕生の基盤となったことはすでに指摘されているとおりである［雪嶋 1999 など］。モンゴル高原を中心に分布するヘレクスルと呼ばれる積石塚の年代から、その成立時期は、前2千年紀後葉から前1千年紀初頭頃にまで遡る［高濱 2003 など］。スキタイ・匈奴から、後のモンゴルへと続く騎馬遊牧民の歴史は、ここに始まるのである。文字をもたない時代が長かった彼らが世界史上にしばしばその名を残しえたのは、軍事活動あ

いは交易活動を通じた農耕社会との接触によるところが大きい。

　彼らのこうした活動を支える基盤が騎馬にあったことは、改めていうまでもないだろう。陸上の移動手段としての騎馬の優秀性が、日常の交通・運輸はもちろん、とりわけ戦場において決定的な役割を果たしたことは、「遊牧民が、世界史上で果たした意義の多くは、その軍事上の優越性にもとづく」［杉山1997：25］という杉山正明の言を待つまでもなく、いくつもの歴史が雄弁に物語っている。騎馬の風習が、野生馬の棲息範囲や騎馬遊牧という生業を越えて広まっていく理由は、明白である。

　組織化された騎馬遊牧民との接触を通じて、周辺地域に騎馬の風習が広がる過程で、騎馬遊牧民に由来する様々な文化も広まっていった。それは去勢、雄屠畜といった馬飼育と直結する技術はもちろん、『史記』の伝える「胡服騎射」[9]の逸話に象徴されるように軍事あるいは衣生活と関わるもの、搾乳、乳製品製造といった食生活と関わるもの、天馬図像のように思想・芸術と関わるもの、馬犠牲のように祭祀・信仰と関わるものなど様々である。こういった騎馬遊牧民固有の文化を「騎馬文化」と呼ぶならば、それは決して普遍的なものではなく、当然ながら時代によって、地域によって、いかようにも変化する可変的なものである。このように騎馬遊牧民の中でも多様性のある騎馬文化が、騎馬遊牧を生業としない地域に伝わっていく過程で、'本来'の騎馬文化を構成する要素が脱落し、変容していくのはある意味当然といえよう。したがって、騎馬文化の伝播を考える際には、それが伝わっていく過程で起こる様々な変異を、どれだけ丁寧にトレースできるかどうかが鍵となる。そしてそのためには、それを受容した側の断絶性、あるいは連続性だけに注目するのではなく、それを伝えた側の騎馬文化の実体を正確に理解することが肝要である。

　日本列島への騎馬文化の渡来を、朝鮮半島からの「騎馬民族」侵略に求めた江上波夫［石田ほか1949など］の研究も、「大和政権」の朝鮮半島における軍事活動に求めた小林行雄［1951］や小野山節［1959］の研究も、残念ながら朝鮮半島において独自に展開した騎馬文化に対する深い理解に根差した議論ではなかった。朝鮮半島南部を騎馬文化の通過地、あるいは供給地とみる点において、一見対立的な両者の見解は共通する[10]。もちろんそれを具体的に知るための考古資料がほとんどなかった当時の解釈の欠陥を、今さら論うつもりは毛頭ない。問題はその後、徐々にではあるものの、着実に比較対象資料が蓄積していっているにも拘らず、「騎馬民族説」をめぐる議論は、相変わらず「騎馬民族」や「征服王朝」という江上の用いる過激な用語に踊らされ、日本列島内における文化的連続性や'本来'の騎馬文化との差異を強調することに終始し、同時期の中国東北部や朝鮮半島の騎馬文化と何が共通して、何が違うのか、という本質的議論には発展しなかった点にこそ求められる。

　ここで朝鮮半島に目を転ずると、平壌コムンモル洞窟などいくつかの旧石器時代遺跡から馬骨の出土が報告されており、野生馬は他の大型哺乳動物と同じく、狩猟の対象であったと考えられている。しかし、続く新石器時代の遺跡からはその出土が認められないため、それらの野生馬は旧石器時代の間に絶滅してしまったようである［南都泳1996］。朝鮮半島北部では青銅器時代に遡るウマ遺存体の事例がいくつか報告されているが［김신규1970など］、出土状況などの明らかなものはなく[11]、金建洙の述べるようにそれらを積極的に評価することは躊躇される［金建洙

2000]。ただ『漢書』朝鮮伝の「元封二年（前109）漢使渉何譙諭右渠　終不肯奉詔（中略）遣太子入謝　獻馬五千匹　及餽軍糧」という記述から、遅くとも楽浪郡設置以前の衛氏朝鮮代（前195？～前108年）には、相当数の馬が朝鮮半島北部で飼育されていたようである［林田 1974 など］。楽浪郡設置前後に築造されたと考えられている平壌周辺の墳墓から、同時期の中原の漢墓に副葬された「漢式車馬具」とは形態を異にする「非漢式車馬具」と呼ばれる朝鮮半島独特の車馬具が出土することも、このことを傍証する［秋山 1964］。

朝鮮半島南部においても済州島の郭支里貝塚から青銅器時代の無文土器片とともに馬骨が採集されたとされるが、出土状況はやはり明らかでない。原三国時代になると轡を中心とする馬具が、南東部の弁・辰韓の墳墓に副葬されるようになる。ウマ遺存体についても、戦前から牛馬骨の出土が知られていた金海會峴里貝塚で最近、前1世紀に遡る資料が発掘された［松井章ほか 2009］。地域的な偏りはあるものの、原三国時代の開始と軌を一にして、馬や馬具も出現したものとみられる。

このように朝鮮半島では日本列島よりも早くから馬の飼育を本格化させていたことは確かである。しかしながら原三国時代のそれは、車馬具を伴うかは別として、基本的に殷代後期に西方から馬車が伝わって以来、古代中国で育まれてきた「馬車の文化」の延長線上にある[12]。それは、ユーラシア草原地帯に淵源をもち、三国時代に新たに出現する「騎馬の文化」とは明らかに別系統のものであった。すなわち、日本列島古墳時代にもたらされた騎馬文化は、朝鮮半島においてもまた、外来の文化であったのである。

「日本列島騎馬民族征服王朝説」の前提として、朝鮮半島南部における「騎馬民族征服王朝」の存在を想定する江上は、当初からこの朝鮮半島南部における騎馬文化の突然の出現を強調する［石田ほか 1949：239］。そしてこの江上の考えが、一方では北朝鮮の金錫亨によるいわゆる「分国論」へと発展し［金錫亨 1969］、もう一方ではアメリカのレッドヤードを通じて韓国でも知られるところとなり［Ledyard 1975］、高句麗はもちろん、百済［李基東 1982、李道学 1990 など］や新羅［崔秉鉉 1992］、加耶［千寛宇 1980、申敬澈 1992・1993・1994・1995a・2000b など］の成立を「騎馬民族」による征服活動に求める見解が、次々と提唱されるに至る。

その一つ一つを取りあげる余裕は本書にはないが[13]、その中でも申敬澈の「騎馬民族説」は、江上が日本列島に渡来した「騎馬民族」の直接の故地とみた洛東江下流域を舞台とするものであり、注意しておく必要がある。申は、金海大成洞古墳群など洛東江下流域の大型墳墓にみられる①殉葬、②厚葬、③金工品、④陶質土器、⑤オルドス型銅鍑などの北方文化（騎乗用馬具含む）の出現、⑥墓制の分化、⑦先行墳墓の破壊といった考古学的現象と、『晋書』四夷伝夫余国条の「至太康六年（285）為慕容所襲破　其王依慮自殺　子弟走保沃沮」という記事をもとに、慕容廆が率いる鮮卑慕容部（以下、慕容鮮卑）に敗れた夫余の一部が海路、洛東江下流域に移住し、加耶の一国である金官加耶[14]を建国したと考えた。このいわゆる「夫余系騎馬民族加耶征服説」は、近年の考古学的成果を軸に組み立てられており、一見すると江上の「ミッシング・リンク」を解消するものであるかのようにもみえる[15]。申説と江上説は異なる点も多く、必ずしも同じ俎上にのせて批判するのは適切ではないが、申みずからも400年の高句麗南征を契機とする大成洞古墳群の築造中断と、金官加耶支配者集団の日本列島移住を想定しており［申敬澈 2004：84-87］、また江上

の「騎馬民族説」を肯定する発言をおこなっている点からも［鈴木靖（編）2004：218-223］、決して看過することはできないだろう。

　話をもとに戻そう。「騎馬民族説」を批判する際に、「騎馬民族は来なかった」が、「騎馬文化はきた」というフレーズがしばしば用いられる［穴沢 1990c、佐原 1993 など］。なるほどもっともである。しかし、騎馬文化がいつ、どこから、なぜ伝わり、それがどのように日本列島に受容されていったのかを考古資料にもとづいて明らかにし、「騎馬民族説」に代わる新たな伝播モデルを提示しない限り、半世紀前に提唱された仮説に過ぎない「騎馬民族説」は、これからも亡霊のように存在しつづけるだろう。

　騎馬文化は確かに来た。しかしそれは、日本列島だけでなく、朝鮮半島においてもまた同様である。一地域に根差した議論は基礎作業としては必須であるが、それのみでこのユーラシアの東端で起こった騎馬文化の伝播現象を正しく捉えることはできない。少なくとも両地域における騎馬文化の出現は、一連のプロセスとして理解する必要があるだろう。江上がかつて「ミッシング・リンク」とした地域から出土しはじめた馬具を用いて、各地域の騎馬文化を復元し、比較していくことで、当該期に騎馬文化の東限が大きく拡大したメカニズムを、考古資料から解き明かすことも可能となろう。本書では、最新の考古資料を最大限に活用して、「民族移動」に代わる新たな騎馬文化伝播モデルの構築を目指したい。

2. 検討対象・地域・時期

　本論に入る前に、本書の主な検討対象・地域・時期について確認しておこう。

① 検討対象

　まずは検討対象である。各地の騎馬文化を復元するための材料は様々であるが、広範な地域の騎馬文化を一貫した視点で論じようとする際、そのような検討に耐えうる質と量を確保している考古資料は、現状で馬具をおいて他にはないだろう。もちろん馬を描いた壁画資料や、馬を象った馬形帯鉤、馬形土器、馬形埴輪などは、馬が実際どのように使役されていたのかを知る上で欠くことができない。馬自体の存在を直接的に示す馬歯や馬骨といったウマ遺存体の重要性もまた明らかである。しかしそれらは、馬具に比べると資料数が少なく、かつ分布も偏在していて、現状では馬具以上に細やかな議論をすることは難しい。各地の騎馬

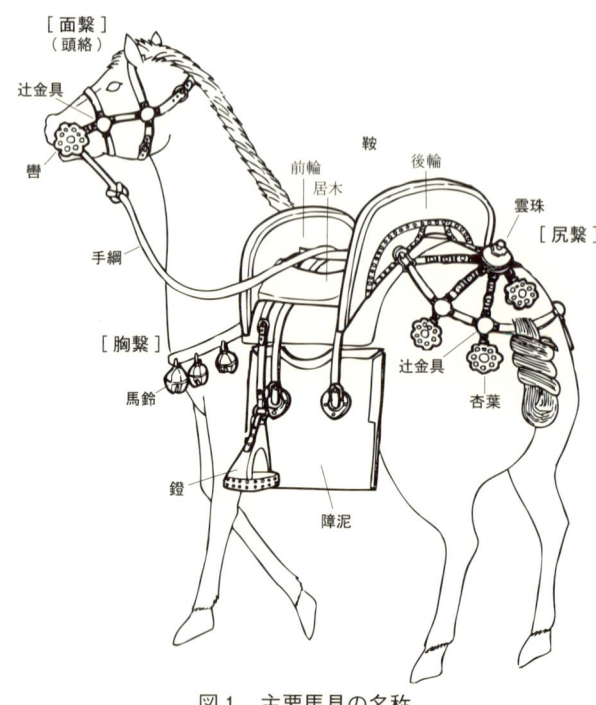

図1　主要馬具の名称
（モデル：島根県 上塩冶築山古墳）

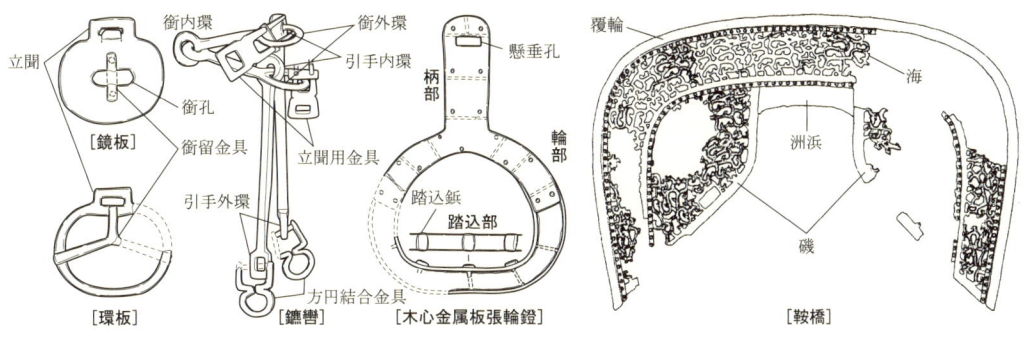

図2　主要馬具の部分名称

文化を構成する様々な要素に目配りをしつつも、ひとまずは馬具を中心に議論を進めていきたい。

ひとくちに馬具といっても、大小様々な部品がある。それらの各種馬具に対して、長年に渡って様々な視角から研究が進められてきた[16]。本書ではそれらの中でも、馬の口にはませて馬を制御する道具である轡に注目して分析を進める。騎乗に欠くことのできない道具である轡は、それがゆえに当該期の各種馬具の中でも最も出土遺跡数が多く、広範な地域を対象に安定した議論をおこなうのに適している。くわえてその出現時期も鐙や硬式鞍より遥かに古くまで遡るため、長期的な視野に立った検討をおこなう上でも最適の材料といえる。また騎乗だけでなく、馬車利用の際にも必須の道具であることから、騎馬や馬車といった利用形態の違いを超えて、一貫した検討をすることが可能である。このように長期に渡って、広範な地域から出土する馬具は、現状では轡をのぞいて他にはない。したがって、轡の変遷観の確立は、本書の議論の基礎となる広域編年網を構築していく上で不可欠である。また、その地域性を浮き彫りにしていくことは、各地の騎馬文化を比較する端緒となるだろう。

なお、本書で扱う馬具の名称や主要馬具（轡、鐙、鞍）の部分名称は、図1・2のとおりである。国によって、あるいは研究者によって用語に看過しがたい差異があるものについては、本書を進めていく中で適宜言及することとしたい[17]。

② 検討地域

次は検討地域である。日本列島古墳時代中期に導入される騎馬文化の特徴は、早くに小林行雄が看破したとおり、「装飾的要素に富んだものが大部分」を占めることにある［小林行 1951：181］。したがって、鏡板轡を指標とする装飾性の高い騎乗用馬具（以下、装飾馬具）[18]の出土する東北アジア各地が本書の主たる検討地域となる。具体的には図3に示した中国東北部、朝鮮半島北部・南部、日本列島中央部（以下、日本列島）の諸地域である。これらの地域は、中国を中心とする冊封体制を基調に形成されていったいわゆる「東アジア世界」［西嶋 1983・2000 など］の中でも、中国王朝に「東夷」として認識された地域におおよそ該当する[19]。

この東北アジアに広がる鏡板轡を指標とする装飾馬具は、今のところ併行する時期の周辺地域ではほとんど出土せず、東北アジアの騎馬文化の特徴といってもよい状況にある。もちろん同じような装飾馬具が周辺地域、たとえば高度な金工技術を有したことが明らかな中原などにも存在した可能性は否定しないが、そのことを証明する具体的な実物資料は今のところない[20]。そもそも東北アジア出土馬具のほとんどが墳墓副葬品であることを鑑みれば、墳墓に実用の馬具を

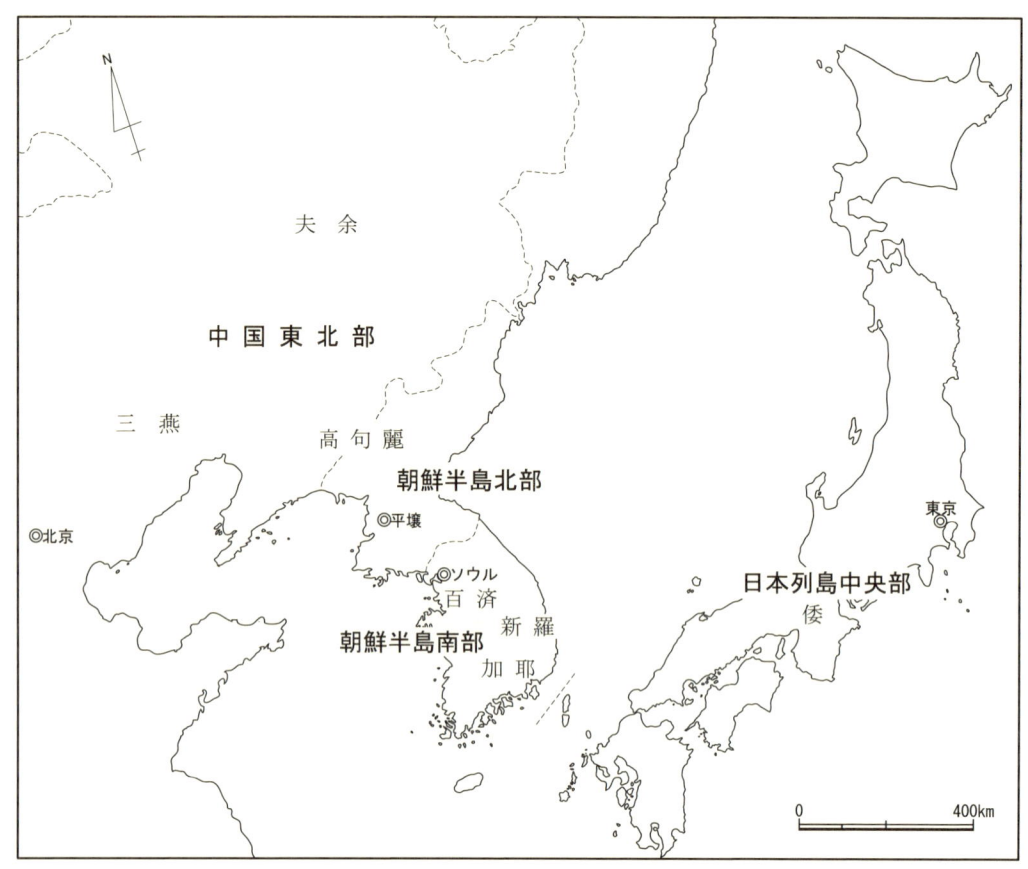

図3　東北アジアの地域区分

副葬すること自体が、当該期においては東北アジアの騎馬文化の重要な特徴といえよう。この「装飾騎馬文化」とでも呼ぶべき、東北アジア独特の騎馬文化が、いつ、どこで、いかなる過程を経て成立し、なにゆえ、そしていかにして本来、騎馬の風習をもたなかった日本列島にまで広まったのかを明らかにすることが、本書の主要な課題となる。

　そのためには、この東北アジアという広大な地域を地理的、歴史的に有意な単位に細分していく必要がある。その際によく用いられるのが、「百済地域」や「新羅地域」といった文献史料にあらわれる当時の国を単位とするものである。ここでは、歴史的単位にもとづく地域区分とでも呼んでおく。文献史料に記された王権の所在地と対応する王都、王陵の存在が明らかな場合が多く、また土器や墓制などの考古資料の広がりをもとに復元されたそれらの地域は、文献史学の成果を無視できない当該期の考古資料に歴史的評価を与えていく上で、有効な単位であることについては疑いの余地がない。

　一方で、そのような各王権を求心点とする中心－周縁関係は、決して不変的なものではない。文献史料・考古資料から復元される各国の範囲も、時期ごとに絶えず変化する可変的なものであり、「地域」というよりは「領域」と呼ぶ方が適切であろう。ただし領域といっても、国と国が接する境界地帯に対する解釈については、研究者の意見の一致をみていない場合も多くあり、どちらに帰属させるのかによって、二つの国に対する歴史的評価がまったく異なってしまうという

弊害も存在する。そもそも、古代の境界地帯を現在の国境線と同じように厳密に区分しようとすることの妥当性自体、地域ごと、時期ごとに個別に検討していかなければならない問題であろう。このように歴史的単位にもとづく地域区分は、いくつかの看過しがたい問題点を内包している。

そのため基本的な地域区分は、地理的環境にもとづいたものであるべきだろう。しかし一方で、純粋な地理的単位にもとづいた地域区分にしたがって、出土した馬具を評価していくこともまた、求心性をもつ王権の存在が、文献史料からも考古資料からも明らかな当該期においては、適切な方法とはいいがたい。出土地が製作地であったことを証明しないままに、出土地と出土地を線で結んだ地域間交流論は、当時の実態を何ら反映していない危険性を孕んでいる。

よって本書では、あくまでも地理的単位にもとづく地域区分を基礎とするものの、歴史叙述をおこなう上で欠くことのできない歴史的単位との対応関係を積極的に追究していく。地理的単位にもとづく地域区分と歴史的単位との対応関係の妥当性は、馬具から抽出されるまとまり（定型性）との整合性に委ねたい。

なお、研究史的な文脈においては、中華人民共和国（以下、中国）、朝鮮民主主義人民共和国（以下、北朝鮮）、大韓民国（以下、韓国）、日本国（以下、日本）と現在の国単位に表記する。

③ 検討時期

最後に検討時期についてである。鏡板轡を指標とする装飾馬具が中国東北部で成立する4世紀代と、それが朝鮮半島を経由して日本列島にまで広がっていく5世紀代が議論の中心となる。

当該期は、中国史においては五胡十六国・東晋〜南北朝時代、朝鮮史においては三国時代、日本史においては古墳時代におおむね該当する（図4）。各地の政治史的画期にもとづいたこれらの時代区分の有用性については、改めて述べるまでもないだろう。一方で一国史の枠組みにもとづくこれらの時代区分を、東北アジア全域に敷衍させることはできない。そこで本書では、地域史的な脈絡においては、それらの時代区分も併用するが、基本的には暦年代によって表記をおこなう。なお、暦年代の表記にあたっては、紀元（西紀）前の場合は「前」を前につけることとする。紀元（西紀）後に関しては煩雑さを避けるため、特に必要のない限り「後」を省略する。

ところで肝心の暦年代観については、現在あるいは当時の国単位で個別に検討が進められてきた。そのため、年代決定の基準や方法論が異なる場合が多く、個々の資料に与えられた暦年代を鵜呑みにした議論は、その出発点から大きな誤謬を孕んでいる。紀年墓や紀年銘資料などの年代決定資料の乏しい東北アジアにおいては、それらの年代決定資料にもとづいて議論を進めていく前に、まずは一貫した基準で考古資料（本書においては馬具）の広域編年網を構築することが先決だろう。広域編年網を基盤とする安定した暦年代観は、本書の議論を実りあるものとするための大前提である。

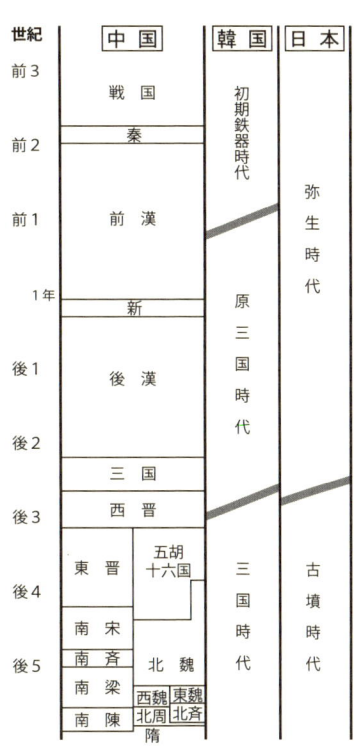

図4　各国の時代区分

3．本書の構成

　本書の構成は以下のとおりである。
　まず第Ⅰ部では、東北アジアの馬具に共通してみられる変化を基準に据え、地域ごとに相対編年を組み、それをもとに広域編年網を構築する。第1章ではその基礎的作業として、朝鮮半島南部三国時代の轡の製作技術の変遷を明らかにする。第2章においては、轡と鐙を中心に各種馬具を総合的に検討し、東北アジア独特の装飾騎馬文化がいち早く花開いた三燕[21]、高句麗の馬具編年と、朝鮮半島南部の中でもそれらの影響を最も強く受けたと考えられる新羅の馬具編年の併行関係を設定する。これによって、精度の高い年代決定資料をもたない、新羅の馬具編年にも暦年代を付与する。さらに第3章では、百済や加耶、倭の馬具の相対編年を同じ基準で組み、併行関係を設定し、前章でえた製作年代をこれらの地域の馬具編年にも付与する。これらの作業を通じて本書の拠って立つ暦年代観を確立する。
　第Ⅱ部では、朝鮮半島南部における騎馬文化の受容に焦点をあてる。まず第4章では、原三国時代の馬具について検討をおこない、三国時代の馬具との共通点と差異点を浮き彫りにする。次いで第5章においては、三国時代初期の轡の系譜を追究する。また第6章においては、騎馬遊牧民に由来する鍑と呼ばれる金属製煮沸具の系譜を明らかにする。これらの議論を通じて、申敬澈のいわゆる「夫余系騎馬民族加耶征服説」と、それに有形無形の影響を受けてきた朝鮮半島南部の騎馬文化出現論の問題点を指摘する。
　第Ⅲ部では、朝鮮半島南部における騎馬文化の展開を地域ごとにみていく。まず第7章においては、洛東江下流域の金官加耶に焦点をあてて検討をおこない、金官加耶馬具の実態を明らかにする。第8章においては新羅について検討をおこない、洛東江以東地方における装飾馬具の出現・展開と、新羅王権の関係を追究する。第9章においては、洛東江以西地方の中でも大加耶に焦点をあて、独自の装飾馬具生産が始まる過程をみる。第10章では百済に視点を移し、中西部各地から出土する馬具と、百済王権の関係を追究する。
　第Ⅳ部では日本列島中央部、すなわち倭における騎馬文化の受容過程について検討をおこなう。まず第11章においては、これまで日本列島における最古の馬具と目されてきた老司古墳出土品の評価を再考する。第12章では、初期轡の製作技術について検討し、その系譜を追究する。第13章では日本列島最古の鉄製輪鐙を足がかりとして、東アジアにおける鉄製輪鐙出現の歴史的意義を論じる。第14章では各種初期馬具の系譜を整理し、当時、馬具とともに日本列島に渡来したであろう馬や馬飼集団の故地を追究する。さらには倭における馬具生産の開始時期についても検討をおこなう。
　最後に終章において、鏡板轡に代表される東北アジア独特の装飾騎馬文化が中国東北部で成立し、朝鮮半島を経て日本列島にまで広がっていく現象を、東夷諸族の国家形成と関連づけながら解き明かし、騎馬文化東漸の歴史的意義を明らかにする。

註

（1）生物学上の奇蹄目ウマ科（*Equidae*）ウマ属（*Equus*）ウマ（*Equus ferus*）のことである。動物の種名については生物学的な用法の場合、カタカナで「ウマ」と表記するのが一般的だが、その歴史的意義を論ずる本書においては、基本的に「馬」という漢字表記に統一する。

（2）旧石器時代以前の日本列島にも三趾馬が棲息していたが、それらは「日本在来馬」に繋がる現代馬（エクウス）とは直接関係ないため、本書では取り扱わない。

（3）阿南亨によると、古墳時代に用いられていた大型準構造船（幅 1.3～1.5m、船長 12m 程度）の搭乗人数は、30人弱と考えられている。そのうち片舷に7～9人程度の漕ぎ手が少なくとも必要とのことであり、これに船長や舵取り、交代要員や水先案内人、さらには水や食料を乗せることを考えると、1艘の船に乗せる馬は数頭が限界であったであろう。倭が百済の要請を受けて兵 1000人、馬 100 頭、船 40 艘を援軍として送ったという『日本書紀』欽明紀 15 年条（554 年）の記事にもとづいて、1艘につき兵 25 人、馬 2～3 頭が搭乗したとみる阿南の推測は、かなり実態に近いのではないだろうか［阿南 2007］。

（4）佐原眞は江上波夫との対談の中で「（江上の：筆者補註）騎馬民族という概念自身が融通無碍で、非常につかみにくいのです。」［江上ほか 1990：144］と発言しているが、まさにその通りである。

（5）この問題に関しては佐原眞によって簡潔に整理されている［佐原 1993：198-201］。

（6）家畜化される以前の馬についてはよくわかっていない部分も多いが、現在もモンゴルの高原地帯に棲息するプルジェヴァルスキー（*Equus ferus przevalskii*、別名：モウコノウマ）と、ウクライナを中心に棲息していたタルパン（*Equus ferus tarpanus*）がその有力な候補とされる［近藤誠 2001：33-35］。

（7）放射性炭素年代から前4千年紀と考えられるウクライナのデレイフカ遺跡の馬埋納遺構や銜留状鹿角製品、銜装着痕をもつ馬歯などから、発掘者のテレーギンや馬歯を調査したアンソニーらは、その頃には馬の飼育や騎乗の風習が始まっていたとする［Telegin 1986、Anthony & Brown 1991 など］。しかし、デレイフカの馬については家畜馬ではなく野生馬とみる見解もあり［Levine 1990］、馬頭骨や馬歯の放射性炭素年代を再測定したところ、前1千年紀を遡らないという結果が出るなど、議論は混迷している［林俊 2002：114-120、川又 2006：74-81］。

（8）張承志によれば、羊などは徒歩でも1人 100 頭以上の飼育が可能であるが、騎馬で管理すれば、1人で 1300 頭を飼育することが可能であるという［張承志 1986］。

（9）戦国時代に趙の武霊王（在位前 326～前 298 年）が騎馬遊牧民の服装と騎馬射術を取り入れたこと。その考古学的評価については、［川又 2002］を参照。

（10）李成市も指摘するように、これらの研究は朝鮮半島の居住民の主体的活動を軽視している点に根本的な問題がある［李成市 1998：11］。

（11）キムシンギュの報告には図面や写真がなく、また計測値なども公開されていない［김신규 1970］。

（12）第4章で検討するように朝鮮半島南部原三国時代の馬具副葬墳墓は、轡と面繋付属具を副葬するのみで、車馬具はほとんど出土しない。したがって朝鮮半島南部原三国時代の馬具は騎乗用であった可能性が高い。ただし硬式鞍、鐙を伴う三国時代の騎乗用馬具とは組成を異にし、「乗歩用」と「疾走用」とでもいうべき機能差があったと考えられている［金斗喆 2000：195］。

（13）韓国の「騎馬民族説」の研究史に関しては、金泰植らが整理しており参考になる［金泰植ほか 2003］。

（14）「金官加耶」という国名は文献史料にはあらわれず、『三国史記』や『三国遺事』にみられる「金官国」と表記すべきであろうが、金官加耶という呼称がすでに広く定着しているため、本書でも便宜上そのように表記する。

（15）江上自身もそのように考えていたようであり、1991 年に大成洞古墳群の一次調査を実見した直後に「大成洞古墳の発掘調査で、私に残されたミッシング・リンクはほぼ完全に埋められ、『騎馬民族説』提唱後、半世紀近くを経過した現在、ようやく私の学説は全面的に実証・解決される段階に達したと自覚するに至ったのである」［江上 1992：304］と書いている。

(16) その一端は古代武器研究会と鉄器文化研究会による合同研究集会の資料集『馬具研究のまなざし―研究史と方法論―』所収の「馬具関連文献目録」[阪口英(編)2005]に再録された日本680編、韓国・北朝鮮126編の論文数を通じて容易に理解される。また、日本の馬具研究史については、宮代栄一[2000]と桃崎祐輔[2005d]が、韓国の馬具研究史については張允禎[2005]がそれぞれまとめている。
(17) 日本・中国・韓国の馬具の名称については、金斗喆が整理している[金斗喆2000:20-23]。
(18) 装飾馬具という用語は定義があいまいで、誤解の生じる余地があるものの、本書においては使用に際して必ずしも必要でない材料あるいは装飾が施された馬具の総称として用いる。また、杏葉など装飾を主目的とする馬具に関しては材質に関わらず装飾馬具とする。
(19) 古代中国で『周礼』などにもとづく九州と四海(中国と夷狄)からなる天下観念が成立するのは、渡辺信一郎によれば前漢末王莽期とのことである[渡辺信2003]。そういった天下観念にもとづいて西晋の陳寿によって書かれた『三国志』魏書東夷伝には、夫余、高句麗、挹婁、東沃沮、濊、韓、倭の諸族に関する記載がある。これらのうち、現時点で夫余、高句麗、韓、倭の諸族が住んでいた地域から、馬具の出土が確認されている。
(20) 陶俑や壁画といった二次資料による限り、南北朝時代の中国には鏡板轡や硬質金属装鞍といった古墳時代に一般的にみられる馬具の存在を確認できない(桃崎2004b)。
(21) 本書では三燕を前燕(337～370年)、後燕(384～407年)、西燕(385～394年)、南燕(398～410年)、北燕(407～436年)のうち、龍城(遼寧省朝陽市)に都を置いた前・後・北燕の総称として用いる[田立坤1991]。

第Ⅰ部

東北アジアにおける
馬具製作技術とその年代

第1章　鉄製轡の製作技術とその変遷
―朝鮮半島南部三国時代を中心に―

1. 問題の所在

　第Ⅰ部では馬具製作技術に立脚して、本書の議論の軸となる4・5世紀代の馬具の年代観を確立する。序章でも述べたように当該期の考古資料の年代的研究は、現在の国家単位あるいは文献史料に記された当時の国単位で個別に進められてきたため、依拠する年代決定資料や年代導出に至る方法論に顕著な差が認められる。このため、各報告者あるいは各研究者が個別資料に対して提示した年代をそのまま鵜呑みにした比較研究は、その出発点から大きな誤謬を孕んでいる。多くの報告書や研究者が年代決定の根拠を馬具に求めている、あるいは求めようとしているから問題はさらに複雑で、知らぬ間に循環論に陥ってしまう危険性すらある。

　つまるところ、当該期の東北アジア出土馬具に安定した暦年代を与えられるかどうかは、出土馬具それ自体に対する分析如何にかかっているといってよい。具体的には、広範な地域から出土する馬具に普遍的な変化を見出し、それにもとづいて広域編年網を構築し、さらにはそれに一貫した暦年代を与えるという作業が必要不可欠である。周知のように馬具の年代的研究は、これまで鐙を中心に議論が進展してきたが、第2章で詳しくみるように、鐙に著しく依存した年代論が膠着状況に陥っていることもまた事実である。鐙より出土数が遥かに多く、さらに鐙出現以前から存在する轡の編年を確立する最大の理由が、ここにある。

　本章ではその基礎作業として、4・5世紀の轡が最も多く報告されている朝鮮半島南部三国時代における鉄製轡[1]の変遷を明らかにする。朝鮮半島南部は当該期の考古資料の相対年代が比較的安定しており、また三国時代以前の原三国時代や、以後の統一新羅時代にも一定数の鉄製轡が出土しているため、長期間に渡って実物資料に即した検討をおこなうことが可能である。東北アジアの中心に位置する朝鮮半島南部における鉄製轡の変遷観を確立することによって、同地域を介して騎馬文化が伝わったであろう日本列島はもちろん、同地域の騎馬文化の展開に大きな影響を与えたと考えられる朝鮮半島北部や中国東北部における鉄製轡の変遷を考える上でも、一つの基準を提供しうる。

2. 研究史と分析の視角

(1) 研 究 史

　朝鮮半島南部の馬具研究が活発になったのは比較的最近のことである。轡についても韓国の金基雄[1968 ほか]や北朝鮮のパクジンウク[박진욱 1966]、そして日本の鈴木治[1958]、伊藤秋男[1974]らによる先駆的研究を経て、韓国の金斗喆が初めて体系的な検討をおこなった。金は

それまでに出土していた轡を網羅的に集成し、その変遷と地域性を明らかにした［金斗喆 1993 など］。轡を構成する部品やその連結方法を属性として把握し、多様な形態の轡を総合的に検討しており、朝鮮半島南部の轡に対する基本的な変遷観は、金の研究によって確立されたといってよい。その後は、金斗喆の研究成果を土台として、環板轡［柳昌煥 2000a］、鑣轡［張允禎 2003］、円環轡［李尚律 2005a］、複環式環板轡［諫早 2007a］など個別型式ごとに緻密な研究が進められている状況である。

日本の初期馬具に対する関心と同様、三国時代に出現する硬式鞍・鐙を含む騎乗用馬具の系譜やその出現背景は、韓国の馬具研究においても主要なテーマの一つである。1980 年代まで、朝鮮半島南部における騎乗用馬具の出現は、400 年の高句麗南征を契機とすると考えられてきた［崔鍾圭 1983、申敬澈 1985・1989］。しかし大成洞古墳群の調査を契機として、4 世紀代に遡る資料の存在が明らかとなった結果、朝鮮半島南部の鏡板轡を中国の河南省安陽孝民屯 154 号墓例を最古とする「胡族系轡」として理解する新しい見解が金斗喆によって披瀝されるに至る［金斗喆 1993 など］。また、申敬澈も朝鮮半島南部における騎乗用馬具出現の背景に対する自身の旧説を撤回し、高句麗南征による影響を馬具の第 2 次波及と再評価した上で、夫余からの「住民移動」に伴う馬具の第 1 次波及を想定した［申敬澈 1994 など］。

その後も多くの研究が発表されてきたが、いち早く出土事例の報告された加耶を中心に議論が展開してきた背景から、最近資料が増加している新羅や百済から出土した資料の年代的位置づけについては、意見が大きくわかれている。それを単に暦年代観の違いと片づけてしまうことは簡単だが、異なる地域から出土した資料同士を比較する際の退化の基準が、研究者間でまったく異なるという状況[2]をみるに、事態はより深刻である。というのもこれは、朝鮮半島南部という比較的限定された範囲においてでさえ、他地域の資料同士を比較する際の新古の基準が轡に存在しないことを示しているからである。このような現状を打開するためにも、製作技術の変化に根差した変遷観の確立は、喫緊の課題といえよう。

なお馬具の製作技術を論じる上で注目されるのは、復元品製作実験を通じて実証的に金工品製作技術の復元を試みる鈴木勉らによる一連の研究である［鈴木勉ほか 1996、勝部ほか 1998、森幸ほか 2002、鈴木勉 2004・2008 など］。鈴木らの研究は、これまで感覚的な理解に留まることの多かった技術論に、検証することの重要性を喚起した点で高く評価される。また、これまで曖昧に用いられてきた技術レベルについて、社会的・技術的背景にもとづく「歴史的水準」と個人の能力にもとづく「社会的水準」[3]の二つに区別すべきという重要な指摘をおこなっている［鈴木勉 2008］。製作技術の通時的変遷の把握を目的とする本章においては、技術の「歴史的水準」に注目する必要があることは、改めていうまでもないだろう。

（2）分析の視角

複数の部品の組み合わせからなる轡には様々な製作技術が駆使されているが、筆者はその中でもすべての轡が共通して備える銜の製作技法に注目している。銜は、馬の口内の空隙（歯槽間縁）（図 5）にはませて、乗り手の意図を馬に伝える、轡という馬具の根幹をなす部品である。しかし、銜留[4]（鏡板）などに比べて形態的なバラエティに乏しく、これまでの研究ではあまり

注目されてこなかった。

銜が変化に乏しい理由として、馬の口にはませて馬を御することを第一の目的とするために、機能性が重視されること、使用時に馬の口内に隠れてしまうために、装飾など流行の影響を受けにくいことなどが考えられる。いずれにせよ一旦端特定の形態が定着すると容易に変化しない。銜留や引手に比べると細やかな編年には向いて

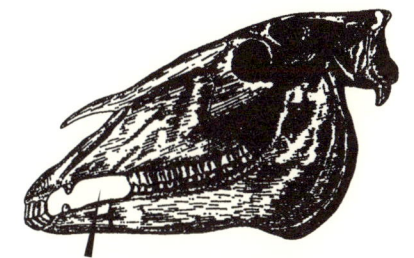

図5 馬の頭骸骨と歯槽間縁 （矢印部分）

いない属性といってもいいだろう。一方で、その形態の変化を製作技術レベルで解明することができれば、銜の長期的変化や広域間における技術系統を把握する際の非常に重要な観点を提供することが期待される。

この銜に、捩ったものが存在することについては、早くから認識されてきた。捩ることの意味については、馬の制御力を強化する[5]という理解が一般的であるが、縄を撚ったような有機物製銜のルジメントとみる意見もある[6]［川又 1994］。また、鈴木一有は初現的には有機物製の銜を捩った形状が金属に写し取られた可能性があるとしながらも、捩りを加えることには、棒状の素材を用いて両端を環状に成形する製作技術上の必然性や、制御に適した刺激を馬に与える、装着に適した凹凸をもたせるといった実用的な効果があったとみた［鈴木 2002］。しかし、その製作方法については、個別の報告の中で触れられる程度で、必ずしも十分な検討がなされてきたとはいいがたい。

そのような中で特筆されるのが、兵庫県行者塚古墳から出土した銜の復元製作実験を通じて、「3本捩り技法」というこれまでまったく認識されていなかった技法の存在を明らかにした塚本敏夫らの研究である［塚本ほか 2001］。「3本捩り技法」とは、S字状に折り曲げた1本の鉄棒を捩ることで銜、あるいは引手をつくる技法で（図6）、「鍛接技術を用いずに丈夫な環部を両側に造る」という利点が指摘されている［塚本ほか 2001：127］。韓国の尚州新興里古墳群や慶州舎羅里130号墓などから出土した馬具についても、鉄棒をS字形に折り曲げたあと捩って銜や引手を製作したという報告がなされており、「3本捩り技法」は韓国においてもほぼ同時に認識されている［韓国文化財保護財団 1998c、嶺南文化財研究院 2001aほか］。

塚本らによる研究は、捩りを有する銜の製作技法を実証的に明らかにし、さらには技術的観点から捩ることの意味を合理的に説明した点において極めて重要である。ただ、個別事例を扱った短文のため、2條の鉄棒を捩ったと報告されてきた、あるいは現在も報告されつづけている多くの資料をどのように解釈すべきかといった問題は、課題として残されたままである。韓国の報告事例についても事実記載の水準を超えるものではない。また塚本は「3本捩り技法」について、洛東江下流域の金官加耶でアレンジされたと考えたが［塚本 2003］、上述の新興里古墳群が洛東江上流域に位置し、舎羅里130号墓が原三国時代の墳墓であることをみても、そのように速断できる問題ではないだろう。

「3本捩り技法」は、奇しくも日韓両国でほぼ同時に認識されはじめたものの、残念ながら今

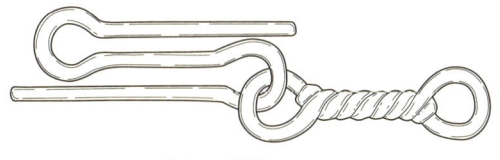

図6 3條捩り技法 ＊右側が完成品

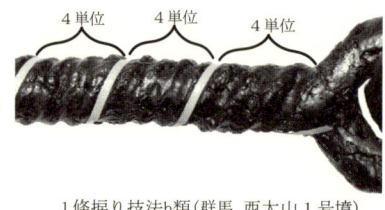
1條捩り技法b類（群馬 西大山1号墳）
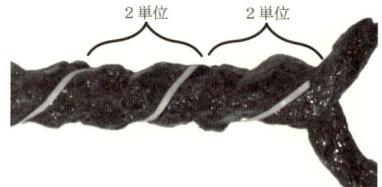
2條捩り技法（長野 坪ノ内古墳群）
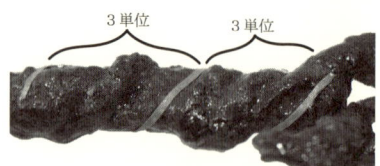
3條捩り技法（福岡 池の上6号墳）
図7　條線（捩り）の単位

なお一般に周知されているとはいいがたい。その時間的・空間的広がりについても、ほとんど何もわかっていないといってよい。そもそも「3本捩り技法」以外にどのような銜製作技法があるのかさえもわからない状態で、「3本捩り技法」に対して適切な歴史的評価を下すことは不可能であろう。銜身を捩ったとされる資料は、すべからく銜身に斜め方向の條線（凹凸）が認められるけれども、以下で詳しくみるように銜身にみられる斜め方向の條線は、'捩り'だけでなく'巻き'などによっても生じうる。あらゆる銜を、製作技法にもとづいて適切に細分する必要がある。

ともかくもこの銜にみられる條線を包括的に理解していくために、筆者は條線の単位を把握することを提案したい。360度1回転することによって生じる條線（凹凸）の数を計測してみると、銜身にみられる斜め方向の條線には様々な単位が存在することがわかる[7]。このような方法によって現時点で認識できた條線の単位パターンと、そこから想定される製作技法は以下のとおりである。

1単位　捩ったのではなく、芯棒に1本の鉄線を巻いたものと考えられる。巻き技法とする。

2単位　長楕円形の環状鉄棒を捩ったと考えられる（図7中段）。同一個体ではあるが2條の鉄棒を捩るため、2條捩り技法とする。あらかじめ環状に鍛接した鉄棒を捩るものが一般的であったようである。

3単位　S字状に曲げた鉄棒を捩ったと考えられる（図7下段）。塚本らは「3本捩り技法」とするが、原材は1本の鉄棒であるため、本書では「本」ではなく「條」[8]という表現に統一し、3條捩り技法とする。

4単位　断面が方形の1本の鉄棒を捩ったと考えられる（図7上段）。1條捩り技法とする。

1～3単位の他の條線が捩りあう鉄棒の本数とそれぞれ対応するのに対し、4単位の條線は断面方形の鉄棒自体の四つの角が強調されることによって生じた凹凸と考えられる。柳昌煥［2000b］が鉄糸を巻いたとする資料に関しても、単位を直接確認できたものはすべて4単位であったことから、4本の鉄糸を巻いたと考えるよりは、1本の鉄棒を捩ったと考える方が合理的である。

銜の他にも鉄鏃の頸部や、引手や農工具の柄部、捩り環頭大刀などにみられる捩りも4単位で、断面方形の1本の鉄棒を捩ったと考えられる。しかし、銜に特徴的に認められるような鉄糸を巻いたかのようにみえるほどの細かい條線をつくりだすためには、他の1條捩り技法とは一線を画する高度な鉄棒加工技術、熱管理技術の存在が前提となる。1條捩り技法であることを証明するためにも、4単位の條線を有する資料群に対する詳細な観察と、実験考古学的手法［山田琢 2002、塚本ほか 2005・2006、塚本 2009 など］による検証作業を、併行して進めていく必要がある。

第1章 鉄製轡の製作技術とその変遷 ―朝鮮半島南部三国時代を中心に―

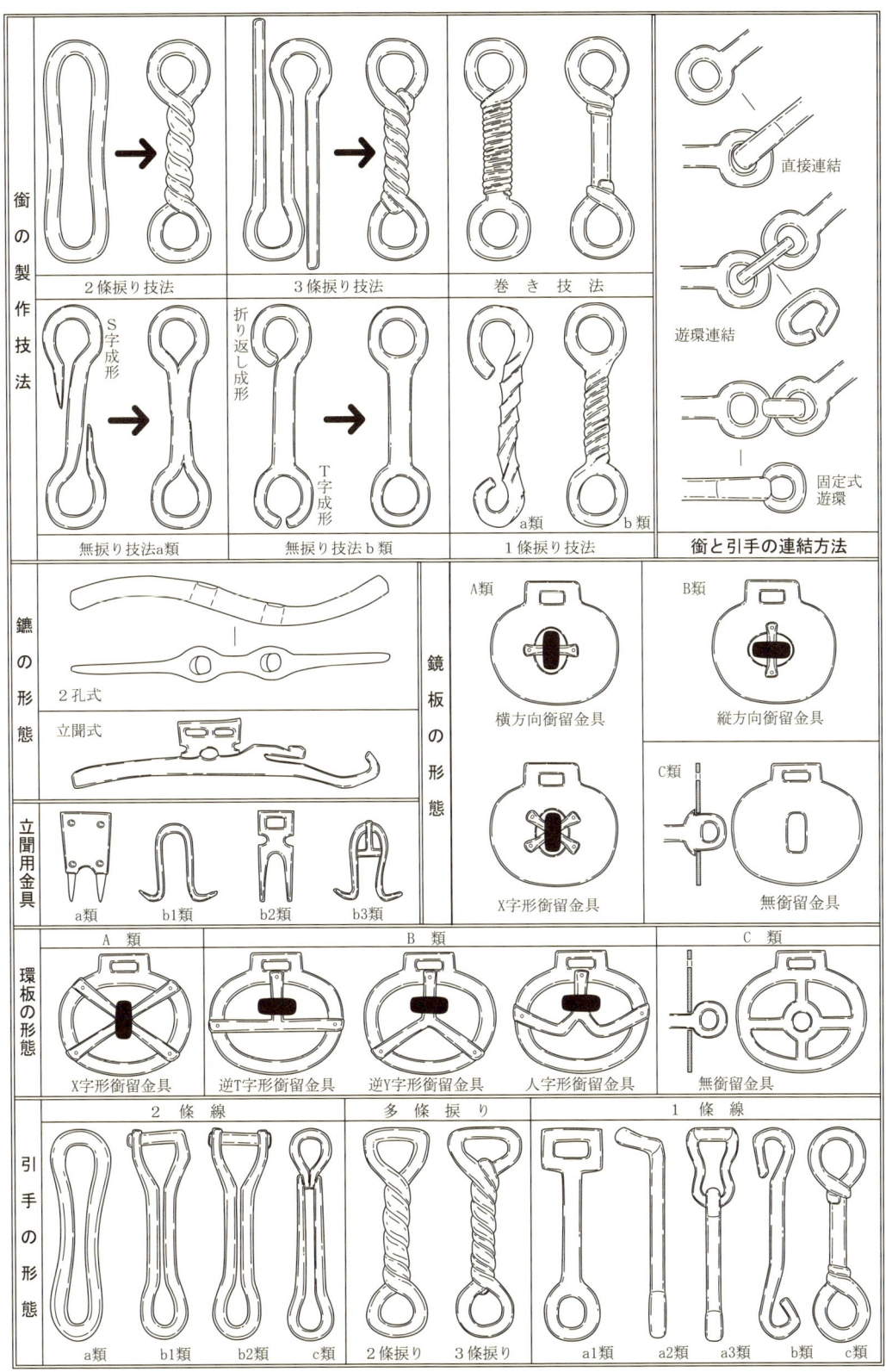

図8 轡の各属性

以上のように條線の単位を認識することによって、條線をもつ銜には少なくとも四つの製作技法があることが明らかとなった。このように単位を認識することによって、引手はもちろん、あらゆる鍛造製の金属製品にみられる條線の製作技法を把握することが可能となる。

3. 轡の諸属性の分類

複数の部品を組み合わせてつくる轡は、個体ごとの変異が非常に大きい。そこで本書では、一つの轡を構成する個々の部品などを属性として捉え、各属性の総体として一つの轡を把握する金斗喆の立場に立脚して分析をおこなう［金斗喆 1993］。ただしここで扱う属性は、金の挙げた項目と必ずしも一致しない。それは金が銜留形式ごとに属性を設定したのに対し、筆者はすべての轡が必ず備える銜の製作技法を軸として、多様な銜留をもつ轡を一括して検討しようとするためである。ここでは銜の製作技法、引手の形態、銜留形式、銜と引手の連結方法という四つの属性を取りあげる（図8）。

なお、本書で用いる轡の形式名は、基本的に［金斗喆 2000］における漢字名称を採用するが、「板轡（日本の狭義の鏡板付轡）」に関しては「鏡板轡」［鈴木治 1958］と呼ぶこととしたい。

（1）銜の製作技法

銜の製作技法は無捩り技法、捩り技法、巻き技法に大別できる。前節で検討したように捩り技法を1條捩り技法、2條捩り技法、3條捩り技法に細分する。

無捩り技法　銜身を捩らないものである。無捩り技法という呼称は、あくまで捩り技法や巻き技法との対置概念であり、技法の名称としては適当ではないかもしれないが、他の技法と区別するために便宜的に用いることとしたい。

S字状の鉄棒を鍛接して環部を成形するa類と、鉄棒の両端を折り返し成形ないしT字成形して環部をつくるb類がある（図39）。a類は環部を丁寧に鍛接するのに対して、b類は環部を鍛接するものとしないものがある。b類には折り返し成形とT字成形という少なくとも二つの環部成形方法がある（図9）［山田琢 2002］。両者は排他的な関係にはなく、しばしば一つの銜の中で使いわけられている(9)。鉄棒を二股に裂くT字成形のほうが、単純な折り返し成形よりも後出するようであるが、錆化など遺存状況によっては観察が不可能なため、ここでは細分しない。なお、第5章で詳しく検討するa類は、本章の検討対象にはほとんど認められない。

1條捩り技法　1本の鉄棒の銜身に相当する部分を捩ったものである。銜身を捩るという工程をのぞけば、無捩り技法と製作工程の大部分が共通する。環部成形と捩る行為の間に直接的な関連性が認められないことが、後述する2條捩り技法や3條捩り技法との決定的な違いである。

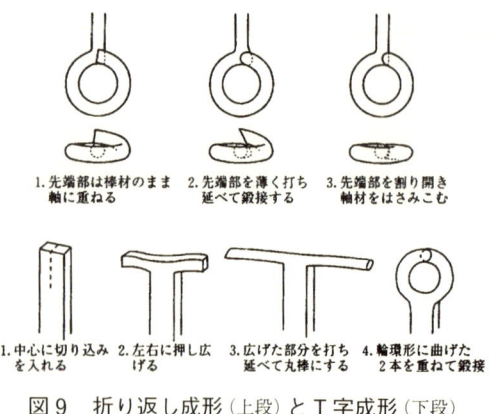

図9　折り返し成形(上段)とT字成形(下段)

1條捩り技法は、回転数が少なく捩りの凸部のみが強調されるa類と、回転数が多く捩りの凹凸が激しいb類に細分できる。前者は環部を鍛接せずにただ折り返すのみのものが多いのに対して、後者は折り返した端を丁寧に鍛接するものが多い。1條捩り技法a類は引手の柄部や他の鉄製品にも認められるが、1條捩り技法b類は銜以外にはほとんど認められない[10]。

なお、1條捩り技法は個体そのものを捩る(捻る)ため、複数の條線を捩る2條捩り技法や3條捩り技法よりも識別が困難で、遺存状態によっては認識することすら難しい。このため、特に写真や図面を通じた間接的な観察にもとづいて、1條捩り技法と判断する際には慎重を要する。

2條捩り技法　環状に折り曲げた鉄棒の中間部分を捩ることで、銜身の両側に環部を成形する技法である。

3條捩り技法　S字状に曲げた鉄棒を捩ることで、銜身の両側に環部を成形する技法である。

2條捩り技法と3條捩り技法は外見上の識別が難しく、実見していない資料の判断には慎重を要する[11]。特に報告文や図面は実測者の先入観で、2條捩り技法とされていることがしばしばあり、注意が必要である。とはいえ、捩ることによって両側に環部を成形するという点で、両技法の製作原理は共通する。そこで本書においては、細分不可能なものも含め少なくとも複数條の鉄棒を捩ったと判断されるものに関しては、ひとまず多條捩り技法と呼ぶこととしたい。

巻き技法　銜身に鉄棒を巻きつけるものである。折り返し成形によって環部をつくる際に、折り返した鉄棒の先端を直接銜身に1～3周ほど巻きつけるもの(部分巻き技法)と、銜身全体に巻きつけるもの(全周巻き技法)に分類できる。全周巻き技法に分類した資料の中には、別材を巻いた資料が含まれている可能性もあるが、少なくとも実見した資料にはそのような資料はみられなかった[12]。

この他にも高霊池山洞44-25号石槨例のように切削によって條線をつくりだした可能性のある資料もわずかに認められるが[13]、例外的な存在に留まるため、今後の検討課題としておきたい。

(2) 引手の形態

引手の形態は非常に多様であるが、ここでは柄部を構成する鉄棒の條数によって2條線引手、多條捩り引手、1條線引手に大別し、それぞれ以下のように細分する。

2條線引手　鉄棒を環状に鍛接してつくるもの(a類)、引手外環を鍛接せずに別材の鉄棒や片側の端を貫通させてかしめるなどしてつくるもの(b類)、引手外環を別造にするもの(c類)にわける。

多條捩り引手　2條捩り引手と3條捩り引手がある。

1條線引手　資料数が多く、バリエーションが豊富だが、引手外環を鍛接してつくるもの(a類)と鍛接しないもの(b類)、部分巻き技法を用いるもの(c類)にわける。

(3) 銜留形式

馬の口内から銜の脱落を防ぐ銜留の形式は、轡の形式名を規定する重要な属性である。時期ごと、あるいは地域ごとに様々な形式が存在するが、本章で扱う資料に限っていえば鑣、鏡板、環板、円環の四つの銜留が認められる。

鑣　　棒状の銜留である。鉄や銅（金銅）などからなる金属製鑣と、骨・鹿角や木などからなる有機物製鑣があり、それぞれ頭絡の帯紐との連結方法から2孔式と立聞式にわけることができる。2孔式鑣は原三国時代の轡にみられる特徴であるため、4章で詳しく検討する。
　三国時代の立聞式の金属製鑣は基本的に鉄製で、立聞の形態から頭絡の帯紐との固定に鋲を用いるa類と、用いないb類にわけることができる。立聞部に別造の鉤金具を取り付けてそこに頭絡の帯紐を鋲留するものはb'類とする。
　同じく三国時代に出現する立聞式の有機物製鑣は、鑣自体が腐朽してしまっている場合がほとんどである。このため立聞用金具の形態によって分類されてきたが［千賀1988、金斗喆1993、張允禎2003など］、既存の分類に当てはまらないものも多い。ここでは頭絡の帯紐との連結方法に注目し、金属製鑣と同様に、まず頭絡と立聞用金具との接合に鋲を用いるものをa類、用いないものをb類に大別する。b類についてはさらに棒状のb1類、板状のb2類、鉸具造のb3類に細別する[14]。b2類の立聞部に別造の鉤金具を取り付けるものや、立聞部自体に頭絡の帯紐を鋲留するものについては、b2'類としておく。
　鏡板　　板状の銜留である。鏡板の形態は多様であるが、立聞を上に向けた際に銜外環が縦向きになる鏡板A類と、立聞を上に向けた際に銜外環が横向きになる鏡板B類に大別する。A類は横方向銜留金具もしくはX字形銜留金具を、そしてB類は縦方向銜留金具を鏡板に取り付け、銜と鏡板を連結する。この他に銜留金具をもたないものがあり、C類としておく。C類については次章で詳しく検討することとする。
　環板　　金斗喆によって設定された銜留形式である［金斗喆1993］。棒状素材を用いた環状の銜留で、環体中央に取り付けられた銜留金具によって銜と連結される点において鏡板轡と共通する。鏡板と同じく立聞を上に向けた際に銜外環が縦向きになる環板A類と、横向きになる環板B類に大別する。環板A類はX字形の銜留金具によって銜と環板を連結する。環板B類は柳昌煥［2000a］による銜留金具の分類案を参考に、逆T字形、逆Y字形、人字形の三つに細分する。
　なお、金海大成洞2号墳例（図62：3）や大成洞42号墳例（図62：11）について、金斗喆は環板轡に分類しているが、環体部分に該当する部分が棒状素材を折り曲げたのではなく板状素材を切削して成形したと考えられるため、本書では柳昌煥にならい鏡板A類に含める［柳昌煥2000a：139］。
　また、環板轡の中には複環式と呼ばれる資料がある。1本の鉄棒を複雑に曲げて、環板と銜留部分を一体につくることから、複数の部材で構成される上述の環板（金斗喆の単環式）とは区別しておく必要がある。本書では単に環板轡と表記する際は、単環式の環板轡を指すこととする。
　円環　　環板と同じく環状の銜留だが、銜留金具を備えず円環に直接あるいは遊環を介して銜と引手を連結する。本章の検討対象にはほとんどみられない。

（4）銜と引手の連結方法

　銜と引手の連結方法については、銜外環に可動式の遊環を用いて引手と連結するものと、銜外環と引手内環を直接連結するものがある。この他に銜外環に固定式遊環[15]を設け、そこに遊環ないし引手内環を連結するものもみられる。

4．資料の分析

　朝鮮半島南部三国時代の轡は、金斗喆が1993年に集成した時点で170点を数え、現在はその倍を遙かに超える資料が蓄積されている。しかし詳細な観察を必要とする製作技術について検討をおこなうため、ここでは筆者が実際に観察した資料を中心に分析を進めていく[16]。検討対象となるのは、南東部4地域7遺跡（金海・釜山地域、咸安地域、陜川地域、慶山地域[17]）、中西部2地域6遺跡（清州地域、天安地域）から出土した合計186点の轡である（図10）。

　分析の手続きとしては、まず銜の製作技術を確認した後で、他の属性との相関について検討をおこなう。

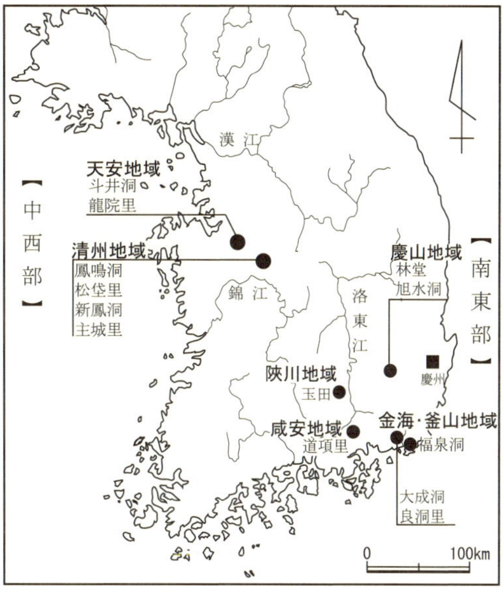

図10　本章の分析対象

（1）銜の製作技法

　銜の製作技法について検討することができた資料は180点である（表1）。無捩り技法b類が43％と最も多く、全体の半数近くを占める。これまで最も一般的な捩り技法と考えられてきた2條捩り技法は、全体のわずか3％に過ぎない。これに対し3條捩り技法は26％を占め、捩り技法の中で最も多い。このことから多條捩り技法に分類したものの多くも、3條捩り技法である可能性が高い。古墳群ごとの出土数を示したのが表2である。古墳群ごとに差はあるものの、南東部、中西部ともに同じような技法がおおむね同じような割合で出土している。

　1條捩り技法b類について柳昌煥は大加耶圏を中心に分布するとみたが［柳昌煥 2000b］、中西

表1　銜の製作技法

2條捩り	3％（5）
3條捩り	26％（46）
多條捩り	7％（12）
1條捩りa類	1％（2）
1條捩りb類	17％（31）
無捩りb類	43％（78）
その他	3％（6）
計	100％（180）

（　）内は個体数

表2　各古墳群における銜の製作技法

		2條捩り	3條捩り	多條捩り	1條捩りa類	1條捩りb類	無捩りb類	その他	計
南東部	大成洞		7	4		1			12
	良洞里		5		1				6
	福泉洞		11	5		2	6	1	25
	林堂		1			3	21		25
	旭水洞		3				8		11
	道項里	3	4		1	2	5	1	16
	玉田		1			12	14		27
中西部	鳳鳴洞	1	9					3	13
	松垈里		2	1			1		4
	新鳳洞		2			7	16		25
	主城里					2	3		5
	斗井洞			2					2
	龍院里	1	1			2	4	1	9

［凡例］銜の製作技法が左右異なるものは、その他に含めた

部にもかなりの数が分布していることがわかる。広範な地域に分布していること、銜全体の17％を占めることをふまえれば、朝鮮半島南部三国時代においては、一般的な製作技法の一つであったとみるべきだろう。

一つの轡を構成する左右の銜は、基本的に同じ製作技法でつくられているが、個々の事例をつぶさにみると、イレギュラーな資料も存在する。たとえば、清州鳳鳴洞A-35号墳例（図10-5：12）は3條捩り技法と1條捩り技法a類の銜が、そして福泉洞171号墳例は無捩り技法b類と1條捩り技法b類の銜がそれぞれ連結した状態で出土している。また、天安龍院里72号墳例は銜身を1條捩りした後に環部を部分巻きする。

とはいえ、出土量の多い無捩り技法b類、3條捩り技法、1條捩り技法b類を比較すると、環部成形に捩りを利用する3條（多條）捩り技法と、捩りを利用しない無捩り技法b類・1條捩り技法b類に大別することができる。鉄棒を用いて銜身の両端に環部を成形し、それを複数組み合わせることが一般的な銜の特徴を考えると、捩ることによって丈夫な環部と銜身を成形し、連結も容易な3條（多條）捩り技法が、環部を鍛接して成形する場合の多い無捩り技法b類・1條捩り技法b類に比べ、製作が簡単であったと考えられる。

すなわち技術史的観点からは、無捩り技法b類・1條捩り技法b類より3條捩り技法が先出するという想定をたてることが可能である[18]。そこで次に、銜と同じく棒鋼を加工してつくられる引手との相関について検討をおこないたい。

(2) 銜と引手の相関

引手の形態を把握できたのは167点で、銜の製作技法との対応関係がわかる資料は159点である（表3）。まず多條捩り引手をみると、2條捩り引手は2條捩り技法銜と、そして3條捩り引手は3條捩り技法銜と、それぞれ組み合うことがわかる。同一形状・規格の鉄棒をもとに製作されたのか、銜と引手のサイズや捩りの回転数がまったく同じものさえある。2條線引手は多様な銜の製作技法と対応するが、今回の分析対象に限っていえば、3條捩り技法銜と組み合う場合が最も多い。また1條線引手は、無捩り技法b類・1條捩り技法b類の銜と組み合う場合が多い。1條線引手と無捩り技法b類・1條捩り技法b類の銜は、環部成形に捩り技法を用いない点で製作技法が共通する。1條線引手a1・a2類が3條（多條）捩り技法銜とも稀に組み合うのに対し、1條線引手a3類は無捩り技法b類・1條捩り技法b類の銜としか組み合わない。

3條（多條）捩り技法銜と多條捩り引手、そして無捩り技法b類・1條捩り技法b類銜と1條線引手という組み合わせは、それぞれ環部の成形方法が共通する。つまり一つの轡を構成する銜と引手は、基本的に同じ技術レベルでつくられているとみてよい。そこで次に銜、引手と銜留との相関についてみていく。

(3) 銜・引手と銜留の相関

銜留形式ごとに検討をおこなう（表4・5）。

鑣　今回の分析対象に限っていえば、鉄製鑣はすべて3條（多條）捩り技法の銜と組み合うといえる。また引手も多條捩り引手や2條線引手で、1條線引手と組み合う例はない。立聞はb類の釜

山福泉洞 38 号墳例（図13：7）をのぞくと、すべて頭絡の帯紐との連結に扁平な円頭のかしめ鋲を用いる a 類である。

これに対し、有機物製鑣と組み合う銜の製作技法は多様である。立聞用金具を基準にみていくと、a 類立聞用金具は鉄製鑣と同じく、3 條捩り技法の銜とのみ組み合うことがわかる。a 類立聞用金具は扁平な円頭のかしめ鋲を用いる点でも鉄製鑣と密接な関係がうかがえる。これに対し、同じく鋲留技法を用いる b2' 類立聞用金具は基本的に無捩り技法 b 類・1 條捩り技法 b 類の銜と組み合う。これは立聞孔 1 孔の b2 類が無捩り技法 b 類・1 條捩り技法 b 類の銜と組み合うことと対応するものである[19]。最も簡素な b1 類立聞用金具は、多様な製作技法の銜と組み合う。

表3　銜の製作技法と引手形態の相関

		引　手										
		多條捩り	多捩	2捩	3捩	2條線	a	b1	b2	1條線	a1	a2	a3
銜	2條捩り	2		2		1	1			1			
	3條捩り	18			18	20	8	3	7	3	1	2	
	多條捩り	4	3		1	7			5	1	1		
	無捩りb類	1	1			4				69	9	39	12
	1條捩りb類					5	2		3	23	2	14	2

[凡例]・引手の大分類には細分できなかった資料も含む
・多捩：多條捩り、2捩：2條捩り、3捩：3條捩り

表4　銜の製作技法と銜留の相関

		銜　留									
		鉄製鑣	有機物製鑣				鏡板A	鏡板B	環板A	環板B			円環・複環
			a	b1	b2	b2'				T	Y	人	
銜	2條捩り			1			1		1	1			
	3條捩り	3	6	11	1		9		2	1			
	多條捩り	3			1		4	1		1	2		
	無捩り			11	8	1	4	17		2	2	7	1
	1條捩りb類			3	2	1		3		2	4	5	1

[凡例]・T：逆T字形銜留金具、Y：逆Y字形銜留金具、人：人字形銜留金具
・複環：複環式環板

表5　銜留と引手形態の相関

		引　手										
		多條捩り	多捩	2捩	3捩	2條線	a	b1	b2	1條線	a1	a2	a3
銜留	鉄製鑣	3	1		2	3	1		1				
	環板A	2		1	1	1			1				
	鏡板A	9		1	7	7	2		3	1		1	
	有機物製鑣	9	1		8	20	4	5	8	48	6	33	2
	環板B					7	2		3	18	2	11	
	鏡板B									22	2	8	11
	円環・複環					1	1			3		1	1

[凡例]・引手の大分類には細分できなかった資料も含む
・多捩：多條捩り、2捩：2條捩り、3捩：3條捩り　・複環：複環式環板

以上をまとめると、鉄製鑣と有機物製鑣（a 類）が 2 條ないし 3 條捩り技法の銜に、有機物製鑣（b2 類）が無捩り技法 b 類・1 條捩り技法 b 類の銜に組み合う傾向が高いといえよう。

鏡板　鏡板 A 類は基本的に 2 條ないし 3 條捩り技法の銜と組み合う。組み合う引手も 2 條線引手もしくは多條捩り引手で、1 條線引手とは基本的に組み合わないことがわかる。これに対し、鏡板 B 類は基本的に無捩り技法 b 類・1 條捩り技法 b 類の銜と組み合う。今回の分析対象に限っていえば、組み合う引手もすべて 1 條線引手である。鏡板 A 類と鏡板 B 類は、組み合う銜・引手の共通点が少ないことがわかる。

環板　環板 A 類は 2 條ないし 3 條捩り技法の銜と組み合う。引手は多條捩り引手もしくは 2 條線引手で、1 條線引手と組み合う例は、今回の分析対象に関してはない。環板 B 類は銜留金具を基準に細かくみていくと、逆 T 字形の銜留金具は様々な製作技法の銜と組み合うのに対し、逆 Y 字形や人字形の銜留金具は、無捩り技法 b 類・1 條捩り技法 b 類の銜としか組み合わない傾向が認められる。環板 B 類と組み合う引手は、2 條線引手もしくは 1 條線引手である。

円環・複環式環板 今回の対象資料には両形式含めて4点しかないため、適切な評価を下すことはできない。それぞれに対する個別研究の成果を参照すると［李尚律 2005a、諫早 2007a］、今回扱っていない資料を含めても3條（多條）捩り技法の銜と組み合う例はないようである。無捩り技法 b 類・1 條捩り技法 b 類に加え、巻き技法を用いた銜も認められる。

ここまでの検討によって、鉄製鑣、有機物製鑣（a 類）、環板 A 類、鏡板 A 類は 2 條ないし 3 條捩り技法の銜と、そして有機物製鑣（b2 類）、環板 B 類、鏡板 B 類は無捩り技法 b 類や 1 條捩り技法 b 類の銜と、それぞれ組み合う傾向が明らかとなった。有機物製鑣（b1 類）はいずれの銜製作技法とも一定程度組み合い、明確な傾向は見出せない。銜留は機能性だけでなく装飾性も兼ね備えるため、必ずしも技術的観点のみで変化の方向性が説明されてきたわけではないが、ひとまず既往の研究成果との対応関係についてみてみよう。

有機物製鑣は、立聞用金具の変遷を明らかにした張允禎によると a 類・b1 類に比べ、b2 類が遅れて出現するとされる［張允禎 2003］。a 類には 3 條（多條）捩り技法の銜が、b2 類には基本的に無捩り・1 條捩り技法 b 類の銜がそれぞれ組み合い、b1 類は多様な銜製作技法と組み合う。

鏡板轡は中国東北部や朝鮮半島北部に類例のある鏡板 A 類から、環板 B 類の影響を受けた鏡板 B 類へという変遷が想定されている［金斗喆 1993］。前者は 3 條（多條）捩り技法の銜、後者は無捩り・1 條捩り技法 b 類の銜とそれぞれ組み合う傾向が認められる。引手も前者には多條捩り引手と 2 條線引手が、後者には 1 條線引手がそれぞれ組み合い、後者は特に 1 條線引手 a3 類と組み合う傾向が認められる。

環板轡は中国東北部に類例のある環板 A 類をモデルに、環板 B 類が朝鮮半島南部で独自に考案されたと考えられている［金斗喆 1993］。後者は銜留金具によって細分され、逆 T 字形銜留金具→逆 Y 字形銜留金具→人字形銜留金具の順に出現したと考えられている［柳昌煥 2000a］。環板 A 類は 3 條（多條）捩り技法の銜と、逆 T 字形銜留金具をもつ環板 B 類は多様な製作技法の銜と、逆 Y 字形や人字形銜留金具の環板 B 類は無捩り・1 條捩り技法 b 類の銜と、それぞれ組み合う傾向が認められる。

以上を総合すると、既往の研究によって導き出された銜留の変遷観と、製作技術的視点から想定される銜の変化の方向性は、おおむね一致するといえる。

(4) 銜・引手と連結方法の相関

最後に銜と引手の連結方法についてみる（表 6）。遊環は基本的に 2 條ないし 3 條捩り技法の銜とは組み合わない。多條捩り引手と組み合う例もないことから、捩ることによって環部を成形する技法と遊環は、排他的な関係にあるといえる。引手との対応をみても 2 條線引手の陜川玉田 85 号墳例をのぞいて[20]、1 條線引手と組み合うことが特徴である。つまり遊環は、各部品の連結の容易な 2 條ないし 3 條捩

表6　銜の製作技法・引手の形態と連結方法の相関

		銜					引　手		
		2條捩り	3條捩り	多條捩り	無捩りb類	1條捩りb類	多條捩り	2條線	1條線
遊環	なし	4	40	12	36	17	26	39	49
	あり				35	12		1	48

り技法の銜・引手や2條線引手には、基本的に必要のない部品といえる。

無捩り技法 b 類・1條捩り技法 b 類の銜外環と1條線引手の内環を直接連結する場合には、どちらかの環部が成形された状態で、もう一方を連結してから環部成形する必要があるが、遊環を採用することによって、両方とも別々につくっておいても後から連結することが可能となる。つまり遊環については、引手の可動性を高める［金斗喆 1993］、引手と鏡板・鑣との間隔をあけることによって、摩擦による鏡板・鑣の損傷を軽減する［柳昌煥 2000a］といった使用上の効果ももちろんあっただろうが、車勇杰の指摘するように製作時の利便性という視点で理解するのが最も妥当であろう［車勇杰 2002］。ただし、遊環の採用には地域差があり、盛行する地域においても採用しない轡が一定数存在することからみて、必ずしも必要な技術であったとはいえない。

(5) 木心鉄板張輪鐙との共伴関係

これまでの検討から銜製作技法の変化に伴って、引手や銜留にも変化が認められることがわかった。そのような諸変化が三国時代のどの段階で起こったのかを明らかにするために、ここからは木心鉄板張輪鐙との共伴関係について検討する（表7・8）。木心鉄板張輪鐙は朝鮮半島南部全体で同じような変遷をたどることが確認されており、各地の古墳や土器の相対編年や、各地域間の併行関係を検証する材料となっている［朴天秀 1998b、白井 2003a］。

木心鉄板張輪鐙の型式分類に関しては、本書では柳昌煥の分類案を採用する［柳昌煥 1995・2004a］。すなわち、ⅠA 式は柄部と踏込部の幅が同じで短柄のもの、ⅠB 式は柄部と踏込部の幅が同じで長柄のもの、ⅡB 式は長柄で踏込部が幅広になるものを示す（図11）。各型式の末尾の数字は木心部分に鉄板を張る方法の差で、基本的に数字が大きいほど木心部分に張る鉄板の範囲は増えていく。柳の研究とそれを受けた白井克也［2003a］の研究によって、C 型[21]→ⅠA 式→ⅠB 式→ⅠB・ⅡB 式→ⅡB 式という変遷観が提示されている。

朝鮮半島南部最古の鐙とされる C 型鐙は、3 條（多條）捩り技法の銜をもつ轡と共伴する。木心鉄板張輪鐙は現在のところ、轡に比べ朝鮮半島南部での出現が遅れると考えられていることから［申敬澈 1994、柳昌煥 2004a ほか］、2 條ないし 3 條捩り技法の銜をもつ轡の多くが、C 型鐙段階もしくはそれ以前に遡ると推測される[22]。

C 型鐙に後続して出現するⅠA₂・₃・₄式の鐙は、おおむね併行して製作されたと考えられてい

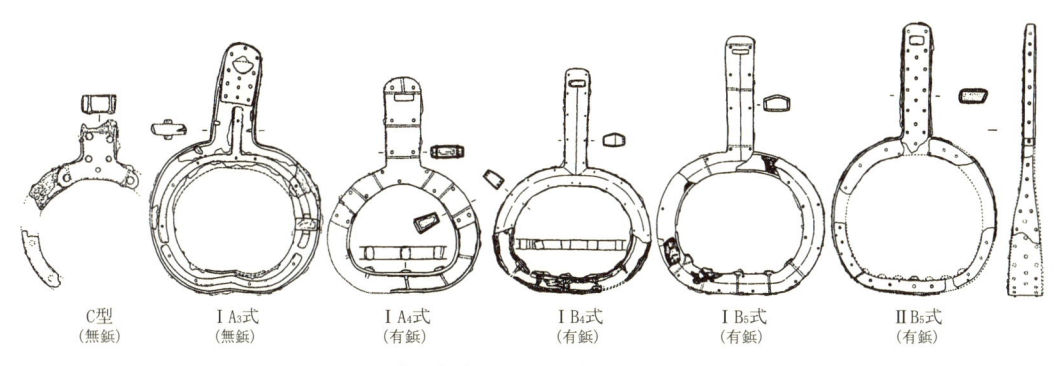

C型	ⅠA₃式	ⅠA₄式	ⅠB₄式	ⅠB₅式	ⅡB₅式
（無鋲）	（無鋲）	（有鋲）	（有鋲）	（有鋲）	（有鋲）

図11　木心鉄板張輪鐙の諸型式　（縮尺不同）

有鋲：踏込鋲あり　　無鋲：踏込鋲なし　　＊型式分類は［柳昌煥 1995・2004a］

表7 轡と鐙の共伴関係 (1)

古墳名	鐙型式 IA	鐙型式 IB	鐙型式 IIB	ほか	銜	引手	遊環	銜留
鳳鳴洞 C-9				C	2條捩り	—	—	鑣 (b1)
福泉洞 48				C	3條捩り	3條捩り	×	鑣 (a)
福泉洞 60（封土）				C	3條捩り	3條捩り	×	鉄鑣 (a)
斗井洞 1-5 ①				C	多條捩り	2條線 b2 類	×	鏡板 A（楕円）
斗井洞 1-5 ②					多條捩り	2條線 b2 類	×	鉄鑣 (a)
大成洞 47（主）	2				3條捩り	3條捩り	×	鑣 (a)
大成洞 57 ②	2				3條捩り	3條捩り	×	鏡板 A（心葉）
大成洞 57 ①					3條捩り	2條線 b2 類	×	鏡板 A（隅方）
良洞里 78	2				1條捩り a 類	2條線 b1 類	×	鑣
玉田 23	2				1條捩り b 類	—	×	環板 B（人字）
玉田 67-B					2條捩り	2條線 a 類	×	環板 B（Y字）
龍院里 9 号石槨	3				2條捩り	2條線	×	鑣
福泉洞 21・22（主）	3				多條捩り	2條線 b2 類	×	鑣
福泉洞 35・36（副）	3				多條捩り	1條線 a1 類	×	鏡板 B（楕円）
玉田 68	3				1條捩り b 類	2條線 b2 類	×	環板 B（T字）
道項里〈慶〉13	3				1條捩り b 類	1條線*	×	環板 B（人字）
林堂 7B（副）	3				無捩り b 類	1條線	×	環板
福泉洞 10・11（副）①	4				多條捩り	2條線*	×	環板 B（T字）
福泉洞 10・11（副）②	4				無捩り b 類	1條線 a1 類	×	鑣 (b2)
玉田 67-A	4				1條捩り b 類	2條線 b2 類*	×	環板 B（T字）
福泉洞 21・22（副）	4				1條捩り b 類	1條線 a1 類	×	鑣 (b1)
玉田 28		3			1條捩り b 類	1條線 a2 類	×	環板 B（Y字）
造永 EI-1（副）①		3			無捩り b 類	1條線 a2 類	×	環板 B（人字）
造永 EI-1（副）②					無捩り b 類	1條線	×	環板 B（人字）
玉田 95		3			無捩り b 類	1條線 a2 類	○	鑣 (b)
玉田 35		4			1條捩り b 類	1條線 a2 類	×	環板 B（人字）
玉田 91		4			無捩り b 類	1條線 a2 類	×	鑣
玉田 70		4			無捩り b 類	1條線 a2 類	○	鏡板 B（楕円）
玉田 8		4			1條捩り b 類	1條線 a2 類	○	鑣 (b2)
玉田 82		4			無捩り b 類	1條線 a3 類[註1]	×	鏡板 B（内楕）
龍院里 12 号石槨		4			無捩り b 類	1條線 a3 類	×	鑣
玉田 M2		4			無捩り b 類	1條線 a3 類	×	鏡板 B（楕円）
新鳳洞 92-93		4			—	—	—	鏡板（楕円）
造永 CII-2（副）①			5		無捩り b 類?	2條線 b 類*[註2]	×	環板 B（人字）
造永 CII-2（副）②			5		1條捩り b 類	1條線*[註2]	×	—
造永 EIII-2（副）①	○		5		1條捩り b 類	1條線 a2 類	×	環板 B（人字）
造永 EIII-2（副）②					無捩り b 類	1條線 a1 類	×	環板 B（人字）
玉田 M1（B）			5		1條捩り b 類	1條線 a2 類	○	環板 B（Y字）
玉田 M1（C）			5		無捩り b 類	1條線 a2 類	○	環板 B（Y字）
新鳳洞 92-97-1			5		1條捩り b 類	1條線 a2 類	○	鑣 (b2)
道項里〈文〉54			5		1條捩り b 類	1條線 a3 類	○	鏡板 B（内楕）
新鳳洞 92-80			5		無捩り b 類	1條線 a2 類	○	鑣 (b2')
林堂 2 北（副槨）			5	鉄	無捩り b 類	1條線 a2 類	○	鏡板

[凡例]・鐙型式の IA・IB・IIB の欄の数字は［柳昌煥 1995］の細別型式
・C：C型鐙、鉄：鉄製輪鐙　・＊：方円結合金具　・（隅方）：隅丸方形、（内楕）：内彎楕円
註1：瓢形引手壺を別造ではなく一体につくる
註2：方円結合金具が1点出土しているがどちらに帰属するか確定できない

る［柳昌煥 1995］。これらの鐙に伴う轡には無捩り技法 b 類・1 條捩り技法 b 類銜をもつものがあらわれ、銜製作技法に大きな変化が認められる。IA₂ 式鐙には 1 條線引手をもつ轡と共伴する例がなく、IA₃・₄ 式鐙には、1 條線引手をもつ轡との共伴例が複数認められることから、IA₂ 式鐙が IA₃・₄ 式鐙に若干先行するとした柳昌煥の変遷観と、前節で想定した轡の変遷観が一致する。

　IA 式鐙と共伴する環板 B 類には多様な製作技法の銜が伴い、過渡期的状況をよく示している。一方、IA 式鐙と鏡板 B 類の共伴例は福泉洞 35・36 号墳例をのぞいてみられない。環板の諸型式間には銜製作技法との組み合わせに連続的な変化が追えるのに対し、鏡板の A 類と B 類には組み合わせ上の共通点が少ないことをふまえると、鏡板 A 類と鏡板 B 類の間に連続的な変化を認めることは困難である。ともかく鏡板 B 類の出現は、基本的に無捩り技法 b 類・1 條捩り技法 b 類の銜よりも遅れて出現したといえる[23]。また遊環も IA 式鐙と共伴する時期にはまだ出現していない。

　IA 式鐙に後続する IB₃・₄ 式鐙と共伴する轡は、ほぼすべて無捩り技法 b 類もしくは 1 條捩り技法 b 類の銜をもつ。鏡板 B 類が登場し、遊環も一部の地域で普及している。1 條線引手 a3 類もこの段階に出現する。IB₃・₄ 式に後続する IB₅ 式と IIB 式の鐙と共伴する轡にも同じような傾向が認められる。

　以上、鐙の各型式との対応関係について検討してきた。先に想定した轡の諸属性の変遷観を覆す

ような事例は確認されない。型式のわかる鐙との共伴例にもとづいた限定的な検討に過ぎず、それぞれの属性の出現時期や消滅時期には変動の余地がある。しかし、無捩り技法 b 類・1 條捩り技法 b 類銜の出現をはじめとする轡にみられる一連の変化が、IA 式鐙と共伴する時期に広範な地域で同時に起こっていることはほぼ疑いの余地がない。

柳昌煥も編年基準として採用している鐙の柄部の長短に関しては、新古の基準にならないという批判も根強くあるが［崔秉鉉 1983・1992、李熙濬 1995a・2006］、轡との対応関係についてみた結果、C 型鐙→IA 式鐙→IB 式鐙さらには IIB 式鐙へという変遷観に特に

表8　轡と鐙の共伴関係（2）

古墳名	鐙型式 IA	IB	IIB	ほか	銜	引手	遊環	銜留
龍院里 C 地区石室墳			1		1 條捩り b 類？	1 條線	×	鑣（b1）
玉田 24			1		1 條捩り b 類	1 條線 a2 類	○	鑣
玉田 76			1		1 條捩り b 類	1 條線 a2 類	○	鏡板 B（内楕）
新鳳洞 90A-4			1		1 條捩り b 類	1 條線 a2 類	○	鑣（b2'）
新鳳洞 82-8			1		1 條捩り b 類？	1 條線 a2 類	○	鑣（b1）
主城里 2 号石槨			1		無捩り b 類	1 條線 a2 類	○	鏡板 B（内楕）
新鳳洞 82-6			1		無捩り b 類	1 條線 a2 類	○	鑣（b1）
新鳳洞 82-7			1		無捩り b 類	1 條線 a2 類	○	鑣
新鳳洞 90B-1			1		無捩り b 類	1 條線 a2 類	○	鑣（b2）
新鳳洞 92-60			1		無捩り b 類	1 條線 a2 類	○	鑣（b1）
福泉洞 23			1		無捩り b 類	1 條線 a3 類	○	鏡板 B（f 字）
玉田 20			1		無捩り b 類	1 條線 a3 類	○	鏡板 B（内楕）
新鳳洞 82-3			1		無捩り b 類	1 條線 a3 類	○	鑣（b1）
龍院里 1 号石槨			1		無捩り b 類	1 條線 b 類	○	鑣（b2）
龍院里 C-1 号石槨			1		無捩り b 類	1 條線	―	―
新鳳洞 92-54			2		1 條捩り b 類	1 條線 a2 類	×	鑣
玉田 M1（A）			5		1 條捩り b 類	1 條線	×	環板 B（人字）
新鳳洞 92-98			5		1 條捩り b 類	1 條線 a2 類	○	鑣
新鳳洞 82-14			5		無捩り b 類	1 條線 a2 類	○	鑣
玉田 M3（A）			5		無捩り b 類	1 條線 a3 類	○	鏡板 B（内楕）
道項里〈現〉22			5		無捩り b 類	1 條線 a3 類	○	鏡板 B（f 字）
玉田 M3（B）				鉄	1 條捩り b 類	1 條線	○	鏡板 B（内楕）
道項里〈現〉5①				鉄	無捩り b 類	1 條線 a2 類	○	鏡板 B（内楕）
道項里〈現〉5②				鉄	無捩り b 類	1 條線	―	―
道項里岩刻画				鉄	無捩り b 類	1 條線	×	環板
林堂 5C-1 号遺構				鉄	無捩り b 類	1 條線 a2 類	○	鏡板 B（楕円）
造永 EI-2（副）				鉄	無捩り b 類	1 條線	○	鏡板 B（楕円）
玉田 M3（C）				鉄	無捩り b 類	1 條線 a3 類	○	鏡板 B（f 字）
新鳳洞 92-83				鉄	無捩り b 類	1 條線 a3 類	○注	鏡板 B（楕円）
林堂 6A①				鉄・壺	無捩り b 類	1 條線 a2 類	×	鏡板 B（心葉）
林堂 6A②				鉄・壺	無捩り b 類	1 條線 a1 類	○	鏡板 B（心葉）

［凡例］・鐙型式の IA・IB・IIB の欄の数字は［柳昌煥 1995］の細別型式
・鉄：鉄製輪鐙、壺：木心鉄板張壺鐙　・（内楕）：内彎楕円
註：固定式遊環に遊環を連結

矛盾はない。すなわち短柄から長柄へという変遷は、東北アジア全域で認められる現象かはともかくとして、少なくとも朝鮮半島南部の中では妥当なものとみられる。ただし柳昌煥や白井克也が想定するように、IA 式と IB 式を完全に前後関係として把握できるかどうかについては、検討の余地が残る[24]。

5. 朝鮮半島南部三国時代における轡製作技術の展開

（1）朝鮮半島南部三国時代轡の変遷と画期

図12は、轡を構成する諸属性の各要素の消長を、鐙との共伴関係を参考に配列したものである。各段階の開始の指標となる要素については太線で表示してある。鏡板 B 類の出現が、無捩り技法 b 類・1 條捩り技法 b 類銜の出現より遅れたことは、轡自体の分析からも明らかであったが、鐙との共伴関係に注目することで、鏡板 B 類、1 條線引手 a3 類の出現という画期がより明確となった。よって、それらの出現も轡の変遷の画期と捉え、朝鮮半島南部三国時代 I～III 段階を設定する。各段階の上限は基準となる指標の出現時期に求め、個々の要素の消滅時期は段階

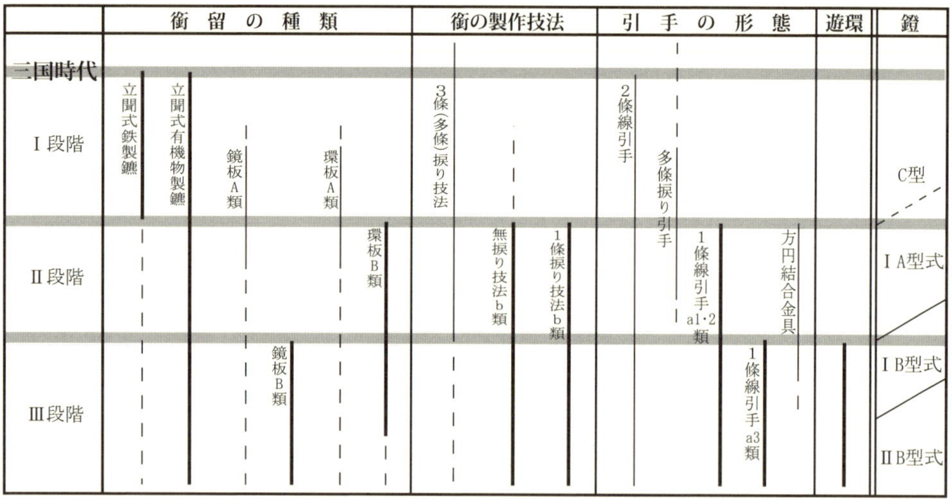

図12　朝鮮半島南部三国時代における鉄製轡の変遷

区分の上では考慮していない。このため鑣轡のように指標となる要素が少ない場合、どの段階かを轡のみから位置づけるのは困難なこともある[25]。

ところで、これらの各段階は結果的に金斗喆のⅠ～Ⅲ期[26]とほぼ対応するものとなっている[金斗喆 2000]。しかし、製作技術から再検討した結果、個別資料の具体的な位置づけや各段階に対する理解については金と異なる部分も多い。以下、朝鮮半島南部出土馬具の製作年代を考える上で重要な慶州地域や中国東北部の様相に注意しつつ、各段階の特徴についてみていく。

(2) 朝鮮半島南部三国時代Ⅰ段階　(図13)

三国時代に入ると立聞式の轡が新たに登場する。それらの轡は、基本的に3條撚り技法銜である。これらの轡を含め、三国時代の騎乗用馬具は、中国東北部の馬具の強い影響を受けていると考えられており、実際、次章でみるように中国東北部の遼寧省朝陽周辺や吉林省集安一帯から出土する轡には、2條ないし3條撚り技法の銜をもつものが確認できる。一方で3條撚り技法は、後述するように原三国時代の轡にすでに確認されることもまた、注意しておく必要がある(本書、第4章参照)。

Ⅰ段階についてはまだ資料数が十分に確保されておらず、かつ相対編年の検証材料として用いた鐙が出現する以前の資料がかなり含まれていると考えられ、今回の分析によって個々の属性の出現時期や存続幅を推定することは困難である。ここではⅡ段階よりも古く位置づけられる資料群であることにその意味を求めておきたい。この段階に原三国時代にはなかった鋲留技術が新たに導入され、鏡板・環板と銜留金具の固定や頭絡の帯紐との連結などに用いられる。鋲留技術は轡の他にも、ほぼ同時期に出現する木心鉄板張輪鐙や鉄製甲冑などにも用いられ、以後、朝鮮半島南部に定着していく[27]。

古墳群ごとにみていくと南東部の大成洞、良洞里古墳群と、中西部の鳳鳴洞、松壴里古墳群、斗井洞Ⅰ-5号墳(図13:1・2)の資料は、基本的にこの段階に位置づけられる。南東部の福泉洞古墳群からもⅠ段階の資料が多く出土しているが、Ⅱ段階以降も継続していることが特徴である。

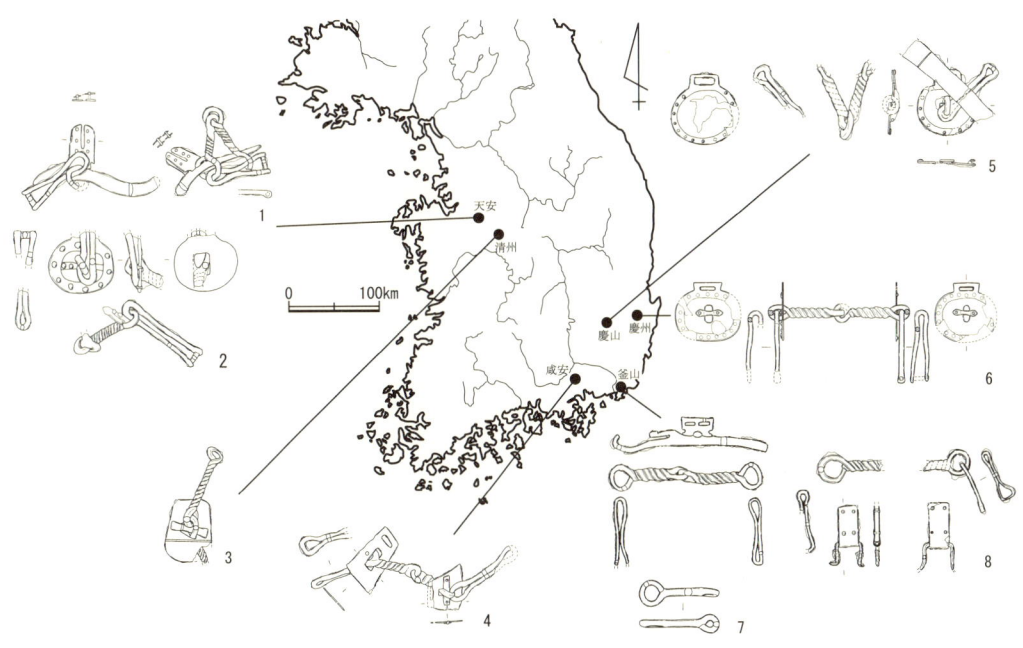

図13　朝鮮半島南部三国時代Ⅰ段階の様相　(S=1/10)
1・2：斗井洞Ⅰ-5号墳　3：松坱里13号墳　4：道項里〈文〉3号墳　5：林堂G-6号墳
6：月城路カ-13号墳　7：福泉洞38号墳　8：福泉洞71号墳

同じく南東部の林堂古墳群では林堂G-6号墳（図13：5）の鏡板轡A類が確認されるのみである。ただし、同古墳群では原三国時代から馬具が出土していることと、この段階に属すると考えられる遺構が未調査区にも存在すると想定されていることをふまえれば、今後この段階の資料が増加する可能性は十分ある。南東部の玉田、旭水洞古墳群や、中西部の新鳳洞、龍院里古墳群からは鑣轡や破片資料など判断が難しい資料をのぞいて、Ⅰ段階の特徴をもつ資料は見当たらない。これらの古墳群ではⅡ段階以降、馬具副葬が始まるようである。

この段階の資料は今回取りあげた地域以外にも南東部の慶州、蔚山、浦項、尚州、馬山、昌原や中西部の忠州、牙山など朝鮮半島南部各地に散在している。朝鮮半島南部の暦年代論で重要な位置を占める慶州月城路カ-13号墳（図13：6）の鏡板轡A類は、多條捩り技法の銜と2條線引手をもち、この段階に位置づけられる。

朝鮮半島南部各地に分布する多條捩り引手をもつ轡は、すでに指摘されてきたように朝鮮半島北部や中国東北部には類例がない。後でみるように原三国時代にはすでに多條捩り引手をもつ轡が散見され、朝鮮半島南部における轡生産を考える上で一つの指標となる。多條捩り引手をもつ轡が多数出土する洛東江下流域の釜山・金海地域は、Ⅰ段階の時点で轡の生産を開始していた地域の一つには違いないが、多條捩り引手の分布の広がりは、Ⅰ段階における轡生産がこれまでに考えられてきたよりもずっと多元的であったことを示しているのであろう。

(3) 朝鮮半島南部三国時代Ⅱ段階　（図14）

無捩り技法b類や1條捩り技法b類という、新しい銜の製作技法が登場し、3條捩り技法と徐々に入れかわっていく。無捩り技法b類については、第Ⅲ部で詳しくみるように出現の上限

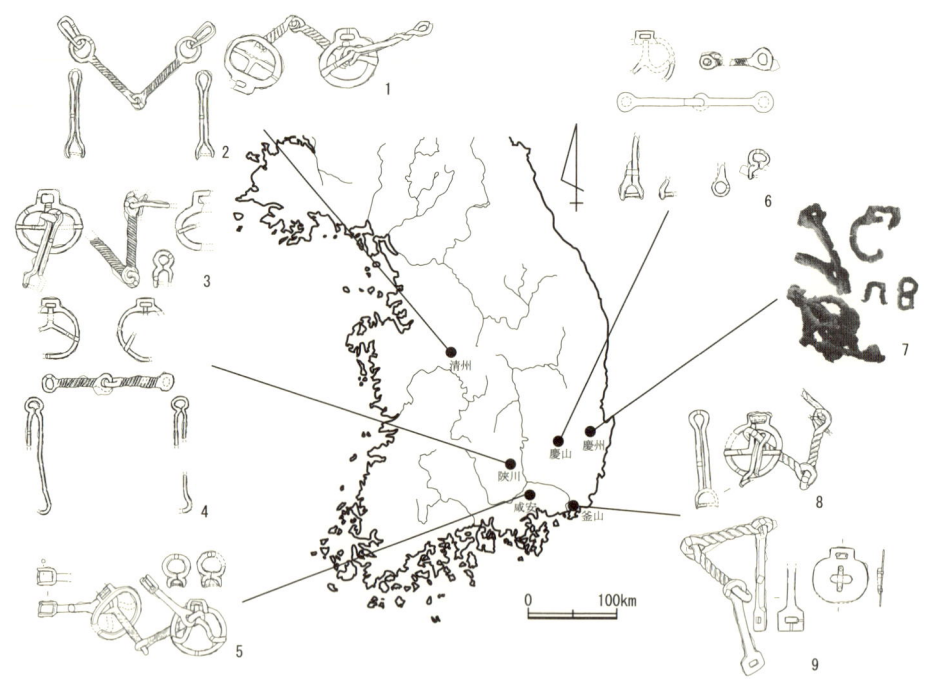

第Ⅰ部　東北アジアにおける馬具製作技術とその年代

図14　朝鮮半島南部三国時代Ⅱ段階の様相　(S=1/10、7は縮尺不同)
1：新鳳洞採集品　2：新鳳洞92-91号墳　3：玉田67-A号墳　4：玉田67-B号墳　5：道項里〈慶〉13号墳
6：造永CⅡ-2号墳　7：皇南洞109-3・4号墳　8：福泉洞31・32号墳　9：福泉洞35・36号墳

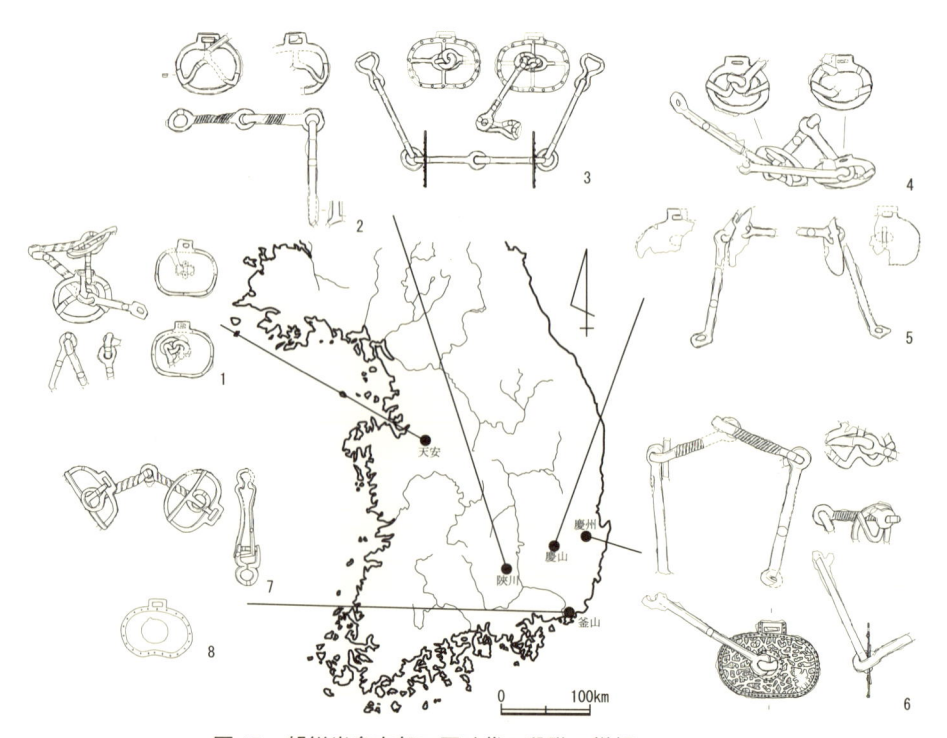

図15　朝鮮半島南部三国時代Ⅲ段階の様相　(S=1/10)
1：龍院里108号土壙墓　2：玉田M1号墳　3：玉田M2号墳　4：造永EⅠ-1号墳　5：造永EⅠ-2号墳
6：皇南大塚南墳　7：福泉洞10・11号墳　8：福泉洞(東)1号墳

年代が遡上する可能性もあるが、新しい銜製作技法だけでなく、1條線引手や環板轡B類なども
出現するなど、轡製作技術全体が大きく変化していくことに違いはない。なお、次章で詳しくみ
るように、中国東北部や朝鮮半島北部では無撚り技法 b 類の銜は確認されているものの、1條線
引手や1條撚り技法 b 類銜などはまだ確認されていない。したがって三国時代Ⅱ段階の技術的
変化の淵源がどこに求められるのかを直ちに明らかにすることは難しい。また、その変化は漸進
的で、個々の資料の組み合わせは非常に多様で定型性が認められないことから、前後の段階の
過渡期的な段階と位置づけられる。かなりの頻度で鐙や鞍や雲珠、杏葉などと共伴することが、
Ⅰ段階と異なる大きな特徴である。引手壺とみる見解もある方円結合金具は、この段階から出土
しはじめる[28]。

　南東部の旭水洞、玉田古墳群と、中西部の新鳳洞、主城里、龍院里古墳群はこの段階から馬具
副葬を開始する。これらの古墳群は、次のⅢ段階に至るまで副葬を継続する点において共通する。
各種馬具の普及に加えて馬具副葬古墳数の増加もこの段階の特徴の一つといえる。

　福泉洞古墳群ではⅠ段階以来の3條（多條）撚り技法の銜を維持しつつも福泉洞35・36号墳例
（図14：9）の1條線引手や、福泉洞31・32号墳例（図14：8）の環板B類などⅡ段階の指標とな
る要素が組み合い、既存の生産体制に新たな技術が導入・定着していく過程をうかがうことが
できる。一方、この段階から馬具を副葬しはじめる玉田古墳群では当初から無撚り技法 b 類や
1條撚り技法 b 類の銜を採用しており、新たな技術の導入は地域ごと、古墳群ごとに様相を異
にする。慶州地域には検討に耐えうる報告例が少ないが、皇南洞109-3・4号墳（図14：7）から
2点の環板轡が出土している。うち1点は写真から1條線引手 a1 類に無撚り技法 b 類銜と判断
され、現状では慶州地域におけるⅡ段階の初現資料として評価できる。

　ところで金斗喆や柳昌煥は、環板轡B類の創出とその波及を一つの重要な根拠として、この
段階における馬具の拡散に洛東江下流域の果たした役割を積極的に評価している［金斗喆 2000、
柳昌煥 2000a］。しかし、肝心の金海地域からはまだ環板轡B類の出土は知られていない。他の
地域の環板轡B類はほぼすべて無撚り技法 b 類もしくは1條撚り技法 b 類の銜を採用している
のに対して、釜山地域の環板轡B類の多くが3條（多條）撚り技法銜であることは、洛東江下流
域を環板轡B類の創出地と考える上でプラスのようにもみえる。しかし、多條撚り技法銜の逆
T字形銜留環板轡B類が最近、慶州地域の舎羅里13号木槨墓から出土したように［嶺南文化財研
究院 2007］、問題はそう単純ではない。この問題については第7章で改めて考えてみたい。

（4）朝鮮半島南部三国時代Ⅲ段階　（図15）

　技術的には前段階と区別するほどの画期とはいえないものの、中国東北部には類例のない鏡板
轡B類の出現は、朝鮮半島南部における馬具生産、特に装飾性の高い馬具の生産を考える上で、
最大の画期である［柳昌煥 2004a］。Ⅰ段階的な技術がほぼ消滅し、Ⅱ段階に現れる技術が定着す
る。鉄地金銅張技法が鏡板に本格的に導入され[29]、1條線引手 a3 類や、内彎楕円形や f 字形と
いった新型式の鏡板が登場する。金斗喆が「加耶・新羅馬具の地域分化期［金斗喆 2000：226］」と
表現するように各地で独自の馬装が成立しはじめる。

　ここからは、各地域における鏡板轡B類の出現過程を概観してみよう。まず暦年代論の軸と

なる慶州における鏡板轡B類の初現についてみていくと、皇南大塚南墳（図15：6）からは3点の環板轡B類と楕円形の鏡板轡B類が出土している。これ以後に位置づけられる慶州の大型墳は基本的に鏡板轡B類のみを複数副葬することから、ここに画期を求めることができる。玉田古墳群では玉田M1号墳（図15：2）には環板轡B類が3点副葬され、玉田M2号墳（図15：3）には1條線引手a3類をもつ楕円形鏡板轡B類が副葬されており、その次の玉田M3号墳には鏡板轡B類のみ3点副葬されていることから、玉田M1・M2号墳のあたりに画期を求めることができる[30]。次に林堂古墳群についてみていくと、土器から皇南大塚南墳と併行すると考えられている［金龍星 1998］造永EI-2号墳（図15：5）から楕円形の鏡板轡B類が出土し、墳丘の重複関係から造永EI-2号墳に先行する造永EI-1号墳（図15：4）からは環板轡B類が出土している。福泉洞古墳群では福泉洞10・11号墳（図15：7）には環板轡B類が副葬されているのに対し、後続すると考えられる福泉洞（東）1号墳（図15：8）には内彎楕円形の鏡板B類が副葬されている。龍院里古墳群では龍院里108号土壙墓（図15：1）で環板轡B類と内彎楕円形の鏡板轡B類が共伴している。

これらの古墳は、他の副葬品などからみても各古墳群内において卓越した規模の古墳ということができ、そのような各地の上位階層の古墳において、環板轡B類から鏡板轡B類への変化が早かれ遅かれ起こっていたことが確認できる。もちろん厳密にいえば、細かい時期差はあるだろうが、それらを見出すためには本章とは異なったアプローチが必要となろう。それよりもこの段階に、朝鮮半島南部以北にはみられない鏡板轡B類が、新羅、加耶、百済といった当時の国の範囲を越えてほぼ同時に現われることを最大限に評価したい。

（5）朝鮮半島南部三国時代の轡生産

現時点で各古墳群から出土している轡の段階を模式的に示したものが図16である。あくまで模式的に示したものであり、各段階の中での細かな時期差や出土量の多寡は考慮していないものの、おおまかな傾向を読みとることは許されよう。すなわち、朝鮮半島南部において一定量の馬具（轡）を副葬する古墳群には、Ⅰ段階からⅢ段階すべての轡を出土するグループ（南東部：福泉洞、道項里、林堂）、そしてⅠ段階の轡のみを出土するグループ（南東部：大成洞、良洞里。中西部：鳳鳴洞、松垈里、斗井洞）、最後に主としてⅡ段階以降の轡を出土するグループ（南東部：玉田、旭水洞。中西部：新鳳洞、主城里、龍院里）という三つのパターンがあるようである。Ⅰ段階の轡を副葬する古墳群の多くが、Ⅱ段階の画期をまたがずに轡の副葬を終了しており、Ⅱ段階の画期から轡を副葬しはじめる古墳群の多くがⅢ段階以降も轡の副葬を継続する、という傾向を認めることができる。

三国時代の朝鮮半島南部には新羅、加耶、百済といった複数の国が存在し、それぞれ独自の馬具生産体制をもっていたと考えられるが、轡の製作技術は、それらの政治的領域を越

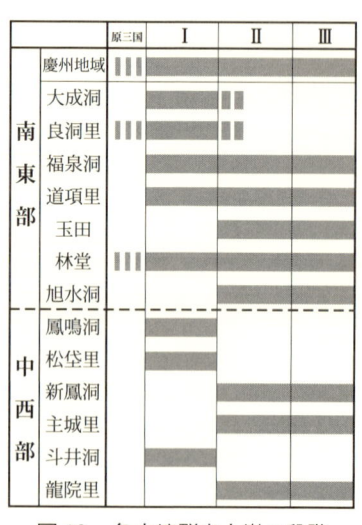

図16　各古墳群出土轡の段階

えて、朝鮮半島南部全体で特定の画期を共有しながら変遷していくことが明らかとなった。洛東江下流域を中心に騎馬文化の導入・波及がなされたという見解があるけれども、三つの画期は各地でほぼ同時に認められることを改めて強調しておきたい。Ⅱ段階以降、次第に顕著になっていく地域性も、各段階の範疇に含まれるものである。戦争、同盟、交易など様々なレベルにおける緊密な相互交渉の結果、比較的等質な技術レベル（技術の「歴史的水準」）を朝鮮半島南部全体で共有しながら、各地で轡製作がおこなわれたのであろう。

6. 結　語

　本章では、銜の製作技法というこれまであまり注意されてこなかった視点にもとづいて、三国時代における轡のおおまかな変遷を明らかにした。さらに鐙との共伴関係にもとづいて、朝鮮半島南部の轡の変遷に三つの大きな画期を設定した。この画期は、いうまでもなく馬具全体の画期と連動していたと考えられる。

　ところで、朝鮮半島南部の馬具には、4・5世紀代の'確実な'年代決定資料が存在しない。そのため本章では、各段階の具体的な暦年代については、あえて言及することを避けた。既存の年代観の多くが、その根拠の一端を中国東北部の鐙をはじめとする馬具の年代に求めてきたものの、必ずしも意見の一致をみていない。そこで次章からは、本章で確立した轡の変遷観をもとに、鐙を中心に進められてきた既存の暦年代論を再検討してみることとしよう。

註
（1）本書では銜留形式（鏡板や鑣）の如何を問わず、金属製の銜をもつ轡をひとまず金属製轡とし、鉄製銜をもつ轡を鉄製轡、青銅製銜をもつ轡を青銅製轡というように細分する。
（2）たとえば、中西部の清原松垈里13号墳から出土した隅丸梯形鏡板轡の型式学的位置づけをめぐって、成正鏞と李尚律の退化の方向性に対する理解はまったく異なる［李尚律 2001：145、成正鏞 2003a：24］。
（3）当初は「属人的水準」としていたが［勝部ほか 1998：80-81］、その後「社会的水準」と改めている［鈴木勉 2008：676］。
（4）馬の口内から銜の脱落を防ぐことを目的とする鏡板や鑣などの総称［金斗喆 2000］。
（5）「ネジ銜」（捩りをもつ銜）は、丸棒状の銜より作用の強い銜として現在も用いられているようである［中村 2005a：55］。ただし、中村潤子氏のご教示によれば、強い痛みをもたらす銜が必ずしも馬を制御するにあたって効果的とはいえないとのことである。
（6）増田精一は馬の咀嚼力から有機物製の銜の存在には否定的である。ウクライナのデレイフカ遺跡から出土した鹿角製鑣のように金属製銜を伴わない初期の事例についても、銜のない頭絡を想定している［増田 1974］。
（7）具体的な調査方法としては、條線の凹部に添わせてテープを巻き、テープが1周した状態での、テープとテープの間にある凸部の数を数えた。この数が條線の単位であり、一つの個体にみられる単位パターンは基本的に一つである。條線を客観的に把握するためにはこの単位の違いを認識することが何より重要であり、可能な限り手にとって自由に動かせる状態で観察することを心がけた。
（8）1條線引手、2條線引手の「條線」と同義である。
（9）いくつかの資料の断片的な観察結果にもとづく限り、内環にT字成形、外環に折り返し成形を

用いている場合が多い。T字成形は環部径が大きいと構造上、不安定であるが、環部径の小さいもの同士を連結する際には折り返し成形よりも簡便であるためと考えられる。
　　なお、將平鍛刀場の藤安正博氏のご教示によれば、鉄棒の先端をやや扁平にし、円形鏨で中央部分を抜いた後に鍛打しながら環部を成形していく方が簡便かつ合理的とのことである。この場合、環部には接合の痕跡は残らない。環部の内側面が正円形を呈し、X線写真を観察しても鍛接部分のみえないような資料の中には、このような方法でつくられたものもあるかもしれない。

(10) 1條捩り技法b類が認められるその他の鉄製品として、鑷子状鉄製品が挙げられる（本書、第11章参照）。

(11) 展示ケース越しでは確認できない場合も多く、遺存状態によっては手にとって観察しても識別困難な場合もある。

(12) 全周巻き技法⑭に分類される資料の中で、環部成形のために折り返した鉄棒の先端をそのまま反対側の環部手前まで巻きつけていることが確認できた資料として、咸平新徳古墳出土有機物製鑣轡、義城鶴尾里3号石槨墓出土鉄製鑣轡や静岡県宇洞ヶ谷横穴墳出土鉄地金銅張心葉形鏡板轡が挙げられる。この他に大阪府勝福寺古墳出土円環轡も全周巻き技法のようであるが［田中由 2007］、両環部から巻きつける点で上述の3例とは異なる。

(13) 銜身全体に7単位の細かな條線が確認された。條線に凹凸がほとんどない点や、7本の條線が方形鉄棒の四つの角に対応しない点などを総合すると、切削によって條線をつくりだした可能性が高い［諫早ほか2008、諫早2009a］。

(14) 張允禎の分類案に照らし合わせると、b1類は棒状掛留式、b2類は板状掛留式、b3類は棒状鉸具造式におおむね対応する［張允禎2003］。

(15) 固定式遊環は韓国では二重外環と呼ばれている。確かに可動性をもたない部位を固定式遊環と呼ぶことには違和感があるかもしれない。また銜の一部であるという点において二重外環という呼称にも一定の妥当性を認めてよいだろう。ただし、二重外環自体は前1千年紀のユーラシア草原地帯の青銅製銜にすでにみられるため、これらと区別する上でも本書では固定式遊環と呼びたい。二重外環は外側の環部に手綱を直接連結するのに対し、固定式遊環は引手（円環）あるいは可動式の遊環といった別の金属製部品を連結するもので、環部のもつ機能がまったく異なる。また前者は二つの外環が同じ方向を向いているのに対し、後者は銜外環と固定式遊環が直交しており、形態的にも差異がある。

(16) 前稿［諫早2005a］で扱った古墳群でその後に報告された資料も加えて検討しているため、分析資料数は前稿より若干増えている。また前稿脱稿後に資料を実見し、知見の変わった資料も若干ある。いずれにせよ論旨に大きな変更はない。

(17) 慶山地域の林堂古墳群は、林堂地区や造永地区など複数の地区からなるが、本章では一括して林堂古墳群として検討する。また旭水洞古墳群は現在の行政区分では大邱広域市に含まれるが、同一水系の林堂古墳群と5kmしか離れておらず、かつ林堂古墳群の強い影響下に置かれていたと考えられているため［金龍星1998］、慶山地域に含めて検討する。

(18) ただし、無捩り技法b類・1條捩り技法b類が3條捩り技法にとって代わる理由を具体的な根拠をもって説明することは難しい。耐久性の問題さえクリアされれば、3條捩り技法より作業工程は少なく、使用する鉄棒の量も節約できたのであろうか。

(19) b2類やb2'類のうち2孔の立聞孔をもつものについては、2條ないし3條捩り技法の銜と組み合う。

(20) 前稿では清州新鳳洞92-91号墳（図14：2）も遊環と2條線引手が組み合う例として挙げたが［諫早2005a：123］、その後改めて検討した結果、遊環と認識した金具はb1類立聞用金具である可能性が高い。ここに謹んで訂正したい。

(21) 柳昌煥は1995年に最古型式として設定したIA₁式を、2004年に柄部と輪部の接合部のみを補強したC型と、柄部二段鉄板補強のE型に細分し、C型を最古型式として位置づけた［柳昌煥1995・2004a］。新稿の別型式については基本的に旧稿の型式分類を踏襲しているため、本書では

C型以外は旧稿の型式名を用いることとする。
(22) 長期に渡って轡を副葬する福泉洞古墳群では、基本的に木槨墓から石槨墓へと変遷することが明らかとなっていて［釜山大学校博物館 1983］、2点のC型鑣は前者から出土している。木槨墓に副葬されている轡は、ほとんどが3條（多條）捩り技法の銜をもつことからも、3條（多條）捩り技法の銜の盛行期間を推測することができる。
(23) 福泉洞35・36号墳から出土した鏡板轡B類は3條捩り技法の銜をもち、IA$_3$式鑣と共伴することからⅡ段階の早い時期に位置づけられる。これを積極的に評価すれば、鏡板轡B類の出現時期が環板轡B類と同時であったとみることもできるかもしれないが、鏡板B類の中で唯一、多條捩り技法の銜と組み合い、他の鏡板轡B類との差異が大きい。この轡の位置づけについては第7章で改めて考えてみたい。
(24) 筆者らの調査により、慶山造永EⅢ-2号墳でIA式鑣とIB式鑣の共伴が確認された［金大郁ほか 2009］。このことから短柄鑣と長柄鑣は、製作年代はさておき副葬年代は一部重複すると考えるべきであろう。
(25) 轡の時間的位置づけについて轡自体の検討から明らかにできるのは、諸属性の中の最も新しい要素の上限年代より遡らないということまでである。
(26) 金斗喆は三国時代馬具を4期に区分し、Ⅰ期を「実用馬具の受容期」、Ⅱ期を「騎乗文化の拡散期」、Ⅲ期を「加耶・新羅馬具の地域分化期」、Ⅳ期を「馬具の多変化期」とした［金斗喆 2000］。
(27) 鋲留技法を媒介とした馬具製作と甲冑製作の近縁性は、すでに日本の古墳時代中期において指摘されてきた［北野 1963 など］。しかし、北野耕平の挙げた鞍に用いられる鋲は打込鋲であり、かしめ鋲を用いる鋲留甲冑とは根本的に異なるとして、批判を受けている［桃崎 2004a ほか］。三国時代Ⅰ段階の轡と甲冑にみられる鋲はサイズこそ異なるものの、いずれも扁平な円頭のかしめ鋲を用いるもので、基本的に同じ技術とみてよい。
(28) 方円結合金具については引手壺とみる見解が一般的であるが［中山 1990、金斗喆 1993 など］、引手外環に連結された状態で出土したのは筆者の知る限り福泉洞 10・11号出土鑣轡のみである（図29：39）。福泉洞例については出土状況図をみると、方形引手外環に連結されていたようであるが、轡の実測図および写真をみる限り、方円結合金具は一部が欠損しており、近接して出土したことは確かであろうが、確実に連結されていたかどうかの判断は難しい。いずれにせよ方円結合金具については引手壺以外の部品、たとえば面繋付属具などの可能性も想定しておくべきであろう。
(29) 三国時代Ⅰ・Ⅱ段階の轡には鉄地金銅張技法は認められないが、それに類するものとして慶州月城路カ-13号墳の銅地金銅張鏡板轡A類や金海大成洞2号墳の青銅製鏡板轡A類、咸安道項里〈文〉48号墳の鉄地金銅張鏡板轡が挙げられる。
(30) 玉田M1号墳とM2号墳についてはほぼ同時期とみる見解と［趙栄済 1996］、M2号墳が先行するとみる見解がある［朴天秀 1998b、金斗喆 2001］。

遺跡の出典　（4で分析した資料のみ）
[南東部]
大成洞古墳群：申敬澈 1994、国立金海博物館 1998、慶星大学校博物館 2000a・2003・2010
良洞里古墳群：東義大学校博物館 2000・2008
福泉洞古墳群：東亜大学校博物館 1970、釜山大学校博物館 1983・1990a・1990b・1996、全玉年ほか 1989、李尚律 1990、釜山直轄市立博物館 1992、申敬澈 1994、金斗喆 1995、宋桂鉉ほか 1995、釜山広域市立博物館福泉分館 1997・2001、釜山博物館 2002、福泉博物館 2010a・b
林堂古墳群：嶺南大学校博物館 1994・1999a・2000・2002a・2003・2005、韓国文化財保護財団 1998b、嶺南文化財研究院 2001b・2001c、金大郁ほか 2009
旭水洞古墳群：嶺南大学校博物館 1999b・1999c・1999d・1999e・1999f・1999g
道項里古墳群：昌原大学校博物館 1992、国立昌原文化財研究所 1996・1997・1999・2000・2001・2002・2004、慶南考古学研究所 2000、慶南発展研究院 歴史文化센터 2004、東亜細亜文化財研究

院 2008
玉田古墳群：慶尚大学校博物館 1988・1990・1992・1993・1995・1997・1998・1999・2000・2003
[**中西部**]
鳳鳴洞古墳群：忠北大学校博物館 2005、諫早 2007b、成正鏞ほか 2009
松坮里古墳群：韓国文化財保護財団 1999a
新鳳洞古墳群：忠北大学校博物館 1983・1990・1995、国立中央博物館 1999、成正鏞ほか 2006
主城里古墳群：韓国文化財保護財団 2000
斗井洞 I-5 号墳：公州大学校博物館 2000b
龍院里古墳群：公州大学校博物館 2000a、서울大学校博物館ほか 2001

第2章　東北アジア出土馬具の製作年代（1）
―三燕・高句麗・新羅―

1. 問題の所在

　316年の西晋滅亡から、439年北魏の太武帝による華北統一に至るまでの時期を中国史では五胡十六国時代と呼ぶ。この中原の混乱の余波を受け、五胡十六国の強国だった三燕と国境を接する高句麗はもちろん、百済、新羅、加耶、そして倭が古代国家形成への歩みを加速化させていく。この時期に騎馬文化が朝鮮半島を経由し、海を越えて日本列島にまで拡散したことは、各地から出土した馬具を通じてうかがうことができる。各地の騎馬文化が一連の系統にあり、相互に密接な関係をもって展開したことについては、各国研究者の意見がおおむね一致するところである［薫高1995、桃崎1999、柳昌煥2004a］。しかし、考古資料から騎馬文化東漸の歴史的意義を論ずるには、いまだ解決すべき課題が山積している。その最大の問題が彼我の地域から出土する馬具に対する年代観の差である[1]。年代論は馬具だけの問題に留まるものでは決してないが、年代決定資料の乏しい4・5世紀の東北アジア各地の暦年代や地域間の併行関係を考える上で、馬具が注目されてきたこともまた事実である[2]。

　その端緒となったのが、北票馮素弗墓（西官営子1号墓）から出土した一対の鐙である。穴沢咊光と馬目順一は、馮素弗墓とよく似た形態の短柄鐙が、倭や新羅にも存在することを指摘した上で、馮素弗の没年（415年）を参考に倭や新羅の短柄鐙も5世紀前半のものと考えた［穴沢ほか1973］。この年代観は古墳時代の暦年代を考える上での定点の一つとして広く受け入れられ［白石太1979・1985など］、同種の鐙が出土する新羅の積石木槨墳や高句麗の積石塚に対する日本人研究者の年代観の拠所となった［藤井和1979、小田1979］。韓国でもこのような日本の研究動向を受け、短柄鐙と長柄鐙は系譜の差に過ぎないとする意見［崔秉鉉1983・1992、李熙濬1995a］と、古式（短柄鐙）から新式（長柄鐙）へという日本の変遷観を積極的に朝鮮半島南部に適用する意見［申敬澈1985］[3]が対峙する。両者の見解差は、新羅の積石木槨墳の起源や高句麗南征に対する評価、慶州皇南大塚南墳の被葬者を誰とみるかといった歴史観の違いに起因する部分も多いが、いずれにせよこれ以降、馬具が三国時代の年代論においても主要な役割を担うようになったことは確かである。

　このように日韓両国の年代観と不可分の関係にある馬具の年代的研究の課題は、集安太王陵出土馬具をめぐる桃崎祐輔と李熙濬の論争からうかがうことができる［桃崎2005a、李熙濬2006］。李は桃崎の馬具編年をおおむね受容しながらも、報告書が王陵比定の前提とした寿陵制を否定することによって、太王陵の被葬者を報告書や桃崎の比定より一代引き上げ、それによって皇南大塚南墳に対する自身の年代観の補強を試みた。つまり、馬具の相対編年は一致しているにも関わらず、両者の暦年代観には実に50年もの時間差が存在するのである。

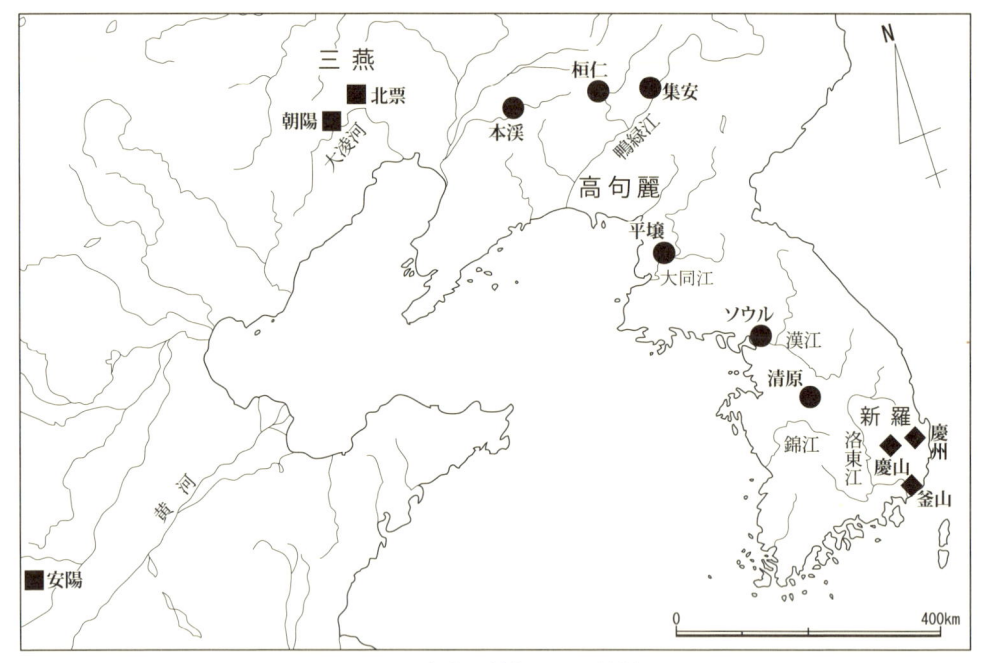

図17　本章の対象とする地域

　以上のように馬具の年代的研究は、日韓両国の暦年代観に大きな影響を与えてきた。しかし、定点となる中国東北部の馬具の年代的研究は、本来暦年代論に先立つべき相対編年に対する検討が不十分であり、点としての紀年墓出土馬具、それも鐙へ過度に依存した議論に留まっている。桃崎と李の見解の相違は、直接的には太王陵の被葬者比定の相違に起因するが、そもそも紀年墓出土馬具をはじめとするわずかな資料同士を直接対比することによって年代を導出するという方法論自体が見直しを迫られているともいえる。地域ごとに紀年墓出土馬具も含めた馬具全体の相対編年を確立し、相対編年間の対応関係を明らかにすることこそ急務であり、それによって初めて年代決定資料の乏しい地域の馬具にも、安定した暦年代を付与することが可能となろう。また同時に年代決定資料は乏しいものの、相対編年が安定した朝鮮半島南部における馬具編年の成果は、三燕馬具や高句麗馬具を検討する際にも大いに参考にすべきと考える。
　そこで本章では、第1章で検討した鉄製轡を分析の基軸に据え、鐙など各種馬具との共伴関係を考慮しながら、製作技術と機能という観点から各地域出土馬具の相対編年とその併行関係について検討し、その製作年代を明らかにする。具体的にはまず、三燕・高句麗馬具の相対編年をそれぞれ設定し、紀年墓出土馬具などからおおよその製作年代を把握する。その上で、それらの地域から強い影響を受けたと考えられる新羅馬具との併行関係を明らかにし、その年代について検討する。
　なお、紀年墓から導き出される年代は副葬年代、つまるところその馬具の廃棄年代に過ぎないとの批判は免れえない。しかし、当該期における馬具の製作址はいまだ明らかでなく、墳墓や山城などの消費地出土資料にもとづいて議論を組み立てざるをえない現状においては、消費地出土資料をもとに相対編年を組んだ上で、紀年墓出土資料など高い精度で副葬ないし廃棄年代を導き出せる資料と資料の関係から、同じ段階に位置づけられる資料全体のおおよその製作年代を推測

していくという手続きが、最善の方法であろうと判断される。
　この紀年墓を用いて馬具の製作年代を推定するという作業を進めていくにあたって、一番問題となるのは製作から廃棄までをどのように見積もるかであろう。筆者は当該期の馬具に修理や磨耗の痕跡がしばしば認められること、山城出土馬具や殉葬馬装着馬具などの実際に使用されたであろう馬具と、墳墓に副葬された馬具の間に著しい形態的差異が認められないこと、そして何よりも副葬品を含む馬具自体の製作技術や機能が当該期に大きく変化（発達）することなどから、副葬馬具についても、基本的に使用を前提としてつくられ、具体的な使用の場は様々であろうが、その多くは実際、被葬者が生前に使用した可能性が高いと考えている。すなわち、紀年墓出土馬具の製作時期は、特に追葬や伝世を考える必要がない限り、被葬者の没年よりも先行すると理解しておく。

2．朝鮮半島南部における轡と鐙の変遷

　具体的な分析に入る前に、主な分析対象となる轡と鐙について、朝鮮半島南部における変遷を確認しておく。なぜなら、朝鮮半島南部は東北アジアの中でも4・5世紀代の馬具が最も豊富に出土し、かつ相対編年に対する各研究者の理解が比較的一致しており、この地域の馬具に強い影響を与えた三燕・高句麗馬具の変化を推測する上でも、参考になると考えられるためである。

（1）轡の諸属性と変遷

　筆者は朝鮮半島南部から出土する鉄製轡に対して製作技術的視点から検討をおこない、原三国時代（前1世紀～後3世紀頃）の轡をⅠ～Ⅱ段階の2段階に、そして三国時代（後4世紀頃～668年）の中でも馬具が最も盛行する時期にあたる4・5世紀代の轡をⅠ～Ⅲ段階の3段階に区分した。第1章および第4章と重複する内容も多いが、主な属性（図8）の変化の方向性について確認しておきたい。

　銜　　銜の製作技法は多様であるが、朝鮮半島南部においては基本的に環部成形に鍛接技術を用いないものから用いるものへ、という変遷が確認される。朝鮮半島南部で最初に登場する技法は、鍛接技術を用いずに環状またはS字状の鉄棒を捩って両側に環部を成形する多條（2條ないし3條）捩り技法で、原三国時代から三国時代Ⅰ段階にかけて主流をなす。1本の鉄棒を折り曲げて両端に環部を成形する無捩り技法b類と1條捩り技法b類は、三国時代Ⅱ段階以降に出現し、以後主流となる技法である。これらの技法でつくられた銜には、環部成形に鍛接技術を用いるものも多くみられるが、そのすべてが環部を鍛接しているわけではない。S字状に曲げた鉄棒を丁寧に鍛接して環部を成形する無捩り技法a類は、紀元前後の中国北方で広く流行した製作技法で、環部成形に鍛接技術を用いる点で、同時期の朝鮮半島南部で流行した多條捩り技法と区別される（本書、第5章参照）。1條捩り技法a類は類例が少なく位置づけが難しいものの、原三国時代Ⅱ段階から認められる。環部成形に鍛接技術を用いない点で、多條捩り技法と共通する。

　銜留　　朝鮮半島南部には鑣、鏡板、環板、円環など多様な銜留形式が存在する。それらは頭絡との連結方法の違いから2孔式と立聞式に大別することが可能で、朝鮮半島南部において

は、前者は原三国時代、後者は三国時代の轡の指標となる。2孔式は鑣のみであるのに対し、立聞式は鑣、鏡板、環板など様々な銜留形式に認められる。各形式ごとにみていくと、鑣は構造から2孔式と立聞式に、材質から鉄や銅・金銅などの金属製と木や鹿角などの有機物製に大別される。鏡板や環板は銜留金具の違いからA類（横方向またはX字形銜留金具）とB類（縦方向銜留金具）、C類（無銜留金具）に大別される。鏡板・環板A類は三国時代Ⅰ段階に出現し、環板B類は三国時代Ⅱ段階に、鏡板B類は三国時代Ⅲ段階にそれぞれ出現する。C類については、前章で扱った資料にはなかったため、本章でその位置づけを明らかにしたい。

引手　　引手は銜外環に取り付け、手綱と連結するための部品である。銜と比べて必ずしも必要な部品ではない。形態から2條線引手、多條捩り引手、1條線引手に大別される。2條線引手は中国東北部では紀元前後には出現する（本書、第5章参照）。多條捩り引手は原三国時代Ⅱ段階にも例外的に認められ、三国時代Ⅰ段階に盛行する。1條線引手は三国時代Ⅱ段階から確認される。

連結方法　　銜と引手の連結方法である。直接連結するもの、遊環を介して連結するもの、銜外環に固定式遊環を取り付けてそこに引手を連結するものがある。遊環や固定式遊環は三国時代Ⅲ段階以降に出現する。

（2）木心鉄板張輪鐙の諸型式と変遷

　鐙は馬に乗る際の足掛けとして始まったと考えられ、騎乗時における身体の安定をえるための装具である。騎乗に必ずしも必要ではないためか、轡に比べて出現がかなり遅れる。出現時期については様々な説があるが、「永寧二年（302）」銘磚が出土した湖南省長沙金盆嶺21号墓［湖南省考古博物館 1959］の騎人俑にみられる片鐙表現から、3世紀後半頃、騎乗の苦手な漢人によって発明されたという樋口隆康説が現在の一般的な見解である［樋口 1972］。世界最古の実物資料は中国東北部から出土している。4・5世紀には木心を鉄板や金銅板などの金属板で補強した木心金属板張輪鐙が東北アジア全域に普及した。

　前章でもふれたように柳昌煥は小野山節や千賀久らによる日本の鐙研究の成果［小野山 1966、千賀 1988 など］を土台に、朝鮮半島南部出土木心鉄板張輪鐙に対して詳細な属性分析をおこない、踏込部の側面幅（Ⅰ式：柄部と幅が同じもの、Ⅱ式：柄部に比べて幅広のもの）と、柄部の平面形態（A式：太く短いもの、B式：細く長いもの）、そして外装鉄板の形態と構造の組み合わせから諸型式を設定し、その変遷を明らかにした［柳昌煥 1995］。白井克也は柳の成果をさらに発展させ、土器編年との対応関係からⅠA式→ⅠB式→ⅠB・ⅡB式→ⅡB式の順に変遷することを示し、さらには日本列島出土鐙との併行関係を設定した［白井 2003a］。

　白井はⅠA式とⅠB式が共伴しないことなどからⅠA式単純期からⅠB式単純期へ変遷するとしたが、早くからⅠA式とⅠB式を系譜差とした崔秉鉉をはじめ、両者の関係を連続的に把握することについては批判も存在する［崔秉鉉 1983・1992、李熙濬 1995a］。しかし、いずれにせよ朝鮮半島南部においては相対編年上、ⅠA式の出現が先行することは前章でみたとおりであり、またⅠA式とⅠB式の一部の型式間に型式学的連続性が認められることも紛れもない事実である［柳昌煥 1995］。一方で両者の併行関係については、前章でも述べたように筆者らの調査により慶山造永EⅢ-2号墳でⅠA式とⅠB式の共伴が初めて確認されたように［金大郁ほか 2009］、少なく

とも両者の副葬年代には一定の重複期間を見積もる必要がある。この他に、張允禎が滑止用の踏込鋲（スパイク）の有無を大別基準とするなど、形態よりも機能や製作技法を重視した分類をしており注目される［張允禎 2001］。

これらをふまえ本章では、柳の大別型式に踏込鋲の有無を加えてIA式（無鋲）というように表記する（図11）。なお、轡編年と鐙編年の対応関係については、三国時代Ⅰ段階がIA式鐙出現以前に、三国時代Ⅱ段階がIA式鐙、三国時代Ⅲ段階がIB・ⅡB式鐙出現以降におおむね対応する（図12）。壺鐙や鉄製輪鐙は、木心金属板張輪鐙よりは出現が遅れ、三国時代Ⅲ段階以降に出現する。

（3）広域編年の指標

最後に轡と鐙の各種属性のうち、どの属性が広域編年の指標となりうるのかについて見通しを立てておきたい。先行研究においては形態や装飾の類似、文様の変化などを併行関係や前後関係の基準とすることが多かったが、共伴遺物などによる検証が困難であるため、研究者の主観に左右されやすく、広域編年の指標としては適切ではない[4]。そこで筆者は、以下のような製作技術や機能の変化を広域編年の第一の指標に据えたい。

まず轡については、鍛接技術の発達と密接に関連していると考えられる銜製作技法の変化が、各地域の轡の併行関係を考える上で第一の指標となろう。この他に各地域で認められる鏡板轡A類の出現も、各地域の併行関係を把握する鍵となる。また鑣轡における2孔式と立聞式という差も、鏡板轡出現以前の大きな前後関係として認めうる（本書、第5章参照）。

鐙については、柄部の長短といった機能と直接的関連の乏しい形態的差異よりは、機能的変化を示すと考えられる踏込鋲の有無や踏込部の幅広化などが、各地域の鐙の併行関係を把握する指標となる可能性が高い。

以上のような見通しのもと、次節からは各地域の馬具を詳しくみてみよう。

3. 三燕馬具の製作年代

三燕馬具は遼寧省朝陽を中心とした大凌河流域の墓から出土している。また遠隔地ではあるものの、後述するように前燕墓の可能性の高い河南省安陽孝民屯墓群出土馬具も合わせて検討をおこなう（図17参照）。

（1）轡の製作技術

銜　三燕では16点の轡が確認されている。ただし、銜の製作技法についてある程度検討できる資料は7点に過ぎない（表9）。すべて鉄製2連式である。北票喇嘛洞ⅡM101号墓例（図18：5）は2條捩り技法であることが確認されており［中條 2007a］、喇嘛洞IM10号墓例は2條捩り技法の可能性が指摘されている［花谷 2006］。喇嘛洞ⅡM196号墓例は写真から3條捩り技法の可能性が高い［遼寧省文物考古研究所 2002：図版97］。この他に北票北溝M8号墓の2点の轡（図18：6・7）と朝陽三合成墓例（図18：3）も図面の表現から多條捩り技法で銜を製作したもの

第Ⅰ部　東北アジアにおける馬具製作技術とその年代

表9　三燕の轡

地名	古墳名	銜	銜留 形式	銜留 型式	銜留 材質	引手	遊環	文献
北票	喇嘛洞ⅡM101号墓	2條捩り	?	?	?	ー	ー	1
北票	喇嘛洞ⅠM10号墓	2條捩り?	鏡板	A類（楕円）	鉄	2條線b1類	×	2
北票	喇嘛洞ⅡM196号墓	3條捩り?	鏡板	A類（楕円）	鉄	ー	ー	1
北票	北溝M8号墓①	多條捩り	鏡板	A類（楕円）	鉄	2條線b2類?	×	3
北票	北溝M8号墓②	多條捩り	環板	A類（X字）	鉄	ー	ー	3
朝陽	三合成墓	多條捩り	鏡板	A類（楕円）	鉄金	ー	ー	4
朝陽	王子墳山M9001号墓	1條捩り?	鏡板	A類（楕円）	鉄	2條線a類	×	5
北票	倉糧窖墓	捩り?	鑣	立聞式	鹿角	ー	ー	6
北票	馮素弗墓	捩り?	ー			ー	ー	7
安陽	孝民屯154号墓	ー	鏡板	A類（楕円）	金銅	2條線c類	×	8
朝陽	袁台子壁画墓	ー	鏡板	A類（楕円）	金銅	2條線b2類	×	9
朝陽	十二台郷磚廠88M1号墓	ー	鏡板	A類（三葉）	金銅	2條線b2類	×	10
北票	喇嘛洞ⅡM202号墓	ー	鏡板	A類（三葉）	金銅	ー	ー	1
北票	喇嘛洞ⅡM16号墓	ー	鏡板	A類（楕円）	鉄金	2條線b2類	×	2
北票	西溝村採集品	ー	鏡板	A類（楕円）	鉄金	ー	ー	11
北票	喇嘛洞1988採集品	ー	鑣	立聞式	金銅	ー	ー	11

［凡例］・無いものを×、不確実なものを?、検討不能なものをーで示した
・捩り：捩り技法（細分不能）
・鉄金：鉄地金銅張

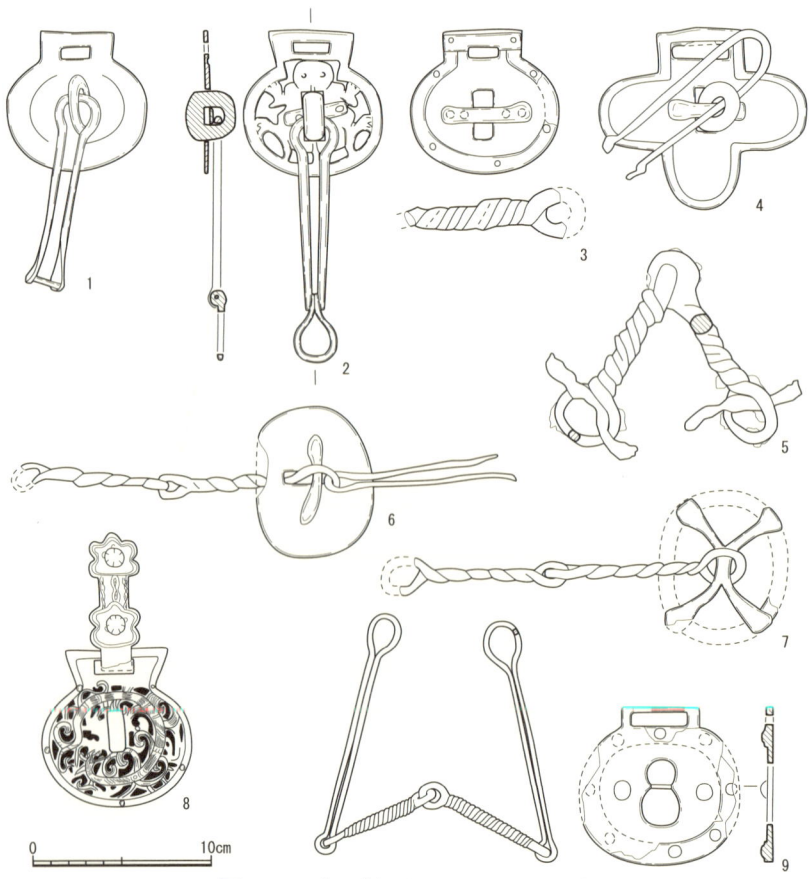

図18　三燕の轡　（S=1/4、6・7をのぞく）

1：袁台子壁画墓　2：孝民屯154号墓　3：三合成墓　4：十二台郷磚廠88M1号墓　5：喇嘛洞ⅡM101号墓
6：北溝M8号墓①　7：北溝M8号墓②　8：西溝村採集品　9：王子墳山M9001号墓

と判断される。朝陽王子墳山M9001号墓例（図18：9）は細かい條線で捩りが表現されており、1條振り技法b類の可能性があるが、写真が掲載されておらず判断が難しい。この他にも馮素弗墓例の銜は鍛鉄製で縄を撚ったような痕跡をもつと報告され、北票倉糧窖墓例も花谷浩によれば鉄棒を撚った痕跡を留めるとされるが、具体的な製作技法は不明である。

銜留　銜留について検討できる資料は14点でいずれも立聞式である。鏡板銜が最も多く11点を数える。鏡板の材質は多様であるが、型式はすべてA類である。形態は基本的に楕円形で、三葉形もある。環板銜は北溝M8号墓からA類が1点のみ出土している（図18：7）。鑣銜は金属製鑣銜と有機物製鑣銜がそれぞれ出土している。倉糧窖墓からは立聞孔を二つ備える青銅製の立聞用金具が出土していて、花谷によれば脚部には鹿角とおぼしき有機質の痕跡が残っているようである。喇嘛洞ⅡM101号墓例（図18：5）の銜外環に錆着した棒状鉄製品は「S字形枝状鑣」と報告されているが、異論もある[5]。

引手　引手について検討できる資料は7点で、すべて2條線引手である。

連結方法　連結方法を検討できる資料は7点で、どれも遊環を介さずに銜外環と引手内環を直接連結する。

小結　これまで三燕で確認されている鐙に1点も2孔式が認められないことは、これらの製作時期が漢代にまで遡りえないことを示している（本書、第5章参照）。銜は不確定資料をのぞき、すべて多條振り技法で、この他にも横方向銜留、2條線引手の採用や、遊環を介さずに銜と引手を直接連結するといった多くの属性を共有する。もちろん銜留の形式、材質には多様性が認められるが、それらを超えた共通性を看取することができよう。また、これらの共通性は朝鮮半島南部三国時代Ⅰ段階と一致することから、三燕の銜と三国時代Ⅰ段階の銜の製作年代は、少なくともその一部は併行する可能性が高い。

（2）相対編年と製作年代

三燕馬具の相対編年を設定し、紀年墓出土馬具をもとにおおよその年代を付与する。

まず、被葬者が415年に没したことが明らかな馮素弗墓からは、鐙と木心金銅板張輪鐙（図19：13）、そして馬甲と考えられる小札類が出土している。残念ながら鐙以外の詳しい情報は不明である。当該期における副葬年代が確かな唯一の馬具として、馮素弗墓の鐙は今なお重要な位置を占めている。一方で、三燕の他の鐙は基本的にⅠB式（無鋲）鐙であり、馮素弗墓のⅠA式（無鋲）鐙は孤立した存在であることも事実である[6]。ここではひとまず、馮素弗墓出土馬具が確実に北燕代に位置づけられる唯一の資料であること、馮素弗墓例と同型式の鐙は三燕ではいまだ出土していないことを確認しておきたい。

次に副葬年代をある程度推測できる孝民屯154号墓と袁台子壁画墓について検討してみよう。孝民屯154号墓は、穴沢咊光や田立坤によって前燕の慕容儁が冉魏の首都鄴城を陥落させた352年、ないし鄴城に遷都した357年以降につくられた前燕墓と考えられており、370年の前燕滅亡を下限とすることに異論はない［穴沢1990a、田立坤1991］。また、袁台子壁画墓は報告者によって4世紀初から中葉という年代が与えられて以来、様々な年代観が出されている。ここでは壁画に墨書された紀年の検討を通じて、354年の可能性が最も高く、366年の可能性も排除できな

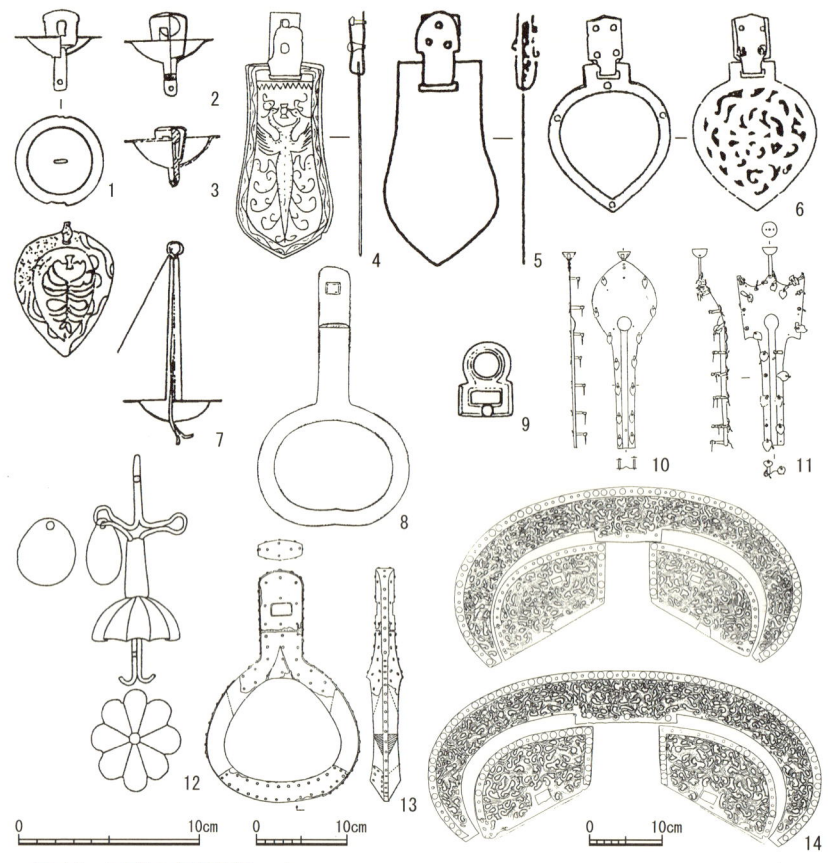

第Ⅰ部　東北アジアにおける馬具製作技術とその年代

図19　三燕の各種馬具　（1～7・9・12：S=1/4、8・10・11・13：S=1/8、14：S=1/10）
1・4・8・10：孝民屯154号墓　2・9：袁台子壁画墓　3・5・6・7・11：十二台郷磚廠88M1号墓　12：喇嘛洞1988年採集品　13：馮素弗墓　14：喇嘛洞ⅡM101号墓

表10　三燕の各種馬具

古墳名	銜留 形式	銜留 型式	銜留 材質	銜	鐙	鞍橋	杏葉	鈴金具	飾金具	文献
孝民屯154号墓	鏡板	A類（楕円）	金銅	—	金銅（無鋲）	Ⅲ式	圭	○	×	8
袁台子壁画墓	鏡板	A類（楕円）	金銅	—	木革（無鋲）	Ⅲ式	圭	○	×	9
十二台郷磚廠88M1号墓	鏡板	A類（三葉）	金銅	—	金銅（無鋲）	Ⅱ・Ⅲ式	圭・心	○	○	10
喇嘛洞ⅡM202号墓	鏡板	A類（三葉）	金銅	—	×	Ⅲ式	圭	×	○	1
三合成墓	鏡板	A類（楕円）	鉄金	多條捩り	木金（無鋲）	?	圭	×	○	4
西溝村採集品	鏡板	A類（楕円）	鉄金	—	×	Ⅱ式	圭	○	×	11
北溝M8号墓①	鏡板	A類（楕円）	鉄	多條捩り	木金（無鋲）	Ⅲ式	圭	×	○	3
北溝M8号墓②	環板	A類（X字）	鉄	多條捩り						
喇嘛洞ⅡM266号墓	×	×	×	×	木金（無鋲）	Ⅰ式	×	×	○	1・2

［凡例］・○×は有無を示し、一は検討不能、?は不確実なことを示す　・鉄金：鉄地金銅張
・鐙はすべてⅠB式　金銅：金銅製、木革：木心革張、木金：木心金銅張　・鞍橋の各型式は表11参照
・圭：圭形杏葉、心：心葉形杏葉　・飾金具はすべて逆半球形飾金具

いとする田立坤の見解にしたがう［田立坤 2002］。

　孝民屯154号墓と袁台子壁画墓からは、鏡板轡A類（図18：1・2）の他に、ⅠB式（無鋲）鐙[7]（図19：8）、硬式鞍、圭形杏葉（図19：4）、鈴金具（図19：1・2）などの各種馬具が出土しており、三燕にはこれらと共通した組み合わせをもつ馬具出土墓が数多く存在する（表10）。両墓からは

出土していないものの、歩搖付逆半球形飾金具（図19：7）もその組み合わせに加えてよいだろう[8]。これらの各種装飾馬具は、両墓を通じて少なくとも350年代頃には製作されたと考えることができる。くわえてこれらは、鐙型式やその組み合わせから、馮素弗墓出土馬具とは明確に区分される。北燕代以前の典型的な装飾馬具セットと評価することができよう。

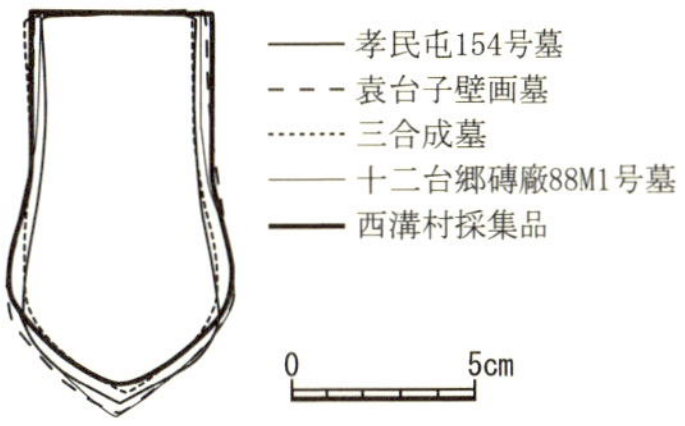

図20　圭形杏葉の規格性
(S=1/4)
―――孝民屯154号墓
- - - 袁台子壁画墓
・・・・・三合成墓
――十二台郷磚廠88M1号墓
――西溝村採集品

　ところで、様々な墓から出土する各種馬具の間には、一定の規格性が認められる。とりわけ圭形杏葉は、全長などのサイズだけでなく外形線まで近似し、製作時における型（様）の存在が想定される[9]（図20）。三燕の本拠地である遼寧省の朝陽から、直線距離で800km近く離れた河南省の安陽孝民屯154号墓例さえ、外形線がほぼ一致することは単なる偶然とは考えがたい。また、歩搖付飾金具も逆半球形台座に筒金を備え、心葉形歩搖を一枚取り付けるという形態的共通性をもつ。一方で、杏葉や歩搖は文様の有無によって区別される。鐙もIB式（無鋲）鐙という基本的な形状は共通するが、材質は非常に多様である。すなわち、杏葉や歩搖付飾金具、鐙は、轡と同じく一定の規格性をもちながらも、材質や文様といった装飾方法に差異が認められるのである。このような傾向は硬式鞍をみると一層明瞭である。内山敏行の分類案［内山2005］を参考に鞍橋の各属性について整理してみると、形態や材質、透彫の有無などに多様な差異を内包しながらも、各型式がそれぞれ属性の一部を共有していることがよくわかる（表11網掛け部分）。

　以上を総合すると、これらの装飾馬具セットは比較的近接した時間の中で、かつ一定の規範のもとに製作された一つの馬具様式として把握可能であり、桃崎祐輔の想定するように宮廷付属工房のような場所で製作された可能性が高い［桃崎2004a］。すなわち、材質や文様などに認められる差異は、基本的に時期差よりは階層性などを反映しているものと考えられる。

　それではこれらの装飾馬具セットはいつ頃成立したのであろうか。薫高は北溝M8号墓出土馬具について透彫などが認められないことから古式と判断し、前燕建国以前に位置づけた［薫高1995］。しかし同墓は馬具以外の情報が不明で、透彫の有無を新古の基準とできるのか検証が困難である。同じく前燕建国以前に遡るとされる喇嘛洞墓群は、400基以上が調査されているものの、一部の断片的な紹介に留まり、全貌がつかみがたい。北溝M8号墓や喇嘛洞ⅡM202・ⅡM266号墓からは、圭形杏葉や歩搖付逆半球形飾金具が出土しており、孝民屯154号墓と近接した時期が想定される。町田章［2011］が3世紀後半に比定する三合成墓の金銅装鞍橋も、圭形杏葉や歩搖付逆半球形飾金具が共

表11　三燕の鞍橋

古墳名	型式	外形	洲浜	磯金具	材質	装飾	文献
喇嘛洞ⅡM101号墓	Ⅰ式	丸形	有凸形	有	金銅	透彫	1
喇嘛洞1993年出土品					金銅	透彫	12
喇嘛洞ⅡM266号墓					鉄金	透彫	2
十二台郷磚廠88M1号墓①	Ⅱ式	角形	有凸形	有	金銅	透彫	10
西溝村採集品					金銅	透彫	11
喇嘛洞村1988年採集品					金銅	透彫	11
十二台郷磚廠88M1号墓②	Ⅲ式	角形	無凸形	無	金銅	素文	10
孝民屯154号墓					金銅	素文	8
北溝M8号墓					金銅	素文	3
喇嘛洞ⅡM202号墓					鉄	素文	1

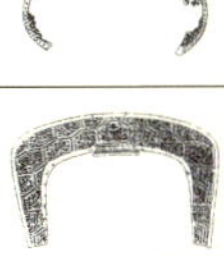

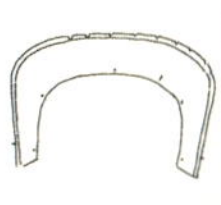

＊図面：Ⅰ式-喇嘛洞1993年出土品　Ⅱ式-十二台郷磚廠88M1号墓①　Ⅲ式-十二台郷磚廠88M1号墓②
［凡例］・外形・洲浜は内山敏行分類［内山2005］　・鉄金：鉄地金張

伴しており、そこまで遡るとは考えにくい。

　また、喇嘛洞村1988年採集の菊形台座の歩揺付飾金具（図19：12）は三燕からはほとんど出土せず、次節で検討するように高句麗からの移入品、ないしはその影響を強く受けた可能性が高い。本例のような筒金を備える菊形飾金具は、高句麗では4世紀後葉以降に出現することから、桃崎が指摘するように喇嘛洞墓群の中には前燕滅亡後に造営された墓も含まれているのであろう［桃崎2004a］。喇嘛洞墓群自体の造営開始が前燕建国以前に遡ることは否定しないが、現在までに公開されている喇嘛洞墓群出土馬具の中に、孝民屯154号墓例や袁台子壁画墓例よりも明らかに先行すると考えられるものはない。

　ここで視点を変えて馬具が出土していない墓に注目してみよう。墓誌から被葬者が324年に死亡したことがわかる錦州李廆墓［辛発ほか1995］からは、馬具が1点も出土しなかった。この時期の中原では馬具の副葬は基本的に認められず、墓誌を漢人の風習と考えれば、李廆墓から馬具が出土しなかったのはある意味当然かもしれない。しかし、李廆墓からは鮮卑土器の流れを汲む暗文が施文された長頸壺が出土するなど、在地の要素も認められる。

　また、華麗な歩揺冠を副葬し、前燕建国以前の慕容鮮卑の代表的な遺跡である北票房身村晋墓群［陳大為1960b］や義県保安寺墓［劉謙1963］、朝陽田草溝晋墓群［遼寧省文物考古研究所ほか1997］などからも馬具は出土していない。ここまでくると、そもそも慕容鮮卑に装飾馬具セットを副葬する習慣があったかどうかすら疑わしくなってくる。確実な年代決定資料にもとづいて議論を展開させるのであれば、鏡板轡をはじめとする装飾馬具の成立年代は、李廆墓と、孝民屯154号墓や袁台子壁画墓の間に求められよう。よって上限年代については、ひとまず4世紀中葉（第2四半期）としておきたい。

　次にこれらの装飾馬具セットは、いつ頃までつくられたのであろうか。桃崎は三燕馬具の下限について、436年の北燕滅亡頃と把握し、日韓の資料との比較から三燕馬具の一部を5世紀代以降に位置づける［桃崎2004a］。たとえば喇嘛洞ⅡM101号墓の金銅装透彫鞍（図19：14）について、伝・大阪府誉田丸山古墳出土金銅製透彫鞍（2号鞍）との類似や、ⅡM101号墓出土帯金具に対する藤井康隆の年代観［藤井康2003a］などを根拠に5世紀代とする。しかし内山敏行［2005］が指摘したように、三燕の鞍と伝・誉田丸山古墳2号鞍は同系統であっても、同時期とみることはできない[10]。また桃崎が参考にする藤井の年代観自体が、桃崎の馬具の年代観を参考にしている点も問題であろう[11]。

　そもそも桃崎自身が考えるように各種装飾馬具が宮廷付属工房でつくられたのであれば、前燕が滅亡した370年から、慕容垂が後燕を建国した384年の間の前秦による支配期間に、果たしてそのような装飾馬具が何の変化もなく製作しつづけられたであろうか[12]。後燕唯一の紀年墓である朝陽崔遹墓（395年没）［陳大為ほか1982］からは馬具が出土していない。また、崔遹墓をはじめとして後燕代以降に比定される墓からは基本的に鮮卑土器系統の長頸壺は出土しておらず、副葬土器においても断絶が認められる。土器との共伴関係が明らかな馬具出土墓の中で、土器編年上［姜賢淑2006］、崔遹墓以降に位置づけられるのは馮素弗墓のみであること、馮素弗墓の鐙がそれ以前の鐙と型式学的に断絶することから、前燕代に成立した装飾馬具セットが北燕代はもちろん、後燕代にさえそのまま製作された可能性は低いだろう[13]。菊形や半球形台座の歩揺

付飾金具、ⅠA式（無鋲）鐙といった前燕代に成立した装飾馬具セットを構成しない資料から前燕滅亡後の様相に迫りうるであろうが、それらには今のところ明確なセット関係が認められない。つまり、前燕代は騎乗用馬具一式を副葬するのに対し、後・北燕代になると非副葬、ないし一部のみの副葬へと、副葬品としての馬具の役割も変化した可能性が高い。

　以上の検討にもとづいて、三燕馬具を、多條捩り技法銜の轡、ⅠB式（無鋲）鐙、Ⅰ～Ⅲ式の鞍橋、圭形杏葉、鈴金具や歩揺付逆半球形飾金具などの装飾馬具セットが製作される三燕Ⅰ段階と、菊形台座や半球形台座の歩揺付飾金具や、ⅠA式（無鋲）鐙など以前とは型式を異にする馬具が製作される三燕Ⅱ段階[14]に編年する。三燕Ⅰ段階は4世紀中葉（第2・3四半期）、すなわち前燕代に、三燕Ⅱ段階は4世紀後葉～5世紀前葉にかけて、すなわち後・北燕代におおむね比定される。

4．高句麗馬具の製作年代

　高句麗馬具は中国の吉林省集安・桓仁を中心に分布し、北朝鮮の平安南道平壌付近や韓国の京畿道の漢江流域や忠清北道錦江上流域からも出土が認められる。墳墓以外に山城から出土した資料が一定数認められることが特徴である。なお、本渓小市晋墓に関しては三燕墓とみる見解も存在するが［田立坤 1991］、ここでは高句麗墓とみる見解にひとまずしたがい、検討をすすめていく［東 1988、穴沢 1990a、魏存成 1991］。

（1）轡の製作技術

銜　高句麗からは26点の轡が確認され、銜の製作技法について検討できる資料は25点である（表12）。すべて鉄製2連式であったと考えられる。製作技法についてみていくと、集安禹山下3241-1号墓例は写真から2條捩り技法である可能性が高い［吉林省文物考古研究所ほか 1993：図版519］。集安臨江塚例（図21：3）［吉林省文物考古研究所ほか 2004：図版40］と桓仁高力墓子村19号墓例［秋山（編）1995：313］は写真から3條捩り技

表12　高句麗の轡

地名	古墳名	銜	銜留 形式	銜留 型式	銜留 材質	引手	遊環	文献
本渓	本渓小市晋墓	多條捩り	鏡板	A類（楕円）	鉄金	2條線？	×	13
桓仁	高力墓子村19号墓	3條捩り	鑣？	—	—	2條線b1類	×	14
桓仁	五女山城JC区①	無捩りb類	鏡板	C類（心葉）	鉄	2條線a類	×	15
桓仁	五女山城JC区②	無捩りb類	環板	C類（心葉）	鉄	2條線a類	×	15
集安	万宝汀242-1号墓	無捩りa類	鑣	立聞式	鉄	2條線b類	×	16
集安	臨江塚	3條捩り	鑣？	—	—	—	—	17
集安	禹山下3241-1号墓	2條捩り	鑣	—	—	2條線b類	×	18
集安	禹山下3283号墓	多條捩り	鑣	—	—	2條線b類	×	18
集安	禹山下145号墓	多條捩り	鑣	—	—	—	—	19
集安	禹山下3319号墓	多條捩り	鑣	—	—	—	—	20
集安	西大塚	多條捩り	鑣	—	—	—	—	17
集安	禹山下3560号墓①	1條捩り？	—	—	—	2條線b類	×	18
集安	禹山下3560号墓②	1條捩り？	—	—	—	—	—	18
集安	七星山96号墓	無捩りb類	鏡板	A類（楕円）	金銅	2條線b2類	×	21
集安	伝・広開土王碑付近①	無捩りb類	環板	B類（X字）	鉄	2條線a類	×	22
集安	伝・広開土王碑付近②	無捩りb類	—	C類？	—	2條線a類	×	22
集安	万宝汀78号墓①	無捩りb類？	鏡板	A類（楕円）	金銅	2條線	—	23
集安	万宝汀78号墓②	—	鏡板	A類（楕円）	金銅	—	—	23
集安	長川4号墓	無捩りb類	鏡板	A類（楕円）	金銅	2條線b2類	×	24
慈城	ハクビ積石塚	多條捩り？	鑣	2孔式	金属	2條線b1類	×	25
慈城	西海里2-1号墓	無捩りa類	鑣	立聞式	有機物	2條線b1類	×	25
平城	地境洞1号墓	無捩りb類	鏡板	A類（心葉）	鉄金	2條線	×	26・27・28
ソウル	紅蓮峰第2堡塁	部分巻き	—	—	—	1條線c類	×	29
九里	峨嵯山第4堡塁①	無捩りb類	環板	C類（心葉）	鉄	1條線c類	×	30
九里	峨嵯山第4堡塁②	部分巻き	鑣	立聞式	有機物	1條線c類	×	30
清原	南城谷遺跡	無捩りb類	鑣	—	—	2條線c類	×	31

［凡例］・無いものを×、不確実なものを？、検討不能なものを—で示した
・鉄金：鉄地金銅張

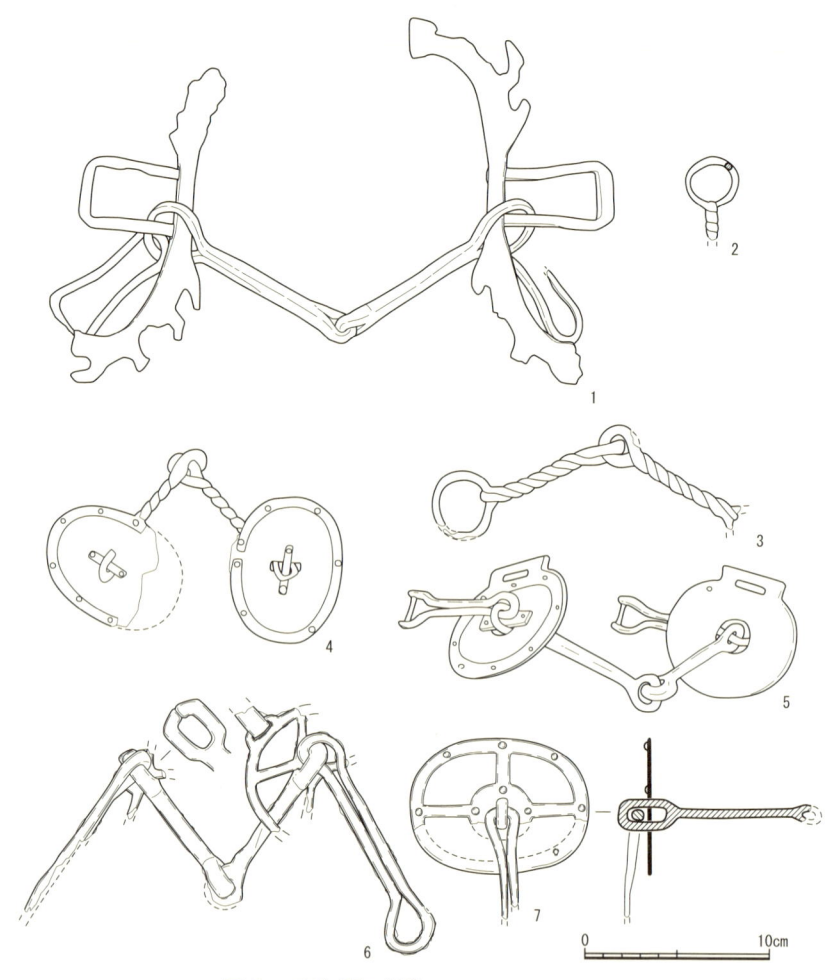

第Ⅰ部　東北アジアにおける馬具製作技術とその年代

図21　高句麗の轡①　(S=1/4、1・5をのぞく)
1：万宝汀242-1号墓　2：西大塚　3：臨江塚　4：本渓小市晋墓　5：七星山96号墓
6：伝・広開土王碑付近出土品①　7：万宝汀78号墓①

法であることが確認できる。また集安禹山下145号墓例、同3283号墓例、同3319号墓例（図27：4）と集安西大塚例（図21：2）、本渓小市晋墓例（図21：4）も少なくとも多條捩り技法であることが確認できる。禹山下3560号墓の2点の轡は、図面の表現から1條捩り技法の可能性もあるが、写真が掲載されておらず判断が難しい。集安万宝汀242-1号墓（図21：1）や慈城西海里2-1号墓（図24：8）の鑣轡は、無捩り技法a類である。無捩り技法b類は鏡板轡を中心に様々な轡に用いられている。桓仁五女山城JC区から出土した2点の轡（図22：2・3）は無捩り技法b類に該当するが、銜外環と銜身の境界に1対の突起をつくる。同じく伝・広開土王碑付近出土品②例も銜外環と銜身の境界に段差を設けている。このような特徴はほぼ同時に出現する鏡板・環板C類の構造[15]と関係すると考えられる。

銜留　銜留について細かく検討できる資料は14点である。慈城ハクビ積石塚北槨例（図24：1）のみ2孔式で、残りはすべて立聞式に該当する。立聞式のうち鏡板轡が最も多く、7点を数える。これまで出土した鏡板轡は三燕同様、基本的にA類である。五女山城JC区①例のみC類

に該当するが、A類と同じく立聞を上に向けた際に銜外環が縦向きになるよう縦長方形の銜孔が穿けられている。鏡板の形態は楕円形が一般的で、平城地境洞1号墓例のような心葉形もある。材質は鉄製、金銅製、鉄地金銅張が確認される。環板轡は3点確認される。伝・広開土王碑付近出土品①例（図21：6）はX字形銜留金具でありながら、銜外環が横方向に取り付けられる珍しい資料である[16]。五女山城JC区②例、九里峨嵯山第4堡塁①例[17]（図22：1）はC類で、心葉形を呈する。立聞式鑣轡は金属製鑣と有機物製鑣が認められる。万宝汀242-1号墓例は2孔式の鉄製装飾付プロペラ形鑣に、b1類の立聞用金具を挿入する特殊な構造で[18]、第5章で述べるように2孔式と立聞式の過渡期に位置づけられる。西海里2-1号墓例や峨嵯山第4堡塁②例はb1類の立聞用金具が共伴しており、有機物製鑣轡と考えられる。他にも臨江塚、西大塚、禹山下3241-1号墓、同3283号墓、同3319号墓、高力墓子村19号墓、南城谷の諸例は、銜外環が銜内環に比して大きい形態的特徴から、鑣轡の可能性が高い。

　引手　引手について検討できる資料は20点で、すべて2條線引手である[19]。

　連結方法　連結方法について検討できる資料は20点で、すべて遊環は用いずに銜外環と引手内環を直接連結している。

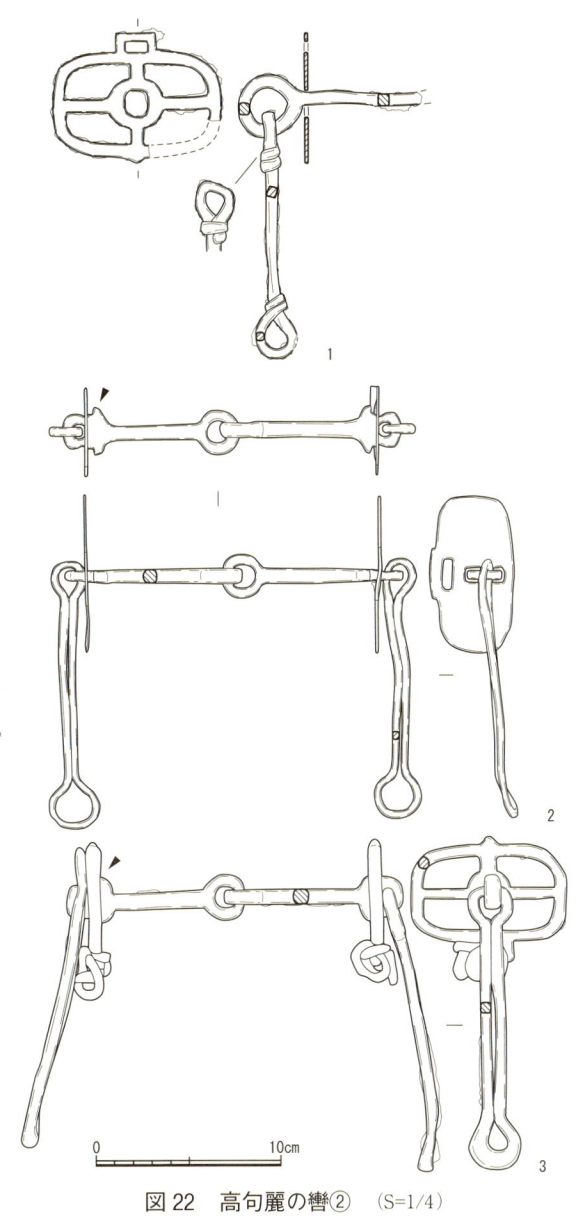

図22　高句麗の轡②　（S=1/4）
1：峨嵯山第4堡塁①　2：五女山城JC区①　3：五女山城JC区②

　小結　高句麗の轡には立聞式以外に2孔式が認められる。2孔式であるハクビ積石塚例は原三国時代のものと考えるのが妥当であろう。また三燕の銜製作技法がほぼすべて多條捩り技法であったのに対して、高句麗の銜製作技法は多様である。特に無捩り技法b類は三燕には認められず、朝鮮半島南部においても三国時代Ⅱ段階以降に普及する比較的新しい技法である。すなわち、銜の製作技法が朝鮮半島南部と同じように変遷したのであれば、高句麗の轡は三燕の轡に比べて長期間に渡って製作された可能性が高い。これは前節でみたように、三燕が前燕建国（337年）から北燕滅亡（436年）までの100年の間に収まるのに対して、高句麗が文献上存続した期間（前37～後668年）の長さを考えればある意味当然のことといえる。一方、鏡板A類、2條線

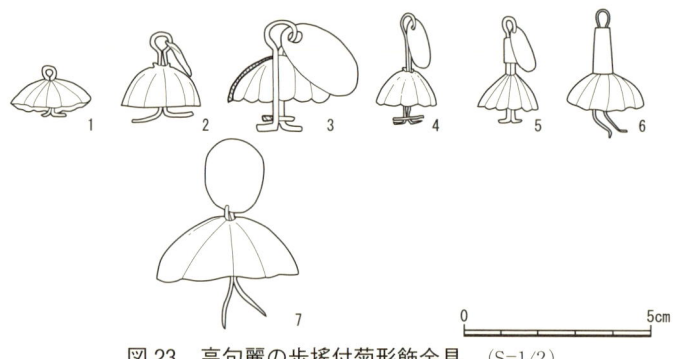

第Ⅰ部　東北アジアにおける馬具製作技術とその年代

図23　高句麗の歩揺付菊形飾金具　(S=1/2)
1：西大塚　2：禹山下992号墓　3：禹山下3319号墓　4：麻線溝2100号墓
5：千秋塚　6：太王陵　7：西海里2-1号墓

引手の採用や、銜と引手を直接連結するといった朝鮮半島南部三国時代Ⅰ段階と共通する特徴が長期に渡って採用されつづけたのであれば、朝鮮半島南部の轡とはその変遷を大きく異にしていたことになる。

（2）相対編年の設定

　三燕同様、高句麗にも紀年墓がいくつか存在するが、馬具が出土したのは「永和九年（353）」銘塼を玄室構築材に用いた佟利墓（平壤駅前塼室墳）[梅原ほか1933]のみである。しかし盗掘によって環状雲珠と鉸具や鞍金具と考えられる鉄片などが出土しただけで（図24：10・11）、相対編年の中での位置づけが難しい。馬具出土大型積石塚の中には王陵候補が含まれ、被葬者の没年代に迫りうるが、長年の被葬者論争が示すように年代観が安定しない。豊富な馬具類が出土した太王陵[20]の被葬者については、正式報告[吉林省文物考古研究所ほか2004]によって改めて広開土王（在位391～412年）説が提示された2004年以降に限っても、故国原王（在位331～371年）説[李道学2006]、小獣林王（在位371～384年）説[東2006a]、故国壌王（在位384～391年）説[李熙濬2006]と様々な被葬者が主張されている。そこでまず各種馬具の変遷を明らかにした上で、現状における相対編年を設定する。

　高句麗馬具の中で、最も普遍的に出土し、その時間的変遷を把握できるものに歩揺付飾金具がある。太王陵以前の歩揺付飾金具について李熙濬は、大型積石塚に用いられた紀年銘瓦当との共伴関係を整理し、その変遷を明らかにした（図23）。それによると、「己丑（329）」年銘瓦当が出土した西大塚から、「戊戌（338）」年銘瓦当が出土した禹山下992号墓、「丁巳（357）」[21]年銘瓦当が出土した禹山下3319号墓へと時期が下るにつれて、歩揺付飾金具も心棒が次第に長大化する傾向があるとのことである[李熙濬2006]。

　ただし、この頃までの変化は漸進的なものであったが、千秋塚に至り心棒を筒金で補強したものが現れ、太王陵（図24：20）では吊手部の改良がおこなわれ、それまでずっと1枚であった歩揺数を4枚に増やすというその後に引き継がれる大きな変化が起きる。筒金出現以前の歩揺付飾金具は菊形台座のみであったが、筒金出現以後（表13網掛け部分）になると半球形台座が現れる[22]。このような歩揺付飾金具の変遷観は、紀年銘瓦当との共伴関係や正式報告による墓の

表13　高句麗の歩揺付飾金具

古墳名	台座	歩揺形態	歩揺枚数	筒金	文献
禹山下992号墓	菊	円	1	×	17
禹山下3319号墓	菊	円	1	×	20
西海里2-1号墓	菊	円	1	×	25
麻線溝2100号墓	菊	円	1	×	17
西大塚	菊	―	1	×	17
禹山下3142号墓	菊	―	1	×	18
禹山下3231号墓	菊	―	1	×	18
禹山下3283号墓	菊	―	1	×	18
禹山下3560号墓	菊	―	1	×	18
千秋塚	菊	円	1	○	17
太王陵	菊	円・心葉	1・4	○	17
麻線溝1号墓	半球	心葉	1	○	32
本渓小市晋墓	半球	心葉	1・3	○	13
禹山下2891号墓	半球	―	1	○	18
禹山下41号墓	半球	円	1	○	23
長川2号墓	半球	円	1	○	33
禹山下3105号墓	半球	円	1	○	18
万宝汀78号墓	半球	円	1・3・4	○	23

[凡例] 同一墓出土品の中に歩揺形態や取付け枚数が異なるものが
　　　含まれる場合は、「・」を付け併記している

相対編年案と整合的である。

　鐙と共伴する歩揺付飾金具は、すべて筒金を備えることから、筒金を備える初期の歩揺付飾金具と共伴する太王陵のIB式（無鋲）の木心金銅板張輪鐙（図24：15）は現時点において、高句麗最古の鐙ということになる。朝鮮半島南部における鐙の変遷を参考にすれば、太王陵例のようなIB式（無鋲）鐙から、IB式（有鋲）鐙を経て、鉄製輪鐙や壺鐙へ、という変遷を想定することができる[23]（表14）。なお、高句麗ではまだ確実なIA式鐙の出土は確認されていない[24]。

表14　高句麗の鐙

古墳名	形式	文献
太王陵	木心金銅板張輪鐙（無鋲）	17
七星山96号墓	木心金銅板張輪鐙（無鋲）	21
五女山城F20区	木心鉄板張輪鐙（？）	15
長川4号墓	木心金銅板張輪鐙（？）	24
禹山下41号墓	木心金銅板張輪鐙（有鋲）	23
万宝汀78号墓	木心金銅板張輪鐙（有鋲）	23
地境洞1号墓	木心鉄板張輪鐙（有鋲）	26・27・28
五女山城F42区	木心鉄板装壺鐙（無鋲）	15
五女山城JC区	木心鉄板装壺鐙（無鋲）	15
五女山採集品	木心鉄板装壺鐙（無鋲）	15
国内城	鉄製輪鐙（無鋲）	34
高爾山城	鉄製輪鐙（無鋲）	35
峨嵯山第4堡塁	鉄製輪鐙（無鋲）	30

　これに対し姜仁旭は、五女山城JC区などから出土した鐙（図24：27）を「鉄製輪鐙」とし、報告書の年代にしたがって4世紀末～5世紀初には世界最古の「鉄製輪鐙」が高句麗で出現したとする［姜仁旭 2006］。姜の見解にしたがえば太王陵の年代が多少前後したとしても、木心金属板張輪鐙と鉄製輪鐙の出現時期にそれほど差がなかったことになる。しかし、そもそも五女山城の「鉄製輪鐙」はすべて構造上、「鉄製輪鐙」ではなく「杓子形木心鉄板装壺鐙」[25]［山田良 1975］に該当すると考えられる。また、4世紀末～5世紀初という報告書の年代比定にもそのまましたがうことはできない。

　この壺鐙の年代を考える上で、共伴する轡の構造が参考になる。五女山城JC区（鉄器窖蔵）からは鏡板轡C類（図22：2）と環板轡C類（図22：3）が1点ずつ出土しているが、これらの類例として漢江下流域の峨嵯山第4堡塁から出土した環板轡を挙げることができる（図22：1）。3者の銜外環の製作技法に注目すると、単純な折り返し成形によって環部を成形する峨嵯山例は、環板を銜外環側に固定するのが難しいのに対し、五女山城JC区の2例は銜外環付近に設けられた1対の突起によって、鏡板や環板が銜身側へ移動するのを防いで、馬に装着しやすくなっており、峨嵯山例より発達した型式ということができる。

　漢江下流域に位置する峨嵯山第4堡塁の年代は、基本的に高句麗がこの一帯を支配した475年頃から551年の間に収まり、土器編年では夢村土城出土土器より新しい6世紀前半を中心とする年代が想定されている［崔鍾澤 2006］。よって、峨嵯山例より型式学的に新しい五女山城JC区出土の2例についても、6世紀代以降に製作されたと考えるのが妥当であろう[26]。

　以上の検討をふまえた上で、各種馬具の共伴関係から、高句麗馬具を6段階に編年する（図24）。

高句麗Ⅰ段階
　2孔式鑣轡の出現を指標とする。現時点でこの段階に位置づけられる資料は、多條捩り技法の銜をもつ2孔式金属製鑣轡のハクビ積石塚例（図24：1）のみである。

高句麗Ⅱ段階
　立聞式鑣轡の出現を指標とする。歩揺付菊形飾金具はまだ出現していない。多條捩り技法と無捩り技法a類が併存することが特徴で、無捩り技法a類の銜をもつ立聞式装飾付プロペラ形鑣轡の万宝汀242-1号墓例（図24：5）と、多條捩り技法の銜をもつ鑣轡の臨江塚例（図24：3）や禹山下3241-1号墓例、高力墓子村19号墓例などがこの段階に位置づけられる。

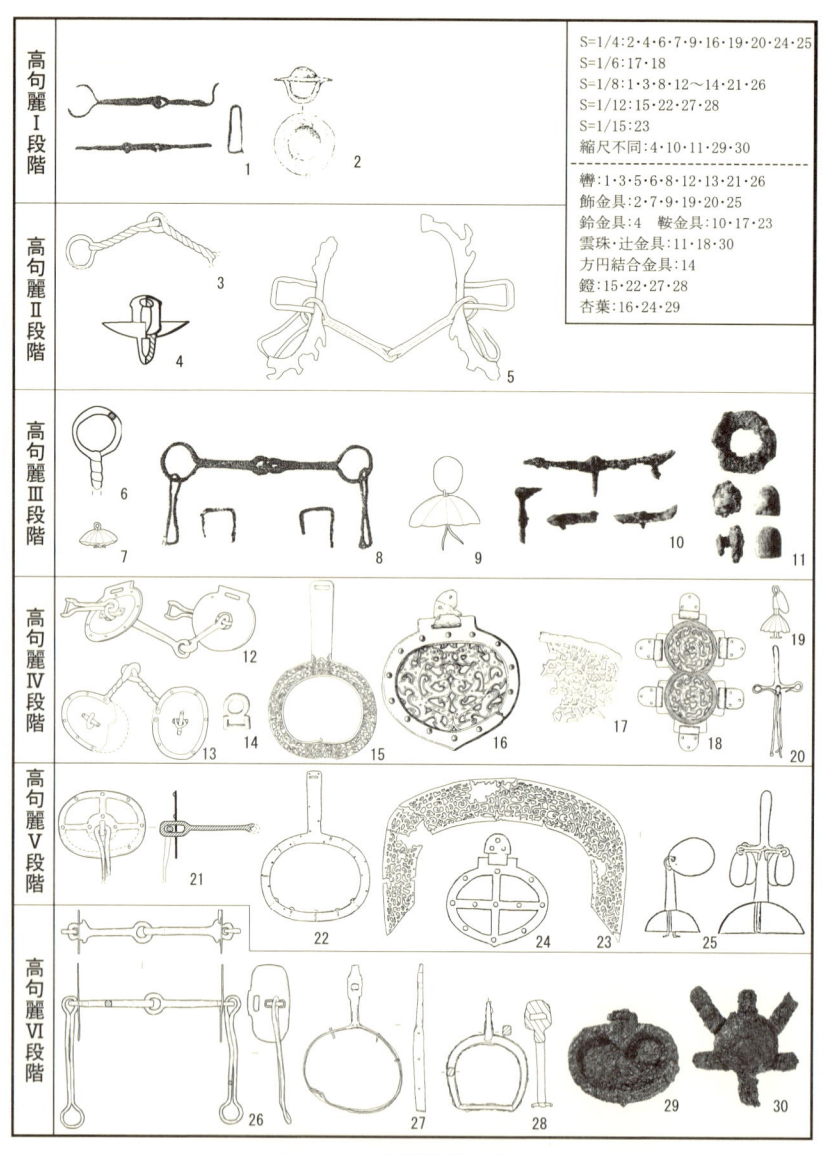

第Ⅰ部　東北アジアにおける馬具製作技術とその年代

図24　高句麗馬具の編年

1・2：ハクビ積石塚　3：臨江塚　4・5：万宝汀242-1号墓　6・7：西大塚　8・9：西海里2-1号墓　10・11：佟利墓
12：七星山96号墓　13：本渓小市晋墓　14～18・20：太王陵　19：千秋塚　21～25：万宝汀78号墓　26・27：五女山城JC区
28：峨嵯山第4堡塁　29・30：水落山堡塁

高句麗Ⅲ段階

筒金をもたない歩揺付菊形飾金具の出現を指標とする。鏡板轡や環板轡、鐙はまだ出現していない。無捩り技法a類の銜をもつ有機物製鑣轡の西海里例（図24：8）や、多條捩り技法の銜をもつ鑣轡の西大塚例（図24：6）、禹山下3283号墓例、同3319号墓例などがこの時期に位置づけられる。前段階から引き続き多條捩り技法と無捩り技法a類の銜が併存する。なお、禹山下3560号墓では1條捩り技法銜の可能性のある2点の轡が、筒金をもたない歩揺付菊形飾金具と共伴している。これが1條捩り技法銜であるならば、高句麗における唯一の資料となるが、実見していないため判断を保留しておく。

高句麗Ⅳ段階

　筒金を備える歩搖付菊形飾金具の出現を指標とする。大型積石塚では千秋塚例（図24：19）が初現と考えられる。千秋塚に続く太王陵からは、吊手部をもつ歩搖付菊形飾金具（図24：20）やⅠB式（無鋲）鐙（図24：15）、心葉形杏葉（図24：16）などその後の高句麗馬具を特徴づける装飾馬具が出土している。Ⅳ段階以前は大型積石塚出土馬具すら鑣轡と歩搖付菊形飾金具などからなる比較的簡素な組み合わせであったことと比べれば、高句麗馬具はこの段階に質量ともに大きく飛躍するといえよう。本渓小市晋墓例（図24：13）と七星山96号墓例（図24：12）もこの段階に位置づけられる。両墓からは鏡板轡A類が出土しているが、前者は多條捩り技法、後者は無捩り技法b類と銜の製作技法が異なる。いずれにせよこの段階になると、確実に無捩り技法b類銜が出現する。

　なお、高句麗の轡が朝鮮半島南部と同じように変化していったのであれば、多條捩り技法銜の鏡板轡や環板轡が、無捩り技法b類銜の鏡板轡や環板轡の出現に先行して、高句麗Ⅲ段階からⅣ段階にかけてのどこかで出現した可能性が高い。資料が不足しており現状では認識できないものの、将来的には資料の増加によって細分される可能性が高い。

高句麗Ⅴ段階

　ⅠB式（有鋲）鐙の出現を指標とする。前段階に完成した鏡板轡をはじめとする各種装飾馬具の製作を継続する。万宝汀78号墓例（図24：21〜25）や地境洞1号墓例などがこの段階に位置づけられる。禹山下41号墓例は前稿［諫早2008b］脱稿後に刊行された『吉林集安高句麗墓葬報告集』に鐙の鮮明な写真が掲載され［吉林省文物考古研究所2009：図版九］、踏込鋲をもつことが明らかとなったため、この段階に位置づけておきたい。同じく前稿脱稿後に刊行された『集安出土高句麗文物集粋』には長川4号墓から出土した各種馬具（十字文楕円形鏡板轡、十字文心葉形杏葉、金銅装鞍橋、木心金銅板張輪鐙）が掲載されている［吉林省文物考古研究所ほか2010］。1985年の発掘報告には遺物が出土したという記載はなく［張雪岩1988］、出土の経緯は明らかでない。鐙は内側板が欠失し、本来踏込鋲を備えていたかどうかは定かではないものの、十字文を列点で表現するなどの特徴からみて、この段階に位置づけて大過ないだろう。

高句麗Ⅵ段階

　鏡板轡C類、環板轡C類の出現を指標とする。現在出土している鉄製輪鐙や壺鐙は、基本的にこの段階以降のものであろう。これ以降、墳墓出土資料が減少し、山城出土資料に著しく偏っていく。五女山城JC区（図22：2・3、図24：27）、峨嵯山（図22：1、図24：28）、紅蓮峰、南城谷などの山城出土馬具がこの段階に位置づけられる。また、伝・広開土王碑付近出土品②例も銜外環付近に段差を設ける特徴から、五女山城JC区の2例に近い時期が想定できる。この他に轡や鐙は出土していないが、漢江下流域に位置するソウル水落山堡塁出土馬具（図24：29・30）もこの段階のものとみられる。

（3）製作年代の検討

　紀年銘瓦当に対する解釈や王陵比定問題が未解決な高句麗には、三燕に比べて良好な年代決定資料が存在しない。そこでまず、前節の検討によって年代が明らかとなった三燕との併行関係に

ついて検討してみよう。

　三燕Ⅰ段階は鑣が立聞式であること、多條捩り技法の銜をもつという特徴から高句麗Ⅱ～Ⅳ段階のどこかに併行するものと考えられる。さらに限定するなら、三燕Ⅰ段階に2孔式から立聞式への過渡期的資料が存在しないこと、高句麗Ⅳ段階にはすでに無捩り技法b類銜が出現していることなどから、三燕Ⅰ段階は高句麗Ⅲ段階と併行する可能性が一番高い。三燕Ⅱ段階の筒金をもつ歩搖付菊形飾金具や、歩搖付半球形飾金具は、高句麗において型式変遷をたどることができ、高句麗ではⅣ段階に出現する[27]。以上から三燕Ⅰ段階（4世紀中葉）は高句麗Ⅲ段階に、三燕Ⅱ段階（4世紀後葉～5世紀前葉）は高句麗Ⅳ段階におおむね併行すると考えられる。

　それでは各段階の上限年代を詳しくみていこう。高句麗Ⅰ段階は1点しか資料がないため、高句麗Ⅱ段階以前としておく[28]。高句麗Ⅱ段階は、その指標となる立聞式鑣が、高句麗では3世紀後半頃に出現した可能性が高いことから（本書、第5章参照）、とりあえず3世紀中葉以降としておく。「己丑（329）」年銘瓦当が出土した西大塚からは筒金をもたない歩搖付菊形飾金具が出土しており、高句麗Ⅲ段階は前燕建国を遡る4世紀前葉には、すでに始まっていたと考えられる。

　高句麗Ⅳ段階の上限は千秋塚の年代に左右される。歩搖付菊形飾金具の変遷から千秋塚→太王陵という前後関係が設定され、瓦も同様の変遷が想定されることから[29]、千秋塚に葬られた王は太王陵に葬られた王の先王であった可能性が高い。「丁巳（357）」年銘瓦当が出土した禹山下3319号墓から、筒金をもたない歩搖付菊形飾金具が出土していることから、高句麗Ⅲ段階の下限年代を4世紀中葉に求められる。よって、高句麗Ⅳ段階の千秋塚の被葬者は、小獣林王（在位371～384年）か、故国壌王（在位384～391年）に絞られる。

　続く太王陵の位置づけは高句麗Ⅳ段階の下限とも関係する。太王陵出土馬具にそれ以前とは質量ともに大きな飛躍が認められること、太王陵の時期以降、定型性と差異性をあわせもつ装飾馬具セットが高句麗で広く普及することなどから［桃崎2005a］、筆者はその被葬者について在位期間の短い故国壌王よりは広開土王の可能性が高いと考えるが、比較対象となる千秋塚や将軍塚の馬具の実態が明らかでない以上、馬具のみからこの問題を解決することはできない。

　ただし、高句麗Ⅳ段階の馬具が出土した本渓小市晋墓の位置する遼東一帯が、確実に高句麗の支配下に入るのは5世紀初以降と考えられていることや［池内1951、武田幸1989］、太王陵や七星山96号墓の鐙と北燕の馮素弗墓の鐙が、形態こそ異なるものの踏込鋲をもたない点で共通することを考慮すれば、太王陵の被葬者が誰であろうと、高句麗Ⅳ段階は5世紀初までは存続した可能性が高い。このⅣ段階に出現する鏡板轡をはじめとする各種装飾馬具セットは、出現時期が先行する三燕との関係の中で成立したと考えられるが、その具体的な契機を明らかにするためにはもう少し資料の増加を待つ必要がある。

　次の高句麗Ⅴ段階は、踏込鋲を備える鐙の出現によってⅣ段階と截然と区別され、その上限年代が太王陵や馮素弗墓の時期を大きく遡ることは難しい。よって5世紀前葉以降とすることができる。高句麗Ⅵ段階については、高句麗が漢江流域一帯や錦江上流域を百済から奪った475年をひとまず上限としておく。すなわち5世紀後葉以降の時期を想定することができる。なお、Ⅴ段階とⅥ段階は上限年代には確実に差異があるものの、前者は墳墓から、後者は山城から、という出土遺構の性格の違いを考慮すれば、一定の併行期間を想定する必要があるだろう。

5．三燕・高句麗馬具からみた新羅馬具の製作年代

（1）併行関係の検討

　本節では朝鮮半島南部各地の中でも、三燕・高句麗馬具の影響を最も強く受けたと考えられる新羅馬具を取りあげ、その年代について検討する。李熙濬は月城路カ-13号墳や皇南大塚南墳の馬具を中国東北部の馬具と直接対比し暦年代を与えたが［李熙濬1995a・1996a］、ここではまず、筆者が以前に設定した朝鮮半島南部出土馬具の諸段階と三燕・高句麗馬具の諸段階との併行関係について検討してみよう。なお前章では朝鮮半島南部三国時代Ⅰ～Ⅲ段階としたが、ここでは便宜的に新羅Ⅰ～Ⅲ段階と表記し、轡以外の馬具も考慮しながら検討を進めていく。

新羅Ⅰ段階

　立聞式轡の出現を上限とする。銜の製作技法は多條捩り技法である。すなわち三燕Ⅰ段階、および高句麗Ⅱ～Ⅳ段階との併行関係をまず想定できる。この段階のどこかで鏡板轡A類が出現する。三燕・高句麗では、鏡板轡の出現（三燕Ⅰ段階・高句麗Ⅳ段階）が、立聞式鑣轡の出現（高句麗Ⅱ段階）よりも遅れることから、朝鮮半島南部の轡にも同じような変化を想定するのであれば、新羅Ⅰ段階も鏡板轡A類の出現を基準に二分すべきであろう。Ⅰ段階前半は有機物製あるいは金属製の立聞式鑣轡のみ存在する時期である。鐙は共伴しない。慶州隍城洞575番地古墳群20号木槨墓から出土した有機物製鑣轡（図69）がこの段階に該当する。Ⅰ段階後半になると鏡板轡A類が登場する。木心鉄板張輪鐙や心葉形杏葉を共伴する例もわずかにみられる。慶州月城路カ-13号墳の銅地金銅張鏡板轡（図25：1）や、慶山林堂G-6号墳の鉄製鏡板轡などがこの段階に該当する。鏡板轡の出現を指標とするⅠ段階後半が、前燕で鏡板轡が出現する4世紀中葉を遡ることはない。

新羅Ⅱ段階

　環板轡B類、無捩り技法b類・1條捩り技法b類の銜、1條線引手の出現する時期である。ⅠA式（無鋲）鐙や金属装鞍、心葉形杏葉と共伴する。鏡板轡A類の製作も継続する。慶州皇南洞109-3・4号墳例（図27：12・13）や慶山造永CⅡ-2号墳例などがこの段階に該当する。この段階に入ると三燕・高句麗にみられない要素（環板轡B類、1條捩り技法b類銜、1條線引手）がかなり認められるようになる。しかし、1條捩り技法b類の銜や1條線引手といった一見独自にみえる要素は、1本の鉄棒の両端に環部を成形する点で、無捩り技法b類の銜と密接な関係をもつ。環板轡B類もあくまで環板轡A類を祖形として成立したと理解されている［柳昌煥2000a］。この段階の鐙が踏込部に鋲を備えないことも含め、新羅Ⅱ段階と三燕Ⅱ段階、高句麗Ⅳ段階はおおむね併行すると考えられ、その上限年代が4世紀後葉を遡ることはないだろう。

新羅Ⅲ段階

　鏡板轡B類の出現する時期である。新羅独自の杏葉型式である扁円魚尾形杏葉（図25：3・4）もこの時期に出現する。環板轡B類の製作も依然継続している。皇南大塚南墳例（図25：6）が、現状において慶州最古の鏡板轡B類である。鏡板轡B類は三燕・高句麗では今のところ確認されておらず、朝鮮半島南部と日本列島にのみ認められる鏡板形式で、一部の例外をのぞいてⅠ

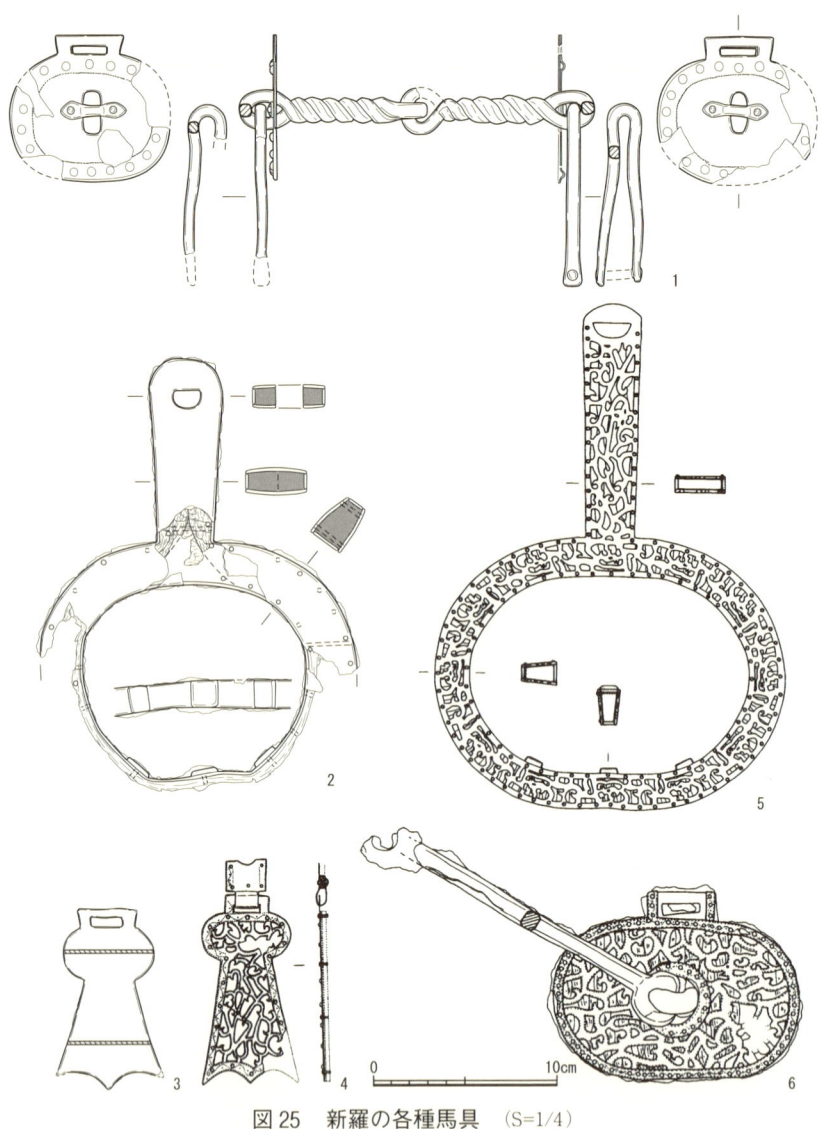

図25　新羅の各種馬具　(S=1/4)
1：月城路カ-13号墳　2・3：林堂7B号墳　4～6：皇南大塚南墳

B式（有鋲）以降の鐙と共伴している。すなわち、新羅Ⅲ段階は高句麗Ⅴ段階以降と併行すると考えられ、その上限年代が5世紀前葉を遡ることはない。なお、前章では鏡板轡B類をⅢ段階開始の指標としたが、三燕はもちろん高句麗にも認められないため、広域編年の指標としてはふさわしくない。高句麗Ⅴ段階の指標をⅠB式（有鋲）鐙の出現に求めたように、新羅Ⅲ段階の開始も踏込鋲を備える鐙の出現に求めるべきであろう[30]。

(2) 皇南大塚南墳の被葬者

現在、新羅古墳の相対編年は、研究者によって若干の差異はあるもののおおむね一致している。しかし、皇南大塚南墳の被葬者を奈勿王（在位356～402年）とみるか［李鐘宣1992、李熙濬1995aなど］、訥祇王（在位417～458年）とみるか［藤井和1979、金龍星2003など］によって、その暦年代

観は大きく異なっている。

冒頭で述べたように太王陵出土馬具との比較から、被葬者問題の解決を図る試みもみられたが、不安定な高句麗王陵の年代観に、新羅王陵の年代が依存するという構造は、年代論を一層混迷させる原因となっている。筆者は先に、皇南大塚南墳出土馬具を指標とする新羅Ⅲ段階は5世紀前葉を遡りがたいと述べたが、新羅古墳の年代観とも関わる重要な問題と考えられるため、ここからはその理由について詳しくみていこう。

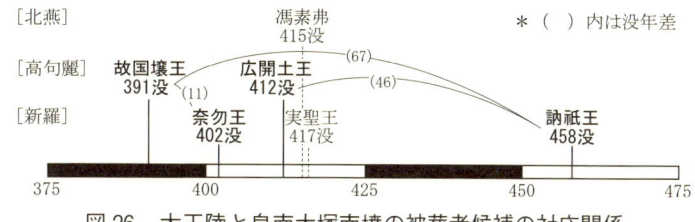

```
[北燕]                    馮素弗
                         415没
                                    *（  ）内は没年差
[高句麗]  故国壌王      広開土王      (67)
         391没 (11)    412没         (46)
[新羅]          奈勿王  実聖王                    訥祇王
                402没  417没                    458没
        ─────┼──────┼──────┼──────┼──────
        375   400    425    450   475
```
図26　太王陵と皇南大塚南墳の被葬者候補の対応関係

皇南大塚南墳出土馬具の中で最も注目され、またここでも注目したいのが鐙である（図25：5）。皇南大塚南墳の鐙のうち、踏込部の確認できるものはすべて三鋲の踏込鐙を備えている。何度も繰り返すようだが踏込鋲は高句麗にも認められ、新羅の踏込鋲も高句麗からの強い影響を受けて出現したと考えられている［白井 2003a］。すなわち、新羅における踏込鋲の出現が高句麗とほぼ同時ということはあっても、それを遡るということは考えがたい。この点において、桃崎説はもちろん、太王陵を4世紀末とし、皇南大塚南墳を5世紀初とする李熙濬の説も一見、問題無いようにみえる。

しかし、新羅においては、皇南大塚南墳よりも先行する釜山福泉洞10・11号墳例や林堂7B号墳例（図25：2）などのⅠA式鐙にすでに踏込鋲が認められる。つまり奈勿王説をとる場合、太王陵の被葬者との没年差が短いため（図26）、製作から副葬までの期間を意図的に調整しない限り、高句麗で踏込鋲が出現するよりも前に、新羅で踏込鋲が出現したことになってしまう。

このような問題は新羅Ⅰ段階後半、すなわち鏡板轡A類の出現についても同じように指摘することができる。李熙濬は中国東北部の資料との比較から月城路カ-13号墳出土の鏡板轡A類を遅くとも4世紀後半の初頭とみた。前燕における鏡板轡の出現時期が4世紀中葉と考えられることから、そのような考えは一見成立するようにもみえる[(31)]。しかし、新羅において鏡板轡A類は土器編年上、月城路カ-13号墳に先行する林堂G-6号墳の段階ですでに出現している［李熙濬 1996a：305］。つまり、新羅における鏡板轡A類の出現時期が、前燕と同時かそれよりも先行してしまいかねないのである。

これまで年代決定資料として注目されてきた皇南大塚南墳の鐙や月城路カ-13号墳の轡は、装飾性の高さをのぞけば、技術的にも機能的にも新羅から出土する他の資料と何ら変わりがない。最も重要な点は、それらは同型式の資料群の中で決して出現期の資料ではないことである。また、鏡板轡をはじめとする装飾馬具セットが三燕で成立し、高句麗を経て新羅に入ったのであれば、三燕・高句麗でも確認される変化が新羅で先に起こったとは考えにくい。

以上から皇南大塚南墳の馬具の製作年代は、5世紀前葉にまで遡る可能性は残しておくとしても、5世紀初には遡りえず、その馬具をもつ被葬者は、王であるならば訥祇王（在位417～458年）と考えておくのが妥当であろう[(32)]。この訥祇王の治世の晩年は、それまで高句麗に従属していた新羅が「脱高句麗化」［井上直 2000］の動きをみせはじめる重要な時期と評価されている。高句麗からの強い影響を受けつつも、扁円魚尾形杏葉や鏡板轡B類などからなる独自の装飾馬具を

第Ⅰ部　東北アジアにおける馬具製作技術とその年代

創出していく新羅Ⅲ段階の様相はこれと符合する動きとして理解しうる。

6．結　語

　本章では製作技術と機能という観点から、三燕、高句麗、新羅馬具の相対編年と併行関係の設定をおこなった。さらに紀年墓などの検討を通じて各段階におおよその年代を付与した。その結果、三燕、高句麗、新羅における馬具の技術的・機能的変化が、ほぼ時間差なく起こったと考えることによって様々な事象が整合的に説明できることが明らかとなった。その成果をまとめたものが図27である。この年代を安易に墓の年代とすることは厳として慎まなければならないが、暦年代観の不安定な新羅古墳にも、比較的精度の高い年代決定資料を提供するものと考えられる。

　ところで、技術的・機能的変化がほぼ同時に起こったとしても、鏡板轡をはじめとする金や銀で彩られた装飾馬具セットの成立時期には、三燕では4世紀中葉、高句麗では4世紀後葉～5世紀初、新羅では5世紀前葉～中葉と一定の時間差があったようである。すなわち、前燕でまず鏡板轡をはじめとする装飾性の高い騎乗用馬具セットが成立し、高句麗、そして新羅でも順次製作されていく状況が鮮明に浮かび上がってくる。それぞれにおける製作開始は、前燕の建国から中原進出にかけての時期や、新羅の「脱高句麗化」の開始といった各国の画期とおおむね対応することから、その背景には活発な地域間交流とともに製作主体としての各王権の政治的意図が強く反映されていた可能性が高い。いずれにせよ騎馬文化の東漸現象については、ともすれば外的要因ばかりが注目されてきたが、それを受け取る側の内的要因を考慮することで、より豊かな歴

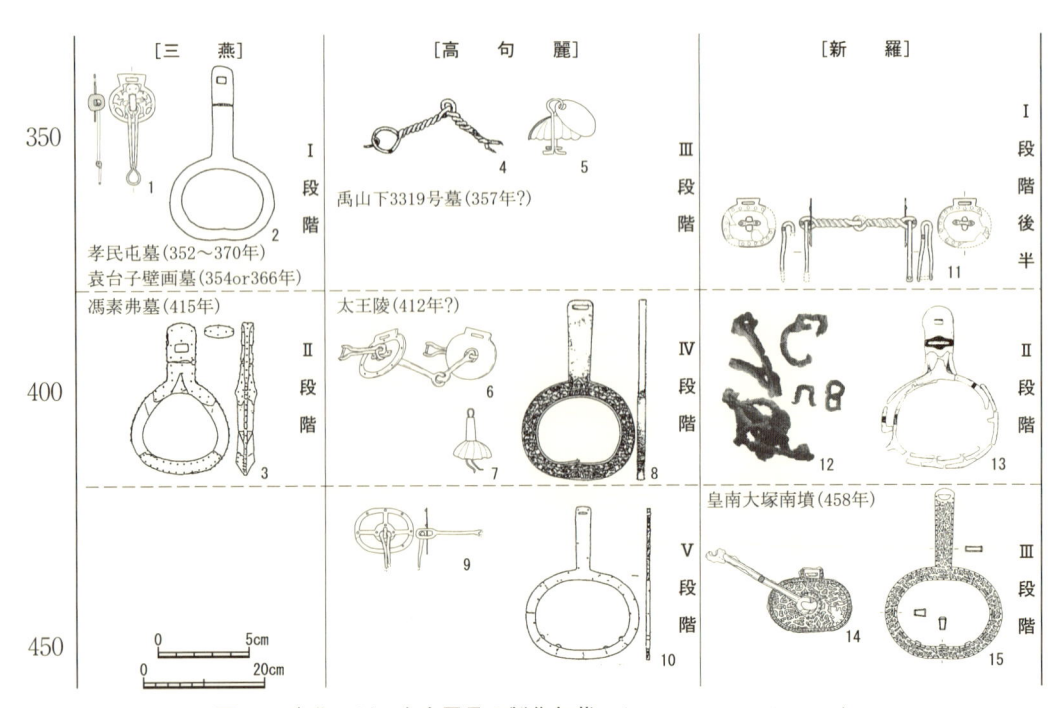

図27　東北アジア出土馬具の製作年代　（S=1/12、5・7のみS=1/4）

1・2：孝民屯154号墓　3：馮素弗墓　4・5：禹山下3319号墓　6：七星山96号墓　7・8：太王陵　9・10：万宝汀78号墓
11：月城路カ-13号墳　12・13：皇南洞109-3・4号墳　14・15：皇南大塚南墳

史像を描き出せるだろう。

　本章では論じることができなかった百済、加耶、倭においても、同じような技術的・機能的変化がほぼ同時に起こっていた可能性が高い。次章ではこれらの地域についても同様の検討をおこない、東北アジア全体を繋ぐ広域編年網の樹立を試みたい。それぞれ異なる年代根拠をもつ各地域の年代観を整理する上で、一貫した分析が可能な馬具がもつ重要性は、はかりしれない。

註

（1）近年、日韓両国の研究者によって当該期の日朝両地域の併行関係と暦年代観に関する研究会が相次いで開かれ、活発な議論がおこなわれている［国立歴史民俗博物館ほか 2006、東アジア考古学会 2006、釜山大学校博物館ほか 2007 など］。

（2）馬具以外にも紀年銘の入った銅鏡や青銅製容器、そして中国陶磁などが年代決定資料として注目されてきたが、資料数が少ない上に、分布に偏りがある。また、これらは製作地と出土地が遠く離れているものがほとんどで、製作から副葬までの期間が一様でないことがわかっている。
　　これに対し、当該期の馬具はそれ自体に比較的精度の高い年代決定資料（紀年墓出土資料など）が含まれている上に、各地域で型式学的検討が可能な程度の資料が蓄積されている。また在地品か移入品かは別として、同じ製作技術や機能の変化が複数の地域で確認される点も利点といえる。それらの変化に注目することによって、自立性の高い広域編年網の構築が可能となり、さらには当該期の各地域の年代観を整理する上でも重要な指標となりうる。

（3）小野山節の設定した新古2形式を朝鮮半島南部に適用した申敬澈は、両形式の間に連続的な変化を想定した［申敬澈 1985］。しかし小野山自身は、日本から出土する新古2形式の輪鐙について、「時代的変化ばかりではなくて、馬具の製作地の違いをもあらわしているように思われる」と慎重な立場をとっている［小野山 1966：5］。

（4）共伴遺物などによる検証が可能な地域編年においてはその限りではない。

（5）花谷浩はX字形銜留鏡板轡、中條英樹は鑣轡の立聞用金具とするなど認識に差異があるが、実見できていないため判断を保留する。

（6）ⅠB式鐙がⅠA式鐙よりも先行する点が、朝鮮半島南部の様相と異なる。つまり柄部の長短は、現状では広域編年の指標とはなりえない。形態よりも機能を重視する本書の立場においては、三燕の鐙に踏込鋲をもつ資料や、幅広の踏込部をもつ資料が認められないことこそ重要であろう。

（7）どちらも木心金属板張輪鐙ではなく、孝民屯154号墓例は金銅製輪鐙、袁台子壁画墓例は木心漆塗革張輪鐙であるものの、平面形態はⅠB式の木心金属板張輪鐙と同じである。

（8）十二台郷磚廠88M1号墓からは鈴金具とともに、歩揺付逆半球形飾金具が出土しており、どちらも三繋の革帯の装飾や結束に用いられたと考えられる。両者は共伴することが少ないこと、同墓から鞍が2セット出土していることから、別々の馬装を構成していたと推測される。

（9）田中由理は日本の古墳から出土するf字形鏡板の外形線を比較検討し、一部の型式について製作時における型の存在を想定した［田中由 2004］。

（10）三燕の丸みをもつ系列の鞍（本書のⅠ式）は、すべて海金具中央下の洲浜に相当する部分が下へ張り出す「有凸形」であるが、伝・誉田丸山古墳2号鞍は「無凸形」である［内山 2005］。

（11）藤井康隆は喇嘛洞ⅡM101号墓の帯金具について、鞍の年代を参考に4期（5世紀前葉）に位置づけ、「晋式帯金具が復活的に出現する」とした［藤井康 2003a：960］。これに対し町田章や小池伸彦は、文様構成や鋲留技法から、西晋代の帯金具を忠実に模倣したとみる［町田 2006、小池 2006］。両氏の見解を参考にすれば、ⅡM101号墓の帯金具は藤井の2期（4世紀中葉～後葉）に位置づけられ、「復活的出現」という苦しい理解も必要なくなる。

（12）町田章も「前燕が前秦によって滅ぼされ4万人におよぶ鮮卑をはじめとする前燕人が長安に徙されたとき、前燕の官営工房も瓦解したはずである」［町田 2011：481］とする。

(13) 前秦による支配期間も慕容鮮卑系集団がこの地域で一定の力を維持していたとする意見を考慮すれば［小林聰 1988］、前燕滅亡後にもこれらの装飾馬具が製作された可能性や、後燕代以降に復古的に前燕代のような馬具が製作された可能性をまったく排除することはできない。

(14) 三燕Ⅱ段階として一括した各種馬具には明確なセット関係が認められず、同時期かどうかの判断が難しいが、三燕Ⅰ段階よりも後に製作されたという意味で便宜上、段階として把握する。

(15) C類の鏡板や環板は銜留金具をもたず、銜外環の突起や段差と引手の間に挟まれることによって固定される。

(16) 伝・広開土王碑付近出土①例はX字形銜留環板轡であるが、立聞を上に向けたとき、銜外環が横方向に連結される環板轡B類にあたる。ただしX字形銜留金具の環板轡B類は他地域にも類例がないため、発掘資料ではない点も考慮して、本書ではその評価を保留しておく。

(17) 報告書では銜と引手を同一個体としていないが、同じS_8W_2グリッドから出土しているため、同一個体として復元図化した。

(18) 筆者は以前に、報告文に掲載されている図面［吉林省集安県文物保管所 1982：図四-4］をもとに、板状の装飾付プロペラ形鑣にb1類の立聞用金具を鍛接したものと判断し、立聞式鑣の初期資料と判断したことがある［諫早 2007b］。ところが『集安出土高句麗文物集粋』に鮮明な写真が掲載された結果、2孔式鑣にb1類の立聞用金具を挿入していることが明らかとなった［吉林省文物考古研究所ほか 2010：176］。ここに謹んで訂正したい。

(19) 本渓小市晋墓例の図面には引手が表現されていないものの、一緒に報告されている「環形鉄釘」［遼寧省博物館 1984］は2條線引手である可能性が高い。地境洞1号墓例は［박진욱 1986］では2條線引手a類が、［박창수 1986］では2條線引手b1類が掲載されており、図面の信頼性に問題がある。ここでは少なくとも2條線引手であった可能性が高いと判断するに留めておきたい。

(20) ただし馬具類は、埋葬施設からではなく墳丘南裾SG01トレンチから一括して出土した。報告者は、盗掘者が一時的に隠匿したものがそのまま放置されたとみている［吉林省文物考古研究所ほか 2004：232］。

(21) 「丁巳」年銘瓦当については、357年ではなく、297年に比定する意見も根強くある［朱洪奎 2010など］。

(22) ただし歩揺付半球形飾金具の出現以降も、歩揺付菊形飾金具の製作はしばらく継続するようである。

(23) 高句麗で現在まで確認されている鉄製輪鐙や木心鉄板張壺鐙には踏込鋲を備えるものはない。しかし鉄製輪鐙はいずれも柄部に比べて幅広の踏込部をもち、壺鐙も含め、広い踏込部を確保することによって、踏込鋲と同じ効果、すなわち騎乗時における身体の安定性を高めたと考えられる。

(24) 桃崎祐輔は地境洞1号墓の木心鉄板張輪鐙についてIA式の可能性を指摘しているほか［桃崎 2010］、五女山城F20区出土の「鉄构件」として報告された遺物を木心鉄板張輪鐙とし、朝鮮半島南部や日本列島の木心鉄板張輪鐙の祖形になると考えている［桃崎 2005a］。

(25) 桃崎祐輔も同様の指摘をしている［桃崎 2008a］。姜仁旭は鉄製部分しか残っていないため誤認したようであるが、柄部から壺口までが鉄製で、壺口に木製の壺部をはめ込み、鋲で固定する構造であったと考えられる。

(26) 宋桂鉉や桃崎祐輔も、五女山城JC区出土遺物の年代についてすでに同様の指摘をしている［宋桂鉉 2005、桃崎 2008a］。

(27) 反対に高句麗の菊形飾金具にみられる筒金や心葉形歩揺は、三燕からの影響と考えられる。この時期（4世紀後葉〜5世紀初）に両地域の馬具に相互の影響がうかがえるのは興味深い。

(28) ハクビ積石塚例（図24：1）の2條線引手b1類や2孔式棒形鑣、共伴する円形飾金具（図24：2）は、紀元前後の夫余の墓群とされる老河深遺跡中層からも確認されている（図40）。ただし、ハクビ積石塚例は多條捩り技法銜と考えられ、無捩り技法a類銜の老河深の轡とは銜製作技法が異なる。

(29) かつては瓦の編年から太王陵→千秋塚→将軍塚という変遷が想定されていたが［田村 1984、谷

1989]、その後、正式報告や桃崎によって巻雲文瓦当と蓮蕾文瓦当の共伴する千秋塚から、蓮蕾文瓦当のみの太王陵・将軍塚へという変遷観が示されている［吉林省文物考古研究所ほか 2004、桃崎 2005a］。
(30) 新羅からは、高句麗で確認されるIB式（有鋲）鐙以外にもIA式（有鋲）鐙が確認されている。
(31) 李熙濬は薫高の年代観にしたがい、鏡板轡A類の出現時期を4世紀初頃とみている［李熙濬 1996：294］。
(32) 皇南大塚南墳の被葬者については、奈勿王と訥祇王の間に在位した実聖王（在位402～417年）とみる見解もあるが［由水 2005、咸舜燮 2010］、埋葬施設から出土した歯牙は、分析の結果、60歳前後の男性のものとされる点をふまえると［張信堯ほか 1994］、奈勿王37年（392）に質として高句麗に送られ、417年に訥祇王によって殺害された実聖王とは考えにくい。

表参考文献
［三　燕］
1：遼寧省文物考古研究所ほか 2004　2：遼寧省文物考古研究所 2002　3：薫高 1995　4：于俊玉 1997　5：遼寧省文物考古研究所ほか 1997a　6：孫国平ほか 1994　7：黎瑶渤 1973　8：中国社会科学院考古研究所安陽工作隊 1983　9：遼寧省博物館文物隊ほか 1984　10：遼寧省文物考古研究所ほか 1997b　11：田立坤ほか 1994　12：陳山 2003
［高句麗］
13：遼寧省博物館 1984　14：陳大為 1960a　15：遼寧省文物考古研究所 2004　16：吉林省集安県文物保管所 1982　17：吉林省文物考古研究所ほか 2004　18：吉林省文物考古研究所 1993　19：吉林省文物考古研究所 2009　20：吉林省文物考古研究所ほか 2005　21：集安県文物保管所 1979　22：国立清州博物館 1990　23：吉林省博物館文物工作隊 1977　24：吉林省文物考古研究所ほか 2010　25：鄭燦永 1963　26：박창수 1977　27：박진욱 1986　28：박창수 1986　29：高麗大学校考古環境研究所 2007　30：서울大学校博物館 2000　31：中原文化財研究院 2008　32：吉林省博物館集安考古隊 1964　33：吉林省博物館文物工作隊 1983　34：薫峰 1993　35：撫順市文化局文物工作隊 1964

第3章　東北アジア出土馬具の製作年代(2)
―百済・加耶・倭―

1. 問題の所在

　古墳時代中期に出現する日本列島の騎馬文化が、直接的には海を挟んで対岸に位置する朝鮮半島南部からもたらされたであろうことは、両地域から出土する馬具の形態の類似を通じて容易に理解される。だが、前章でも述べたように両地域から出土する馬具の比較研究を進めていく上で、日韓両国の研究者間における暦年代観の齟齬が大きな問題となっている[1]。暦年代論は決して馬具のみに留まる問題ではないが、土器や墓制の地域的まとまりを越えて分布する馬具の類似性が、しばしば地域間の併行関係や暦年代の根拠として利用されてきたこともまた事実である。

　しかし、当該期の朝鮮半島南部と日本列島に年代決定資料、たとえば紀年墓から出土した馬具や紀年銘の入った馬具があるわけではない。このような資料的な限界から日韓両国における馬具の年代的研究は、副葬年代のわかる中国東北部の馬具との比較を通じて、その年代を求めてきた。北票馮素弗墓（415年没）の鐙との形態の類似から、倭と新羅の短柄鐙に5世紀前半の暦年代を与えた穴沢咊光と馬目順一の研究は、その嚆矢といえる[2]［穴沢ほか1973］。

　穴沢らの研究以来、長らく日本の馬具研究においては馮素弗墓を定点として初期馬具の年代を求めてきたのに対し、金斗喆は加耶馬具の型式学的研究をもとに馮素弗墓の鐙と日本列島の初期鐙の間に加耶の鐙が介在していることを指摘し、日本列島の馬具の年代を下げてみる［金斗喆1996：124］。このように加耶考古学の年代観や加耶馬具の変遷観にもとづいて、他地域から出土した馬具の相対的な前後関係や年代を論ずる方法は、韓国内においても新羅考古学や百済考古学の年代観との乖離を引き起こしている。加耶馬具の型式学的研究の成果には学ぶべきところも多いが、製作系統に対する整理がなされないまま、異なる地域から出土した馬具の間に前後関係を設定しており、微細な形態差が年代差を示す根拠は十分に提示されていない。また、このような方法をとる際の前提となってきた朝鮮半島南部の中でも洛東江下流域にまず騎乗用馬具が出現し、そこを起点として周辺地域に拡散していったという金斗喆らの拠って立つ仮説は、近年の韓国各地における爆発的な資料の増加によって、全面的な見直しを迫られている。

　一方、中国陶磁の製作年代を根拠に古墳やそこから出土した馬具の年代を導出する百済考古学の年代観も、他地域の年代観と齟齬をきたしている[3]。豊富な紀年墓出土資料をもつ中国陶磁の年代的研究それ自体は今後も進展が期待されるが、中国陶磁の製作年代はあくまで古墳の上限年代を考える上での材料の一つに過ぎない。それぞれ異なる手続きを経てえられた中国陶磁の製作年代と馬具の製作年代を比べ、仮に馬具の方が新しいのであれば、追葬などを考慮する必要がない限り、両者を伴出した古墳の年代は、より新しい馬具の製作年代を上限とすべきであろう[4]。

　このような状況の中で各地域の土器編年を基盤として、広域に分布する馬具や甲冑を鍵に、

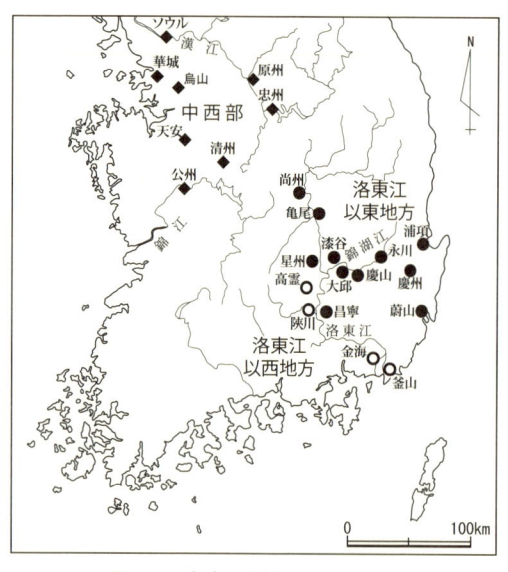

図28　本章の対象とする地域

5〜6世紀の日韓両国の併行関係を論じた白井克也の作業は注目に値する［白井 2003a・b・c］。ただし、馮素弗墓などの中国東北部の年代決定資料を用いずに、遷都や歴史的状況などを主な根拠としたため、武寧王陵以外の年代比定の根拠が相対的に弱い。また、鐙編年を基軸としたため、鐙がほとんど出土しない4世紀代についてはよくわからないままであった。その後、柳昌煥によって4・5世紀の東北アジアの轡と鐙の広域編年網の構築が試みられたが［柳昌煥 2004a］、加耶馬具の年代観や型式学的前後関係を前提とする点は克服されてはいない。桃崎祐輔も4〜6世紀代の東北アジア出土馬具の年代論を展開しているが［桃崎 2006など］、段階や型式を設定しないまま、形態的特徴をもとに異なる地域から出土した個別資料の前後関係や併行関係を論じており、方法論に課題を残している。

　以上のような研究史をふまえた上で、東北アジアという枠組みの中で馬具の年代を論ずるにあたっては、まず各地域で相対編年を組み上げた上で、地域間の併行関係を把握する必要がある。また、併行関係や前後関係を設定する際には、年代差を示す保証のない微細な形態差ではなく、広範な地域で確認される製作技術や機能の変化を指標とすべきと考える。前章ではそのような観点から、三燕、高句麗、新羅馬具の相対編年とその併行関係について検討をおこない、紀年墓出土馬具などの検討から、それらにおおよその製作年代を与えた（図27）。本章では朝鮮半島南部各地域の馬具の相対編年を組んだ上で、三燕、高句麗との併行関係を設定し、朝鮮半島南部各地の馬具におおよその製作年代を与えていく。さらには日本列島の初期馬具の製作年代についても若干の予察をおこなう。

　なお、序章でも述べたように三国時代の朝鮮半島南部には高句麗、百済、新羅、加耶などが割拠し、時期によってその領域が大きく変化するため、各勢力の接点となる地域や古墳・山城などの遺跡の帰属を確定させることは容易でない。そこで本章では、ひとまず馬具の分布のまとまりから朝鮮半島南部を南東部と中西部に二分し、さらに南東部を洛東江以東地方と洛東江以西地方にわけて分析を進めていく[5]（図28）。また、中心勢力が複数存在したと考えられる洛東江以西地方については資料が豊富な金海・釜山地域[6]、高霊・陜川地域を分析対象とする。洛東江以東地方は新羅の領域、洛東江以西地方は加耶の領域、中西部は百済の領域におおむね対比されるが、○○地方（地域）出土馬具を○○製馬具と一概にいいきることはできず、生産や流通に対する細かな検討は地域間の併行関係が明らかとなった後の課題となる。

2. 朝鮮半島南部出土馬具の相対編年

(1) 各段階の指標

まず、前章までの検討でえられた各段階の指標について確認する。

朝鮮半島南部Ⅰ段階前半

立聞式鑣轡の出現を指標とする。鑣の材質は鉄製と有機物製がある。銜の製作技法はほとんどが多條（2條ないし3條）捩り技法で、無捩り技法 a 類が中西部に若干分布する。引手は2條線引手 a 類や2條線引手 b1 類である。鐙や鞍、杏葉はまだ出現していない。

朝鮮半島南部Ⅰ段階後半

鏡板轡 A 類の出現を指標とする。銜の製作技法は引き続き多條捩り技法が主流である。2條線引手 b2 類や多條捩り引手が新たに現われる。柳昌煥分類の C 型の木心鉄板張輪鐙もこの段階に出現する。南東部では心葉形杏葉を伴う例もわずかに認められる。

朝鮮半島南部Ⅱ段階

環板轡 B 類、無捩り技法 b 類・1條捩り技法 b 類の銜、1條線引手 a1・a2 類の出現を指標とする。踏込鋲をもたない木心鉄板張輪鐙が本格的に普及しはじめる。原三国時代から三国時代Ⅰ段階にかけて主流であった捩ることによって環部を成形する多條捩り技法から、鍛接して環部を成形する無捩り技法 b 類・1條捩り技法 b 類への変化は技術上、大きな画期といえる。ただしⅠ段階の技術や要素は依然として認められるため、Ⅰ段階からⅢ段階への過渡期として評価しておくのが妥当であろう。南東部では金属装鞍、心葉形杏葉などを伴う場合もある。

朝鮮半島南部Ⅲ段階

鏡板轡 B 類や踏込鋲を備える木心鉄板張輪鐙の出現を指標とする。多條捩り技法の銜はほとんど認められなくなる。中西部と洛東江以西地方では1條線引手 a3 類や遊環が出現する。南東部では洛東江以東地方を中心に心葉形杏葉に加えて、扁円魚尾形杏葉が出現する。

以上のような変遷観にそって、各地域の様相を具体的にみていく。

(2) 洛東江以東地方

詳細な編年は第8章に譲ることとし、ここでは代表的な資料の位置づけを確認する。なお、慶州地域の標識資料については、すでに前章で簡単に検討したので、慶州地域以外の資料を中心に検討をおこなう。

Ⅰ段階後半

洛東江以東地方のⅠ段階に該当する資料は基本的に鏡板轡 A 類が出現して以降、すなわちⅠ段階後半のものと考えられ、Ⅰ段階前半に該当する資料は、最近報告された慶州隍城洞575番地古墳群20号木槨墓例が知られるのみである（本書、第8章参照）。Ⅰ段階後半は慶州月城路カ-13号墳出土銅地金銅張楕円形鏡板轡 A 類（図29：4）を標識資料とするが、土器編年を参考にすれば［李熙濬 2007］、この段階の上限資料というよりは下限資料として理解される。月城路カ-13号墳例とは材質こそ異なるものの同じ楕円形の鉄製鏡板轡 A 類が、洛東江以東様式土器が成立する

直前のいわゆる古式陶質土器段階に慶州地域周辺の慶山、蔚山、浦項の各地から出土していることは注意される[7]。この他に尚州城洞里107号墳から多條捩り技法の鉄製梯形鏡板轡A類が馬形帯鉤を伴って出土している。馬形帯鉤と馬具の共伴は、中西部の清州鳳鳴洞B-36号墳にも認められ、中西部との境界に位置する尚州地域の地理的環境も考慮すれば、この馬具は中西部との関係の中で理解するのが適切であろう[8]。

II段階

慶州皇南洞109-3・4号墳出土馬具（図29：5）を標識資料とする。この段階になると星州シビシル古墳群、亀尾新林里古墳群など分布範囲が西へ拡大し、出土例も増加する。尚州地域ではこの段階の古墳から洛東江以東様式土器の副葬が始まるとされ［李盛周 2004］、新興里ナ-39号墓出土馬具（図29：8・9）をはじめとするこの段階の馬具も、洛東江以東地方の枠組みの中で理解できる。

なお、IA_4式（有鋲）鐙（図29：15）が出土しIII段階に位置づけられる慶山林堂7B号墳よりも、土器編年上［金龍星 1998］、先行する慶山造永CII-2号墳からIB_5式（無鋲）鐙（図29：7）が出土している。短柄鐙から長柄鐙へという従来の変遷観と矛盾するが、中国東北部では朝鮮半島南部II段階と併行する時期に踏込鋲をもたない短柄鐙と長柄鐙が併存しており[9]（図27：3・8）、また最近、筆者らの調査によって造永EIII-2号墳で両者の共伴が確認されたことから［金大郁ほか 2009］、洛東江以東地方においても踏込鋲をもたない短柄鐙と長柄鐙が併存していたと理解すべきであろう。

III段階

皇南大塚南墳出土馬具（図29：16～20）を標識資料とし、新羅独自の装飾馬具セットが成立する時期にあたる。地方の首長墓から出土する馬具は多くても2セット程度であるのに対し、皇南大塚南墳の副槨には少なくとも8セットの馬具が副葬され[10]、その差は歴然である。ところでこの段階の指標である踏込鋲をもつ鐙や扁円魚尾形杏葉の出現過程について、土器編年を参考に整理すると、前章でみたようにどちらも皇南大塚南墳出土馬具以前からすでに出現している。よって、皇南大塚南墳出土馬具以前の様相を示す慶州皇南洞110号墳出土馬具（図29：10～13）や林堂7B号墳出土馬具（図29：14・15）などをIII段階の前半として設定することができる[11]。

（3）洛東江以西地方

1）釜山・金海地域

詳細な編年は第7章に譲ることとし、ここでは代表的な資料の位置づけを確認する。

I段階前半

釜山福泉洞38号墳例（図29：27）、69号墳例（図29：28）がこの段階に該当する。南東部全体を見渡してもこの段階の轡が確認されているのは釜山地域のみである。しかし、原三国時代の轡が南東部各地から出土していることを考慮すれば（本書、第4章参照）、今後、釜山以外の地域からもこの段階の轡が出土する可能性は高い。

I段階後半

金海地域でも類例が確認されるようになる。金海大成洞2号墳からは青銅製楕円形鏡板轡A類（図29：29）、鉄製鑣轡（図29：30）、有機物製鑣轡（図29：31）が出土しており、銜・引手の製

作技法はいずれも多條捩り技法である。複数セットの馬具を副葬する初期の事例である。
　Ⅱ段階
　福泉洞31・32号墳から出土した多條捩り技法銜の環板轡B類（図29：34）は、環板轡B類の中で型式学的に最も古く位置づけられている。同例は環板轡B類が洛東江下流域で最初につくられ、各地へ拡散したとする際の根拠となってきた［柳昌煥 2000a：174］。しかし、環板轡B類は金官加耶の中心である金海地域からはまだ1点も出土しておらず、第7章で検討するように、最近の類例の増加によって分布の中心が洛東江以東地方にあることが明らかとなりつつある（図64）。福泉洞31・32号墳の埋葬施設を新羅の特徴的な墓制である積石木槨墓とみて、これ以降、釜山地域で洛東江以東様式土器の副葬が開始するという指摘や［李熙濬 2007］、福泉洞古墳群ではⅠ段階後半にいち早く筒形銅器の副葬が終了することなどを考慮すれば［鄭澄元ほか 2000］、Ⅱ段階における環板轡B類の出現背景に新羅の影響を想定することも十分可能であろう。
　Ⅲ段階
　福泉洞10・11号墳から出土したIA₄式（有鋲）鐙（図29：42）と同じものが、扁円魚尾形杏葉（図29：14）を伴って林堂7B号墳でも出土している（図29：15）。福泉洞10・11号墳とほぼ同時期の福泉洞15号墳からも林堂7B号墳例と同じ形態の扁円魚尾形杏葉（図29：43）が出土しており、この段階の釜山地域の馬具は、前段階以上に洛東江以東地方の影響が強くうかがえる。金海地域の大成洞古墳群や良洞里古墳群からは大型墳の築造が終了したためか、現在まで報告されている資料をみる限り、この段階の馬具は確認されていない。
　2）高霊・陜川地域
　現在まで知られている高霊・陜川地域出土馬具の中にⅠ段階の資料は確認されていない。詳細な編年は第9章に譲ることとし、ここでは代表的な資料の位置づけを確認する。
　Ⅱ段階
　陜川玉田古墳群では、1條捩り技法b類銜の環板轡B類とIA式（無鋲）鐙を含むⅡ段階の馬具セットが23号墳や68号墳（図30：2・3）などで確認され、その背景には洛東江下流域からの影響が想定されてきた。しかし、これらの馬具は昌寧様式土器と共伴し［朴天秀 2006b］、Ⅲ段階の馬具出土古墳にも昌寧様式土器の副葬が継続することを考慮すれば、環板轡B類をはじめとする馬具も、洛東江下流域ではなく洛東江以東地方の昌寧地域を経て陜川地域に入ってきた可能性が高い[12]。高霊地域では慶尚北道文化財研究院によって調査された池山洞10号石槨墓のIB₂式（無鋲）鐙と逆T字形銜留金具の環板轡B類がこの段階にまで遡ると考えられる。
　Ⅲ段階
　池山洞古墳群でも馬具が多く確認されるようになる。また、この段階になると遊環や断面五角形のIB₄・₅式鐙など中西部の馬具との共通性が認められるようになる。池山洞35号墳でIB₄式鐙（図30：5）と共伴する鉄製楕円形鏡板轡B類（図30：4）は、同型式の鐙（図30：20）と共伴する中西部の公州水村里Ⅱ-1号墳例（図30：19）と同じく朝鮮半島南部における初期の鏡板轡B類と考えられる。しかし、IB₃式（有鋲）鐙や扁円魚尾形杏葉など洛東江以東地方に分布の中心をもつ馬具も引き続き認められる。断面五角形のIB₄式（有鋲）鐙と環板轡B類や扁円魚尾形杏葉が一つの馬装を構成する玉田35号墳出土馬具は、第9章で検討するように分布の中心が異な

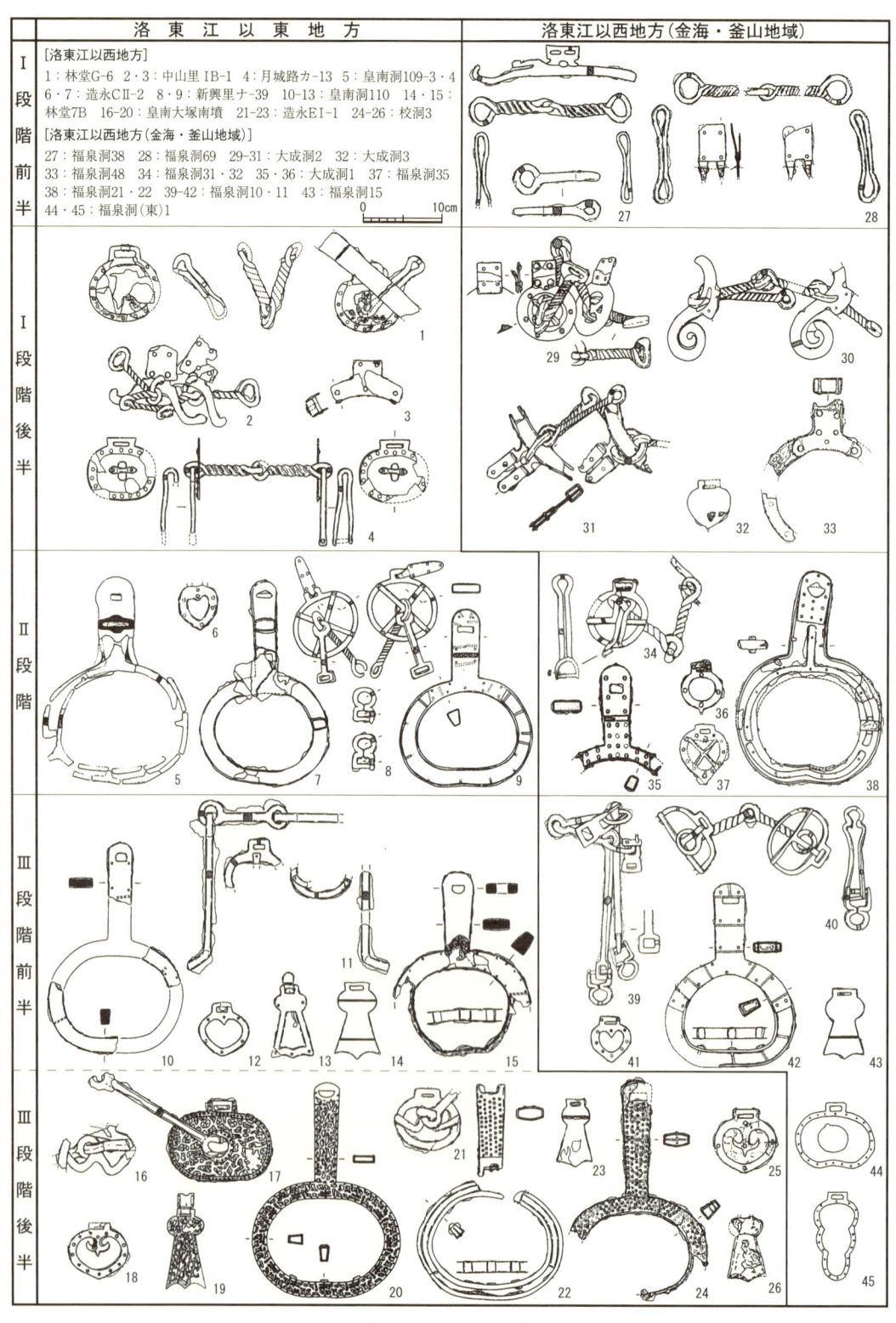

第Ⅰ部　東北アジアにおける馬具製作技術とその年代

	洛東江以東地方	洛東江以西地方(金海・釜山地域)
Ⅰ段階前半	[洛東江以東地方] 1：林堂G-6　2・3：中山里ⅠB-1　4：月城路カ-13　5：皇南洞109-3・4 6・7：造永CⅡ-2　8・9：新興里ナ-39　10-13：皇南洞110　14・15： 林堂7B　16-20：皇南大塚南墳　21-23：造永EⅠ-1　24-26：校洞3 [洛東江以西地方(金海・釜山地域)] 27：福泉洞38　28：福泉洞69　29-31：大成洞2　32：大成洞3 33：福泉洞48　34：福泉洞31・32　35・36：大成洞1　37：福泉洞35 38：福泉洞21・22　39-42：福泉洞10・11　43：福泉洞15 44・45：福泉洞(東)1　　　　　　　　　0　　10cm	

図29　日朝出土馬具の編年①　（S=1/8）

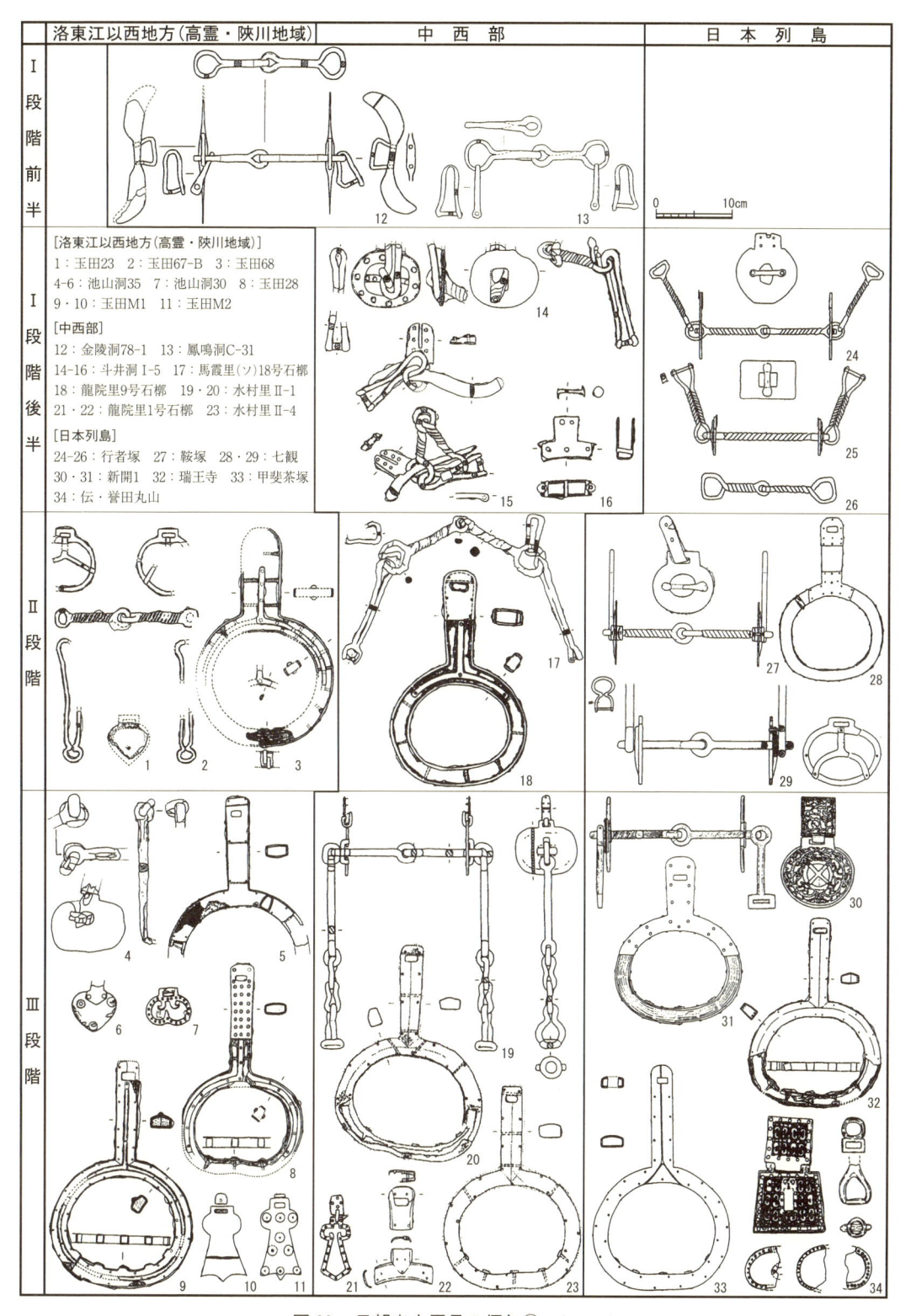

第 3 章　東北アジア出土馬具の製作年代(2)—百済・加耶・倭—

図 30　日朝出土馬具の編年②　(S=1/8)

る馬具が混じり合うこの地域の特徴を端的に示し、副葬土器もまた昌寧様式と大加耶様式が共伴している（図83）［朴天秀 2006b］。また、玉田 M1 号墳の補強鉄棒を取り付けた IB₅ 式（有鋲）鐙（図30：9）に代表されるように同一個体にも系譜を異にする要素が混じり合っており、他地域の馬具をそのまま受容しただけではない。池山洞 30 号墳の内彎楕円形杏葉（図30：7）、半球形飾金具が取り付けられた池山洞 35 号墳の心葉形杏葉（図30：6）や玉田 M2 号墳の変形扁円魚尾形杏葉（図30：11）などを通じて、独自の装飾馬具が製作されていた様子もうかがえる。なお、型式学的に IB₄ 式（有鋲）鐙と IB₅ 式（有鋲）鐙の間には前後関係が設定され、土器編年とも整合性をもっているが［朴天秀 1998b］、IB₅ 式鐙は池山洞 32 号墳や玉田 M1 号墳など大型墳から出土するのみで、IB₅ 式鐙出現以降も中・小型墳では IB₄ 式鐙の副葬は続くため［柳昌煥 1995］、洛東江以東地方のように馬具だけをもってこの段階を前後に細分するのは難しい。

（4）中西部

詳細な編年は第 10 章に譲ることとし、ここでは代表的な資料の位置づけを確認する。

Ⅰ段階前半

朝鮮半島南部で唯一、無捩り技法 a 類銜をもつ轡が確認されている。忠州金陵洞 78-1 号墓例（図30：12）は 2 孔式から立聞式へ移行する初期の立聞式鉄製プロペラ形鑣轡で、原三国時代から三国時代にかけての過渡期的資料といえる。金陵洞古墳群ではこの他にも 2 條捩り技法や 3 條捩り技法の捩り金具片が出土しており、轡の破片として報告されている。

Ⅰ段階後半

天安斗井洞 I-5 号墓では多條捩り技法銜の鉄製楕円形鏡板轡 A 類（図30：14）と鉄製鑣轡（図30：15）、そして C 型（無鋲）鐙（図30：16）が共伴しており、この段階の標識資料といえる。清州鳳鳴洞古墳群や清原松垈里古墳群から出土した馬具の多くも、この段階に該当するものと考えられる。

Ⅱ段階

1 條捩り技法 b 類銜や 1 條線引手 a2 類といったⅢ段階に盛行する要素が出現する。新鳳洞古墳群や天安龍院里古墳群から出土した馬具は、基本的にこの段階以降に製作されたと考えられる。鐙との共伴関係をみる限り、遊環はまだ出現していない。新鳳洞採集品の環板轡 B 類や龍院里 9 号石槨墓の IA₃ 式（無鋲）鐙（図30：18）は、第 10 章で検討するように同段階の洛東江以東地方に分布の中心がある。

Ⅲ段階

いわゆる「新鳳洞型馬具」[13]が成立する時期で、出土例が急増する。水村里古墳群から出土した鐙はいずれも踏込鋲を備えており、すべてこの段階以降に位置づけられる。最初に築造されたと考えられる水村里Ⅱ-1 号墳からは IB₄ 式（有鋲）鐙（図30：20）が、Ⅱ-4 号墳からは IB₅ 式（有鋲）鐙（図30：23）が出土し、古墳の築造順序と鐙の変遷観が一致する。両古墳の間には鑣轡などを出土したⅡ-2 号墳や木心鉄板装壺鐙などを出土したⅡ-3 号墳が築造されているが、高霊・陜川地域において IB₄ 式から IB₅ 式への移行が連続的に把握されることを参考にすれば、水村里Ⅱ-1 号墳とⅡ-4 号墳の間に大きな時間差は認定しがたく、Ⅱ-1、2 号墳出土馬具をⅢ段階前半、

Ⅱ-3、4号墳出土馬具をⅢ段階後半と理解しておくのが妥当だろう[14]。他の資料に関しても鐙を基準にⅢ段階前半（IB$_4$式）と後半（IB$_5$式・ⅡB$_5$式）に細分可能であるが、最も出土例の多いⅡB$_1$式鐙はⅢ段階全期間を通じて製作がおこなわれた可能性が高く、細分については今後の課題としたい。

3. 朝鮮半島南部出土馬具の製作年代

　ここからは各段階の上限年代について確認していく。冒頭で触れたように本章で扱う地域には紀年墓などから出土した副葬年代のわかる馬具はない。よって前章同様、朝鮮半島南部出土馬具に大きな影響を与えたと考えられる三燕・高句麗馬具の製作年代にその上限年代を求めることとする。

　まずⅠ段階前半については、立聞式鑣轡出現期の資料である金陵洞例（図30：12）から3世紀中頃に上限年代を求められる（本書、第5章参照）。南東部ではまだ原三国時代Ⅱ段階の轡が製作されていたと考えられる。上限年代としてより確実なのは、鏡板轡A類を指標とするⅠ段階後半である。三燕では4世紀第3四半期には鏡板轡A類の確実な副葬が認められ、その製作は少なくとも第2四半期にまでは遡ると考えられる（本書、第2章参照）。よって、高句麗における様相が不明瞭であるものの、Ⅰ段階後半の上限年代をひとまず4世紀中葉頃とすることができる。Ⅰ段階前半の馬具を出土した古墳は、金陵洞例をのぞいて土器編年上〔申敬澈 2000a、成正鏞 2006a〕、Ⅰ段階後半の馬具を出土した古墳の直前段階に位置づけられていることから、Ⅰ段階前半に位置づけられる資料の多くは、4世紀初～前葉頃に製作されたのであろう。

　次のⅡ段階については高句麗における無振り技法b類銜の普及が4世紀後葉を遡らないことから、その上限年代をひとまず4世紀末頃に求められよう。下限については、北票馮素弗墓（415年没）と集安太王陵（412年没？）から出土した木心金銅板張輪鐙が重要である。前者はIA式鐙、後者はIB式鐙と柄部形態に差異はあるが、踏込鋲をもたない点で共通する。これらを基準とすれば5世紀初の時点では、踏込鋲はまだ出現していなかった可能性が極めて高い。龍院里9号石槨墓ではIA式（無鋲）鐙（図30：18）と4世紀末の黒釉鶏首壺〔成正鏞 2003b〕が共伴しており、馬具の年代と中国陶磁の年代が一致する。

　Ⅲ段階については、先述のように中国東北部において5世紀初まで確実に遡る踏込鋲をもつ鐙が存在しないことから、5世紀前葉以降とすることができる。第10章で再論するように、Ⅱ段階の馬具と年代が一致する龍院里9号石槨墓の中国陶磁よりも古い中国陶磁が、Ⅲ段階の馬具と共伴する場合は、伝世もしくは成正鏞の指摘するように流通にかかる時間や保有期間を考慮する必要があるだろう[15]〔成正鏞 2006b〕。なお前章にて詳論したように、この段階の後半に位置づけられる馬具を出土した皇南大塚南墳の被葬者は、訥祇王（458年没）である可能性が高い[16]。

　以上を整理すると金陵洞例をのぞくⅠ段階前半の資料は4世紀初～前葉に、Ⅰ段階後半の資料は4世紀中葉～後葉に、Ⅱ段階の資料は4世紀末～5世紀初に、Ⅲ段階の資料は5世紀前葉～中葉に製作されたと考えることができる。

4. 日本列島の初期馬具の位置づけ

　日本列島でも朝鮮半島南部 I～Ⅲ段階に相当する資料が散見されるが、これらはその系譜が多様で、かつ日本列島内で量産ないし在地化していく形跡も乏しいため、その多くが移入品（舶載品）であったと考えられている［小野山 1959・1990、千賀 1988 など］。詳細な検討は第Ⅳ部でおこなうこととし、ここでは各段階の代表的なものをいくつか取りあげ、その位置づけを確認する。

　朝鮮半島南部 I 段階前半と併行する馬具は、現在のところ出土していない[17]。筒形銅器や土師器系土器などの存在から、少なくとも朝鮮半島南東部（金海・釜山地域）との間には緊密な相互交渉があったことがうかがわれ、今後出土する可能性は残される。兵庫県行者塚古墳からは 3 條撚り引手の鉄製楕円形鏡板轡 A 類（図30：24）、柄部を捩った 2 條線引手 b2 類の鉄製長方形鏡板轡（図30：25）、引手をもたない鑣轡（図30：26）の 3 点の轡が出土しており、朝鮮半島南部 I 段階後半と併行する資料といえる。銜の製作技法はいずれも 3 條撚り技法である。なお、日本列島最古の馬具（鑣轡）と考えられてきた福岡県老司古墳出土品は、その構造から鑣轡ではなく鐺子状鉄製品と考えられる（本書、第11章参照）。

　朝鮮半島南部Ⅱ段階と併行する代表的な資料として、大阪府の鞍塚古墳と七観古墳西槨出土の馬具が挙げられる。轡は、前者が 3 條撚り技法の鉄製楕円形鏡板轡 A 類（図30：27）、後者が無撚り技法 b 類の環板轡 B 類（図30：29）で、いずれも IA 式（無鋲）鐙（図30：28）を伴う。

　朝鮮半島南部Ⅲ段階と併行する初期の資料として滋賀県新開 1 号墳南槨出土馬具が挙げられる。龍文透彫鉄地金銅張楕円形鏡板轡 A 類（図30：30）と IA_4 式（有鋲）鐙（図30：31）が共伴している。福岡県瑞王寺古墳からは断面五角形の IB_4 式（有鋲）鐙（図30：32）や鑣轡などが出土しており、墳丘からは TK216 型式期とみられる須恵器片も出土している。伝・大阪府誉田丸山古墳出土馬具（図30：34）は双葉文透彫鉄地金銅張梯形鏡板 A 類と、楕円形と考えられる鉄地金銅張鏡板 B 類が含まれ、後者の存在からこの段階に位置づけられる。山梨県甲斐茶塚古墳からは瑞王寺古墳例よりも型式学的に新しい断面五角形の IB_5 式（有鋲）鐙（図30：33）と鑣轡などが出土している。

　これらの馬具を出土した古墳は、行者塚古墳が中期前葉（TK73 型式期以前）に、鞍塚、七観、新開 1 号墳は TK73 型式期に、瑞王寺古墳や伝・誉田丸山古墳出土品は TK216 型式期に、甲斐茶塚古墳は TK208 型式期にそれぞれ位置づけられ、朝鮮半島南部の馬具編年と日本列島の古墳編年が整合性をもって対応していることがわかる。つまりこれらに限っていえば、製作と副葬の間にそれほど大きな時間差を想定する必要はなさそうである。

　以上を整理すると、中期前葉の古墳から出土した馬具は朝鮮半島南部 I 段階後半（4 世紀中葉～後葉）と、TK73 型式期の古墳から出土した馬具は朝鮮半島南部Ⅱ段階とⅢ段階の一部（4 世紀末～5 世紀前葉）と、TK216 型式期と TK208 型式期の古墳から出土した馬具は朝鮮半島南部Ⅲ段階（5 世紀前葉～中葉）の馬具とおおむね対比することができそうである[18]。これは共伴関係に不安を残すものの、TG232 型式の須恵器と TK73 型式の須恵器が、それぞれ 389 年と 412 年という伐採年代を示す木製品と共伴したという事実とも符合する[19]［光谷ほか 1999、浜中ほか 2006］。

5. 結　語

　本章では技術や機能の変化を分期と併行関係の指標として、朝鮮半島南部と日本列島から出土した馬具の相対編年とその併行関係を明らかにした。そして、前章で検討した三燕・高句麗馬具の年代を参考に、各段階におおよその製作年代を付与した。その結果は、自然科学的年代測定法の成果とも整合的で、中国陶磁とも一部年代の一致をみた。馬具にみられる技術的、機能的変化が短期間に広範な地域に伝達されたと考えることによって、様々な地域の年代決定資料とも背反しない広域編年網の設定が可能となる。特定の歴史的解釈にもとづいた仮説に過ぎない伝播・拡散論に立脚した年代論が、年代観の齟齬の一因となっていたことは明らかであろう。第Ⅱ部からは、ここまでで明らかとなった変遷観や年代観にもとづいて、朝鮮半島南部における騎馬文化の受容とその背景について詳しくみていくこととしよう。

註
（1）たとえば、宮代栄一［1993・1996］と金斗喆［1996・1998b］による論争や、白井克也［2003a・b・c］と金斗喆［2007］による論争を挙げることができる。
（2）韓国においても馮素弗墓の鐙に対する評価は別として、このような年代決定方法は広く用いられている［申敬澈 1985、李熙濬 1995a など］。
（3）たとえば、李尚律［2001］と成正鏞［2003a］の百済馬具に対する暦年代観は、実に100年も異なる。
（4）馬具に対する暦年代観は筆者と大きく異なるものの、金一圭も同様の指摘をしている［金一圭 2007：182］。
（5）中西部、洛東江以東地方の◆と●のドットは、本章で扱う時期の馬具が出土した地域である。なお、洛東江以東地方の範囲については李熙濬にしたがい、錦湖江以北は洛東江以西もすべて洛東江以東地方に含めて検討する［李熙濬 2007：14］。
（6）釜山地域は地理的に洛東江以東に含まれるが、この地域の有力集団である福泉洞古墳群築造集団がどの段階から新羅の勢力下に入ったのかについては、研究者によって意見が大きく異なる（本書、第7章参照）。ここでは、これまでの馬具研究の多くが金海地域とあわせて検討してきたことを勘案し、第1章同様、金海地域と釜山地域から出土する馬具の差異に注意しつつも、ひとまず洛東江以西地方に含めて検討する。
（7）鉄製楕円形鏡板轡A類は、慶州舍羅里5号木槨墓（図76：5）、慶山林堂G-6号墳（図30：1）、蔚山中山里ⅠA-26号墳（図76：6）、同ⅠB-17号墳、浦項玉城里ナ-29号墳（図76：2）、同カ-35号墳（図76：3）などから出土している。
（8）この段階の尚州地域は、墓制や副葬土器についても中西部との関係が指摘されている［洪志潤 1999：81］。
（9）ただし、前者は三燕、後者は高句麗からの出土である。
（10）皇南大塚南墳の副槨からは轡8点（環板轡B類3点、鏡板轡B類5点）、鐙6～7セット、鞍5セット、心葉形杏葉3型式、扁円魚尾形杏葉6型式、歩揺付飾金具8型式など多数の馬具が出土している。
（11）李尚律［1993］分類の乙群の扁円魚尾形杏葉や三葉文心葉形杏葉は、慶州地域では皇南大塚南墳以降に出現したと考えられる。この問題に関しては、別稿でも簡単に検討しているので参照されたい［金大煥ほか 2008］。
（12）ただし、昌寧地域ではこの段階に該当する馬具はまだ出土していない。これはⅡ段階にあたる時

(13) 1條線引手a2類と遊環をもつ有機物製鑣轡とⅡB₁式の木心鉄板張鐙、環状雲珠からなる馬具セットを指す［柳昌煥 2004b］。
(14) 副葬土器にも大きな時期差は認められないようである［李勳ほか 2007：187］。
(15) たとえば水村里Ⅱ-1号墳では、4世紀中葉［朴淳發 2005］、4世紀後半［成正鏞 2006b］、4世紀第4四半期を遡らない［李漢祥 2007a］などの年代観が与えられている青磁有蓋四耳壺と、Ⅲ段階の馬具が共伴している。中国陶磁の年代観に安定性を欠き、判断に苦しむが、仮に最も古く位置づける朴の年代観を採用するのであれば、馬具の製作年代との差は50年を越え、伝世などの考慮が必要となってくる。
(16) これは、十分なデータが提示されず信頼性に若干問題があるものの、皇南大塚南墳出土有機物のAMS放射性炭素年代測定法によってえられた年代域（A.D.420-520）に収まるものであり［김종찬 2006］、ひとまず整合性がある。
(17) 実際には奈良県箸墓古墳周溝の布留1式の土器片を含む層から木製輪鐙が出土しているが［橋本輝 2002］、序章でも述べたように現状では例外的な存在に留まり評価が難しい。
(18) TK208型式期の古墳から出土する馬具の中には、本章では扱わなかったf字形鏡板轡や剣菱形杏葉が含まれる。これらの出現過程については別途検討する必要があるが、その製作年代が朝鮮半島南部Ⅲ段階後半を遡ることは現状では考えにくい。
(19) 馬具の製作年代や木製品の伐採年代は、あくまで古墳や須恵器型式の年代を考える上での上限年代の一つに過ぎない。

第Ⅱ部
朝鮮半島南部における騎馬文化の受容

第4章　原三国時代における鉄製轡製作技術の特質

1. 問題の所在

　第Ⅱ部では朝鮮半島南部における騎馬文化の受容過程について検討をおこなう。第Ⅰ部でみたように硬式鞍と鐙を伴う本格的な騎馬文化が朝鮮半島に登場したのは4世紀以降であるが、「元封二年（前109）漢使渉何譙諭右渠　終不肯奉詔（中略）遣太子入謝 獻馬五千匹 及餽軍糧」という『漢書』朝鮮伝の記録が示すように、朝鮮半島北部では三国時代よりも遥かに古くから、一定数の家畜馬が飼育されていたとされる［南都泳 1996、金建洙 2000］。事実、平壌周辺の楽浪墓からはしばしば多数の車馬具が出土し、少なくとも漢武帝による楽浪四郡（楽浪・臨屯・真番・玄菟）設置（前108年）前後には馬車が確実に存在し、非漢式車馬具[1]の存在からその出現時期は、楽浪郡設置以前の衛氏朝鮮代（前195?～前108年）にまで遡る可能性もある［秋山 1964、岡内 1979］。また、1990年代以降、朝鮮半島南部各地の原三国時代[2]墳墓からも、鉄製轡の出土が散見されるようになり、その数はいまや30例を超える。

　筆者は第1章で朝鮮半島南部三国時代の鉄製轡の製作技術、とりわけすべての轡が共通して備える銜の製作技法に注目して検討をおこない、その変遷の大綱を示した。また従来、2條の鉄棒を捩ったとされてきた銜の多くが、3條振り技法の銜であることを確認し、それが三国時代の鉄製銜の製作技法として相対的に古いものであることを指摘した。原三国時代の鉄製轡も2條の鉄棒を捩るものが主流をなすと考えられており［李尚律 1996、金斗喆 2000］、銜の製作技法の類似性を根拠に、朝鮮半島南部三国時代における鉄製轡の製作に原三国時代以来の馬具工人の関与を想定する見解もある［金斗喆 2000：201］。

　しかしながら三国時代の初期の銜が基本的に3條振り技法でつくられていることがわかった以上、その是非を問う前に、まず原三国時代の銜がいかなる技法でつくられていたのかを明らかにしておく必要があろう。そこで本章では、朝鮮半島南部原三国時代の鉄製轡の製作技術について検討をおこなった上で、併行する時期の朝鮮半島北部や中国などから出土した鉄製轡製作技術と比較し、朝鮮半島南部における本格的な騎馬文化受容以前の様相を明らかにする。

2. 研究史

（1）車馬具に関する研究

　原三国時代馬具の研究は当初、平壌周辺から出土する車馬具を中心に進められてきた。秋山進午は楽浪郡設置前後の土壙墓から出土した車馬具を検討し、漢代以前の青銅器と共伴するA式車馬具と、楽浪郡設置以後の墳墓に副葬され、漢式に近いB式車馬具に分類した［秋山 1964］。秋山はA式車馬具の製作開始とその衰退を衛氏朝鮮の建国と楽浪郡の設置に求めている。

岡内三眞は朝鮮半島北部から出土した車馬具部品とそのセット関係に対する詳細な検討にもとづいて、A～D式の馬車を設定した。そして共伴遺物を参考に通時的検討をおこない、朝鮮半島北部独自のA式馬車に始まり、B式馬車からC式馬車へと次第に漢の馬車の影響が強くなり、明器のD式馬車に至る変遷を明らかにした［岡内 1979］。

最近では、呉永贊が朝鮮半島北部から出土した車馬具のうち、銜、鑣、馬面に注目して分類をおこない、共伴関係から第1～4類型を設定した［呉永贊 2001］。各類型は基本的に岡内と異なるところはないが、楽浪における車馬具副葬の変遷が、漢式車馬具出現以降も中原のあり方と一致しない、という重要な指摘をしている。また、銜を型式分類するにあたって、2連式か3連式かという形態の違いだけでなく、鉄製か青銅製か、という材質の違いを考慮している点も注目される。

(2) 轡に関する研究

李尚律は朝鮮半島南部から出土した原三国時代の鑣轡を集成し、共伴遺物のわかる資料を中心に検討を加え、プロペラ形鑣から蕨状装飾の付いたS字形鑣へという変遷を明らかにした。さらに中国やその周辺から出土する轡を「漢式鑣轡」と「非漢式(戦国式)鑣轡」に大別し、朝鮮半島南部の資料は非漢式鑣轡の系統にあたるとみた。具体的には中国東北部の戦国燕にその系譜を求め、衛氏朝鮮の成立を契機として朝鮮半島に流入したと考えているようである［李尚律 1996］。

これに対して、金斗喆は李尚律の漢式鑣轡と非漢式(戦国式)鑣轡という分類自体を批判し、両者とも「アルタイ系鑣轡」[3]という枠組みで把握した。楽浪四郡の設置によって、鍛造技術に代表される漢の鉄器文化が朝鮮半島南部にも波及し、その一環で轡も受容されたと考えた［金斗喆 2000］。

この他に姜裕信は原三国時代のプロペラ形鑣轡を中国北方の類例と比較している［姜裕信 2002］。姜は三国時代最初の騎乗用馬具を「初期馬具」、それ以前の車馬具を「早期馬具」と呼び、それぞれ異なる製作技術と伝統をもつとした。申敬澈のいわゆる「夫余系騎馬民族加耶征服説」［申敬澈 1994］を批判する点に主眼がおかれているが、李尚律や金斗喆の議論がまったく反映されておらず、また蕨状装飾付S字形鑣轡を扱わないなど資料集成も十分でない。

李尚律と金斗喆の研究によって、鑣轡の基本的な変遷観については確立されたとみてよい。一方で、その系譜や出現の歴史的意義に関しては見解の一致をみていない。冒頭で述べたように系譜論や歴史的解釈の前提となる轡の製作技術については、今一度資料に立ちかえった検討が必要である。また、両者の議論では銜の連数のみに主眼がおかれ、鋳造製銜と鍛造製銜の区別が徹底されていないが、そもそも両者は製作技術体系がまったく異なる。系譜の問題を論じる場合には、鉄製か青銅製かという材質の差も含め厳密に区別しておく必要があろう。

3. 朝鮮半島南部における鉄製轡の製作技術

朝鮮半島南部原三国時代の鉄製轡は、現在のところ金属製鑣轡のみが確認される。検討の俎上に載せるのは、表15に示した23点の資料である[4]。現状での分布は現在の慶尚南・北道に限局され、他地域では認められない(図31)。

なお、その部分名称については図32に示したとおりである。銜と鑣で構成され、引手をもつものも稀に認められる。

(1) 銜の製作技法

銜は馬にはませて乗り手の意図を馬に伝える重要な部品である。有機物製銜の存在した可能性もなくはないが、出土例は金属製銜に限られる。朝鮮半島南部原三国時代の銜は採集資料をのぞき、いずれも鉄製で鍛造によってつくられている。鍛鉄製銜の製作技法については、第1章ですでに詳述したため、ここでは本章に関わる製作技法についてのみ述べることとする。

1條捩り技法 1條の鉄棒からなる銜身を捩るものである。a類（回転数が少なく捩りの凸部のみが強調されるもの）とb類（回転数が多く捩りの凹凸が激しいもの）に分類されるが、朝鮮半島南部原三国時代の資料はa類しか確認されていない。よって本章では特に必要のない限り、a類を省略して単に1條捩り技法とする。

2條捩り技法 長楕円形の鉄環の中間部分を捩ることで、両側に環部を成形する技法である。先述したように、これまで最も一般的な捩り技法と考えられてきた。

3條捩り技法 S字状に曲げた鉄棒を捩ることで、両側に環部を成形する技法である。第1章で述べたように日韓両国においてほぼ同時に認識され、原三国時代では慶州舎羅里130号墓の報告において、「1條の鉄棒をS字に曲げたのち4～5回捩って製作して、ここに再び鉄棒を連結した後同様にして製作した［嶺南文化財研究院 2001a：49］」という観察所見と、製作技術的特徴をよく示した図面（図33：6・7）が提示されている。また、慶州隍城洞46号墓（図34：2）の報告には「断面方形の鉄棒を'8'字形に捩ってつくり、太くするために断面方形の鉄棒を一つ追加して、合計3條（の鉄棒：筆者加筆）を一緒に捩ったことがわかる」［国立慶州博物館 2002：66］とある。緻密な観察から単純な2條捩り技法ではないことを認識した点は評価できるが、あくまで2條捩り技法という前提の下で理解しようとした結果の苦しい解釈といわざるをえず、図面や写真から判断する限り、3條捩り技法とみてほぼ間違いないであろう。

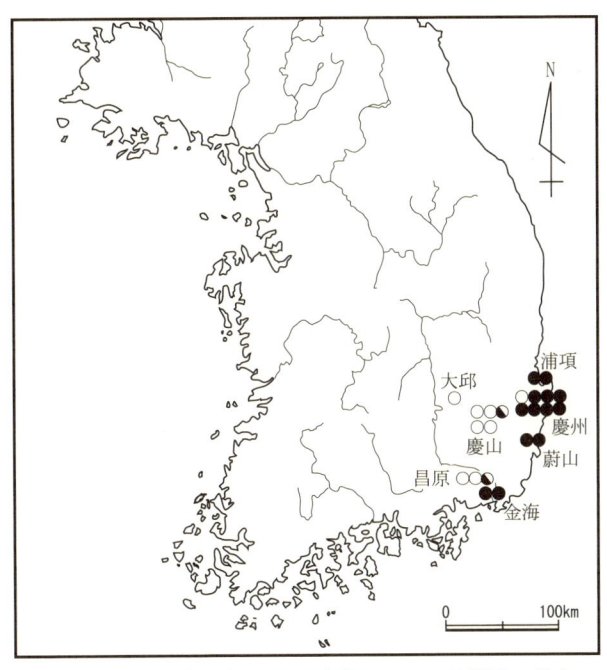

図31 朝鮮半島南部原三国時代における鉄製鑣の分布
○：プロペラ形鑣轡（長方形鑣轡含む）
●：蕨状装飾付S字形鑣轡（蕨状装飾付長方形鑣轡含む）
◐：不明轡

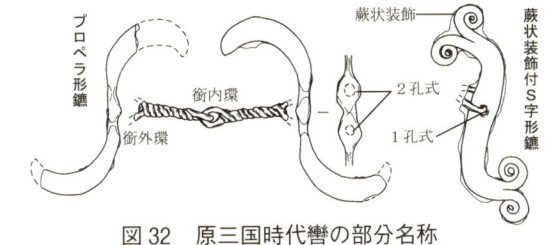

図32 原三国時代轡の部分名称

表 15　朝鮮半島南部原三国時代の鉄製轡

地名	古墳名	鑣 形態	鑣 長さ	鑣 孔数	銜 連数	銜 技法	その他の馬具	文献
大邱	坪里洞出土品	プロペラ形	20.5	2	2	3條捩り	青銅製プロペラ形鑣4、青銅製馬面1、笠形銅器1、馬鐸4	1
慶山	林堂A-Ⅰ-96号木棺墓	プロペラ形	22.4	2	2	3條捩り	―	2
慶山	林堂A-Ⅰ-139号木棺墓	プロペラ形	―	2	2	3條捩り	―	2
慶山	林堂A-Ⅰ-140号木棺墓	―	―	―	2	3條捩り	十字文円形銅器1	2
慶山	林堂A-Ⅰ-145号木棺墓	プロペラ形	24	2	2	3條捩り	―	2
慶山	林堂E-118号木棺墓	プロペラ形	―	2	―	3條捩り	―	3
昌原	茶戸里69号木棺墓	プロペラ形	21.5	2	2	多條捩り	鉄環3	4
昌原	茶戸里48号木棺墓	―	―	―	2	多條捩り	―	4
昌原	茶戸里70号木棺墓	プロペラ形	26	2	2	3條捩り	―	4
慶州	舍羅里130号木棺墓（封土）	長方形	20.2	2	2	3條捩り	鉄製長方形鑣1、8字形銅器2、銅環1、青銅製鉸具1、蕨手形鉄器1、U字形鉄器1	5
		蕨状装飾付S字形	20.5/22.1	2	2	3條捩り		
浦項	玉城里113号木棺墓	蕨状装飾付S字形	17.2/18.3	1	2	2條捩り	―	6
浦項	玉城里115号木棺墓	蕨状装飾付S字形	―	3	―	―	―	6
慶州	隍城洞2号木槨墓	蕨状装飾付S字形	32.7	1	2	3條捩り	―	7
慶州	隍城洞46号木槨墓	蕨状装飾付S字形	19.4	1	3	3條捩り	銅環4、8字形銅器4	7
慶州	隍城洞江邊路1号木槨墓	蕨状装飾付S字形	31.2/25.4	1	2	1條捩り	―	8
慶州	朝陽洞1号木槨墓	蕨状装飾付S字形	35.4/26.0	1	2	多條捩り	―	9
慶州	朝陽洞60号木槨墓	―	―	―	2	3條捩り	銅環2、青銅製鉸具1	9
慶州	朝陽洞63号木槨墓	蕨状装飾付S字形	30.7	1	―	―	―	9
蔚山	下垈1号木槨墓	蕨状装飾付S字形	28.4/31.9	1	3以上	円環	―	10
蔚山	下垈43号木槨墓	蕨状装飾付S字形	22.8/23.2	1	2	1條捩り	銅環1（封土）	10
金海	良洞里162号木槨墓	蕨状装飾付S字形	19.6	2	2	3條捩り	銅環2、鉸具1	11
金海	良洞里382号木槨墓	蕨状装飾付長方形	22.0/23.4	2	3	3條捩り	―	11

［凡例］長さの単位はcm

表16　銜の製作技法

2條捩り	4.8%（1）
3條捩り	66.7%（14）
多條捩り	14.2%（3）
1條捩り	9.5%（2）
その他	4.8%（1）
計	100%（21）

（　）内は個体数

　それでは、銜の製作技法の傾向を確認しよう。銜の製作技法について検討することができた資料は21点であり（表16）、そのうち3條捩り技法が14点と最も多い。実見したもので2條捩り技法であったのは浦項玉城里113号墓例のみであり、三国時代同様、多條捩り技法に分類したものの多くが3條捩り技法である可能性が高い。1條捩り技法は蔚山下垈43号墓例（図34：3）と隍城洞江邊路1号墓例の2例である。環部は折り返し成形によるものの鍛接はしていない。下垈1号墓例は、鑣中央の孔に長径5.5cm程のC字状に曲げた鉄環を通し、さらに、その鉄環に別の鉄環の破片が錆着した状態で出土している。金斗喆はC字状鉄環を介して銜と鑣が連結される構造であったと考えており［金斗喆 2000：192］、いずれにせよ一般的な2連式銜とは異なる構造であったようである。

　以上の検討の結果、朝鮮半島南部原三国時代の銜は基本的に3條（多條）捩り技法で製作されていることが明らかとなった。3條捩り技法は「鍛接技術を用いずに丈夫な環部を両側に造る」［塚本ほか 2001：127］ことができ、三国時代でも相対的に古い時期に認められる技法である。また3條（多條）捩り技法以外の資料も環部成形に鍛接技術を用いるものはない。すなわち、朝鮮半島南部原三国時代の銜製作技法は、総じて環部成形に鍛接技術を用いない技術水準でつくられているということができる。

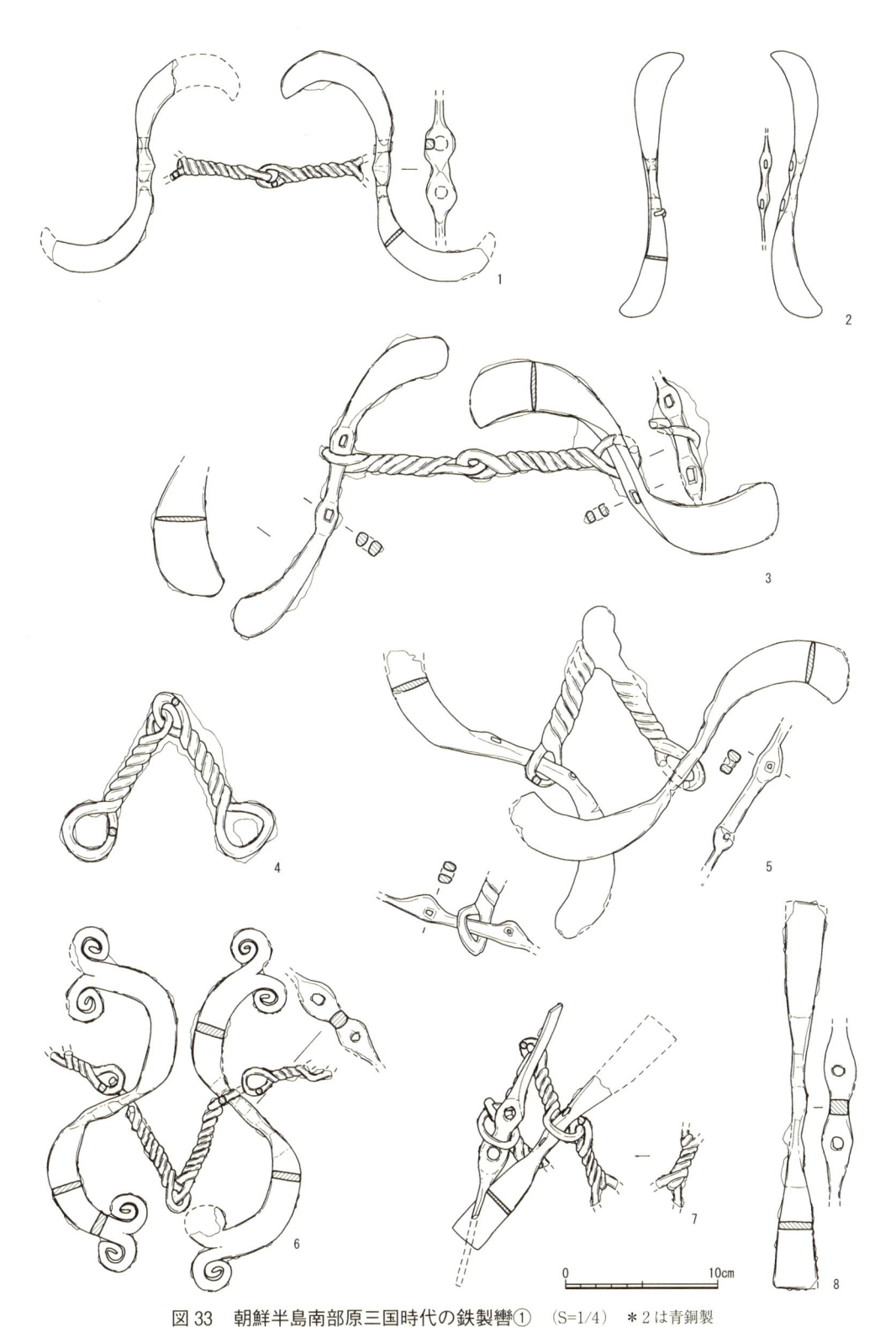

第4章　原三国時代における鉄製轡製作技術の特質

図33　朝鮮半島南部原三国時代の鉄製轡①　(S=1/4)　＊2は青銅製
1・2：坪里洞出土品　3：茶戸里69号墓　4：茶戸里48号墓　5：林堂A-Ⅰ-145号墓　6～8：舎羅里130号墓

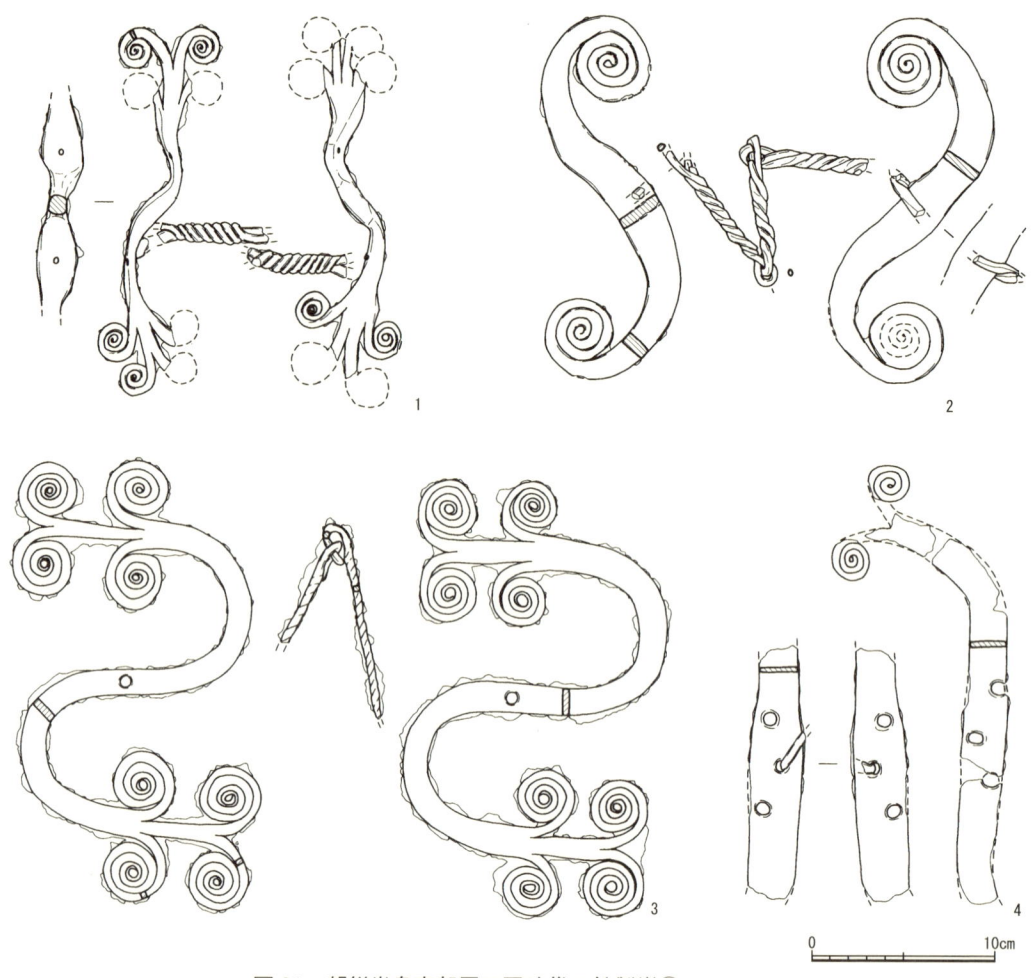

第Ⅱ部　朝鮮半島南部における騎馬文化の受容

図34　朝鮮半島南部原三国時代の鉄製轡②　(S=1/4)
1：良洞里162号墓　2：隍城洞46号墓　3：下坮43号墓　4：玉城里115号墓

(2) 鑣の形態と孔数の相関

鑣とはS字形など棒状の銜留のことで、銜の両端に取り付けて、左右の動きによって銜が馬の口内から外れないようにする部品である。鑣の材質は青銅や鉄などの金属製と鹿角、骨、木などの有機物製があるが、朝鮮半島南部では原三国時代に遡る有機物製鑣はまだ確認されていない。坪里洞から鉄製鑣轡（図33：1）とともに4点の青銅製鑣（図33：2）が出土したのをのぞき、すべて鉄製である。

表17　鑣の形態と孔数の相関

		孔　数		
		2孔式	1孔式	3孔式
形態	プロペラ形	7		
	長方形	1		
	蕨状装飾付S字形	2	8	1
	蕨状装飾付長方形	1		

まず鑣の形態について確認する。鑣の形態はプロペラ形、長方形、蕨状装飾付S字形、蕨状装飾付長方形がある。プロペラ形は7点、蕨状装飾付S字形鑣は11点で、長方形鑣と蕨状装飾付長方形鑣はそれぞれ1例ずつ確認される。

次に鑣の孔数について確認する。今回扱う資料には

1孔式、2孔式、3孔式がある。
1孔式は鑣の正面のほぼ中央に穿孔するもので、孔には銜外環を通す。2孔式は鑣の側面に穿孔するもので、2ヶ所の穿孔部分を含む中央部分は厚くつくられている。孔には頭絡の帯紐を通す。3孔式は中央の孔に銜外環を通し、両

表18 銜と鑣の相関

		鑣				
		プロペラ・2孔	長方形・2孔	蕨状S字・2孔	蕨状長方・2孔	蕨状S字・1孔
銜	3條捩り	6	1	2	1	2
	2條捩り					1
	多條捩り	1				1
	1條捩り					2
	その他					1
	2連式	6	1	2		3
	3連式				1	3

側の二つの孔に頭絡の帯紐を通すもので1孔式と2孔式を掛け合わせたものといえる。2孔式は11点、1孔式は8点で、3孔式は浦項玉城里115号墓例（図34：4）のみである。

それでは鑣の形態と孔数についての相関をみてみよう（表17）。プロペラ形（及び長方形）鑣は2孔式としか組み合わないのに対し、蕨状装飾付S字形鑣はすべての孔式と組み合い、特に1孔式と多く組み合う。

(3) 銜と鑣の相関

最後に銜と鑣の相関についてみてみよう（表18）。まず、銜の製作技法と鑣の対応関係については、2孔式の鑣がいずれも3條（多條）捩り技法の銜とだけ組み合うのに対し、1孔式の蕨状装飾付S字形鑣は多様な銜の製作技法と組み合うといえる。また、銜の連数との対応関係については基本的に2連式と組み合うが、蕨状装飾の付く鑣のみ3連式とも組み合う。

以上の分析の結果、鑣の形態と孔数に有意な関係が認められること、3條捩り技法がこの時代の一般的な銜の製作技法であること、そして1孔式の蕨状装飾付S字形鑣は多様な製作技法の銜と組み合うことが明らかとなった。

(4) 朝鮮半島南部原三国時代轡の変遷

先に朝鮮半島南部原三国時代にみられる鉄製銜の製作技法は、いずれも環部成形に鍛接を用いない技術水準でつくられていることを述べた。すなわち銜の製作技法の違いに時間的変遷は見出しがたい。そこで、形態の多様な鑣に関する既往の研究をみていくこととする。

まず金斗喆は、2孔式鑣[5]が漢代以前のユーラシア草原地帯や中国で一般的な形態であることに注目し、それが朝鮮半島における三国時代以前の轡の特徴であることを指摘した［金斗喆 1993］。さらに李尚律は、墓制や共伴遺物を参考に2孔式のプロペラ形鑣が、2孔式で蕨状の装飾がつく鑣より先行すること、次第に鑣が大型化していき2孔式から1孔式へと変化することを明らかにした［李尚律 1996］。今回の分析結果も先行研究と矛盾するところはなく、プロペラ形鑣から蕨状装飾付S字形鑣へという変遷観は妥当なものと考えてよい。

次に副葬の変遷を高久健二編年［高久 2000・2002］にそって具体的にみていこう。朝鮮半島南部で馬具が出現するのは、高久も指摘するように原三国Ⅱ期（前1世紀中葉～後葉）の墳墓からである。昌原茶戸里48号墓例（図33：4）、慶山林堂A-Ⅰ-96号墓例、大邱坪里洞採集品（図33：1・2）

などがこの時期に該当する。すべて2孔式のプロペラ形鑣と3條捩り技法の銜からなる。原三国Ⅲ期（後1世紀代）の轡は、茶戸里69号墓例（図33：3）、同70号墓例、林堂A-Ⅰ-140号墓例、同E-118号墓例などからも同じようなプロペラ形鑣轡が出土している。次の原三国Ⅳ期段階（後1世紀後葉～2世紀中葉）に入ると、蕨状装飾を取り付けた朝鮮半島南部独特の鑣が出現する。報告者によって後2世紀初に位置づけられている慶州舎羅里130号墓からは、2孔式の長方形鑣を伴う鉄製轡と2孔式の蕨状装飾付S字形鑣を伴う鉄製轡が繋結束具などの馬具類とともに出土しており（図33：6～8）、蕨状装飾付鑣出現期の資料ということができる。原三国時代Ⅴ期（後2世紀中葉～3世紀中葉）に入ると、1孔式の蕨状装飾付S字形鑣轡が一般化し、プロペラ形鑣轡は消滅する。この時期に該当する轡は、金海良洞里162号墓例（図34：1）、同235号墓例、下垈1号墓例、同43号墓例（図34：3）、玉城里113号墓例、同115号墓例（図34：4）などが挙げられる。

　既存の編年案と対応させながら朝鮮半島南部原三国時代の鉄製轡の変遷についてみた。その結果、従来2條捩り技法と考えられてきたものの多くが3條捩り技法であったことをのぞいて、これまでの変遷観をおおむね追認することとなった。朝鮮半島南部原三国時代の轡については李尚律の3段階区分と金斗喆の2段階区分があるものの、朝鮮半島南東部独特の意匠である蕨状装飾が銜留に採用されることを分期の指標とする点では一致する。蕨状装飾付鑣の段階で2孔式から1孔式へ変化するのは明らかであるが、細分するほど資料が蓄積していない現状では、金の2段階区分が妥当であろう。よって、プロペラ形鑣轡が出現してから蕨状装飾付S字形鑣轡が出現するまでを朝鮮半島南部原三国時代Ⅰ段階、蕨状装飾付S字形鑣轡の出現以後を朝鮮半島南部原三国時代Ⅱ段階としておく。

4. 朝鮮半島北部における鉄製轡の製作技術

（1）朝鮮半島北部における鉄製轡の製作技術

　朝鮮半島北部では平壌周辺を中心に28ヶ所、計45点程の鉄製轡が出土しているようであるが[6]、製作技術的検討に耐えうる資料は少ない。実見できたものは上里墳墓例のみであるが、他のいくつかの資料についても写真・図面や記述からその製作技術をある程度把握することが可能である。

　① **平壌　上里墳墓**　[梅原ほか1947、尹武炳1991：139]

　非漢式車馬具とともに鉄製プロペラ形鑣を伴う2点の2連式鉄製銜が出土している（図35：1）。国立中央博物館で展示ケース越しに何度か観察する機会をえたが、多條捩り技法銜とみてよい。鑣は鉄製2孔式で、両端が扁平で立聞孔のある中心部が肥厚する。この轡は銜、鑣ともに朝鮮半島南部から出土する鉄製プロペラ形鑣轡と同じタイプということができる。

　② **平壌　石巌里1962年調査墳**　[백련행1965]

　非漢式車馬具とともに鉄製プロペラ形鑣を伴う2連式鉄製銜が出土している（図35：2）。写真が不鮮明で銜がどのような技法でつくられているかはよくわからない。ペクリョンヘンによる報告後、『朝鮮遺蹟遺物図鑑』2［朝鮮遺蹟遺物図鑑編纂委員会1989］に同墳から出土した無捩り技法a類の鉄製2連式銜の鮮明なカラー写真が掲載されたが（図42：5）、同一個体ではなさそうである。

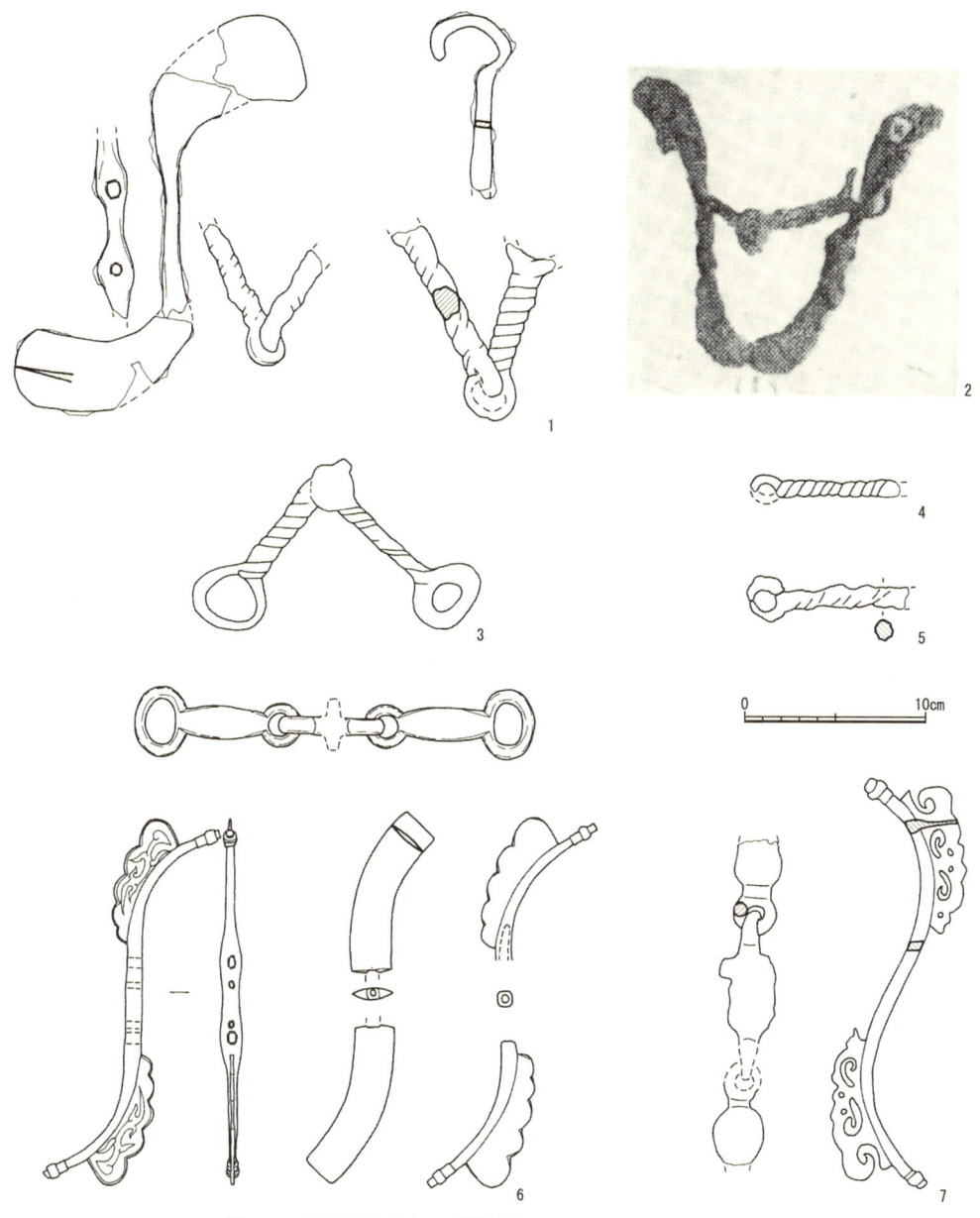

第4章　原三国時代における鉄製轡製作技術の特質

図35　朝鮮半島北部の鉄製轡　(S=1/4、2・7は縮尺不同)
1：上里墳墓　2：石巌里1962年調査墳　3：貞柏洞1号墓　4：所羅里土城8号土壙
5：葛峴里下石洞墳墓　6：石巌里219号墓　7：貞柏洞37号墓

③ **平壌　貞柏洞1号墓（夫租薉君墓）**　［리순진 1964・1974a］

非漢式車馬具とともに2連式鉄製銜が出土している（図35：3）。銜は多條捩り技法である。

④ **咸鏡南道　所羅里土城8号土壙**　［박진욱 1974］

鉄製銜の破片が出土しており、「鉄線を捩ってつくった［박진욱 974：173］」という報告や図面から多條捩り技法であろうと考えられる（図35：4）。非漢式車馬具も一緒に報告されている。

⑤ **黄海北道　葛峴里下石洞墳墓**　［科学院 考古学 및 民俗学研究所 1959］

非漢式車馬具とともに鉄製銜の破片が出土している（図35：5）。「2條の鉄線を捩ってつくっ

87

たもの［科学院 考古学 및 民俗学研究所 1959：34］」という報告や図面及び写真から判断する限り、多條捩り技法であろうと考えられる。

⑥ 平壌　石巌里219号墓（王根墓）［楽浪漢墓刊行会 1975］

多数の漢式車馬具とともに銜が4点、鑣が15点出土している。銜はいずれも鉄製で、3連式であったようである（図35：6）。銜に捩りは認められない。鑣は金銅製2孔式の漢式鑣[7]である。

⑦ 平壌　貞柏洞37号墓［社会科学院考古学研究所田野工作隊 1978］

北槨、南槨から1点ずつ鉄製轡が出土していて、どちらも3連式である（図35：7）。銜身に捩りは認められない。あわせて37号墓からは23点の金銅製の漢式鑣が出土している。

この他に黄海北道金石里墳墓や、貞柏洞67号墓からは、図面や写真はないものの、多條捩り技法銜をもつ鉄製轡の出土が報告されている［社会科学院考古学研究所 1983］。また、石巌里219号墓例や貞柏洞37号墓例などの3連式銜は、中央銜に中間突起（鏑）をもつという形態的特徴や漢式鑣と組み合う点などから、青銅製3連式轡を模倣したものと考えられ、青銅製と同じく鋳造によって製作された可能性が高い。貞柏洞62号墓からは複数の鉄製轡が出土しているが、「鋳造してつくったものは3連式銜で、鉄線を捩ってつくったものは2連式銜」［社会科学院考古学研究所田野工作隊 1978：40］のようである。

次に副葬の変遷を高久編年［高久 1993・1995・2000・2002］にそって具体的にみていくと、鉄製轡は楽浪Ⅰ期（前2世紀後葉〜前1世紀前葉）、すなわち楽浪郡設置前後にはすでに現われている。この時期に該当するのは上里墳墓例、石巌里1962年調査墳例、葛峴里下石洞墳墓例である。これらの轡は非漢式車馬具と共伴し、鉄製プロペラ形鑣と多條捩り技法の銜からなる。楽浪Ⅱ期（前1世紀中葉〜後葉）以降、漢式車馬具が出現し、副葬する階層ごとによって時期差はあるものの、次第に非漢式車馬具と入れ替わっていく［高久 1997］。鉄製轡も鍛造製の多條捩り技法の2連式銜に加えて、鋳造製と考えられる3連式銜が出現するが、これは青銅製3連式轡と同じく、中国本土からも出土する漢式車馬具である。楽浪Ⅱ期以降も鉄製轡は、馬具副葬自体の断絶するⅣ期（後1世紀後葉〜2世紀中葉）をのぞいて継続するようであるが、良質な報告例に恵まれず製作技術に対する通時的な評価は難しい。

（2）朝鮮半島における鉄製轡の展開

朝鮮半島最初の鉄製轡は朝鮮半島北部で確認され、非漢式車馬具と共伴し、楽浪郡設置前後にまで遡る。鉄製プロペラ形鑣と多條捩り技法の鉄製2連式銜からなるこの轡は、高久の指摘するように前75年の大楽浪郡の成立を契機とするかはさておき、楽浪と弁・辰韓の交流を通じて朝鮮半島南部にも受容される[8]。同じ朝鮮半島南部でも馬韓にはみられないという地域的偏りはあるものの、朝鮮半島の南と北にまったく同じ製作技術の轡が分布することからみて、朝鮮半島南部原三国時代Ⅰ段階の馬具やその製作技術は、基本的には朝鮮半島北部から伝わったとみてよい。

ただし朝鮮半島南部の馬具は、朝鮮半島北部の馬具そのままではない。たとえば、朝鮮半島北部では非漢式であれ、漢式であれ、基本的に車馬具の一具として轡も副葬される場合が多いが、朝鮮半島南部では轡以外にはわずかな繋結束具が認められる程度で、車馬具は基本的に伴わない[9]。また、朝鮮半島南部では鍛造製の鉄製3連式銜はいくつか認められるものの、鋳造製は

青銅製3連式銜の伝・良洞里例［国立慶州博物館 1987］のみであることから[10]、楽浪郡設置以後、朝鮮半島北部で流行する鋳造製の銜は、朝鮮半島南部にはほとんど入ってこなかったといえる。

そして朝鮮半島北部と南部の決定的な岐路となるのが、朝鮮半島南部で蕨状装飾付S字形鑣銜の副葬が始まる原三国時代Ⅱ段階である。この時期は楽浪の低迷期とされ、朝鮮半島北部では馬具副葬が一時的に断絶する。その後、朝鮮半島北部では小型の明器による車馬具副葬が再び復活するものの、朝鮮半島南部では大型化した蕨状装飾付S字形鑣銜の副葬を継続し、両地域はまったく異なる変遷をたどっていくこととなる。

朝鮮半島北部における鉄製銜の生産開始の問題については、楽浪郡設置以前からすでに鍛造による鉄器製作をおこなっていたと考えられていること［村上 1994］、漢はもちろん戦国燕の地域でも出土しない非漢式車馬具と共伴することなどから、少なくとも鍛造製銜に関しては楽浪郡設置以前からすでに生産をおこなっていた可能性が高い。ただし漢式車馬具と共伴し、中国本土でも出土する鋳造製銜まで楽浪で製作されたかどうかについてはよくわからない[11]。

朝鮮半島南部については、李尚律が坪里洞出土品を根拠として、青銅製プロペラ形鑣をもとに鉄製プロペラ形鑣銜を在地製作したと考えている［李尚律 1996：190］。しかし鉄製プロペラ形鑣銜は、李も述べるように上里墳墓例や石巌里1962年調査墳例など朝鮮半島北部に南部よりも古い事例が存在する。朝鮮半島南部原三国時代Ⅰ段階の銜すべてが移入品ではなかっただろうが、かといって個々の資料について移入品と在地製品を区別する明確な基準も見出しがたい。ここではひとまず、原三国時代Ⅱ段階の蕨状装飾付S字形鑣銜の出現が、朝鮮半島南部における鉄製銜生産開始の下限年代であることを確認するに留めておきたい。

さて、銜の製作技法に注目した場合、朝鮮半島南部では鍛鉄製の3條捩り技法銜が基本的な銜製作技法として採用されつづけたのに対し、朝鮮半島北部ではこれに加えて鋳鉄製や鋳銅製も存在することが注意される。次節ではこの問題に対する解決の糸口をえるために、併行する時期の中原の類例をいくつかみてみよう。

5．原三国時代における鉄製銜製作技術の特質

（1）中原における鉄製銜の製作技術

研究史でふれたように朝鮮半島の原三国時代鑣銜の系譜については、戦国燕に求める見解［李尚律 1996］と、前漢に求める見解［金斗喆 2000］が対峙している。いずれをとるにせよ、まず中原の鉄製銜製作技術を把握しておく必要があるだろう。以下、図面や写真から製作技術的特徴が読みとれるいくつかの実例についてみていく。

① **河北省　燕下都遺跡　武陽台村西**　［河北省文物考古研究所 1996：817・図版174］

プロペラ形鑣銜が採集されている。図面および写真から、銜は3條捩り技法でつくられたと考えられる（図36：1）。鑣は鉄製2孔式で、両端が扁平で立聞孔のある中心部が肥厚する。この銜は銜、鑣ともに朝鮮半島から出土する鉄製プロペラ形鑣銜と同じタイプということができる。燕下都ではこの他に戦国晩期と報告される郎井村10号作坊遺址から2連式鉄製銜が2点出土し、武陽台村からは2連式鉄製銜が3点採集されているが、いずれも銜に捩りは認められないようで

第Ⅱ部　朝鮮半島南部における騎馬文化の受容

ある。後者は鍛鉄製と報告されている。

② 山東省　斉王墓随葬車馬坑
［山東市溜博市博物館 1985］

随葬車馬坑から4輌の馬車が出土している。轡は、青銅製2連式が12点、鉄製2連式が2点出土している。2点の鉄製轡は同じ形状とのことである（図36：2）。衘身を「扭索状」につくったとあるように、捩りが認められる。図面をみる限り、捩りは環部の手前で終わるようであり、捩りのピッチなどからも1條捩り技法b類衘の可能性が高い。ただし、鋳造製の可能性も排除できない。伴う鑣は鉄製で、断面方形とのことである。前漢初の年代が与えられている。

③ 北京　大葆台2号墓　［中国社会科学院考古研究所 1989：90・図版 88］

前漢末の広陽頃王夫人の墓と推定されている。2連式鉄製衘が出土しており、写真から判断するに3條捩り技法であろうと考えられる（図36：3）。これに伴う鑣は青銅製でS字形を呈すると報告されているが詳しいこ

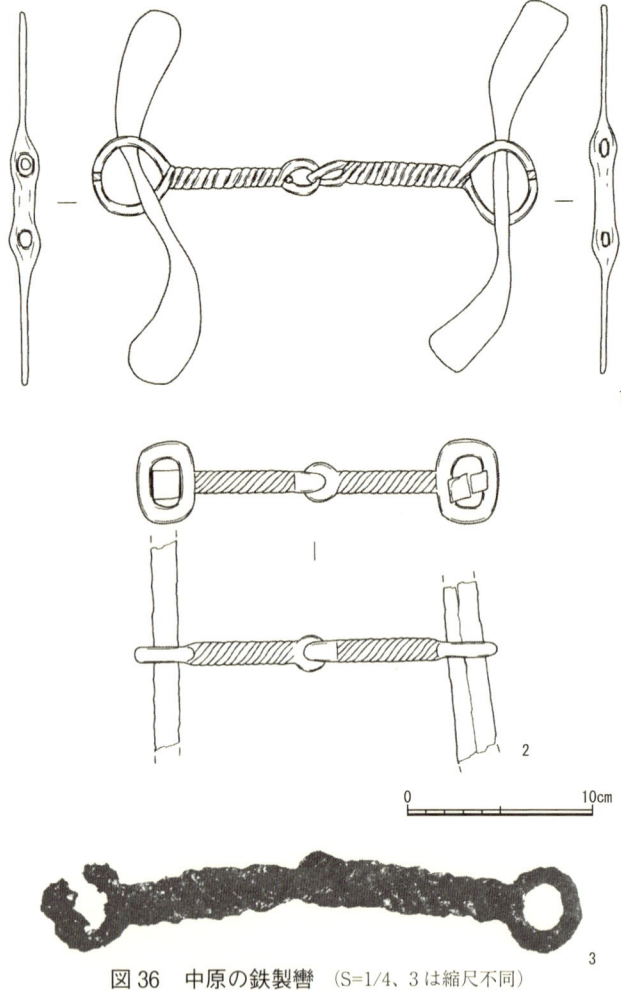

図36　中原の鉄製轡　（S=1/4、3は縮尺不同）
1：燕下都採集品　2：斉王墓随葬車馬坑　3：大葆台2号墓

とはわからない。2号墓からは、これを含めて計5点の2連式の鉄製轡が出土しているようだが、同じ製作技術かどうかはわからない。この他に1号墓からはS字形鑣を伴う3連式鉄製轡が出土している。3連式の青銅製轡と同じ形態をしており、鋳造製であろうと考えられる。

この他にも楡樹老河深やモンゴルのノヨン＝オールなど中国北方を中心とする広範な地域から原三国時代におおむね併行する時期の鉄製轡がいくつか報告されているが、衘身に捩りを加えたものはないようである。それらについては、三国時代に出現する騎馬文化の系譜とも深く関わるため、次章で詳しく検討したい。

(2) 原三国時代における鉄製轡の製作技術の特質

原三国時代の鉄製轡とほぼ同時期か若干古く位置づけられている中原の鉄製轡で、製作技術的検討に耐えうる資料はごくわずかである。とはいえ燕下都採集品や大葆台2号墓例など、原三国時代の鉄製轡と同じく衘を3條捩り技法でつくるものが、中原にも確かに存在する。とりわけ、採集資料で年代的な位置づけに難があるものの、燕下都採集品は原三国時代Ⅰ段階の鉄製

プロペラ形鑣銜の系譜を考える上で非常に重要である。ただし、これらの遺跡からは3條あるいは多條捩り技法に加えて、銜身に捩りをもたない鉄製銜が出土している点は注意しておく必要がある。また斉王墓随葬車馬坑から出た鉄製銜が、1條捩り技法 b 類銜であるならば、朝鮮半島南部では三国時代Ⅱ段階になるまでみられない技術が、すでに漢代の中国には存在していたことになる。

　以上、決して十分な検討を経た結論とはいえないが、漢代の中国では鋳造製、鍛造製の鉄製銜と鋳造製青銅製銜の3者が共存し、鍛造製においても製作技法が多様であったと判断される。3條捩り技法は多様な銜製作技法の中の一つに過ぎない。

　3條捩り技法以外の製作技法のいくつかは、朝鮮半島北部では確認できたものの、朝鮮半島南部ではほとんど確認されていない。つまり、朝鮮半島南部原三国時代における鉄製銜製作技術の特質は、3條捩り技法を一貫して採用しつづけた点に求められよう。3條捩り技法は環部と環部を連結する点において、単純ながら非常に完成された技法である。それは三国時代Ⅰ段階まで継続し、朝鮮半島南部においては銜製作技術の「歴史的水準」[鈴木勉 2008]の指標となりうる。しかし、それはあくまで'朝鮮半島南部において'、である。中国の銜製作技術の多様性を強調するまでもなく、環部成形に鍛接技術を使用しないものしか認められない朝鮮半島南部の銜は、長期に渡って一定の技術的制約（限界）のもとで製作されたと考えざるをえない[12]。鋳造製が一般的な3連式の銜さえも3條捩り技法でつくっている点は、そのことを端的に示しているのではないだろうか。

6．結　語

　朝鮮半島における馬の飼育は、衛氏朝鮮の建国（前195年？）や楽浪四郡の設置（前108年）、大楽浪郡の成立（前75年）といった中国文明との直接的接触を契機に、殷代以来、古代中国で育まれてきた馬車文化を直接的・間接的に受容することによって始まった。ただし、馬車そのものが普及しなかったと思われる朝鮮半島南部はもちろん、漢の直接支配を受けた朝鮮半島北部ですら、漢代馬車文化のまったくのコピーとはならなかった[呉永贊 2001]。また、今回検討した鉄製銜に関していえば、中国→朝鮮半島北部→朝鮮半島南部と中原から離れれば離れるほど、製作技術の多様性が失われていく。

　この原因として、一つには漢が鉄器製作技術や製鉄技術を統御し、朝鮮半島南部のような周辺地域への技術拡散を抑制していたことが考えられる[村上 1997・1998 ほか]。「馬弩関」に象徴されるように軍需物資としての馬自体が規制の対象となったであろうことも容易に想像される[江上 1948、岡村 1999]。また、鋳造製銜や漢式車馬具がほとんど出土しないことから、朝鮮半島南部と楽浪の交渉形態の質に起因する可能性も当然想定されよう[三上 1966、李賢恵 1994a、尹龍九 1999、高久 1997・2000・2002]。しかし鍍金技術をのぞけば、すでに十分に製作できる技術をもっていたであろう青銅製車馬具の欠落に注視すれば、外的要因によってすべてを説明することはできない。

　朝鮮半島南部に馬具が出現する原三国時代は、三韓の支配者層が楽浪を通じて漢の文化を積極

的に導入した時期にあたる。とはいえ、古代中国の馬車文化を体系的に受容するためには、馬の飼育・調教や、各種車馬具の生産のみならず、道路の整備・維持、さらには軌間の統一（その前提としての度量衡の一致）など莫大な資本投資を必要とする。当時の弁・辰韓の支配者層にそれだけの経済力があったのか、そもそもそれをする必要性（需要）があったのか、といった内的要因についても当然考慮する必要があるだろう[13]。

結局、原三国時代の馬具と三国時代の馬具の間にはどのような関係が想定できるのであろうか。冒頭でも触れたとおり、朝鮮半島南部三国時代初期の鉄製銜の製作には、原三国時代以来の馬具工人の関与が想定されている［金斗喆 2000：201］。確かに原三国時代の銜は、三国時代Ⅰ段階の銜とまったく同じ製作技法でつくられていた。しかし、銜以外の属性に注目すれば、やはりその断絶は大きい。3條捩り技法は地域的にも時間的にも広範な広がりをもつ技法である。朝鮮半島南部三国時代の騎乗用馬具に大きな影響を与えた高句麗や三燕も3條捩り技法を採用していることをふまえれば、銜製作技法の連続性のみをもって工人集団の連続性を証明することはできないだろう。銜製作技法以外にも環状雲珠（銅環・鉄環）にその関係性が指摘されているものの［李炫姃 2008］、やはり連続する面より断絶する面の方が圧倒的に多い。三国時代にみられる鏡板轡、鐙、硬式鞍、杏葉、馬冑・馬甲、どれをとっても原三国時代の馬具製作技術の延長線上では理解できない。

一方で文献史料をみると、原三国時代には朝鮮半島南部のかなり広範な地域に馬が普及し、その扱いにも習熟していた様子をうかがうことができる[14]。第Ⅰ部でみたように、中国東北部における鏡板轡や鐙の出現時期と、朝鮮半島南部におけるそれらの出現時期には大きな時差が認められない。本格的な騎馬文化が短期間のうちに朝鮮半島南部の多くの地域に広がっていった背景には、原三国時代における馬の普及があったと考えると理解しやすい。

註
（1）本書における非漢式車馬具は、岡内三眞［1979］のA式馬車を構成する車馬具（拳銃形車衡頭、笠頭円頭形金具、乙字形管金具、笠頭ラッパ形金具など）と、呉永贊［2001］のA式馬面を指す。なお、漢式車馬具については林巳奈夫の研究成果を参考にした［林ﾋ 1964a・1964b・1976］。
（2）この時期の時代区分名称については、韓国考古学界においても見解の一致をみていないが、朝鮮半島全体を包括する概念である原三国時代を用いることとする［金元龍 1972・1973など］。なお、この時期の時代区分問題については、李熙濬が詳しく整理しており、参考とした［李熙濬 2004a］。
（3）金斗喆はユーラシア草原地帯の鑣轡について、同方向3孔の鑣と中央2孔の鑣に分類し、その分布から前者を「スキタイ系鑣轡」、後者を「アルタイ系鑣轡」とした［金斗喆 1998a］。しかし早くから山本忠尚［1972］が指摘するように黒海北岸からも2孔式の鉄製Ｓ字形鑣が多く出土することから、そのように単純化することはできない。
（4）前稿［諫早 2005b］発表後、いくつか資料が増え、新しい研究成果も発表されている［李尚律 2006・2008、李昌熙 2008］。それらに関しては後日、稿を改めて検討することとしたい。
（5）金斗喆は鑣の孔数よりも鑣と頭絡との連結方法に注目し、これらの資料を「二本條」と呼んでいる［金斗喆 1993］。
（6）集成にあたっては［高久 1995・2004］に拠った。
（7）呉永贊のB・C式鑣［呉永贊 2001］。
（8）高久健二は鉄製プロペラ形鑣轡のような非漢式遺物について、楽浪の下位階層との交渉を通じて

朝鮮半島南部に流入したと推定している［高久 1997・2002］。
（9）戦前から馬鐸など馬車を構成する一具の出土は認められるものの［秋山 1964］、轡と車馬具の共伴は坪里洞出土品をのぞいてまだない。最近、星州礼山里Ⅲ-31号木棺墓から金銅製の蓋弓帽が出土したものの、轡はもちろん他の車馬具も出土しなかった［慶尚北道文化財研究院 2005］。
（10）なお、梅原末治によって紹介された慶州塔里例［梅原 1925］については、原三国時代ではなく統一新羅時代の資料と考えられるため、検討対象から除外する［成正鏞ほか 2007、諫早 近刊a］。
（11）鄭仁盛によって楽浪土城内で青銅製品や鉄製品の一部が生産されていたことが明らかとなったが［鄭仁盛 2001・2004など］、馬具が製作されていたかどうかについてはよくわかっていない。
（12）朝鮮半島南部原三国時代の製鉄技術についても、同様の指摘がなされており興味深い［村上 1997：43］。
（13）禹炳喆らは筆者のこのような見解とは異なり、先述の星州礼山里Ⅲ-31号木棺墓出土蓋弓帽などを根拠に、弁・辰韓に馬車やそれが行き交いするための道路が存在したと考えている［禹炳喆ほか 2009：78］。しかし、原三国時代にまで遡る道路遺構はいまだ確認されていない［山本孝 2011］。馬車を構成する一具のみの副葬は日本列島弥生時代中期〜後期にも認められ［森浩 1974］、それが必ずしも馬車の存在を示す証拠とはならないことはすでに指摘されてきたとおりであり［秋山 1964］、ましてやそのような薄弱な根拠をもって広域間を結ぶ人為的な道路の存在を想定するのは早計に過ぎよう。
（14）『三国志』魏書東夷伝弁辰条には「乗駕牛馬」とあり、馬韓条には「不知乗牛馬 牛馬盡於送死」とある。用途の問題はさておき、朝鮮半島南部の多くの地域で馬が飼育されていたとみられる［諫早 2010c：15］。

表15の出典
1：尹容鎭 1981　2：韓国文化財保護財団 1998a　3：韓国文化財保護財団 1998b　4：李健茂ほか 1995　5：嶺南文化財研究院 2001a　6：嶺南埋蔵文化財研究院 1998b　7：国立慶州博物館 2002　8：韓国文化財保護財団 2005　9：国立慶州博物館 2001・2003　10：釜山大学校博物館 1997　11：東義大学校博物館 2000

第5章　轡製作技術からみた朝鮮半島南部における騎馬文化の受容

1. 問題の所在

　韓国において騎馬文化の導入に対する議論が本格化しはじめたのは、1980年代以降のことである。1980年代後半まで、朝鮮半島南部における馬具の出現は、400年の高句麗南征を契機とみる考え方が主流であった［崔鍾圭 1983、申敬澈 1985・1989］。その後、発掘調査の爆発的増加に伴い、5世紀を遡る馬具が続々と出土し、1994年には申敬澈自身によって、馬具の出現年代が大きく引き上げられるに至る［申敬澈 1994］。

　申敬澈は洛東江下流域の釜山福泉洞古墳群と金海大成洞古墳群から出土した馬具について検討をおこない、4世紀代に遡る「初期馬具」の存在を指摘し、中国吉林省の楡樹老河深遺跡中層（以下、老河深）出土轡と引手などが類似するとみて、その系譜を夫余に求めた。馬具の系譜のみならず、先行墳墓の破壊、殉葬や厚葬の風習、北方文物の流入など多様な現象を根拠として、夫余から洛東江下流域への「住民移動」とそれを契機とする金官加耶の成立を説く申敬澈説［申敬澈 2000bなど］は、序章でも述べたように江上波夫のいわゆる「騎馬民族日本列島征服王朝説」［石田ほか 1949、江上 1967など］を彷彿とさせ、「夫余系騎馬民族加耶征服説」とも呼ばれる［金泰植ほか 2003］。江上説がそうであったように、申敬澈説も様々な資料に立脚しているものの、「騎馬民族」の移住を想定する以上、馬具がその重要な証拠とならねばならないことは、改めていうまでもないだろう。

　筆者も朝鮮半島南部の鉄製轡製作技術について検討する際、老河深の轡製作技術について注意を払ってきた。具体的には老河深の銜が無捩り技法であるのに対し、朝鮮半島南部の三国時代Ⅰ段階、あるいはそれ以前の原三国時代の銜は、2條または3條捩り技法であるという製作技法の大きな違いに注目し、両者を同一系統とは位置づけがたいとみた［諫早 2005b］[1]。しかし、肝心の老河深の銜製作技法については、「折り返した環部の両端がそのまま銜身を構成し、その為に両環部が滴状をなす」［諫早 2005b：15］という形態的特徴を指摘したのみで、具体的な製作技法の復元にまでは至らなかった。そのため、朝鮮半島南部で三国時代Ⅱ段階以降に出現する無捩り技法との違いは、曖昧なままとなっている。また朝鮮半島南部で老河深の銜と同じ形態的特徴をもつ数少ない資料の一つである中西部の清州鳳鳴洞C-31号墳出土轡（以下、鳳鳴洞例）については、老河深の轡と酷似することが多くの研究者によって指摘されてきたが［朴重均 2002、成正鏞 2003a、權度希 2006a］、製作技法にまで踏み込んだ議論はなされていない。

　そこで本章では、まず鳳鳴洞例の製作技術に対する詳細な観察結果をもとに無捩り技法の細分を試みる。そして老河深の轡が鳳鳴洞例と同じ製作技法であることを確認した上で、同様の特徴をもつ類例について広く検討し、その製作技法の時間的・空間的位置づけを明らかにする。最後

に老河深の轡と朝鮮半島南部の初期轡の製作技術を比較し、既存の騎乗用馬具系譜論の問題点を指摘する。本章の主たる目的は、製作技術に立脚して、夫余と朝鮮半島南部から出土した馬具の関係性を問うことにある。

2. 鳳鳴洞 C-31 号墳の轡製作技術と無捩り技法の細分

（1）鳳鳴洞 C-31 号墳の轡製作技術

鳳鳴洞遺跡は忠清北道清州市に位置する。1998 年から 1999 年にかけて忠北大学校博物館によって調査され、原三国時代から三国時代への過渡期にかけて造営された土壙墓群が確認されている［忠北大学校博物館 2005］。C-31 号墳は長さ 390㎝、幅 100㎝、南北軸の土壙墓で、轡は墓壙内南端から出土した。轡付近からは、鉸具が 1 点出土している。

轡は鉄製で、2 連式銜に引手が直接連結される構造である（図37）。鑣や立聞用金具は出土していないが、銜内環に比べ銜外環が大きい特徴から鑣轡と考えられる。以下、銜と引手についてそれぞれ細かくみていく。

銜は両側とも完形で、遺存状態は極めて良好である。全長は右側 10㎝、左側 9.7㎝とほぼ同大である。環部径は右側が外環 3.6㎝、内環 2.8㎝、左側が外環 3.7〜3.9㎝、内環 2.5㎝といずれも内環に比して外環が大きい。鉄棒の断面は隅丸方形で、厚さは外環部分で 0.4〜0.5㎝、銜身部分で 1㎝ほどである。右銜は外環と内環の向きが同じであるのに対し、左銜は外環と内環の向きが直交するようにつくっている。環部内側は平面滴状をなし、銜身に向かって入り込んでいく。

報告者は銜の製作技法について、断面円形に近い鉄棒 2 條でつくったとし、1 條の線を若干長くして折り曲げ、もう 1 條の線の端に鍛接して内環と外環をつくったとみている［忠北大学校博物館 2005：497］。しかし、環部から銜身に至る部分を丁寧に観察すると、一方はそのまま銜身を構成し、反対側の環部にまで至るのに対し、もう一方は徐々に厚みを減らし、途中で途切れる

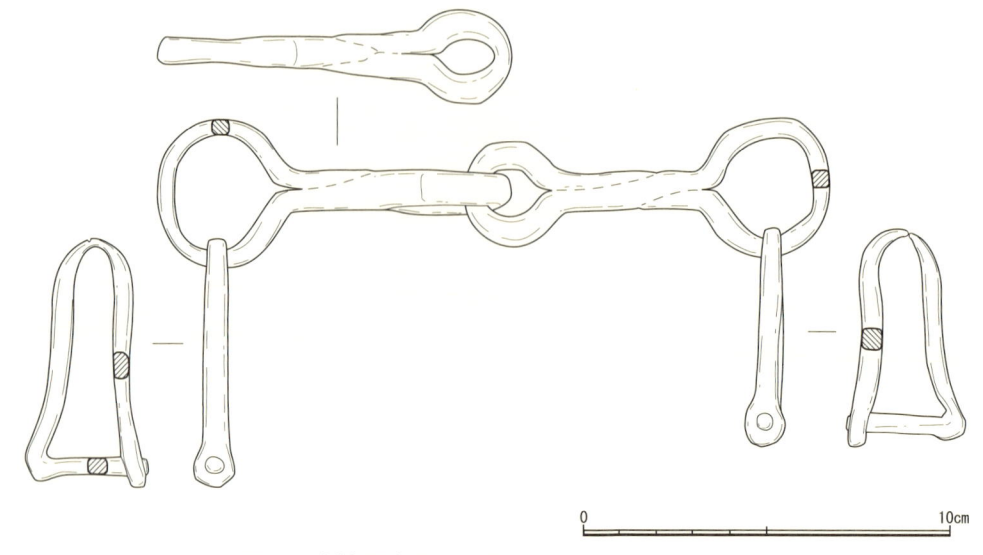

図37　清州 鳳鳴洞 C-31 号墳出土轡実測図　（S=1/2）

第5章　轡製作技術からみた朝鮮半島南部における騎馬文化の受容

（図38）。以上のような特徴から、先端を斜めに加工した1本の鉄棒をS字状に折り曲げて両側に環部を成形し、先端を銜身に丁寧に鍛接してつくったと考えられる。左銜の製作手順は、環部を同じ向きにつくった後に90度の捻りを加える、もしくは鍛接前のS字状に折り曲げる段階で環部を直交させるという二つの可能性が考えられるが、銜身に捻りの痕跡がみられないこと、右銜は先端同士が銜身を挟んで接しないのに対して、左銜は接していることから、鍛接する前にあらかじめ環部を直交させてつくったと考えられる。

引手は両側とも完形で、遺存状態は極めて良好である。1本の鉄棒を折り曲げてつくるいわゆるスコップ柄形引手で、筆者分類の2條線引手b1類にあたる。全長は右側5.8cm、左側6.6cmと左側がわずかに大きい。一方の先端を幅広につくって孔をあけ、鉄棒を折り曲げて全体の形をつくった後に、反対の先端を孔に貫通させ、かしめて固定する。そのため内環側は円弧をなすが、外環側は直線をなす。鉄棒の断面は隅丸方形で、厚さは外環部分で0.4～0.5cm、柄部で0.5～0.7cmほどである。内環部分がかなり薄くつくられており、報告者は使用に伴う磨耗痕と考えているようである。なお直線的な引手外環形状から、手綱は帯状皮革製であったと考えられる[2]。

図38　清州 鳳鳴洞 C-31 号墳出土轡写真

銜には鍛接技術が用いられているのに対して、引手はかしめるのみで、鍛接はしていないことから、銜を連結した後に、引手を取り付ける、という順序で製作されたものと考えられる。残念ながら鑣の材質や構造は不明である。

（2）無捩り技法の細分

第1章で述べたように、朝鮮半島南部三国時代に一般的な無捩り技法b類には、1本の鉄棒の先端を折り曲げて環部を成形する「折り返し成形」と、鉄棒先端をT字状に割り開いたものを折り曲げて環部を成形する「T字成形」という2種類の環部成形技法がある（図39：右）。ただし、この二つの環部成形技法は同一個体内に併存する場合が多々あり、出現にも有意な差が認められないことから、第1章で分析する際にはあえて細分をおこなわなかった。両者は、遺存状態によってはX線写真をみても細分が困難な場合が多いことも一括した理由の一つである。これに対し、鳳鳴洞例の観察を通じて新たに確認できた無捩り技法a類は、次のような方法でつくられている[3]。

① 先端を斜めに加工した1本の鉄棒をS字状に折り曲げる（図39：左上）。

図39 無捻り技法の細分

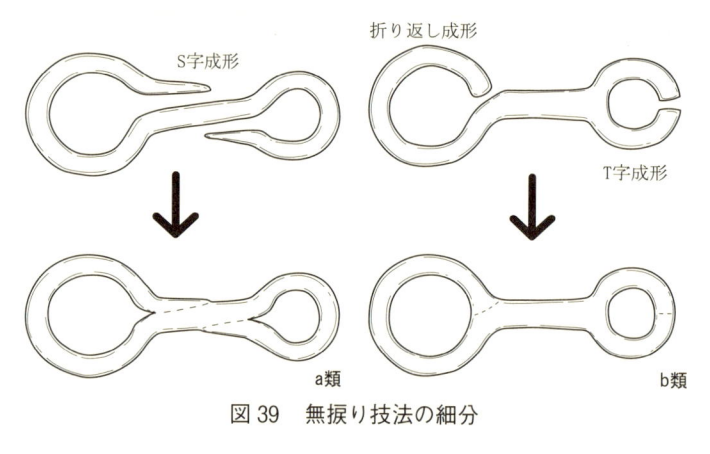

② 鉄棒先端を丁寧に鍛接する（図39：左下）。

このような方法によってつくられた銜の環部内側は、平面滴状をなし、銜身に向かって入り込んでいく特徴をもち、一見すると銜身を複数の鉄棒で構成したかのようにみえる。しかし、今回の検討によって復元された原材はＳ字状鉄棒であり、いわば「Ｓ字成形」の無捻り技法ということができる。

ここでＳ字成形の無捻り技法をａ類、折り返し成形やＴ字成形の無捻り技法をｂ類とすると、両者の大きな違いはａ類が必ず丁寧に鍛接しているのに対し、ｂ類には鍛接するものと、しないものが併存することである。鍛接を前提とするａ類の原材は先端を斜めに加工するなど、鍛接部分の面積を十分に確保し、かつ鍛接後に銜身の厚さがほぼ一定になるよう考慮されている。この他にｂ類は、環部内側が整った円形をなす場合が多い点もａ類と区別する際の重要な特徴である。もちろんｂ類の中にも環部内側が平面滴状をなすものもあるが、銜身に向かって入り込んでいく特徴の有無によってａ類と区別することができる。

3．老河深遺跡中層の轡製作技術

（1）老河深遺跡中層の轡製作技術

ここからは老河深遺跡中層出土の轡製作技術について検討をおこなう。吉林省楡樹県大坡に所在する老河深遺跡は、西団山文化から隋唐時代靺鞨に至る複合遺跡で、1980年から1981年にかけて吉林省文物工作隊によって調査がなされた［吉林省文物考古研究所 1987］。中層の墳墓群は、当初は紀元前後の鮮卑の墳墓群と報告されたが、現在は夫余の墳墓群として理解する意見が大勢を占めている［李殿福 1985、劉景文ほか 1986、林澐 1993・2000、朴洋震 1998 など］。129基におよぶ墳墓が調査され、延べ30点の轡と鉄製車軸頭（図40：18・19）や青銅製・鉄製の馬面（図40：9・10）、金銅製鈴金具（図40：3）などの各種馬具が出土している。

銜は青銅製はなく、すべて鉄製２連式銜である。製作技法を検討できる資料は30点の轡のうち、わずか５点に過ぎない。青銅製銜は出土しておらず、すべて鉄製の２連式銜である。97号墓例は実測図（図40：2）をみると銜身に捻りが認められず、環部内側は平面滴状をなし、銜身に向かって入り込んでいく特徴がはっきりと表現されている。写真図版をみると２号墓例、56号墓②例[4]、17号墓例、97号墓例[5]についても環部内側が平面滴状をなす特徴を確認することができる。これらの形態的特徴は鳳鳴洞例と一致することから、無捻り技法ａ類である可能性が高い。56号墓①例（図40：1）は実測図、写真図版をみてもどのような製作技法であるのかよくわからない。

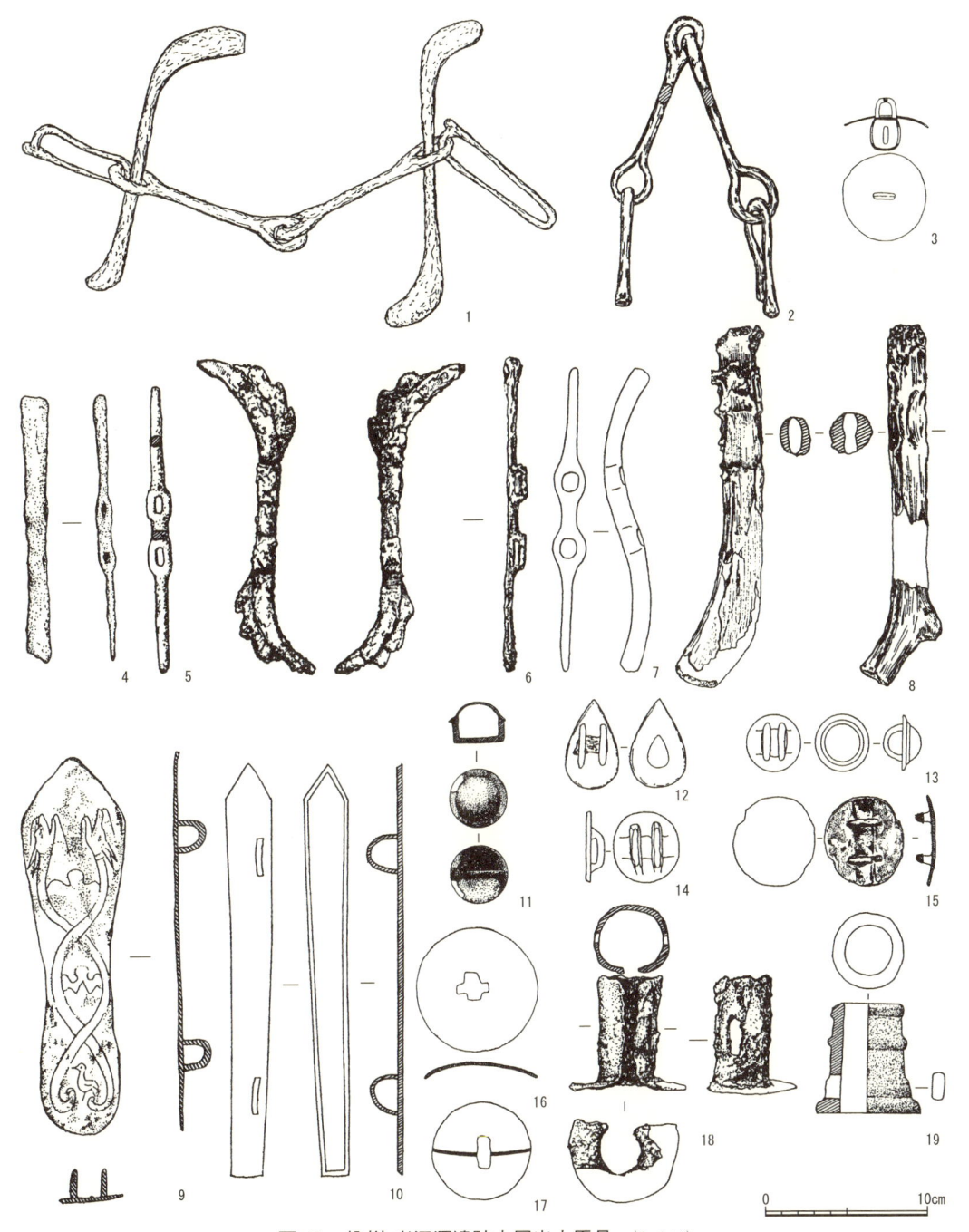

第5章 轡製作技術からみた朝鮮半島南部における騎馬文化の受容

図40 楡樹 老河深遺跡中層出土馬具 （S=1/4）
1・14・17・19：56号墓 2・5・9：97号墓 3：67号墓 4・12・18：1号墓 6：11号墓
7：103号墓 8：3号墓 10・15・16：44号墓 11：14号墓 13：16号墓

　銜留について検討できる資料は7点で、すべて鑣である。材質から金属製と鹿角製に大別される。金属製には鉄製、金銅製があり、形態も長方形（図40：4）、棒形（図40：5）、プロペラ形（図40：1）、装飾付プロペラ形（図40：6）、S字形（図40：7）と多様であるが、すべて鑣中央に2孔を穿ついわゆる2孔式鑣である。鹿角製の3号墓例（図40：8）は図面をみると中間に1孔を穿つ構造のよ

99

うである。頭絡との連結方法が他の鑣とは異なる可能性もあるが、3号墓からはこの鑣以外に馬具が出土していないため、ひとまず検討対象からは除外する。

　引手について検討できる資料は4点で、56号墓①例（図40：1）と97号墓例（図40：2）は2條線引手b1類である。56号墓②例も写真から2條線引手b1類の可能性が高い。2号墓例は方形外環と円形内環が直接連結した特殊な形の引手で、鉄棒を鍛接加工したものとは考えがたく、鋳造製の可能性が高い。外環が細長方形をなすことから2條線引手b1類同様、帯状皮革製の手綱を通したものと考えられる。

　銜と引手の連結方法について検討できる資料は4点で、すべて遊環は用いずに銜外環と引手内環を直接連結している。

　以上を整理すると老河深遺跡中層出土轡は、基本的に無捩り技法a類銜、2孔式鑣、そして2條線引手b1類で構成されている。検討しえた資料はわずかであるが、公開されている資料間に認められる共通性は無視しがたい。製作地はともかくとして、このような轡が紀元前後の夫余において一般的な轡であったとみてもよいだろう。

（2）鳳鳴洞C-31号墳出土轡と老河深遺跡出土轡の新古

　鳳鳴洞C-31号墳例と老河深97号墓例、56号墓①例は、銜の製作技法、そして引手形態に共通点が認められる。しかし、前者は4世紀前半の百済の墳墓と考えられており［成正鏞2006a］、後者は先述したように紀元前後の夫余の墳墓群と考えられている。すなわち、両者が出土した遺跡間には地理的懸隔に加えて少なめに見積もっても200年程度の時間差を想定せざるをえない。そのような墳墓の年代をそのまま轡の製作年代とし、その新古を確定する前に、唯一の差異点ともいえる銜留（鑣）について詳しく検討してみよう。

　老河深の金属製鑣は形態・材質を問わず2孔式であった。このような鑣は、朝鮮半島南部では原三国時代の鑣轡にみられる特徴である（本書、第4章参照）。三国時代に入ると立聞部（立聞用金具）をもつ立聞式が出現することから、56号墓①例をはじめ、老河深で確認される2孔式の金属製鑣轡は、原三国時代、もしくはそれ以前の時期の轡とすることができる。もちろん朝鮮半島南部における鑣轡の変遷と夫余におけるそれの変遷が同じである保証はないが、老河深遺跡の年代とも矛盾はない。よって遺跡の年代である紀元前後を、轡のおおよその製作年代と考えても大過ないだろう。

　これに対し、鳳鳴洞C-31号墳例には鑣の構造を具体的に知る情報が残されていないものの、鳳鳴洞古墳群からは立聞式の鑣轡が多く出土しており［成正鏞ほか2009］、共伴する土器などからそれらの墓と鳳鳴洞C-31号墳の間には大きな時間差は見出せない。しかし、それらの轡はすべて2條または3捩り技法の銜をもち、無捩り技法a類銜の鳳鳴洞C-31号墳例とは、銜の製作技法がまったく異なる。すなわち、この轡のみに限定して議論を進めた場合、鑣の構造が不明である以上、銜・引手に共通性が認められる老河深遺跡中層の時期にまで製作年代の上限が遡る可能性は否定できない。果たして鳳鳴洞C-31号墳例は、長期に渡る伝世の産物なのであろうか。この問題を解決するために、次節では無捩り技法a類銜の存続期間について検討してみたい。

4. 無捩り技法 a 類銜の時間的・空間的位置づけ

(1) 類例の検討

ここからは無捩り技法 a 類の銜をもつ資料について、現時点で筆者が知りえたものを列挙していこう。

① モンゴル　ノヨン＝オール（ノイン＝ウラ）遺跡　［梅原 1960］

ウランバートルから北に約 120km、セレンゲ県に所在する匈奴の王墓を含む墳墓群である。1924 年にコズロフ（P. K. Kozlov）の指揮のもと、ソ連科学アカデミーによって 12 基の墓が発掘された。正式報告書は未刊であるが、出土遺物を中心とした詳細な報告が梅原末治によってなされている。轡は発掘したほとんどの墳墓から出土しているようであるが、そのうち 4 号墓（図 41：1）、6 号墓（図 41：2）、29 号墓（図 41：3）の 3 例の実測図が掲載されている。銜は鉄製 2 連式で、環部内側が一部をのぞいて平面滴状をなし、銜身に向かって入り込んでいく無捩り技法 a 類の特徴がはっきりと表現されている。鑣は形態に多様性があるが、鉄製 2 孔式である。引手は伴わない。ノヨン＝オールからはこの他に革張木製鞍、（金）銅製車軸頭、車輪片、蓋弓帽などが出土している。6 号墓から出土した「建平五年（前 2）」銘漆塗耳杯などから紀元前後の年代が想定されている。

② モンゴル　ホドゥギン＝トルゴイ 1 号墓　［国立中央博物館ほか 2003］

ウランバートルから西に約 450km、アルハンガイ県バトチェンゲルに所在する匈奴の積石墓である。2001 年にモンゴル国立歴史博物館、モンゴル科学アカデミー考古学研究所と韓国国立中央博物館の合同発掘調査によって 4 基の墓が発掘された。轡は 1 号墓から出土し、銜や鑣の個体数から 2 個体の鑣轡が副葬されていたようである。銜は鉄製 2 連式で、写真は不鮮明であるが、実測図には銜の環部内側が平面滴状をなし、銜身に向かって入り込んでいく無捩り技法 a 類の特徴がはっきりと表現されている（図 41：4）。鑣は鉄製 2 孔式長方形である。引手は伴わない。同墓からは轡の他に馬鐸 1 点や鉄製心葉形飾金具 6 点が出土している。轡からもノヨン＝オールとおおむね併行する時期を想定することが可能であり、木棺片や棺内から出土した歯に対する放射性炭素年代から 1 世紀の年代を想定する報告者の見解とおおむね整合する。

③ 中国　新疆　洋海遺跡　［新疆考古研究所 1995］

新疆ウイグル自治区トルファン地区鄯善県吐峪溝郷に所在する。1988 年に 82 基の墓が調査され、そのうちの 1 基から鑣轡が出土している。銜は鉄製 2 連式で、実測図には銜の環部内側が平面滴状をなし、銜身に入り込んでいく無捩り技法 a 類の特徴がはっきりと表現されている（図 41：5）。鑣は鉄製 2 孔式装飾プロペラ形である。引手は伴わない。洋海遺跡は銅鏡などの青銅器から春秋戦国～漢代にかけての年代が想定されており、轡の出土した墓は晩期（おそらく漢代）に位置づけられている。

④ 中国　新疆　蘇貝希 1 号墓地 10 号墓　［新疆文物考古研究所ほか 1997］

新疆ウイグル自治区トルファン地区鄯善県吐峪溝郷に所在する。1988 年に 1 号墓地の 5 基の墓が調査された。竪穴偏室墓とされる 10 号墓から鑣轡と鹿毛を詰めた皮製の軟式鞍や鞭が出土

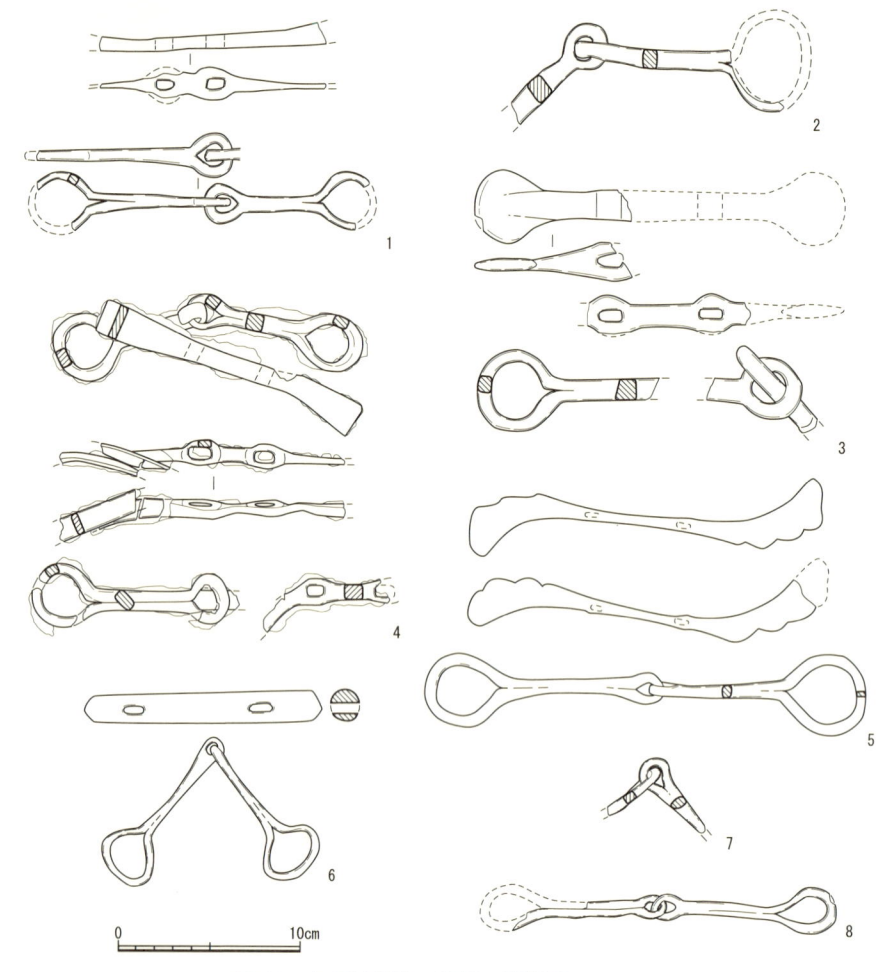

図41　無捩り技法 a 類銜の類例①　(S=1/4)
1：ノヨン＝オール4号墓　2：ノヨン＝オール6号墓　3：ノヨン＝オール29号墓　4：ホドゥギン＝トルゴイ1号墓
5：洋海遺跡　6：蘇貝希1-10号墓　7：交河故城1-28号墓　8：補洞溝6号墓

している。銜は鉄製2連式で、実測図には銜の環部内側が平面滴状をなし、銜身に向かって入り込んでいく無捩り技法 a 類の特徴がはっきりと表現されている（図41：6）。鑣は木製2孔式である。引手は伴わない。10号墓の該当する晩期は、放射性炭素年代から紀元前後の年代が想定されている。

⑤ **中国　新疆　交河故城溝北1号台地墓地28号墓**[6]　[聯合国家教科文組織駐中国代表処ほか1999]
新疆ウイグル自治区トルファン市の西方約10km、車師前国の王都であった交河故城北側の台地上に立地する竪穴土壙墓である。鉄製轡[7]は不明鉄製品と報告されたものの、銜内環の環部内側は平面滴状をなし、銜身に向かって入り込んでいく無捩り技法 a 類の特徴がはっきりと確認できる（図41：7）。破片資料であり、銜留の形式や引手の有無については不明である。溝北1号台地墓地は出土した五銖銭の年代観［岡内2007］などから前漢代を中心とする年代が想定される[8]。

⑥ **中国　オルドス　補洞溝6号墓**　[伊盟文物工作站1981]
内蒙古自治区オルドス市（旧 伊克昭盟）東勝区に所在する。9基の竪穴土壙墓が調査され、その

うち3基から轡が出土している。実測図の提示されている6号墓例の銜は鉄製2連式で、銜内環に比べて銜外環が大きい形態的特徴からみて鑣轡と考えられる。実測図には銜の環部内側が平面滴状をなし、銜身に向かって入り込んでいく無捩り技法 a 類の特徴がはっきりと表現されている（図41：8）。補洞溝墳墓群は匈奴墓と考えられており、2号墓から出土した方格規矩鏡などから紀元前後の年代が想定されている。

⑦ **中国　集安　万宝汀242-1号墓**　［吉林集安県文管所1982］

　吉林省集安市万宝汀墓区に所在する高句麗墓である。4基の方壇階梯石槨積石塚が連接するいわゆる串墓で、轡は242-1号墓から出土している（図42：1）。2連式の鉄製鑣轡で、前稿［諫早2007b］脱稿後に刊行された『集安出土高句麗文物集粋』に掲載されている写真には、銜の環部内側が平面滴状をなし、銜身に向かって入り込んでいく無捩り技法 a 類の特徴がはっきりと映っている［吉林省文物考古研究所ほか 2010：176］。引手は2條線引手 b1 類の可能性が高い。鑣は2孔式の鉄製装飾付プロペラ形に b1 類の立聞用金具を挿入する特殊な構造である[9]。同墓からは他にも金銅製鈴金具7点（図42：2）と金銅製鞍覆輪片が出土している。報告者は洛陽焼溝漢墓（632号墓）の銜鑣Ⅱ（青銅製2孔式装飾付プロペラ形鑣轡）との比較から、万宝汀242号墓について3世紀末の年代を与えている。しかし、肝心の632号墓は焼溝漢墓Ⅲ期、すなわち紀元前後に位置づけられており［中国科学院考古研究所 1959］、年代比定の根拠にはならない。この問題につい

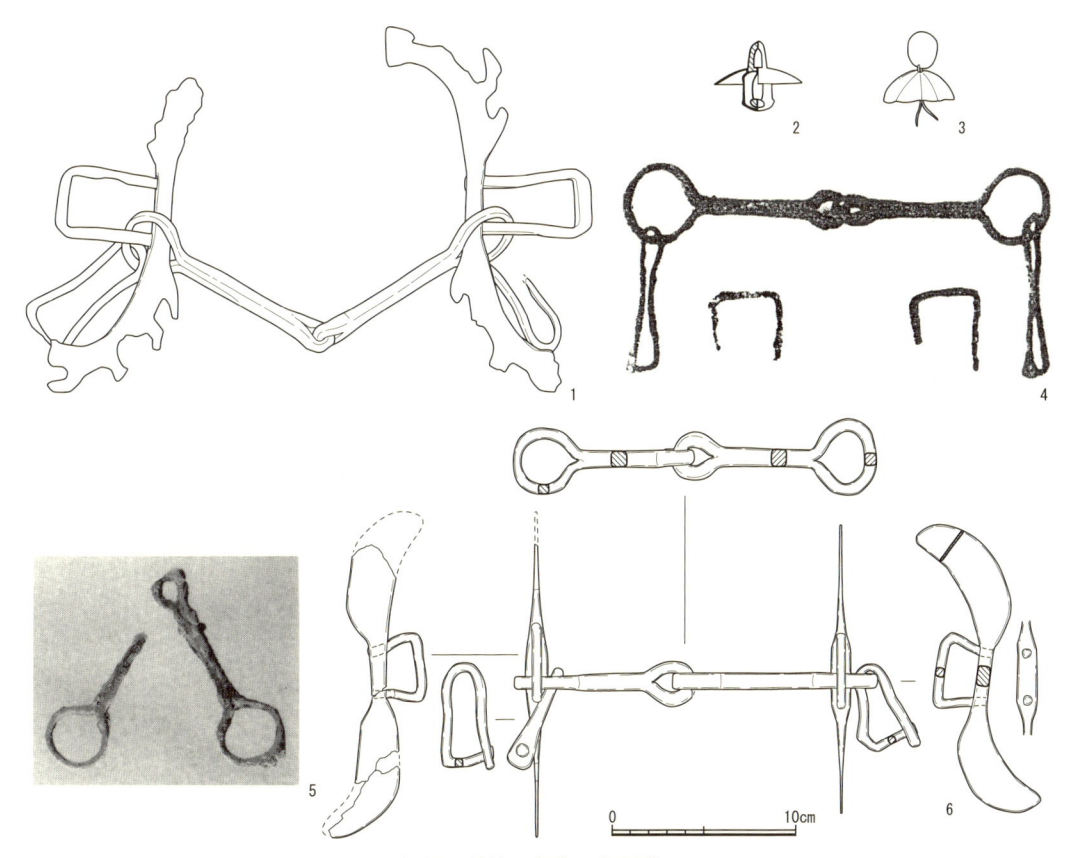

図42　無捩り技法 a 類銜の類例②　(S=1/4)

1・2：万宝汀242-1号墓　3・4：西海里2-1号墓　5：石巌里1962年調査墳　6：金陵洞78-1号墓

ては、後でもう一度ふれたい。

⑧ **北朝鮮　慈城　西海里2-1号墓**　［鄭燦永1963］

平安北道慈城郡に所在する高句麗墓である。轡が出土した2-1号墓は方壇石槨積石塚で、第2墓群中、最も規模が大きい。銜は鉄製2連式で、銜内環に比べて銜外環が大きい形態的特徴からみて鑣轡と考えられる。写真は不鮮明であるが、銜身に捩りは認められず、環部内側は平面滴状をなし、おそらく無捩り技法a類であろうと考えられる（図42：4）。引手は2條線引手b1類である。同じ図版に掲載されている2点の門字状鉄製品はb1類立聞用金具と考えられ、本来は有機物製の鑣を伴っていたと考えられる。同墓からは他にも馬具の一具と考えられる金銅製歩搖付菊形飾金具（図42：3）が6点出土している。報告者はこの墓群の年代について後期高句麗とする。年代については後で詳しく検討したい。

⑨ **北朝鮮　平壌　石巌里1962年調査墳**　［백련행1965、朝鮮遺蹟遺物図鑑編纂委員会1990］

平安南道平壌市に所在する楽浪木槨墓である。1962年、朝鮮歴史博物館によって調査された。乙字形銅器や笠形銅器などの非漢式車馬具とともに2連式の鉄製鑣轡が出土している（図35：2）。図鑑に鮮明なカラー写真が掲載されており、銜の環部内側が平面滴状をなし、銜身に向かって入り込んでいく無捩り技法a類の特徴がはっきりと認められる（図42：5）。報告書には鉄製2孔式プロペラ形鑣が伴った写真が掲載されているが、図鑑には銜のみが掲載され、別個体の可能性が高い。墓制や出土遺物から高久編年Ⅰ期［高久1995］、前2世紀後葉～前1世紀前葉頃の年代が想定される。

⑩ **韓国　忠州　金陵洞78-1号墓**　［忠北大学校博物館2007］

忠清北道忠州市に位置する原三国時代の土壙墓群である。2004年に忠北大学校博物館によって調査された。78号墓は一つの墓壙の中に2基の主体部が設置された同穴合葬墓で、鉄製鑣轡は78-1号木棺の南東隅から出土した。銜は鉄製2連式で、X線写真を参考にしながら実物を仔細に観察すると、環部の内側が平面滴状をなし、銜身に向かって入り込んでいく無捩り技法a類の特徴がはっきりと確認される（図42：6）。錆化が激しく、鍛接した痕跡は確認できない。引手は2條線引手b1類である。鑣は2孔式の鉄製プロペラ形にb1類の立聞用金具を挿入する万宝汀例と同じ構造である。報告者はこの墓について、3世紀中葉の年代を想定している。

ところで報告書にも書かれているように、本例は現状の錆化状況にもとづいて忠実に展開していくと、左側の鑣が引手の環の内側を貫通し、実際の使用にあたって著しく不都合をきたしたものと考えられる。このような構造になった理由として報告者は、副葬用に製作した可能性と、使用途中補修しながら形態が変形したものがそのまま埋納された可能性を想定しているが苦しい解釈であろう。それよりは左側の鑣が三つの破片に分離して出土したことから、鑣が土圧などにより破損した後に引手が現在のような状態で錆着した可能性、すなわち土中埋没後の経年変化に起因する可能性が最も高いのではないだろうか。

（2）無捩り技法a類銜の時間的・空間的位置づけ

前項で検討した朝鮮半島以外の資料は綿密な資料集成にもとづくものではなく、あくまで筆者が現時点で確認しているものを列挙したに過ぎない。中條英樹によって中国新疆ウイグル自治区

においても同様の製作技法がいくつか確認されたように［中條 2007b］、各地域の鉄製轡を細かくみていくことによって類例の増加が予想される。ここでは朝鮮半島南部との比較のために現状におけるいくつかの傾向を指摘しておきたい。

まず銜以外の属性との関係についてみていくと、引手は万宝汀、西海里、金陵洞の3例が確認され、鳳鳴洞例や老河深と同じ2條線引手b1類である。銜留はすべて鑣と考えられ、老河深と同じ2孔式のノヨン＝オール、ホドゥギン＝トルゴイ、蘇貝希、洋海、石巌里の諸例と、立聞式の万宝汀、西海里、金陵洞の3例にわかれる。

上限年代については放射性炭素年代にもとづくものが多く、かつ中国の資料は馬具と共伴遺物、測定年代間の関係が不明で検証が困難である。考古学的手続きによって暦年代を推定できる資料として、ノヨン＝オール6号墓例と共伴する「建平五年（前2）」銘漆塗耳杯が挙げられる。これによって無捩り技法a類の銜は、紀元前後には確実に存在していたことがわかる。石巌里例からその出現年代は、楽浪郡設置前後の前2世紀後半代にまでは少なくとも遡りうる。

下限年代については、高句麗の西海里2-1号墓から出土した金銅製歩揺付菊形飾金具の位置づけが重要である。歩揺付菊形飾金具は4世紀代の高句麗の特徴的な馬具装飾具と考えられ、第2章でも述べたように「己丑（329）」年銘瓦当を出土した西大塚例から、「戊戌（338）」年銘瓦当を出土した禹山下992号墓例、「丁巳（357）」年銘瓦当を出土した禹山下3319号墓例と時期が下るにしたがって、歩揺を取り付ける軸が次第に長大化していく傾向がある（図23）［李煕濬 2006］。このような変遷観に照らしてみた時、西海里2-1号墓例は禹山下992号墓例や禹山下3319号墓例に類似することから、その年代は4世紀前半を大きく外れることはなさそうである。

ところで報告者の年代比定の根拠に問題がある万宝汀例は、立聞式である点で紀元前後の2孔式鑣轡よりは西海里例に近い年代を想定できる。また、万宝汀例と共伴する金銅製鈴金具は、歩揺付菊形飾金具を共伴する4世紀代の高句麗馬装のあり方とは異なり、古式の要素として評価できる。よって、万宝汀例（3世紀後半）→西海里例（4世紀前半）という前後関係を想定することが可能である。以上から西海里例を現状における無捩り技法a類の下限資料とすることに大きな問題はないであろう。すなわち、無捩り技法a類は少なくとも4世紀前半までは存在していたとみてよい。

結果的に紀元前後に位置づけられる老河深の轡は無捩り技法a類銜の2孔式鑣轡と、そして4世紀前半に位置づけられる鳳鳴洞例は無捩り技法a類銜の立聞式鑣轡と年代が近似する（表19）。さきに鑣の構造が不明である鳳鳴洞例の製作年代は、理論上、紀元前後まで遡りうると述べたが、無捩り技法a類の下限が鳳鳴洞C-31号墳に与えられている年代と一致する以上、無理に轡の製作年代を遡らせる必要はない。すなわち老河深の轡と鳳鳴洞例は、銜と引手をまったく同じ製作技法でつくりながらも、彼我の製作年代には長い時間差が認められるのである。

最後に共伴馬具について検討してみよう。無捩り技法a類銜をもつ轡が、鐙や杏葉と共伴した例はない。無捩り技法a類銜をもつ轡が三燕ではまだ1例も認められないことから、無捩り技法a類銜をもつ轡は、三燕に端を発する鏡板轡、鐙、硬式鞍に代表される騎乗用馬具とは別系統であった可能性が高い。一方、車馬具と共伴する例はノヨン＝オール、老河深、石巌里など2孔式鑣轡にのみ認められる。ただし、車馬具の共伴有無に関わらず轡の構造は基本的に同じであり、

第Ⅱ部　朝鮮半島南部における騎馬文化の受容

表19　無捩り技法 a 類銜をもつ轡の諸属性

番号	地域	遺跡	鑣 材質	鑣 型式	引手[註]	車馬具	鞍橋	時期
1	新疆	交河故城1-28号墓	―	―	―	―	―	前漢代
2	新疆	洋海遺跡	鉄製	2孔式	―	―	―	漢代
3	新疆	蘇貝希遺跡	木製	2孔式	―	―	○	紀元前後
4	モンゴル	ホドゥギン＝トルゴイ1号墓	鉄製	2孔式	―	―	―	紀元前後
5	モンゴル	ノヨン＝オール遺跡	鉄製	2孔式	○	―	―	紀元前後
6	内蒙古	補洞溝6号墓	―	―	―	―	―	紀元前後
7	吉林	老河深遺跡中層	鉄・金銅製	2孔式	b1類など	○	―	紀元前後
8	平安南道	石巌里1962年調査墳	鉄製	2孔式	―	○	―	前2世紀後葉～前1世紀前葉
9	吉林	万宝汀242-1号墓	鉄製	立聞式	b1類？	―	○	3世紀後半
10	平安北道	西海里2-1号墓	有機物製	立聞式	b1類	―	―	4世紀前半
11	忠清北道	金陵洞78-1号土壙墓	鉄製	立聞式	b1類	―	―	3世紀中頃
12	忠清北道	鳳鳴洞C-31号墳	―	―	b1類	―	―	4世紀前半

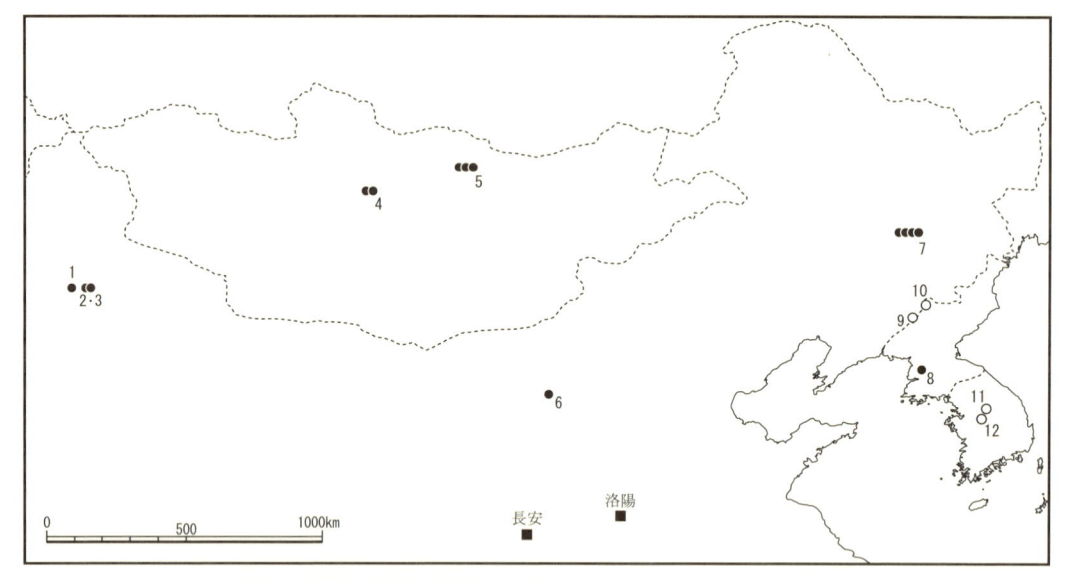

註　引手はすべて2條線

図43　無捩り技法 a 類銜の分布　（●：紀元前後　○：3・4世紀）
1～3：蘇貝希、洋海、交河故城　4：ホドゥギン＝トルゴイ　5：ノヨン＝オール　6：補洞溝
7：老河深　8：石巌里　9：万宝汀　10：西海里　11：鳳鳴洞　12：金陵洞

馬車用や騎乗用といった用途による轡の使いわけはなかったとみられる。

　以上の検討から、老河深の銜製作技法は紀元前後の中国北方を中心に流行した技法の一つであることが明らかになった。原三国時代から三国時代Ⅰ段階にかけて、一貫して2條または3條捩り技法を主たる銜製作技法として採用してきた朝鮮半島南部とは大きな差がある。中国北方の広大な地域に点在するこれらの無捩り技法 a 類の銜をもつ轡は、出現時期の近似、伴う鑣の構造の類似などからみて、相互に孤立的に展開したとは考えがたい。中條英樹は現状における分布を念頭において、トルファン盆地をめぐる当時の歴史的背景から、新疆出土の無捩り技法 a 類銜をもつ轡について「匈奴をはじめとした北方遊牧騎馬民族系馬具」の流入を想定している［中條2007b：75］。確かに一時は漢を凌駕するほどの強盛を誇った匈奴墓に、無捩り技法 a 類銜をもつ轡が例外なく副葬されている事実は、この技法の歴史的評価をする上で非常に重要である。モンゴル科学アカデミー考古学研究所と韓国国立中央博物館によって調査が進められているモンゴル

106

のドゥルリグ=ナルス墳墓群からも漢式車馬具とともに10点近い鉄製轡が出土しているが［国立中央博物館 2009］、製作技法のわかるものはいずれも無捩り技法a類銜であった[10]。最近、韓国で刊行されたモンゴルの匈奴墓の資料集成や、モンゴル国立博物館で開かれた匈奴に関する特別展の図録には、モンゴル各地の匈奴墓から出土した轡が多数掲載されているが［国立中央博物館 2008、EREGZEN 2011］、製作技法のわかるものはやはり無捩り技法a類銜である。無捩り技法a類銜が匈奴の一般的な銜製作技法であった可能性は、ますます高まりつつある。

匈奴を中心に直線距離にして約3000km、新疆から平壌に至る実に広範な分布状況（図43）には、何らかの意味があったはずである[11]。しかし、肝心の匈奴における鉄製轡の出現過程が明らかでなく、当時の東アジアの鉄器製作技術を考える上で最も重要な中原（漢）におけるこの技法の存否も不明な現状の分布から、この技法の出現地や伝播過程について論ずるのは時期尚早であろう[12]。ここでは、朝鮮半島南部原三国時代には認められない製作技法が、同時期の隣接地域に広く流行していたという事実を確認するに留めておきたい。

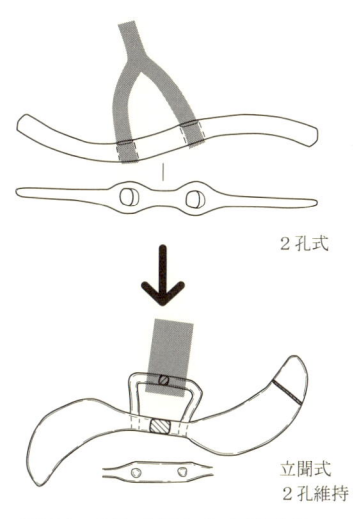

図44 2孔式鑣から立聞式鑣へ

ところで時間軸に即してみた場合、現状の資料の年代は紀元前後と3・4世紀に集中し、その間に200年以上の空白期間が存在する。さらには前者は2孔式、後者は立聞式と、頭絡との連結方法にも差異がある。しかし、万宝汀例や金陵洞例のような過渡期的資料の存在から、2孔式から立聞式への変化は連続的に捉えることが可能であり（図44）[13]、頭絡連結方法の差は系統差ではなく時間差を示す要素と考えられる。よって銜、引手という二つの属性を共有する老河深と万宝汀例、西海里例、金陵洞例、鳳鳴洞例を同一の技術系統としてみることは十分可能であろう[14]。空白を埋める資料の増加に期待したい。

5．老河深の轡と朝鮮半島南部初期轡の比較

（1）福泉洞古墳群出土轡との比較

以上の分析をふまえた上で、老河深の轡と三国時代初期の轡と考えられている洛東江下流域の福泉洞38号墳例（図45：1）、福泉洞69号墳例（図45：3）を比較してみよう。

まず、洛東江下流域の2例の銜はいずれも3條捩り技法によってつくられており、無捩り技法a類の銜をもつ老河深とは製作技法がまったく異なる[15]。洛東江下流域に限らず朝鮮半島南部三国時代I段階の轡は、基本的に2條捩り技法、または3條捩り技法の銜であり、鳳鳴洞例はあくまで例外的な存在に留まる（本書、第1章参照）。

また、これらの引手は2條線引手a類であるのに対し、老河深は2條線引手b1類と引手形態にも差異がある。微細な差に拘泥している感もあるが、2條線引手a類は鍛接技術を用いるのに対して、2條線引手b1類は鍛接技術を用いておらず、製作技術には明らかな差異がある。何よ

107

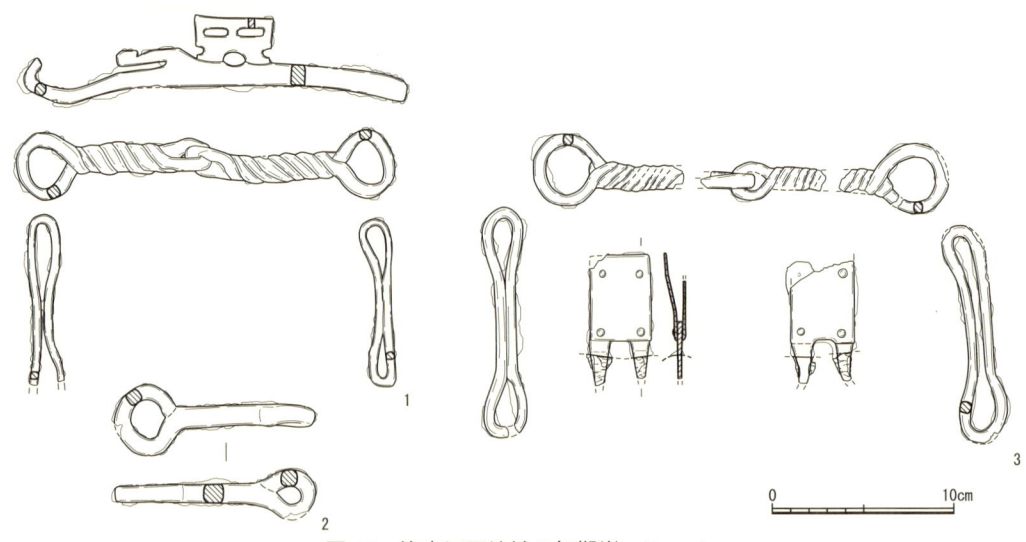

図45　洛東江下流域の初期轡　(S=1/4)
1・2：福泉洞38号墳　3：福泉洞69号墳

り前節でみた無捩り技法a類銜に伴う引手が、すべて2條線引手b1類であったことをふまえれば、厳密に区別しておくべきであろう。

　そしてこれらと老河深の間にある年代差も大きな問題といえる。申敬澈は「夫余系騎馬民族加耶征服説」の根拠の一つに『晋書』四夷伝夫余国条の「至太康六年 (285) 為慕容所襲破 其王依慮自殺 子弟走保沃沮」記事を引いており、老河深の年代についても中心年代は3世紀で、一部は4世紀まで下がるとする［申敬澈 2000b：68］。老河深の年代を報告書の年代よりも下げる意見は日本にも存在し［穴沢 1990b］、韓国においては馬具研究者［金斗喆 2000、李尚律 2005b、柳昌煥 2007a］に多いが、いずれも年代を下げる根拠は明らかでない。「긴 인수 (長い引手)」の出現を三国時代の轡の基準の一つとする考え[16]が、老河深の年代観にも多少の影響を与えているものと推察するが、秦始皇陵2号銅車馬例や原三国時代の慶州舎羅里130号墓例が引手を備えているように、引手の存在を根拠に老河深の年代を下げることはできない[17]。先述のように老河深の鑣は構造上、朝鮮半島南部原三国時代Ⅰ段階、すなわち紀元前後の2孔式鑣轡と比較されるべき資料であり、立聞式鑣轡である福泉洞の両例との直接的な比較は困難である。

　このように両者の属性には多くの差異が認められ、まったく異なる技術系統にあると判断される (図46)。「夫余の馬具文化は当時の中国東北部のそれと軌を一にするもの」［申敬澈 1994：293］という申敬澈の指摘自体は至極妥当なものである。しかし、その「夫余の馬具文化」が老河深遺跡中層を指標とする以上、それはあくまでも紀元前後の話である。鐙、硬式鞍を伴う騎乗用馬具の出現様相は三燕や高句麗では明らかになってきたものの (本書、第2章参照)、夫余の騎乗用馬具の実態についてはいまだ不明といわざるをえない[18]。最近の馬具研究では朝鮮半島南部三国時代の馬具の系譜について、夫余や鮮卑、高句麗と限定せずに広く「中国東北地方の馬具」、もしくは「鮮卑系馬具」に求める意見が支配的である［金斗喆 2000、成正鏞 2003a、李尚律 2005b、柳昌煥 2007a など］。しかし、老河深を指標とする夫余の馬具と4世紀代の三燕や高句麗の馬具を一括した議論は、その出発点から大きな誤謬をはらんでいる。

（2）鳳鳴洞C-31号墳例の位置づけ

最後に鳳鳴洞例の位置づけについて少し考えてみたい。鳳鳴洞古墳群出土馬具について最初に検討をおこなった朴重均は、鳳鳴洞例の類例として老河深遺跡中層56号墓①例を挙げている［朴重均 2002］。その指摘自体は間違っていないが、老河深とは時期差があり、同時期の高句麗に類例がある以上、権度希が指摘するように高句麗との関係で理解しておくのが現状では妥当であろう［権度希 2006a：271］。また高句麗に加えて、石巌里例が示すように隣接する楽浪・帯方郡に無捩り技法a類がいつまで存続したのかどうかについても引き続き注目する必要がある。ともかく無捩り技法a類が三燕（慕容鮮卑）で1例も確認されていない現状において、この轡を「鮮卑系馬具」とみることはできないだろう。

製作地の問題については、時期的に先行する金陵洞例の存在を重視すれば、鳳鳴洞例が百済で製作された可能性は否定できない。しかし、鳳鳴洞古墳群から出土した13点の轡の中で、無捩り技法a類銜をもつ轡がこの轡のみであることもまた事実であり、百済において製作された可能性は現状では低いように思われる。

なお、この轡が朝鮮半島中西部の鳳鳴洞C-31号墳に副葬されるに至った経緯については、今となっては知る術もないが、少なくとも洛東江下流域を介して考える必要はないだろう。すなわち、朝鮮半島南部各地における騎乗用馬具の導入は、洛東江下流域（金官加耶）への先行導入、拡散という従来の図式では到底理解できない。西晋滅亡（316年）を契機とする中原の大混乱の余波を受けた東夷諸族の自立化の中で、朝鮮半島南部へ馬具がもたらされた。それは必ずしも文献に残された記録と対応するものではなく、同時多発的かつ多元的な交流を媒介とするものだったのだろう。

6. 結　語

冒頭に述べたように本章の目的は、夫余の馬具とされてきた老河深遺跡中層の馬具と朝鮮半島

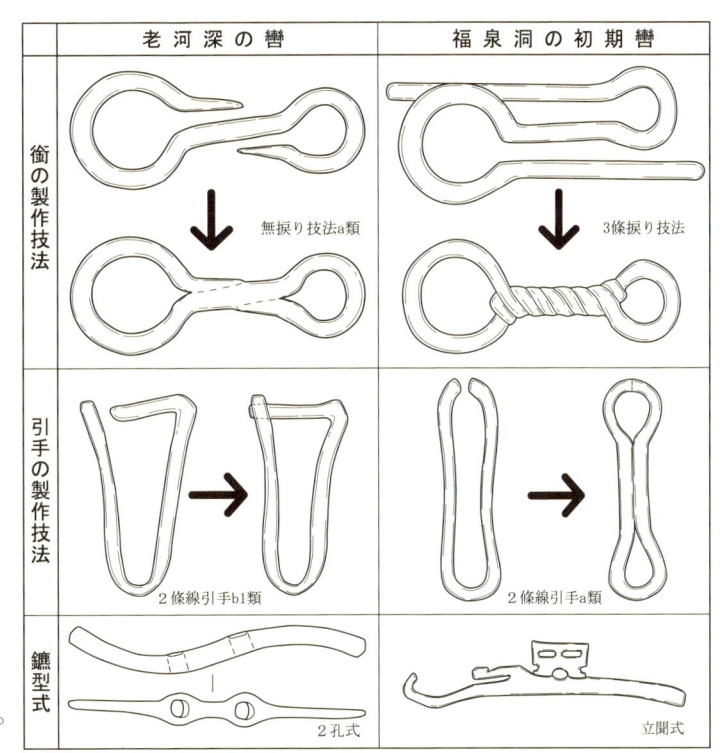

図46　各属性の比較

南部の初期馬具の製作技法を比較することにある。このような限られた分析だけをもって「夫余系騎馬民族加耶征服説」の当否を論じるつもりはないが、製作技術に立脚して分析を進めていった結果、馬具は「夫余系騎馬民族」移住の根拠とはならず、むしろそれを否定する材料となった。

本章では夫余の馬具に焦点を絞って議論を進めた。それは、これまでの朝鮮半島南部三国時代の馬具系譜論が、中国東北部から朝鮮半島北部にかけての地域から出土した馬具を一括して扱ってきたことへの強い疑問からである。もちろん資料不足から一括せざるをえなかった部分もあっただろう。しかし、各勢力の歴史的変遷や勢力間の関係を鑑みた時、そのような広範な地域から出土する馬具が同じ脈絡のもとに理解できるとは到底思えない。事実、今回の検討によって朝鮮半島南部三国時代の騎馬文化の系譜を老河深に求めることは難しくなった。

最後に、これまで等閑に付されていた感すらある銜の製作技法が、轡の系統論的研究における最も基礎的な視点となることを改めて強調したい。一方で、特定の属性間の類似が必ずしも同時代性や関係性の根拠とはならないこともまた明らかである。複数の属性の組み合わせから轡、そして馬具全体を比較・評価する姿勢がこれまで以上に厳密に求められよう。馬具が歴史を語りはじめるのはその次の話である。

註
（1）製作技法の問題までは論じていないものの、このような形態の差異についてはすでに姜裕信が端的に指摘している［姜裕信 1995：52］。
（2）中村潤子は日本列島の初期馬具の一つである滋賀県新開1号墳例の方形外環の1條線引手a類（外環内幅タテ2cm×ヨコ0.25cm）について、帯状皮革製手綱の使用を想定した［中村 2005a：57-58］。鳳鳴洞例も仮に帯状手綱を通過させた場合、外環内幅から想定できる手綱の幅は最大で2cmほどで、外環幅より柄部幅が狭い形態的特徴からみて手綱の厚みは0.3cm以下であったと考えられる。地域と時期がまったく異なり引手形態にも差異があるものの、復元される手綱の材質やサイズが近似する点は興味深い。
（3）前稿［諫早 2007b］脱稿後、復元製作実験によって筆者の想定する無捩り技法a類の製作工程がおおむね妥当であることを確認した。機会を与えていただいた工芸文化研究所の鈴木勉氏と、実際に製作にあたられた將平鍛刀場の藤安正博氏に深く感謝したい。
（4）56号墓からは3点の轡が出土していて、そのうち2点についてその形態を知ることができる。本書では便宜上、報告書の図65-4、図版28-7（図40：1）を①例、図版28-4を②例とする。
（5）報告書の図66-3（図40：2）の97号墓例は引手を伴うのに対し、図版28-6の97号墓例は引手を伴っていない。告書の「中層鮮卑墓葬群登記表」をみる限り、97号墓から出土した銜は1点だけのようであり、どちらか一方は97号墓出土品ではない可能性が高い。図版28-6の隣に掲載されている17号墓例が引手を備え、図66-3と酷似する。ちなみに登記表をみると17号墓からは角鑣は出土しているが、銜は出土していない。このように報告書の記載に問題があるものの、ここではひとまず実測図（図40：2）を97号墓例として議論を進めていく。
（6）中條英樹はこの資料についてヤールホト古墳群出土と紹介したが［中條 2007b］、ヤールホト古墳群は交河故城周辺の墓のうち、溝西墓地（4号台地墓地）のみを指すようである［後藤健 2000］。交河故城周辺の墓全体をヤールホト古墳群とする場合もあるが、溝西墓地（4号台地墓地）からは馬具が出土していないため、本書では交河故城溝北1号台地墓地と表記する。
（7）この轡（不明鉄製品）は報告書の本文および図では28号墓出土となっているが、表4「交河故城一号台地墓地墓葬登記表」をみると、28号墓からは不明鉄製品は出土しておらず、16-2号墓の出土遺物に含まれている。このように報告書の記載に問題があるものの、本書ではひとまず28号

墓から出土したものとして議論を進めていく。
（8）交河故城溝北1号台地墓地については後藤健氏に多くのご教示をえた。深く感謝したい。
（9）国立中央博物館に所蔵されている大同江流域から出土した青銅製3連式銜を伴う金属製鑣［権度希2006a：281］も同様の構造をしており、注目される。ただし、発掘資料ではないようであり、時期比定を含めて慎重に判断する必要がある。
（10）貴重な観察の機会を与えていただいた国立中央博物館の張恩晶先生に深く感謝したい。
（11）『漢書』韋賢伝には「東伐朝鮮　起玄菟楽浪　以断匈奴之左臂　西伐大宛　幷三十六国　結烏孫　起敦煌　酒泉張掖　以鬲婼羌　裂匈奴之右臂」とある。当時、漢が匈奴の両腕と認識していた東西両地域に、無捻り技法a類銜が分布することは大変興味深い。
（12）前5～3世紀と考えられるロシアのパジリク墳墓群からは、多数の2孔式鑣轡が頭絡と連結された状態で出土した。銜はすべて2連式で銅・青銅製と鉄製が確認される。鉄製銜の中には環部内側が平面滴状をなし、銜身に向かって入り込む無捻り技法a類の特徴をもつ資料がある［Rudenko 1970：Pla.74-C］。断定はできないものの、無捻り技法a類銜がユーラシア草原地帯に起源することを強く示唆する資料といえる。
（13）立聞式は2孔式と連結される2條の紐が金属に材質転換した結果、出現したと考えられる（図44）。このような変化は朝鮮半島の中で起こったとは考えにくく、立聞式の出現時期や過程については別途検討する必要がある。
（14）この他にドゥルリグ＝ナルス墳墓群などモンゴルの匈奴墓から出土した轡の多くも2條線引手b1類を備えている［国立中央博物館2009］。
（15）福泉洞38号墳の主槨からは、鉄製鑣に伴うとみられる3條捻り技法銜と2條線引手a類のほか（図45：1）、出土状況は明らかでないものの、鉄製銜片の出土が知られている（図45：2）。福泉洞博物館の李賢珠先生のご協力のもと、Ｘ線写真を撮影した結果、折り返し成形で環部を成形する無捻り技法b類銜であることを確認した。無捻り技法b類は第1章で朝鮮半島南部三国時代Ⅱ段階以降に出現したと述べたが、出現の上限年代については再考の余地がある。
（16）金斗喆は、「長い引手」について前7世紀頃のアッシリアの騎兵にみられる「房錘」［川又1994：165］のような機能、すなわち馬上で両手を自由に動かす効果があり、鐙、硬式鞍とともに三国時代に導入される重装騎兵戦術と密接に関わるものと評価している［金斗喆2000：292-294］。
（17）金斗喆は2連式銜の片側に準ずる長さやそれ以上の長さをもつものを「長い引手」と定義している［金斗喆2000：293］。しかし、蔚山下三亭遺跡2号木槨墓から出土した原三国時代Ⅱ段階に位置づけられる3條捻り引手もつ鉄製2孔式装飾プロペラ形鑣轡の引手長は、15.7cm（残存長）で片銜の長さ（10.8cm）を優に超え［韓国文化財保護財団2007］、三国時代Ⅰ段階の福泉洞38号墳例（8.8cm）や福泉洞69号墳例（12.2cm）の引手より長い。
（18）吉林省吉林帽兒山遺跡からは車馬具の他に木心銅板張輪鐙や鞍橋などの騎乗用馬具が出土しているようであるが、未報告であり詳細は不明である。

第6章　鍑からみた朝鮮半島南部における騎馬文化の受容

1．問題の所在

　ユーラシア大陸の東端に位置する朝鮮半島からも、騎馬遊牧民の煮炊きの容器である鍑が出土する。楽浪郡治の置かれた平壌とその周辺では、すでに戦前からその存在が知られており、1990年代に入り、朝鮮半島南部でもその出土が確認された。朝鮮半島南部の鍑の流入経路や出現の契機・背景については、申敬澈によって「騎馬民族」の移動に伴うという意見が提出されて以降[申敬澈 1992・1993 など]、盛んな議論がなされているが、論者ごとに取りあげる資料や先行研究には差異がみられ、議論のすれ違いの原因となっている。そこで本章ではまず、これまでの朝鮮半島の鍑をめぐる議論を整理し、個別資料の位置づけを確認する。また海を隔てた日本列島からも、わずかではあるものの鍑の出土が知られており、これらに関しても合わせて検討する。その上で、朝鮮半島と日本列島の鍑について、系譜の問題を中心に若干の考察をおこなう。最後に、朝鮮半島南部から出土する鍑について私見を述べ、さらには朝鮮半島南部における「騎馬民族説」の是非を問いたい。

2．研究史

　朝鮮半島で最初に「銅鍑」として報告された資料は、平壌石巌里9号墓例（図47）や中西嘉市氏所蔵品[1]であろう[関野ほか 1925・1927]。しかしその形態は本書の対象とする「北方式銅鍑」[2]とは形態が大きく異なるもので[3]、後述するように「鍑」というよりは「釜」と呼ぶべきものである。ただし川又正智[2011]や高濱秀[2011]が述べているように、当時の漢人が具体的にどのような器形の金属製容器を「鍑」として認識していたのかについては、実際のところよくわかっていない。この点は「鍑」という漢字のあてられた金属製容器を扱う際に注意しておく必要があろう。

　朝鮮半島に北方式銅鍑と類似した筒形の銅容器が存在することを最初に指摘したのは、江上波夫と水野清一である[江上ほか 1935：187]。梅原末治も平壌周辺から出土した把手付の深い筒形の銅容器について、鋳型の合わせ目や銅質などからこれらが漢代の青銅器ではなく、ユーラシア草原地帯に分布する銅容器と関係するとした[梅原 1938][4]。同時に外形や、把手の形・位置にはユーラシア草原地帯のものと差異があ

図47　平壌 石巌里9号墓出土「銅鍑」

ることを認め、その器形が在地の花盆形（植木鉢形）土器に由来することを指摘している。戦後の朝鮮半島の鍑をめぐる議論の中で、梅原の研究が顧みられることはほとんどなかったが、上記の指摘は今日においてもなお、有効かつ重要な指摘を含んでいる。この他にも平壌周辺からいくつかの銅鍑が出土しているが、これらは銅壺や銅鉢などとして報告された［藤田ほか 1925、梅原ほか 1947］。

　戦後も北朝鮮のもと、平壌周辺を中心にいくつかの鍑（筒形容器）が出土しているが、これらをとりたてて注目した研究はないようである。ただし、個別の報告の中で北方系遺物との類似性［科学院 考古学 및 民俗学研究所 1959：24］や、在地の花盆形土器と器形が類似することが指摘されている［科学院 考古学 및 民俗学研究所 1958b：56、박진욱 1974：173］。

　韓国においては、1990 年に洛東江下流域の金海大成洞古墳群から北方式銅鍑が出土するに至り、にわかに脚光を浴びはじめる。申敬澈は嶺南地域の木槨墓をⅠ類とⅡ類に分類した上で、3 世紀末（280 年前後）、Ⅱ類に該当する金海型木槨墓の出現と同時に現れる諸現象と文献記事[5]から、夫余から洛東江下流域への「住民移動」を想定した［申敬澈 1992・1993］。いわゆる「夫余系騎馬民族加耶征服説」である。また大成洞 29 号、47 号墳から出土した銅鍑についても、「北方式銅鍑の中で「オルドス型」銅鍑に属するものであるが、しかし細部形態と製法などからオルドス地方のものとは差異があり、むしろ中国東北部の吉林省北部出土のものと近い［申敬澈 1992：158］」とし、夫余からの住民移動の証拠の一つとした。

　この説に対して辛勇旻は、「銅鍑は器形的に多様であり、また時期的な幅が広く、地域的にも広範囲に渡って分布しているので、単にその起源が遊牧民族にあり、内蒙古のオルドス地域出土の銅鍑と類似するからといって「オルドス式」という名称を付けるのには無理がある。また、オルドス地域出土の銅鍑の年代が最も早いわけでもない。したがって、これらの遺跡で出土した銅鍑は、年代や器形的にかなり異なるものが多いので、弁・辰韓地域の木槨墓から出土した銅鍑との単純な比較は再考すべきであろう」［辛勇旻 2000a：21］と、慎重な姿勢を示した。

　これに対して申敬澈はすぐさま次のような反論をおこなっている［申敬澈 2000b］。

　「金海出土のこれら 3 点のオルドス型銅鍑は、耳[6]の断面がすべて偏凸レンズ形である点で共通した特徴をもっている。普遍的にオルドス型銅鍑は耳の断面が凹レンズ形で、非常に対照的といえ、この点からこれらが北方の特定同一地域から製作されたものであることがわかる。ところで耳の断面が偏凸レンズ形を呈するオルドス型銅鍑は、楡樹老河深の例などにみられるように主に中国吉林省北部と黒竜江省南部に分布の中心をもつようである。このような私の理解が妥当であれば、上の①〜④の北方文化（①厚葬、②陶質土器、③殉葬、④金工品：筆者補註）はこれらの銅鍑とともにこの地域の文化が移入したことになる。吉林省北部と黒竜江省南部は多少の出入りがあるものの、おおむね夫余の故地ということは周知の事実である。いうなれば夫余住民の一部が何らかの動因によって洛東江下流域に移住したものと考えられる」［申敬澈 2000b：58-59］。

　それに対する辛勇旻の再反論もあるが［辛勇旻 2000b］、ここでは省略する。いずれにせよ両者の議論を通じて、鍑が韓国内でも北方系遺物としてはっきりと認識されるようになった。

　その後、李海蓮によって韓国では初めて朝鮮半島南部の出土例を含めた銅鍑の型式学的分類がなされた［李海蓮 2003］。その流入経路については申敬澈とは異なり、中国北方から直接流入し

たのではなく楽浪・帯方郡を経て流入したと考えた。李海蓮はその後、中国出土鍑を中心に前稿の分類案を見直し、圏足の有無（A、B）と把手の形態（a〜c）の組み合わせから、Aa型（圏足があって、把手の上部に突起があるもの）、Ab型（圏足があって、把手が弧形のもの）、Ac型（圏足があって、把手が方形のもの）、Ba型（圏足がなくて、把手の上に突起があるもの）、Bb型（圏足がなくて、把手が弧形のもの）、Bc型（圏足がなくて、把手が方形のもの）という6型式を設定し、I段階（西周）、II段階（春秋）、III段階（戦国）、IV段階（前漢末〜後漢初）、V段階（後漢）、VI段階（三国〜魏晋）、VII段階（南北朝）の7期に編年した（図48）[李海蓮2006]。李海蓮の作業は、韓国の鍑に関する議論のほとんどが、鍑それ自体の型式学的検討をおろそかにしたまま、その出現契機や背景を論ずることに終始していることをふまえれば、特筆に値する。

朝鮮半島南部の鍑の系譜については夫余説[申敬澈1992・2000b、金宰佑2006：539-541]、高句麗説[李在賢2003：199]、楽浪を経由したとする説[金吉植2001：250-251・2006：360-362、李海蓮2003、鄭仁盛2003：591]があり、百家争鳴の観を呈しているものの、上述のように鍑自体の緻密な分析にもとづくものというよりは、同時期の外来系遺物全体の流れの中で鍑を理解しようとするものが大部分である。この他に朴敬信は新石器時代から三国時代の炊事様式について検討する中で、原三国時代の煮沸具の一つとして鍑を取りあげている[朴敬信2005]。これまで鍑として一括されてきた金属製容器を細分し、使用方法から「鍑」と「釜」を区別するなど傾聴に値する指摘を多く含む。

朝鮮半島南部の鍑については、日本人研究者も言及している。甲元眞之は鍑の用途について検討する中で、朝鮮半島南部の銅鍑について夫余の吉林省楡樹老河深97号墓や高句麗の吉林省集安太王郷下解放村積石墓の出土例と類似するとし、ほぼ同時期に位置づけられる高句麗を介して流入したとみた[甲元1992]。高濱秀は中国とその周辺の鍑の型式分類をおこない、朝鮮半島南部の出土例について、湖北省鄂城や太王郷下解放村積石墓の出土例とその形態が類似することを指摘した[高濱1994]。毛利光俊彦は中国の漢代から五代十国時代までとそれに併行する朝鮮、日本の金属製容器を通覧する中で、煮沸具の一つとして鍑の分類をおこない、大成洞29号墳例を3世紀末に、大成洞47号墳例を4世紀前半にそれぞれ比定した。また、金海地域でほぼ同時期に銅鼎が出土していることから、楽浪を経由してこれらの漢系遺物と北方系遺物が入ってきたと想定した[毛利光2005：19]。東潮は朝鮮半島南部の鍑について、楽浪郡や夫余との関係の中で流入したとみている[東2006b：22-23]。

日本列島の鍑については、戦前に後藤守一が紹介した長崎県佐護クビル遺跡出土品が著名である[後藤1922]。金関恕はクビル例について、天理参考館所蔵の伝・楽浪出土品と形態・製作技法が類似すること、腹部に鍔をもつ漢式鍑とは器形が異なることから、朝鮮半島での製作を想定した[金関1968：96]。毛利光はクビル例の製作地については明言していないが、中国の鉄製長胴釜III類にあたるとし、朝鮮半島から流入したとみている[毛利光2005：86]。最近では桃崎祐輔が和歌山県丸山古墳出土品を鉄鍑とした上で、三燕の遼寧省喇嘛洞IIM266号墓例と形態が類似するとした[桃崎2004a：32]。また、丸山古墳の副室をもつ特異な石棺構造にも三燕との関係性を指摘している。

以上みてきたように、韓国においては出土した銅鍑がいわゆる北方式銅鍑であったこともあっ

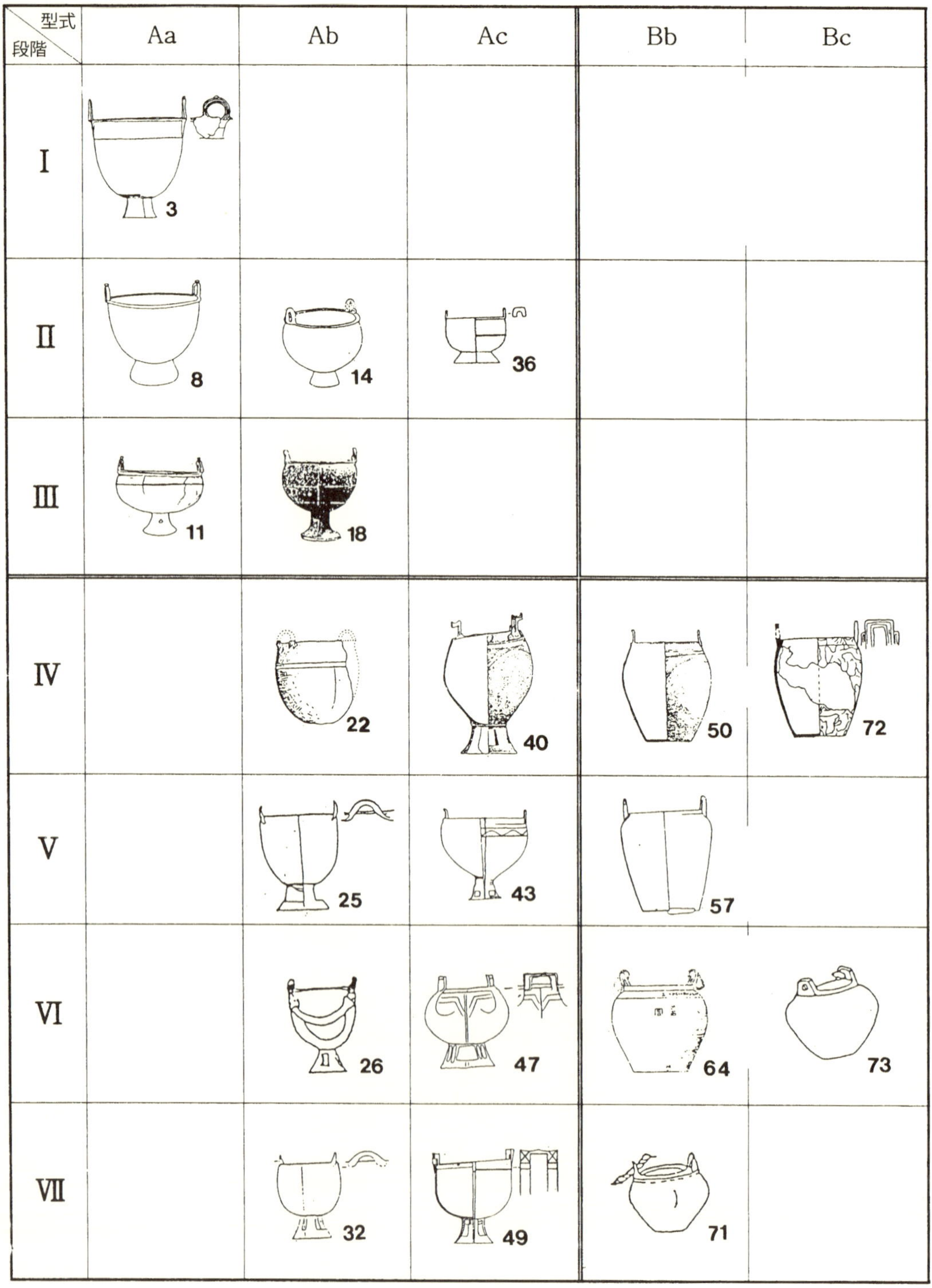

第Ⅱ部　朝鮮半島南部における騎馬文化の受容

型式 段階	Aa	Ab	Ac	Bb	Bc
Ⅰ	3				
Ⅱ	8	14	36		
Ⅲ	11	18			
Ⅳ		22	40	50	72
Ⅴ		25	43	57	
Ⅵ		26	47	64	73
Ⅶ		32	49	71	

図48　李海蓮の銅鍑分類　（縮尺不同）

3：『内蒙古・長城地帯』収録　8：宝鶏県 甘峪墓　11：陝西省 延安　14：北京市 延慶県 玉皇廟M18　18：河北省 行唐県 李家村　22：内蒙古 呼盟 札賚諾爾　25：『内蒙古・長城地帯』収録　26：遼寧省 朝陽県 袁台子墓　32：山西省 大同市　36：山西省 臨猗程村002　40：吉林省 楡樹県 老河深M56　43：内蒙古 呼盟 札賚諾爾M3014　47：『内蒙古・長城地帯』収録　49：内蒙古 烏審旗　50：吉林省 楡樹県 老河深M97　57：内蒙古 察右前旗 下昊溝　64：湖北省 鄂城県 古井　71：四川省 双流県 黄水郷　72：内蒙古 伊克昭盟 補洞溝　73：遼寧省 北票県 馮素弗墓

て、「鍑」という遺物を北方系遺物と捉える認識が一般的である。これに対し日本においては、後漢代の書物である『説文解字』にしたがって、「鍑」を単に「如釜而大口者（釜の如くして大口なるもの）」とする認識が早くからあり、『内蒙古・長城地帯』[江上ほか 1935]以降に普及していく北方系遺物としての「鍑」との混乱が生じている。朴敬信が指摘するように韓国の鉄鍑として報告された資料にも同じような問題を指摘することができる[7]。また北朝鮮ではそもそも「鍑」という学術用語が用いられていない。すなわち、「鍑」として報告されていない資料の中にも北方式銅鍑と何らかの関係を想定しうるものがある一方で、「鍑」として報告されている資料の中に北方式銅鍑と何ら関係ないものも含まれているのである。

　本章の趣旨からいえば、北方式銅鍑に限定して議論を進めていくべきであろうが、梅原の指摘したような朝鮮半島における在地化という視点が捨象される恐れがあるため、ここではあえてそうしない。次節からはこのような問題点を踏まえた上で、北方式銅鍑とその影響を受けたと考えられるものを中心に、各地域の様相をみてみよう。

3．朝鮮半島北部の鍑

（1）銅　鍑

　北方式銅鍑以外にも梅原の注目した弧形の把手をもつ資料がある。楽浪郡治の置かれた平壌とその周辺を中心に出土しているが、遺構に伴うものは少ない。なお、前節で紹介した石巌里9号墓例や中西嘉市氏所蔵品などについては最後に触れることとし、ひとまず検討対象からは除外しておく。

① 平壌府立博物館所蔵品　（図49：1）

　「雙耳銅鉢」として報告されている[梅原ほか 1947]。平壌付近の墓から出土したとされるが定かではない。平底で、肩部に最大径をもち、肩部から底部に向かって急激にすぼまっていく。口縁部はわずかに内傾し、弧形の把手が二つ付く。把手の断面は蒲鉾形を呈するようである。器体には縦方向に鋳型の合わせ目の線が走る。通高18.3cm、口径19.3cm。

② 平壌　貞梧洞1号墓　（図49：2）

　平壌市楽浪区域に所在する主・副槨をT字形に配した単葬木槨墓である[社会科学院考古学研究所 1983]。共伴する「始元二年（前85）」銘や「元始五年（後5）」銘の漆塗耳杯や、2面の方格規矩鏡などから楽浪Ⅲ期[8]、すなわち1世紀前葉〜中葉に位置づけられる。

　銅鍑は「두귀달린 단지（両耳付壺）」として報告されている。平底で、器体は腹部のわずかに膨らんだ円筒形を呈する。口縁部には弧形の把手が二つ付く。通高6.8cm、口径4cmと非常に小型である。

③ 咸鏡南道　金野　所羅里土城　（図49：3）

　咸鏡南道金野郡（旧 永興郡）に所在する小高い丘陵を利用してつくられた東西160間（約290m）、南北95間（約170m）、周囲420間（約760m）の土城で、楽浪郡の嶺東七県の不耐県城と推定されている[池内 1951：26]。城内の8号土壙からは非漢式車馬具や銅鏃などの青銅製品や、轡（図35：4）、鉄斧、鉄鉾などの鉄製品が出土した[박진욱 1974]。

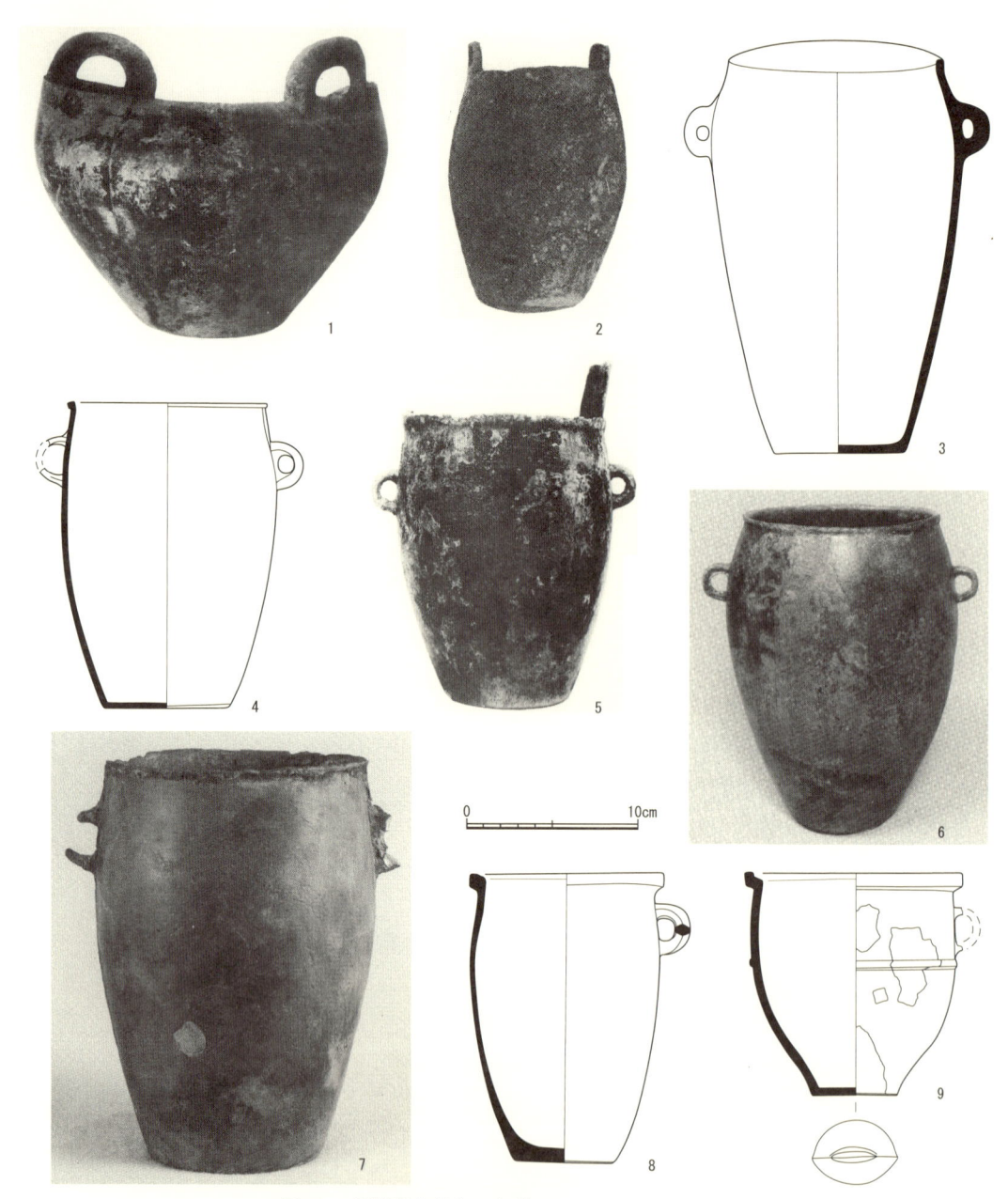

第Ⅱ部　朝鮮半島南部における騎馬文化の受容

図 49　朝鮮半島北部の銅鍑　(S=1/4、2 は S=1/2)

1：平壌府立博物館所蔵品　2：貞梧洞 1 号墓　3：所羅里土城　4：橋都芳樹氏所蔵品　5：多田春臣氏・守屋孝蔵氏所蔵品
6・7：出土地未詳　8：東大院里 許山　9：石巌里 194 号墓

　銅鍑は「두귀달린 청동단지（両耳付青銅壺）」として報告されており、1963 年に土城内で農民が畑を耕した際に出土したとのことである［박진욱 1974］。平底で、器体は腹部のわずかに膨らんだ円筒形を呈する。口縁部はわずかに外反する。肩部に弧形の把手が二つ縦に付く。通高 22cm、口径 12.6cm。

　なお、この他にも 1956 年に土城付近の低い山のふもとで、農民が灌漑水路を掘った際に漆器とともに「귀달린 쇠단지（耳付鉄壺）」の破片が出土したとのことであり、鉄鍑の可能性もある。

④ **橋都芳樹氏所蔵品** （図49：4）

　梅原末治によって紹介された［梅原 1938：118］。当時は平壌府立博物館に展示されていたようである。平底で、器体は腹部のわずかに膨らんだ円筒形を呈する。口縁部はわずかに外反する。肩部に弧形の把手が二つ縦に付く。梅原によれば把手にそって、鋳型の合わせ目が縦に走るようである。通高 17cm、口径 11.5cm。

⑤ **多田春臣氏・守屋孝蔵氏所蔵品** （図49：5）

　多田春臣氏所蔵品［関野ほか 1927］ないし守屋孝蔵氏所蔵品［梅原ほか 1947］として知られる。平壌市楽浪区域（旧 大同江面）付近出土とされるものの、さだかではない。前者は「双耳銅壺」、後者は「雙耳銅壺」として報告されている。平底で、器体は腹部のわずかに膨らんだ円筒形を呈する。口縁部はわずかに外反する。肩部に弧形の把手が二つ縦に付く。内部に青銅匕（勺）が錆着している。通高 16.3cm、口径 11.8cm。

⑥ **平壌　東大院里　許山収集品** （図49：8）

　1922年に平壌市東大院里許山で、鉄道工事に伴って出土した。細形銅剣や乙字形銅器、青銅製車軸頭などの非漢式車馬具が一緒に収集されており、共伴関係を認めうるのであれば、楽浪Ⅰ期、すなわち前2世紀後葉～前1世紀前葉に位置づけられる。

　銅鍑は「片耳附銅壺」［藤田ほか 1925、梅原ほか 1947］として報告されている。平底で、器体は腹部のわずかに膨らんだ円筒形を呈する。口縁部は強く外反する。肩部に弧形の把手が一つ縦に付く。把手の断面は六角形に近い形状を呈する。器体には縦方向に鋳型の合わせ目の線が走る。腹部には縦方向の研磨の痕跡が認められる。通高 16cm、口径 11.5cm。

⑦ **平壌　石巖里194号墓** （図49：9）

　平壌市楽浪区域に所在する平面正方形の合葬木槨墓である［楽浪漢墓刊行会 1974］。石巖里丙墳としても知られている。「始元二年（前85）」、「始建五年（後13）」銘の漆塗耳杯や「永始元年（前16）」銘漆盤、「綏和元年（前8）」銘漆樽、「陽朔二年（前23）」銘漆槾といった紀年銘の入った漆製品や、方格規矩鏡・内行花文鏡などが出土しており、楽浪Ⅲ期、すなわち1世紀前葉～中葉に位置づけられる。

　銅鍑は木槨内の西北隅角から出土した。平底で、器体は口縁部が受け口状に強く外反し、底部がすぼまった鉢形を呈する。腹部に1条の突帯をめぐらせ、その直上に弧形の把手が一つ縦に付く。梅原によれば把手にそって、鋳型の合わせ目が縦に走り、底部には湯口の痕跡も確認されるようである［梅原 1938］。通高 12.4cm、口径 12.1cm。

　なお、この他にも『朝鮮遺蹟遺物図鑑』2をみると、所羅里土城例などによく似た「귀달린 청동단지（耳付青銅壺）」が2点ほど出土しているようだが（図49：6・7）、出土地などの詳細は不明である［朝鮮遺蹟遺物図鑑編纂委員会 1989：270］。

（2）**鉄　鍑**

　戦後、北朝鮮の調査によって「鉄壺」として報告される資料の中にも弧形の把手をもつ資料が存在する。銅鍑出土墓に比べて規模の小さな墓からも出土し、平壌から離れた地方での出土が目立つ。

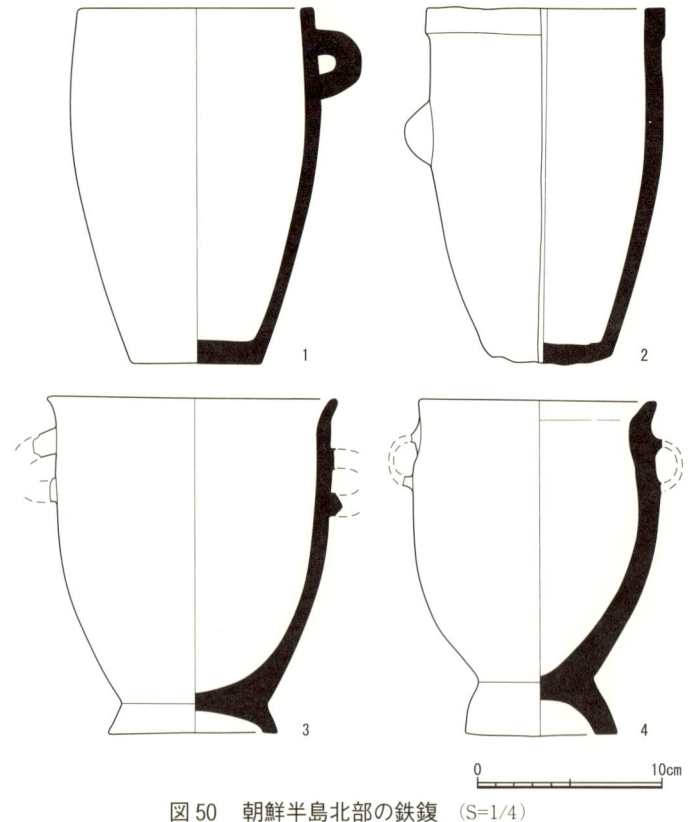

第Ⅱ部　朝鮮半島南部における騎馬文化の受容

① **平安南道　南浦　台城里 11 号墓**（図50：1）

平安南道南浦市（旧 江西郡）に所在する長方形単葬木槨墓である［科学院 考古学 및 民俗学研究所 1958b］。非漢式車馬具などが出土しており、楽浪Ⅰ～Ⅱ期、すなわち前2世紀末～前1世紀に位置づけられるようである。

鉄鍑は「철제 단지（鉄製壺）」として報告されており、墓壙の北東隅から立った状態で出土したとのことである。平底で、器体は腹部のわずかに膨らんだ円筒形を呈する。肩部に弧形の把手が一つ縦に付く。通高18.4cm、口径12.8cm。

② **黄海北道　黄州　天柱里土壙墓**（図50：2）

黄海北道黄州郡に所在する土壙墓として報告されている［科学院 考古学 및 民俗学研究所 1959］。細形銅剣や非漢式車馬具が共伴し、楽浪Ⅱ期前後に位置づけられている。

図50　朝鮮半島北部の鉄鍑　（S=1/4）
1：台城里11号墓　2：天柱里土壙墓　3：万景台土壙墓　4：順天里木槨墓

鉄鍑は「철제 외귀 달린 단지（鉄製片耳付壺）」として報告されている。平底で、器体は円筒形を呈し、口縁部のみ厚くつくっている。全体的な器形は東大院里許山例に類似するが、肩部の把手が退化し、瘤状に隆起している。通高18.4cm、口径12.6cm。

③ **平壌　万景台土壙墓**（図50：3）

平壌市万景台に所在し、土壙墓として報告されている［김종혁 1963］。方格規矩鏡などが一緒に出土し、楽浪Ⅳ期、すなわち1世紀後葉～2世紀代に位置づけられる可能性が高いようである。

鉄鍑は「두 귀 달린 쇠단지（両耳付鉄壺）」として報告されており、墓壙の北壁隅から出土したようである。器体は口縁部が外反し、下半部がすぼまった鉢形を呈し、短い台脚をもつ。肩部に弧形の把手が二つ縦に付く。通高17.5cm、口径14.3cm。

④ **黄海北道　黄州　順天里木槨墓**（図50：4）

黄海北道黄州郡に所在する墳墓遺跡で、青銅器時代の箱形石棺墓1基、楽浪木槨墓1基と磚室墓1基、高句麗石室墓1基が報告されている［科学院 考古学 및 民俗学研究所 1959］。残念ながら遺構と遺物の対応関係が明確でなく、非漢式車馬具や広口短頸壺などの古い様相を示す遺物群と、方格規矩鏡や台脚をもつ花盆形土器などの新しい遺物群が報告されているものの、すべて一つの木槨墓から出土したのかどうかについては、さだかではない。鉄鍑は後で詳しくみるように台脚

120

をもつことから新しい遺物群に属すると考えられる[9]。

　鉄鍑は「두귀 달린 단지（両耳付壺）」として報告されている。器体は口縁部が外反し、下半部がすぼまった鉢形を呈し、台脚をもつ。肩部に弧形の把手が二つ縦に付く。通高17.8cm、口径13.8cm。

4．朝鮮半島南部の鍑

（1）銅　鍑

　狗邪国・金官加耶の中心地であった金海地域の大型木槨墓から3点出土しており、斯盧国・新羅の中心地であった慶州地域にも発掘資料ではないものの1点存在する。このように現状での出土例は南東部の特定地域に集中し、中西部や南西部（馬韓・百済）からの出土はまだない。

① 慶尚南道　金海　良洞里235号墳　（図51：1）

　慶尚南道金海市に所在する大型の単槨式木槨墓である［東義大学校博物館 2000］。正式報告はまだ刊行されておらず、銅鍑の出土状況は不明である。高久健二は弁・辰韓Ⅴ期後半、すなわち3世紀中葉に位置づけ［高久 2000：30］、申敬澈は金官加耶土器編年［申敬澈 2000a］のⅠ段階、すなわち3世紀後半代とする。

　銅鍑は口縁部付近のみ残存し、圏足の有無は不明である。おそらくは大成洞の2例と同じように圏足をもたず平底であったと推測される。口縁部には弧形の把手が付く。把手の断面は蒲鉾形を呈する。器体外面には縦方向に鋳型の合わせ目の線が走る。残存高16.1cm、復元口径18.5cm。

② 慶尚南道　金海　大成洞29号墳　（図51：2）

　慶尚南道金海市に所在する大型の単槨式木槨墓である［慶星大学校博物館 2000a・b］。銅鍑は木槨内のほぼ中央から横倒しの状態で出土した。金官加耶土器編年［申敬澈 2000a］のⅠ段階、3世紀後半代に位置づけられている。

　銅鍑は平底で、口縁部に弧形の把手が二つ付く。把手の断面は蒲鉾形を呈する。器体は筒形で口縁部がわずかに内傾し、肩部から底部に向かってすぼまっていく。器体外面には縦方向に鋳型の合わせ目の線が走る。外型と内型の間を固定させるための型持ちの痕跡が7ヶ所ある。腹部は縦方向に研磨されているが、口縁部と両把手は横方向に研磨されている。内部には有機物の痕跡が確認されている。通高18.2cm、口径12.6cm。

③ 慶尚南道　金海　大成洞47号墳　（図51：3）

　慶尚南道金海市に所在する主・副槨式木槨墓である［慶星大学校博物館 2000a・2003］。銅鍑は副槨のほぼ中央部の短頸壺の間から横たわった状態で出土した。報告者は47号墳の年代を金官加耶土器編年［申敬澈 2000a］のⅣ段階、すなわち4世紀後半とするが、鍑に関しては47号墳と重複関係にあり、先行して築造された46号墳（3世紀後半）に副葬されていたものが再埋納されたとみている。

　銅鍑は錆による剥離が甚だしいものの、状態は比較的良い。平底で、器体は筒形を呈する。口縁部がわずかに内傾し、肩部から底部に向かってすぼまっていく。口縁部には弧形の把手が二つ付く。把手の断面は蒲鉾形を呈する。腹部から底部にかけて、縦方向に鋳型の合わせ目の線

が走る。各所に再加工した痕跡があるという。肩部は横方向に、器体の最大径以下は縦方向に研磨されているが、内面には研磨痕がない。内部には栗が3個入っていた。通高17.8cm、口径13.0cm。

④ **慶尚北道　伝・慶州　入室里出土品**（図51：4）

現在、崇實大学校附設韓国基督教博物館に所蔵されている［崇實大学校 附設 韓国基督教博物館 1988］。李海蓮によれば慶尚北道慶州市の入室里から出土したという［李海蓮 2003］。

銅鍑は当初、「青銅壺」として紹介された。平底で、器体は筒形を呈する。口縁部がわずかに内傾し、肩部から底部に向かってすぼまっていく。口縁部には弧形の把手が二つ付く。把手の断面は蒲鉾形のようである。器体外面には、縦方向に鋳型の合わせ目の線が走る。通高20cm、口径18.5cm。

(2) 鉄　鍑

原三国時代の南東部、弁・辰韓の大型墓を中心に出土例が増えつつある。

① **慶尚北道　慶州　舎羅里130号墓**（図52：1）

慶尚北道慶州市に所在する大型の木棺墓で、銅鏡、細形銅剣、虎形帯鉤、蕨状装飾付S字形鑣轡や長方形鑣轡など多様な遺物が出土した［嶺

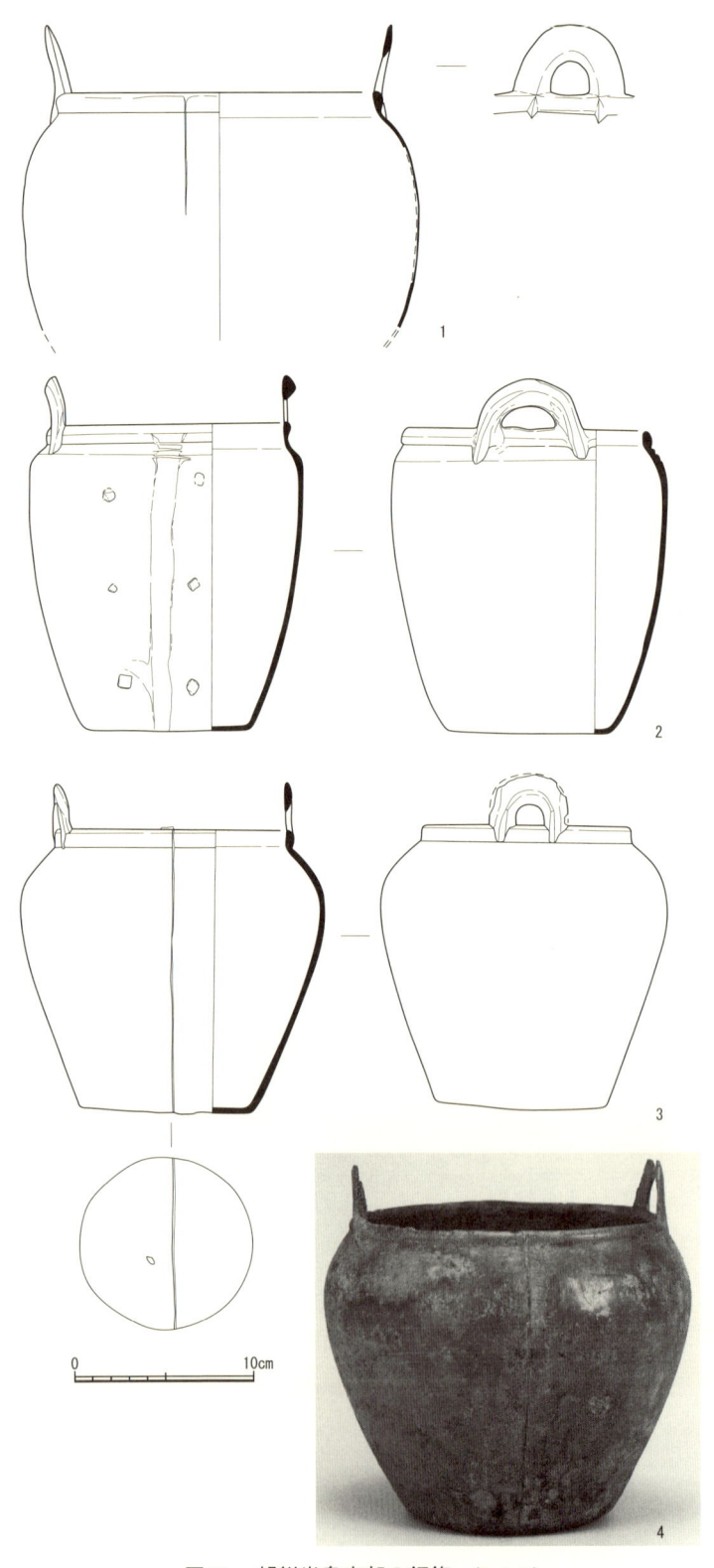

図51　朝鮮半島南部の銅鍑　(S=1/4)
1：良洞里235号墳　2：大成洞29号墳　3：大成洞47号墳　4：伝・入室里

南文化財研究院 2001a]。鉄鍑は西短壁側の木棺と墓壙の間の充填土内に副葬されていた。高久［2000］編年の弁・辰韓Ⅳ期、すなわち1世紀後葉〜2世紀中葉に位置づけられる。

鉄鍑は圏足や把手をもたない。器体は深鉢形を呈し、口縁は外反する。器体外面に縦方向に鋳型の合わせ目の線が走る。底部中央には湯口の痕跡と考えられる瘤状の突起が確認される。通高 39.4cm、口径 26.5cm。

② **慶尚南道　金海　良洞里162号墓**　（図52：2）

慶尚南道金海市に所在する大型の単槨式木槨墓で、銅鏡や蕨状装飾付S字形鑣轡をはじめとする多様な遺物が出土した［東義大学校博物館 2000］。鉄鍑は木槨内の西短壁付近から出土した。内行花文鏡や四乳禽獣文鏡から高久編年の弁・辰韓Ⅴ期前半、すなわち2世紀後葉頃の築造と考えられている。

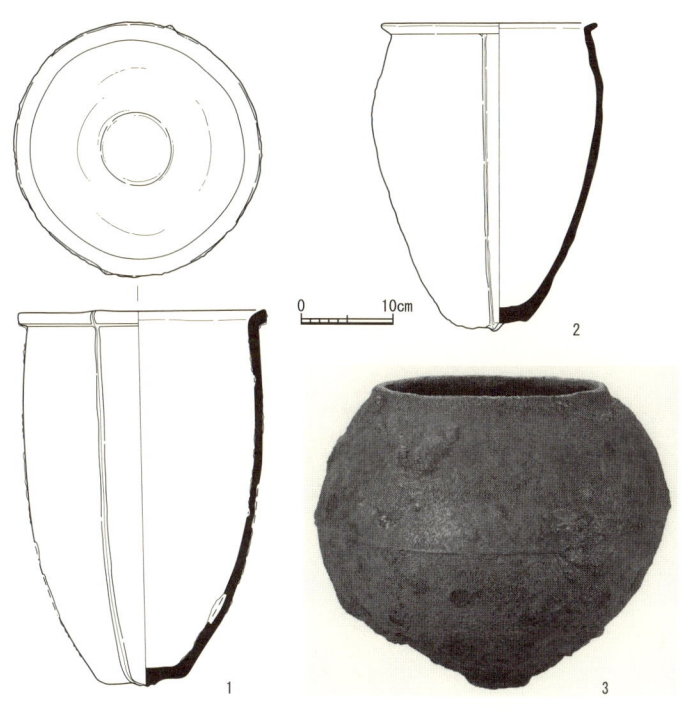

図52　朝鮮半島南部の鉄鍑　（S=1/8）
1：舍羅里130号墓　2：良洞里162号墓　3：良洞里318号墓

鉄鍑は圏足や把手をもたない。器体は深鉢形を呈し、口縁は外反する。器体外面に縦方向に鋳型の合わせ目の線が走る。底部中央には湯口の痕跡と考えられる瘤状の突起が確認される。通高 32.8cm、口径 23.5cm。

③ **慶尚南道　金海　良洞里318号墓**　（図52：3）

慶尚南道金海市に所在する。鉄鍑は、国立中央博物館の特別展図録に掲載されているものの［国立中央博物館 2001：208］、遺構や共伴遺物などの詳細は不明である。高久健二は弁・辰韓Ⅴ期としている［高久 2000：32］。

鉄鍑は圏足や把手をもたず、器体は球形を呈し、底部は平底で高台をもつ。器体の最大径にあたる中央外面には横方向に鋳型の合わせ目が走る。通高 32.4cm、口径 25.1cm。

この他に最近、慶尚北道慶州市塔洞 21-3 番地木棺墓から鉄鍑が出土している［韓国文化財保護財団 2010］。墓壙充填土から出土し、下半部のみが遺存する。器体は深鉢形を呈し、器体外面に縦方向に鋳型の合わせ目の線が走る[10]。舎羅里130号墓例や良洞里162号墓例のような深鉢形のタイプで、墓の年代もこれらと類似した年代が想定される。

また、中西部や南西部からは長らく出土が知られていなかったが、前稿［諫早 2011a］脱稿後に報告書が刊行された京畿道加平郡大成里遺跡で、原三国時代後半（2・3世紀代）の中島式土器（図53：4）を伴う凸字形住居址（（原）12号住居址）から、鉄鍑片の出土が報告されている［京畿文

化財研究院 2009］。口縁部付近の破片で、内彎する口縁部形態からみて良洞里 318 号墓例のような球形のタイプとみられる（図 53：1）。

5．日本列島の鍑

日本列島からはいわゆる北方式銅鍑の出土は確認されていない。ここではこれまで鍑として報告・紹介されてきた資料についてみていく。

（1）銅　鍑

長崎県　佐護クビル遺跡（図 54：1）

長崎県対馬市（旧上県町）に所在し、後藤守一によって紹介された［後藤守 1922］。小田富士雄による再検討の結果、銅鍑は組み合わせ式箱形石棺の中から広形銅矛 3 本、中広形銅矛 1 本とともに出土したことが明らかとなった。遺構の時期は弥生時代後期前半代とされ［小田 1977］、1 世紀後半〜2 世紀前半と考えられる。

銅鍑は当初は「銅器」ないし「銅製容器」として報告された。圏足や把手をもたず、器体はソロバン玉のような形をしており、底部は平底で高台状につくっている。器体の最大径にあたる器体中央の外面には横方向に鋳型の合わせ目の線が走る。器体の所々に小鉄片が鋳込まれていて、鋳造の際の型持ちの痕跡と考えられている。通高 33.9 cm、口径 28.2 cm。

（2）鉄　鍑

① 兵庫県　行者塚古墳（図 54：2）

兵庫県加古川市に所在する 4 ヶ所の

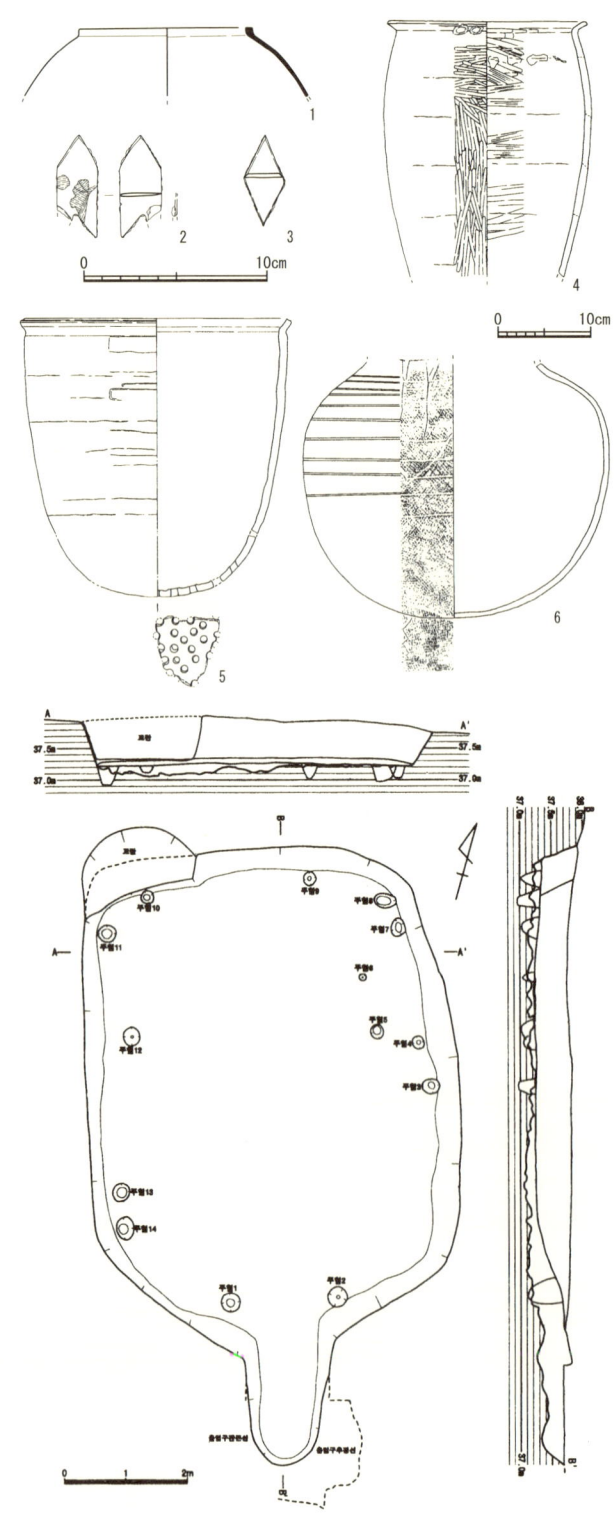

図 53　加平　大成里（原）12 号住居址出土鉄鍑と共伴遺物
（1・4・5・6：S=1/8、2・3：S=1/4）

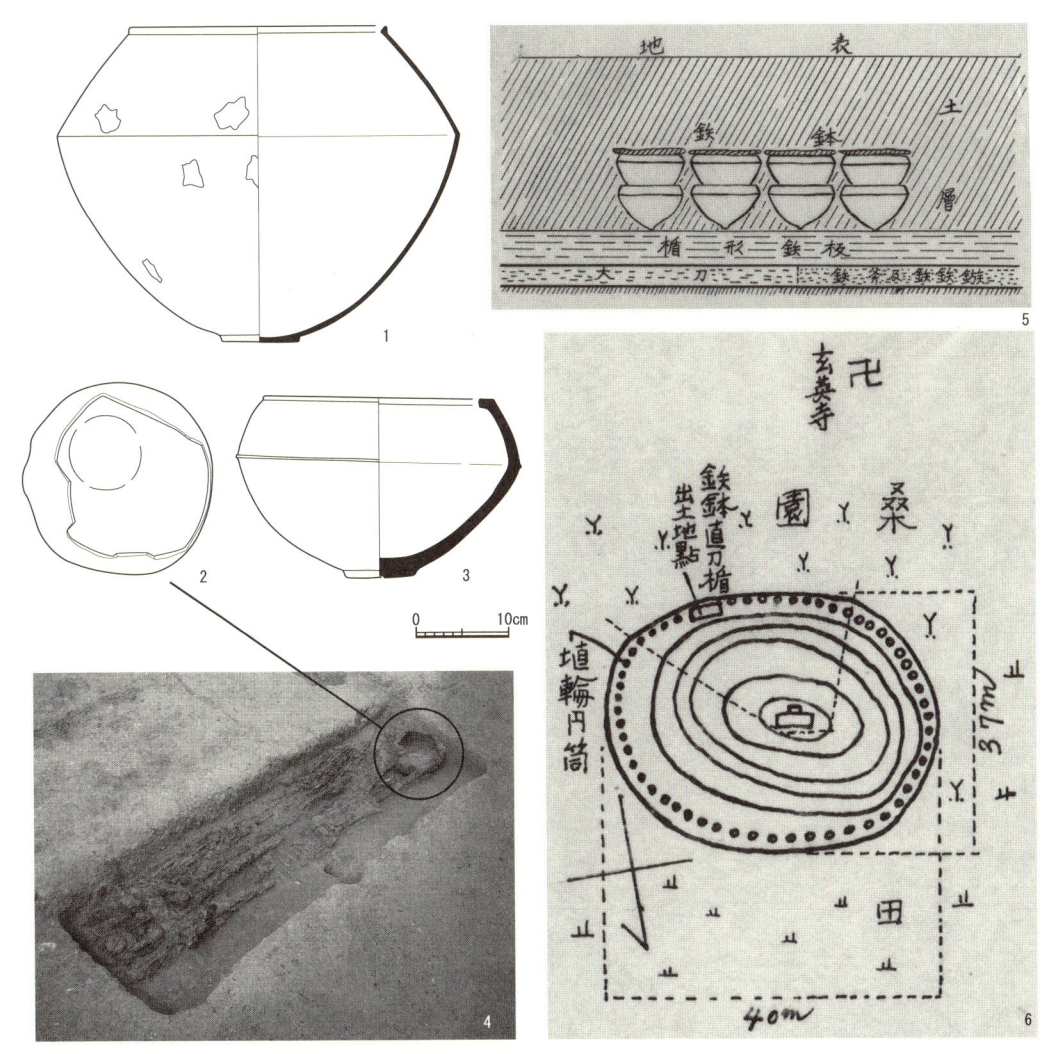

図54 日本列島の銅鍑と鉄鍑 (1・3：S=1/8、2：縮尺不同)
1：佐護クビル遺跡　2：行者塚古墳　3：丸山古墳　4：行者塚古墳西副葬品箱
5：丸山古墳鉄鍑出土状況（浦宏原図）　6 丸山古墳墳丘図（浦宏原図）

造り出しをもつ墳長約100mの前方後円墳である［加古川市教育委員会 1997］。後円部頂の墓壙に3基の粘土槨を設置している。粘土槨よりも高いレベルで木製の副葬品箱が2つ検出され、金銅製龍文透彫帯金具や初期馬具、鉄鋌や巴形銅器などの多様な副葬品が出土した。副葬品箱は粘土槨を設置し、墓壙を埋め戻す過程で設置されたと考えられている。埴輪が川西宏幸編年［川西 1978］Ⅲ期の特徴をもつことなどから、古墳時代中期前葉、すなわち4世紀末〜5世紀初を中心とする時期に築造されたと考えられる。

鉄鍑は西副葬品箱の北端から出土した（図54：4）。報告者によれば口縁の1/3ほどは副葬時からすでに欠けていたとのことである。器体は球形で、圏足や把手をもたないようであり、底部は小さくすぼまる。器体中央に稜をもっているとのことである。口径は14.4cmをはかり、高さは不明である。

② 和歌山県　丸山古墳　（図54：3）

和歌山県紀の川市（旧 貴志川町）に所在する直径約42mの円墳である［貴志川町史編集委員会 1981］。埋葬施設は組み合わせ式箱形石棺とそれに付随する副室からなり、副室から甲冑一組が組み合わさった状態で出土した他、鉄刀、琴柱形石製品、ガラス玉などが出土している。鉄鍑は墳丘裾部にめぐる円筒埴輪列付近（図54：6）から昭和8年（1933）、開墾中に偶然発見されたという。出土時の正確な記録は残されていないものの、在野の考古学者である浦宏が昭和16年（1941）以降に発掘者から聞き取りをおこなった際に作成した出土状況図（図54：5）をみると、直刀と鉄斧・鉄鎌の上に楯形鉄板（鉄鋌）を置き、その上に鉄鉢（鉄鍑）8点を2段1列に重ね置き、上部の鉄鉢1点毎に板石で蓋をしていたことがわかる［和歌山県立博物館 2008］。

埴輪は川西編年III期とされ、琴柱形石製品は上横軸に刻みを残し、宮山型でも古式の特徴を示すようだが［西島 2007］、全長58cmを測る日本最大の鉄鋌は行者塚古墳の鉄鋌よりは時期が下がるものと考えられ[11]、古墳時代中期中葉、すなわち5世紀前葉〜中葉を中心とする時期に築造されたと考えられる。あるいは鉄鍑の出土した鉄器埋納施設と古墳の築造に時期差を想定すべきなのかもしれない。

鉄鍑は圏足や把手をもたず、器体はソロバン玉のような形をしており、底部は平底で高台状につくっている。口縁部は直角に内折し、平坦面を有する。器体の最大径にあたる器体中央の外面には横方向に鋳型の合わせ目の線が走る。内部には鉄滓が入っていたとのことである。通高19.7cm、口径25cm。

6. 系譜の検討

これまでみてきたように朝鮮半島および日本列島において鍑と呼びうる、または呼ばれてきた金属製容器の形態は非常に多様である。これらは形態や鋳型の合わせ目、使用方法の差異などから、次の三つの群に大別することが可能である。すなわち、北方式銅鍑に該当する一群、中国の漢式釜に該当する一群、そしてそのどちらにも属さない一群で、ここでは江上らに倣い筒形容器としておく。以下、系譜の問題を中心にそれぞれについて若干の考察をおこなっていく。

（1）北方式銅鍑

まず北方式銅鍑についてであるが、朝鮮半島北部の平壌府立博物館所蔵品と、朝鮮半島南部の良洞里235号墳例、大成洞29・47号墳例、崇實大学校博物館所蔵の伝・入室里出土品が該当する。いずれも青銅製で、鋳型の合わせ目が縦方向に走り、筒形の器体に平底で、口縁部に断面蒲鉾形の弧形の把手を二つもつもので、高濱秀分類のFd・Fe式に該当する［高濱 2011］。研究史で触れたように申敬澈は、金海地域出土例の系譜を夫余の故地である吉林省北部一帯に求めた［申敬澈 1992・2000b］。しかし、高濱が指摘するようにFd・Fe式は特定の地域性をもつ型式ではないため、特定地域の「騎馬民族」によってもたらされたと考えることは困難である。

朝鮮半島南部の資料の副葬年代は3世紀中葉〜後葉に収まるようであり、楽浪・帯方郡との交渉の産物と考えることも可能であるが、そのことを傍証する発掘資料はまだ朝鮮半島北部から

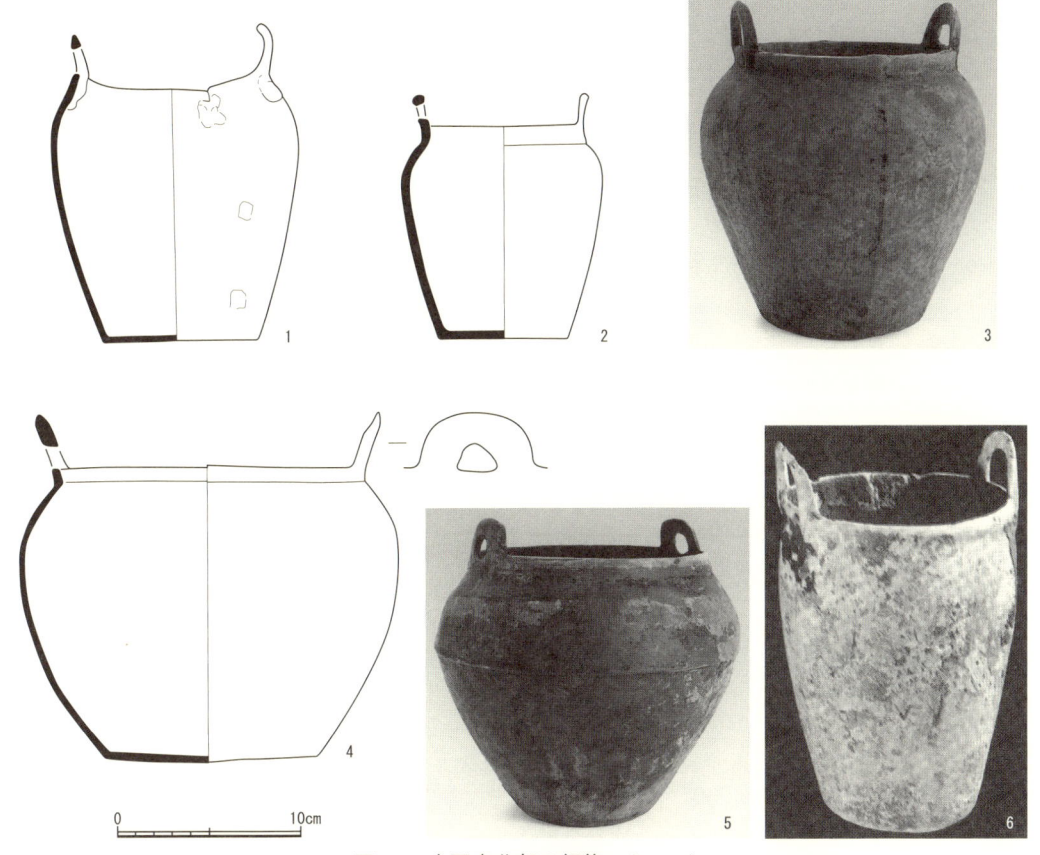

図55　中国東北部の銅鍑　(S=1/4)
1：集安 太王郷下解放村　2：渾江 東甸子積石墓群　3：北票 喇嘛洞 IIM166 号墓
4：北票 喇嘛洞 IIM209 号墓　5：北票 喇嘛洞 IIM328 号墓　6：吉林 帽兒山遺跡

出土していない。いずれにせよ朝鮮半島北部は、経由地ではあったとしても製作地ではなかったようである。

　このFd・Fe式は中原からも出土するが、夫余の吉林帽兒山遺跡［国家文物局1993］、永吉学古村漢墓［李海蓮2003・2006］、高句麗の集安太王郷下解放村積石墓［吉林省文物志編集委員会1983］、集安上解放大隊遺跡[(12)]［朱栄憲1966］、渾江東甸子積石墓［吉林省文物志編集委員会1984］や、三燕の北票喇嘛洞 IIM166、同 IIM209、同 IIM328号墓［遼寧省文物考古研究所2002、遼寧省文物考古研究所ほか2004］など吉林・遼寧省一帯からの出土が多く認められる（図55）。朝鮮半島の出土例もおそらくはこれらの地域で製作されたものが、直接的・間接的にもたらされたのであろう。

（2）漢式釜

　漢式釜については今回特に扱わなかったが、球形の器体に高台をもち、腹部に鍔をめぐらせる毛利光俊彦分類の球胴釜Ⅱ類b種と、球形の器体に高台をもち、把手や鍔をもたない長胴釜Ⅲ類が確認される［毛利光2004・2005］。青銅製と鉄製がある。

　前者に該当するのは朝鮮半島北部の平壌石巌里9号墓例や中西嘉市氏所蔵品の2例である。これらは中西嘉市氏所蔵品がそうであるように竈の上で甑と組み合わせて、穀物などを蒸すための

ものであり、上に容器を重ねて用いる点で、北方式銅鍑とはその用法が根本的に異なる［朴敬信 2005：76］。『史記』や『後漢書』にみられる「釜甑」がこれにあたるという岡崎敬の研究を参考にすれば［岡崎 1955：109］、やはり「鍑」ではなく「釜」と呼ぶべきであろう。楽浪Ⅲ期、すなわち1世紀前葉〜中葉に位置づけられる石巌里9号墳からは、銅博山爐、銅奩、銅鼎、内行花文鏡、玉璧をはじめとする膨大な量の漢式遺物が出土しており、漢式釜もこれらとともに楽浪にもたらされたと考えられる。

後者に該当するのが、朝鮮半島南部の良洞里318号墓例や大成里例、日本列島のクビル例、丸山例である。いずれも器体の最大径にあたる腹部中央に横方向の鋳型の合わせ目が確認される。発掘資料ではないものの天理参考館所蔵の伝・楽浪出土品もこれに該当し、行者塚例も同じである可能性が高い。これらも本来は竈の上で甑と組み合わせて用いる釜としての機能が想定され、事実、天理参考館所蔵品（図56：1）は銅甑とセットをなす[13]。

系譜についてであるが、クビル例に関してはその埋納年代からしても金関恕の指摘するように楽浪との直接的・間接的な交渉によってもたらされたとみて問題ないだろう［金関 1968］。良洞里318号墓例も高久健二の指摘するように、同時期の良洞里332号墓や蔚山下垈カ-23号墓の銅鼎などの漢式遺物とともに、楽浪・帯方郡との交渉のもと、弁・辰韓にもたらされたと考えられる［高久 2002］。大成里例についても楽浪系の泥質系土器（図53：5）や打捺文短頸壺（図53：6）と共伴しており［鄭仁盛 2009］、中島式文化の担い手が誰であれ、楽浪との関係抜きにその入手は考えられない[14]。

一方、丸山例や行者塚例に関しては、副葬年代をみる限り、楽浪郡滅亡と直接関連づけることは難しい。中原では三国時代以降、金属製容器は墳墓の副葬品目から外れたり、明器化していくようであるが［毛利光 2004：89］、高句麗の集安楡林郷地溝村例（図56：2）や三燕の北票喇嘛洞ⅡM266号墓例（図56：3）など中国東北部には併行する時期の類例が存在することから、伝世などではなく、両地域との関係で説明することが可能であろう。特に丸山例と喇嘛洞ⅡM266号墓例は、桃崎祐輔も指摘するように口縁部などの細かな特徴まで酷似する［桃崎 2004a：32］。ただし、丸山例や行者塚例も朝鮮半島南部製と考えられる鉄鋌が共伴しており、直接ではなく朝鮮半島南

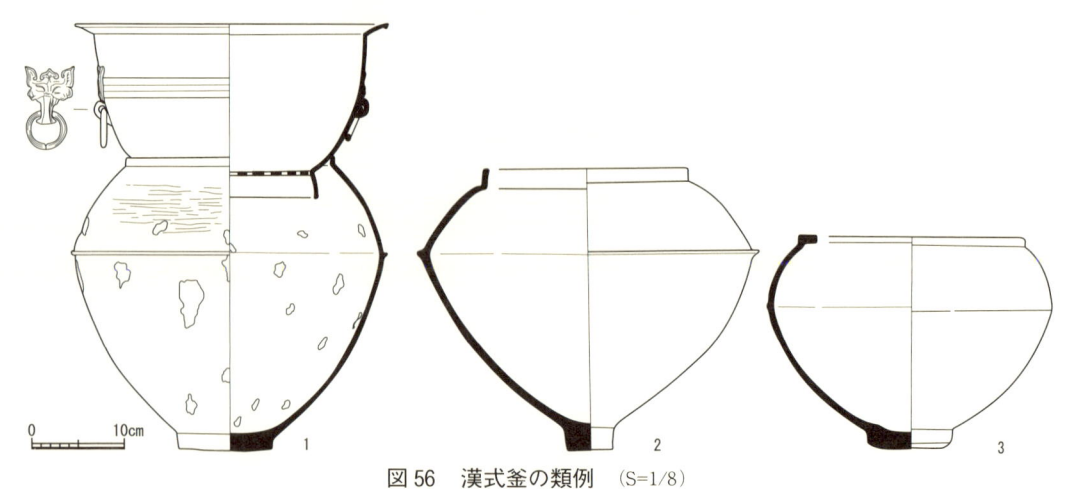

図56　漢式釜の類例　(S=1/8)
1：伝・楽浪（銅製）　2：集安 楡林郷地溝村（鉄製）　3：北票 喇嘛洞ⅡM266号墓（鉄製）

第6章　鍑からみた朝鮮半島南部における騎馬文化の受容

部を介してもたらされた可能性も想定される。その場合には、時期は若干異なるものの類例の存在する金官加耶や、当該期に高句麗の影響のもと、支配者層の間で金属製容器の副葬が盛行した新羅がその候補となるだろう。

（3）筒形容器

最後は筒形容器で、円筒形の器体に平底で、肩部に二つないし一つの弧形の把手を縦方向に取り付ける一群である。出土例は朝鮮半島北部に集中し、東大院里許山例、所羅里土城例、橋都芳樹氏所蔵品、多田春臣氏・守屋孝蔵氏所蔵品の4例が銅製で、台城里11号墓例が鉄製である。若干形態は異なるものの、石巌里194号墓例や順天里木槨墓例、万景台土壙墓例、天柱里土壙墓例もこの一群の中で理解することができる。東大院里許山例、橋都芳樹氏所蔵品、石巌里194号墓例は縦方向の鋳型の合わせ目が確認されている。

これらの筒形容器は梅原末治や北朝鮮の研究者が指摘するように、同時期の西北方に分布する高濱分類F式の北方式銅鍑よりは、在地の花盆形土器（図57：3）とその器形が類似する。万景台土壙墓例や順天里木槨墓例にみられる台脚も、楽浪Ⅲ期以降に出現する変形花盆形土器（図57：6）の影響を受けたと評価することが可能である。また朝鮮半島北部には把手をもたない同形の金属製筒形容器もみられ、基本的に同じような変遷がたどれるようである（図57：2・5）[15]。呉永贊は、これらの筒形容器が国立中央博物館所蔵申永洙コレクションの伝・オルドス出土筒形容器と類似することから匈奴との関係を想定しているが［呉永贊2006：58-60］、中国やモンゴルでの同種の筒形容器の出土は寡聞にして知らない。

これらはその分布をみても朝鮮半島北部各地で製作されたと考えられ、鄭仁盛によって各種青銅製品・鉄製品が生産されたことが明らかとなっている楽浪土城は、その製作地候補の一つであろう［鄭仁盛2001・2004］。円筒形で平底という基本的形態や縦方向に鋳型の合わせ目を荒く残す点などは、漢代の金属製容器よりは高濱分類F式の北方式銅鍑との親縁性が強い。また甑を伴わず、多田春臣氏・守屋孝蔵氏所蔵品に錆着した青銅匕（匀）から、それ自体に材料を入れて煮炊きしたと考えられる点も北方式銅鍑の使用方法［雪嶋1993］と共通し[16]、北方式銅鍑の変容形、在地形として理解することが可能であろう。

なお、朝鮮半島南部の舎羅里130号墓や良洞里162号墓、塔洞21-3番地木棺墓の

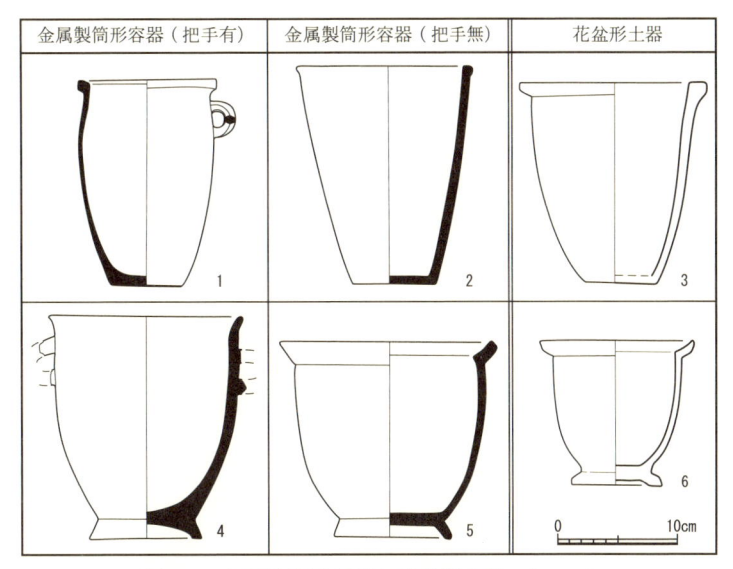

図57　金属製筒形容器と花盆形土器　（S=1/6）
1：東大院里 許山　2：貞栢洞53号墓　3：貞栢洞92号墓　4：万景台土壙墓
5：雲城里8号墓　6：雲城里カマルメ3号墓

129

筒形容器も円筒形の器体や縦方向の鋳型の合わせ目などがこれらと共通するが、非常に大型である点や底部が平底に仕上げられていない点が異なる。朝鮮半島南部には金属製容器の製作伝統がなく、両例が楽浪との交渉のもとで出現したことは明らかであろうが、同時期の朝鮮半島北部の筒形容器は台脚をもつものが主流であり、朝鮮半島南部から出土している筒形容器は在地生産である可能性が高い[17]。なお、金吉植はこれらの筒形容器についても銅鍑と同じく北方式遺物とみているが[金吉植 2001・2006]、北方式銅鍑との直接的な関係は想定しがたいだろう。

（4）朝鮮半島南部出土北方式銅鍑の意味

本章では、現在までの資料状況を確認した上で、鍑という名のもとに一括されてきた資料を北方式銅鍑、漢式釜、筒形容器の3系列に大別し、それぞれの系譜や出現背景についてみてきた。本章の作業を通じて当該地域の鍑を、ユーラシア草原地帯を中心に広がる北方式銅鍑の中に位置づけていくための基盤は整ったものと考えられる。

最後に北方式銅鍑が朝鮮半島の南端の金海地域にまでもたらされた意味について考えてみたい。原三国時代の狗邪国、そして三国時代の金官加耶の中心地であった金海地域に北方式銅鍑がもたらされる3世紀は、弁・辰韓に多数の漢式遺物が確認される時期にあたる[高久 2002]。それは基本的には、204年頃の帯方郡設置に伴う郡県の再編成という外的要因と、『三国志』魏書東夷伝韓条の「桓霊之末 韓濊彊盛 郡県不能制 民多流入韓国」や辰韓条の「国出鉄 韓濊倭皆従取之（中略）又以供給二郡」からもうかがえる鉄生産を基盤とする三韓社会の成長という内的要因によって説明できる。このような背景のもと、金海地域の首長層は銅鏡、銅鼎や北方式銅鍑などの多様な系譜をもつ各種青銅製品を入手したと考えられ、その関係は楽浪郡の衰退・滅亡と共に終焉を迎えたようである。そしてその終焉と連動して、金海地域の首長墓には新たに筒形銅器や巴形銅器といった倭系、もしくは倭と共通した青銅製品が副葬されるようになる。

以上のような流れの中で北方式銅鍑のもつ意味を理解しうるのであれば、金官加耶の首長層にとって、鍑は単なる煮炊きの道具ではなく、「外部」（この場合は北方世界）との繋がりを象徴するまさしく「威信財」[石村 2008]であったと考えられる。しかしそれは故地との政治的な関係によって直接もたらされたのではなく、楽浪や東濊を経由して間接的にもたらされた可能性が高い[李賢恵 1994b：279-280]。果たして鍑という容器の本来もつ機能を金官加耶の首長層はどの程度認識していただろうか[18]。少なくとも考古資料をみる限り、鍑の出現は金海地域の調理様式にいかなる変化ももたらさなかったようである。

7．結　語

前章および本章の検討によって、馬に乗るための必須の道具である轡、そして騎馬遊牧民の生活道具である鍑のどちらも夫余からの民族移動の根拠にはなりえず、むしろそれを否定する材料となることが明らかとなった。すでに再三の批判を受けてきた申敬澈の「騎馬民族説」が成り立ちえないことは明らかであろう。これはそのまま江上波夫の「騎馬民族日本列島征服王朝説」も成り立ちえないことを意味する。なぜなら、序章でも述べたように江上の「夫余系騎馬民族」も

洛東江下流域を経由して日本列島にきたと考えているからである [江上 1992]。

　しかし三国時代に入り、朝鮮半島南部にそれ以前とはまったく異質の騎馬文化が出現すること自体は紛れもない事実であり、江上や申の提起した問題をすべて棄却することはできない。騎馬文化の拡散という考古学的現象をもたらしたヒトの動きは、申や江上とは異なる説明によって再解釈する必要がある。そこで第Ⅲ部では、朝鮮半島南部各地において騎馬文化がどのように展開していったのかについて、詳しくみてみよう。

註
（1）現在は小倉コレクションとなっている［国立文化財研究所 2005：29］。
（2）林巳奈夫は「単純な鉢形ないし深鉢形の容器の上縁に双耳をつけ、下にラッパ状の脚をつけた青銅製の烹飪器」を「北方式銅鍑」とした［林巳 1959：909］。本章の対象とする地域には複数系統の「鍑」と呼ばれる金属製容器が混在するため、便宜的にこの語を用いる。
（3）以下、関野貞らの鍑に対する認識を知る上で重要と考えられるため、石巌里9号墓例に対する解説文を引用しておく。
「博古圖載する所「漢獸耳鍑」に相當せる者にして形我茶釜の如くにして口窄く腹大に鍔を有し底に脚を作つてゐる上部兩旁獸環を附し鐵製の連環を以て鐵製の提梁に連つてゐる銅質緑青色を呈し連環提梁は鐵錆を帶びて腹身に錆びつき頗る古雅の趣を示してゐる多田春臣氏も是れと同形式の更に大なる銅鍑（口徑五寸一分鍔徑一尺一分高五寸八分）を藏してゐらるゝが連環提梁を欠いてゐる［関野ほか 1927：74］」
（4）本論文の出版年は昭和13年（1938）であるが、文末に「昭和5年（1930）1月8日稿　同9年（1934）5月補正」とあり［梅原 1938：133］、江上らより先に成稿していたことになる。
（5）たとえば『晋書』四夷伝夫余国条にみられる「至太康六年（285）為慕容廆所襲破　其王依慮自殺　子弟走保沃沮」。
（6）本書でいうところの把手に該当する。
（7）朴敬信は丸底で、使用に際して竈を必要とすることから、鍑と区別して「長胴形釜」と呼んでいる［朴敬信 2005：77］。
（8）以下、楽浪漢墓の編年は高久健二の案にしたがう［高久 1993・1995］。
（9）キムジョンヒョクは、万景台土壙墓例の類例が「順天里土壙墓」から出土したとしており［김종혁 1963］、少なくとも鉄鍑に関しては木槨墓（土壙墓）から出土したとみてもよいだろう。ただし正式な発掘調査を経ていない収集品であり、複数の木槨墓（土壙墓）が存在した可能性もある。
（10）実見の機会を与えていただいた韓国文化財保護財団の朴鐘燮先生に感謝したい。
（11）東潮の集成によれば、全長50㎝を超える鉄鋌は朝鮮半島南部でも5世紀中葉の慶州皇南大塚南墳と6世紀初頭の慶州天馬塚でしか出土していないようである［東 1999］。
（12）朱栄憲によって写真が紹介されているが、詳細は不明である［朱栄憲 1966：図版 14-3］。器形が集安太王郷下解放村積石墓例に酷似し、あるいは同一品の可能性もある。
（13）ただし、朝鮮半島南部や日本列島の諸例は甑を伴わない。また、毛利光俊彦によれば中国においても長胴釜Ⅲ類は金属製甑を伴わず、単独で使用したか、陶製の甑を使用したとする［毛利光 2004：36］。
（14）大成里遺跡では鉄鏃など鍛造鉄器（図53：2・3）の製作がおこなわれていたことが明らかとなっているが、鋳造鉄器まで製作していた形跡はない。
（15）たとえば、平壌の石巌里219号墓や貞梧洞1号墓からは平底の銅製筒形容器が、貞柏洞53号墓からは平底の鉄製筒形容器が、黄海南道殷栗郡雲城里6・7・8号墓からは高台をもつ鉄製筒形容器がそれぞれ出土している。
（16）ただし、花盆形土器についても同じような用途が想定されている［谷 2002：226］。

(17) 李盛周によれば、朝鮮半島南東部では慶州舎羅里130号墓の段階に、それまで平底であった甕形土器が丸底化するようであり［李盛周 1999］、朝鮮半島南東部から出土する鉄製筒形容器の器形は、このような弁・辰韓における土器製作の変化を反映しているのかもしれない。
(18) 釜山市立博物館の李海蓮先生のご教示によれば、大成洞古墳群出土の2点の銅鍑にはいずれも被熱痕などの使用の痕跡は認められないようである。

第Ⅲ部

朝鮮半島南部における騎馬文化の展開

第7章　洛東江下流域における馬具の地域性とその背景

1．問題の所在

　第Ⅲ部では、朝鮮半島南部各地における騎馬文化の展開について、地域ごとに詳しくみていく。本章ではまず、朝鮮半島南部の中でも4世紀代の馬具がとりわけ豊富に出土している洛東江下流域（図58）に焦点をあてる。早くから馬具が出土したこともあって、韓国の馬具研究は、この地域を代表する古墳群である金海の大成洞古墳群と釜山の福泉洞古墳群から出土した馬具を中心に議論が進められてきた。むしろ、両古墳群からの相次ぐ馬具の出土を契機として、韓国における馬具研究が本格的に始まったと表現する方が適切かもしれない。

　とりわけ申敬澈らによって提示された、洛東江下流域の金官加耶が朝鮮半島南部各地の中でいち早く騎馬文化を受容し、そこを起点として加耶諸国や新羅、さらには百済や倭に広がっていくという騎馬文化伝播モデルは、韓国の馬具研究において「通説」となっている［申敬澈 1994・1997、金斗喆 2000、李尚律 2005b など］。このような「通説」はあくまで4世紀代の資料の分布が洛東江下流域に限られていた時に提示された「仮説」に過ぎないが、その後の資料の爆発的増加にも拘らず、その枠組みは依然として堅持されつづけてきた。しかしながら、4世紀代における騎馬文化の受容が洛東江下流域に限定される現象ではないことは、本書のこれまでの議論を通じて明らかであろう。洛東江下流域が騎馬文化を独占的に受容したわけではない以上、朝鮮半島南部における騎馬文化の普及に果たした洛東江下流域の役割についても、当然、再検討の余地が生じてくる。

　申敬澈らは、外折口縁高杯や筒形銅器といった考古資料の共通性を根拠として、高句麗南征以前の4世紀代に、洛東江下流域の両岸に位置する大成洞古墳群築造集団（以下、大成洞集団）と福泉洞古墳群築造集団（以下、福泉洞集団）が、前者を盟主とする金官加耶連盟あるいは前期加耶連盟を構成していたという前提のもとに議論を展開する［申敬澈 1995a・b、洪潽植 1998・2000、金斗喆 2003・2010 など］。しかし、両地域から出土する考古資料には、4世紀代からすでに共通性とともに差異性が認められることが、多くの研究者によって指摘されてきたところである［李在賢 1996、宋桂鉉 2000、金大煥 2003、金栄珉 2000・2004・2007、井上主 2007 など］。そのような両地域の考古資料にみられる差異や、福泉洞古墳群から出土する新羅系遺物、そして何よりも文献史料の解釈にもとづいて、釜山地域が4世紀代からすでに新羅の一地方であったとみる研究者も多い［崔鍾圭 1983、崔秉鉉 1992、朱甫暾 1998b、金大煥 2003、李熙濬 2007 など］[1]。

　このような4世紀代の評価はさておくとして、遅くとも大量の慶州様式土器が副葬された福泉洞21・22号墳段階以降は、釜山地域が新羅王権の影響下に入ったとみる点では、各研究者の理解はおおむね一致するとみてよい[2]。もし仮に、福泉洞21・22号墳などから出土する馬具が新羅馬具であるならば、馬具研究の「通説」は、その基盤から見直しを迫られることになるが、

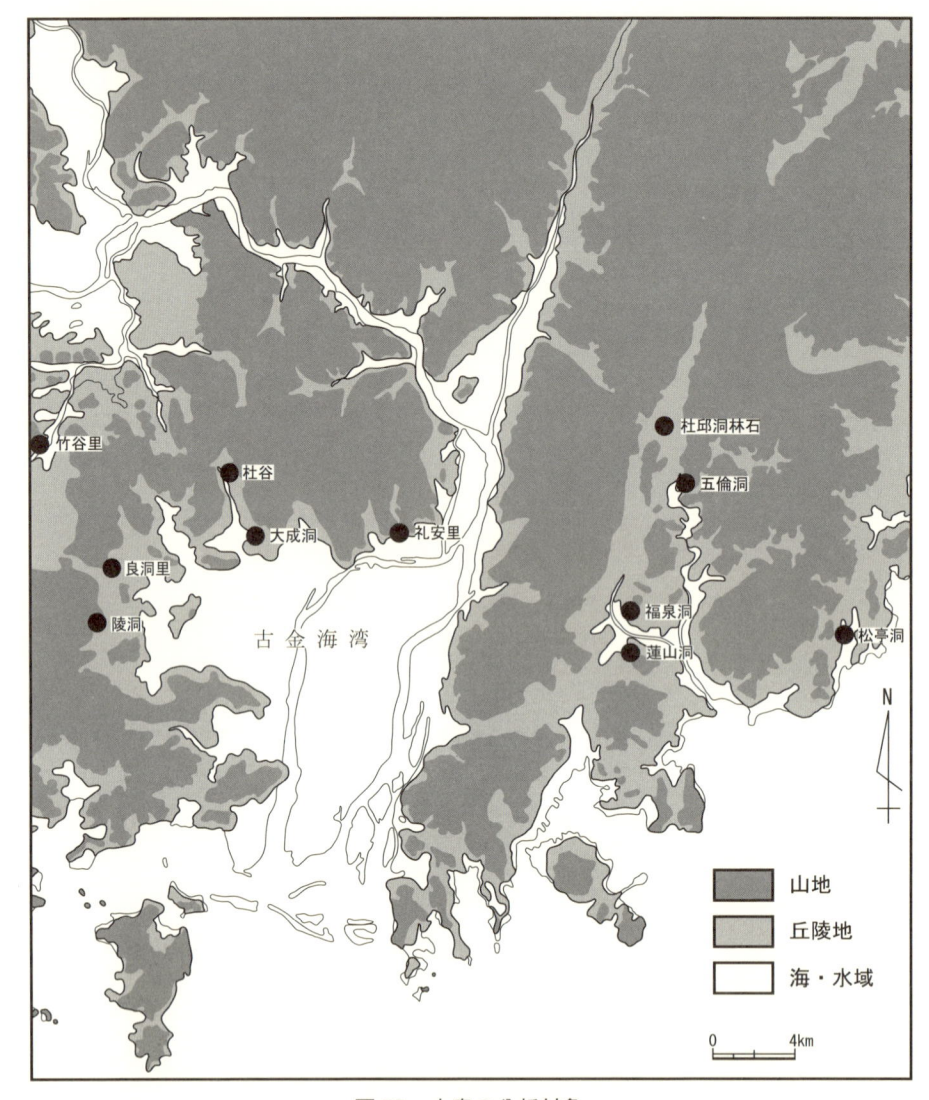

図58　本章の分析対象

4世紀代はもちろん、福泉洞21・22号墳段階以降の釜山地域出土馬具も、安易に金官加耶馬具とみなす傾向は続いている［金斗喆2004、李尚律2005b・2009a、柳昌煥2007aなど］。

このような馬具研究をめぐる膠着状況を脱却し、出土資料にもとづいて新たな枠組みを再構築するためには、朴天秀［2006a・2007・2009b］のようにこれまで金官加耶馬具とみてきた釜山地域出土馬具を、単に新羅馬具と見直すだけでは十分でない。馬具自体の時間的・空間的分析にもとづいて、個々の資料の系譜や時期ごと、地域ごとの傾向を明らかにし、その上でこの問題について改めて接近を試みる必要がある。

そこで本章ではまず、土器を中心とする既存の編年研究の成果を参照しつつ、釜山・金海地域出土馬具をそれぞれ編年する。この地域の馬具編年については多くの研究が積み重ねられ、相対的な変遷観についてはおおむね意見の一致をみている。しかしそのほとんどが、福泉洞古墳群や大成洞古墳群、良洞里古墳群といった大型古墳群出土資料のみを検討対象とし、それら以外の

古墳群から出土した資料や、それらの古墳群の築造が衰退する5世紀後半や6世紀代を視野に入れた検討は、ほとんどなされてこなかった。洛東江下流域の騎馬文化を客観的に評価するためにも、長期的な視野のもとに両地域出土馬具の通時的変遷を明らかにしていくという作業は、必要不可欠であろう。その上で両地域出土馬具を比較し、洛東江下流域の東岸と西岸の馬具の共通性と差異性を浮き彫りにし、さらにはそれらが生じた背景について検討をおこなう。既存の研究において、ともすれば絶対視ないし過大評価されてきた洛東江下流域の騎馬文化を相対化することが、本章の主たる目的である。

編年にあたっては、第3章で設定した朝鮮半島南部共通の指標にしたがい、朝鮮半島南部三国時代Ⅲ段階以降に関しては、土器編年や他地域の馬具を参考にしながら、段階を設定する。土器編年については、いわゆる古式陶質土器段階は申敬澈［2000a］の金官加耶土器編年、それ以降は白井克也［2003b］の新羅土器編年を主に参考にした。なお地域ごとの編年にあたっては、便宜的に釜山○段階、金海○段階と表記する。

2. 釜山地域出土馬具の編年

(1) 釜山Ⅰ段階前半

Ⅰ段階前半は立聞式鑣轡の出現を指標とする。鉄製鑣轡の福泉洞38号墳例（図59：1）と有機物製鑣轡の福泉洞69号墳例（図59：2）がこの段階に該当する。釜山地域からは原三国時代に遡る馬具はまだ出土していないため、現在のところ釜山最古の馬具ということになる。どちらも4世紀前葉を中心とする製作年代が想定される。

なお、この段階の福泉洞古墳群の馬具の系譜を夫余に求める見解については、すでに第5章において批判的検討を加えたが、その他にも高句麗馬具とみる見解がある［李在賢 2003、姜賢淑 2008など］。確かに銜の製作技法には関係性を認めうるものの、それ以外には差異が多く、現在の資料状況から特定地域に系譜を求めるのは早計であろう。

ところで申敬澈は、福泉洞69号墳を金官加耶土器Ⅲ段階に位置づけて、福泉洞38号墳と同時期とみるのに対し［申敬澈 2000a］、李在賢らは外折口縁高杯の有無などを根拠に69号墳を38号墳よりも遅くみる［李在賢 1996、安在晧 1997］。後者の見解にしたがうと、69号墳例は鏡板轡A類出現期の資料となり、Ⅰ段階後半に位置づけるべきかもしれないが、正式報告が出ていないため、両者の見解を客観的に評価する材料に欠ける。そもそもⅠ段階の前半と後半はあくまでⅠ段階の中での相対的な新古であり、鏡板轡A類の出現や2條線引手b2類、多條捩り引手といった新要素の出現などによって区分されるが、それらの出現とともにⅠ段階前半にみられる諸要素が消滅するわけではない。69号墳例は38号墳例と同じ2條線引手a類をもつなど、38号墳と同時期に製作されえたと判断されるため、ひとまずⅠ段階前半に位置づけておきたい。

(2) 釜山Ⅰ段階後半

Ⅰ段階後半は鏡板轡A類の出現を指標とする。福泉洞54号墳例（図63：2）、95号墳例（図59：4）がそれにあたる。この他に福泉洞60号墳（封土）[3] と福泉洞86号墳の鉄製鑣轡（図59：5）や、

表20　洛東江下流域出土馬具の編年（釜山地域）

段階		古墳名	埋葬施設	銜留	銜	引手	遊環	鐙	杏葉	その他の馬具
Ⅰ段階	前半	福泉洞38（主）	主副槨式木槨墓	鉄製鑣	3條捩り	2條線a類	×	―	―	無捩り技法銜
		福泉洞69	主副槨式木槨墓	鑣（a）	3條捩り	2條線a類	×	―	―	
	後半	福泉洞42	主副槨式木槨墓	鑣	3條捩り	2條線b1類	×	―	―	
		福泉洞48	主副槨式木槨墓	鑣（a）	3條捩り	3條捩り	×	C型（無鋲）	―	
		福泉洞54（副）	主副槨式木槨墓	鏡板A（梯）	無捩り	2條捩り	×	―	―	
		福泉洞60（封）	主副槨式木槨墓	鉄製鑣	3條捩り	3條捩り	×	C型（無鋲）	―	鉄環
		福泉洞71	主副槨式木槨墓	鑣（a）	3條捩り	2條線a類	×	―	―	
		福泉洞86	木槨墓	鉄製鑣	多條捩り	2條線b類	×	―	―	
		福泉洞95（副）	主副槨式木槨墓	鏡板A（梯）	3條捩り	3條捩り	×	―	―	
Ⅱ段階		福泉洞21・22（主）	主副槨式石槨墓	鑣？	多條捩り	2條線b2類	×	IA3（無鋲）	―	鞍金具、環状雲珠、鉸具
		福泉洞21・22（副）		鑣（b1）	無捩り	1條線a1類	×	IA4（無鋲）	―	鉸具
		福泉洞31・32（副）	主副槨式木槨墓	環板B（逆T字）	多條捩り	2條線b2類	×	―	―	鞍金具、環状雲珠、鉸具
		福泉洞35・36（副）	主副槨式木槨墓	鏡板B（楕円）	多條捩り	1條線a1類	×	IA3（無鋲）	心葉	鞍金具、環状雲珠、鉸具
		福泉洞93（副）	主副槨式石槨墓	鏡板	3條捩り	3條捩り	×	C型？	―	鞍金具、環状雲珠、鉸具
Ⅲ段階		福泉洞7	石槨墓	―	―	―	―	―	扁魚	
		福泉洞15	石槨墓	―	―	―	―	―	扁魚	
		福泉洞10・11（副）①	主副槨式石槨墓	環板B（逆T字）	多條捩り	2條線*	×	IA4（無鋲）/IA4（有鋲）	心葉	鞍金具、環状雲珠、銅鈴、馬冑
		福泉洞10・11（副）②		鑣（b2）	無捩り	1條線a1類*	×			
		福泉洞39（主）	主副槨式石槨墓	鏡板A（楕円）	無捩り	1條線a1類	×	―	―	
		福泉洞49	石槨墓					―	扁魚	
		福泉洞53（副）	主副槨式石槨墓	鏡板or環板	無捩り	1條線a2類	×	―	―	
		福泉洞171	木槨墓	鑣（b1）	無捩り/1條捩りb類	―	―	―	―	鉸具
		鶴巣台1-2・3	主副槨式石槨墓					―	―	環状雲珠、鉸具、馬甲
		福泉洞（東）1	石槨墓	鏡板B（内楕）	―	―	固定	―	異形	板状別造辻金具
Ⅳ段階		福泉洞4	石槨墓					―	―	鞍金具、板状一体造雲珠、鉸具
		福泉洞23	石槨墓	鏡板B（f字）	無捩り	1條線a3類	○	IIB1（無鋲）	―	鉢状雲珠、鉸具
		福泉洞47	石槨墓	鑣（b2）	1條捩りb類	1條線a2類	×	―	―	
		福泉洞111	石槨墓	鑣（b1）	3條捩り	2條線b1類/2條線b2類	×	―	―	
		福泉洞112	石槨墓	鑣（b1）	3條捩り	2條線b1類	×	―	心葉	
		福泉洞123	木槨墓		1條捩りb類	1條線a1類	×	―	―	
		福泉洞140	石槨墓		3條捩り	2條線a類	×	―	―	
		福泉洞（東）7						―	扁魚	
		松亭洞5	石槨墓	鑣（b1?）	無捩り	1條線	×	木鉄輪片	―	
		蓮山洞（慶）8	石槨墓	鏡板or環板	無捩り	1條線a2類	○	IIB1（無鋲）	扁魚	
		蓮山洞（福）1	石槨墓	鑣？	―	―	―	―	―	
Ⅴ段階		五倫台68	石槨墓	―	―	―	―	鉄製輪鐙	―	
Ⅵ段階		杜邱洞林石5	横口式石室墓	鏡板B（心葉）	無捩り	1條線a2類	×	―	棘葉	貝製雲珠・辻金具、鉸具

[凡例]・（主）：主槨、（封）：封土、（副）：副槨・（内楕）：内彎楕円・＊：方円結合金具　・木鉄輪：木心鉄板張輪鐙　・扁魚：扁円魚尾形杏葉

　福泉洞42、48、71号墳の有機物製鑣轡（図59：3・9）もこの段階に位置づけられる。48号墳と60号墳（封土）からはC型の木心鉄板張輪鐙も出土している（図59：6・8）。4世紀中葉から後葉にかけての製作年代が想定される。申敬澈の金官加耶土器Ⅳ・Ⅴ段階、李在賢の福泉洞Ⅲ・Ⅳ・Ⅴ期におおむね該当し、土器では細分が可能のようであるが、正式報告の出ていないものが多く、検証が困難である。いずれにせよ馬具に大きな違いはない。

　なお、福泉洞54号墳と95号墳の鏡板轡A類は、中国東北部にみられた楕円形ではなく、朝鮮半島南部独特の梯形である。したがって、中国東北部で鏡板轡の出現する4世紀中葉よりは若干新しい製作年代が想定される。ところで、福泉洞54号墳例は無捩り技法b類の銜をもち、釜山Ⅱ段階以降に位置づけるべきであろうが、共伴する土器はこの段階の馬具を出土した他の古墳

第7章　洛東江下流域における馬具の地域性とその背景

釜山Ⅰ段階（前半）

釜山Ⅰ段階（後半）

釜山Ⅱ段階

釜山Ⅲ段階

釜山Ⅳ段階

釜山Ⅴ・Ⅵ段階

1：福泉洞38　2：福泉洞69　3：福泉洞71　4：福泉洞95
5-7：福泉洞60　8・9：福泉洞48　10：福泉洞31・32
11：福泉洞93　12-14：福泉洞35・36　15-18：福泉洞21・22
19・21-26：福泉洞10・11　20：福泉洞39　27：福泉洞15
28：福泉洞7　29：福泉洞49　30-32：福泉洞（東）1
33-35：福泉洞23　36・37：福泉洞4　38：福泉洞（東）1
39-41：蓮山洞(慶)8　42：福泉洞112　43：五倫台68
44-48：杜邱洞林石5

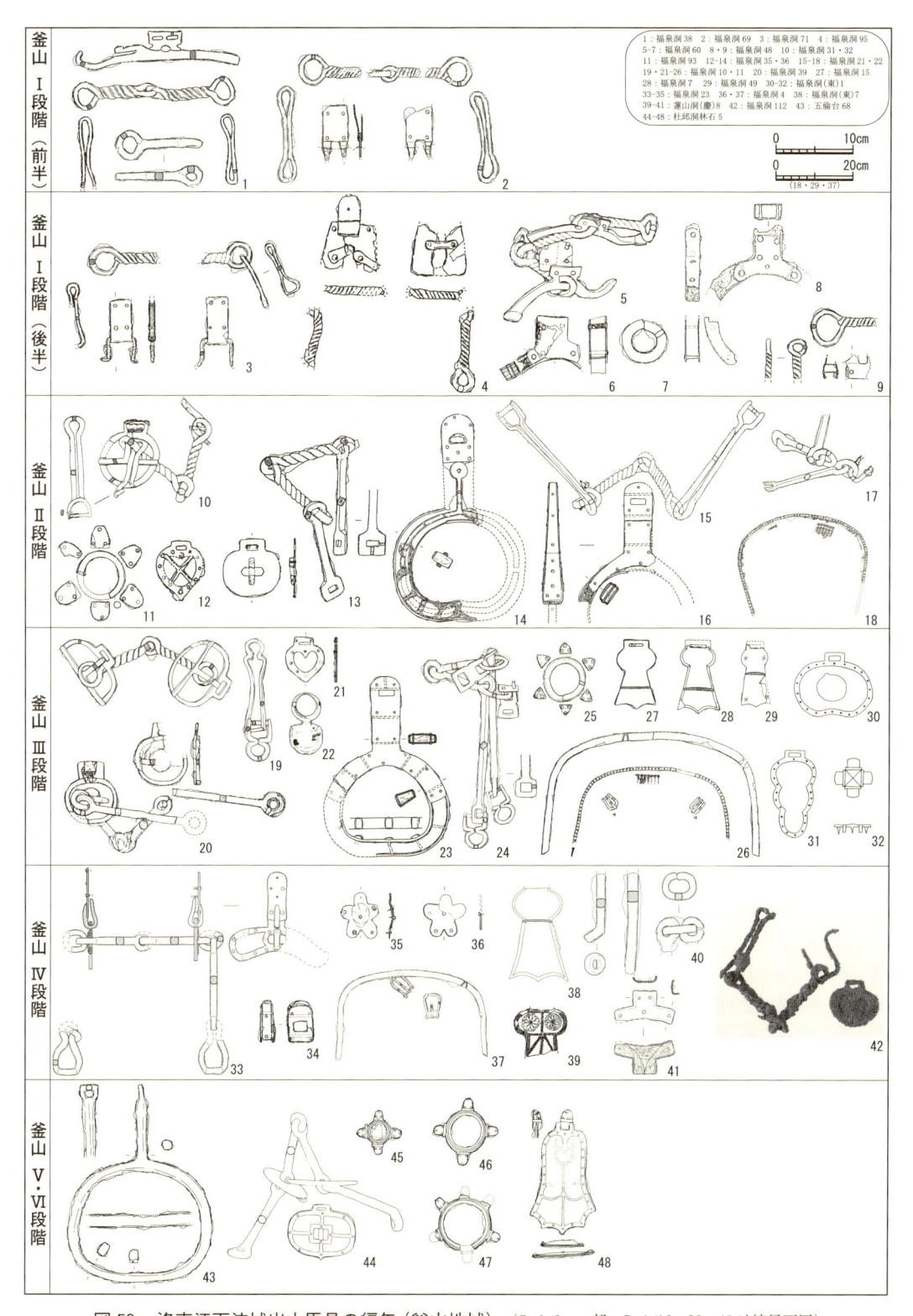

図59　洛東江下流域出土馬具の編年（釜山地域）　（S=1/8、一部：S=1/16、38・42は縮尺不同）

と差異がないようである［李賢珠 2001］。第5章で紹介した福泉洞38号墳出土の無捩り技法b類
銜とともに、無捩り技法b類が三国時代Ⅰ段階から存在していたこととなるが、まだ例外的な
状況に留まるため今後の課題としておきたい。

（3）釜山Ⅱ段階

　環板轡B類、無捩り技法b類・1條捩り技法b類の銜、1條線引手a1・a2類の出現を指標と
する。踏込鋲をもたないⅠA式の木心鉄板張輪鐙もこの段階に出現する。福泉洞21・22、31・
32、35・36、93号墳出土馬具がこの段階に該当する。4世紀末から5世紀初にかけての製作年代
が想定される。金官加耶土器Ⅵ段階から新羅ⅠA期にかけての土器とおおむね共伴するようであ
る。土器は福泉洞21・22号墳より福泉洞31・32、35・36、93号墳の方が古く、轡や鐙をみても
前者の方が新しいと考えられる。

　21・22号墳では、主槨（22号）から多條捩り技法銜と2條線引手をもつ鑣轡（図59：15）が、
副槨（21号）からは無捩り技法銜と1條線引手をもつ鑣轡（図59：17）が出土しており、過渡期的
様相を示す。また環板B類に多條捩り技法銜の31・32号墳例（図59：10）や、1條線引手a1類
に多條捩り技法銜の35・36号墳例（図59：13）を通じて、同一個体内にも新旧の要素が混在して
いる様子をうかがうことができる。

　ところで福泉洞35・36号墳例は縦方向銜留金具をもち、鏡板轡B類に該当する。第1章でも
ふれたように銜留金具の向きを第一基準とすれば、本例は次の釜山Ⅲ段階に位置づけるべきであ
ろうが、多條捩り技法の銜をもつ鏡板轡B類はこれのみであり、共伴するⅠA₃式（無鋲）の木心
鉄板張輪鐙（図59：14）や土器をみてもそのように下げてみることは難しい。本例はⅢ段階以降、
朝鮮半島南部全域に普及していく鏡板轡B類の初期資料の分布域からは外れており[4]、銜・引
手などの属性の間にも相互の関連性を見出しがたい。したがって本例に関していえば、銜留金具
の向きを過度に評価するのは危険であろう。なお福泉洞35・36号墳からは、鏡板轡B類の他に
環板轡A類も出土しているようである［柳昌煥 2000a：144］。

（4）釜山Ⅲ段階

　鏡板轡B類や踏込鋲を備える木心鉄板張輪鐙、扁円魚尾形杏葉の出現を指標とする。福泉洞7、
10・11、15、39、49、53、171、（東）[5]1号墳出土馬具などがこの段階に該当する。正式報告が
未刊の資料もあるものの、おおむね新羅ⅠB期からⅡA期中段階までの土器と共伴するようであ
る。5世紀前葉から中葉にかけての製作年代が想定される。

　7、15号墳からは鉄地金銅張（図59：27・28）、49号墳からは鉄地銀張（図59：29）の扁円魚尾
形杏葉が出土している。材質ごとに魚尾部の形態が若干異なるものの、いずれも李尚律分類の甲
群に該当し［李尚律 1993］、皇南大塚南墳例よりも古い特徴を示すため[6]、ひとまずこの段階に
位置づけておきたい。この他に馬甲などが出土した鶴巣台1区2・3号墳出土馬具も共伴する土
器からこの段階に位置づけることができる。

　豊富な副葬品が出土した福泉洞10・11号墳と（東）1号墳については、前者からは草花形の金
銅冠、後者からはそれよりは後出すると考えられている山字形の金銅冠2点が出土し、古墳の年

代についても前者を後者より古く位置づける場合が一般的である[7]。馬具をみても前者（図59：19・21～26）はⅠA式の木心鉄板張輪鐙や多條捩り技法銜など前段階までの要素を色濃く残すのに対し、後者（図59：30～32）は鏡板B類や固定式遊環といった新しい要素が目立つ。したがって、10・11号墳を釜山Ⅲ段階の前半（5世紀前葉）に、（東）1号墳をその後半（5世紀中葉）にそれぞれ位置づけておきたい。

（5）釜山Ⅳ段階

Ⅲ段階以降に関しては、金斗喆が「加耶・新羅馬具の地域文化期」［金斗喆 2000：226］と表現したように、朝鮮半島南部全体で認められる有意な変化を馬具自体に見出すことは難しい。共伴土器などを参考にすると、Ⅲ段階以降の馬具は大きく釜山Ⅳ～Ⅵ段階の三つの段階にわけて理解することができそうである。

まず釜山Ⅳ段階は、福泉洞23、47、111、112、123、140、（東）7号墳出土馬具などが該当する。正式報告がほとんど出ていないものの、おおよそ新羅ⅡA期新段階からⅡB期にかけての土器と共伴するようである。5世紀後葉から末にかけての製作年代が想定される。

f字形の鉄製鏡板轡B類（図59：33）とⅡB$_1$式の木心鉄板張輪鐙（図59：34）を出土した福泉洞23号墳は、新羅ⅡA期新段階の土器と共伴する［白井 2003b：19］。馬具も土器も皇南大塚南墳よりは新しいと考えられ、釜山Ⅳ段階の標識資料として評価できる。ただし、f字形鏡板轡の分布の中心は大加耶を中心とする洛東江以西地方にあり（図85）、李尚律も指摘するようにこの轡が釜山地域を含む洛東江以東地方で製作された可能性は低い［李尚律 1990：150］[8]。福泉洞（東）7号墳の扁円魚尾形杏葉（図59：38）は李尚律分類の乙群に該当し［李尚律 1993］、釜山Ⅲ段階に位置づけた3例の扁円魚尾形杏葉よりは型式学的に新しい。この他に福泉洞23号墳出土の鉢状雲珠（図59：35）と形態や鋲配置がよく似た板状一体造雲珠（図59：36）が出土した[9]福泉洞4号墳出土馬具もこの段階に位置づけることができる。福泉洞古墳群以外では蓮山洞（慶）[10]8、（福）1号墳や松亭洞5号墳から出土した馬具がこの段階に位置づけられる。高塚である蓮山洞（慶）8号墳からは、李尚律分類の乙群と思われる鉄地金銅張扁円魚尾形杏葉や、遊環をもつ轡、ⅡB$_1$式の木心鉄板張輪鐙などが出土している（図59：39～41）。

この段階で注意されるのは3條捩り技法銜をもつ鑣轡の一群（福泉洞111、112、140号墳例）である（図59：42）。いずれも副槨をもたない小型石槨墓から出土している。3條捩り技法銜をもつことから、長期間に渡る伝世のような状況も想定できるが、釜山地域では新しい銜製作技法が出現してからも多條捩り技法銜をもつ轡が一定数存在しつづけることをふまえれば、むしろ釜山地域ではⅣ段階まで3條捩り技法による銜の製作が継続していたとみるべきだろう。

（6）釜山Ⅴ段階

釜山Ⅴ段階に位置づけられるのは、新羅ⅡC期の土器と共伴する五倫台68号墳出土馬具である。鉄製輪鐙（図59：43）と鉸具などが出土するのみで、段階としての評価が難しい。この鉄製輪鐙は柄部の側面方向に懸垂孔を設けており注意される[11]。6世紀初から前葉にかけての製作年代が想定される。

（7）釜山Ⅵ段階

釜山Ⅵ段階に位置づけられるのは、新羅ⅢA期の土器と共伴する杜邱洞林石5号墳出土馬具である。十字文心葉形の鉄地金銅張鏡板轡B類（図59：44）や鉄地金銅張貝製雲珠・辻金具（図59：45〜47）、鉄地金銅張忍冬唐草文棘葉形杏葉（図59：48）などが出土している。棘葉形杏葉は次章で検討するように慶州地域を中心に6世紀前葉に出現したとみられるが、本例はその中でも最古型式ではないことから［桃崎2001］、ひとまず6世紀中葉という製作年代を与えておきたい。

以上を整理すると図59のとおりである。

3. 金海地域出土馬具の編年

（1）金海Ⅰ段階後半

金海地域からはⅠ段階前半に相当する馬具はまだ出土していない。しかし原三国時代Ⅱ段階の良洞里162、382号墓出土の鉄製蕨状装飾付鑣轡や、李養璿コレクション［国立慶州博物館 1987］の伝・良洞里出土青銅製3連式鑣轡の存在を考慮すれば（図62：1・2）、今後、Ⅰ段階前半に相当する時期の馬具が出土する可能性は高い。

Ⅰ段階後半に位置づけられる資料として大成洞2、3、39、47、57号墳出土馬具が挙げられる。金官加耶土器Ⅳ・Ⅴ段階の土器と共伴する。この他に正式報告は未刊であるものの良洞里78、107、196、229、321号墳出土馬具もⅠ段階後半に製作された可能性がある（図60）。また最近発掘された大成洞68号墳からもこの段階の鑣轡、鞍橋、鉸具などが出土している［大成洞古墳博物館 2010］。ただし、後述するように金海地域ではⅡ段階の指標となる新要素の出現が他地域に比べて遅れたと考えられるため、これらの馬具の中にはⅡ段階に製作されたものが含まれている可能性が高い。

金官加耶土器Ⅳ段階の土器を出土した大成洞2号墳からは鏡板轡A類、鉄製鑣轡、有機物製鑣轡の3点の轡（図62：3〜5）が出土している。多條撚り技法の銜・引手をもつ青銅製楕円形鏡板轡は、金海地域における鏡板轡A類の初現資料である。土器編年では大成洞2号墳が福泉洞54、95号墳より先行することから、中国東北部に系譜をもつ楕円形の鏡板がまず出現し、梯形などの多様な鏡板形態が続いたようである。また金官加耶土器Ⅴ段階の土器を出土した大成洞3号墳からは鉄製心葉形杏葉（図62：6）が出土しており、朝鮮半島南部最古の杏葉と考えられている［李尚律 1993］。

木心鉄板張輪鐙の形態をみると、釜山地域は柄部と輪部の接合部のみを補強したC型（無鋲）鐙であったのに対し、金海地域では側面全体を補強するⅠA$_2$式（無鋲）鐙（図62：10）が確認される。柳昌煥はC型を含むⅠA$_1$式がⅠA$_2$式より先出すると想定したが［柳昌煥 1995］、大成洞47号墳と57号墳のⅠA$_2$式鐙に関しては、大成洞1号墳出土のⅠA$_1$式鐙よりも伴う土器が古いとされる［慶星大学校博物館 2003：193］。したがってⅠA$_2$式鐙はⅠA$_1$式鐙に先行して、C型鐙とほぼ同じ頃には出現していたと考えるべきであろう。

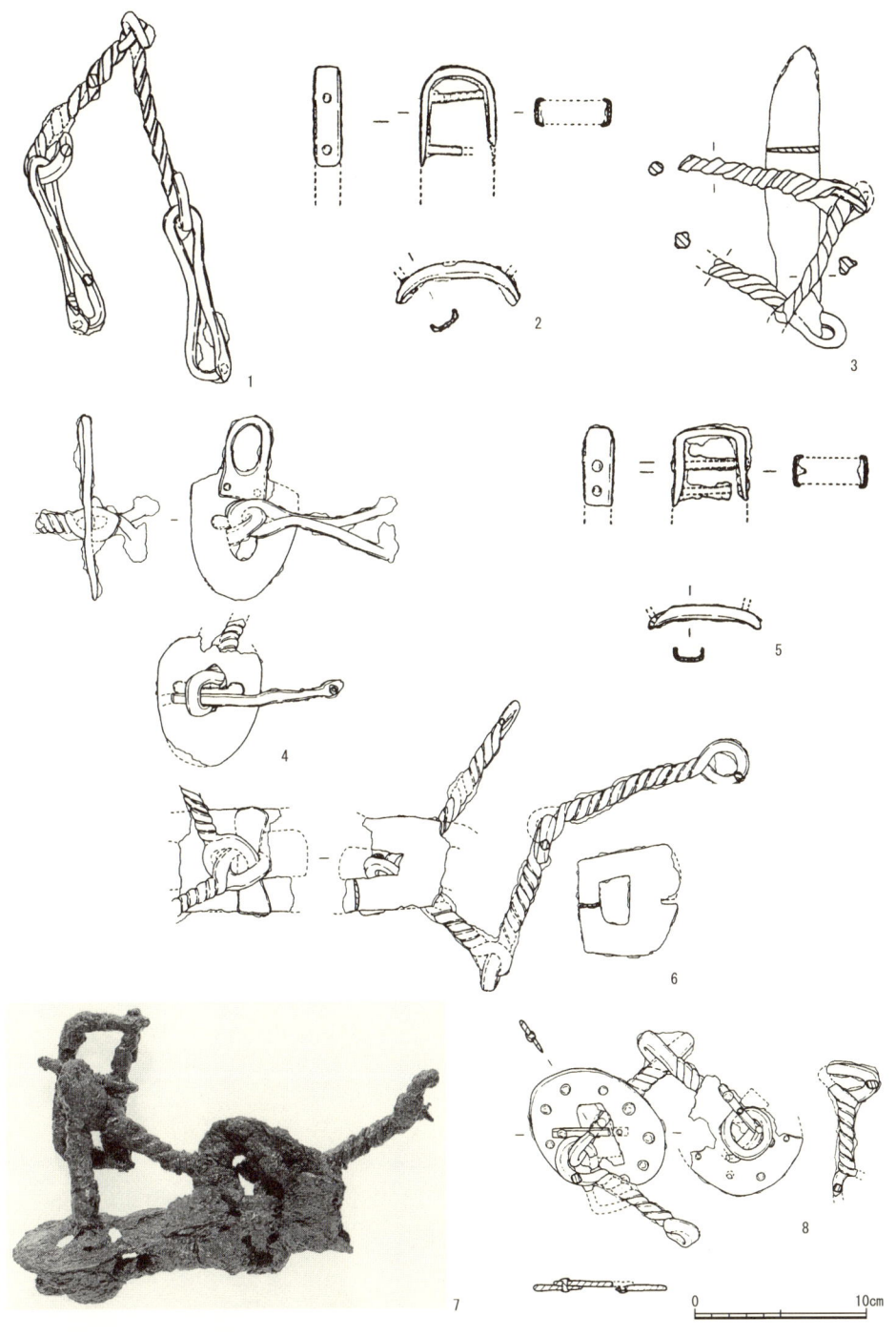

第 7 章　洛東江下流域における馬具の地域性とその背景

図 60　金海 良洞里古墳群出土馬具　(S=1/4、7 をのぞく)
1・2：78 号墳　3：93 号墳　4・5：107 号墳　6：196 号墳　7：229 号墳　8：321 号墳

第Ⅲ部　朝鮮半島南部における騎馬文化の展開

表21　洛東江下流域出土馬具の編年（金海地域）

段階	古墳名	埋葬施設	銜留	銜	引手	遊環	鐙	杏葉	その他の馬具
Ⅰ段階後半	大成洞2①	木槨墓	鏡板A（楕円）	多條捩り	多條捩り	×	—	—	
	大成洞2②		鉄製鑣	多條捩り	多條捩り	×	—	—	
	大成洞2③		鑣（b2'）	多條捩り	多條捩り	×	—	—	
	大成洞3（主槨）	主副槨式木槨墓	—	—	—	×	—	心葉	
	大成洞39（副槨）	主副槨式木槨墓	鑣	3條捩り	—	×	—	—	
	大成洞47（主槨）	主副槨式木槨墓	鑣（a）	3條捩り	3條捩り	×	IA₂（無鋲）	—	鉸具
	大成洞57①	木槨墓	鏡板A（心葉）	3條捩り	2條線b2類	×	IA₂（無鋲）	心葉	馬冑、銅環、鉸具
	大成洞57②		鏡板A（隅方）	3條捩り	3條捩り	×			
Ⅰ（後）～Ⅱ	良洞里78	木槨墓	鑣	1條捩りa類	2條線b1類	×	IA₂（無鋲）	—	鉸具
	良洞里107	木槨墓	鏡板A（方円）	3條捩り	2條線b類	×	IA₂（無鋲）	—	
	良洞里196	木槨墓	鏡板A（梯）	3條捩り	3條捩り	×	—	—	
	良洞里229	木槨墓	鏡板A（楕円）	3條捩り	3條捩り	×	—	—	
	良洞里321	木槨墓	鏡板A（楕円）	3條捩り	3條捩り	×	—	—	
Ⅱ段階	大成洞1（主槨）	主副槨式木槨墓	—	—	—	×	IA₁（無鋲）	心葉	鞍金具、環状雲珠、板状別造辻金具、鉸具、馬冑
	大成洞11	木槨墓	鑣（b1）	3條捩り	2條線b2類	×	—	—	鉄環、馬甲
	大成洞14	木槨墓	鑣（b1）	1條捩り？	2條線b2類	×	—	—	
	大成洞20	木槨墓	環板A（X字）	3條捩り	3條捩り	×	木鉄輪片	—	鞍金具
	大成洞41	木槨墓	鏡板A（楕円）	3條捩り	3條捩り	×	—	—	
	大成洞42	石槨墓	鏡板A（楕円）	多條捩り	2條線b2類	×	—	—	鉸具
	良洞里93	石槨墓	鑣（b1）	3條捩り	3條捩り	×	—	—	
	良洞里429	石槨墓	—	—	—	×	IA₁（無鋲）	—	
	杜谷8	木槨墓	鑣（b1）	2條捩り	2條線b2類	×	—	—	馬冑
Ⅲ段階	陵洞ナ-10	木槨墓	鑣（b1）	無捩り	1條線a2類	×	—	—	
	陵洞ナ-11	木槨墓	環板A（一字）		2條線	×	木鉄輪片	—	
	陵洞ナ-25	木槨墓	環板A（X字）	1條捩りb類	1條線a1類	×	—	—	
	竹谷里ナ-94	石槨墓	鑣（b1）	無捩り	2條線b1類	×	—	—	鉄環、鉸具
	大成洞8	木槨墓	—	—	—	×	木鉄輪片	心葉	鞍金具、鉸具
	大成洞24	木槨墓	—	—	—	×	IA₃（有鋲）or IB₃（有鋲）	—	鞍金具
Ⅳ段階	礼安里39	石槨墓	鏡板B（内楕）	無捩り	1條線a3類	○	ⅡB₁（無鋲）	—	鞍金具、鉸具
	礼安里57	石槨墓	複環	1條捩り	2條線a類	×	—	—	鞍金具、鉸具

［凡例］・複環：複環式環板　・（隅方）：隅丸方、（方円）：上方下円、（内楕）：内彎楕円　・木鉄輪：木心鉄板張輪鐙

（2）金海Ⅱ段階

　この段階は環板轡B類、無捩り技法b類・1條捩り技法b類の銜、1條線引手a1・a2類の出現を指標とする。しかし、土器編年上、釜山Ⅱ段階と併行する時期の金海地域の轡にはこれらの新しい要素を備える確実な資料は存在しない。この違いがもつ意味については次節で検討することとし、ここでは土器編年に依拠しつつ同段階と思われる馬具を抽出してみたい。

　金官加耶土器Ⅵ段階の土器と共伴する大成洞1号墳出土馬具は、この段階の金海地域の標識資料といってよい。盗掘を受けていて轡は出土しなかったものの[12]、IA₁式（無鋲）の木心鉄板張輪鐙（図62：14）や金銅装鞍橋、鉄地金張心葉形杏葉（図62：13・15）、馬冑や環状雲珠、板状別造辻金具などが出土している。良洞里429号墳の鐙（図62：18）も大成洞1号墳例と同型式であり、報告書は未刊であるもののこの段階に位置づけておきたい。大成洞11号墳からは釜山Ⅱ段階の福泉洞21・22号墳主槨例と酷似した鑣轡（図62：12）が出土しており、土器からみてもほぼ同時期の製作とみてよいようである。

　この他に報告書は未刊であるものの、大成洞41、42号墳の鏡板轡A類（図62：11）、大成洞14号墳の鑣轡（図62：17）、大成洞20号墳の環板轡A類、杜谷8号墳から出土した馬冑や鑣轡などもこの段階に位置づけられる可能性が高い。1條捩り技法銜の可能性が高い大成洞14号墳

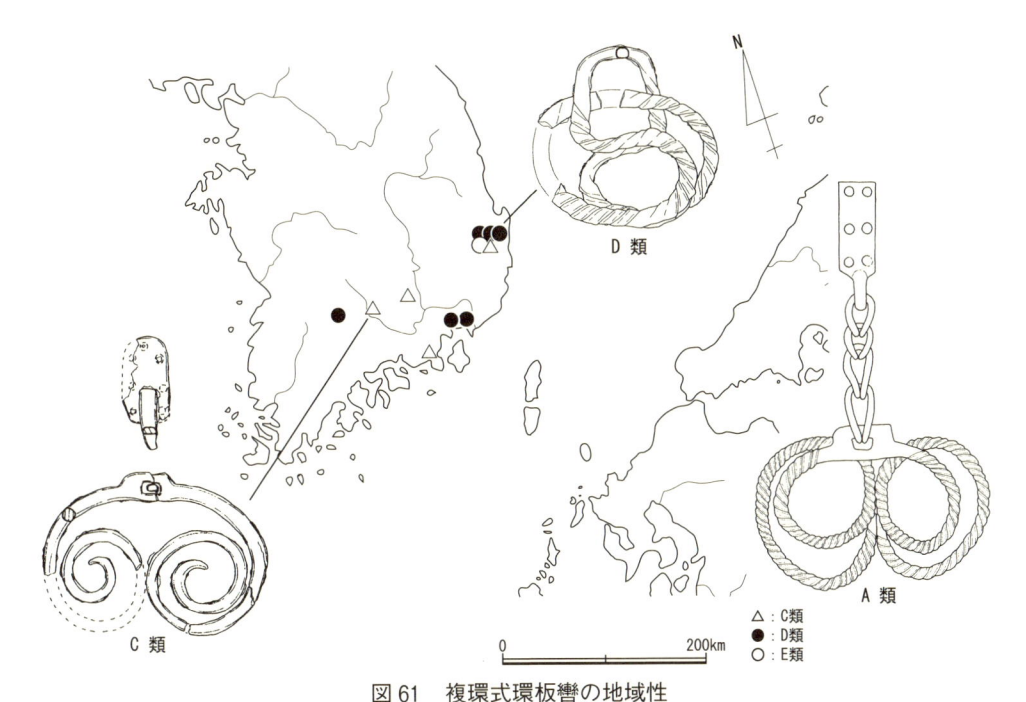

図61　複環式環板轡の地域性
A類：巨勢山408号墳　C類：生草9号墳　D類：月城路ター6号墳

例をのぞき、いずれも多條捩り技法銜を採用している。

（3）金海Ⅲ段階

　陵洞古墳群からこの段階のまとまった資料が出土している。陵洞ナ-11号木槨墓から出土した環板轡（図62：21）は、横一文字の銜留金具を取り付けるもので、朝鮮半島では他に類例がない[13]。共伴する土器は細片のみで時期の判別が難しいものの、長頸鏃が共伴しており、この段階に位置づけられる。また、竹谷里ナ-94号石槨墓からもこの段階の馬具が出土している[14]（図62：23）。報告者は共伴する三角板革綴衝角付冑などの倭系甲冑がTK73型式期以前の特徴をもつとして、古墳の時期を4世紀後半から420年を前後する時期とみた［申勇旻ほか2009：1144］。しかし、小加耶様式土器や長頸鏃からみて、4世紀後半にまでは遡りがたく、この段階に位置づけておくのが妥当であろう。

　大成洞古墳群からは報告資料による限り、この段階の馬具はない。ただし、まだ正式報告はなされていないものの、24号墳から補強鉄棒をもつ木心鉄板張輪鐙の輪部片（図62：20）が出土している。IA₃式かIB₃式のどちらかであろう。土器は出土していないものの、鐙に方形の踏込鋲が確認されるため、この段階に位置づけておく。同じく未報告資料である大成洞8号墳の心葉形杏葉（図62：19）は、平面形態をみると縦横の幅がほぼ等しい大成洞3号墳例や大成洞1号墳例よりは、縦長の福泉洞10・11号墳例と類似するため、この段階に位置づけておく。大成洞8号墳例や福泉洞10・11号墳例のような心葉形杏葉は第9章で詳しくみるように、Ⅱ段階からⅢ段階の前半にかけての洛東江以東地方に散見され（図81）、大成洞3号墳例や1号墳例とは

第Ⅲ部　朝鮮半島南部における騎馬文化の展開

原三国時代	1：良洞里162　2：伝・良洞里　3-5：大成洞2　6：大成洞3　7：大成洞39　8-10：大成洞57　11：大成洞42　12：大成洞11　13-16：大成洞1　17：大成洞14　18：良洞里429　19：大成洞8　20：大成洞24　21：陵洞ナ-11　22：陵洞ナ-25　23：竹谷里ナ-94　24-26：礼安里39　27・28：礼安里57
金海Ⅰ段階（前半）	該当馬具なし
金海Ⅰ段階（後半）	
金海Ⅱ段階	
金海Ⅲ段階	
金海Ⅳ段階	

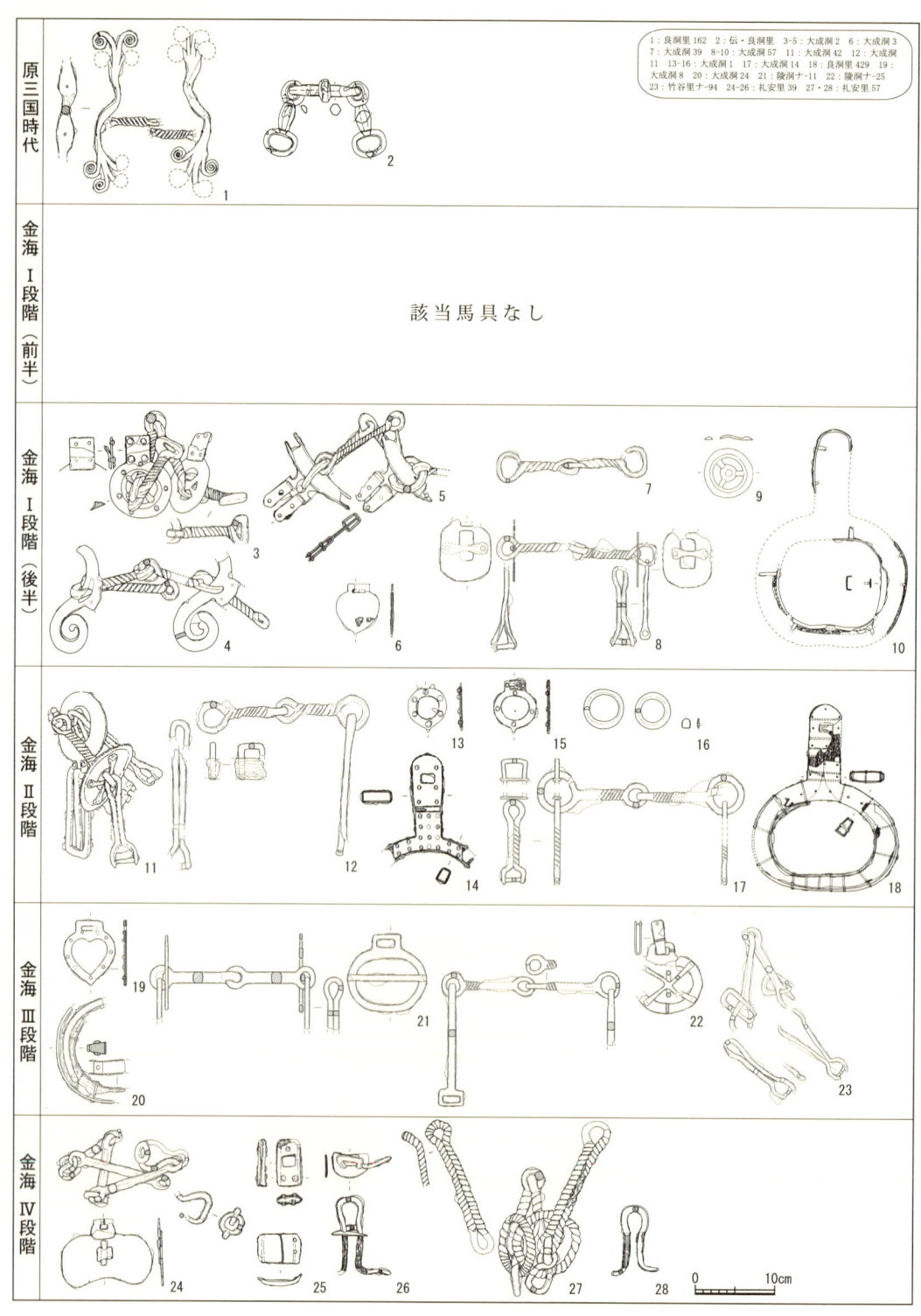

図62　洛東江下流域出土馬具の編年（金海地域）　(S=1/8)

製作系統を異にした可能性が高い。

　(4) 金海Ⅳ段階

　金海Ⅳ段階に位置づけられるのは、いわゆる「金海式土器」［安在晧 1993］と呼ばれる地域色の強い土器と共伴する礼安里39、57号墳出土馬具である（図62：24〜28）。いずれも白井克也の金海ⅡA期（新羅ⅡB期併行）の土器と共伴し、釜山Ⅳ段階と併行する5世紀後葉から末にかけての製作年代が想定される。39号墳例は内彎楕円形の鏡板轡B類とⅡB₁式の木心鉄板張輪鐙などからなる大加耶Ⅳ・Ⅴ段階と共通する馬具セットで（本書、第9章参照）、加耶土器も共伴している［白井 2003b：20］。これに対し、57号墳の複環式環板轡は洛東江以東地方を中心に分布する滝沢誠［1992］分類のD類にあたり（図61）、新羅ⅡB期の土器と共伴する慶州月城路タ-6号墳例の後続型式と考えられる［諫早 2007a］。なお金海地域では、釜山Ⅴ・Ⅵ段階に併行する資料はまだ確認されていない。

　以上を整理すると図62のとおりである。

4. 洛東江下流域における馬具の地域性とその背景

　前節までの検討を通じて洛東江下流域における馬具の通時的変化がおおよそ明らかとなった。ここからはその成果にもとづいて、各段階の両地域出土馬具の類似点と差異点を抽出し、その背景について考えてみたい。なお、ここまで釜山○段階、金海○段階としてきたが、各段階は基本的に併行するため、ここでは洛東江下流域○段階と表記する。

　(1) 洛東江下流域Ⅰ段階の様相

　洛東江下流域Ⅰ段階前半の馬具は金海地域からはまだ出土していない。しかし先述のように金海地域からは原三国時代Ⅱ段階の馬具が出土しており、少なくともその頃からは一定数の馬が飼育されていたと考えられる[15]。今後、この地域から洛東江下流域Ⅰ段階前半に遡る馬具が出土する可能性は十分にある。また、洛東江下流域Ⅰ段階後半の大成洞2号墳②例（図62：4）の鉄製鑣にみられる蕨状装飾は、もちろんこの時期の他の鉄製品にも認められるものの、良洞里162号墓例（図62：1）のような原三国時代Ⅱ段階の蕨状装飾付S字形鑣轡からの伝統を引き継いでいると考えることも可能である。したがって、洛東江下流域Ⅰ段階前半における金海地域の馬具の不在を根拠に、釜山地域と金海地域の差異を強調することには慎重でありたい。ただし、大成洞29号墳や13号墳など洛東江下流域Ⅰ段階後半以前の金官加耶の王墓と考えられる大型木槨墓からも馬具が出土していない点や[16]、同じく三国時代に登場する鉄製甲冑の出現も現状では釜山地域や慶州地域より遅れる点［金栄珉 2000］は、注意しておく必要がある。

　洛東江下流域Ⅰ段階後半になると釜山・金海両地域において馬具の副葬が活発化する。両地域から出土する轡の銜や引手の製作技法はおおむね共通し、銜留形態こそ多様であるものの地域性は見出しがたい。すなわち、馬具自体からはこの段階の釜山地域が、新羅であったのか金官加耶であったのかという問いに、明確な回答を用意することは困難である。

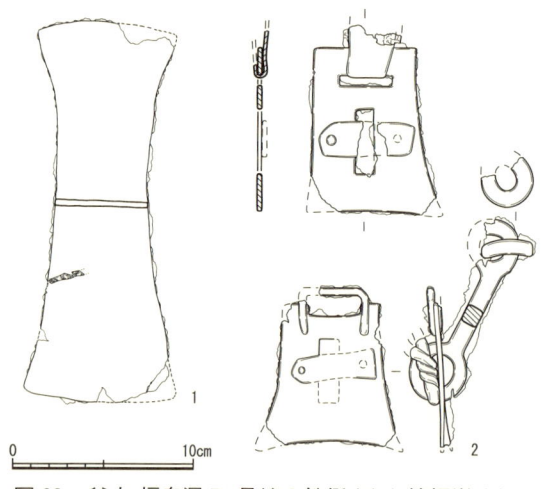

第Ⅲ部　朝鮮半島南部における騎馬文化の展開

図63　釜山 福泉洞54号墳の鉄鋌(1)と鏡板轡(2)
(S=1/4)

　この段階で注意される差異をあえて指摘するならば、鏡板形態を挙げることができる。金海地域の鏡板形態は楕円形の他にも梯形や隅丸方形など多様であるのに対し、釜山地域の2例はいずれも梯形である。楕円形は中国東北部に系譜が求められる、いわば典型的な鏡板形態であるのに対し、梯形や隅丸方形は朝鮮半島南部独特の鏡板形態で、おそらくは素材となる鉄鋌の形態に由来するものと考えられ[17](図63)、出現時期も前者よりは遅れる。すなわち現状では金海地域の方が早くから鏡板轡A類を受容し、かつ数量も形態も豊富であったということができる。
　また先述のように木心鉄板張輪鐙も、釜山地域はC型（無鋲）であるのに対し、金海地域はⅠA₂式（無鋲）と形態差が認められる。この他に福泉洞古墳群出土馬具の素材は鉄と有機物であるのに対し、大成洞古墳群出土馬具にはこれらに加えて青銅（図62：3・9）がみられ、用いられる素材にも差があったようである。
　このような現象に注目することで、釜山地域と金海地域をわけることも可能であろうが、素材の差などに関しては、むしろこの時期の大成洞集団と福泉洞集団の間に相対的な上下関係を想定した方が［申敬澈 1995b、洪潽植 1998］、合理的に説明できるかもしれない。いずれにせよ、外折口縁高杯や筒形銅器の共有現象を否定するほどの地域差は、馬具には認められない。

(2) 洛東江下流域Ⅱ段階の様相

　福泉洞21・22号墳主槨出土鑣轡（図59：15）と大成洞11号墳出土鑣轡（図62：12）のように、洛東江下流域Ⅱ段階においても両地域に同じような技術的・形態的特徴をもった馬具を探すことができる。しかし、環板B類や1條線引手などこの段階に新たに出現する要素の受容には、顕著な差異が認められる。総じていえば、釜山地域は古い要素を残しつつも、積極的に新しい要素を受容した様子がうかがえるのに対して、金海地域は前段階の様相を相対的に色濃く残しているということができる。
　その背景を考えるために、ここではこの段階に新たに登場する環板轡と木心鉄板張輪鐙の分布に注目してみたい。まず環板轡B類の分布状況をみると、釜山地域では洛東江下流域Ⅱ段階から洛東江下流域Ⅲ段階にかけて連綿とその副葬が認められるのに対し、金海地域からはまだ1点も出土していない。環板轡B類については、中国東北部に起源のあるA類を祖形として洛東江下流域（金官加耶）で独自に創出され、各地に波及したと考えられてきたが［金斗喆 1993：91 93、柳昌煥 2000a：174］、ここ10年ほどの間に増加した資料を含めて、改めてその分布を見直してみると、その分布の中心は洛東江下流域ではなく洛東江以東地方にあったとみるべきである（図64）。
　また鐙も、金海地域はⅠA₁式の木心鉄板張輪鐙を採用したのに対して、釜山地域はⅠA₃式と

148

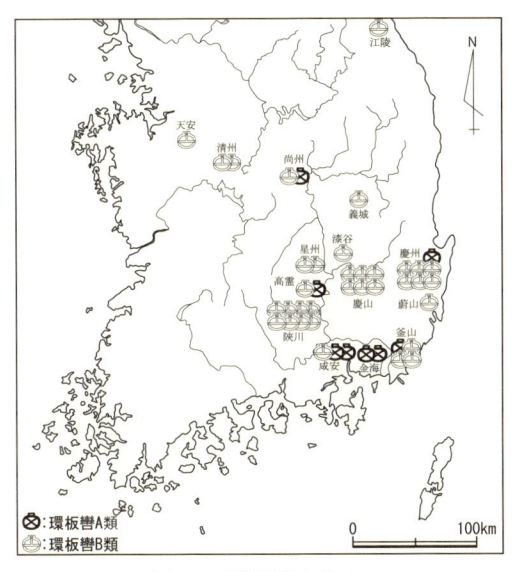

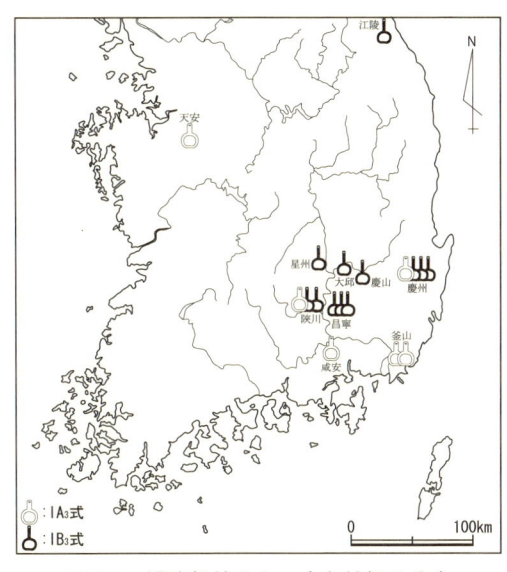

図64　環板轡の分布　　　　　　　　　　図65　補強鉄棒をもつ木心輪鐙の分布

IA_4式の木心鉄板張輪鐙を採用しており、差異がある。IA_1式とIA_4式については第14章で検討することとし、ここではIA_3式とその後続型式であるIB_3式の分布状況をみてみると、やはり洛東江以東地方に分布の中心をもつことがわかる[18]（図65）。

　このようにこの段階になって顕著に現れはじめる地域性は、この段階に洛東江以東地方に分布の中心をもつ馬具が出現し、釜山地域自体がその分布圏内に入っていたことに起因するようである[19]。多條捩り技法銜の環板轡B類を出土し、この段階でも古い時期に位置づけられる福泉洞31・32号墳については、埋葬施設が積石木槨墓であり、この古墳を嚆矢として福泉洞古墳群における洛東江以東様式土器の副葬が開始するという見解や［李熙濬2007：226］、この古墳以降、福泉洞古墳群で筒形銅器の副葬がみられなくなるという見解があり［鄭澄元ほか2000］、それらを参考にすればこの段階に福泉洞古墳群に新たに出現する馬具は、金官加耶ではなく新羅という枠組みの中で理解すべきであろう。最近、慶州地域の舎羅里13号木槨墓から、福泉洞31・32号墳例と同じ多條捩り技法銜と2條線引手b2類の逆T字形銜留環板轡B類が報告されたことも重要である(図66)［嶺南文化財研究院2007］。

　この問題については、次章で慶州地域の様相を明らかにした上で改めて考えることとし、ここでは洛東江下流域Ⅱ段階前半、すなわち大成洞1号墳や福泉洞31・32号墳の段階から、両地域の馬具に看過しがたい差異が認められ

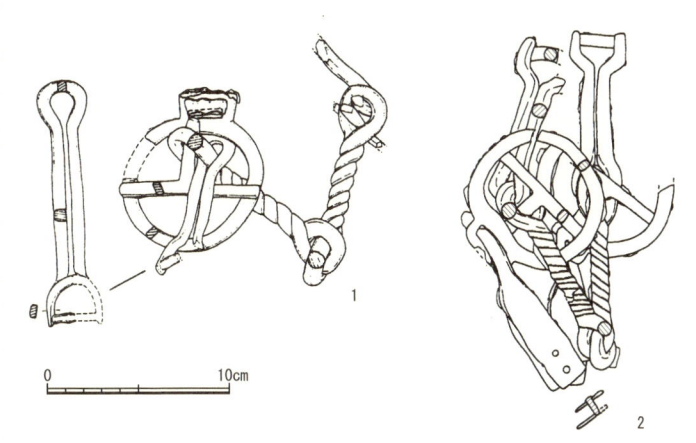

図66　釜山 福泉洞31・32号墳出土環板轡とその類例　（S=1/4）
1：福泉洞31・32号墳　2：舎羅里13号木槨墓

はじめることを確認しておきたい。この現象は、筒形銅器の副葬終了や積石木槨墓の出現と軌を一にするもので、洛東江下流域Ⅱ段階後半（福泉洞21・22号墳段階）にみられる慶州様式土器の大量副葬や、洛東江下流域Ⅲ段階（福泉洞10・11号墳段階）の金銅冠の出現よりも以前から、福泉洞集団が大成洞集団と距離をおき、新羅王権と一定の関係をもちはじめたことを示す傍証となる。

（3）洛東江下流域Ⅲ段階の様相

　大型墳の築造が継続する福泉洞古墳群では、環板轡B類や扁円魚尾形杏葉など前段階に引き続き洛東江以東地方に分布の中心をもつ馬具が副葬される。この他にも福泉洞39号墳の鉄製楕円形鏡板轡A類は、洛東江下流域Ⅱ段階に併行すると考えられる星州シビシル10-1号木槨墓例［慶尚北道文化財研究院 2008］とよく似ており（図67）、両資料を通じて洛東江以東地方では皇南大塚南墳、すなわち新羅Ⅲ段階後半に鏡板轡B類の登場する直前まで、鏡板轡A類が製作されていたことがわかる。

　ただし、この段階の釜山地域から出土する馬具すべてを洛東江以東地方、すなわち新羅の枠組みの中で理解できるわけではない。たとえば福泉洞（東）1号墳の内彎楕円形の鉄地銀張鏡板轡B類（図59：30）は、内彎楕円形という鏡板形態や固定式遊環から洛東江以西地方、とりわけ高霊を中心とする大加耶との関連が想定され、板状別造辻金具（図59：32）についてもまた高霊池山洞30号墳例（図79：14）との類似が指摘されている［李炫姃 2008］[20]。（東）1墳からは洛東江以東様式土器や2点の山字形金銅冠など新羅系遺物が出土していることがよく知られているが、大加耶系と考えられる長鎖式の金製垂飾付耳飾や小加耶様式土器も共伴するなど、その副葬品の中には新羅以外に系譜を求められる遺物が一定数存在するようである［高田 2011：29］。

　以上を総合すると、釜山地域への新羅の影響力は洛東江下流域Ⅱ段階よりも確実に強まっていったと考えられるものの、いまだ限定的なものに留まっていたといわざるをえない。福泉洞（東）1号墳から出土した大加耶に系譜を求められる馬具や耳飾の存在は、高田貫太の想定するように洛東江ルートが大加耶の対外交易路として5世紀中葉においても一定の役割を果たしていたことを傍証するとともに［高田 2006］、福泉洞集団がある程度

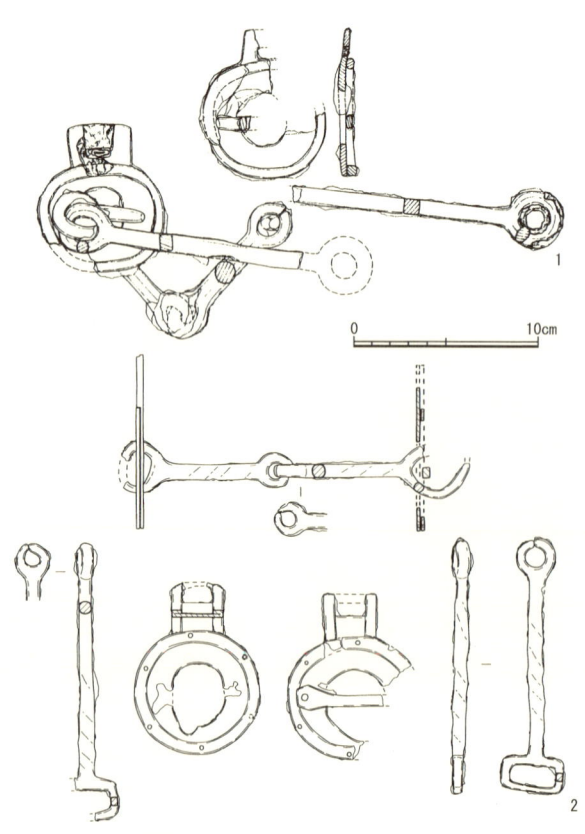

図67　釜山 福泉洞39号墳出土鏡板轡とその類例　（S=1/4）
1：福泉洞39号墳　2：シビシル10-1号木槨墓

独自に洛東江以西地方の諸集団と交渉をしていたことを示す証拠となる[21]。こうした独自の動きは、もちろん限界もあっただろうが、少なくとも次の段階までは継続する。

それでは金海地域はどうであろうか。申敬澈は、大成洞古墳群における首長墓の築造は洛東江下流域Ⅱ段階の大成洞1号墳などを最後に終了し、これ以降、金官加耶の覇権は福泉洞集団に移ったと考えている[申敬澈 1995b][22]。しかし田中俊明らによって指摘されているように、532年まで存続し、その年に仇衡王みずからが新羅に投降することによって滅亡したことが文献上、明らかな金官加耶の中心が、釜山地域であったとは到底考えがたい[田中俊 2009]。

また、前節で検討したように、大成洞8号墳や24号墳からは、大成洞1号墳よりも新しい段階に位置づけられる馬具が出土していることも明らかとなった。未報告資料であるため積極的に評価しにくいが、大成洞古墳群が従来考えられてきたように、1号墳などの大型墓の築造を最後に突然終了したわけではなかったことを示唆するものといえる。また、両墳から出土した馬具の系譜が、釜山地域を含む洛東江以東地方に求められることから、大型墓築造終了後の大成洞集団は、新羅とも何らかの関係をもっていたと考えるべきであろう。大成洞Ⅴ地区21号墳からこの段階の洛東江以東様式土器が出土していることも[金玉順 2007]、このような筆者の想定を裏づける。大成洞1号墳段階以後、532年に仇衡王が新羅に投降するまでの約100年間の金官加耶の実態については、まだほとんどわかっておらず、今後の調査研究の進展に期待したい[23]。

(4) 洛東江下流域Ⅳ段階の様相

福泉洞古墳群では主副槨式石槨墓の築造が終了し、蓮山洞古墳群に高塚が築かれるようになる[24]。釜山地域で唯一の高塚出土馬具である蓮山洞(慶)8号墳からは、華麗な装飾の施された鉄地金銅張扁円魚尾形杏葉(図59:39)に加えて、洛東江以西地方や中西部に多い遊環をもつ轡(図59:40)が出土している。福泉洞23号墳からもこの段階では洛東江以東地方に多い鉢状雲珠(図59:35)と、大加耶を中心に分布するf字形鏡板轡(図59:33)が共伴する。このように洛東江下流域Ⅳ段階になっても依然として洛東江以西地方からの移入品と考えられる馬具が存在し、それらと釜山地域を含む洛東江以東地方で製作された馬具を合わせて一つの馬装としていた様子がうかがえる。洛東江以東地方の高塚については、墓制や地域様式土器などの検討を通じて、新羅王権による間接支配のもとで、一定の独自性を維持していたと考えられており[金龍星 1998、金大煥 2004、李熙濬 2007]、馬具の系譜の多様性もこれに対応するのであろう。

金海地域の礼安里古墳群でも、大加耶に系譜を求められる馬具と、新羅に系譜を求められる馬具が混在している。李熙濬は礼安里古墳群築造集団(以下、礼安里集団)について、洛東江下流域Ⅲ段階以降、新羅の洛東江西岸進出の橋頭堡としての役割を担ったとみているものの[李熙濬 1998]、このような馬具の様相は釜山地域同様、礼安里集団がある程度の独自性を維持していたことに由来するようである[白井 2003b:13]。ところで、この段階の馬具と共伴する金海式土器については、その出現時期を金官加耶滅亡後とみる見解もあるが[洪潽植 2003]、新羅に降伏した後に土器の地域色が強まり、典型的な新羅土器の出土量が減少し、さらには大加耶系の馬具や土器が流入するような状況は考えにくいだろう[25]。

（5）洛東江下流域Ⅴ段階以降の様相

　洛東江下流域Ⅴ段階以降の馬具が出土するのは現状では釜山地域のみである。釜山地域は高塚や土器の地域色が消滅し、馬具出土古墳数も激減する。釜山地域にそれまでなかった横口式石室を埋葬施設とする杜邱洞林石５号墳から出土した心葉形の鏡板轡Ｂ類、棘葉形杏葉、貝製雲珠・辻金具などからなる装飾馬具セット（図59：44〜48）は、次章で検討するようにこの時期の新羅の典型的な装飾馬具セットとして評価することが可能である。墓制や土器にも新羅の影響が強く認められる。

5. 結　語

　本章では、これまで金官加耶馬具として一括りにされてきた釜山地域出土馬具と金海地域出土馬具をそれぞれ編年した上で、各段階の共通性と差異性やその背景について検討を加えてきた。その結果、洛東江下流域Ⅰ段階後半（4世紀中葉〜後葉）においておおむね同質的であった両地域の馬具が、洛東江下流域Ⅱ段階（4世紀末〜5世紀初）になると明確な差異をもちはじめることが明らかとなった。この画期は、福泉洞古墳群における筒形銅器の副葬終了や洛東江以東様式土器の出現などと軌を一にし、新羅王権と釜山地域（福泉洞集団）の新たな政治的関係の成立が、このような考古学的諸現象の引き金となったとみられる。

　しかし釜山地域では、洛東江下流域Ⅲ・Ⅳ段階になっても新羅に加えて大加耶など他地域に系譜を求められる馬具が混在する。また、李熙濬が新羅の金官加耶進出の橋頭堡的役割を想定した洛東江西岸の礼安里古墳群においても同様である。すなわち、5世紀代に新羅が釜山地域を完全に統制下におき、さらには洛東江河口の交通を掌握した様子は、少なくとも馬具からはうかがえない。

　結局、金官加耶馬具とは何だったのであろうか。金官加耶による主体的な製作をある程度確実に想定できるのは洛東江下流域Ⅰ・Ⅱ段階の金海地域出土馬具のみで、釜山地域出土馬具についても洛東江下流域Ⅰ段階についてはその可能性が高い。これらの馬具は筒形銅器と同じように金官加耶の有力集団によって独占されたが、形や素材などによる階層分化は顕著でなく、基本的には所有するか所有しないか程度の違いしかなかった。その後も金官加耶独自と呼びうる馬具（特に装飾馬具）がつくられ、それらが階層性をもって流通するということは最後までなかった。このことは、5世紀代にそれぞれ独自の装飾馬具が成立していった近隣の新羅や大加耶の様相とは頗る対照的である。また、独自の装飾馬具の不在という考古学的現象は、この地域に高塚がみつかっていないこととあわせて、大成洞古墳群における大型墳の築造終了後から、新羅に降伏したとされる532年までの金官加耶の実態を考える一つの材料となろう。

　以上の検討にもとづく限り、朝鮮半島南部各地および日本列島への騎馬文化の拡散に果たした洛東江下流域の役割は、相対化されねばならない。金海地域は、洛東江下流域Ⅰ段階やそれ以前の原三国時代においては先進的な立場を担っていたと評価できるかもしれないが、洛東江下流域Ⅱ段階以降の馬具の新たな変化の中心であったとは考えがたい。その点は釜山地域も同様で

ある。もし、洛東江下流域Ⅱ段階の釜山地域出土馬具にみられる新たな変化が、新羅王権との関係の中でもたらされたという筆者の想定が妥当であれば、金官加耶を中心にこれまで語られてきた騎馬文化の拡散は、新羅を中心にある程度は読み替える必要が生じてくる。そこで次章では、慶州を中心とする洛東江以東地方における馬具の変遷を明らかにし、新羅の馬具生産の特質について考えてみたい。

註
（1）これらの論者の中には、5世紀前葉と報告され、大量の慶州様式土器が出土した福泉洞21・22号墳の暦年代を4世紀中葉にまで引き上げることによって、釜山地域が遅くとも4世紀代には新羅に入っていたとみる見解と［崔秉鉉 1992、朱甫暾 1998b、李熙濬 2007］、福泉洞古墳群最初の大型墓で、4世紀前葉と報告された福泉洞38号墳の段階からすでに新羅との密接な関係をもっていたとみる見解があり［金大煥 2003］、注意が必要である。前者は暦年代観の差はあるものの、結局のところ申敬澈らと同じ現象を画期として評価しているに過ぎない。なお、前者の暦年代観が成立しえないことは、第2章で述べたとおりである。
（2）たとえば、申敬澈は福泉洞集団を中心とするこの段階以降の金官加耶について、新羅の政治連合に編入された「親新羅系加耶」の一国となったとし［申敬澈 1995a・b］、李熙濬はこの段階から釜山地域が新羅の間接支配を受けるようになったとみる［李熙濬 2007］。一方で金斗喆は釜山地域が「新羅連盟」に入った時期を福泉洞21・22号墳に後続する10・11号墳段階以降にまで下げてみている［金斗喆 2003］。
（3）福泉洞60号墳の主槨と副槨は出土土器に時期差が認められ、主槨には主に伝世品を、副槨には新たに製作された土器を中心に埋納したと報告されている［釜山大学校博物館 1996：20-21］。これに対し、福泉洞60号墳主槨に対応する副槨が福泉洞86号墳で、福泉洞60号墳の封土から出土した一括遺物は福泉洞60号墳副槨に対応する主槨にあたるとみる見解も提起されている［宋桂鉉ほか 1995：28、宋桂鉉 2000：195］。福泉洞60号墳（封土）と福泉洞86号墳からは多條撚り技法銜の鉄製鑣轡が出土しており、どちらの解釈をとるにせよ、馬具は同じⅠ段階後半の中で理解することが可能である。
（4）李尚律は鏡板B類の縦方向銜留金具を環板轡B類の影響とみて、皇南大塚南墳段階に新羅でまず成立したとみている［李尚律 2009b］。しかし、第3章でみたように鐙との共伴関係を参考にする限り、Ⅲ段階に出現する鏡板轡B類の初現資料は、中西部の公州水村里Ⅱ-1号墳や洛東江以西地方の高霊池山洞35号墳などから出土しており、慶州地域や釜山地域といった洛東江以東地方よりも西側の地域でまず出現したと考えられる。
（5）福泉洞古墳群の調査は複数の機関によってなされており、古墳の号数に一部重複がある。そこで便宜上、東亜大学校博物館の調査墳は古墳の号数の前に（東）をつけ区別することとしたい。
（6）福泉洞7、15号墳例は慶山林堂7B号墳例と、そして福泉洞49号墳例は陝川玉田5号墳例とそれぞれ形態や材質が類似する。
　　ところで最近、李尚律は筆者らの編年案［金大煥ほか 2008］を批判しつつ、扁円魚尾形杏葉に関する新しい編年案を提示した［李尚律 2010］。本論から逸脱するため詳細な反論は避けるが、氏の編年案は初期の扁円魚尾形杏葉を5世紀第3四半期という短い時間幅の中で細分している点や、その編年の根拠を扁円魚尾形杏葉自体の型式学的変化よりも共伴遺物の年代観に求めている点に、その問題点を指摘することができる。
（7）李熙濬は土器に対する検討から、福泉洞10・11号墳と福泉洞（東）1号墳はおおむね同時期か、むしろ（東）1号墳が古くなる可能性を指摘している［李熙濬 2007：132］。
（8）ただし、共伴する鉢状雲珠に関しては、洛東江以東地方を中心に分布することが明らかとなっており［李炫姃 2008：107］、福泉洞23号墳出土馬具がセットで大加耶からもたらされたとは考え

153

にくい。
(9) ただし、福泉洞4号墳例は板状であるのに対し、福泉洞23号墳例は緩慢ではあるものの鉢状に叩き出しており、側面形態には差異がある。李炫姃は、福泉洞23号墳例について福泉洞4号墳例のような板状一体造雲珠をもとに鉢状雲珠を模倣製作した可能性が高いとする［李炫姃 2008：105］。
(10) 蓮山洞古墳群の調査は複数の機関によってなされており、古墳の号数に一部重複がある。そこで便宜上、慶星大学校博物館の調査墳は古墳の号数の前に（慶）を、福泉博物館の調査墳は古墳の号数の前に（福）をつけて区別したい。
(11) このような特徴は、高句麗の九里峨嵯山第4堡塁例（図24：28）にも認められるものの、鉄製輪鐙には珍しい。百済の潭陽大峙里ナ地区4号住居址や、倭の和歌山県大谷古墳、埼玉県埼玉稲荷山古墳などから出土した木心鉄板張壺鐙にみられる特徴である。
(12) 最近刊行された報告書では、方円結合金具をもとに鑣轡の存在を想定している［慶星大学校博物館 2010：47］。ただし、たとえ方円結合金具が轡の付属具であったとしても、方円結合金具を伴う轡は鏡板轡や環板轡などにもみられるため、鑣轡に限定することはできない。
(13) 倭の兵庫県向山11号墳と奈良県岩清水スゲ谷古墳からも、一字形銜留金具をもつ環板轡が出土している（図104：2）。ただし前者は本来、逆T字形であった銜留金具が破損後補修された結果、一字形銜留金具となった可能性が高い。
(14) 前稿［諫早 2011b］でも表2では金海Ⅲ段階としているが、本文では金海Ⅱ段階としており、混乱がみられた。ここに謹んで訂正したい。
(15) 最近、金海会峴里貝塚から前1世紀代に遡る馬骨が出土した［松井ほか 2009］。また、隣接する昌原地域や密陽地域からは原三国時代Ⅰ段階の馬具が出土しており、金海地域からも今後、原三国時代Ⅰ段階に遡る馬具が出土する可能性は高い。
(16) ただし、いずれも激しい盗掘を受けているため副葬しなかったと断定することはできない。
(17) 冶金学的分析結果などから、古墳に副葬された鉄鋌を鉄素材とみることについては批判的な見解も存在する［村上 1998］。しかしそれはあくまで利器の素材としての話であり、鏡板程度であれば構造上、十分に使用に耐えうるものが製作可能であったと考えられる。
(18) 金海大成洞24号墳のIA₃式ないしIB₃式鐙の破片は、踏込鋲をもつ洛東江下流域Ⅲ段階以降の資料である。
(19) 高田貫太も釜山地域からこの時期以降に出土する金工品について同様の指摘をしている［高田 2003］。
(20) ただし、李炫姃は釜山地域がすでに新羅化していたという前提のもと、福泉洞（東）1号墳例について慶州地域と関連するとみた。また高霊池山洞30号墳例についても、同時期の池山洞古墳群に新羅馬具が流入していることを参考に、慶州地域との関係を想定している［李炫姃 2008：99-100］。
(21) 新羅系の山字形金銅冠と硬玉製頸飾、そして大加耶系の金製垂飾付耳飾から復元される被葬者の服飾を想像すれば、理解しやすいかもしれない。
(22) 具体的には大成洞1号墳が大成洞古墳群における金官加耶最後の王墓で、福泉洞21・22号墳が覇権変動後の金官加耶最初の王墓とみている［申敬澈 1995b：46］。
(23) 金海地域には高塚の存在が確認されておらず、大成洞1号墳段階以降の首長墓の動向についてはまったくわかっていないものの、最近、大成洞古墳群の付近の鳳凰台遺跡で5世紀後半代と考えられる土城の痕跡が確認されており［慶南考古学研究所 2005］、5世紀後半以降もこの一帯が金官加耶の中心であった可能性が高まってきた。また大成洞古墳群は、'最初の王墓'である29号墳の位置する丘陵北端から1〜3号墳の位置する丘陵頂上部へと首長墓クラスの造墓活動が展開したとみられるが、最近、大成洞古墳博物館が1号墳よりも南側の斜面を発掘したところ、大型石槨墓（73号墳）の存在が明らかとなった。報告者は交互透し高杯などの土器からみて福泉洞53号墳と併行する時期とみている［大成洞古墳博物館 2011］。

(24) 申敬澈は福泉洞古墳群の首長層が10・11号墳築造以後、墓域の不足を解消するために蓮山洞古墳群に墓域を移したとみている［申敬澈 1995b］。これに対し、李熙濬は蓮山洞古墳群の墓制が福泉洞の丘陵上に築かれた10・11号墳ではなく、丘陵斜面に築かれた（東）1号墳と類似することを指摘し、（東）1号墳や蓮山洞古墳群の被葬者を伝統的な福泉洞集団とは異なる新羅の後援を受けた別勢力とみている［李熙濬 2007：260-269］。

(25) 洪潽植は金官加耶の仇衡王が新羅に投降後、金海地域を「食邑」として下賜されたことに注目し、一定の自治権のもとで独自の土器生産体制が存在したと想定しているが［洪潽植 2003：307-309］、いずれにせよ典型的な新羅土器の出土量が減少する理由を整合的に説明することはできない。

遺跡の出典　（表20・21に挙げたもののみ）

［釜山］
福泉洞古墳群：東亜大学校博物館 1970・1984、釜山大学校博物館 1983・1990a・1990b・1996・2001、申敬澈ほか 1985、全玉年ほか 1989、李尚律 1990、釜山直轄市立博物館 1992、申敬澈 1994、金斗喆 1995、宋桂鉉ほか 1995、釜山広域市立博物館福泉分館 1997・2001、釜山博物館 2002、福泉博物館 2010a・b
松亭洞古墳群：釜慶大学校博物館 2006
蓮山洞古墳群：申敬澈 1988、福泉博物館 2003
五倫台古墳群：釜山広域市立博物館福泉分館 1999
杜邱洞林石遺跡：釜山直轄市立博物館 1990

［金海］
大成洞古墳群：申敬澈 1994、国立金海博物館 1998、慶星大学校博物館 2000a・2003・2010、金宰佑 2004
良洞里古墳群：東義大学校博物館 2000・2008
杜谷古墳群：釜慶大学校博物館 1998
陵洞古墳群：蔚山大学校博物館 2001
竹谷里古墳群：東亜細亜文化財研究院 2009
礼安里古墳群：釜山大学校博物館 1985

第8章　洛東江以東地方における馬具生産の展開とその特質

1. 問題の所在

　本章では洛東江以東地方、すなわち新羅における馬具生産の展開とその特質について検討をおこなう。これまで新羅馬具の研究は、分布論や加耶馬具との比較から各種馬具や馬装の地域性を明らかにする点に主眼がおかれてきた［姜裕信 1987・1999、金斗喆 1992・1993・2000、張允禎 2001・2003、李炫姃 2007・2008 など］。それらの研究を通じて、洛東江の東西で馬具の地域色が顕著になっていく5世紀後半以降に関しては、洛東江以東地方（新羅）でつくられた馬具と洛東江以西地方（加耶）でつくられた馬具を、おおまかにとはいえ識別できるようになった点は高く評価される。

　その一方で、新羅馬具それ自体に対する体系的な検討はほとんどなされておらず、出現から消滅（副葬終了）までの基本的な変遷観すら確立されていないことは議論の一層の深化を阻んでいる。また、新羅の中心である慶州地域における4世紀代の様相がよくわからないこともあって、騎馬文化（馬具）の出現を 400 年の高句麗南征と結びつける見解が提示されて以来［崔鍾圭 1983、申敬澈 1985］、新羅における本格的な騎馬文化の出現をめぐっては、いまだに他地域（高句麗や加耶）からの外的影響ばかりが強調され［金斗喆 1998b、姜賢淑 2008 など］、受容主体である新羅の主体性は看過されがちである。

　たとえば金斗喆は新羅の騎馬文化について、5世紀に入り高句麗および洛東江下流域を中心とする前期加耶の騎馬文化を積極的に受容することによって発展したとする。また、新羅の馬具生産における最大の画期といえる扁円魚尾形杏葉をはじめとする装飾馬具セットの成立時期についても、皇南大塚南墳以降、すなわち5世紀後半以降にまで下げてみる［金斗喆 1998b：36-37］。そのような理解の根底には、5世紀以後も釜山地域の福泉洞集団の首長権は維持され、福泉洞 10・11 号墳の被葬者を嶺南一帯（朝鮮半島南東部）で盟主的な役割を担った最後の首長と把握し、その「滋養分」を受け入れながら5世紀後半以降、慶州の新羅勢力が急成長を遂げていったという、氏の一貫して主張してきた歴史観がある［金斗喆 2007：236 など］。

　しかし第3章でみたように、慶州地域やその周辺からも4世紀代の資料が徐々に出土しはじめている。また前章においては、4世紀末から5世紀初以降の福泉洞古墳群出土馬具が、新羅の枠組みで捉えうることを明らかにした。さらには、筆者らが再報告をおこなった慶州皇南洞 110 号墳出土馬具［金大煥ほか 2008］など、新羅独自の装飾馬具の生産開始が皇南大塚南墳築造以前に遡ることを示す証拠も増えつつある。このような状況を客観的にみれば、既存の歴史的解釈からいったん距離をおいて、各地の資料に立ち返った検討が必要な時期に差し掛かっているように思えてならない。

　また、新羅馬具の空間的広がりを考える上で、『三国史記』の新羅初期記録修正論の立場［朱甫暾

1998aなど]のもと、洛東江以東地方各地の土器様式、威信財（威勢品）、高塚にみられる定型性を新羅王権による間接支配と関連づけ、慶州地域に限定されがちだった新羅考古学の枠組みを洛東江以東地方全域に広げた李熙濬の研究成果を無視することはできない［李熙濬 1996b・2007 など］。氏の主張が妥当なものであるならば、少なくとも麻立干期と呼ばれる4世紀中頃からは、洛東江以東地方全域から出土する馬具を新羅馬具という枠組みの中で理解できる、いやすべきであろう。実際に洛東江以東地方各地から出土する装飾大刀や冠、帯金具などの各種金工品を新羅王権から各地の首長へ下賜された服飾品として再評価し、それらから新羅中央と地方の関係を読みとろうとする意欲的な研究も出てきている［李漢祥 1995・1997 など］。

　これらの研究成果を参考にしつつ、演繹的に新羅馬具を抽出することは容易だが、洛東江以東地方各地から出土する各種金工品については、慶州地域で一元的につくられたとみる立場［崔鍾圭 1983、李漢祥 1995 など］と、各地での製作を認める立場［朴普鉉 1987、金載烈 2007 など］が対峙している。馬具についても、朴普鉉［1990］が洛東江以東地方各地から出土する心葉形杏葉の多様性から各地域での在地製作を想定し、李炫姃らは装飾馬具と垂飾付耳飾の緻密な検討から、昌寧地域における在地製作を想定する［李炫姃ほか 2011］。それらには傾聴に値する指摘も多いが、考古資料から帰納的に新羅における馬具生産の問題に迫っていくためには、新羅が終始一貫してその王都を置き、それがゆえに新羅における馬具、とりわけ装飾馬具の生産や流通の中心であったと考えられる慶州地域における馬具の変遷過程を明らかにした上で、洛東江以東地方各地の資料と比較し、慶州を含む洛東江以東地方の馬具に他地域と区別される定型性を見出す必要がある。

　しかしその際に大きな障害となるのが、基準となるべき慶州地域における基礎資料の脆弱さである。たとえば、先述のように慶州地域には朝鮮半島南部に本格的な騎馬文化が受容された時期にあたる4世紀代の資料がほぼ皆無に等しい。これは、この時期に該当する古墳の調査不足に起因する可能性が高いものの、いずれにせよ新羅中枢における4世紀代の状況は不透明である。また、5・6世紀代の慶州地域の積石木槨墳出土資料の多くは、様々な事情[1]により報告書が未刊か、刊行されていても今日の研究水準からみると情報が不足しており、膨大な量の装飾馬具が出土しているにも拘らず、その全容を正確に把握することはほぼ不可能な状況にある。

　このような慶州地域の不安定性を補い、さらには新羅の中央と地方における馬具様相を比較するため、筆者は慶山地域出土馬具に注目したい。慶山地域は洛東江以東地方各地の中でも比較的慶州と近く、その中心古墳群である林堂古墳群[2]では前2世紀から後7世紀にかけて、連綿と墳墓の築造が確認され、慶州地域をのぞく洛東江以東地方で、最も多くの山字形金銅冠の出土が確認されるなど、辰韓諸国の中でも比較的早い段階で新羅の支配下に入った地方の有力集団の墓域と考えられている［金龍星 1998、李熙濬 2004b など］。1980年代以来の断続的な発掘調査によって、膨大な量の馬具が出土した林堂古墳群の例は、慶州地域の不安定性を補うに十分であり、さらには両地域の馬具を比較することによって、新羅馬具の生産体制に迫っていくことも可能となる。もし仮に、新羅の中心である慶州地域と、新羅の一地方と考えられている慶山地域から出土する馬具の変化に、共通性が認められるのであれば、洛東江以東地方全域を包括する新羅馬具編年の基軸となりうる。

なお、冒頭で述べたように新羅馬具はまだ基礎的研究が不足しており、本来であればセットとしての馬具編年を構築する前に、個別馬具ごとの編年を先行しておこなう必要があるかもしれない。しかし、生産体制すら明らかでない状況において、型式学的研究にもとづいた個別馬具の編年作業を優先させることは決して有益とは思えない。よって本章では洛東江以東地方から出土する馬具、とりわけ装飾馬具を新羅のもとで解釈するための枠組みを構築し、今後の研究の基盤を整えたい。

このように本章の目的を設定するのであれば、両地域から出土したすべての馬具を扱う必要はないだろう。そこで本章ではそれぞれの地域の中心古墳群であり、かつ両地域の装飾馬具のほぼすべてが出土している慶州邑南古墳群[3]、そして慶山林堂古墳群の資料を中心に議論を展開していく。なお、地域ごとの編年にあたっては便宜上、慶州○段階、慶山○段階と表記する。

2. 慶州地域出土馬具の編年

ここからはまず、慶州邑南古墳群出土馬具の編年をおこなう。編年に際しては基本的に第3章で設定した朝鮮半島南部共通の指標にしたがい、朝鮮半島南部三国時代Ⅲ段階以降は、共伴する土器などの副葬品やそれらと埋葬施設の構造をもとに導き出された王陵級の積石木槨墳の変遷観[4]を参考に [毛利光1983など]、装飾馬具に現れる変化を抽出したい。なお新羅土器編年については前章同様、白井克也編年を主に参考にした [白井2003b]。

(1) 原三国時代

邑南古墳群からはまだ原三国時代に遡る馬具の出土は確認されていないが、舎羅里遺跡や朝陽洞遺跡、隍城洞遺跡などで原三国時代Ⅱ段階の資料が知られている。また、最近も邑南古墳群のすぐ南側に位置する塔洞21-3番地木棺墓から原三国時代Ⅱ段階の鉄製蕨状装飾付S字形鑣轡が出土した [韓国文化財保護財団2010]。なお、隣接する永川地域の龍田里木棺墓 [国立慶州博物

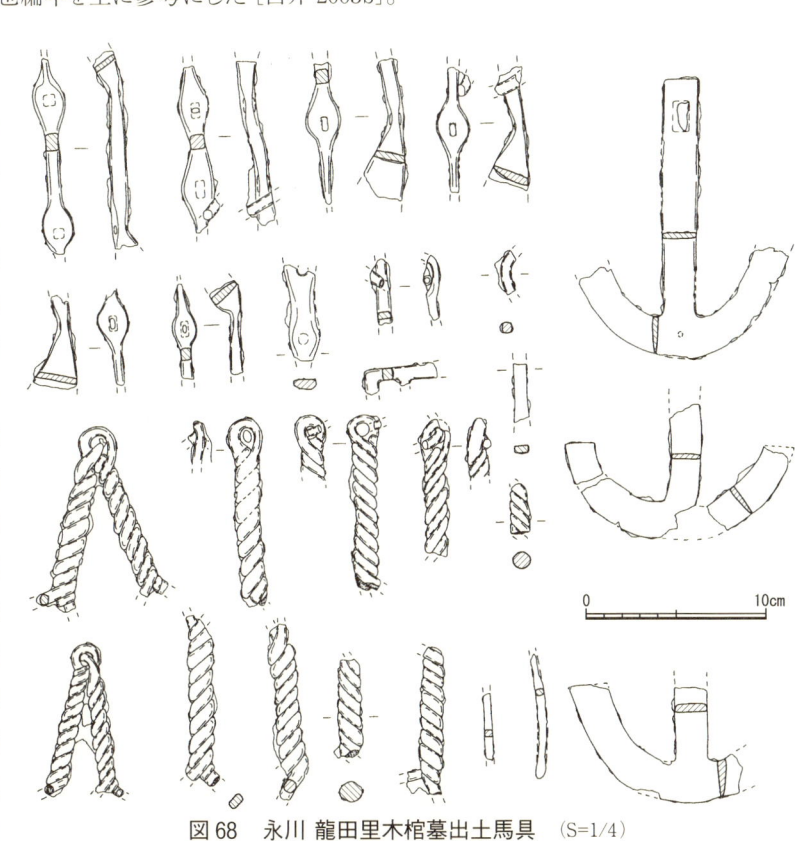

図68　永川 龍田里木棺墓出土馬具　(S=1/4)

第Ⅲ部　朝鮮半島南部における騎馬文化の展開

表22　新羅馬具の編年（慶州 邑南古墳群①）

段階	古墳名	埋葬施設	銜留	銜	引手	遊環	鐙	杏葉	その他の馬具
Ⅰ段階後半	月城路カ-13	積石木槨墓	鏡板A(楕円)	2條捩り	2條線b2類	×	—	—	環状雲珠、鉸具
	月城路カ-8								
Ⅱ段階	皇南洞109-3・4(副)①	主副槨式積石木槨墓	環板A	無捩り?	1條線a1類	×	IA₃(無鋲)	—	鉄装鞍、環状雲珠、馬甲、馬冑方円結合金具、鉸具
	皇南洞109-3・4(副)②		環板B	無捩り?	1條線	×			
Ⅲ段階前半	皇南洞110(主)	主副槨式積石木槨墓	鑣(b1)	1條捩りb類	2條線b2類	×	—	心葉	鉸具
	皇南洞110(副)		鏡板B(人字)	無捩り	1條線a2類	×	IB₅(無鋲)	扁魚	鉄装鞍、半球形飾金具、鉄環、鉸具
	皇吾洞14-1(副)①	主副槨式積石木槨墓	鑣(b3)	無捩り?	1條線a2類	×	IB₃(無鋲)/IB₅(有鋲)	心葉	鉄装鞍、半球形飾金具、脚金具
	皇吾洞14-1(副)②		—	無捩り?	1條線a2類	×			鉸具
Ⅲ段階後半	皇南大塚南墳(主)	主副槨式積石木槨墓	—	—	—	—	—	心葉(三)/扁魚	歩揺付半球形飾金具
	皇南大塚南墳(副)①		鏡板B(楕円)	無捩り	1條線	×			透彫金銅装鞍、透彫銀装鞍、方形透彫銀装鞍、黒漆塗銀装鞍、鉄装鞍、居木先金具、歩揺付菊形飾金具、菊形飾金具、歩揺付半球形飾金具、鉄環、脚金具、留金具、鉸具
	皇南大塚南墳(副)②		鏡板B(楕円)	無捩り?	1條線	×	IB₃(有鋲)/IB₅(有鋲)/銅輪	心葉/心葉(三)/扁魚	
	皇南大塚南墳(副)③		鏡板B(楕円)	—	—	—			
	皇南大塚南墳(副)④		鏡板	—	—	—			
	皇南大塚南墳(副)⑤		鏡板B(円)	無捩り	1條線	×			
	皇南大塚南墳(副)⑥		環板B(人字)	—	—	—			
	皇南大塚南墳(副)⑦		環板B(人字)	1條捩りb類	1條線a2類	×			
	皇南大塚南墳(副)⑧		環板	1條捩りb類	1條線a2類	×			
	皇南大塚南墳(封)		—	—	—	—	—	扁魚	歩揺付半球形飾金具
	皇南大塚北墳①	積石木槨墓	鏡板B(楕円)	無捩り?	1條線a2類	×	IB₅(有鋲)	扁魚	金銅装透彫把手付鞍、歩揺付菊形飾金具、馬鐸、鉸具
	皇南大塚北墳②		鏡板B(楕円)	無捩り	1條線	×			
	皇南大塚北墳③		鏡板	—	—	—			
	皇南大塚北墳(封)		—	—	—	—	—	扁魚	歩揺付半球形飾金具
	皇吾洞14-2(副)	主副槨式積石木槨墓	環板A	無捩り?	1條線	×	—	心葉(十)/扁魚	半球形飾金具、留金具、板状鉄製品
	仁旺洞C-1	主副槨式積石木槨墓	—	—	—	—	—	扁魚	鉢状雲珠・辻金具、板状別造辻金具
	皇南里破壊墳第Ⅱ墓槨	積石木槨墓	—	—	1條線a2類	—	—	心葉(十)	鉸具
Ⅳ段階	金冠塚	積石木槨墓	鏡板(楕円?)	無捩り	1條線	×	IB₅(有鋲)	心葉(三)/扁魚	透彫金銅装鞍、金銅装鞍、銀装鞍、障泥金具、歩揺付半球形飾金具、歩揺付半球形飾金具、ガラス製飾金具、貝製飾金具、馬鐸、馬鈴、三環鈴、四環鈴、鉸具
	飾履塚①		鏡板B(楕円)	—	—	—	IB₅(無鋲)/鉄輪	扁魚/剣菱	透彫金銅装鞍、歩揺付半球形飾金具、菱形留金具、銅鈴、鉸具
	飾履塚②	積石木槨墓	鏡板B(長方)	無捩り	1條線	○			
	飾履塚③		鏡板(半円)	1條捩りb類	1條線a2類	○			
	路東里4(主)	主副槨式積石木槨墓	鏡板B(楕円)	無捩り	2條線	×	—	—	
	路東里4(副)		鏡板B(楕円)	—	—	—	IB₅(有鋲)	扁魚	金銅装鞍、歩揺付菊形飾金具、馬鐸、三環鈴、脚金具、鉸具
	皇南里82西塚(副)	主副槨式積石木槨墓	—	—	—	—	—	心葉/扁魚	星形金具、脚金具
	皇南里82東塚(主)	主副槨式積石木槨墓	—	—	—	—	鉄輪?	—	鉄製覆輪、半球形飾金具、鉸具
	月城路タ-6	—	複環	無捩り	2條線a類	×	ⅡB₁	心葉(三)	銀装鞍、板状一体造辻金具、脚金具、鉸具
	皇南里破壊墳第Ⅰ墓槨	積石木槨墓	—	—	—	—	鉄輪	心葉(三)	
	仁旺洞19-G	積石木槨墓	—	—	—	—	鉄輪	心葉(十)	
	仁旺洞19-K	積石木槨墓	—	—	—	—	—	心葉(三)	
	仁旺洞19-F	積石木槨墓	—	—	1條線a2類	—	—	心葉(刺葉)	鉢状辻金具、鉸具
	皇吾里1南(副)	主副槨式積石木槨墓	鏡板	無捩り	1條線	?	—	鉄製覆輪	
	皇吾里1北(副)	主副槨式積石木槨墓	鏡板	—	—	—	鉄輪	心葉(三)/心葉(十)	四環鈴、馬鐸、鉄環、鉸具
	皇吾里33東(主)	主副槨式積石木槨墓	—	—	—	—	鉄輪	心葉	鉄環、鉸具
	皇南洞109-2		—	—	—	—	鉄輪	心葉	板状一体造辻金具

［凡例］・(主)：主槨、(副)：副槨、(封)：封土　・複環：複環式鏡板　・銅輪：銅製輪鐙、鉄輪：鉄製輪鐙
・扁魚：扁円魚尾形杏葉、(三)：三葉文、(十)：十字文、(刺葉)：刺葉文

館 2007］からは原三国時代Ⅰ段階（木棺墓段階）のプロペラ形鑣轡が大量に出土しており（図68）、慶州地域でも今後、原三国時代Ⅰ段階の馬具が確認される可能性が高い。

（2）慶州Ⅰ段階

　邑南古墳群では三国時代Ⅰ段階前半にまで遡る資料はまだ確認されていない。ただ、邑南古墳群のすぐ北側に位置する隍城洞575番地古墳群20号木槨墓副槨から、鑣轡と鉸具が出土している（図69）［嶺南文化財研究院2010］。慶州地域以外を含めても主副槨式細長方形木槨墓からは初

第 8 章　洛東江以東地方における馬具生産の展開とその特質

表 23　新羅馬具の編年（慶州 邑南古墳群②）

段階	古墳名	埋葬施設	銜留	銜	引手	遊環	鐙	杏葉	その他の馬具
Ⅴ段階	金鈴塚①	積石木槨墓	鏡板B（心葉）	無捩り	2條線a類	×	IA₅（無鋲）/IB₅（有鋲）/鉄輪	心葉（十）	歩揺付金銅装鞍、金銅製覆輪漆塗鞍、金銅装鞍、障泥金具、歩揺付半球形飾金具、環状雲珠、貝製雲珠・辻金具、鉢状雲珠・辻金具、馬鈴、馬鐸、鉸具
	金鈴塚②		鏡板B（心葉）	無捩り	1條線a2類	×		心葉（三）/扁魚	
	金鈴塚③		鏡板B（心葉）	無捩り	1條線a2類	×			
	天馬塚①	積石木槨墓	鏡板B（楕円）	―	1條線	×	IB₅（無鋲）/IB₅（有鋲）/IIB₅（有鋲）	心葉（忍冬）/扁魚/三葉	透彫金銅装鞍、金銅装鞍、銀装鞍覆輪、白樺樹皮製障泥、心葉形障泥金具、鞍橋、歩揺付鉢状雲珠・辻金具、歩揺付半球形飾金具、貝製雲珠、環状辻金具、鉄環、馬鐸、鉸具
	天馬塚②		鏡板B（心葉）	無捩り	2條線	×			
	天馬塚③		鏡板B（楕円）	無捩り	1條線a2類	×			
	天馬塚④		鏡板	無捩り	1條線	×			
	天馬塚⑤		複環	無捩り	2條線	×			
	皇吾里16-2・3（副）	主副槨式積石木槨墓	鏡板（心葉）	?	2條線	?	鉄輪	心葉/心葉（十）/扁円	馬鐸、鉄製胸繋
	皇吾里16-4・5（副）①	主副槨式積石木槨墓	鏡板A（半月）	?	2條線	×	鉄輪	心葉（三）/心葉（十）/扁円	鉄装鞍、半球形飾金具、馬鐸
	皇吾里16-4・5（副）②		鏡板A（半月）			×			
	皇吾里4	積石木槨墓	―	?			鉄輪	心葉	鉢状雲珠・辻金具、鉄環、馬鈴、鉸具
	仁旺洞19-J	積石木槨墓	―	―			IIB₅（有鋲）	心葉	鉢状雲珠・辻金具、鉸具
	仁旺洞20①	積石木槨墓	環板B（人字）	?	1條線a2類	×	鉄輪	心葉/心葉（忍冬）	半球形飾金具、鉸具
	仁旺洞20②		鏡板（楕円）		1條線	×			
	路西里138	積石木槨墓	鏡板B（楕円）		1條線a2類?	×	鉄輪		鞍金具、障泥金具、鉢状雲珠・辻金具、鉸具
Ⅵ段階	銀鈴塚	積石木槨墓	鏡板B（心葉）	無捩り	1條線a2類	○	鉄輪	扁魚/鐘形	鉄製覆輪、青銅製鞍金具、貝製辻金具、歩揺付飾金具、鉸具
	壹杆塚	積石木槨墓	―	―			鉄輪	鐘形/棘葉/圭形	金銅装透彫鞍、鉢状雲珠・辻金具、馬鈴、鉄環、鉸具
	鶏林路14①	積石木槨墓	鏡板A（楕円）	無捩り	2條線a類	×	IIB₅（有鋲）/鉄輪	心葉（透彫）/棘葉	鉄装銀象嵌鞍、鉄装金銀象嵌鞍、鉄装鞍、ガラス製装飾辻金具、貝製雲珠、鉢状雲珠・辻金具、障泥金具、鉸具
	鶏林路14②		鑣（b2'）	無捩り?	2條線a類	固定			
	皇吾里16-1	積石木槨墓	環板B（人字）	?	1條線	?	鉄輪	棘葉	鉢状辻金具、馬鐸、馬鈴
	皇吾里16-11・12（主）	主副槨式積石木槨墓	―	―	―	―		棘葉	鉄製覆輪
	皇吾里33西（主）	主副槨式積石木槨墓	鏡板（楕円）	?	2條線	?		心葉（忍冬）	貝製雲珠、辻金具
	皇南洞106-3番地6	積石木槨墓	鏡板B（心葉）	無捩り	2條線a類	×	鉄輪	心葉	鉄製鞍金具、鞍金具、鉢状雲珠・辻金具、鉸具
	皇南洞151（石室）	竪穴系横口式石室	鏡板B（楕円）	無捩り	2條線a類	×		心葉/棘葉	楕円形鏡板
	皇南洞151（積石）	積石木槨墓	―	―					貝製辻金具、鉸具
	月城路カ-1	積石木槨墓	―	部分巻き	1條線c類		鉄輪		鞍金具、鉸具
	味鄒王陵A地区3-1①	積石木槨墓	―	無捩り?	1條線a2類	×	鉄輪	心葉/鐘形	鞍金具、鉢状辻金具、菱形留金具、鉸具
	味鄒王陵A地区3-1②		複環	無捩り?	2條線	×			
	味鄒王陵A地区3-2	積石木槨墓	鏡板	無捩り	1條線a2類	×	鉄輪	鐘形	鞍金具、鉢状雲珠、鉸具
	味鄒王陵第7地区3	積石木槨墓	鏡板（楕円）		2條線	?	木鉄輪	楕円	障泥金具、鉢状雲珠・辻金具、鉸具
	味鄒王陵第7地区4	石槨墓	鏡板（楕円）		1條線a2類	?		圭形	貝製辻金具
	味鄒王陵第7地区5	積石木槨墓	鏡板（楕円）		1條線a2類	×	鉄輪	心葉（三）	金銅装、歩揺付半球形飾金具
	味鄒王陵第7地区7	積石木槨墓	鏡板A（心葉）		2條線a類	×			
	味鄒王陵9区域A-1	積石木槨墓	―	―	―			心葉	鞍金具、有機物製把手、鉢状雲珠・辻金具、鉸具
	味鄒王陵9区域A-2①	積石木槨墓	複環	無捩り	1條線		鉄輪	―	鞍金具、障泥金具、菱形留金具、鉸具
	味鄒王陵9区域A-2②		円環	無捩り	1條線				
	味鄒王陵9区域A-3	積石木槨墓	―	―	1條線				鞍金具、障泥金具、鉄環、鉸具

［凡例］・（主）：主槨、（副）：副槨　・複環：複環式環板　・鉄輪：鉄製輪鐙、木鉄輪：木心鉄板張輪鐙
　・扁魚：扁円魚尾形杏葉、（三）：三葉文、（十）：十字文、（忍冬）：忍冬楕円文

めての出土であり、報告者は 3 世紀後葉から 4 世紀前葉とみる［김미숙 2010：529］。多條捩り技法銜と 2 條線引手b1類からなる鑣轡は、細部形態は異なるものの釜山Ⅰ段階前半の福泉洞 38 号墳例や 69 号墳例とよく似ており、慶州Ⅰ段階前半に位置づけてよい。現状における慶州最古の三国時代馬具といえよう。

続く慶州地域のⅠ段階後半の標識資料は、月城路カ-13 号墳の銅地金銅張楕円形鏡板轡 A 類である（図73：1）。共伴する土器は交互透し高杯を含み、古式陶質土器の最も新しい段階［白井 2003b］、あるいは洛東江以東様式土器成立期［李熙濬 2007］とされる。いずれにせよⅡ段階の馬具を出土した皇南洞109-3・4 号墳よりは若干先行すると考えてよいだろう。土器を参考にする

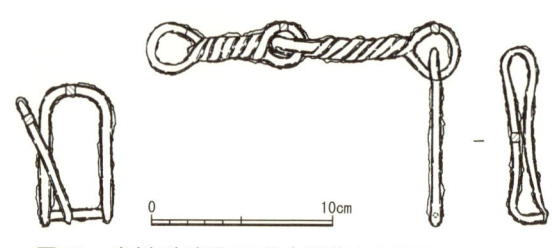

図69　慶州 隍城洞20号木槨墓出土馬具　(S=1/4)

と月城路カ-13号墳は、福泉洞31・32号墳例など釜山Ⅱ段階の資料と併行し、4世紀中葉から後葉というⅠ段階後半に与えられた製作年代の中でも下限に近い時期に製作された可能性が高い。

また、青銅環と金銅製爪形脚金具からなる環状雲珠（図73：2）が出土した月城路カ-8号墳は、共伴する土器からカ-13号墳よりもさらに古く位置づけられる［李熙濬2007］。このような環状雲珠は、「永和九年（353）」銘塼を玄室構築材に用いた高句麗の平壤佟利墓例（図24：11）が最も古いようである［李炫姃2008：78］。したがって、月城路カ-8号墳の環状雲珠の製作年代も、4世紀中葉を遡ることはないだろう。この他に邑南古墳群ではないものの、慶州舍羅里5号木槨墓や65号木槨墓からもこの段階の資料が出土している［嶺南文化財研究院2007］。

（3）慶州Ⅱ段階

環板轡B類、無捩り技法b類・1條捩り技法b類の銜、1條線引手の出現を指標とする慶州Ⅱ段階に位置づけられる確実な資料は、第2章でみた皇南洞109-3・4号墳例のみである。副槨（第4槨）から、無捩り技法と思われる銜に1條線引手を連結する環板轡A類と環板轡B類、ⅠA₃式（無鋲）の木心鉄板張輪鐙、鉄装鞍、環状雲珠、馬甲、馬冑などの各種馬具が出土している（図73：3〜6）。白井編年の新羅ⅠA期の土器と共伴し、4世紀末から5世紀初の製作年代が想定される。

また2009年に国立慶州文化財研究所によって発掘調査されたチョクセムC-10号墳では、主槨から一揃いの馬甲が墓壙床面に敷かれた状態で出土し、副槨からも環板轡、木心鉄板張輪鐙、心葉形杏葉、鞍橋、馬冑などからなる馬具セットが出土している［国立慶州文化財研究所2010］。まだ馬具の詳細は明らかにされていないものの、皇南洞109-3・4号墳例と馬具セットの組成に共通性が認められ、出土土器からもこの段階に位置づけられる可能性が高い。報告書が刊行されれば、この段階の標識資料となるだろう。この他に邑南古墳群ではないものの、慶州舍羅里13号木槨墓からこの段階の資料が出土している［嶺南文化財研究院2007］。

（4）慶州Ⅲ段階

踏込鋲をもつ木心鉄板張輪鐙と鏡板轡B類の出現を指標とする。新羅においては扁円魚尾形杏葉も指標となる。このⅢ段階は5世紀前葉から中葉という比較的長い時間幅をもち、慶州地域の標識資料である皇南大塚南墳出土馬具は、第Ⅰ部でも述べたようにⅢ段階後半、すなわち5世紀中葉に位置づけられ、踏込鋲をもつ木心鉄板張輪鐙や扁円魚尾形杏葉の出現期の資料ではない。現状においてⅢ段階前半、すなわち5世紀前葉に位置づけられるのは、皇南洞110号墳（図73：9〜14）と皇吾洞14-1号墳（図73：7・8）出土馬具である。前者は皇南大塚南墳例より型式学的に古い李尚律［1993］分類甲群の扁円魚尾形杏葉と、ⅠB₅式（無鋲）の木心鉄板張輪鐙が共伴し、後者はⅠB₅式（有鋲）の木心鉄板張輪鐙とⅠB₃式（無鋲）の木心鉄板張輪鐙が共伴する。どちらも

第8章　洛東江以東地方における馬具生産の展開とその特質

前段階の要素を色濃く残しており、過渡期的様相を示している［金大煥ほか2008：61-64］。白井編年の新羅ⅡA期古段階の土器と共伴する。

　慶州Ⅲ段階後半の様相について皇南大塚南墳出土馬具（図73：15～23）を基準にみていくと、李尚律分類乙群の扁円魚尾形杏葉が現れ、心葉形杏葉には高句麗に類例のある素文や十字文に加えて、新羅独自の三葉文がみられるようになる。また鞍や鏡板、杏葉などの装飾に玉虫の羽を用いたり（図78）、歩搖付飾金具や半球形飾金具の鉢部をイモガイ製（図73：22）にするといった稀少な素材を駆使して製作された装飾馬具が王陵級の積石木槨墳に限って出土する。

　「夫人帯」の刻まれた銀製腰佩などから、被葬者は南墳に葬られた王の妃の墓とされる皇南大塚北墳からも、基本的に南墳と同じような装飾馬具（図73：24～26）が出土している。ただし、南墳に副葬されていた環板轡B類はなく、鏡板轡B類のみを副葬する。なお、北墳から出土した透彫金銅装鞍には、玉虫装飾を施した金銅装鞍把手（図73：26）が取り付けられていた[5]。皇南大塚南墳と北墳の出土土器は、白井編年の新羅ⅡA期中段階と新段階にそれぞれ比定されている［白井2003b］。

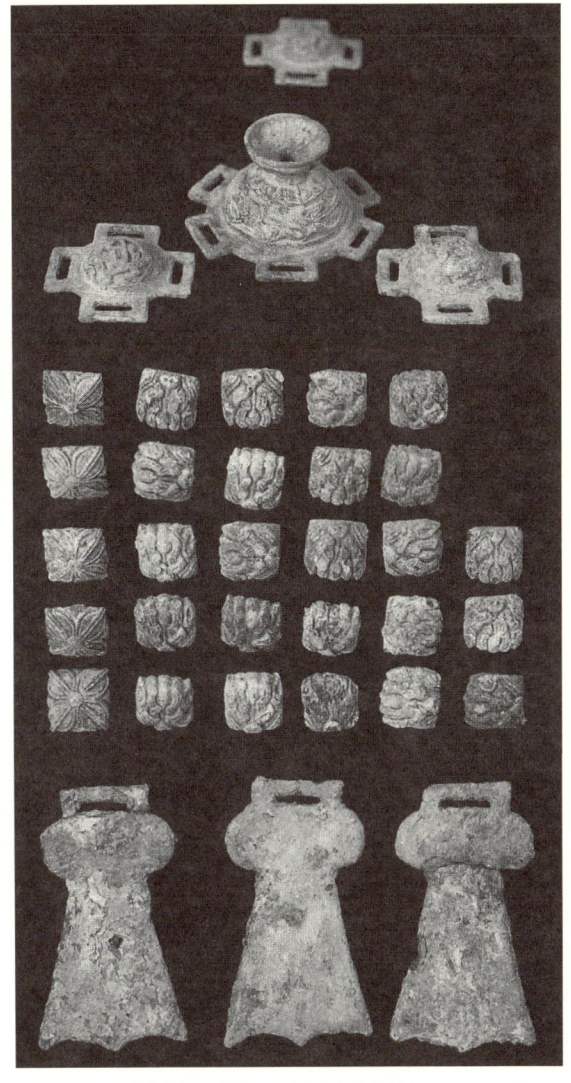

図70　慶州 仁旺洞 C-1号墳出土馬具　（縮尺不同）

　なお、共伴土器などを参考に皇南大塚と同時期の古墳を抽出してみても、鏡板轡B類や三葉文の心葉形杏葉を副葬する古墳は、邑南古墳群には存在しない。皇南大塚に副葬されたこれらの新しい装飾馬具は、王陵級の積石木槨墳以外では若干遅れて副葬されたようである。

　報告書が出ておらず詳細は不明であるものの、主副槨式積石木槨墓を埋葬施設とする仁旺洞C-1号墳出土馬具も、甲群の扁円魚尾形杏葉からこの段階に位置づけられる。この古墳からは他にも龍文を鋳出した金銅製鉢状雲珠・辻金具や鬼面文や蓮華文を鋳出した金銅製板状別造辻金具が出土している（図70）。皇南大塚はもちろん、それ以降の王陵級積石木槨墳にも類例はなく、李炫姃の指摘するように他地域からの移入品である可能性が高い[6]。

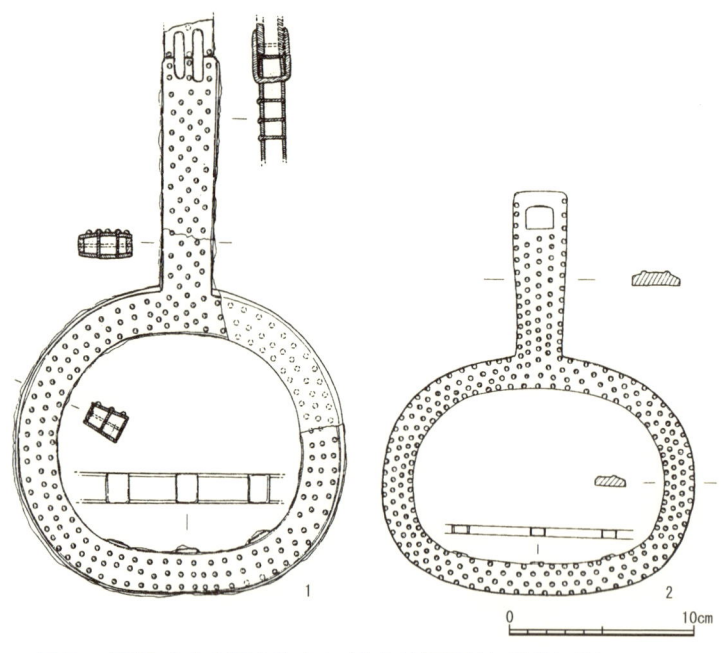

第Ⅲ部　朝鮮半島南部における騎馬文化の展開

図71　慶州 皇南大塚南墳出土'木心鉄板張輪鐙模倣'鋳銅製輪鐙
(S=1/4)　1：木心鉄板張輪鐙　2：鋳銅製輪鐙

(5) 慶州Ⅳ段階

　新羅Ⅲ段階以降は前章でも述べたように、朝鮮半島南部全体で認められる有意な変化を馬具自体には見出しがたい。王陵級の積石木槨墳の変遷観を参考にそれらから出土した馬具をみると、慶州Ⅳ～Ⅵ段階の三つの段階を設定することができる。
　まず慶州Ⅳ段階は、金冠塚（図73：31・32）や路東里4号墳（図73：27～30）出土馬具を標識資料とする。土器図面の報告されていないものが多いが、おおむね白井編年の新羅ⅡB期の土器と共伴する段階とみてよい。王陵級の積石木槨墳から出土する装飾馬具は、基本的に慶州Ⅲ段階後半の延長線上にある。ただし、飾履塚から出土した龍鳳文透彫金銅装鞍、同じく龍鳳文装飾の施された楕円形鏡板轡や剣菱形杏葉は、高句麗や新羅の装飾馬具の製作伝統の中では位置づけがたい。馬目順一が指摘するように中国南朝などからの移入品の可能性もあり[7]［馬目1980］、馬具の移入経路は前段階に比べて多様化したようである。この段階の新たな変化は、大型墳よりは中・小規模の古墳から出土した馬具を中心に認められる。
　その中でもとりわけ重要な変化は鉄製輪鐙（図73：37）の出現であろう。鉄製輪鐙の出現について柳昌煥は、「木心鉄板張輪鐙の形態、属性、製作技術を基盤として開発・製作された」とみる［柳昌煥2007b：301］。筆者も基本的には同じ考えだが、前段階の皇南大塚南墳に木心金属板張輪鐙の特徴を忠実に模倣した鋳銅製の輪鐙が存在することから（図71）、新羅においては鋳銅製品がまず生産され[8]、それに若干遅れて、製作の簡便な鍛鉄製品が普及するという変遷を想定することが可能である。
　また雲珠・辻金具にも大きな変化が認められる。すなわち、脚部と中央部を一体につくる鉢状雲珠・辻金具や板状一体造辻金具[9]（図73：39）の出現である。李炫姃が指摘するようにそれらの祖形となる資料は三燕・高句麗にみられることから［李炫姃2008：82-84］、Ⅲ段階の仁旺洞C-1号墳例のような鉢状雲珠・辻金具の移入を契機として、慶州地域での製作が開始した可能性が高い。ただし、金冠塚や飾履塚、路東里4号墳など金銅装馬具を副葬する大型墳では、依然として歩揺付飾金具が採用されている。
　この他に三葉文をもつ心葉形杏葉が大型墳以外からも出土するようになる（図73：38）。また、

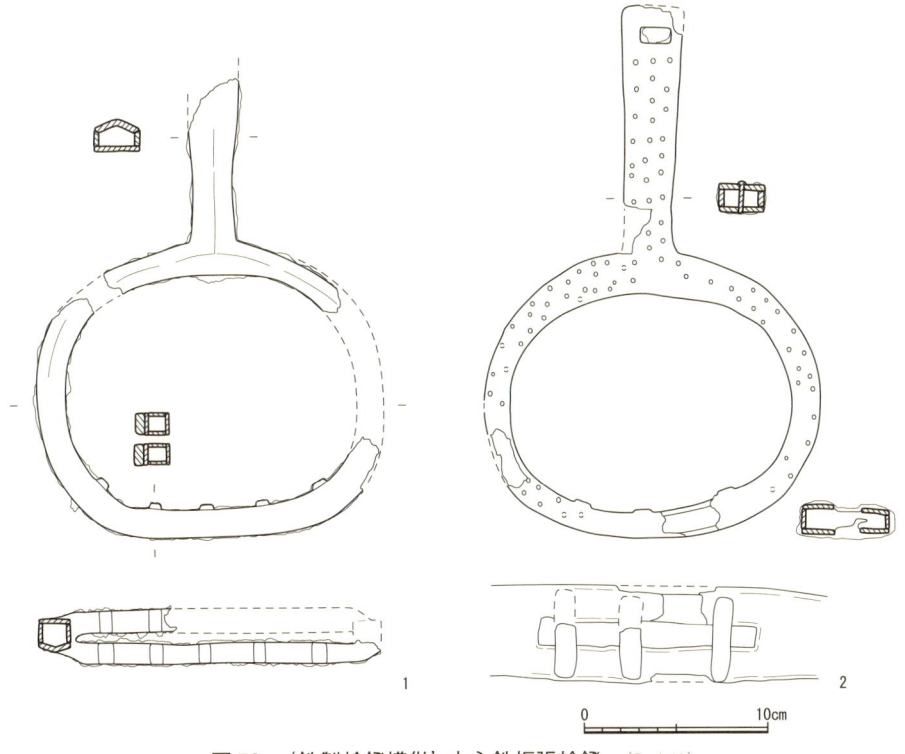

図72 '鉄製輪鐙模倣'木心鉄板張輪鐙　(S=1/4)
1：天馬塚　2：仁旺洞19-J号墳

心葉形杏葉の新たな意匠として刺葉文が出現する。ただし、この刺葉文をもつ心葉形杏葉は、地方では大型墳からも出土するものの、慶州地域の王陵級の積石木槨墳からはまだ出土が確認されておらず、前段階における三葉文の出現とはその意味が異なったようである。

最後に慶州Ⅳ段階の製作年代についてであるが、金冠塚出土帯金具が宋山里Ⅰ段階 (5世紀後葉) [吉井 1991] の公州宋山里4号墳 (旧1号墳) [野守 1935] の帯金具と酷似するという指摘 [穴沢 1972：73][10] や、中国の年代決定資料にもとづいた緻密な年代考証から飾履塚出土遺物に対して5世紀第4四半期という年代を与えた馬目の研究成果を参考にすれば [馬目 1980]、5世紀後葉を中心とする時期と判断される。

(6) 慶州Ⅴ段階

慶州Ⅴ段階は天馬塚 (図73：40～47) と金鈴塚 (図73：48～52) 出土馬具を標識資料とする。白井編年の新羅ⅡC期古段階から中段階の土器とおおむね共伴するようである。基本的には前段階の様相を引き継ぎつつも、いくつかの重要な変化が確認される。

その中でも最も象徴的な変化は、貝製雲珠・辻金具 (図73：45・51) の出現である。この貝製雲珠・辻金具は、李炫姃の指摘するように前段階に製作の始まった鉢状雲珠・辻金具の製作技術をベースに [李炫姃 2008：60-61]、それまで皇南大塚南墳と金冠塚出土馬具に限って採用されてきた貝製飾金具が融合したものと考えられ、新羅ではこれ以降、馬具の副葬が終焉を迎えるまでの長い間、鉢状雲珠・辻金具とともに盛行する。ただし前段階までの貝製飾金具出土古墳が皇南

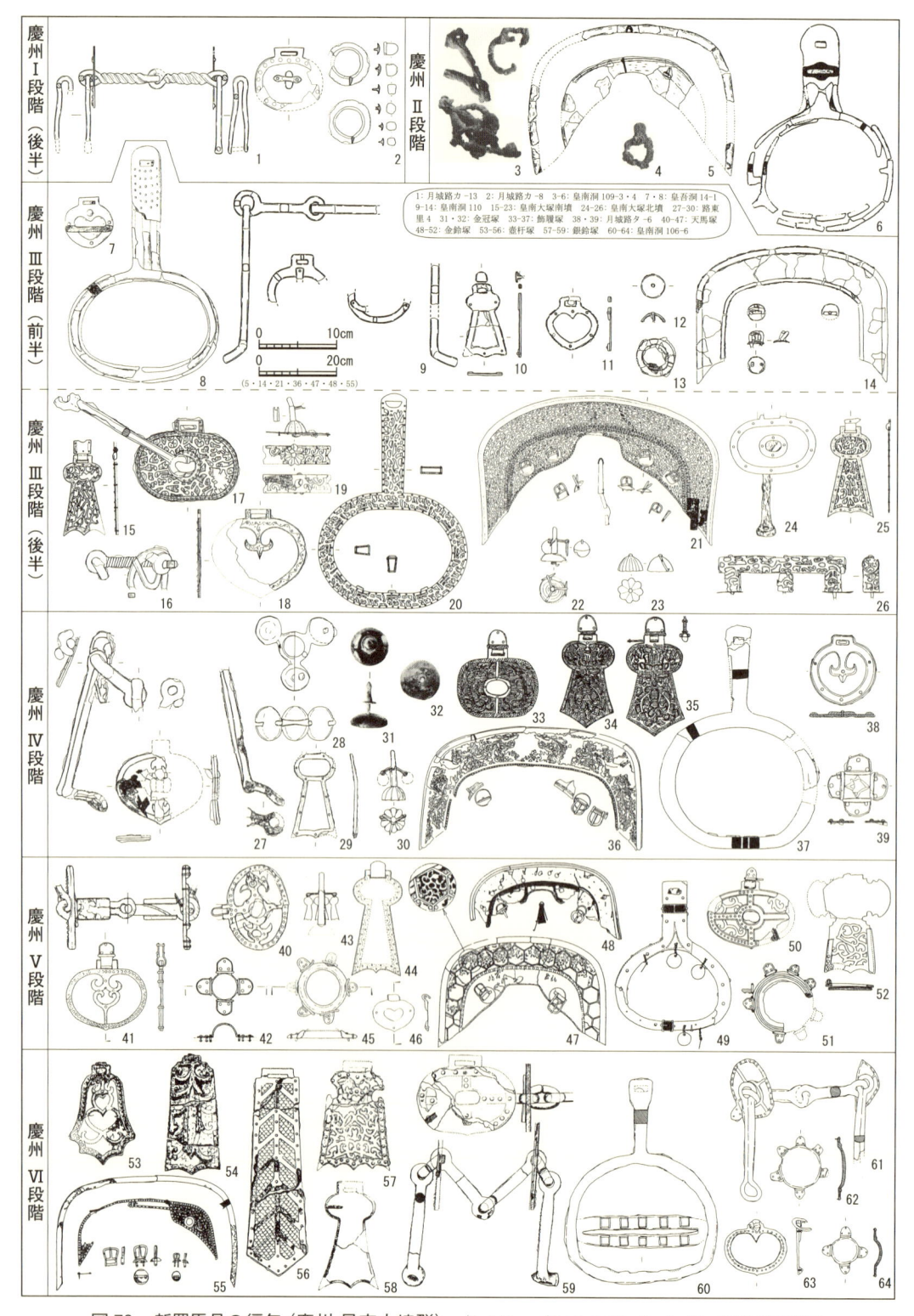

第Ⅲ部　朝鮮半島南部における騎馬文化の展開

図73　新羅馬具の編年（慶州 邑南古墳群）　（S=1/8、一部：S=1/16、3・4・31・32は縮尺不同）

大塚南墳と金冠塚のみであったように、貝製雲珠・辻金具も出現当初は、慶州地域の王陵級積石木槨墳と地方の一部の大型墳に限定して用いられたようである。この他に忍冬楕円文装飾の心葉形鏡板轡・杏葉（図73：40・41）や心葉形障泥金具[11]（図73：46）もこの段階に出現する。

鉄製輪鐙がかなり普及しているにも関わらず、王陵級の積石木槨墳を中心として木心金属板張輪鐙の製作も継続している。天馬塚や仁旺洞19-J号墳のⅡB₅式（有鋲）の木心鉄板張輪鐙にみられる2条の踏込部は、一木をたも状に曲げて成形する木心輪鐙には適さない形態であり（図72）、2条の踏込部をもつ鉄製輪鐙の外形を真似ようとした結果、このような製品が生まれた可能性が高い。こうした'鉄製輪鐙模倣'とでもいうべき木心鉄板張輪鐙は、次の段階に位置づけられる鶏林路14号墳例にも確認され、慶州地域における木心金属板張輪鐙生産の終焉を象徴する現象といえよう。

なお慶州Ⅴ段階の製作年代については、天馬塚の単鳳環頭大刀が武寧王陵（523年没、525年埋葬）の単龍環頭大刀よりも型式学的に古く位置づけられていること［穴沢ほか1976］、武寧王陵の耳飾が天馬塚や金鈴塚など同時期の新羅耳飾の影響を受けて製作されたと考えられることなどから［李漢祥2004a：171］、6世紀初を中心とする時期とみておきたい。

(7) 慶州Ⅵ段階

慶州Ⅵ段階は、瓢形墳でほぼ同時期に築造されたと考えられる壺杅塚（図73：53～56）、銀鈴塚（図73：57～59）出土馬具を標識資料とする。棘葉形杏葉と鐘形杏葉が新たに出現する。これらの杏葉を出土する古墳からはおおむね新羅ⅡC期新段階から新羅ⅢA期の土器が出土する。歩搖付半球形飾金具や扁円魚尾形杏葉など、新羅の装飾馬具を長らく構成してきた馬具がこの段階の早い時期に消滅する。

嵌玉金製短剣を出土したことで著名な鶏林路14号墳の報告書が最近刊行され、地板と透彫金銅板の間に薄いガラス板を挟んだ棘葉形杏葉をはじめとする華麗な装飾馬具が少なくとも3セットは副葬されていることが明らかとなった。すでに短剣や金製耳飾の検討を通じて6世紀代の古墳であるという見解が出されていたが［穴沢ほか1980：261］、棘葉形杏葉から古墳の年代をさらに限定することが可能である。

邑南古墳群では新羅ⅢA期になると横穴系の埋葬施設が出現し、まもなく古墳の築造が終了するとされ［白井2003b：6］、それとほぼ同時に慶州地域における馬具副葬も終焉を迎える。一つの墳丘内に竪穴系横口式石室と積石木槨墓がほぼ同時に築造された皇南洞151号墳から出土した馬具がこの段階の下限に位置づけられる。

この慶州Ⅳ段階の製作年代については、壺杅塚から「乙卯年国岡上広開土地好太王壺杅十」銘の銅盒が出土しており、この銅盒自体は報告者である金載元が指摘するように広開土王没後3年経った415年につくられた高句麗製品とみられるものの［金載元1948：33-35］、共伴する単龍環頭大刀が武寧王陵（523年没、525年埋葬）のそれと同時期に位置づけられていることから［穴沢ほか1976］、6世紀前葉を上限としておく。下限については白井編年の新羅ⅢA期の土器が、真興王15年（553）に着工され、同27年（566）に畢功したと『三国史記』に記録される皇龍寺1次伽藍の造営に伴う整地土から出土した土器よりも確実に古いという崔秉鉉［1984・1992：626-660］の研究

成果が定説化しているものの、批判もあるため [洪潽植 2003：97-100]、ひとまず6世紀中葉と捉えておきたい。

以上を整理すると図73のとおりである。

3. 慶山地域出土馬具の編年

ここからは慶山林堂古墳群出土馬具の編年をおこなう。編年に際しては前節同様、第3章で設定した指標にしたがい、朝鮮半島南部三国時代Ⅲ段階以降に関しては、慶州地域の大型墳出土馬具にみられた諸変化を参考に編年をおこなう。この地域の土器については、金龍星によって中・小規模の古墳群を含めた詳細な編年案が提出されている [金龍星 1996・1998]。しかし、釜山地域や慶州地域との併行関係や分期の単位にいくつかの問題が指摘されており [李熙濬 2007：113-114]、ここでは林堂古墳群内における相対的な前後関係を把握する際の参考程度に留めておく。それよりも複数の墳丘、埋葬施設をもつ大型墳の遺構間にみられる重複関係（図74）を重視し、副葬時点での前後関係を基準に相対編年を組みたい。

（1）原三国時代

第4章でみたように林堂古墳群の原三国時代木棺墓からもいくつかの馬具が出土している。いずれも原三国時代Ⅰ段階の鉄製プロペラ形鑣轡である。原三国時代Ⅱ段階に該当する資料は今のところみられないが、これはこの段階に位置づけられる大型木槨墓の多くが、三国時代の高塚と同じ丘陵頂上に位置し、高塚の下層にあるためまだ調査が及んでいないか、もしくは高塚築造時にすでに破壊されたことに起因する可能性が高い。

なお、林堂古墳群にほど近い慶山玉谷洞Ⅱ-3号木棺墓から、引手をもつ鉄製蕨状装飾付S字形鑣轡が出土している [韓国文化財保護財団 2009]。報告者は銜、引手ともに2條捩り技法でつくられているとする。全体的に慶州舎羅里130号墓から出土した鉄製蕨状装飾付S字形鑣轡と類似し、原三国時代Ⅱ段階でも比較的早い時期の製作と考えられる。

（2）慶山Ⅰ段階後半

慶山地域にはⅠ段階前半に遡る資料はまだ確認されていない。主副槨式細長方形木槨墓を埋葬施設とする造永1B-60号墳 [嶺南大学校博物館 1998] からは、三国時代Ⅰ段階前半の馬具を出土した釜山福泉洞38号墳例とよく似た形態の鉄製小札が出土しているが [金銀珠 2007]、馬具は

金龍星編年	Ⅲ1	Ⅲ2a	Ⅲ2b	Ⅲ2c	Ⅲ3a	Ⅲ3b	Ⅲ3c
造永地区			(CⅡ 2→1) (EⅢ 2	→ →3→4)→EⅢ-8	(CⅠ 1→2) →(EⅠ 1→2)	→(EⅡ 1→2	→3→4→6→7→5)
林堂地区	(G 6→5)		(7A	→7B → 7C	→	5A→5B （2 南→北）	→6A)

図74 慶山 林堂古墳群における埋葬施設間の重複関係　[金龍星 1994・1998]をもとに作成
＊（ ）内の埋葬施設間に重複関係が認められる

表24 新羅馬具の編年（慶山 林堂古墳群）

段階	古墳名	埋葬施設	銜留	銜	引手	遊環	鐙	杏葉	その他の馬具
Ⅰ段階後半	林堂G-6(副)	主副槨式積石木槨墓	鏡板A(楕円)	3條捩り	2條線a類	×	―	―	鉄環、鉸具
Ⅱ段階	造永CⅡ-2(副)①	主副槨式積石木槨墓	環板B(人字)	無捩り?	2條線b類	×	IB₅(無鋲)	心葉	鉄装鞍、留金具、鉸具
	造永CⅡ-2(副)②		―	1條捩りb類	1條線	×			
Ⅲ段階 前半	林堂7A(副)	主副槨式岩壙木槨墓	環板B(人字)	無捩り	1條線a2類	×	―	心葉	歩揺付菊形飾金具、脚金具
	林堂7B(副)	主副槨式岩壙木槨墓	環板	無捩り	1條線	×	IB₄(有鋲)	扁魚	鞍金具、歩揺付半球形飾金具、半球形飾金具、脚金具、鉸具
	造永CⅡ-1(副)	主副槨式岩壙木槨墓	鑣(b1)	無捩り	1條線	×	―	心葉(十)	環金具、責金具、鉸具
	造永EⅢ-2(副)①	主副槨式石槨墓	環板B(人字)	1條捩りb類	1條線a2類	×	IA/IB₅(有鋲)	心葉	金銅装鞍、鉄装鞍、板状別造辻金具、鉸具
	造永EⅢ-2(副)②		環板B(逆Y字)	無捩り	1條線a1類	×			
	造永EⅢ-8(副)	主副槨式岩壙木槨墓	鑣	1條捩りb類	1條線	×	―	心葉	鉸具
	林堂E-16(副)	主副槨式岩壙木槨墓	鑣(b1)	無捩り	1條線a2類	×	―	―	鉸具
Ⅲ段階 後半	林堂7C(副)	主副槨式岩壙木槨墓	鑣(b1)	無捩り	1條線	×	―	―	鞍金具、半球形飾金具
	造永CⅠ-1(副)①	主副槨式岩壙木槨墓	鑣	無捩り	1條線a2類	×	木鉄輪	心葉(三)	鉄装鞍、三環鈴、半球形飾金具、脚金具、鉸具
	造永CⅠ-1(副)②		環板B(逆T字)	無捩り	1條線a2類	×			
	造永EⅠ-1(副)①	主副槨式積石木槨墓	環板B(人字)	無捩り	1條線a2類	×	IB₃(有鋲)	扁魚	鉄装鞍、半球形飾金具、脚金具、留金具、鉸具
	造永EⅠ-1(副)②		環板B(人字)	無捩り	1條線	×			
	林堂G-3(副)	主副槨式積石木槨墓	環板B(人字)	無捩り	1條線	×	木鉄輪	―	留金具、鉸具
Ⅳ段階	造永CⅠ-2(副)	主副槨式岩壙木槨墓	環板B(人字?)	無捩り	1條線a2類	×	―	心葉(十)	鞍金具、鉢状辻金具、脚金具、鉸具
	造永EⅠ-2(副)	主副槨式岩壙木槨墓	鏡板B(楕円)	無捩り	1條線a2類	○	鉄輪	心葉(十)	鞍金具、板状一体造辻金具、脚金具、鉸具
	林堂5A	横穴式石室	環板B(人字)	無捩り	1條線a2類	×	―	心葉(三)	金銅装鞍、金銅装鞍把手、鉢状雲珠・辻金具、板状一体造辻金具、鉸具
	林堂5B1(副)	主副槨式岩壙木槨墓	鏡板A(心葉)	無捩り	1條線	×	―	心葉(三・刺葉)	金銅装鞍、鹿角製鞍金具、鹿角製鞍把手、歩揺付半球形飾金具、鉢状一体造辻金具、板状一体造辻金具
	林堂7A2	岩壙木槨墓	―	無捩り?	―	―	―	心葉(十)	板状一体造辻金具、鉸具
	造永1B-66(副)	主副槨式岩壙木槨墓	―	―	―	―	鉄輪	―	―
Ⅴ段階	林堂2北(副)	主副槨式岩壙木槨墓	鏡板	無捩り	1條線a2類	○	IB₅(有鋲)/鉄輪	心葉(三)/扁魚	金銅装鞍、障泥金具、歩揺付半球形飾金具、貝製雲珠・辻金具、鉢状辻金具、留金具、鉸具
	林堂2(封)	―	―	―	―	―	―	扁魚	―
	林堂5C-1号遺構	―	鏡板B(楕円)	無捩り	1條線a2類	○	鉄輪	―	鞍金具、鉢状雲珠・辻金具、鉄環、留金具
	林堂6A①	岩壙木槨墓	鏡板B(心葉)	無捩り	1條線a2類	×	木鉄壺/鉄輪	扁魚	金銅装鞍、歩揺付半球形飾金具、鉢状辻金具、留金具、馬鐸、鉸具
	林堂6A②		鏡板B(心葉)	無捩り	1條線a1類	○			

[凡例] ・(副)：副槨、(封)：封土　・木鉄輪：木心鉄板張輪鐙、鉄輪：鉄製輪鐙、木鉄壺：木心鉄板張壺鐙
・扁魚：扁円魚尾形杏葉、(三)：三葉文、(十)：十字文、(刺葉)：刺葉文

出土しなかった。

　現状において、慶山地域における三国時代最初の馬具は、林堂G-6号墳出土馬具（図75：1～3）である。楕円形の鉄製鏡板轡A類は、3條捩り技法銜と2條線引手a類をもち、慶山Ⅰ段階後半の標識資料といえる。林堂G-6号墳はG-5号墳と連接して築かれ、G-6号墳→G-5号墳の順に築造されたことが発掘調査の結果、明らかとなっている。土器は慶州Ⅰ段階後半の馬具を出土した月城路カ-13号墳例よりは古く位置づけられ、慶山地域最初の高塚と考えられている［張容碩 2001］。埋葬施設が主副槨式積石木槨墓である点も注目される。

（3）慶山Ⅱ段階

　慶山Ⅱ段階に位置づけられる資料は、造永CⅡ-2号墳出土馬具である。環板轡B類を含む2点の轡（図75：4）とIB₅式（無鋲）の木心鉄板張輪鐙（図75：5）、鉄装鞍（図75：7）、素文の心葉形杏葉（図75：6）などが出土している。短柄鐙から長柄鐙へ、そして部分補強から全面補強へという一般的な木心鉄板張輪鐙の変遷観［柳昌煥 1995］にしたがえば、次の段階に位置づけるのが妥当かもしれないが、柄部の長短よりも踏込鋲の出現を分期の指標とする本書の立場に立つ限り、

本資料の上限年代はⅡ段階に遡りうる。踏込鋲をもたない全面補強の木心輪鐙は、材質こそ異なるものの三燕や高句麗では4世紀代からみられ、必ずしも本資料を新しく位置づける基準とはならない。

造永CⅡ号墳は主副槨式積石木槨墓であるCⅡ-2号墳と、この地域独特の主副槨式岩壙木槨墓のCⅡ-1号墳からなり、2号墳→1号墳の順に築造されたことが発掘調査の結果、明らかとなっている。金龍星は、このCⅡ-1号墳や同じく岩壙木槨墓である造永EⅢ-2号墳、林堂7A号墳とCⅡ-2号墳を同段階に位置づけているが[金龍星 1996・1998]、後述するようにこれらの岩壙木槨墓から出土した馬具がⅢ段階前半を遡ることはない。また白井編年の新羅IB期の指標となる台付長頸壺が、CⅡ-1号墳や林堂7A号墳からは出土しているものの、CⅡ-2号墳からは出土しておらず、土器も若干古い様相を示すようである。慶州Ⅱ段階の皇南洞109-3・4号墳出土馬具とは様相を大きく異にするが[12]、この段階に位置づけておきたい。

（4）慶山Ⅲ段階

慶山Ⅲ段階前半に該当するのは、林堂7A号墳、7B号墳、造永CⅡ-1号墳、EⅢ-2号墳出土馬具などである。IA_4式（有鋲）の木心鉄板張輪鐙（図75：15）と李尚律分類甲群の扁円魚尾形杏葉（図75：14）、歩搖付半球形飾金具など（図75：11〜13）が出土した林堂7B号墳は、踏込鋲出現期の資料に位置づけられ、慶山Ⅲ段階前半の標識資料である。林堂7号墳は5号墳、6号墳と近接しており、遺構の重複関係から7A号墳→7B号墳→7C号墳→5A号墳→5B号墳→6A号墳の順に築造されたことが発掘調査の結果、明らかとなっている。7B号墳に先行することが確実な7A号墳からも歩搖付菊形飾金具（図75：10）が出土している。洛東江以東地方における歩搖付の菊形あるいは半球形飾金具の出現が、確実に皇南大塚南墳以前に遡ることを示す資料である。

慶山Ⅱ段階の造永CⅡ-2号墳に後続するCⅡ-1号墳からは十字文心葉形杏葉（図75：17）が出土している。本例を通じて新羅独自の意匠と考えられる三葉文の心葉形杏葉よりも先に、高句麗由来の意匠である十字文の心葉形杏葉が出現していたことがわかる。

またEⅢ号墳の中で最初に築造されたEⅢ-2号墳からは、IA式とIB_5式（有鋲）の木心鉄板張輪鐙が出土していることが筆者らの調査によって確認された。短柄鐙と長柄鐙の初めての共伴例として注目される[金大郁ほか 2009]。同墳からは他にも慶州Ⅲ段階前半の皇南洞110号墳とよく似た鉄装鞍や心葉形杏葉の他、金銅装の磯・洲浜分離鞍や板状別造辻金具など、これまで洛東江以西地方の特徴と考えられてきた馬具[千賀 2003b、李炫姃 2008]が出土している。金銅装鞍は先述のように磯・洲浜分離鞍である点で皇南大塚南墳出土の諸例とは区別される。一方で2列の内縁金具をもち、洲浜金具の周囲に波状列点文をめぐらすといった特徴は皇南大塚南墳出土の鞍につながる要素であり、洛東江以東地方における金銅装鞍の初期資料として評価できる。なお、EⅢ-2号墳に後続するEⅢ-3号墳やEⅢ-4号墳からも馬具が出土しているようであるが、詳細は不明である[金龍星 1998：表3参照]。

慶山Ⅲ段階後半に該当するのはCⅠ-1号墳（図75：21〜25）やEⅠ-1号墳（図75：26〜31）出土馬具などである。CⅠ号墳はCⅠ-1号墳→CⅠ-2号墳の順に、そしてEⅠ号墳はEⅠ-1号墳→EⅠ-2

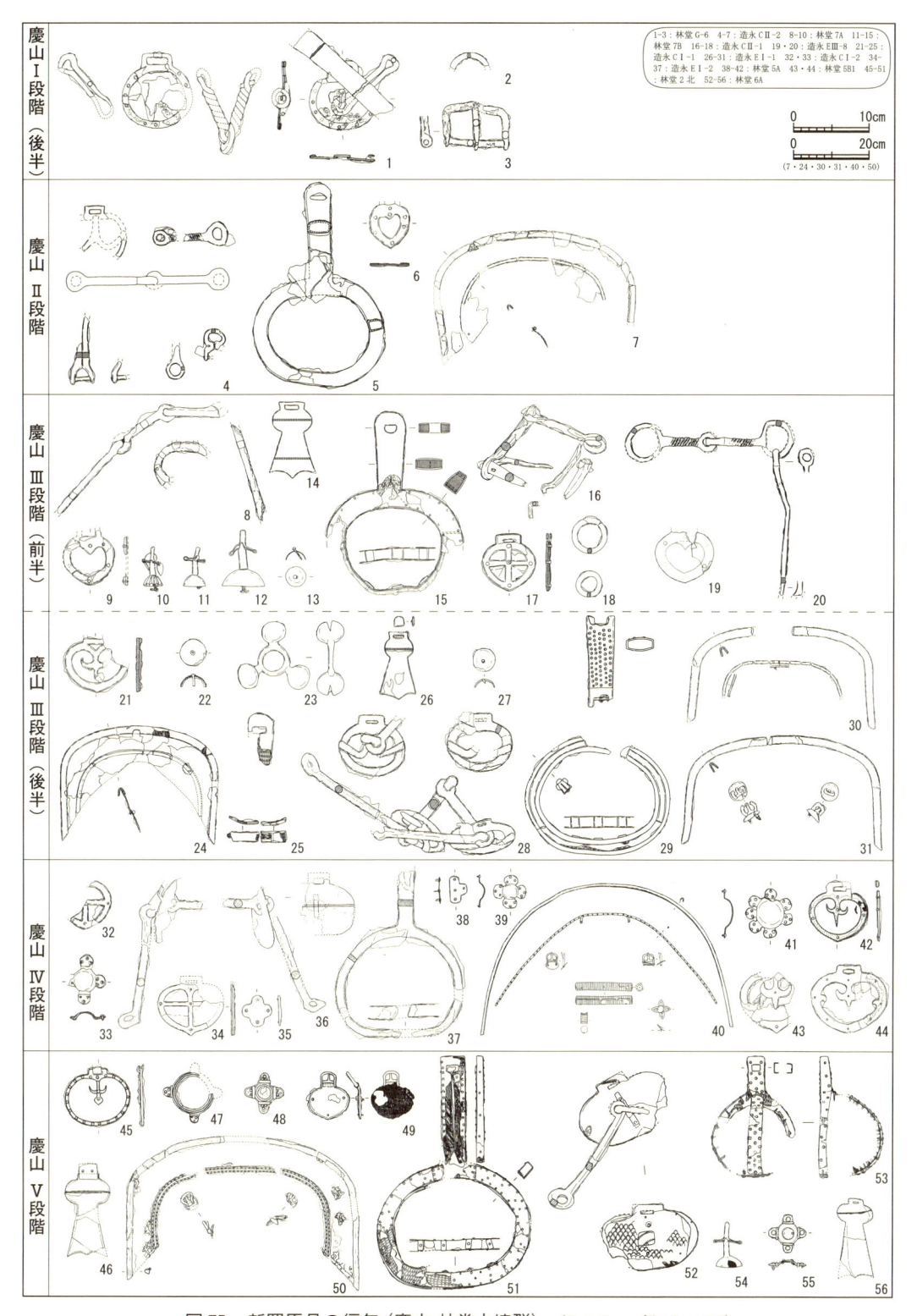

第8章 洛東江以東地方における馬具生産の展開とその特質

| 慶山Ⅰ段階（後半） | 1-3：林堂G-6 4-7：造永CⅡ-2 8-10：林堂7A 11-15：林堂7B 16-18：造永CⅡ-1 19・20：造永EⅢ-8 21-25：造永CⅠ-1 26-31：造永EⅠ-1 32・33：造永CⅠ-2 34-37：造永EⅠ-2 38-42：林堂5A 43・44：林堂5B1 45-51：林堂2北 52-56：林堂6A |

図75 新羅馬具の編年（慶山 林堂古墳群） （S=1/8、一部：S=1/16）

号墳の順に築造されたことが発掘調査の結果、明らかとなっている。CⅠ-1号墳とEⅠ-1号墳から出土した土器については、皇南大塚南墳出土土器との類似が指摘されている［金龍星 2007：38］。後続するCⅠ-2号墳とEⅠ-2号墳から次の段階の指標である鉢状雲珠・辻金具が出土していることをみても、この段階に位置づけてよいだろう。CⅠ-1号墳から出土した三葉文心葉形杏葉は、林堂古墳群では他にもいくつか出土しているものの、いずれも次の段階に現れる鉢状雲珠・辻金具と共伴する。したがって本例は、慶山地域最初の三葉文心葉形杏葉（図75：21）ということができる。鉄地銀張とはいえ慶州地域とほぼ同時期に、三葉文心葉形杏葉が出現していたことがわかる。

(5) 慶山Ⅳ段階

慶州地域の様相を参考にすると鉄製輪鐙や鉢状雲珠・辻金具、板状一体造辻金具の出現をもって慶山Ⅳ段階を設定することが可能である。この段階に位置づけられるのは先述の造永CⅠ-2号墳（図75：32・33）、EⅠ-2号墳（図75：34〜37）出土馬具と、林堂5A号墳（図75：38〜42）や5B1号墳（図75：43・44）出土馬具などである。EⅠ-2号墳からは鉄製輪鐙や板状一体造辻金具などを伴って慶山地域最初の鏡板轡B類が出土している。

林堂7C号墳に後続し、慶山地域で最初の横穴式石室を埋葬施設とする5A号墳からは、金銅装鞍把手をもち歩揺付花形飾金具で海部分を装飾した金銅装鞍（図75：40）や、縁金に波状列点文をほどこした鉄地金銅張三葉文心葉形杏葉（図75：42）、金銅製の鉢状雲珠・辻金具（図75：39・41）などの華麗な装飾馬具が出土した。後続する5B1号墳からも同じような金銅装の装飾馬具が出土している。林堂7A号墳より後に築かれた7A2号墳は、その他の古墳との重複関係はみられないものの、出土土器や板状一体造辻金具からこの段階を遡ることはない。なお、林堂5A号墳と同じく横穴式石室を埋葬施設とする造永EⅡ-1号墳や後続するEⅡ-2号墳、EⅡ-6号墳からも馬具が出土しているようである［金龍星 1998：表3参照］。報告書未刊のため詳細は不明であるものの、土器編年を参考にすれば、前2者は慶山Ⅳ段階に、後者は慶山Ⅴ段階に位置づけられる馬具が出土している可能性が高い。

(6) 慶山Ⅴ段階

慶州地域の様相を参考に、貝製雲珠・辻金具の出現をもって、慶山Ⅴ段階を設定する。林堂2北号墳から貝製雲珠・辻金具（図75：47・48）とともに透彫金銅装鞍（図75：50）や、ⅠB$_5$式（有鋲）の木心金銅板張輪鐙（図75：51）、三葉文心葉形杏葉（図75：45）など複数セットの装飾馬具が出土した。洛東江以東地方で木心金銅板張輪鐙が慶州地域以外から出土したのは本例のみである。林堂2号墳は南墳→北墳の順に築造されるが、南墳はひどく盗掘を受けており馬具は出土しなかった。

この2北号墳に後続すると考えられるのが林堂6A号墳と5C-1号遺構出土馬具である。慶山地域で高塚が築かれる最後の段階にあたる［金龍星 1998］。6A号墳からは鉄地金銅張心葉形鏡板轡（図75：52）や金銅装鞍、金銅製扁円魚尾形杏葉（図75：56）、木心鉄板張壺鐙（図75：53）など複数セットの馬具が出土している。5C-1号遺構は5C号墳の埋葬施設のそばから検出された

祭祀遺構で、鉄刀、鉄鏃とともに鉄製楕円形鏡板轡や鉄製輪鐙、鉄製鉢状雲珠・辻金具などが出土している。土器は伴わなかったが、5C号墳の年代から6A号墳とほぼ同じ段階に位置づけておきたい。

なお慶山地域では、慶州Ⅵ段階に新たに出現する棘葉形杏葉、鐘形杏葉を含む馬具の出土がまだ確認されていない。金龍星は6A号墳を壺杆塚、金鈴塚と同時期とみたが［金龍星1998］、土器は一段透し高杯を含み、付加口縁台付長頸壺を含まないなど慶州Ⅵ段階の壺杆塚などより明らかに古い様相を呈しており、李熙濬が指摘するように壺杆塚よりは古く位置づけるべきである［李熙濬2007：139-140］。棘葉形杏葉や鐘形杏葉の地方への波及が遅れた可能性を差し引いても、慶山地域は慶州地域よりも一足早く馬具の副葬を終了したと考えざるをえない。

以上を整理すると図75のとおりである。

4．新羅における装飾馬具生産の特質

前節までの検討を通じて、慶州地域と慶山地域の馬具が密接な関係をもって展開していくことが明らかとなった。慶山地域の装飾馬具は、素材や装飾性の面において慶州地域の王陵級積石木槨墳出土の装飾馬具にはまったく及ばないものの、形・意匠やセット関係には強い共通性が認められる。さらには慶州地域における新しい形・意匠の装飾馬具の出現と連動して、慶山地域にも同様の形・意匠の装飾馬具が出現していることもわかった。これは両地域間に100年以上の長きに渡って、緊密な交流が維持されていたことを前提として、初めて理解できる現象であろう。

また本章で検討する余裕はないが、両地域と共通する形態的特徴をもつ装飾馬具は、時期ごと地域ごとの多寡・粗密はあるけれども、洛東江以東様式土器が分布する洛東江以東地方の各地から出土している。それらが慶州地域において一元的に生産されたかどうかについては慎重に検討する必要があるものの、少なくとも一つの装飾馬具様式として理解することが可能だろう。

ここからは洛東江以東地方各地、とりわけ前章で扱った釜山地域の資料を適宜参照しつつ、新羅様式というべき独自の装飾馬具が成立するⅢ段階を中心に、それ以前（Ⅰ・Ⅱ段階）とそれ以後（Ⅳ～Ⅵ段階）の装飾馬具生産を概観し、その展開と特質を明らかにする。なお便宜上、新羅〇段階として議論を進めていく。

（1）騎馬文化の導入―新羅Ⅰ・Ⅱ段階―

慶州隍城洞20号木槨墓例が報告されたとはいえ、新羅Ⅰ段階前半の様相はまだ判然としない。ただ、新羅における三国時代馬具の出現が、慶州型木槨墓とも呼ばれる主副槨式細長方形木槨墓や、古式陶質土器、鉄製甲冑などの出現と連動することが明らかとなったことは重要である。福泉洞古墳群のⅠ段階前半の馬具については、釜山地域に対する新羅中央の影響をこの段階に遡って想定することで、新羅馬具、あるいは新羅経由で入ってきた高句麗馬具［李在賢2003］の可能性が提起されたことがある［金大煥2003：77］。土器からみて福泉洞38号墳や69号墳よりも古いとみられる隍城洞20号木槨墓例の存在をふまえれば、その可能性をまったく否定することはできないが、もう少し資料の増加を待ちたい。

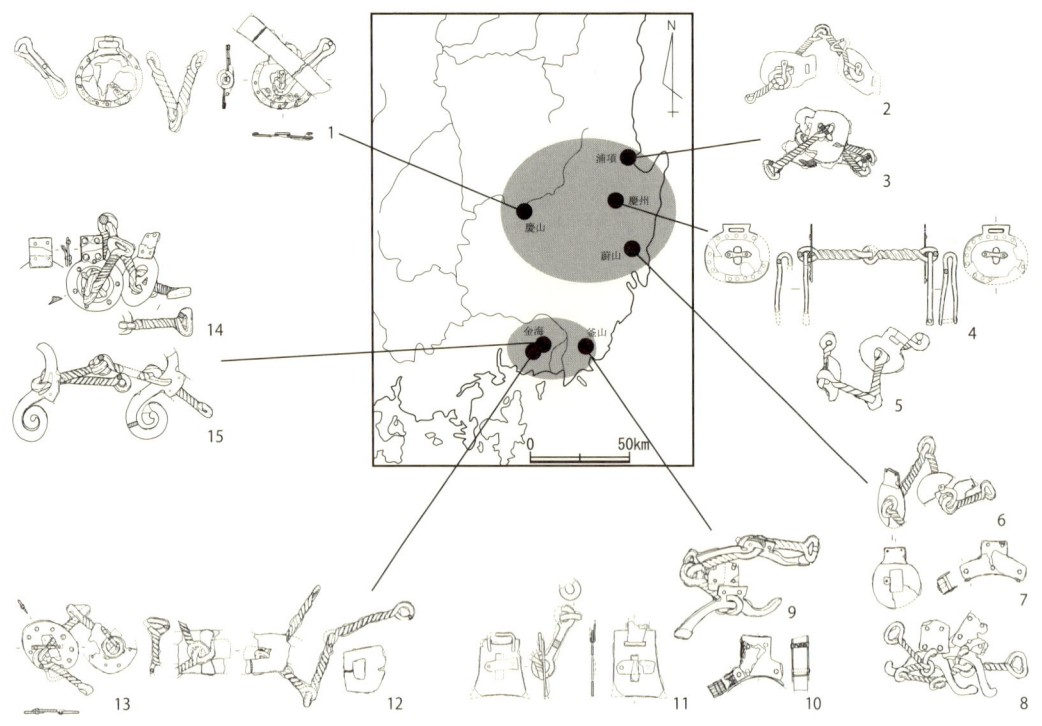

図76　朝鮮半島南東部三国時代Ⅰ段階後半における馬具の地域性　(S=1/10)
1：林堂G-6号墳　2：玉城里ナ-29号墳　3：玉城里カ-35号墳　4：月城路カ-13号墳　5：舎羅里5号木槨墓
6：中山里ⅠA-26号墳　7・8：中山里ⅠB-1号墳　9・10：福泉洞60号墳　11：福泉洞54号墳　12：良洞里196号墳
13：良洞里321号墳　14・15：大成洞2号墳

　新羅Ⅰ段階後半（4世紀中葉〜後葉）になると、先にみた慶州地域や慶山地域だけでなく、蔚山地域や浦項地域からも馬具が確認されるようになる[13]。いずれも洛東江以東様式土器の出現以前、あるいは出現前後の古墳である。これらはどこで製作されたのであろうか。月城路カ-13号墳の銅地金銅張楕円形鏡板轡A類は、中国東北部や高句麗の鏡板轡を模倣してつくった倣製品あるいは輸入品とみる見解［金斗喆1993：89］や、高句麗産よりは慶州産の可能性が高いという見解［李熙濬1996a：295］があるものの、いずれも決め手に欠ける。ただ馬具製作に必要な鋲留技術が鉄製甲冑の製作に用いられていること、そして三燕・高句麗に認められない多條捩り引手をもつ轡の存在から、少なくともその一部は新羅で製作されていたとみてよいだろう。
　この段階の洛東江以東地方から出土した金銅装の馬具は邑南古墳群の2例のみであり、製作地の問題はさておき慶州邑南古墳群の優越性を読みとることが可能である。この段階の金海地域を中心とする洛東江下流域では、青銅製馬具が鉄製馬具より上位の馬装とされた様子がうかがえたのに対し、慶州地域を中心とする洛東江以東地方では金銅装の馬具が上位の馬装とされたことは興味深い。このような材質の差に加えて、鉄鋌を素材とする梯形鏡板轡の有無を基準にすると、この段階の朝鮮半島南東部の馬具生産は、金海地域と慶州地域という二つの地域を軸に展開した可能性が高い（図76）。
　ただし、釜山地域から出土するC型の木心鉄板張輪鐙は、金海地域にはみられず、蔚山中山里ⅠB-1号墳（図76：7）［昌原大学校博物館2006］から類例が出土しているように、鏡板轡の分布が

各種馬具の分布と重なるわけではない。本書で再三強調しているように、この段階の馬具には顕著な定型性や地域性は見出しがたく、その分布に過度な政治的意味を内包させるのは危険であろう。また、地域間や古墳群間あるいは同一古墳群内における馬具からみた優劣は、基本的には馬具の所有・非所有の差に留まり、馬具所有者間の階層分化はまだ未熟な段階にあったといえる。

このように中国東北部の騎馬文化を受容し、慶州地域を中心に馬具生産が始まったと考えられる新羅Ⅰ段階後半の製作年代が、麻立干期最初の王である奈勿王の治世（在位 356～402 年）とほぼ重なることは単なる偶然ではないだろう。この時期、新羅は 377 年、382 年と相次いで中国前秦に遣使したという記録があり[14]、このような活発な対外交渉を通じて中国東北部に由来する鏡板轡 A 類を導入したものと考えられる。

次に新羅Ⅱ段階（4 世紀末～5 世紀初）についてみていく。新羅Ⅱ段階の標識資料を出土した皇南洞 109-3・4 号墳は、慶州地域内では決して上位階層の古墳とはいいがたく［毛利光 1983］、この段階の慶州地域の様相を代表させるには躊躇される。しかし、この段階から新羅との関係を強めていったと考えられる釜山地域の大型墳をみても、鉄製の鏡板轡や心葉形杏葉はあるものの、金銀装の装飾馬具はない。これは慶山地域に関しても同様である。

これまで、この新羅Ⅱ段階にみられる諸々の変化については、高句麗との関係が第一に想起されてきた［崔鍾圭 1983、申敬澈 1985、姜賢淑 2008 など］。筆者も、庚子年（400 年）の高句麗南征という一つの事件にすべてを帰結させうるとは思わないものの、高句麗とほぼ同時に朝鮮半島南部に新技術が出現する背景には、やはり高句麗の南下政策を軸とする 4 世紀末から 5 世紀初にかけての歴史的状況が深く関わっていたと考えている。高句麗にみられない朝鮮半島南部独自の要素を強調し、その影響を弱く見積もる向きもあるが［金斗喆 1993：98-99、李尚律 1993、申敬澈 1994 など］、高句麗の状況が不透明である現状においては、細かな差異や前後関係よりは、共通性とその背後にある歴史的状況を重視すべきであろう。

なお、この段階になると南は釜山福泉洞古墳群、北は尚州新興里古墳群、西は星州シビシル古墳群や亀尾新林里古墳群など、洛東江以東様式土器の分布範囲と重なるかたちで馬具が散見されるようになる。それらの間には、個々の馬具の形態はもちろん、セットとしての共通性が認められ、新羅Ⅰ段階後半に形成された慶州地域を核とする馬具の分布が順調に拡大していく様子を読みとることが可能である。また、洛東江以西地方の陜川玉田古墳群などでもこの段階から馬具が出土しはじめるが、次章で詳しく論ずるようにそれらは洛東江下流域よりは洛東江以東地方との関係のもとに出現したと考えられる。

ところで、この時期の高句麗の装飾馬具には材質・装飾などによって、各種装飾馬具やその総体としての馬装に階層分化が認められるとされるが［桃崎 2005a：123］、新羅馬具にはまだそのような動きを見出すことはできない。前段階まで主流であった鏡板轡 A 類も減り、環板轡や鑣轡が主流となるなど装飾性という面ではむしろ停滞した様相すら認められる。もちろん当時の歴史的状況を考えれば、王陵級の積石木槨墳には金銅装の華麗な装飾馬具セット（おそらく高句麗からの移入品）が副葬された可能性が高い。今後の資料増加によって解決する問題ではあろうが、いずれにせよ、装飾性の高い馬装が新羅Ⅲ段階以降のように洛東江以東地方に面的に普及していた可能性は低いといえる。すなわち新羅Ⅱ段階は、馬具製作という面からみると新羅Ⅰ段階から

新羅Ⅲ段階への過渡期として評価することができる。前段階に比して飛躍的に拡大した分布域は、新羅Ⅲ段階にもそのまま引き継がれていくものの、装飾馬具という側面からみると、新羅Ⅰ段階から新羅Ⅲ段階へと継起的に発展していった様子を見出しにくい。

400年の高句麗南征以後、末松保和の想定するように慶州地域に高句麗軍が駐屯していたかは別としても［末松 1954］、この時期の新羅が高句麗の強い影響下にあったことは疑いの余地がない［武田 1989 など］。新羅Ⅱ段階の馬具様相が高句麗王権と新羅王権の政治的関係をいくらかでも反映しているのであれば、あるいは馬装にも何らかの規制があったのかもしれない。いずれにせよ今後の資料の増加を見守りたい。

（2）独自の装飾馬具の出現―新羅Ⅲ段階―

新羅Ⅲ段階（5世紀前葉～中葉）になると金銀装の装飾馬具が本格的に出現する。前半・後半にわけてその出現過程を細かくみていくと、前半にまず、高句麗に由来する十字文心葉形杏葉、歩揺付菊形飾金具や半球形飾金具と、新羅独自の扁円魚尾形杏葉が出現する。造永EⅢ-2号墳例から金銅装鞍も前半には出現していたと考えてよい。そして後半になると高句麗にはみられない鏡板轡B類や三葉文心葉形杏葉が出現する。皇南大塚南墳からは金銅装透彫玉虫装飾馬具や歩揺付貝製飾金具のような新羅独自の素材[15]を用いた馬具も出土している。総じていって、前半は高句麗の装飾馬具との共通性が強く、後半になるにつれて独自性が強まっていくという傾向を指摘することができる。

ここで注目したいのは杏葉の形態と材質である。表25は慶州、慶山、釜山地域における新羅Ⅲ段階の杏葉を形態と材質によって整理したものである。金銅装については地板の上に玉虫の羽をのせ、透彫上板と波状列点文を施した周縁板をあてるものと、地板に上板と波状列点文を施した周縁板をあてるもの、地板に金銅板一枚被せのものに細分している。この表から扁円魚尾形杏葉→心葉形杏葉（三葉文→十字文→素文）の順に次第に装飾性が落ちていくことを確認することができる。もちろん皇南大塚南墳のように様々な形態・材質の杏葉をもつ古墳や、盗掘によって全容を知りえない古墳もあり、さらには新羅Ⅲ段階が5世紀前葉から中葉という比較的長い時間幅をもつことを考慮すれば、こういった形態・材質の差をただちに個々の古墳の階層性と結びつけることはできない。ただ、洛東江以東地方から出土する杏葉には、形態によって用いられる金属の材質や意匠に一定の規則性があったことは認めてもよいだろう。これは鉄製の素文心葉形

表25　杏葉の形態と材質

		心葉形杏葉			扁円魚尾形杏葉
		素文	十字文	三葉文	
金銅装	透彫				皇南(副)、皇北
	波状列点文	皇南(副)		皇南(副)	皇南(主)、皇南(副)、皇南(封)
	一枚被せ			皇南(主)	皇南(副)、皇北、皇14-2、仁C1、林7B、造EⅡ1、福7、福15
銀装		皇南(副)、皇14-1、林7A、造EⅢ2	皇14-2、皇破Ⅱ、造CⅡ1	皇南(主)、皇南(副)、造CⅠ1	皇110(副)、福49
鉄製		皇110(副)、造EⅢ8、福10・11			

[凡例]・慶州地域の資料は太字で表示
・皇南：皇南大塚南墳　皇北：皇南大塚北墳　皇：皇南洞　仁：仁旺洞　林：林堂　造：造永　福：福泉洞
・(主)：主槨、(副)：副槨、(封)：封土

杏葉がわずかに確認されるのみであった前段階とは、まったく次元が異なる様相といえる。

上位に位置づけられる扁円魚尾形杏葉や三葉文心葉形杏葉が、新羅独自の形態もしくは意匠の杏葉とみられることも重要であろう。このことから、新羅独自の杏葉が、高句麗に由来する杏葉よりも上位の杏葉として採用されていたことがわかる[16]。高句麗にはみられないイモガイ製の歩搖付飾金具が、皇南大塚南墳にのみ副葬されていることも、同じ脈絡で理解できる。

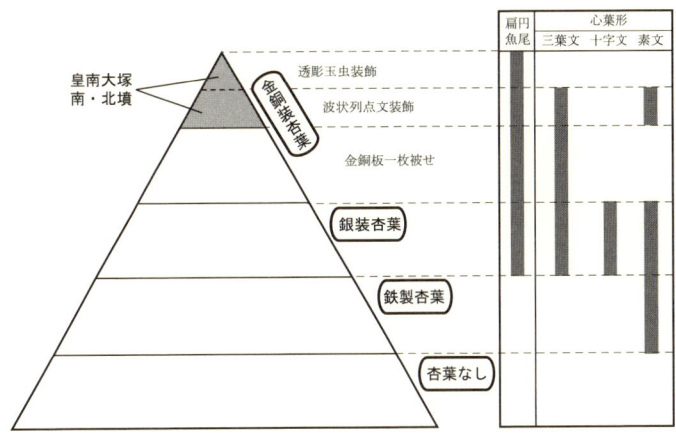

図77　杏葉にみる新羅Ⅲ段階の馬装の階層分化

そしてこの段階以降、洛東江以東地方から出土する杏葉には、形・意匠と素材に一定の規則性が認められることも重要である。もちろん平面形態や鋲配置などに微細な差はあるかもしれないが、それ以上に洛東江以東地方各地から出土するこの段階の杏葉には皇南大塚出土の透彫玉虫装飾扁円魚尾形杏葉を頂点とする図77に示すような階層分化を認めることができる。

新羅独自の杏葉を創出し、高句麗由来の杏葉より上位に位置づけ、それを王や王族が独占していることからみて[17]、その序列は高句麗によって押しつけられたものでも、高句麗の杏葉にみられる序列を完全に模倣したものでもなく、新羅王権みずからがつくりだした序列であったといってよい。また、杏葉とセットになる他の装飾馬具の材質も杏葉の材質とおおむね対応することから、その序列は単に杏葉という個別馬具に留まらず、馬装全体を貫くものであった可能性が高い。そのような序列が慶州地域の王陵級積石木槨墳を頂点とするピラミッド構造をなすことを考えれば、この段階の装飾馬具に複数の製作主体を想定することは困難である。基本的には新羅王権のもとでの一元的な生産を想定すべきであろう。

ここで想起されるのが、新羅の服飾制度に関する考古学的研究成果である［毛利光1983、李漢祥1995・1997、李熙濬2002など］。それらによれば、皇南大塚南墳築造前後に洛東江以東地方各地で出土しはじめる冠や耳飾、帯金具、装飾大刀などの着装型の金工品は、新羅王権から各地の首長に下賜された着装型威信財（威勢品）として理解される。そして、そういった服飾品（衣服）の授受関係を通じて新羅王権は地方に対する間接支配を進め、地方の首長もそのような関係を背景に地方におけるみずからの地位を保持したという。また、着装型金工品の副葬パターンから、服飾制度にもとづいた身分制[18]が何らかのかたちで存在したともされる［李熙濬2002］。そして、そのような地方支配システムは、高句麗の太子が新羅王やその随伴者に衣服を下賜したという中原高句麗碑の記事[19]から、本来、高句麗にあったものを新羅王権が模倣したと考えられている［李漢祥1995：47］。

このようにこの段階に、服飾にもとづく何らかの身分制が成立し、服飾品の下賜を通じて地方を間接支配するシステムを新羅王権が構築していたのであれば、同じく新羅王権が製作主体と考

177

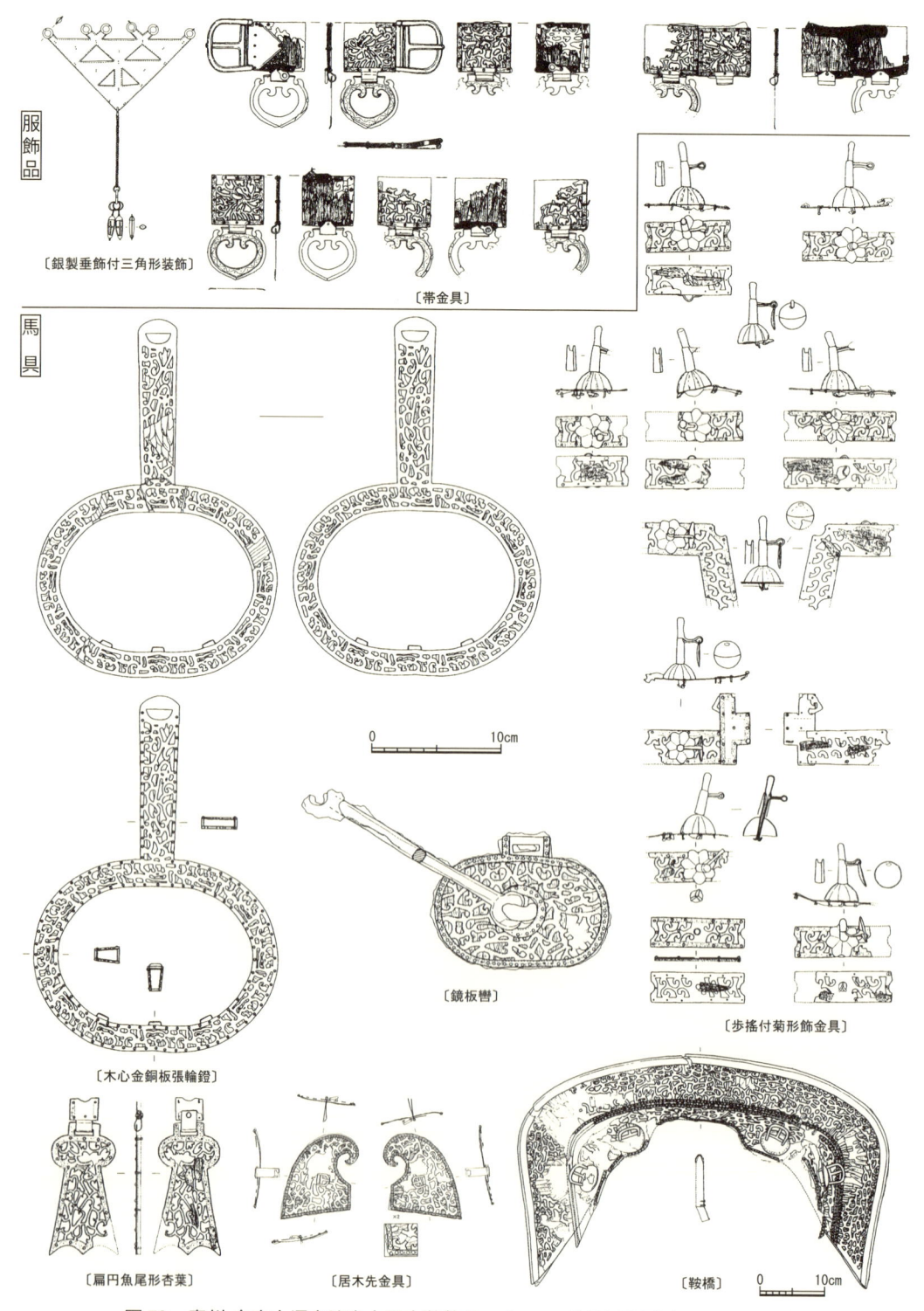

第Ⅲ部　朝鮮半島南部における騎馬文化の展開

服飾品

〔銀製垂飾付三角形装飾〕　〔帯金具〕

馬具

〔木心金銅板張輪鐙〕　〔鏡板轡〕　〔歩揺付菊形飾金具〕

〔扁円魚尾形杏葉〕　〔居木先金具〕　〔鞍橋〕

図78　慶州 皇南大塚南墳出土玉虫装飾品　（S=1/5、鞍橋と居木先金具のみ S=1/10）

178

えられる装飾馬具についても、金斗喆が指摘するように服飾品と同じような意味をもち［金斗喆 2000：339］、おそらくは馬と一緒に各地の首長に下賜された可能性が当然生じてくる。装飾馬具が服飾品と同じ性格をもち、製作から下賜までのプロセスを同じくしたであろうことは、皇南大塚南墳の金銅製龍文透彫帯金具などの服飾品に装飾馬具と同じ玉虫の羽や彫金技法が用いられていることを通じて容易に理解できる（図78）。また高句麗由来の三葉環頭大刀よりも新羅独自の三累環頭大刀が上位に位置づけられていたという東潮の指摘は、装飾馬具のあり方とも通ずるところがある［東 2010：154］。

　要するに、この段階に洛東江以東地方に広がる新羅様式とでもいうべき装飾馬具様式の成立は、新羅王権が服飾とセットで推し進めた馬装の整備に起因する可能性が高い。新羅において馬装が服飾と同じくらい属人的性格の強いものであったことは、後代の記録ではあるものの、『三国史記』雑志に色服条に次いで車騎条があることからも容易に理解され、そこには身分・性別ごとに用いることのできる馬具・馬車の材質や色が厳密に規定されている。

　もちろん、洛東江以東地方から出土するすべての馬具の生産・流通を新羅王権が管理していたわけではなかっただろう。鑣轡などの簡素な馬具については各地域単位での製作も当然想定される。また最終的に古墳に副葬された1セットの馬具に製作や下賜の共時性が認められるのか、すなわち当初からセットであったのかについては、よくわかっていない。前章でみたように当該期の地方首長がある程度自立的な存在であったならば、装飾馬具の配り手であったであろう新羅王権の意図と、貰い手であったであろう各地の首長の意図が必ずしも合致していたとは限らない。このようにまだまだ突き詰めなければならない基本的課題が山積しており、馬装の差を身分制度と関連させうるのかどうかについては今後の検討課題とせざるをえない。だけれども、この段階の新羅の馬装に新羅王（麻立干）を頂点とする一定の序列が存在したことは明らかであろう。

　新羅の装飾馬具生産における最大の画期といえるこの段階は、第2章で述べたように訥祇王の治世（在位417～458年）とおおむね一致する。従来の研究では皇南大塚南墳が築造された5世紀第3四半期以後、新羅の装飾馬具生産が本格化すると考えられてきたが［金斗喆 1998b など］、それは馬具を単なる副葬品としてみてきたためと思われる。古墳に副葬された装飾馬具が服飾品と同じく被葬者の生前の活動に伴うのであれば、新羅Ⅲ段階の装飾馬具の成立は訥祇王の死後ではなく、その在世期間中に起こった政治的現象として理解する必要がある。扁円魚尾形杏葉や三葉文心葉形杏葉を頂点とする新羅独自の序列化された馬装秩序の構築は、晩年に反高句麗の旗幟を鮮明にしたとされる訥祇王による「脱高句麗化」［井上直 2000］の一環でなされたと考えられ、またそれが5世紀前葉に遡って認められることは、新羅の「脱高句麗化」が文献史料にあらわれる軍事的衝突よりも以前から起こっていたことを示す重要な考古学的証拠といえよう。

（3）その後の新羅馬具―新羅Ⅳ・Ⅴ・Ⅵ段階―

　ここからは新羅Ⅲ段階に成立した新羅独自の装飾馬具生産が、その後いかなる展開をたどっていったのかを段階ごとに概観する。

　新羅Ⅳ段階（5世紀後葉～末）で最も豊富な装飾馬具を出土した金冠塚からは、皇南大塚南墳と同じような金銅装馬具が出土しており、王陵級の積石木槨墳出土馬具に大きな変化は認められな

い。ただし、金冠塚では、貝製飾金具（図73：32）や金銅装透彫玉虫装飾馬具に加えて、鉢部にガラス材を用いた飾金具（図73：31）が新たに副葬されるなど、前段階同様、特殊な素材を用いた装飾馬具を王や王族が独占することで序列化を維持しようとした様子が読みとれる。

　この段階になると慶州地域では中・小規模の積石木槨墓を中心として馬具が広範に普及し、それによって装飾馬具の階層性はさらに分化していく。そのことは、銀装馬具の所持層の増加をみれば明らかである。たとえば、前段階では所持の制限されていた三葉文の心葉形杏葉がこの段階になると比較的規模の小さな古墳からも出土するようになる。これらが総じて鉄地銀張であることをふまえれば、三葉文という意匠自体が特別な意味をもっていた前段階から、材質・装飾によって三葉文心葉形杏葉をつくりわける方向へと変化していったことがわかる。またそれらの比較的規模の小さな古墳を中心に、鉄製輪鐙や鉢状雲珠・辻金具、板状一体造辻金具が新たに出現する。これらの馬具は、装飾性はさておき、前者は耐久性の面において、後者は複数の革帯をしっかりと連結するという点において、既存の木心金属板張輪鐙や飾金具よりも機能的に優れており、また生産にかかるコストも既存のものよりは低かったと考えられる。なお、これらの馬具は高句麗にも認められることから[20]、基本的には高句麗馬具を選択的に受容した前段階の延長線上に位置づけられよう。

　いずれにせよこの段階になると装飾馬具生産が安定化し、飾馬所有層が拡大するとともに、馬装の序列化はさらに進行したものと考えられる。前段階に成立した馬装のピラミッド構造はさらに高く、そして多くの階梯をもつものへ拡大したとみてよい。ただし、このような現象はあくまで慶州地域でのみ認められる現象である。慶山地域では相変わらず装飾馬具の所有は大型墓の被葬者に基本的に制限され、中・小規模の古墳被葬者に装飾馬具が広範に普及していく様子は読みとれない。慶州以外の地域で慶州地域と同規模とはいわずとも、それを縮小したようなピラミッド構造が確認されないことからみて、地方の首長はその貰い手ではあっても、基本的には作り手や配り手ではなかったのであろう[21]。

　新羅V段階（6世紀初～前葉）になると、忍冬楕円文をもつ心葉形杏葉と貝製雲珠・辻金具などが新たに出現する。これらは新羅VI段階になると中・小規模の積石木槨墓などからも出土するものの、この段階ではまだ天馬塚や金鈴塚といった王陵級の積石木槨墳や林堂2北号墳など一部の地域の大型墳に出土が限定される。新羅王権が新しい装飾馬具を創出し、最上位の馬装として採用した様子をここでも確認することができる。特に貝製雲珠・辻金具は、先述のように前段階の鉢状雲珠・辻金具の製作技術と、皇南大塚南墳以来、飾金具に用いられてきたイモガイ使用の伝統が融合した、新羅独自の装飾雲珠・辻金具である［木下1996］。雲珠・辻金具は馬装全体のグランドデザインを規定する重要な要素である。依然、高句麗由来の飾金具の使用も継続するものの、この段階に高句麗の装飾馬装とは一線を画した新羅独自の装飾馬装が完成したことの意義は大きいだろう。

　新羅VI段階（6世紀前葉～中葉）になると、棘葉形杏葉や鐘形杏葉などが新たに出現する。これらの出現契機については、扁円魚尾形杏葉を祖形とし、扁円部の退化と魚尾部の発達の過程で出現するという説と［桃崎2001：7］、馬俑の表現などから中国北朝など他地域に系譜を求める説［小野山1990・2000、李尚律1993］がある。後者を証明する実物資料はまだ出土しておらず、前段

階に心葉形杏葉に採用された忍冬楕円文装飾がこれらの棘葉形杏葉と鐘形杏葉に用いられていることから、少なくともその一部は、在来の工人集団によって製作されたとみてよい[22]。高句麗由来の心葉形杏葉は、玉虫装飾や、三葉文・忍冬楕円文といった独自の意匠を採用することによって、王陵級の積石木槨墳にも長らく副葬されてきた。ところが、この段階の古墳の中で最も豊富な副葬品を出土した壺杅塚や銀鈴塚から出土していないことからみて、もはや心葉形杏葉は上位階層の杏葉としては採用されなかった可能性が高い。ここでも、新出の杏葉を在来の心葉形杏葉よりも上位に位置づけることによって、差異化を図った様子を確認することができる。

　新羅における馬具の副葬はこの段階で終了するが、邑南古墳群における馬具出土古墳数はこの段階にピークを迎える。これは、前段階で馬具副葬を終了したとみられる林堂古墳群の様相とは対照的である。またこの段階の邑南古墳群では、新羅Ⅲ段階以降みられなかった鉄製の装飾馬具をもつ小規模古墳が急増する。つまり金銀装の装飾馬具をもつ層が拡大したのではなく、これまで装飾馬具をもちえなかった低い階層に、鉄製の装飾馬具が広がっていく様子が読みとれる。すなわち、慶州地域における装飾馬具副葬は徐々に減っていったのではなく、むしろ下位階層へ拡大した後に何らかの理由によって突然終了したと考えざるをえない。いますぐ、この原因を明らかにすることはできないが、当該期に成立したと考えられている十七等からなる官位制やそれに伴う衣冠制の導入との関係を今後追究していく必要があるだろう［武田 1974］。なお、この段階で邑南古墳群はおおむねその築造を終了し、その後、墓域は王京外の山麓に移っていく。それらの古墳に装飾馬具が副葬されることは、基本的にない[23]。統一新羅時代の状況を示す先述の車騎条の記事や、6世紀後半に日本列島でいわゆる新羅系馬具が盛行することからみて［千賀 2003b］、装飾馬具が製作されなくなったとは考えにくいが、副葬品としての役目を終えたことは確かであろう。

5．結　語

　本章の雑駁とした分析によってえられた新羅における装飾馬具生産の特質を整理し、結語に代えたい。

　新羅では、Ⅰ段階後半における鏡板轡の導入、Ⅱ段階における新技術の導入を経て、Ⅲ段階にようやく本格的な装飾馬具生産が始まる。それは基本的には高句麗の装飾馬具の影響を強く受けたものであったが、一方で独自の形・意匠・素材の装飾馬具を創出し、それを高句麗由来の装飾馬具より上位に位置づける独自の序列を構築した点において、「脱高句麗化」の動きをも内包するものであった。

　新羅にそのような慶州の王陵級積石木槨墳を頂点とする馬装秩序が形成されていく背景として、服飾制度を通じた新羅王権の間接支配の存在を挙げ、ほぼ同時期に生産が開始する各種着装型金工品と同じような役割を装飾馬具が担っていた可能性を想定した。またそのように服飾の下賜を通じて支配-従属関係を強化するシステムは、もともと高句麗にあったと考えられることから、新羅における装飾馬具の導入は、服飾品同様、単なるモノの導入に留まらず、装飾馬具、あるいは飾馬の下賜を通じて統治をおこなっていたであろう高句麗の馬装秩序を体系的に導入した結果

であったと判断される。

　IV段階以降も新羅では装飾馬具生産が順調な発展を遂げ、飾馬所有層が次第に増加していく。その中で新羅王権は、新しい形・意匠・素材の馬具を契機的に導入し、王みずからがそれを独占的に用いることで、常に馬装秩序の頂点に立ちつづけた。生産の基盤を掌握し、序列の頂点をみずから更新しえた点において、新羅王権の国内における相対的な優越性は明らかである。しかし同時にその頂点を常に更新しつづける必要があった点において、絶対的な存在であったとはいいがたい。そこには、麻立干期の新羅王権の不安定性を読みとることが可能である。

　以上、仮説に仮説を積み重ね、論理の飛躍した部分も多々あるものの、本章での議論を通じて洛東江以東地方から出土する装飾馬具を新羅のもとで解釈する枠組みは構築できたものと考えられる。論じ残した問題は今後の課題とし、いささか冗長となった本章を終えたい。

註
（1）これまでの慶州地域の新羅古墳に対する調査のあゆみについては、早乙女雅博［2001］、吉井秀夫［2006b］、車順喆［2006］らによって丁寧に整理されている。
（2）行政区分上、林堂洞古墳群、造永洞古墳群、夫迪里古墳群にわかれているものの、同じ丘陵上に築かれているため、本章では一括して林堂古墳群とする。ただし個別の古墳名に関しては報告書の呼称にしたがう。
（3）月城の北西側、現在の仁旺洞、校洞、皇南洞、皇吾洞、路西洞、路東洞に広がる古墳群を一括して邑南古墳群［有光1955］と呼ぶ。ただし個々の古墳名については各報告書の呼称にしたがう。
（4）副葬品と木槨構造から皇南大塚南墳→北墳→金冠塚・瑞鳳塚→天馬塚→金鈴塚という変遷が想定されている［毛利光 1983：1007］。
（5）このような鞍把手は長らく、皇南大塚北墳と奈良県藤ノ木古墳の鞍だけにみられる特徴と考えられてきたが［伊藤1987］、李炫姃によって同様の構造をもつ金銅装あるいは有機物製把手が洛東江以東地方各地から出土していることが明らかにされた［李炫姃 2007］。
（6）李炫姃は高句麗からの移入品である可能性を指摘しているが［李炫姃 2008：99］、仁旺洞C-1号墳例は鋳造製であるのに対し、高句麗からこれまでに出土した鉢状雲珠・辻金具はすべて鍛造製と差異がある。このような龍文を鋳出した鋳造製鉢状雲珠は、現状では三燕の北票喇嘛洞IM21号墓から出土しているのみである。
（7）ただし具体的な製作地については、中国の他にも百済、高句麗の可能性が想定されうると慎重である［馬目 1980：677-678］。
　　この他に、町田章は飾履塚の龍鳳文装飾剣菱形杏葉のうち1点は半肉彫りの優品であるのに対し、他の4点はその図案のみをコピーして透彫りによって仕上げた粗品であることを指摘し、前1点については高句麗からの移入品、後4点については新羅での模倣製作を想定している［町田 1970：50］。また金斗喆は、中国南朝と通交があった百済で製作され、加耶を介して移入されたとみる［金斗喆 2000：136-138］。
（8）このような木心輪鐙模倣の金属製輪鐙は、第13章でみるように安陽孝民屯154号墓例（金銅板切り抜き？）や朝陽十二台郷磚廠88M1号墓例（鋳造鍍金製）など三燕でもみられ、決して朝鮮半島南部の特定地域に限って起きた現象ではない。
（9）李炫姃は筆者のI段階後半に位置づけられる浦項玉城里カ-35号墳から出土した「十字形金具」を朝鮮半島南東部最古の板状一体造辻金具と把握し［李炫姃 2008：52-53］、鋲配置を根拠に筆者のIV段階の慶山造永EI-2号墳例への連続的な変化を想定した。しかし両者には時間的懸絶に加え、鋲配置をのぞけば形態にも差異があり、同一系統として把握できるのか疑問である。現状においてはIV段階に洛東江以東地方各地から出土する板状一体造辻金具とは別個に考えておくべき

だろう。
　また李炫姃は、鉢状雲珠の出土した釜山福泉洞23号墳と日本列島の類例との併行関係を根拠に、板状一体造辻金具や鉢状雲珠・辻金具の出現を皇南大塚南墳と同じ段階（5世紀中葉）に求めたが［李炫姃2008：72］、馬具の組成はもちろん、李炫姃も依拠する白井編年にもとづいて共伴する土器をみても、福泉洞23号墳を皇南大塚南墳出土馬具と同時期とみることはできない。ただし共伴する土器をみる限り、皇南大塚北墳の段階には板状一体造辻金具や鉢状雲珠・辻金具が出現していたと考えられ、邑南古墳群からも今後出土する可能性が高い。

(10) 崔鍾圭は公州宋山里4号墳例について、新羅からの移入品とみている［崔鍾圭1992：68］。
(11) 心葉形杏葉として報告されているが［文化公報部 文化財管理局1974：132］、宮代栄一［2004］の研究を参考にする限り、杏葉ではなく障泥金具とみるべきだろう。宮代は日本列島の資料のみを扱ったが、同種の心葉形障泥金具は新羅に加えて、五女山城など高句麗からも出土している。
(12) この段階の慶山地域唯一の高塚である造永CⅡ-2号墳に比肩しうる規模の古墳は、まだ慶州地域では報告されていないと考えられる。
(13) 尚州地域からもこの段階の馬具が出土しているが、第3章で述べたように中西部との関係で考える必要がある。
(14) 『資治通鑑』巻104 晋紀26 列宗上之中 太元2年（377）条
　　「春 高句麗新羅西南夷 皆遣使入貢於秦」
　『太平御覧』巻781 四夷部2 東夷2 新羅条
　　「秦書曰 苻堅建元十八（382）年新羅国王楼寒 遣使衛頭 献美女」
　なお、これらの遣使は単独によるものではなく、高句麗使に随伴したと推測されている［末松1954］。
(15) 高句麗でも6世紀末［東1997］の壁画墳である平安南道真坡里9号墳（旧1号墳）［梅原ほか1966］から玉虫装飾製品が出土しているものの［神谷2003］、皇南大塚南墳より古い例はまだ確認されていない。また神谷正弘らによれば、朝鮮半島における玉虫の生息範囲は朝鮮半島南部の東・南海岸沿い一帯に限定されていたようである［神谷ほか2004］。
　イモガイに関しては朝鮮半島には生息しておらず、木下尚子によれば、本州、四国、九州の浜辺でも採集できるが、馬具に見合う大きさの原貝の採取地は奄美諸島以南の日本列島南部（琉球列島）とみるのが妥当のようである［木下1996］。なお、木下は三燕でも蚌（淡水産の二枚貝）が装飾馬具として用いられていることに注目し、三燕（や高句麗）にあった貝製馬具の伝統が新羅に伝わり、日本列島南部産のイモガイを用いる新羅独自の貝製馬具が創出されたとみている［木下2001］。
(16) ただし、王陵級積石塚である太王陵からは金銅製龍文透彫心葉形杏葉（図24：16）が出土しており、高句麗においても十字文や素文が最上位の意匠ではなかったようである。また、高句麗古墳とみられる［桃崎2010］咸鏡北道清津市の富居里ヨンチャンコル1号墳から、各種馬具と共に三葉文心葉形杏葉が出土している［蔡泰亨2002］。どの程度普及していたかはさておき、三葉文心葉形杏葉が高句麗でも製作されていた可能性を考慮する必要がある。
(17) 神谷正弘は玉虫装飾が新羅の王や王族に独占されていたと考えたが［神谷2003：196］、その後、皇吾里16-2・3号墳や、皇南洞100番地1号積石木槨墳［東国大学校慶州캠퍼스博物館2000］など王陵級の古墳以外からも玉虫装飾を施した馬具の出土例が増えてきている。ただしそれらはいずれも新羅Ⅲ段階以降に位置づけられ、少なくとも玉虫装飾馬具出現当初は、王や王族によって独占されていたとみてよい。
(18) 毛利光俊彦は、5世紀中頃には官位に対応する服飾制度がかなり整っていたとみた［毛利光1983：1010］。これに対し李煕濬は、被葬者が女性や子供と考えられる古墳からもこれらの金工服飾品が出土していることから、この段階における官位制の存在には否定的で、これらの金工服飾品は身分制を反映するものとみている［李煕濬2002：82-83］。
(19) 「賜寐錦之衣服　（中略）　教諸位賜上下衣服」

なお立碑の時期については諸説あるが、いずれにせよ高句麗では中原高句麗碑が建てられる以前である4世紀末頃には、上下序列的な秩序体系に整備された十三等構造の官位制が成立しており、碑文にみられる「衣服」はそれと連動するものであったと考えられている［武田幸 1980：16］。

(20) 鉢状雲珠・辻金具は高句麗に類例があるものの、板状一体造辻金具はまだその出土が確認されていない。ただし、板状一体造辻金具の中央を叩き出すことによって鉢状辻金具ができ、両者の製作工程は途中までまったく同じであることをふまえれば、今後出土する可能性は高い。

(21) 昌寧地域における在地製作を想定する李炫姃らは、昌寧地域が新羅王権にとって重要であったため、その後援のもとに工房を保持しえたとみている［李炫姃ほか 2011：989］。しかしその根拠とするイレギュラーな装飾馬具が、あくまで大型首長墳からの出土に留まることをふまえれば、新羅王権にとって昌寧地域が重要であるがゆえに特注品の馬具が下賜されたという見方も十分成り立ちうる。

(22) しかし他地域からの移入品を新羅で模倣製作する際に在来の忍冬楕円文装飾が採用された可能性も十分にあるため、王陵級の積石木槨墳にどのような杏葉が副葬されたのか明らかでない現状では、忍冬楕円文装飾を前段階からの連続性として過度に評価するのは危険である。なお、鐘形杏葉とよく似た「吊鐘形杏葉」が、新羅V段階と考えられる昌寧校洞11号墳から出土しており［穴沢ほか 1975］、注意される。

(23) 明活山城の麓に位置する普門里夫婦塚（普門洞合葬墳）では、夫墓（積石木槨墓）からは十字文心葉形鏡板轡片や素文心葉形杏葉、金銅製の馬鈴などが出土したものの、婦墓（横穴式石室）からは出土しなかった［国立慶州博物館 2011］。また、邑南古墳群の横穴式石室墳である馬塚（路西里133号墳）からも梅原末治による調査の際に馬骨や鞍が出土しているようである［金載元ほか 1955］。

遺跡の出典 （表22～24に挙げたもののみ）
［慶州］
金冠塚：濱田ほか 1924・1927、濱田 1932、諫早ほか 2011
金鈴塚・飾履塚：梅原 1932、馬目 1980
皇南洞109号墳・皇吾洞14号墳：斎藤忠 1937
壺杅塚・銀鈴塚：金載元 1948
路西里138号墳：金載元ほか 1955
皇吾里4号墳：洪思俊ほか 1964
皇南里破壊古墳：朴日薫 1964
皇吾里1号墳：金元龍 1969
皇吾里33号墳：秦弘燮 1969
皇南洞151号墳：朴日薫 1969
天馬塚：文化公報部 文化財管理局 1974
仁旺洞古墳群：慶熙大学校博物館 1974、嶺南大学校博物館 1986
味鄒王陵地区：尹世英 1975、金廷鶴ほか 1980、李殷昌 1980
皇南洞110号墳：嶺南大学校博物館 1975、李殷昌 1975、金大煥ほか 2008
皇南大塚：文化財管理局 文化財研究所 1985・1993・1994、国立中央博物館 2010
月城路古墳群：国立慶州博物館ほか 1990、諫早 2007a
皇南洞106-3番地古墳群：国立慶州文化財研究所 1995
路東里4号墳：穴沢ほか 1998、国立中央博物館 2000b
皇吾里16号墳：有光ほか 2000
鶏林路14号墳：国立慶州博物館 2010

［慶 山］
林堂古墳群：嶺南大学校博物館 1994・1999a・2000・2002a・2003・2005、嶺南文化財研究院 2001b・
　2001c、韓国文化財保護財団 1998b、金大郁ほか 2009

第9章　洛東江以西地方における馬具生産の展開とその特質

1. 問題の所在

　本章では洛東江以西地方の中でも、独自の装飾馬具生産が展開したことが明らかな大加耶に焦点をあてる。これまで大加耶馬具に関する研究は、豊富な馬具が出土し、かつ精度の高い報告がなされた陝川玉田古墳群を中心に進展してきた。特に柳昌煥の研究によって、その変遷の大綱は完成したといっても過言ではなく、馬具の変化する社会的背景や階層性の問題にまで議論が及んでいる［柳昌煥 2000a・2008 など］。
　しかし、いわゆる大加耶系の考古資料や文献史料によって復元される大加耶の領域は、研究者ごとに大きく異なる[1]。また、大加耶様式土器の時間的・空間的検討にもとづいて、大加耶の成長過程やその領域の拡大・縮小過程を描き出した李熙濬［1995b］の研究によれば、中心たる高霊地域と周辺諸地域の関係も流動的である。それは、文献史料にみえる多羅国の中心古墳群とみられる玉田古墳群に関しても決して例外ではない［吉井 2004、趙栄済 2007 など］。
　大加耶の領域に異論がある現時点において、大加耶の馬具生産、とりわけ装飾馬具の生産の問題を考えるにあたっては、大加耶の中心地である高霊地域、その中でも王陵を含む高霊池山洞古墳群出土馬具に対する詳細な検討が不可欠である。池山洞古墳群は幸いにも近年、多数の報告書が刊行され、そのような検討が可能な状況となりつつある。そこで本章ではまず、池山洞古墳群出土馬具を基軸に大加耶馬具の編年を再構築する。その上で、周辺地域の馬具と比較し、大加耶独自の装飾馬具が生産されていく過程とその意義を明らかにしてみたい。
　なお、池山洞古墳群は複数の機関によって調査され、同じ号数の古墳が複数存在する。そこで本章では、小型墳については煩雑ではあるが号数の前に調査機関の略称をつけ、無用の混乱を避けたい。略称は以下のとおりである。嶺南大学校博物館：（嶺大）、嶺南埋蔵文化財研究院・嶺南文化財研究院：（嶺文）、慶尚北道文化財研究院：（慶文）。

2. 大加耶馬具の編年

　ここからは池山洞古墳群出土馬具を軸とした大加耶馬具の編年をおこなう。編年に際しては、基本的に第3章で設定した朝鮮半島南部共通の指標にしたがい、朝鮮半島南部三国時代Ⅲ段階以降に関しては、土器編年[2]や他地域の馬具を参考に段階を設定する。
　また、本章で扱う大加耶馬具とは、ひとまず大加耶の領域から出土した馬具を指すこととする。とはいえ、大加耶の領域をどのように考えるかについては、先述のように研究者ごとに差異がみられる。本章では池山洞古墳群出土馬具を軸に段階を設定した上で、比較的広い領域を想定している朴天秀［2004・2009a］の研究成果を参考にしながら、周辺地域出土馬具の様相をみていく。

(1) 大加耶Ⅰ段階

　大加耶では、朝鮮半島南部三国時代Ⅰ段階に位置づけられる馬具はまだ出土していない。大加耶における馬具の出現は、現状では環板轡B類などを指標とする三国時代Ⅱ段階からである。今後、三国時代Ⅰ段階に遡る馬具が出土する可能性もなくはないが、本章ではひとまずこの三国時代Ⅱ段階に位置づけられる馬具を大加耶Ⅰ段階としておく。4世紀末から5世紀初の製作年代が想定される。

　池山洞古墳群でこの段階に該当するのは、環板轡B類とIB$_2$式鐙（無鋲）などからなる（慶文）10号石槨墓出土馬具（図79：1～3）のみである。ただし、（慶文）10号石槨墓について報告者は、土器の検討から大加耶Ⅱ段階の馬具を出土した35号墳と同時期に位置づけた［金東淑 2000：239］[3]。35号墳の馬具（図79：5～8）は、後述するように大加耶Ⅱ段階の中でも前半に位置づけられ、土器も池山洞古墳群の大型墳の中では最も古く位置づけられていることから、（慶文）10号石槨墓出土馬具と35号墳出土馬具の製作年代には、それほど大きな実年代差はないのであろう。ただし、先述の（慶文）10号石槨墓から出土した環板轡B類は洛東江以東地方（新羅）に分布の中心をもち（図64）、中西部（百済）との関連性が強く認められる大加耶Ⅱ段階の池山洞古墳群出土馬具の一般的な様相と異なる点は注意しておく必要がある。

　池山洞古墳群以外では、陝川玉田23、67-A、67-B、68号墳からこの段階の馬具が出土している（図80：1～7）。いずれも池山洞（慶文）10号石槨墓と同じ、環板轡B類と踏込鋲をもたない木心輪鐙を含む馬具セットである。ただし、池山洞（慶文）10号石槨墓出土鐙は長柄のIB$_2$式であるのに対し、この段階の玉田古墳群出土鐙は短柄のIA式と差異がある。玉田古墳群の諸例はいずれも大型の木槨墓から出土しているのに対し、池山洞（慶文）10号石槨墓は丘陵稜線上から外れた小型の石槨墓であり、同墓出土馬具をもって大加耶Ⅰ段階の池山洞古墳群出土馬具を代表させるのは危険であろう[4]。一方で、玉田古墳群出土馬具が、高霊地域を中心とする大加耶Ⅱ段階の普遍的な様相を代弁しているのか依然不透明な部分が多く、高霊地域における資料の増加をもう少し待ちたい。

(2) 大加耶Ⅱ段階

　踏込鋲をもつIB$_4$式鐙と遊環をもつ楕円形鏡板轡B類の出現を指標とする。また、前段階にはみられなかった鑣轡が中・小型墳を中心に出土するようになる。ただし、立聞用金具の型式や遊環の有無などに差異が多く、定型性は認められない。筆者の朝鮮半島南部三国時代Ⅲ段階に該当し、5世紀前葉～中葉にかけての製作年代が与えられる。池山洞古墳群では30、32、33、35号墳、（慶文）2号石槨墓、（嶺文）I-3、I-52、I-55、I-107、Ⅱ-8号石槨墓などから出土した馬具がこの段階に該当する。

　この段階は、朴天秀の大加耶Ⅲ・Ⅳ段階、白井克也の高霊IB・IC期に該当し、土器編年からは少なくとも2時期に細分することができるようである。そのような観点で鐙をみていくと土器編年上、前半に位置づけられる35号墳からは部分鉄板張のIB$_4$式鐙（図79：6）が、そして後半に位置づけられる32号墳からは、全面鉄板張のIB$_5$式鐙（図79：10）が出土しており、土器編年と

鐙の型式学的変遷が見事に対応する。伴う轡も、35号墳の鏡板轡（図79：5）は一般的な可動式の遊環をもつのに対し、32号墳の鉄製鑣轡（図79：9）は固定式遊環であり、土器編年および鐙編年の妥当性を後押しする。ただし、報告者によって32号墳と同時期に比定される30号墳からもIB$_4$式鐙が出土しており（図79：15）、玉田古墳群では次の大加耶III段階までIB$_4$式鐙の副葬が確認されている。もちろん製作年代と副葬年代の問題について考慮する必要はあるものの、柳昌煥も指摘するようにIB$_4$式鐙とIB$_5$式鐙は一定の重複期間をもって製作されたと考えるのが妥当であり[5]［柳昌煥 1995：121-122］、分期の絶対的な指標とはなりえない。

　すなわち、土器編年を参考にせずとも、35号墳出土馬具を大加耶II段階の前半に、32号墳出土馬具を後半に位置づけることは十分可能であるが、あくまで同一段階内での漸進的変化に留まるといえる。なお、池山洞古墳群でみられるこのような変化は、次章でみる中西部、すなわち百済においてもおおむね同時に起こっていたと考えられ[6]、この段階の両地域の馬具が形態的にも技術的にも密接な関係にあったことを知ることができる。

　池山洞古墳群以外では、陜川玉田M1、M2、5、8、12、28、35、42、91、95号墳からこの段階の馬具が出土している。この段階の玉田古墳群にはIB$_{4・5}$式鐙や遊環をもつ楕円形鏡板轡のような池山洞古墳群と共通する馬具以外に、IB$_3$式鐙や扁円魚尾形杏葉、無脚半球形雲珠など新羅に系譜を求められる装飾馬具が含まれる。

　これらの新羅に系譜を求められる装飾馬具は、長らく池山洞古墳群からの出土が確認されなかったため、この段階の玉田古墳群の独自性を示す証拠の一つとされてきた。しかし、先述のように大加耶I段階の池山洞（慶文）10号石槨墓から環板轡B類が出土しており、最近、大東文化財研究院によって調査された池山洞73号墳からも環板轡B類や無脚半球形雲珠、鉄地銀張扁円魚尾形杏葉が出土し［김정수 2008］、大加耶II段階の池山洞古墳群においても、新羅に系譜を求められる装飾馬具が一定量存在したことが明らかとなりつつある。この問題については次節で改めて検討してみたい。

（3）大加耶III段階

　f字形鏡板轡B類と剣菱形杏葉の出現を指標とする。また、楕円形鏡板轡の中に、鏡板下辺が内彎した内彎楕円形鏡板轡と呼ぶべきものが現れる。朴天秀の大加耶V・VI段階、白井克也の高霊IIA・IIB期におおむね該当し、5世紀後葉～末の製作年代が想定される[7]。池山洞古墳群では44号墳主槨、44-25号石槨墓、（嶺大）1号石槨墓、（嶺文）I-18、I-97号石槨墓出土馬具などがこの段階に該当する。また池山洞古墳群以外では、玉田M3、7、20、24、70、72、82号墳や、陜川磻渓堤カ-A号墳、居昌末屹里2号墳、山清生草M13号墳、咸陽白川里I-3号墳、南原月山里M1-A号墳、順天雲坪里M3号墳などから、この段階の馬具が出土している。

　李熙濬［1994］の研究以降、大加耶II段階（後半）の池山洞32号墳と大加耶III段階の池山洞44号墳の間に空白期間を想定し、両者の間に玉田M3号墳をおくのが一般的となっている。このような前後関係は剣菱形杏葉の形態によっても傍証できる。すなわち、玉田M3号墳から出土した大小2型式の剣菱形杏葉（図80：22・23）が、いずれも扁円部と剣菱部の境界に区画帯をもたないのに対し、池山洞44号墳主槨から出土した鈴付剣菱形杏葉（図79：18）は区画帯をもつ点で型

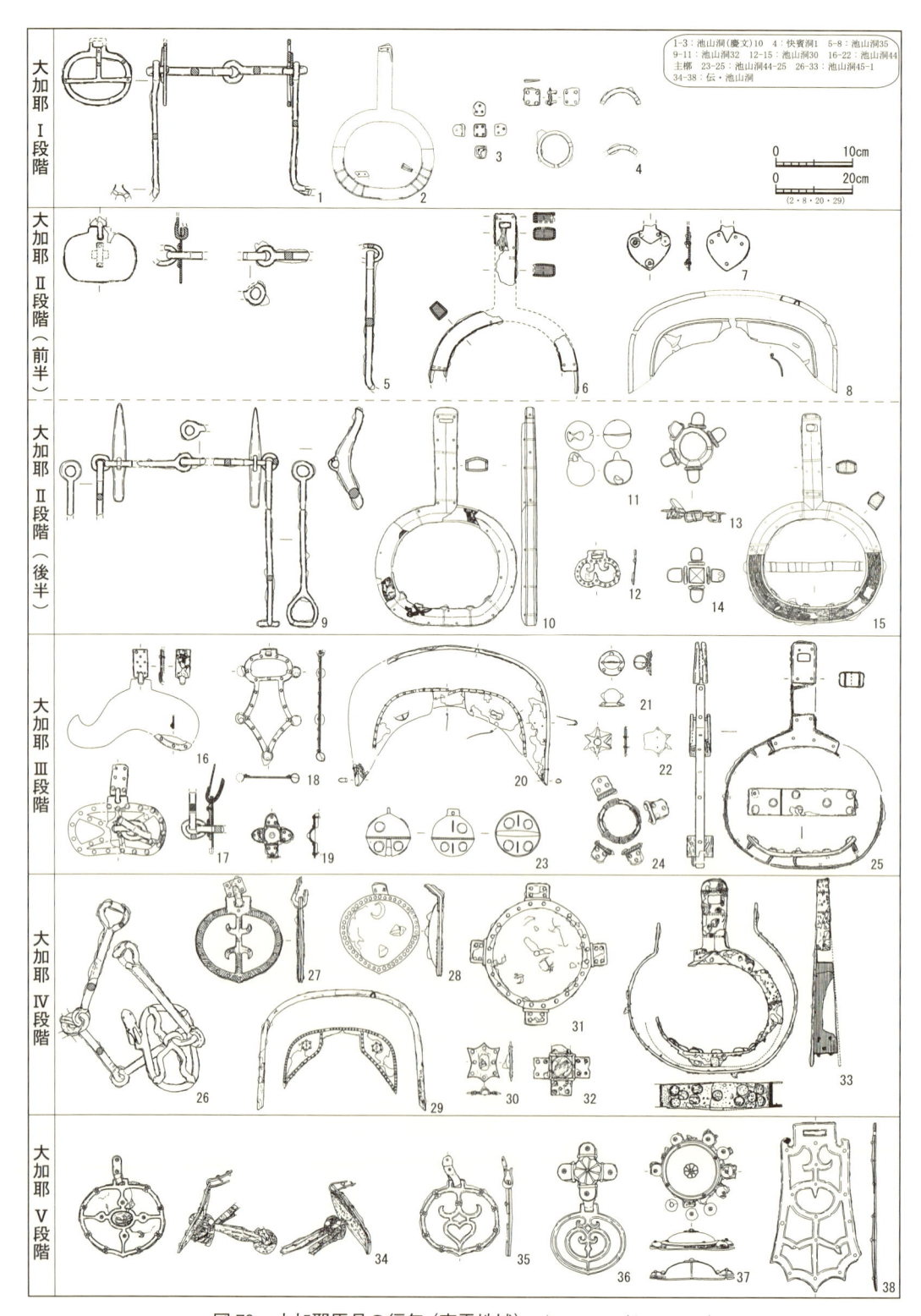

第Ⅲ部　朝鮮半島南部における騎馬文化の展開

図79　大加耶馬具の編年（高霊地域）　（S=1/8、一部：S=1/16）

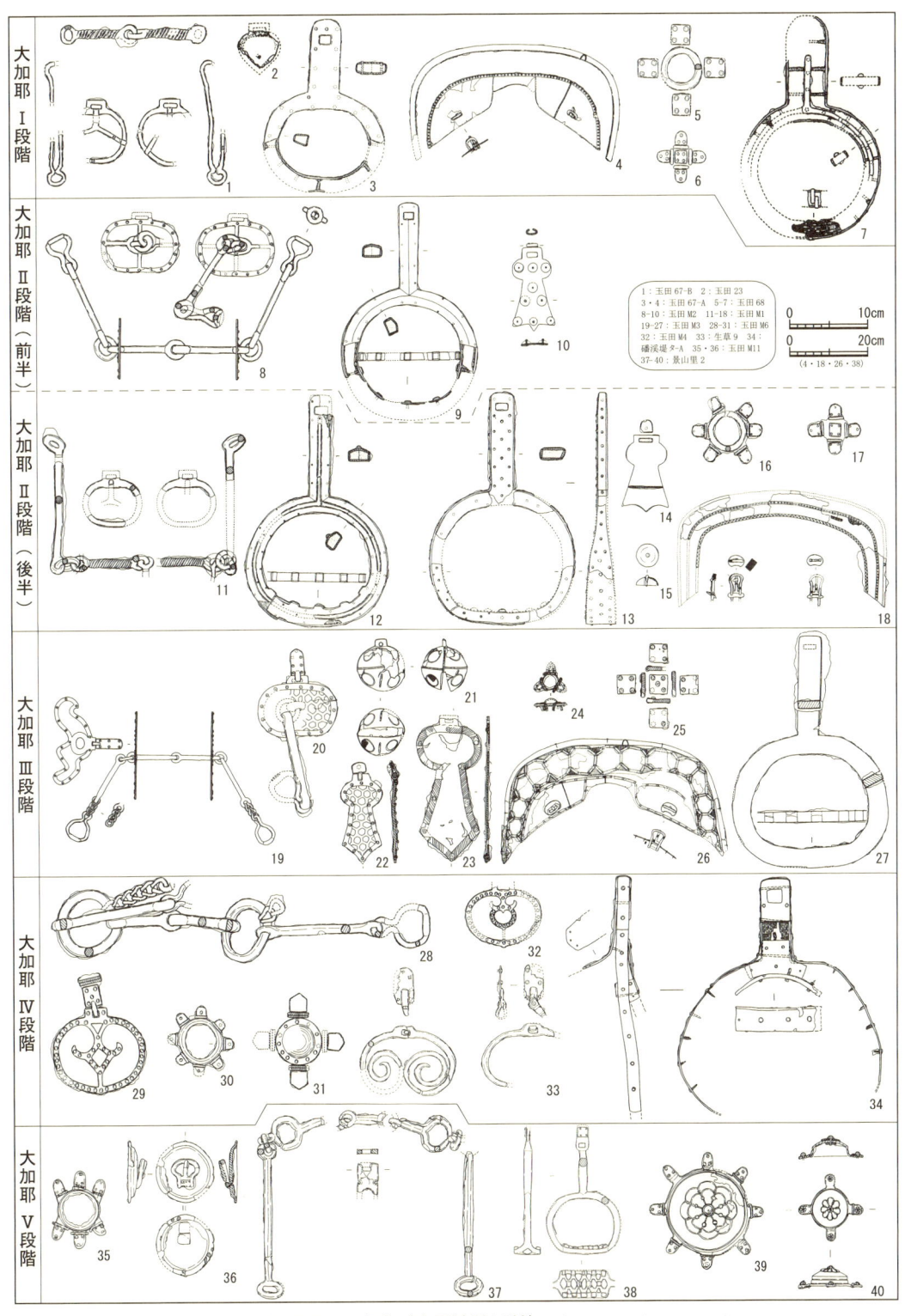

第9章 洛東江以西地方における馬具生産の展開とその特質

図80 大加耶馬具の編年（高霊地域以外）　(S=1/8、一部：S=1/16)

式学的に後出すると考えられる[8]。よって玉田M3号墳を大加耶Ⅲ段階の前半に、池山洞44号墳は後半に位置づけておきたい。ただし、剣菱形杏葉の出土は大型墳に限定され、同段階のすべての古墳出土馬具を細分する指標とはなりえない。大加耶Ⅱ段階の前・後半同様、あくまで同一段階内での漸進的変化として理解される。

なおf字形鏡板轡や剣菱形杏葉などを出土した生草M13号墳について、報告者である趙栄済は池山洞45号墳と併行する6世紀第2四半期とみるが［趙栄済2009：135］、池山洞44号墳と併行させる意見もある［朴天秀2009a：588］。柳昌煥も指摘するように馬具には池山洞44号墳との共通性が認められるため［柳昌煥2009］、この段階に位置づけておくのが妥当であろう。

(4) 大加耶Ⅳ段階

忍冬楕円文系の心葉形杏葉の出現を指標とする。これも前章で検討したように新羅に系譜を求められる装飾馬具である。製作地はさておき、新羅Ⅴ段階との併行関係を設定できる。朴天秀の大加耶Ⅶ段階、白井克也の高霊ⅡC期におおむね該当し、池山洞45号墳1号石室出土馬具がこの段階に該当する。6世紀初〜前葉の製作年代が想定される。池山洞古墳群以外では玉田M4、M6、M7、74、75、76、85、86号墳、高霊本館洞36号墳、陜川磻渓堤タ-A号墳、陜川鳳渓里171号墳、山清生草9号墳、咸陽衆生院村1号墳、南原斗洛里1号墳などからもこの段階の馬具が出土している。

(5) 大加耶Ⅴ段階

良好な資料が出土していないものの、大加耶Ⅳ段階よりも新しく位置づけられる資料を一括してⅤ段階を設定する。大加耶滅亡（562年）を下限とし、6世紀中葉を中心とする製作年代が想定される。朴天秀の大加耶Ⅷ・Ⅸ段階、白井克也の高霊Ⅲ期におおむね該当し、池山洞古墳群では（慶文）67-1号石槨墓、湖巌美術館所蔵の伝・池山洞出土馬具［湖巌美術館1997］がこの段階に該当する。池山洞古墳群以外では、陜川玉田M11号墳、宜寧景山里2号墳などからもこの段階の馬具が出土している。

池山洞（慶文）67-1号石槨墓は、馬具を出土した1次石槨とその上につくられた2次石槨からなる。前者には大加耶様式土器が、後者には新羅後期様式土器が副葬され、大加耶滅亡前後の様相を示している[9]。伝・池山洞出土品は池山洞44号墳の鞍に取り付けられたものとまったく同じつくりの金銅製鈴金具［湖巌美術館1997：69］が含まれるなど様々な時期の資料が混在しており、一括資料とは到底考えがたい。ただし、鉄地金銅張の十字文心葉形鏡板轡や忍冬楕円文心葉形杏葉をはじめとする花形鋲や花形台座を用いる各種装飾馬具（図79：34〜37）や、鉄地金銅張棘葉形杏葉（図79：38）などはⅣ段階以前の大加耶馬具とは明確に区分され、出土地が確かであればこの段階に位置づけてよい。伝・池山洞出土品の棘葉形杏葉などを通じて、新羅Ⅵ段階との併行関係を設定できる。

3. 大加耶における馬具生産の展開とその特質

(1) 大加耶Ⅰ段階の様相

　この段階の玉田古墳群出土馬具については、これまで洛東江下流域との関係が想定されてきた [柳昌煥 2000b：468、金斗喆 2000：224]。たとえば玉田古墳群からも多く出土している環板轡B類については、中国東北部に起源のある環板轡A類をモデルに洛東江下流域（金官加耶）で独自に創出され、各地に波及したと考えられてきた [金斗喆 1993：91-93、柳昌煥 2000a：174]。しかし先述のように環板轡B類は、釜山地域では福泉洞31・32号墳例を嚆矢としてしばらく副葬されつづけるのに対して、金官加耶の中心地である金海地域からはまだ1点も出土していない（図64）。

　また、玉田68号墳から出土したⅠA$_3$式（無鋲）の木心鉄板張輪鐙についても、福泉洞31・32号墳と同時期かそれより若干早く築造された福泉洞35・36号墳例が最古段階の資料とされているが、金海地域からはいまだ出土していない。釜山Ⅱ段階の馬具に新羅の馬具製作の影響が強くみられはじめることや、ⅠA$_3$式鐙の後行型式であるⅠB$_3$式鐙が「新羅系鐙子」と呼ばれるほど [柳昌煥 1995：121]、洛東江以東地方を中心に分布していることをふまえれば（図65）、玉田古墳群出土馬具の系譜もやはり、洛東江下流域（金官加耶）よりは洛東江以東地方（新羅）に求めるべきであろう。

　すでに大加耶Ⅱ段階の玉田古墳群にみられる新羅系文物については、昌寧様式土器とともに昌寧地域を介してもたらされたと考えられているが [趙栄済 1994：21]、大加耶Ⅰ段階の玉田23号墳や68号墳などからも昌寧様式土器の出土が確認されており [朴天秀 2006b]、対岸の昌寧地域を介した新羅との関係は、大加耶Ⅰ段階にまで遡る可能性が高い[(10)]。

　それでは、現状における大加耶最古の装飾馬具といえる玉田23号墳出土鉄地金銅張心葉形杏葉は、どのように評価すべきであろうか。この玉田23号墳の杏葉は李尚律分類のAa式に該当する。李尚律はこのAa式を、金海大成洞1号墳例（図81：3）、釜山福泉洞35・36号墳例（図81：5）、福泉洞10・11号墳例（図81：6）、陝川玉田23号墳例（図81：1）などの縦に発達した形態の甲群1グループと、慶州皇南洞110号墳例（図81：8）、皇吾洞14-1号墳例（図73：7）など横幅が多少広がった甲群2グループに細分した。そして前者を加耶、そして後者を新羅の心葉形杏葉と把握し、相対編年上、前者の出現が先行すると考えた [李尚律 1993：132-135・2005b]。

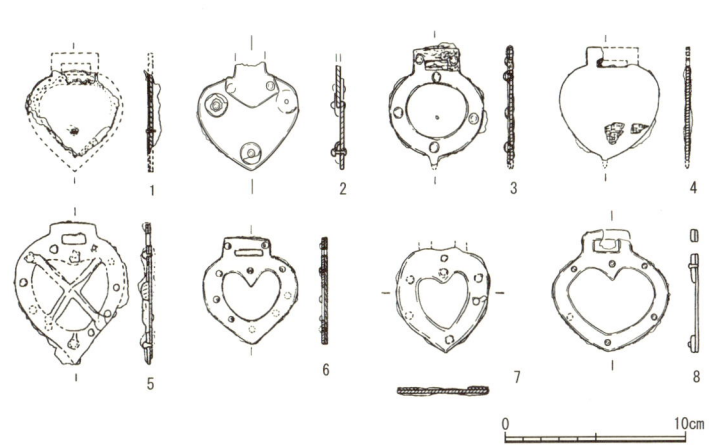

図81　李尚律分類Aa式の心葉形杏葉　（S=1/4）
1：玉田23号墳　2：池山洞35号墳　3：大成洞1号墳
4：大成洞3号墳　5：福泉洞35・36号墳　6：福泉洞10・11号墳
7：造永CⅡ-2号墳　8：皇南洞110号墳

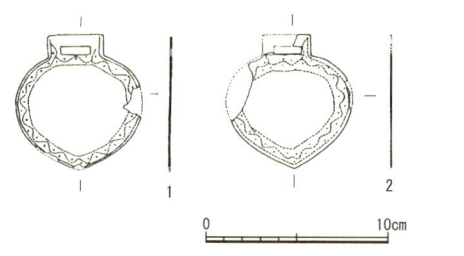

第Ⅲ部　朝鮮半島南部における騎馬文化の展開

図82　慶州 皇南大塚南墳出土金銅製心葉形杏葉　(S=1/4)

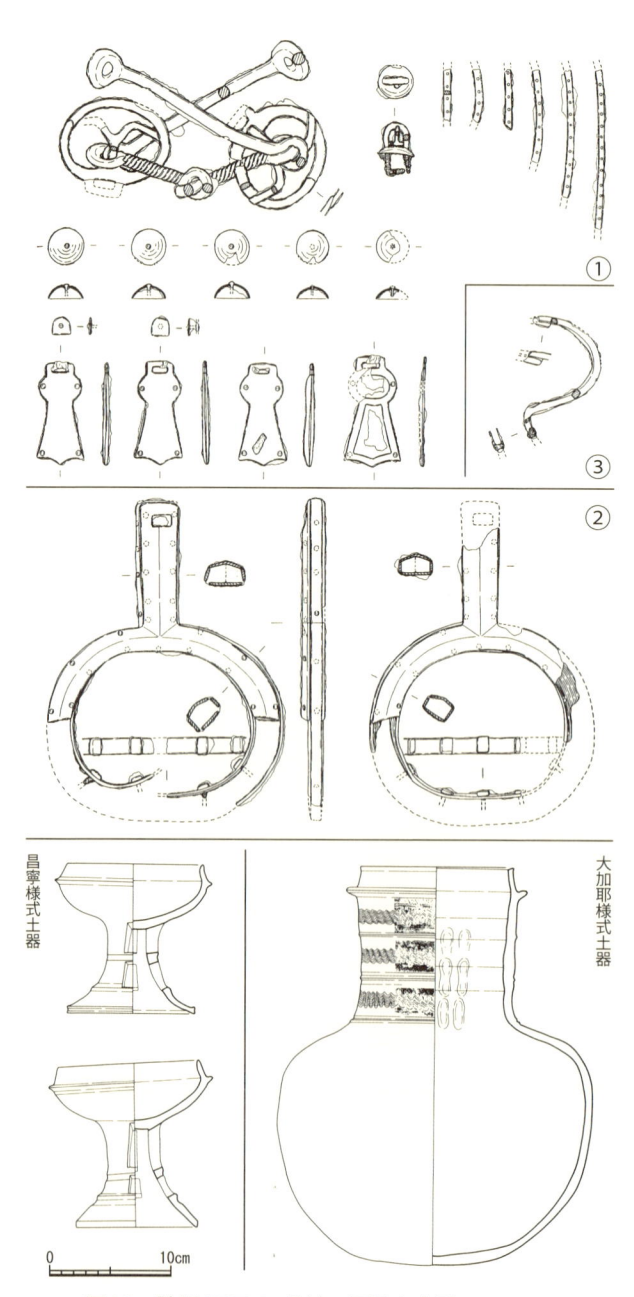

図83　陜川 玉田35号墳の馬具と土器　(S=1/6)

しかし、大加耶Ⅰ段階に併行する洛東江以東地方の慶山造永CⅡ-2号墳からも甲群1グループのAa式鉄製心葉形杏葉が出土しており(図81:7)、甲群1グループをすべて加耶製とみなすことは難しくなった。形態をみても造永CⅡ-2号墳例と福泉洞古墳群出土の2例は類似するものの、縦横の幅がほぼ等しい大成洞1号墳例とは差異がある。要するに金海地域と釜山地域の杏葉は形態を異にし、むしろ釜山地域と慶山地域の杏葉形態に類似性が認められるのである。

玉田23号墳例は周縁部に波状列点文を施す点において、金海地域はもちろん、洛東江以東地方の諸例とも形態的に差異がある[11]。玉田23号墳から出土した金銅冠や金製垂飾付耳飾といった杏葉以外の金工品については、中西部(百済)の影響が指摘されているものの[成正鏞 2002:116、李漢祥 2004b:261]、環板轡B類と心葉形杏葉を含む馬具セットについてまで、中西部との関係のもとで説明することはできない。玉田23号墳より年代は新しいものの、新羅Ⅲ段階後半の慶州皇南大塚南墳から出土した金銅製心葉形杏葉にも同じような波状列点文がみられることをふまえれば(図82)、現状では新羅製の可能性が最も高いといえよう。玉田23号墳の杏葉は、新羅Ⅲ段階以降、慶州地域を中心に洛東江以東地方に広がっていく装飾馬具の先駆けであり、かつ西限の資料として理解しておきたい。

(2) 大加耶Ⅱ段階の様相

前節でも簡単に述べたように大加耶

第9章 洛東江以西地方における馬具生産の展開とその特質

Ⅱ段階になると、前段階にも認められた新羅に系譜を求めうる馬具に加えて、新たに百済との共通性の高い馬具が出現するようになる。両地域の馬具との比較を通じて、この段階の馬具には次の三つの系統を異にする馬具が含まれていることがわかる。

① 新羅に系譜を求められる馬具
② 百済との共通性の高い馬具
③ 新羅や百済には類例のない、あるいは百済と新羅の要素が融合した馬具

①に該当する馬具としては遊環をもたない環板轡B類、IB_3式鐙、扁円魚尾形杏葉、無脚半球形雲珠などが挙げられ[12]、②に該当する馬具としては、遊環をもつ鏡板轡B類や鑣轡、断面五角形の$IB_4・_5$式鐙[13]などが挙げられる。③に該当する馬具としては、鉄製鑣轡や半球形装飾を取り付けた杏葉のような他地域に類例のないものから、遊環をもつ環板轡B類（図80：11）のように①と②の要素が同一個体内で共存するものなど様々である。

①～③の系統差の背景に製作地ないし製作集団の違いを想定することは容易だが、一括馬具の組成をみると必ずしもそれぞれが排他的な関係にあるわけではない。たとえば環板轡B類や扁円魚尾形杏葉（①に該当）と、断面五角形のIB_4式鐙（②に該当）、そして寄生（③に該当）が一つの馬装を構成する玉田35号墳出土馬具は、分布の中心の異なる馬具が混じりあうこの地域の特徴を端的に示し、副葬土器もまた昌寧様式と大加耶様式が共伴している（図83）［朴天秀 2006b］。

製作地については各種馬具ごとの詳細な型式学的検討をふまえた上でおこなう必要はあるものの、少なくとも③の馬具については大加耶で製作された可能性が高い。百済と大加耶を中心に分布する断面五角形のIB_5式鐙に、新羅を中心に分布するIB_3式鐙の補強鉄棒を取り付けた玉田M1号墳例はその好例である（図84）。③の馬具が大加耶でつくられていたのであれば、製作技術面で大差ない①や②の馬具に関しても、すべてではなかったにせよ大加耶内でも十分に製作可能であったと考えられる。異なる系譜をもつ要素・技術が一つの馬具の中

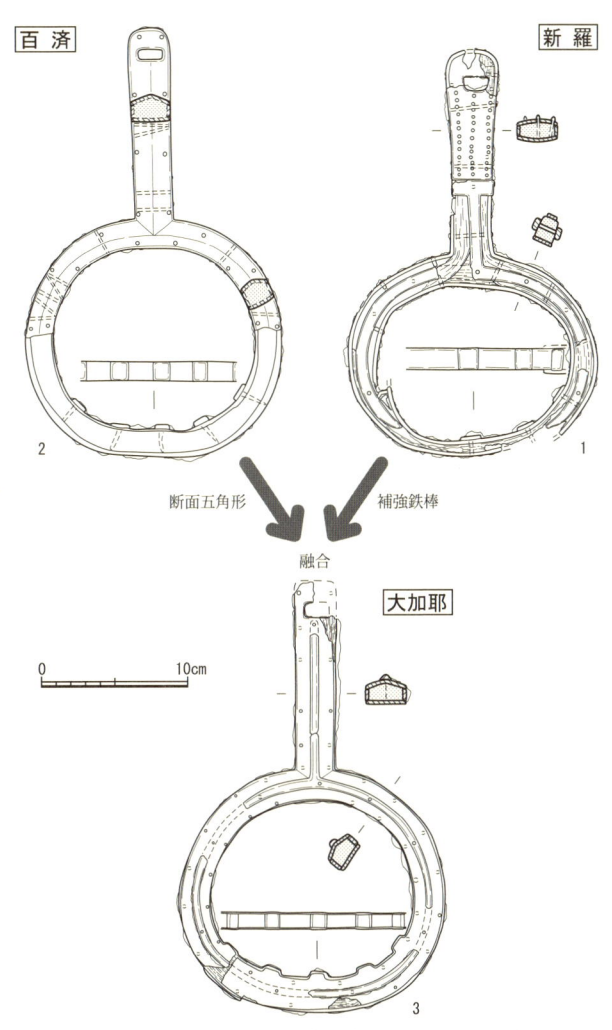

図84　陝川 玉田M1号墳出土木心鉄板張輪鐙の系譜（S=1/5）
1：星州 星山洞59号墳　2：原州 法泉里1号墳
3：陝川 玉田M1号墳

で融合している状況からみて、この段階に複数系統の馬具工人が大加耶王権のもとで再編成され、装飾馬具の製作に従事しはじめたのであろう。ただし、この段階の大加耶の装飾馬具には、同時期の新羅に認められたような大加耶独自の定型性の存在を確認することは困難である。

(3) 大加耶Ⅲ段階の様相

この段階になると扁円魚尾形杏葉など新羅に系譜を求めうる馬具が姿を消し、f字形鏡板轡や剣菱形杏葉といった百済と共通性の高い装飾馬具が出現する。これらの個々の起源やセットの成立地については百済とみる立場と［李尚律 1998、成正鏞 2002］、大加耶とみる立場［金斗喆 2000：

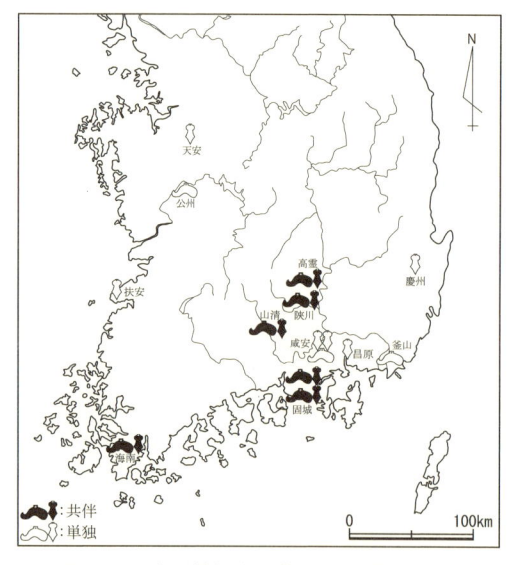

図85 f字形鏡板轡と剣菱形杏葉の分布

285-291］にわかれる。しかし、セットでの出土例は現在のところ大加耶に集中し（図85）[14]、海・磯部分が金属装の鞍や各種鈴類、そして鏡板、杏葉、責金具などにみられる斜線文装飾など百済に系譜を求めえない馬具やその構成要素を総合的に検討すれば、少なくともこれまでに出土したf字形鏡板轡や剣菱形杏葉については、大加耶で製作されたとみるべきだろう。柳昌煥の指摘するように、製作の技術的基盤はすでに大加耶Ⅱ段階の時点で整備されており［柳昌煥 2000b：473］、そのような基盤のもと百済、そして倭とも共通する形態の装飾馬具の製作を大加耶王権が主体的におこなったと考えられる。

ところでこの段階の装飾馬具の最大の特徴は、金銅冠や装飾大刀などの装飾技法が馬具にも用いられるようになる点である。たとえば池山洞44号墳出土馬具をみると、金銅冠に取り付けられていた歩搖が鞍に取り付けられたり[15]、頸飾の材料であったガラス玉が辻金具の頂部に嵌めこまれるなど、本来馬具には用いられなかった部品で馬具を装飾している（図86）。また、大加耶Ⅲ段階以降の大加耶馬具の特徴の一つであり、玉田M3号墳出土馬具に最初に現れる斜線文や綾杉文（交互斜線文）は、共伴する装飾大刀や胡籙金具にも認められるものである［金斗喆 2001：188］。

もちろん大加耶Ⅲ段階以前においても、波状列点文のように異なる製品（胡籙金具・金銅冠）との装飾技法の共有はすでに認められたものの、波状列点文が施された馬具は玉田23号墳出土杏葉のみで、あくまで例外的な存在に留まった。つまり、大加耶Ⅲ段階にみられる上述の様相と、それ以前との間には大きな飛躍が認められるのである。そもそも馬具生産は、それ自体が鉄鍛冶、金工、木工、漆工、皮革、織物など比較的多様な専門的工人による密接な共同作業を必要とする。池山洞44号墳や玉田M3号墳から出土した馬具の製作には、これらの工人に加えて、馬具製作よりも複雑かつ高度な装飾を施す各種金工品工人や、ガラス玉工人といった本来、馬具製作に従事していない工人も参与したものと推定される。ただし、このような現象は斜線文など一部の要素をのぞくと、あくまで両墳出土馬具に限って認められる。したがって各種製品の工房が統

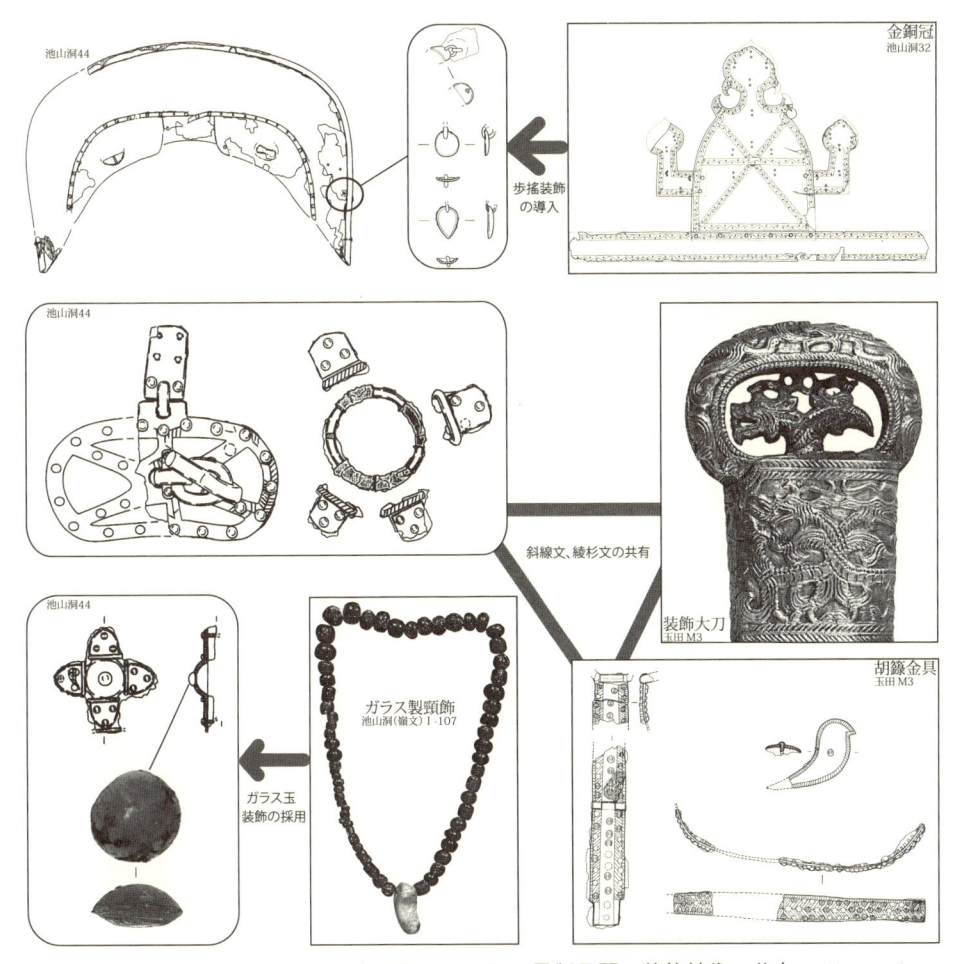

図86　高霊 池山洞44号墳出土馬具にみられる異製品間の装飾技術の共有　(縮尺不同)

表26　大加耶Ⅲ段階における馬装の格差

地域	古墳群	金銅装	銀装(一部)	鉄製	杏葉	f字形鏡板轡	内彎楕円形鏡板轡
高霊	池山洞(4)	○	○	○	剣菱形	○	○
陝川	玉田(7)	○	○	○	剣菱形	○	○
	磻渓堤(1)	×	×	○	×	×	○
山清	生草(1)	○	○	○	剣菱形	○	○
居昌	末屹里(1)	×	×	○	×	×	×
咸陽	白川里(1)	×	×	○	×	×	○
南原	月山里(1)	×	×	○	×	×	○
順天	雲坪里(1)	×	×	○	×	×	○

(　)内は馬具が出土した古墳数

合され、一元的な装飾品生産がなされたと考えるよりは、あくまで池山洞44号墳や玉田M3号墳出土馬具を製作するために、馬具工人の指導者のもとに多様な技術をもつ工人が臨時に参画したと考えておきたい[16]。

　以上のような様相は、新羅Ⅲ段階以降の王陵級古墳出土馬具には認められるものの、百済ではまだ確認されていない。新羅の装飾馬具セットの成立に刺激を受け、また強い技術的影響を受けつつも、新羅のそれとは異なる馬具形態をベースとして採用することによって、他地域とは区別

される独自色の強い装飾馬具セットが成立したのであろう。

　ところで柳昌煥はこの段階を大加耶型馬具が成立し、拡散した時期と評価する［柳昌煥 2000b：473-476］。確かにこの段階になると、それまで高霊と陝川に局限されていた大加耶馬具の分布域が、南原や順天など蟾津江流域一帯にまで大きく拡大する。しかし、f字形鏡板轡と剣菱形杏葉のセットが日本列島のように広範な地域に普及した様子は見受けられない。地方では大型墳ですら鉄製（一部銀装）の内彎楕円形鏡板轡を採用し、杏葉を伴わない比較的簡素な馬装に留まったようである（表26）。すなわち、剣菱形杏葉に代表される金銀装の装飾馬具が、前章でみた新羅のように一定の序列をもって各地に普及した様子は見出しがたい。前段階に扁円魚尾形杏葉の副葬が盛行した玉田古墳群で、この段階以降、大型墳をのぞいて杏葉を副葬しなくなることも注意される［柳昌煥 2000a：461］。このような玉田古墳群の馬具様相は、玉田古墳群の位置する陝川東部地域がこの時期に大加耶に取り込まれたという李熙濬の指摘［李熙濬 1995b：421-423］とよく符合する。

　すなわちこの段階の最大の意義は、f字形鏡板轡や剣菱形杏葉に代表される独自の装飾馬具の出現にあるのではなく、前段階の無秩序な馬装に一定の規範が生まれ、華麗な飾馬の所有者が王やそれに準ずるごく一部の階層に制限されたことにこそある。その実態については今後、綿密な検討が必要ではあるものの、このような中央と地方の馬装の格差には王権による明確な意図を読みとることが可能である。この時期は加羅王荷知＝嘉悉王によって中国南斉へ遣使（479年）がなされるなど、大加耶連盟が成立した［田中俊 1992］、あるいは領域国家［李熙濬 1995b］や初期国家段階［朴天秀 1996］に到達したと考えられている大加耶の国家形成における画期にあたる。そのような時期に大加耶における装飾馬具生産が一つのピークを迎えることは、非常に重要であろう。

（4）大加耶Ⅳ段階の様相

　この段階の馬具は、（内彎）楕円形の鏡板轡B類やⅡB式鐙など大加耶Ⅲ段階の延長線上で理解できるものも多いが、「馬具の多変化期」［金斗喆 2000：234］と呼ばれるように、忍冬楕円系の心葉形杏葉に加えて、複環式環板轡、円環轡、貝製雲珠などの多様な馬具が新たに登場する[17]。これらの新たに出現する馬具の多くは、大加耶Ⅲ段階の馬具とは型式学的に連続せず、新羅・百済のいずれかにその系譜を求めることができる。

　まず、池山洞古墳群と玉田古墳群の大型墳からのみ出土する忍冬楕円文心葉形杏葉は、新羅に系譜が求められる［白井 2003a：94］。また、貝製雲珠に関しても、新羅に系譜を求めてよいだろう［李炫姃 2008］。複環式環板轡は朝鮮半島南東部を中心に分布し、おおむね洛東江を境界に東西で環板型式に差異が認められるが（図61）、土器編年をみる限り、5世紀後葉に位置づけられる慶州月城路夕-6号墳例が現状では最も古い。よって複環式環板轡についても新羅でまず出現し、加耶に波及した可能性が高い。

　円環轡に関しては、「百済と大加耶地域を中心に盛行しはじめ、ここから新羅、日本に伝播」したとする李尚律の見解がある［李尚律 2005a：46］。しかし最古型式とするA1類は、大加耶ではまだ出土していない。次章でみるように百済では5世紀後葉頃には出現していたと考えられることから、円環轡に関しては百済で先行して出現した可能性が高い馬具の一つといえよう。

このように大加耶Ⅳ段階に新たに出現した馬具の系譜は多様である。その系譜の多様性が、当時の国際情勢下に占める大加耶の立場を反映している可能性は、すでに多くの研究者によって強調されてきたところである。この段階の玉田古墳群から出土する新羅系遺物を文献史料にみられる520年代の大加耶と新羅の結婚同盟と関連づける見解さえある［趙栄済 1994：23 など］。

表27　大加耶Ⅳ段階における馬装の格差

地域	古墳群	金銅装	銀装（一部）	鉄製	杏葉
高霊	池山洞(1)	○	○	○	心葉形
	本館洞	×	○	○	×
陜川	玉田(8)	○	○	○	心葉形
	磻渓堤(1)	×	○	○	×
	鳳渓里(1)	×	×	○	×
山清	生草(1)	×	○	○	×
咸陽	上栢里(2)	×	○	○	心葉形
南原	斗洛里(1)	×	×	○	×

（ ）内は古墳群内の馬具が出土した古墳数

しかし、池山洞古墳群や玉田古墳群から出土する忍冬楕円文系の心葉形杏葉は、斜線文装飾や棒状の鉤金具から大加耶で製作されたことは明らかであり［千賀 2004］、杏葉形態は大きく変化するものの、この段階においても装飾馬具の製作主体は、あくまで大加耶王権であったとみられる。また前段階同様、馬具出土古墳に占める杏葉出土古墳の数はわずかであり、大加耶内における馬装の格差も依然として維持されている（表27）。

一方で、池山洞45号墳や玉田M4・M6号墳の装飾馬具セットをみる限り、その頂点には大加耶独自の飾馬に乗る王の姿はなく、新羅的な飾馬に乗る大加耶王の姿が想像される。独自の製作基盤をもちつつも、一貫しない装飾馬具生産は、扁円魚尾形杏葉や心葉形杏葉を長期間に渡って製作しつづけてきた新羅とは対照的である。

（5）大加耶Ⅴ段階の様相

大加耶Ⅴ段階の装飾馬具の系譜はどこに求められるのであろうか。まず、棘葉形杏葉については、前章でみたように製作地はさておき、その系譜を新羅に求めることが可能であろう。心葉形鏡板轡・杏葉を含む花形鋲を使用する各種馬具に関しても、帯状鉤金具を用いること、心葉形という鏡板形態などから、その系譜は新羅に求められる［金斗喆 1993：90-91］。ただし、これらに用いられた花形鋲を用いた馬具は、新羅にはまだ類例がない。花形文様をもつ馬具は、柳昌煥が指摘するように宜寧景山里2号墳の雲珠・辻金具（図80：39・40）以外に百済の咸平新徳古墳にも認められるものの［柳昌煥 2004b：186-187］、花形鋲をもつ忍冬楕円文の心葉形鏡板轡・杏葉の存在を考慮すれば、百済でそれらが製作された可能性は低い。したがって、もちろん新羅で今後、類例が出土する可能性を完全に排除することはできないものの、現状においては大加耶で製作されたとみておきたい。すなわち、大加耶は新羅・百済両国の馬具製作に強い影響を受けつつも、滅亡（562年）直前まで独自の装飾馬具生産を継続しつづけたものと推察される。

4．結　語

高霊池山洞古墳群出土馬具を中心に大加耶馬具の編年を再構築し、各段階の装飾馬具の様相について検討をおこなった。以下、大加耶における装飾馬具のもつ意義について簡単にまとめ、結語に代えたい。

大加耶Ⅰ段階（4世紀末～5世紀初）に出現し、Ⅱ段階（5世紀前葉～中葉）には生産が始まったと考えられる大加耶の装飾馬具は、Ⅲ段階（5世紀後葉～末）にｆ字形鏡板轡と剣菱形杏葉という独自の装飾馬具セットを完成させるに至る。それと軌を一にして、内彎楕円形鏡板轡を指標とする、装飾性こそ低いものの定型性の高い馬装が、大加耶各地に波及する。このような中央と地方の間にみられる馬装の格差には、当時の大加耶王権の明確な意図が読みとれ、それを可能とした強力な王権の存在も想定可能である。Ⅳ段階（6世紀初～前葉）以降も多様な系譜をもつ馬具が出現するものの、馬装の格差は基本的に維持されていたようである。しかし装飾馬具の形態は当時の大加耶をめぐる国際情勢に左右され、独自の技術的基盤を維持しつつも、独自の形態の装飾馬具伝統は最後まで形成されなかった。

　大加耶馬具は形態的にも技術的にも、新羅、百済両国の馬具に大きな影響を絶えず受けながら変遷していった。百済における装飾馬具の様相については、次章でみるように依然よくわからない部分が多いものの、新羅においては前章でみたように各種装飾馬具に材質や形態にもとづく序列が認められ、慶州地域で生産された装飾馬具が、各地に拡散していく様子がみてとれた。一方、大加耶の装飾馬具生産は、あくまで王やそれに準ずる階層のための限定的な生産に留まったようである。すなわち、王の権力を誇示する、もしくは他国との政治的関係をビジュアルに表現するための装飾馬具、飾馬はあっても、それ以上の意味はなかったとみてよい。そのような新羅との質的差異を無視して、大加耶独自の装飾馬具生産を過大評価すると、大加耶の実態を見誤りかねない。

　このような大加耶の馬具生産の特徴は、当然のことながら大加耶の他の金工品生産とも一脈通じるものであったと考えられる。それらを総合的に検討すれば、大加耶の発展段階を考えるための重要な視角を提供できるだろうが、筆者の現在の能力を大きく越える問題であるため、今後の課題としておきたい。

註
（1）たとえば朴天秀［2004］は高霊を中心に黄江水系の陝川・居昌、南江水系の咸陽・南原、蟾津江水系とその流域圏の任実・谷城・求礼・河東・順天・麗水、錦江水系の長水・鎮安地域に渡る広い範囲を想定するのに対し、趙栄済［2002・2007］は高霊を中心に陝川西部、居昌、咸陽、雲峰、山清地域に局限された範囲とみる。
（2）大加耶様式土器の編年については、多くの研究が蓄積されており、相対編年に関してはおおむね見解の一致をみている。本章では、その中でも比較的新しい朴天秀［1998b・2009a］と白井克也［2003c］の編年案を主に参照した。
（3）ただし、同じ報告書の中で鄭昌熙は池山洞35号墳と同じ段階ではなく、後続する30号墳と同じ段階に位置づけるなど、報告者の間で見解に齟齬が認められる［鄭昌熙 2000：260-261］。
（4）高霊快賓洞1号木槨出土馬具（図79：4）は土器編年からみて、高霊最古の馬具と評価できるが、鉸具や環状雲珠の破片が出土するのみで評価が難しい［嶺南埋蔵文化財研究院 1996］。
（5）IB₄式鐙は池山洞30、35号墳や玉田M2号墳などの大型墳だけでなく中・小型墳からも出土するのに対し、IB₅式鐙は池山洞32、44号墳、そして玉田M1、M3号墳という両地域の大型墳からのみ出土し、部分鉄板張から全面鉄板張へという型式変化の方向性のみで両者の関係を説明することはできない。馬具所有層の拡大に伴う馬装の階層分化が、両型式併存の背景にあったものと推測される。

（6）公州水村里Ⅱ-1号墳からは可動式の遊環をもつ楕円形鏡板轡 B 類と IB$_4$ 式鐙が、Ⅱ-1 号墳より後に築造されたⅡ-4 号墳からは固定式遊環の楕円形鏡板轡 B 類と IB$_5$ 式鐙が、それぞれ出土している［成正鏞 2006b］。
（7）大加耶Ⅲ段階以降の製作年代については本書第Ⅰ部では検討しておらず、大加耶が滅亡した 562 年を下限に暫定的に与えたものである。なお、各段階の具体的な暦年代に関しては、他地域の検討成果をふまえて前稿［諫早 2009b］から若干の変更をおこなっている。
（8）このような変化の方向性は、李尚律も想定しているが、具体的な根拠は示していない［李尚律 1993］。おそらくは古墳の相対編年や剣菱形杏葉に関する日本の研究成果［坂本 1985：61-64］などを参考にしたのではないかと考えられる。
（9）報告者は土器の検討から 1 次石槨を大加耶滅亡直前（6 世紀第 2 四半期）に位置づけたが［金東淑 2000：239］、白井克也は 1 次石槨から出土した土器についてそれより遡る高霊Ⅱ期（5 世紀第 4 四半期～6 世紀第 1 四半期）とみている［白井 2003c：88］。
（10）第 3 章でも述べたように、昌寧地域では大加耶Ⅰ段階に併行する時期の馬具はまだ出土していない。これはこの段階に該当する時期の大型墳がまだ調査されていないためと考えられる。
（11）大成洞 1 号墳出土心葉形杏葉は鉄地金張（一部銀装）である。
（12）環板轡 B 類や IB$_3$ 式鐙は中西部からも出土が認められるが、あくまで例外的な出土に留まる。
（13）「池山洞型鐙子」［申敬澈 1989］や「大加耶型鐙子」［柳昌煥 2000a：469］と呼ばれるこれらの鐙は、早くから百済に系譜を求められると考えられており［申敬澈 1989］、実際に中西部からの出土例も増加してきている。
（14）大加耶では、池山洞 44 号墳、陜川玉田 M3 号墳、山清生草 M13 号墳から f 字形鏡板轡と剣菱形杏葉のセットが出土している。ただし玉田 M3 号墳からは 3 セットの馬具が出土していて、出土状況から変形 f 字形鏡板轡と剣菱形杏葉は、それぞれ別々の馬装を構成すると考えられている［慶尚大学校博物館 1990］。
（15）馬具への歩揺の使用は三燕・高句麗に系譜を求められ、新羅でも新羅Ⅲ段階からすでに歩揺付飾金具など馬具に歩揺を用いている。このため大加耶における馬具への歩揺の使用は、新羅の馬具製作の影響を受けていた可能性もある。なお、時期は池山洞 44 号墳よりも新しいものの、新羅Ⅴ段階の慶州金鈴塚からも歩揺付の金銅装鞍や木心金銅板張輪鐙が出土している（図 73：48・49）。
（16）勝部明生・鈴木勉は奈良県藤ノ木古墳出土馬具に対する詳細な観察から、複数の業種の技術者が一人の統括技術者のもとに、一致協力して技術複合型の製品の製作にあたる「プロジェクトチーム」の存在を想定している［勝部ほか 1998：38-40］。また、内山敏行は日本列島の古墳時代中期中葉には「掌握者」（patron）のもとで従事する各種「従属専門工人」（attached specialists）が複合生産遺跡を形成しながら、各種の複合素材製品を製作したとする［内山 2008］。これらの日本列島における様相は、大加耶における装飾馬具生産を考える上で、示唆するところが大きい。
（17）前稿［諫早 2009b］では木心鉄板張壺鐙もこの段階に出現するとみたが、順天雲坪里 M3 号墳出土馬具を報告するにあたって再検討をおこなった結果、その出現時期は大加耶Ⅲ段階に遡ると判断した［諫早 2010d：179］。ここに謹んで訂正したい。

遺跡の出典
［高 霊］
池山洞古墳群：尹容鎭 1979、金鍾徹 1979、啓明大学校博物館 1982、湖巌美術館 1997、嶺南埋蔵文化財研究院 1998a、嶺南文化財研究院 2004、2006a、2006b、2006c、慶尚北道文化財研究院 2000、嶺南大学校博物館 2004、諫早 2009b、김경수 2008、慶北大学校博物館ほか 2009
快賓洞古墳群：嶺南埋蔵文化財研究院 1996
本館洞古墳群：啓明大学校博物館 1995

［陜川］
玉田古墳群：慶尚大学校博物館 1988・1990・1992・1993・1995・1997・1998・1999・2000・2003
磻渓堤古墳群：国立晋州博物館 1987
鳳渓里古墳群：東亜大学校博物館 1986
［宜寧］
景山里古墳群：慶尚大学校博物館 2004
［咸陽］
白川里古墳群：釜山大学校博物館 1986
衆生院村1号墳：東亜大学校博物館 1972
［山清］
生草古墳群：慶尚大学校博物館 2006・2009
［居昌］
末屹里古墳群：韓永熙ほか 1985
［南原］
月山里古墳群：全栄來 1983
斗洛里古墳群：全北大学校博物館 1989
［順天］
雲坪里古墳群：順天大学校博物館 2010

第10章　中西部における馬具生産の展開とその特質

1．問題の所在

　本章では、朝鮮半島中西部を中心とする百済の馬具生産の展開とその特質について検討する。百済馬具に関する研究は、伊藤秋男［1979・1980］や金基雄［1985］、千賀久［1988］の研究を嚆矢とするが、議論の活発化は出土資料が増加しはじめた1990年代後半まで待たねばならない。

　最初に百済馬具に対する包括的な検討をおこなったのは李尚律で、百済馬具をはじめて集成した上で、詳細な型式学的検討をおこなった［李尚律 1998］。その後も新資料の増加を受けて、自説を補強している［李尚律 2001・2003］。李の研究によって百済馬具の実態や、それが加耶馬具や新羅馬具と密接な関係をもっていることが明らかとなった点は、高く評価される。しかし、百済考古学で積み重ねられてきた研究成果を顧みずに、加耶馬具の変遷観にもとづいた馬具の型式学的変化を時期決定や系譜推定の絶対的な基準に据えたため、李みずからが認めるように「馬具をはじめとする鉄器遺物からみた個人的な年代観」［李尚律 2001：126］となってしまった感は否めない。加耶馬具の型式学的研究成果は、同地域の安定した古墳の相対編年に裏打ちされたものであり、参考にすべき部分は多いものの、製作地の異なる可能性の高い資料同士が、微細な形態変化まで共有したという仮説を証明する根拠は、十分に提示されていない。金斗喆や柳昌煥の百済馬具研究にも同じような問題点を指摘できる［金斗喆 2000、柳昌煥 2004b］。またこれらの研究は基本的に馬具の編年研究や系譜論に留まり、百済における騎馬文化の導入とその後の展開について、百済やそれを取り巻く歴史的状況の中で解釈する方向性をもちえなかった点に根本的な限界があった。

　これらに対し成正鏞は、加耶馬具にもとづいた型式学的研究の成果を摂取しつつも、百済における騎乗用馬具の導入について、4世紀初～前葉頃に百済の支配層が中国東北部の慕容鮮卑とおこなった遠距離交渉によるものと考えた［成正鏞 2000・2003a］。さらにはこれによって入手した馬具や威信財などを百済の支配層が国家権力と権威の優越性、地域集団に対する内的支配力の強化のために活用したとみた。成の作業は、その正否はともかくとして、加耶を中心に進められてきた韓国の騎馬文化導入・拡散論に対する最初の対案として学史的に重要であり、また百済考古学の枠組みのもと、百済における騎馬文化の導入・展開に果たした百済王権の主体性を明らかにしようとした点でも評価できる。しかし、肝心の百済馬具それ自体の分析については、漢城期の馬具を4段階に編年したものの、馬具自体のどのような要素をもって分期をおこなったのかが明確でなく、方法論に課題を残している。同じような問題は、権度希の百済馬具に関する一連の研究についても指摘することができる［権度希 2006a・2006b・2007］。

　また、馬具研究に限らず百済考古学においては、特定の考古資料の相対編年や、それらと他の考古資料との共伴関係に対する検討が不十分なまま、特定の古墳から出土した中国陶磁や青銅器

などの年代をもとに組列の設定や暦年代の付与をおこなう傾向がある。しかし金一圭も指摘するように、それらの中国からの移入品には伝世の可能性もあるため、共伴遺物や遺構に対する検討なしに、年代決定の基準に据えるのは危険であろう［金一圭 2007：168-169］。相対編年や併行関係が安定して、初めて暦年代論や系譜論、地域間関係に対する説得力のある議論が可能となることを改めて強調しておきたい。

　以上のような問題点をふまえた上で、百済における馬具生産の展開とその特質に迫っていくためには、李尚律らによってこれまで積み重ねてきた型式学的研究に学びつつも、それを絶対的な基準とするのではなく、百済考古学のこれまで蓄積してきた成果と対照し、相違点を浮き彫りにした上で、その接点を探っていく必要があるだろう。筆者は成正鏞らと共同で百済馬具の再実測作業を継続的におこなっており［成正鏞ほか 2006・2007・2009］、その過程で報告書からは知りえない多くの重要な知見をえることができた。本章でもその成果を最大限に活用し、百済馬具の編年を確立した上で、百済における馬具生産の展開とその特質を明らかにしたい。

　なお、本章で検討する百済の領域は、朝鮮半島南部の中でも中西部（現在の京畿道、忠清道）から南西部（現在の全羅道）にかけての地域におおよそ該当する。しかし、百済の領域は時期ごとに大きく変化し、また百済王権と地方の関係も一様ではなかったと考えられる。したがって、中西部・南西部出土馬具＝百済馬具と一概にいいきることはできない。特に百済中央様式土器と共伴しない初期の馬具や、大型甕棺を埋葬施設とする独特の墓制が6世紀代にまで残る南西部の栄山江流域一帯から出土する馬具をどのように評価するかによって、「百済馬具」に対するイメージは大きく変わってこよう。そこで本章では、百済とは別個の馬具生産がおこなわれていたことが明らかな高句麗、新羅、加耶と関連する遺跡から出土した馬具をのぞく、すべての百済領域出土馬具を検討対象に据えて、議論を進めていく。

2．百済馬具の編年

（1）編年作業の前提

　編年に際してはこれまで同様、第3章で設定した朝鮮半島南部共通の指標にしたがう。朝鮮半島南部三国時代Ⅲ段階以降に関しては、百済は武寧王陵をのぞくと王陵級古墳の副葬品がほとんどわからないため、他地域における馬具の変化と、百済考古学の成果を参考に、馬具に現れる変化を抽出したい。

　百済考古学の編年的枠組みは、漢城期（3世紀中・後半[(1)]～475年）、熊津期（475～538年）、泗沘期（538～660年）という王都の位置を基準にした分期案が一般的で［金元龍 1972・1973、東ほか 1989、早乙女 2000 など］、基本的にはそれを時間的・空間的に細分するかたちで編年網が構築されている。これは、そもそも文献史料に依拠した政治史的な時代区分ではあるものの、それに対応する王陵群や都城の存在も明らかであるため、百済の考古資料の相対編年を組む際や、それに暦年代を付与する際の前提として常に考慮しておく必要がある。

　特に漢城陥落、熊津遷都は王都の移動のみならず、領域の大きな変動を伴うものであり、一般的な遷都と同じ次元で理解することは適切ではない。百済においても新羅や大加耶同様、馬具生

産の基盤が王都周辺にあったと考えてよいのであれば[2]、475年の王都漢城の陥落や蓋鹵王（在位455～475年）の戦死は、その生産基盤、製作主体の一時的喪失を意味し［権五栄 2007a：137］、馬具生産にも大きな変化をもたらした可能性が高い[3]。もちろん、遷都が地方における古墳の築造やその副葬品の内容にどのように影響したのかについては、引き続き慎重に議論していく必要があるものの、生産という面においては、漢城陥落が一つの画期となったことはほぼ疑いの余地がないであろう。

ところで百済の土器編年については、王都を中心に形成された百済中央様式土器の受容に顕著な地域差がみられるため、地域ごとに研究が進められてきた。そのため土器の地域性がなくなる泗沘期以前の、中西部から南西部までを繋ぐ安定した広域編年網はまだ確立されていない。特に漢城様式土器編年については、ソウル夢村土城の土器を整理した朴淳發によって、漢城Ⅰ期とⅡ期に大別され［朴淳發 1992・2003など］、それを細分するかたちで研究が進展してきたが［金成南 2001、韓志仙 2005、金武重 2005など］、漢城Ⅱ期の下限については475年以後にまで下がり、高句麗土器と共伴するという見方も早くから存在する［定森 1989、白井 1992、金一圭 2007］。幸いにも漢城期は第1章で設定した三国時代Ⅰ～Ⅲ段階とほぼ併行するため、土器編年に依存せずともおおよその新古の判断が可能である。そこで本章では、ひとまず馬具自体の型式学的検討による編年作業を先行させた上で、最後に漢城Ⅰ・Ⅱ期との対応関係について確認するに留める。なお中国陶磁の年代観については、成正鏞の研究成果を主に参考にした［成正鏞 2003b・2006b］。

（2）百済Ⅰ段階前半

中西部からは2孔式鑣轡などの原三国時代馬具の出土はまだ確認されていない。立聞式鑣轡の出現を指標とする百済Ⅰ段階前半に該当する資料は、忠州金陵洞78-1号墓、清州鳳鳴洞C-31号墳出土馬具である（図91：1・4）。前者は3世紀後半、後者は4世紀前半の製作とみられる。これらの銜は無捩り技法a類で製作されており、この時期に南東部で一般的な多條捩り技法銜とは区別される。しかし、金陵洞56号墓や111-1号墓からは2條や3條捩り技法でつくられた捩り金具が出土しており（図91：2・3）、鳳鳴洞古墳群からは多條捩り技法銜をもつ轡が多数出土している。鳳鳴洞古墳群の諸例については、多條捩り引手や2條線引手b2類をもつことなどから次の段階に位置づけるのが妥当であるが、金陵洞古墳群の2例に関しては、共伴する土器をみる限り、轡であるならばこの段階に位置づけられる。

（3）百済Ⅰ段階後半

鏡板轡A類の出現を指標とする。この段階の標識資料は、天安斗井洞Ⅰ-5号墓出土馬具である。鉄製楕円形鏡板轡A類と鉄製鑣轡、C型（無鐙）の木心鉄板張輪鐙、馬鐸片、鉸具が出土している（図91：5～9）。また、鳳鳴洞C-31号墳例をのぞく鳳鳴洞古墳群出土馬具や清州山南洞42-6番地遺跡、清原松垈里古墳群、牙山鳴岩里パクジムレ遺跡から出土した馬具は、基本的にこの段階に該当する。4世紀中葉から後葉にかけての製作年代が想定される。鳳鳴洞古墳群の馬具出土古墳ほぼすべてがこの段階に集中するが、土器の器形に変異が少ないことから、造墓活動もさほど長期間に渡らないという見解を参考にすれば［成正鏞 2006a：140］、4世紀中葉から後葉という時間幅

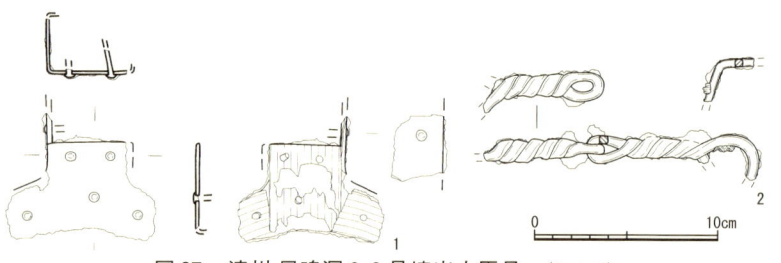

第Ⅲ部　朝鮮半島南部における騎馬文化の展開

図87　清州 鳳鳴洞 C-9 号墳出土馬具　(S=1/4)

の中で理解することは、十分可能と判断される。

無捻り技法b類や部分巻き技法など、第1章で朝鮮半島南部三国時代Ⅱ段階以降に現れるとした技法が散見されるが、共伴土器からみてこの段階の中で収まるものと判断される。

この段階になると木心鉄板張輪鐙がみられるようになる。ただし、鳳鳴洞C-9号墳から出土した木心鉄板張鐙片（図87：1）については、輪鐙ではなく壺鐙と考える意見もある［権度希 2006b：343-345］。たしかに鉄板裏面に付着した木質の痕跡をみる限り、典型的な木心鉄板張輪鐙とはいいがたいものの、李尚律も指摘するようにこれを壺鐙と考えるのは構造上、無理であろう［李尚律 2007：63-64］。ここでは李の想定するように木心鉄板張輪鐙の製作開始当初に、外形はC型鐙と似ているものの、木心の加工方法はまったく異なる鳳鳴洞C-9号墳例のような木心鉄板張輪鐙が在地製作されたと考えておきたい。

（4）百済Ⅱ段階

1條捻り技法b類銜や1條線引手などが出現する。木心鉄板張輪鐙は踏込鋲をもたない。華城馬霞里、華城花山、烏山水清洞、安城道基洞、清州新鳳洞、天安龍院里古墳群、完州上雲里遺跡からこの段階の馬具が出土している。4世紀末から5世紀初にかけての製作年代が想定される。

前段階に出現した2條線引手b2類も継続して採用されるが、新鳳洞92-84号墳例（図91：16）は3條捻り技法銜、馬霞里（ソ）[(4)]18号墳例（図91：14）や新鳳洞92-91号墳例は1條捻り技法b類銜と、新旧の銜製作技法が併存する過渡期的様相を示す。

第3章でも論じたように、IA₃式（無鋲）鐙（図91：20）をはじめとする馬具セットを出土した龍院里9号石槨墓の黒磁鶏首壺の年代が4世紀末に比定されている［成正鏞 2003b：37］。中国東北部の紀年墓などから出土した馬具との併行関係を設定することによってえた4世紀末から5世紀初という馬具の製作年代と、中国南朝の紀年墓出土品との比較を通じて推測されている4世紀末という中国陶磁の製作年代が一致する。

これに対し李尚律は、この鐙を加耶馬具の型式学的研究成果の中に位置づけ、5世紀後葉とみる［李尚律 2001：156］。中西部で補強鉄棒をもつ木心鉄板張輪鐙がこれしかないことをふまえれば、本例は何らかの理由で南東部からもたらされた移入品の可能性が高い。すなわち、本例を南東部の型式学的変遷の中で評価したこと自体は妥当であるものの、皇南大塚南墳のIB₃式（有鋲）鐙よりも型式学的に先行する本例を、5世紀後葉にまで下げてみる理由は少なくとも馬具それ自体には見出しがたい。

この他に、3條捻り技法銜と2條線引手をもつ新鳳洞82年採集品の環板轡B類もこの段階に位置づけられる。環板轡B類は中西部では2点の出土に留まるため、やはり南東部からの移入品である可能性が高い。

表28 百済馬具の編年①

段階	地域	古墳名	埋葬施設	銜留	銜	引手	遊環	鐙	その他の馬具
Ⅰ段階 前半	忠州	金陵洞78-1	土壙墓	鉄鑣	無捻りa類	2條線b1類	×	—	
	忠州	金陵洞56	土壙墓	—	3條捻り	—	—	—	
	忠州	金陵洞111-1	土壙墓	—	2條捻り	—	—	—	
	清州	鳳鳴洞C-31	鑣	無捻りa類	2條線b1類	×	—		
Ⅰ段階 後半	清州	鳳鳴洞A-31	土壙墓	鉄鑣	3條捻り	3條捻り	×	—	鉸具
	清州	鳳鳴洞A-35	土壙墓	鑣(b1)	3條捻り/1條捻りa類	—	—	—	鉸具
	清州	鳳鳴洞A-52	土壙墓	—	—	—	—	—	馬鐸
	清州	鳳鳴洞A-72	土壙墓	鑣(b1)	3條捻り	3條捻り	×	—	
	清州	鳳鳴洞A-76	土壙墓	鑣(a)	3條捻り	—	—	—	
	清州	鳳鳴洞B-36	土壙墓	—	3條捻り	2條線b2類(捩)	×	—	鉸具
	清州	鳳鳴洞B-79-2	土壙墓	鑣(a)	3條捻り	2條線b2類(捩)	×	—	鉸具
	清州	鳳鳴洞B-92-2	土壙墓	鑣	3條捻り	3條捻り	×	—	鉸具
	清州	鳳鳴洞C-4	土壙墓	—	3條捻り	—	—	—	
	清州	鳳鳴洞C-9	土壙墓	鑣(b1)	2條捻り	—	—	C型(無鋲)	鉸具
	清州	鳳鳴洞C-12	土壙墓	鑣(b1)	3條捻り/無捻り	3條捻り	×	—	
	清州	鳳鳴洞C-20	土壙墓	—	3條捻り	3條捻り	×	—	鉸具
	清州	鳳鳴洞C-43	土壙墓	鑣(b1)	3條捻り	3條捻り	×	—	鉸具
	清州	山南洞5	土壙墓	鑣(b1)	3條捻り	—	—	—	鉸具
	清州	山南洞6	土壙墓	鑣	部分巻き	2條捻り	×	—	
	清原	松垈里7-1	土壙墓	鑣(b1)	3條捻り	3條捻り	×	—	
	清原	松垈里13	土壙墓	鏡板A(梯)	多條捻り	3條捻り	—	—	
	清原	松垈里30	土壙墓	—	—	—	—	—	
	清原	松垈里31	土壙墓	—	—	—	—	—	馬鐸
	清原	松垈里50	土壙墓	鑣	無捻り	—	—	—	
	天安	斗井洞Ⅰ-5①	土壙墓	鏡板A(楕円)	多條捻り	2條線b2類	×	C型(無鋲)	馬鐸片、鉸具
		斗井洞Ⅰ-5②		鉄鑣	多條捻り	2條線b2類	×		
	牙山	パクジムレ2-2-9	周溝土壙墓	鑣	多條捻り	2條線b2類	×	—	馬鐸
	牙山	パクジムレ2-2-23	周溝土壙墓	鑣	3條捻り	—	—	—	馬鐸
	牙山	パクジムレ2-2-26	周溝土壙墓	—	3條捻り	—	—	—	
	牙山	パクジムレ3-1	土壙墓	鑣	3條捻り	—	—	—	馬鐸、鉸具
	牙山	パクジムレ3-5①	土壙墓	鑣(b1)	3條捻り	2條線	×	—	
		パクジムレ3-5②		鑣	無捻り	2條捻り	×	—	
	牙山	パクジムレ3-1	周溝土壙墓	鑣	無捻り	—	—	—	
Ⅱ段階	華城	馬霞里(ソ)3	石槨墓	—	—	—	—	C型(無鋲)	鉸具
	華城	馬霞里(ソ)18	石槨墓	鑣(b1)	1條捻りb類	2條線b2類	×	—	鉸具
	華城	馬霞里(湖)16	石槨墓	—	—	—	—	ⅠA₂(無鋲)	
	華城	花山SM1	石槨墓	—	—	2條線?	—	ⅠA?	板状別造式辻金具
	烏山	水清洞4	木槨墓	鑣	1條捻りb類	—	—	—	方円結合金具
	安城	道基洞A-7	土壙墓	鑣	巻き技法	2條線b2類	×	—	
	安城	道基洞B-1	土壙墓	鑣(b1)	1條捻りb類	2條線	×	—	
	安城	道基洞C-9	土壙墓	鑣(b2)	1條捻りb類	2條線b2類	×	—	
	清州	新鳳洞92-54	土壙墓	鑣	1條捻りb類	1條線a2類	×	ⅠA₂(無鋲)	
	清州	新鳳洞92-84	土壙墓	鑣	3條捻り	2條線b2類	×	木鉄輪	環状雲珠、鉸具
	清州	新鳳洞92-91	土壙墓	鑣(b1)	1條捻りb類	2條線b2類	×	—	鉸具
	清州	新鳳洞82年採集		環板B(逆T・Y字)	2條捻り	2條線	×	—	
	天安	龍院里9	石槨墓	—	2條捻り	2條捻り	×	ⅠA₃(無鋲)	鞍金具、鉄環、鉸具
	完州	上雲里ナ4-4	木棺墓	鑣(b1)?	無捻り	1條線a1類	×	—	
	完州	上雲里ナ4-6	木棺墓	—	—	—	—	ⅠA	鉄環、鉸具
	完州	上雲里ナ8-3	木棺墓	鑣(b1)	多條捻り	2條線a類	×	—	脚金具、鉸具
	完州	上雲里ラ1-16-1	木棺墓	鑣?	1條捻りb類	1條線c類	×	—	

[凡例]・木鉄輪：木心鉄板張輪鐙

（5）百済Ⅲ段階

　鏡板轡B類や踏込鋲を備える木心鉄板張輪鐙の出現を指標とする。遊環をもつ轡もこの段階に出現する。新鳳洞古墳群、龍院里古墳群出土馬具の多くがこの段階に属し、華城白谷里、安城道基洞、原州法泉里、清原主城里、燕岐松院里、公州水村里古墳群や、完州上雲里遺跡からも

第Ⅲ部　朝鮮半島南部における騎馬文化の展開

表29　百済馬具の編年②

段階	地域	古墳名	埋葬施設	銜留	銜	引手	遊環	鐙	その他の馬具
Ⅲ段階	ソウル	風納土城慶堂地区	祭祀遺構	—	—	—	—	ⅡB₁?	
	華城	白谷里1	石槨墓	鑣(b2)	1條捩りb類	1條線a2類	○	木鉄輪	鉸具
	安城	道基洞C-1	石槨墓	鑣(b2)	1條捩りb類	1條線a2類	○		
	原州	法泉里1	横穴式石室	鑣	1條捩りb類	1條線a2類	○	ⅠB₄(有鋲)	脚金具、鉸具
	清州	新鳳洞82-3	土壙墓	鑣(b1)	無捩り	1條線a3類	○	ⅡB₁(無鋲)	
	清州	新鳳洞82-5	土壙墓	鑣	無捩り	1條線a2類	○	木鉄輪	鉸具
	清州	新鳳洞82-6	土壙墓	鑣(b1)	無捩り	1條線a2類	○	ⅡB₁(無鋲)	
	清州	新鳳洞82-7	土壙墓	鑣	無捩り	1條線a2類	○	ⅡB₁(無鋲)	鉸具
	清州	新鳳洞82-8	土壙墓	鑣(b1)	1條捩りb類	1條線a2類	○	ⅡB₁(無鋲)	鉸具
	清州	新鳳洞82-14	土壙墓	鑣	無捩り	1條線a2類	○	ⅡB₅(無鋲)	鉸具
	清州	新鳳洞90A-4	土壙墓	鑣(b2)	1條捩りb類	1條線a2類	○	ⅡB₁(無鋲)	鉸具
	清州	新鳳洞90A-11	土壙墓	—	—	—	—	ⅡB₁(無鋲)	
	清州	新鳳洞90B-1	土壙墓	鑣(b2)	無捩り	1條線a2類	○	ⅡB₁(無鋲)	環状雲珠、鉸具
	清州	新鳳洞92-60	土壙墓	鑣(b1)	無捩り	1條線a2類	○	ⅡB₁(有鋲)	鉸具
	清州	新鳳洞92-66	土壙墓	鑣(b2)	無捩り	—	○		鉸具
	清州	新鳳洞92-71	土壙墓	鑣(b2)	無捩り	1條線a2類	○	木鉄輪	鉸具
	清州	新鳳洞92-72	土壙墓	鑣(b1)	無捩り	1條線a2類	○	木鉄輪	
	清州	新鳳洞92-74	土壙墓	鑣(b2)	無捩り	1條線a2類	○	—	鉸具
	清州	新鳳洞92-80	土壙墓	鑣(b2)	無捩り	1條線a2類	○	ⅠB₅	脚金具、鉄環、鉸具
	清州	新鳳洞92-83	土壙墓	鏡板B(楕円)	無捩り	1條線a3類	固定+遊環	鉄輪	環状雲珠
	清州	新鳳洞92-93	土壙墓	鏡板(楕円)	—	—	—	ⅠB₄(有鋲)	鉸具
	清州	新鳳洞92-94	土壙墓	鑣	無捩り	—	○	木鉄輪	鉸具
	清州	新鳳洞92-97-1	土壙墓	鑣(b2)	1條捩りb類	1條線a2類	○	ⅠB₅(有鋲)	脚金具、鉸具
	清州	新鳳洞92-98	土壙墓	鑣	1條捩りb類	1條線a2類	○	ⅡB₅	
	清州	新鳳洞92-104	土壙墓	鑣(b1)	無捩り	1條線	○		
	清原	主城里2	土壙墓	鑣(b2)		1條線a2類	○	—	
	清原	主城里4	土壙墓	鑣	1條捩りb類	—	—		
	清原	主城里14	土壙墓	鑣	無捩り	—	—		
	清原	主城里積石墓		鑣	1條捩りb類	1條線a2類	○		
	清原	主城里1(1次木棺)	横穴式石室	—	—	—	—	ⅠB₄(有鋲)	鉸具
	清原	主城里1(4次棺台)		鑣(b2)					
	清原	主城里2	石槨墓	鏡板B(楕円)	無捩り	1條線a2類	○	ⅡB₁(無鋲)	鉸具
	天安	龍院里1	石槨墓	鑣(b2)	無捩り	1條線b類	○	ⅡB₁(無鋲)	剣菱形杏葉、鉄装鞍、環状雲珠、鉸具
	天安	龍院里12	石槨墓	鑣	無捩り	1條線a3類	×	ⅠB₄	環状雲珠、鉸具
	天安	龍院里72	土壙墓	鑣	1條捩りb類+巻き技法	—	○	木鉄輪	鉸具
	天安	龍院里108①	土壙墓	鏡板B(楕円)		1條線	○		
	天安	龍院里108②		鏡板B(逆Y字)	1條捩りb類	1條線a1類	×	—	脚金具、鉸具
	天安	龍院里C地区1	石槨墓		無捩り	1條線	—	—	鞍金具、鉸具
	天安	龍院里C地区石室墳	横穴式石室	鑣(b1)	1條捩りb類	1條線	×	木鉄輪	鉸具
	燕岐	松院里KM-096	横穴式石室	鏡板B(楕円)	無捩り	1條線a2類	○		鉸具
	燕岐	松院里KM-003	石槨墓	鑣	無捩り	1條線a2類	×	ⅡB₂(有鋲)	鉸具
	燕岐	松院里KM-025	横穴式石室	鑣(b2)	無捩り	1條線a2類	固定	ⅡB₂	鉸具
	公州	水村里Ⅱ-1	土壙墓	鏡板B(楕円)	無捩り	1條線a3類	○	ⅠB₄(有鋲)	鞍金具
	公州	水村里Ⅱ-2	土壙墓	鑣(b2)	無捩り?	1條線a2類	○	—	
	公州	水村里Ⅱ-3	石槨墓	鏡板B(内彎楕円)	無捩り	1條線a2類	○	木鉄壺	鞍金具、環状雲珠
	公州	水村里Ⅱ-4	横穴式石室	鏡板B(楕円)	無捩り	1條線b類	固定	ⅠB₅(有鋲)	
	公州	水村里Ⅱ-5	横穴式石室	鑣(b1)	無捩り?	1條線a2類	×	ⅡB₁(有鋲)	鞍金具、鉸具
	公州	就利山S10W17	土壙墓?	鏡板B(楕円)	無捩り?	1條線a2類	○	—	
	完州	上雲里ラ1-27	木棺墓	鏡板B(楕円)	無捩り	1條線a2類	○	—	
	完州	上雲里ラ1-29	木棺墓	鏡板B(楕円)	無捩り	1條線a2類	○	—	脚金具

[凡例]・木鉄輪：木心鉄板張輪鐙、鉄輪：鉄製輪鐙、木鉄壺：木心鉄板張壺鐙

この段階の馬具が出土している。正式報告はまだ出ていないものの、烏山水清洞古墳群からもこの段階に位置づけられる馬具が出土している[5]。古墳以外ではソウル風納土城の慶堂地区9号遺構から10頭分にもおよぶ馬の頭骸骨とともに、ⅡB₁式(無鋲)と思われる木心鉄板張輪鐙が出

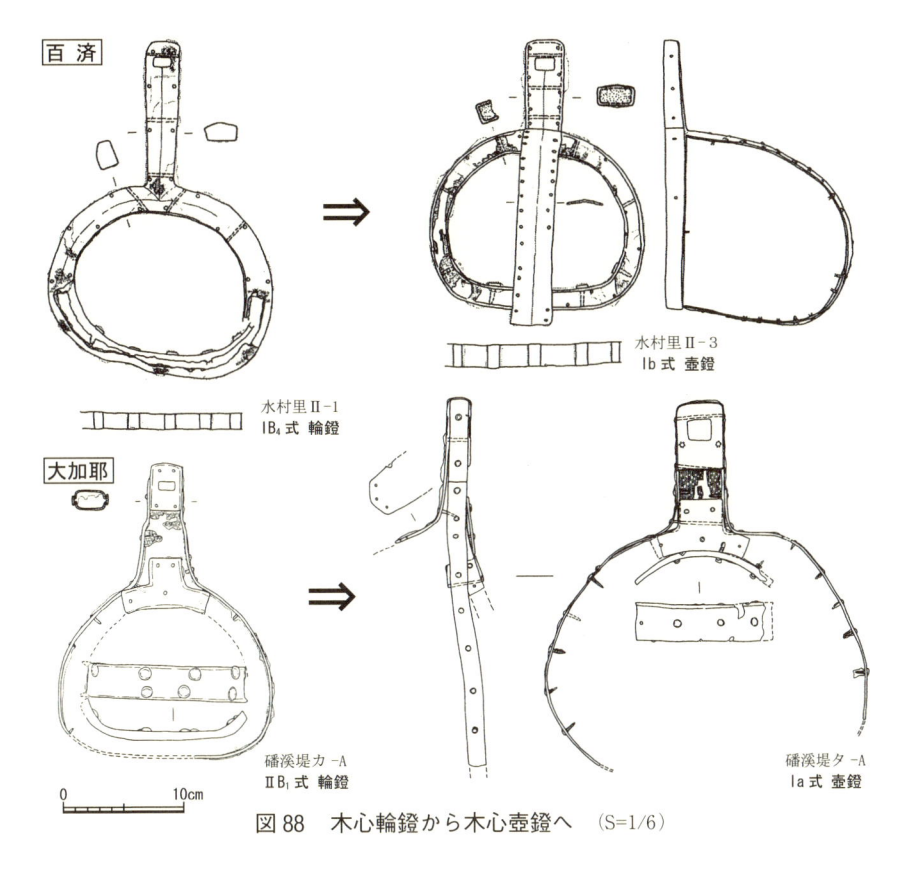

第10章 中西部における馬具生産の展開とその特質

[図：百済・大加耶の木心輪鐙から木心壺鐙への変遷図]
水村里Ⅱ-1 IB₄式 輪鐙
水村里Ⅱ-3 Ib式 壺鐙
磻溪堤カ-A ⅡB₁式 輪鐙
磻溪堤タ-A Ⅰa式 壺鐙

図88 木心輪鐙から木心壺鐙へ (S=1/6)

土しており、この段階に位置づけられる。5世紀前葉を上限とする製作年代が想定される。下限については後述する。

　第3章で述べたように水村里古墳群では古墳の築造順序[6]とそこから出土した鐙の型式学的変化が一致する。それを基準とすることによって、水村里Ⅱ-1号墳と同じIB₄式（有鋲）鐙をⅢ段階前半（法泉里1号墳、新鳳洞90A-11、92-60、92-93号墳、主城里1号石室墳例など）に、そして水村里Ⅱ-4号墳と同じIB₅式鐙をⅢ段階後半（新鳳洞92-80、92-97-1号墳例など）に細分することが可能である。固定式遊環をもつ轡や木心壺鐙、鉄製輪鐙などもⅢ段階後半に新たに出現する。ただし最も多いⅡB₁式（無鋲）鐙（図91：22）は、Ⅲ段階の全期間を通じて製作された可能性が高く[7]、馬具の特徴だけをもってすべての資料を前後に細分することは難しい。

　なお木心鉄板張壺鐙について李尚律は、鳩胸金具の補強範囲によってⅠa式とⅠb式に細分した上で、木心鉄板張輪鐙からの型式変遷がたどれるⅠa式が先行するとし、その分布から、大加耶で最初に出現したと考えた［李尚律 2007］。しかし、李尚律が磻溪堤タ-A号墳のⅠa式壺鐙の祖形として、先行して築造された磻溪堤カ-A号墳のⅡB₁式輪鐙を想定したように、中西部においても水村里Ⅱ-3号墳のⅠb式壺鐙の祖形として、先行して築造された水村里Ⅱ-1号墳のIB₄式輪鐙を想定することは十分可能である（図88）。つまり、水村里Ⅱ-3号墳例はⅠa式壺鐙とは祖形となる木心鉄板張輪鐙が異なり、祖形同士の前後関係をみる限り、水村里Ⅱ-3号墳例の方が古く位置づけられる[8]。Ⅰb式壺鐙とⅠa式壺鐙の関係は今後の課題となるものの、以上から木心鉄板張壺鐙は百済でまず出現し、大加耶などに伝わったとみておきたい。

209

ところで、IB₄式（有鋲）鐙をもつ水村里Ⅱ-1号墳からは青磁有蓋四耳壺が、IB₅式（有鋲）鐙をもつ水村里Ⅱ-4号墳からは黒釉鶏首壺などの中国陶磁がそれぞれ出土している。前者は4世紀後半、後者は5世紀初の製作と考えられており［朴淳發 2005、成正鏞 2006b］、古墳の築造順序と共伴する中国陶磁の年代観に矛盾はない。一方で、水村里Ⅱ-1号墳の中国陶磁（4世紀後半）は、百済Ⅱ段階の馬具を出土した龍院里9号墳の中国陶磁（4世紀末）よりも古く位置づけられており、馬具の相対編年観とは齟齬が生じる。これについては、水村里古墳群で古墳の築造順序とそれに伴う中国陶磁の年代観に矛盾がないことから、伝世⁽⁹⁾を想定するよりは入手時期の微妙な差や被葬者の生前の活動期間の差などと関連する可能性が高い。

図89に示したように馬具の製作年代と共伴する中国陶磁の製作年代には、年代がおおよそ一致する例もあれば一致しない例もある。筆者は自地域で生産・消費され、形態変化の方向性を技術的・機能的観点から説明できる馬具の方が、古墳の年代をより正確に反映している可能性が高いとみているが、いずれにせよ馬具と中国陶磁は製作年代を導出する根拠がそれぞれ異なるため、今後も製作年代に対する検討を個別に進め、それらを総合することで古墳の年代を導出していく必要があろう。

また、龍院里1号石槨墓から出土した鉄製剣菱形杏葉（図91：27）について、李尚律は扁円部の形態、鋲数、立聞孔、周縁板の装飾化、鉤金具などを理由に、大加耶で最も古い陜川玉田M3号墳例よりも新しいと判断し、6世紀初に位置づけた［李尚律 2001：153］。しかし大加耶で玉田M3号墳例に後続する高霊池山洞44号墳例や、それよりさらに新しいと考えられる資料は、いずれも扁円部と剣菱部の間に区画帯をもち、区画帯をもたない龍院里1号墳例とは差異がある。すなわち、玉田M3号墳例と同段階とみる余地はあるものの、それよりも新しくみる理由は、特にない。ここではⅢ段階後半に位置づけておきたい。

ところで百済Ⅲ段階の馬具と次の百済Ⅳ段階の馬具は、形態や組成が大きく異なり、別々の段階として截然と区別される。百済ではⅣ段階以降、馬具副葬が急激に減少し、副葬馬具がもつ社会的意義も異なった可能性が高い。その背景には王都漢城の陥落に象徴される475年前後の政治的状況が直接的に影響していたとみられ、逆にいえば、それまではⅢ段階の馬具生産体制は基本的に維持されていたと考えられる。したがってⅢ段階の下限については、漢城が陥落した475年とみておきたい。

ただし、これはあくまで製作年代の下限であって、百済Ⅲ段階の馬具をもつ古墳がすべて475年までに築造されたことを意味するわけではない。漢城期に製作された馬具が熊津期の古墳に副葬された可能性は十分にあり⁽¹⁰⁾、個々の古墳の年代については遺構や他の共伴遺物を含めて総合的に判断する必要がある。とはいえその場合も、漢城陥落以後、高句麗の前線基地として錦江上流に築かれた清原南城谷山城や大田月坪洞遺跡などの存在から、漢江以北はもちろん、漢江以南、錦江以北の多くの地域で百済の造墓活動が停滞した可能性が高いことは、十分留意しておく必要があるだろう⁽¹¹⁾。

最後に朴淳發編年との対応関係についてみておきたい。百済Ⅰ段階の馬具出土古墳は朴の漢城Ⅰ期に、そして百済Ⅱ・Ⅲ段階の馬具出土古墳は朴の漢城Ⅱ期におおむね対応し、ひとまず馬具編年と土器編年に大きな矛盾はなさそうである。ただし、その暦年代観については修正の余地が

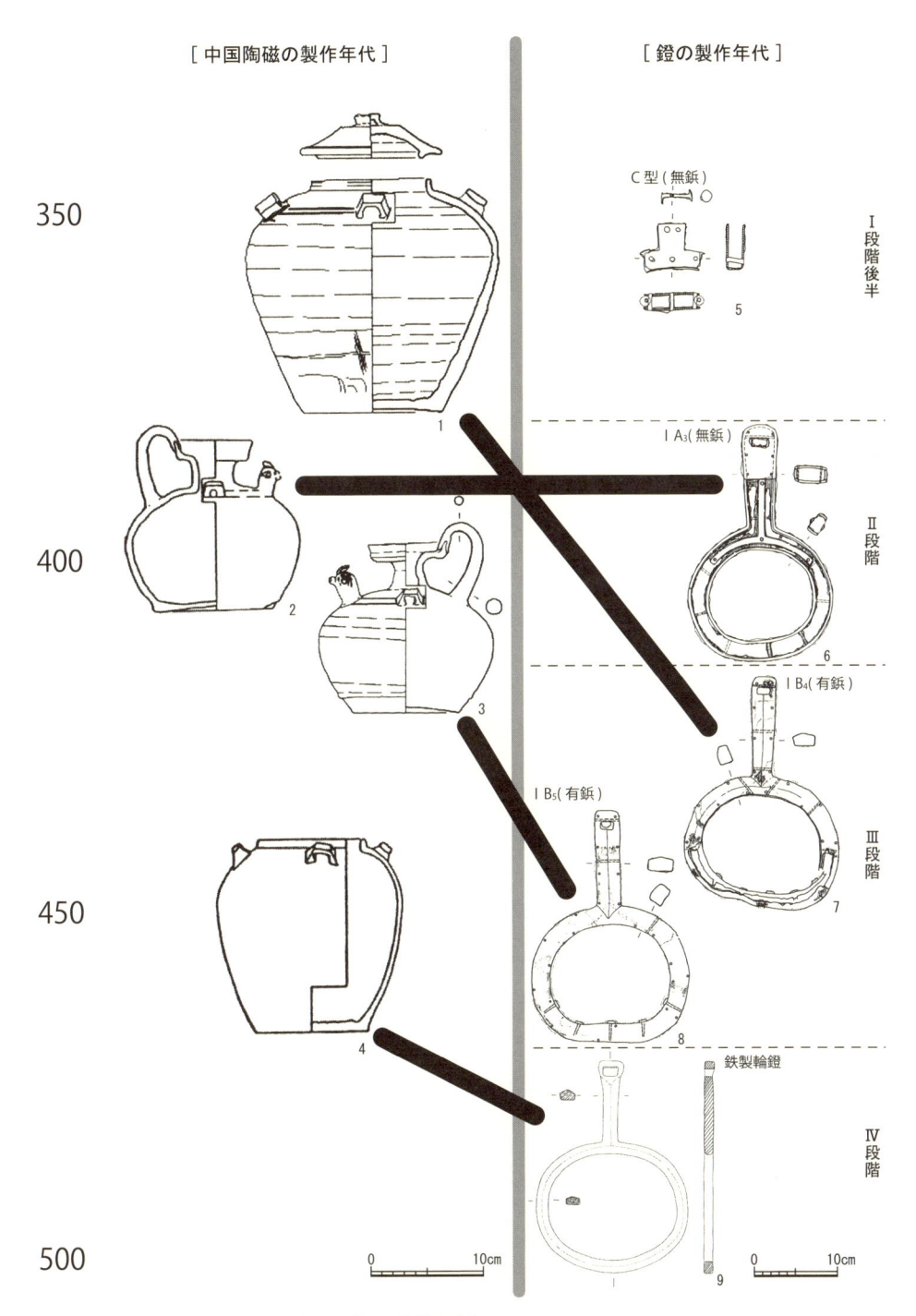

第 10 章　中西部における馬具生産の展開とその特質

図 89　中国陶磁と鐙の共伴関係　（中国陶磁：S=1/6、鐙：S=1/8）
1・7：水村里Ⅱ-1号墳　2・6：龍院里9号石槨墓　3・8：水村里Ⅱ-4号墳　4・9：笠店里86-1号墳
5：斗井洞Ⅰ-5号墳　＊中国陶磁の製作年代は［成正鏞2003b・2006b］による。

211

ある。たとえば朴は法泉里2号墳から出土した中国陶磁（青磁羊形器）の年代を参考に、漢城Ⅱ期の始まりを4世紀中葉頃とみているが、漢城Ⅱ期に対応する古墳から出土する馬具は、本書のここまでの検討による限り、4世紀末を遡ることはない。なお、朴が夢村土城出土土器の焼成度を基準に設定した漢城Ⅰ期とⅡ期については、白井克也らが指摘するように層位学的証拠が不足していたが、現在、発掘調査が進められている風納土城の調査成果をもとにそれを修正、補強する作業が進められている。土器編年との対応関係については、それらの進展を待って改めて検討することとしたい。

（6）百済Ⅳ段階

　熊津期以降、百済では馬具の出土例が激減する。その理由は一つではなかろうが、未盗掘の武寧王陵（523年没、525年埋葬）から馬具が出土していないことをふまえれば、馬具副葬自体が他地域に比して低調であったことは否定しがたい。宋山里古墳群から出土しているわずかな資料から推測すれば、少なくとも熊津期でも前半の王陵には馬具が副葬されていた可能性が高い。とはいえ、その全容はまったくもって不明であり、ある程度の普遍性をもった指標を馬具自体に求めることは困難である。そこで、ひとまず熊津期前半、すなわち吉井秀夫［1991］編年の宋山里Ⅰ段階に該当する資料を百済Ⅳ段階として設定する。

　百済Ⅳ段階に該当するのは公州宋山里3号墳（旧2号墳）、伝・宋山里出土品、益山笠店里86-1号墳である。論山茅村里古墳群からもこの段階の馬具が出土している。錦江以北での出土例がみられなくなり、南西部の北側（全羅北道）からも馬具が出土するようになる。

　宋山里3号墳出土鉄地金銅張杏葉片（図91：30）は、百済で唯一、王陵級の古墳から確実に出土した馬具である。下半部のみが出土したため、李尚律は「剣菱系」杏葉とみて剣菱形杏葉百済起源説の根拠の一つとし［李尚律 1998：226-227］、金斗喆は扁円魚尾形杏葉の一種とみて剣菱形杏葉百済起源説を否定するなど意見の一致をみていない［金斗喆 2000：290］。しかし、先にみたように百済Ⅲ段階後半にはすでに典型的な剣菱形杏葉が出現していると考えられるため、本例の評価を剣菱形杏葉の起源論と結びつけることはできないだろう。

　伝・宋山里古墳群出土の鉄地銀張f字形鏡板轡B類（図91：29）は正式な発掘調査を経たものではないものの、宋山里旧1～5号墳の中のいずれかから出土したとされ［伊藤 1979］、この段階に位置づけられる。李尚律は固定式遊環の存在を根拠に、本例を陝川玉田M3号墳例などよりも若干新しいと考えたが［李尚律 1998：225］、固定式遊環は前段階の水村里Ⅱ-4号墳例や新鳳洞92-83号墳例などにすでに認められる。また最近、大加耶Ⅱ段階後半（5世紀中葉）の高霊池山洞32号墳の鉄製鑣轡にも固定式遊環が確認され［諫早 2009b］、大加耶でも玉田M3号墳例より早い段階で固定式遊環が出現していることは確実である。よって固定式遊環のみから伝・宋山里例を新しくみることはできないだろう。

　宋山里古墳群以外では、盗掘を受けていたにも拘らず、笠店里86-1号墳から固定式遊環に遊環を組み合わせた鉄地銀張楕円形鏡板轡B類や鉄製輪鐙、木心金銅板張輪鐙、金銅製鞍金具、鉄地銀張扁円魚尾形杏葉などの装飾馬具セット（図91：31～34）が出土している。鐙が2セットあることから、本来は金銅装の馬装と銀装の馬装の2セットが副葬されていた可能性が高い。この

第10章　中西部における馬具生産の展開とその特質

表30　百済馬具の編年③

段階	地域	古墳名	埋葬施設	銜留	銜	引手	遊環	鐙	その他の馬具
Ⅳ段階	益山	笠店里86-1	横穴式石室	鏡板B(楕円)	1條捩りb類	1條線a3類	固定+遊環	木金輪/鉄輪	扁円魚尾形杏葉、金銅製鞍金具、鉸具
	公州	伝・宋山里		鏡板B(f字)	無捩りb類	1條線a2類	固定	—	—
	公州	宋山里3	横穴式石室	—	—	—	—	—	杏葉片
Ⅳ～Ⅴ	論山	茅村里4	石槨墓	円環(B1)	無捩りb類	1條線	×	—	
	論山	茅村里5	石槨墓	円環(A1)	無捩りb類	2條線a類	○	—	鞍金具、鞖金具、鉄環、鉸具
	論山	茅村里14	石槨墓	円環(A1)	無捩りb類	2條線a類	○	—	鉸具
	論山	表井里採集品		円環	無捩りb類	—	—	鉄輪	馬鈴
	霊光	鶴丁里大川3	横穴式石室	円環(B1)	無捩りb類	1條線	×	—	鑣轡片、留金具、鉸具
Ⅴ段階	咸平	新徳	横穴式石室	鑣(b2)	全周巻き技法	1條線c類	×	木鉄壺	鉢状雲珠・辻金具、鞍金具、鉸具
	羅州	伏岩里3-'96（1号甕棺）	横穴式石室	鏡板B(楕円)	無捩りb類	2條線	○	木鉄壺	三葉文心葉形杏葉、鉢状辻金具
	海南	造山	横穴式石室	鏡板B(f字)	無捩りb類	1條線a3類	固定+遊環	鉄輪	剣菱形杏葉、馬鈴

［凡例］・木金輪：木心金銅板張輪鐙、鉄輪：鉄製輪鐙、木鉄壺：木心鉄板張壺鐙

　笠店里86-1号石室墳から出土した青磁四耳壺（図89：4）については、5世紀中葉頃という製作年代が与えられており、古墳の年代についても漢城期とみる見解もある［成正鏞 1998・2003b・2009、朴淳發 2003・2005など］。しかし石室は宋山里型であり［吉井 1993］、漢城期にまで遡るかどうかについては疑問の余地がある。第13章で詳しくみるように百済では前段階にすでに鉄製輪鐙が出現していたと考えられるが、本例は形態からみて新羅Ⅳ段階や大加耶Ⅳ段階とおおよそ併行するこの段階に位置づけておくのが妥当であろう。
　ところで、この段階になると前段階まで盛行した鑣轡が激減する。その理由はよくわからないが、桃崎祐輔も指摘するようにこれに代わって円環轡が出現したこともその一因であったとみられる［桃崎 2005b］。円環轡は中西部の論山茅村里古墳群、表井里古墳群と、南西部の霊光鶴丁里大川3号墳から出土している。複数の円環轡が出土した茅村里古墳群の出土土器について検討した成正鏞は、5号墳（5世紀後半）→ 4号墳（6世紀前半）という変遷を想定しており、円環轡についても遊環をもつ李尚律分類A1式の5号墳例（図91：35）から遊環をもたないB1式の4号墳例（図91：37）へ、という変遷が想定されている［李尚律 2005a：50］。
　ただし、日本列島ではB1式の福岡県稲童8号墳例（TK23～47型式期）が、A1式の熊本県江田船山古墳例（MT15型式期）よりも先行するようであり［桃崎 2005b］、百済における変遷観と矛盾する。各地における円環轡の出現の時間差は極めて短かったとみられ、型式間の前後関係は他地域の資料との併行関係も含めて慎重に検討する必要がある。よってここでは、百済Ⅳ段階からⅤ段階にまたがる製作年代を想定するに留めておきたい。
　なお、百済Ⅳ段階の製作年代については、宋山里Ⅰ段階の年代を参考にすれば［吉井 1991］、漢城陥落後から5世紀末にかけての年代を想定することができる。

（7）百済Ⅴ段階

　百済Ⅴ段階に該当する資料は咸平新徳古墳、羅州伏岩里3号墳'96石室、海南造山古墳出土馬具などである。いずれも金銀装の装飾馬具セットである。この他に潭陽斉月里古墳［崔夢龍 1976］から鑣轡と鉄製輪鐙が出土しており、この段階に位置づけられる可能性が高い。

造山古墳からは鉄地金銅張のf字形鏡板轡と剣菱形杏葉がセットで出土している。剣菱形杏葉は扁円部と剣菱部に区画帯をもち、かなり大型化していること、金銅板一枚被せといった諸特徴から、龍院里1号石槨墓例よりは明らかに新しい。朴天秀は造山古墳の剣菱形杏葉について、氏が5世紀第3四半期に比定する玉田M3号墳例より新しい型式と考え、造山古墳の年代を5世紀第4四半期とした［朴天秀 2001：16］。しかし、洛東江以西地方の資料と対比するのであれば、玉田M3号墳例に後続する池山洞44号墳例よりもさらに新しいと考えざるをえない。すなわち6世紀初が製作年代の上限となる[12]。

伏岩里3号墳'96石室は、屍床台をもつ4基の甕棺が1→2→3→4号甕棺の順に設置されていったことが発掘調査の結果、明らかとなっており、心葉形鏡板轡・杏葉、木心鉄板張壺鐙、鉢状辻金具からなる装飾馬具セットは初葬の1号甕棺に伴うと報告されている。このうち変形三葉文心葉形杏葉については、製作地の問題は別として、金洛中［2001：218］や白井克也［2003a］が指摘するように新羅Ⅴ段階（6世紀初〜前葉）における装飾馬具の特徴をもっており、併行関係を設定することが可能である。

ところでこの1号甕棺はTK47型式期の須恵器（𤭯）を伴っていて、白井克也の設定した併行関係にもとづけば、伏岩里例はMT15型式期に併行すると考えられる新羅Ⅴ段階よりも先行する[13]［白井 2003b：21-22］。しかし、新羅に系譜を求められる馬具が新羅よりも先に栄山江流域で出現したとは考えにくい。もし仮に1号甕棺、ひいては石室自体の構築時期を副葬品から推測するのであれば、その時期は須恵器ではなく馬具の製作年代であるMT15型式期併行とみるべきであろう[14]。もちろん金洛中が指摘するように新羅Ⅴ段階の製作年代の上限がMT15型式期併行より溯上する可能性も十分ある［金洛中 2010：109］。

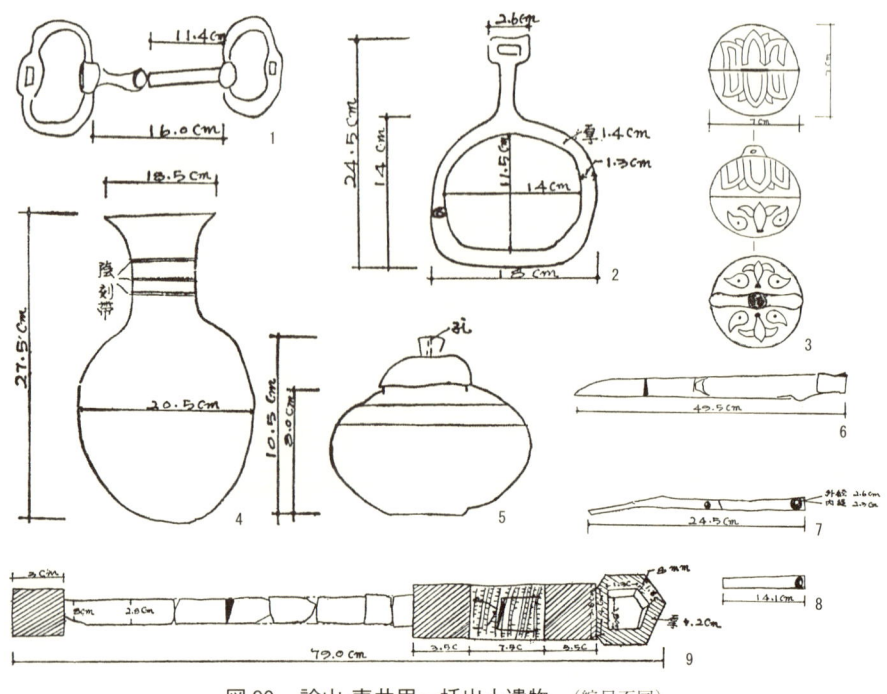

図90　論山 表井里一括出土遺物　（縮尺不同）

第10章　中西部における馬具生産の展開とその特質

1：金陵洞78-1　2：金陵洞56　3：金陵洞11-1　4：鳳鳴洞C-31　5-9：斗井洞I-5　10：松岱里13　11：鳳鳴洞A-52　12：鳳鳴洞A-35　13：鳳鳴洞B-79-2　14：馬霞里(ソ)18　15・16：新鳳洞92-84　17：花山SM1　18：新鳳洞92-54　19：新鳳洞1982年採集　20：龍院里9号石槨　21：法泉里1　22・24・25：新鳳洞90B-1　23：水村里II-2　26：新鳳洞92-74　27：龍院里1号石槨　28：水村里II-3　29：伝・宋山里　30：宋山里3　31-34：笠岩里86-1　35・36：茅村里5　37：茅村里4　38-41：伏岩里3-96　42-45：造山

0　10cm

百済Ｉ段階（前半）

百済Ｉ段階（後半）

百済Ⅱ段階

百済Ⅲ段階

百済Ⅳ段階

百済Ⅴ段階

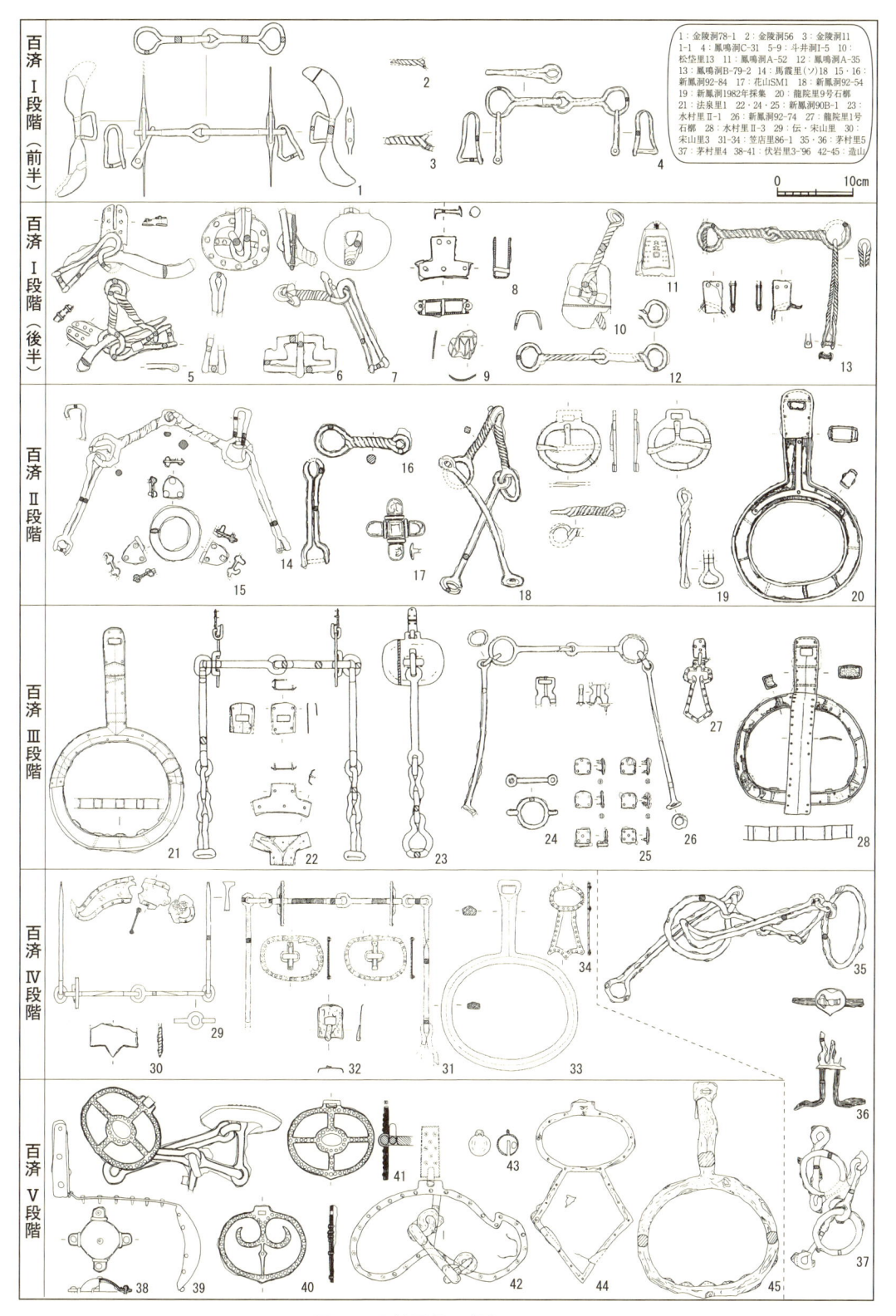

図91　百済馬具の編年　(S=1/8)

215

以上から、百済V段階にはひとまず6世紀初から前葉にかけての製作年代を想定しておきたい。また、共伴する土器をみる限り、副葬の下限も熊津期に収まると考えられる。

なお、円環轡は先述のようにこの段階も引き続き製作されたと考えられる。たとえば南西部で唯一、円環轡が出土した霊光鶴丁里大川3号墳は、土器から伏岩里3号墳'96石室との併行関係が設定されており［酒井2008］、中西部に若干遅れて、南西部にも円環轡が広がっていったことがわかる。

また論山表井里古墳群採集の円環轡（図90：1）は立聞部をもっており、このような立聞式の円環轡は日本列島では盛行するものの、朝鮮半島では現在のところ、これ1例のみに留まる。日本列島の状況を参考にすると立聞をもたない円環轡の出現が先行し、立聞式の円環轡の出現はMT15型式期を遡らないようであり［岡安1984］、一括して出土したとされる土器や馬鈴（図90：3）をみても、泗沘期以降にまで下がるとは考えにくい。よって、表井里出土品についてはひとまずこの段階に位置づけておきたい。発掘資料ではないため積極的な評価が難しいものの、日本列島独自の型式と考えられてきた立聞式の円環轡（いわゆる素環轡）の出現を考える上で重要な資料といえよう。

この他にも百済では、大田月坪洞遺跡木槨庫［尹卲映ほか2005］から木製鞍橋が、潭陽大峙里遺跡ナ地区4号住居址［湖南文化財研究院2004］から木心鉄板装壺鐙が、麗水鼓楽山城集水遺構［順天大学校博物館2003、成正鏞ほか2007］から環板轡C類がそれぞれ出土している。これらは墳墓遺跡ではなく生活遺跡から出土する点で百済V段階以前の馬具とは区別され、泗沘期以降に製作された可能性が高い。

以上を整理すると図91のとおりである。

3. 百済における馬具生産の展開とその特質

前節での検討によって、百済馬具のおおよその変遷が明らかとなった。ここからは漢城期と熊津期に大別した上で、各段階ごとにその様相を整理しながら、百済における馬具生産の特質に迫っていきたい。

(1) 漢城期における馬具生産の展開とその特質

① 百済I段階前半

中西部および南西部ではまだ原三国時代の馬具は出土していない。これは『三国志』魏書東夷伝馬韓条の「不知乗牛馬　牛馬盡於送死」という内容と一致し、興味深い。ただし、前2世紀前半から後1世紀後半頃にかけて形成された低湿地遺跡である全羅南道光州新昌洞遺跡［国立光州博物館2002］の最下層（I期層）から、岡内三眞［1979］分類のA式馬車[15]の一部と考えられる黒漆塗り木製車輪（図92：2～6）、車衡（図92：1）が出土しており、それをどのように評価していくのかが今後の課題である。

また漢城様式土器成立後、それが中西部各地に広がる以前の、いわゆる丸底短頸壺段階［成正鏞2000・2006a］をどのように評価するかについては議論が続いている。金成南のようにこの段階

を「原三国時代」[16]とみるのであれば［金成南 2006］、金陵洞 78-1 号墓例なども「原三国時代馬具」になるのかもしれない。ただし、この問題に拘泥することは、本書においてはあまり生産的な作業とは思えないため、ここでは金陵洞 78-1 号墓の金属製鑣轡が立聞式鑣である点において原三国時代の南東部で盛行した 2 孔式鑣轡とは明確に区別されることを確認しておくに留める。

第 5 章で詳しくみたように、百済 I 段階前半に特徴的な無捩り技法 a 類銜は中国北方の匈奴を中心に広範な分布域を示している（図43）。近いところでは夫余、高句麗、楽浪などにみられるが、直接的な系譜は中西部同様、無捩り技法 a 類と多條捩り技法が共存する高句麗や楽浪に求めるべきであろう。すなわち百済の騎馬文化は、基本的には地続きの朝鮮半島北部から伝わったものと考えられる。

ソウル地域周辺ではまだこの段階の馬具が出土しておらず、漢城様式土器と共伴しないこれらの轡の流通に百済王権が直接関わっていたのかについては、議論の余地がある。金陵洞古墳群や鳳鳴洞古墳群は丸底短頸壺を指標とする中西部の土器様式を共有し、『三国志』魏書東夷伝に馬韓五十余国と記された地域に該当する可能性が高いものの、それらの「小国」がいつ、どのような過程を経て、伯済国を母体とする百済王権との支配−従属関係を形成していったのかについてはいま一つ判然としない。漢城様式土器の波及や、中国陶磁、装飾大刀などの拡散に先行して、騎乗用馬具が拡散し、それを媒介に百済王権と地方間の関係が形成された[17]という推論もなされているが［成正鏞 2000：123・2008：121］、百済で確実に馬具生産が開始したと考えられる百済 I 段階後半以降であればともかく、この段階の馬具に過度な政治的意味を付与するのは危険であろう。ただし、金陵洞 78-1 号墓例とほぼ同時期に、ソウル地域においても考古資料に大きな変化がみられ、「領域国家」としての百済が成立したと考えられていることをふまえれば［朴淳發 2003］、今後ソウル地域周辺からもこの段階の馬具が出土する可能性は十分ある。

図 92　光州 新昌洞遺跡出土馬車部材　（S=1/10）

② 百済 I 段階後半

この段階になると馬具出土古墳数が急増する。ソウル地域周辺ではまだ出土例がないものの、

清州・清原、天安、牙山地域からこの段階の馬具が確認されている。これらの資料のうち、朝鮮半島南部独自の引手形態である多條捩り引手をもつ轡については、百済で製作されたとみて大過ない。この段階の馬具には朝鮮半島南部全体を見渡しても顕著な定型性や地域性を見出しがたく、これらが百済で製作されたとしても、馬具自体に過度な政治的意味を内包させることは危険である。ただし、南東部におけるこの段階の馬具の分布が新羅と金官加耶の中心（慶州、金海）とその周辺一帯に留まるものであったことを想起すれば（図76）、中西部における分布も漢城期百済の中心であるソウル地域を核とする可能性が高い。ソウル地域周辺や漢江以北の様相がまったく不明であり、隔靴掻痒の感は否めないものの、南東部の様相を参考にすれば、この段階の騎馬文化は自然発生的に、かつ面的に朝鮮半島南部全体に広がっていったとは考えにくい。中西部における騎馬文化の定着に主体的な役割を果たした百済王権の存在がおのずと浮かび上がってくる。また、鳳鳴洞古墳群や松垈里古墳群のような地方の、それもさほど規模の大きくない古墳からも簡素な馬具が多数出土しており、南東部よりも早く、かつ広範な地域・階層に騎馬文化が広がっていった様子がうかがえる。

　このように中西部に騎馬文化が定着した百済Ⅰ段階後半の製作年代が、中国南朝（東晋）に朝貢するなど百済が大きく躍進する近肖古王（在位346～375年）や、近仇首王（在位375～384年）の治世とおおむね重なる点は、偶然の一致とは考えにくい。特に近肖古王代には371年に平壌で高句麗を破り、故国原王を戦死させる大勝利をおさめるが、このような高句麗に対する活発な軍事活動は、軍馬の安定した供給を前提とするものであったに違いない。

　この段階の馬具については、慕容鮮卑との遠距離交渉によってえた稀少な「威信財」とみなす見解がある［成正鏞 2000］。この段階においてはまだ馬具が稀少な存在であったことは確かであろうが、中西部各地から出土する'鉄製'の楕円形鏡板轡A類や'有機物製'の鑣轡が、遠距離交渉によってもたらされた「威信財」とは考えにくい。鐙について三燕や高句麗に類例がないことを根拠に、中国南朝に系譜を求める見解もあるが［権度希 2006b：355-358］、南朝墓から類似する鐙が出土しているわけではなく、あくまで文献に記された朝貢記録や中国陶磁などからのアナロジーに留まる。この段階の最大の意義は、そのような不安定な系譜論に立脚した遠距離交渉に求めるのではなく、騎馬の風習が急速に定着したことそれ自体に求めるべきであろう。

③ 百済Ⅱ段階

　この段階になると南西部の全羅北道完州上雲里遺跡でも馬具が確認されるようになり分布範囲は大きく拡大する。轡をみると1條捩り技法b類銜や1條線引手など次の段階に引き継がれる新たな要素も認められる一方で、百済の地域色ともいえる遊環をもつ轡はまだ出現しておらず、前後の段階を繋ぐ過渡期として理解される。

　この段階にみられる2條線引手b2類は、前段階のU字状に折り曲げた鉄棒に横棒を渡した2條線引手b2類と異なり、いわゆるスコップ柄状に外環をつくりだしており、李尚律や桃崎祐輔はこれを高句麗からの影響とみた［李尚律 1998、桃崎 2006］。広開土王碑によれば、百済は396年に広開土王率いる高句麗軍の侵攻を受けて、阿莘王（在位392～405年）みずから広開土王の前に跪いて「奴客」となることを誓って降伏し、漢江以北の多くの土地・人民を手放した上に王弟や重臣が連行されるなどの甚大な被害を受けたとされる［武田幸 1989］。そのような中で両地域間

の交流が一時的に活発化し、馬具製作技術も伝わった可能性が高い。ただし、百済Ⅲ段階になると高句麗からの影響がまったく認められなくなることから、高句麗からの影響は新羅に比べると限定的で、その期間も短かったようである。このような馬具のあり方は、一度は降伏した百済がすぐさま高句麗に反旗を翻したと記す広開土王碑の内容と符合するかのようで興味深い。

なお、この段階の馬具には龍院里9号石槨墓のⅠA₃式（無鋲）の木心鉄板張輪鐙や、新鳳洞82年採集品の環板轡B類のような洛東江以東地方に分布の中心をもつ馬具が含まれており、注意される。これらは中西部で在地化していく様子が認められないため、南東部からの移入品の可能性が高い。ただし、これらがいつ、そして南東部のどこから、どのようなかたちでもたらされたのかがはっきりとしない現時点では、その移動に過度な政治的意味を付与することは慎みたい。南東部各地との交流は強弱こそあれ、この段階に限らずとも認められるため、必ずしも文献史料と対応するとは限らない。跛行的かもしれないが絶えることなく続いたであろう交流は、中国東北部や朝鮮半島北部にはない1條線引手や鏡板轡B類を朝鮮半島南部全体で共有する前提となったと考えられる。

④ 百済Ⅲ段階

前段階にみられた高句麗馬具の影響と考えられる要素が消滅し、遊環をもつ鏡板轡B類や有機物製鑣轡をはじめとする独自色の強い馬具生産が始まる。またその分布域は、江原道の原州地域[18]にまで拡大し、大加耶をはじめとする南東部各地や第Ⅳ部でみる日本列島の馬具生産にも大きな影響を与えたと考えられている。5世紀前葉～475年頃までという比較的長い時間幅が想定されることを差し引いても、最も多くの馬具が出土した時期といえる。

柳昌煥は遊環をもつ鑣轡とⅡB₁式の木心鉄板張輪鐙、環状雲珠からなる馬具セットを「新鳳洞型馬具」とし、実用目的で開発され、各地に拡散した百済の基本馬具セットとみなした［柳昌煥2004b］。これらの装飾性こそ乏しいものの、定型性の高い馬具セットは、その分布範囲が中国陶磁や各種金工品の分布範囲とおおむね重なり、かつしばしばそれらと共伴することからも各地域での小規模生産によるものとは考え難い。百済王権の管理下にある工房で大量生産されたのであろう。

このように百済はⅢ段階に馬具生産の大きな画期を迎えるが、同時期にやはり大きな画期が認められた新羅のように、装飾馬具が広範に普及していくような状況は、少なくとも古墳副葬品からは確認できない。もちろん王陵など中心地における様相がまったくわからない状況で、答えを出すのは早計かもしれない。しかし、水村里古墳群や法泉里古墳群などの各種着装型金工品を副葬した大型墳さえも、基本的に杏葉を伴わない簡素な鉄製の馬具セットであることを考慮すれば（図93）、単なる調査不足や副葬習慣の違いなどで片づけられる問題でもなさそうである。

現在の資料状況を客観的に評価すれば、百済においては服飾（着装型金工品）とセットで飾馬（装飾馬具）が整備されることはなかった。さらには新羅で想定されたような装飾馬具、あるいは飾馬の下賜を通じて、地方を間接支配するシステムが存在した可能性も現状では極めて低い。ただし、このことは百済の社会発展段階や技術的基盤が新羅より劣っていたわけでも、逆にそのようなシステムが必要のないくらい、百済王権の地方に対する統治が強固なものであったことを意味するわけでもない。活発におこなわれた中国陶磁の輸入や、装飾大刀や金銅冠などの着装型

第Ⅲ部　朝鮮半島南部における騎馬文化の展開

金工品の生産、下賜を通じた地方に対する間接支配システムには、新羅との共通性が指摘されている［李漢祥 2007b］。

それではなぜ、百済では装飾馬具生産や飾馬が普及しなかったのであろうか。この問題を具体的な証拠を挙げて説明することは難しいが、筆者はその背景に高句麗との恒常的な敵対関係と、中国南朝との密接な朝貢関係があったのではないかと考えている。

まず、前者については鏡板轡を指標とする騎乗用の装飾馬具セットが三燕で成立し、高句麗を経て、朝鮮半島南部各地や日本列島に伝わったと考えられていること［桃崎 1999］、そして高句麗の装飾馬具から最も直接的な影響を受けたと考えられる新羅が、高句麗から服飾を下賜される従属的関係にあったことをふまえれば、高句麗と4世紀代から敵対関係にあった百済がそれをそのまま素直に受容したとは考えにくい。

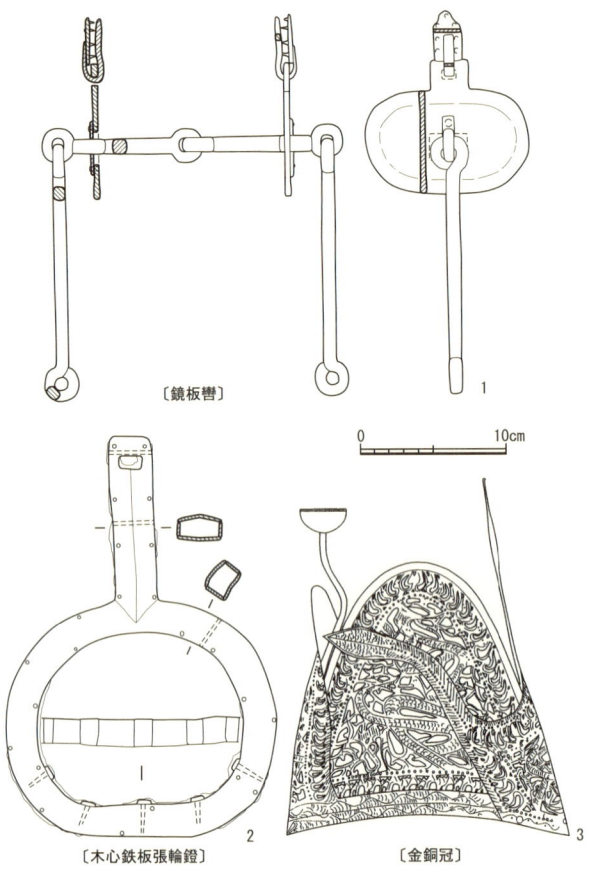

図93　公州 水村里Ⅱ-4号墳の馬具と冠　（S=1/5）

［鏡板轡］
［木心鉄板張輪鐙］
［金銅冠］

後者に関しては、装飾馬具が南朝でどの程度普及していたのかはっきりしないところがあるものの、少なくともこれまでに南朝墓から実用の馬具が出土したことはなく、北方で盛行した装飾馬具にもとづく身分表象が、貴族制社会であったとされる［川勝 1974 など］当時の南朝で盛行していたとは考えにくい。そして、百済王権が南朝に朝貢してえた官爵号を国内における秩序づけに積極的に利用していたという説を参考にすれば［坂元 1978］、百済における装飾馬具の位相は、南朝におけるそれをある程度反映している可能性が高いといってもいいだろう。

ともかくも百済では、騎馬文化の普及とは相反して装飾馬具の生産は活発でなかった。もちろん、百済にも飾馬は存在したであろうが、新羅のように装飾馬具を形・意匠・素材によってつくりわけ、それを配りわけることによって支配者層を序列化したような痕跡を探すことはできない。このような装飾馬具に対して百済王権の一貫してとった立場を考慮すれば、剣菱形杏葉やf字形鏡板轡のもつ意味は、大加耶や倭とは決して同じではなかったはずである。そのことは個々の馬具の系譜を論ずる際の前提として留意しておく必要があるだろう。

（2）熊津期における馬具生産の展開とその特質

① 百済Ⅳ段階

　この段階の馬具は、王都の置かれた公州地域とその南側の益山地域や論山地域で散見されるのみである。王陵級古墳からは装飾馬具が出土しているが、完全な状態で出土したものはなく、積極的に評価しがたい。そのような中で、宋山里3号墳の杏葉片や笠店里86-1号墳にみられる木心金銅板張輪鐙や異形扁円魚尾形杏葉に、新羅の装飾馬具の技術的・形態的影響が見受けられる点は興味深い。しかし、これらは李尚律がすでに指摘しているように新羅の典型的な装飾馬具とは形態差があり［李尚律 1998］、移入品と即断することはできない。王陵やそれに準ずる一部の大型墳から出土する装飾馬具が、あまりに断片的で評価しにくいところはあるが、百済王権がこの時期に独自の装飾馬具生産を積極的に展開した形跡は、前段階同様、見出せない。

　一方で、円環鑣を周辺地域に先駆けて導入するなど独自の展開も認められる。この円環鑣の出現は鑣鑣の消滅とおおむね連動し、これ以降、百済における最も一般的、かつ実用的な鑣形式として広く普及したと推測されるものの、出土資料からそれを裏づけることができない。漢城陥落による既存の生産基盤の崩壊だけでなく、熊津期前半、とりわけ東城王代（在位479～501年）における政治システムの再編と中央集権化［坂元 1978］や、横穴式石室普及に伴う葬送観念の変化などによって、前段階まで盛行していた地方の中・小規模の古墳における馬具副葬は停滞したとみるべきであろう。

　ところで前節では言及しなかったが、全羅北道扶安竹幕洞遺跡からもこの段階から次の段階にかけて、すなわち熊津期のものと思われる馬具が出土している［国立全州博物館 1994］。特に大甕に埋納された状態で出土した2点の鉄製剣菱形杏葉（図94：12・13）は、玉田M3号墳から出土した小型の剣菱形杏葉と規格がほぼ一致し、この

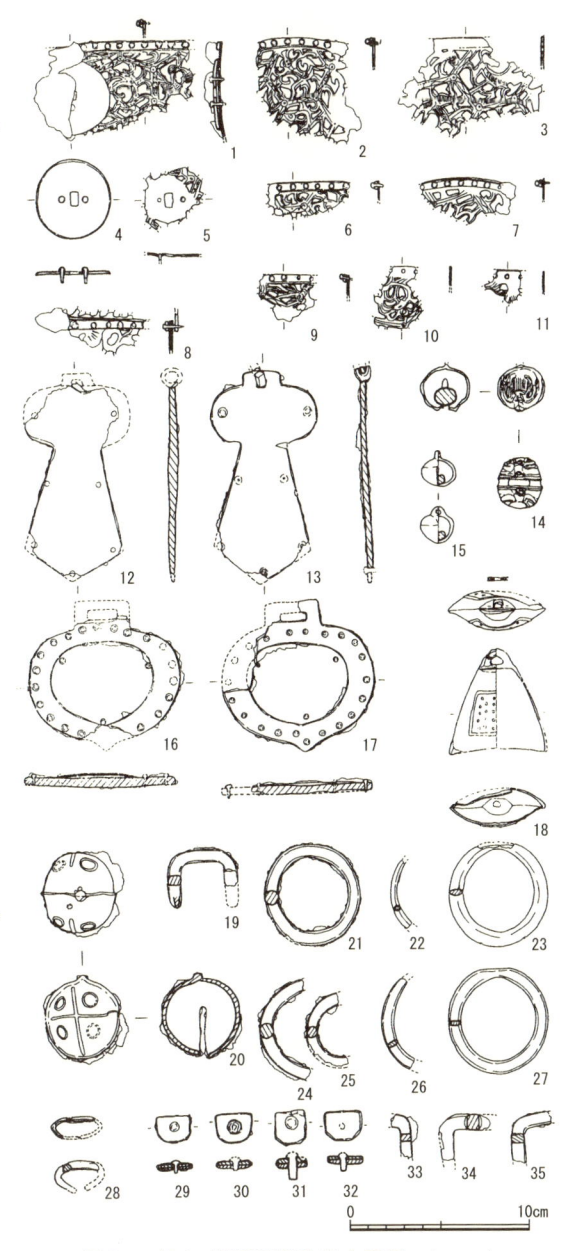

図94　扶安 竹幕洞遺跡出土馬具　（S=1/4）

段階に位置づけておくのが妥当である。同じ甕の中には馬鈴（図94：14）や環状雲珠（図94：21・24・25・28～32）、鉸具片（図94：33～35）も埋納されていた。また、すぐそばからは鉄地金銅張心葉形杏葉（図94：16・17）、銅環（図94：22・23・26・27）も出土しており、同じ甕かあるいは周囲の他の甕に同じように埋納されていたと考えられている。この他にも周囲からは亀甲文透彫金銅製鞍金具片（図94：1～11）、馬鐸（図94：18）、馬鈴（図94：15）、鉄鈴（図94：20）などの各種馬具が出土している。

　納められた大甕の形態や大甕を用いた祭祀に大加耶との関連性が指摘され、竹幕洞遺跡で大加耶王権による国家的祭祀がおこなわれたと考えられていることをふまえれば［俞炳夏 1998］、これらの馬具は金吉植も指摘するとおり、基本的には大加耶馬具とみるべきであろう［金吉植 1998］。ただし、池山洞古墳群や玉田古墳群からも出土していない亀甲文透彫金銅製鞍金具片（図94：1～11）まで大加耶で製作されたかどうかについては検討の余地がある。

② 百済Ⅴ段階の様相

　この段階の馬具は公州地域周辺をのぞくと、南西部の栄山江流域一帯から出土し、馬具の分布域は南へ大きくシフトする。百済系の横穴式石室を埋葬施設とする鶴丁里大川3号墳の円環轡については、百済の円環轡として位置づけることが可能である。いわゆる栄山江型石室［柳沢 2001］を埋葬施設とする新徳古墳、伏岩里3号墳'96石室、造山古墳から出土した装飾馬具セットは、それぞれまったく組成が異なり、一概には論じられない。ただ、この段階以前の馬具がまったく確認さていない栄山江流域一帯で、これらの多種多様な装飾馬具が製作された可能性は極めて低いだろう。

　朴淳發や徐賢珠らはこれらの装飾馬具を百済王権から下賜された「威信財」とみるが［朴淳發 2001、徐賢珠 2008 など］、個々のセットの系譜は多様で、用いられている装飾技術にも差異があり、金洛中も指摘するようにこれらがすべて百済王権のもとで一括して生産され、配布されたとみることは難しい［金洛中 2001］。この段階の栄山江流域にみられる考古学的諸現象の解釈をめぐっては様々な見解が提示されているが、「百済が熊津に遷都して以降、栄山江、さらには加耶に勢力を伸ばそうとし、その動きに対して、加耶・新羅・倭が様々な駆け引きをおこなった6世紀前半の政治的、社会的情勢が反映されている」ことだけは確かであろう［吉井 2006a：181-182］。栄山江流域にこの時期に限って出土する装飾馬具の出現背景については、馬具自体の詳細な型式学的検討はもちろんのこと、他の考古学的諸現象とあわせて総合的に解釈する必要がある。

　栄山江流域に多様な装飾馬具が出現した直後の泗沘期に入ると、百済全域で馬具の出土が極めて稀となる。墓制や土器にみられた栄山江流域の独自性も完全に失われ、陵山里型石室や泗沘様式土器が広まり、百済の領域内に完全に取り込まれたと考えられている［山本孝 2008 など］。そのような流れの中で、馬具は副葬品としての役目を終えたようである。

4. 結　語

　以上みてきたように百済においては、新羅や大加耶でみられるような定型性をもった独自の装飾馬具は製作されなかった可能性が高い。この背景にはすでに述べたように高句麗との恒常的な

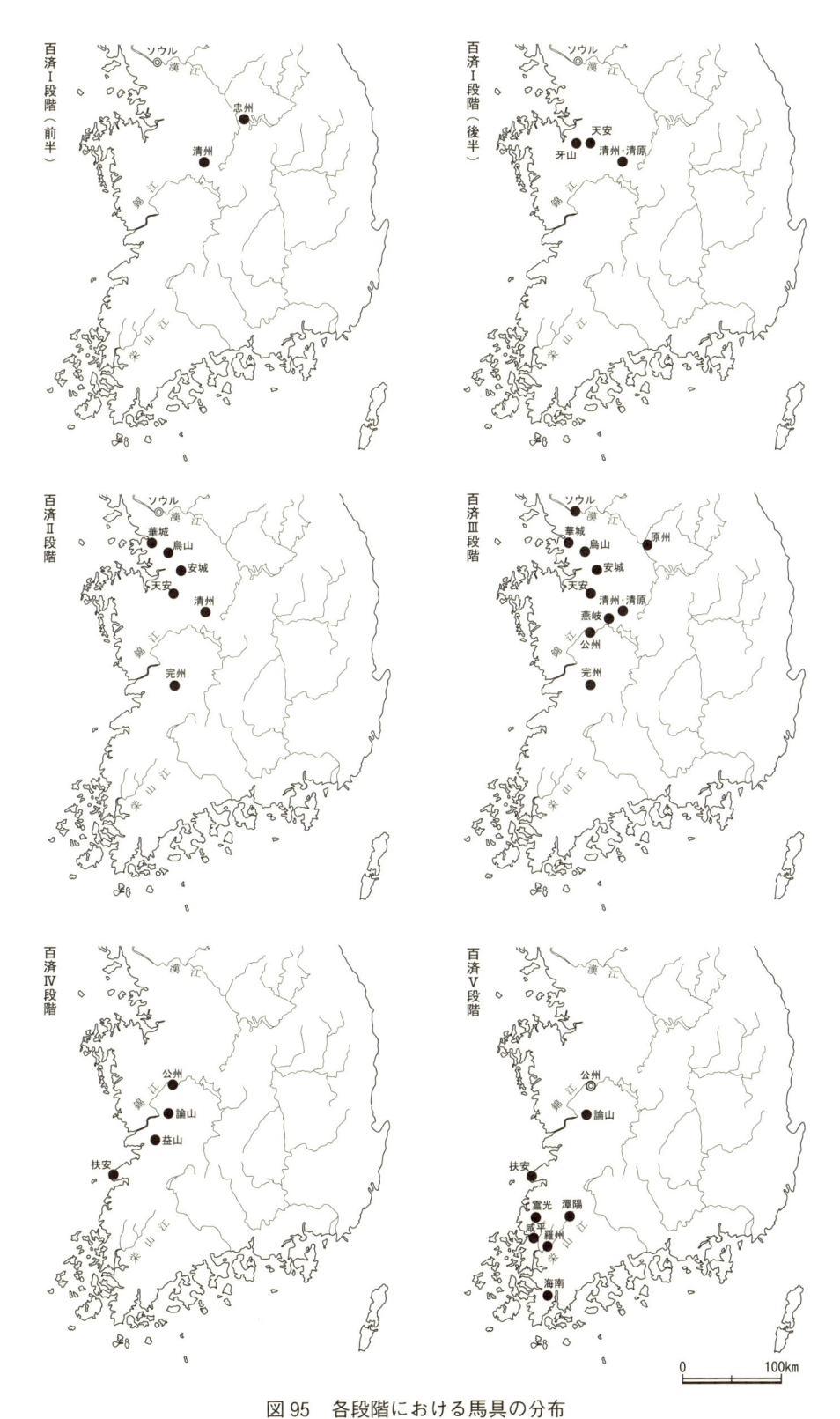

第10章　中西部における馬具生産の展開とその特質

図95　各段階における馬具の分布
　　◎：王都の所在地（王都から馬具が出土している場合は表示しない）　●：馬具出土地域

223

敵対関係や、中国南朝との密接な朝貢関係があったと考えられる。そのような国際状況の中で百済王権がとった政治的立場が、騎馬文化の受容やその後の展開にも何らかのかたちで反映されているのであろう。

　一方で騎馬文化の出現自体は南東部に比べて決して遅くない。原三国時代には馬に乗ることがなかったと記されるこの地域に、急速に騎馬の風習が広まっていったことは明らかである。最後にそのことを各段階の馬具の分布の変化を通して確認してみよう（図95）。

　Ⅰ段階前半の評価は今後の資料の増加に待つ部分が多いものの、Ⅰ段階後半からⅢ段階にかけての漢城期においては、漢江以南の広範な地域で徐々に馬具の出土地域が増えていき、その範囲も順調に拡大していったことがわかる。

　ところが漢城陥落を契機として、馬具の分布に大きな変化がみられる。熊津期（百済Ⅳ・Ⅴ段階）の馬具は出土量が少なく安定した議論が難しいものの、その前半（百済Ⅳ段階）は王都周辺の分布に留まり、栄山江流域一帯で馬具が確実に出土しはじめるのは、後半（百済Ⅴ段階）に入ってからである。独自色の強い墓制をもつ栄山江流域一帯で出土する多種多様な装飾馬具の製作地については今後の課題とせざるをえない。ただ、次の段階（泗沘期）にはこの地域の独自性が消滅し、馬具もまた副葬品目から姿を消すことからみて、この地域の地政学的重要性がにわかに高まる中で、馬具の副葬が一時的に流行したとみるべきであろう。そのことは直接支配段階と考えられている泗沘期に入ると、百済全域で馬具の副葬が終了することを通じても間接的にうかがうことができる。

　第Ⅲ部での検討によって、第Ⅰ部で明らかにしたような技術の広範かつ迅速な広がりとは裏腹に、各地における騎馬文化、とりわけ装飾騎馬文化の受容やその後の展開には顕著な地域差が認められることが明らかとなった。そのような地域差は、基本的には馬具の製作主体である各王権が、様々な歴史的状況において採った対外的・対内的立場に規定されるものであったと考えられる。このような朝鮮半島南部の様相を参考にしつつ、第Ⅳ部では日本列島中央部、すなわち倭における騎馬文化の受容と展開についてみてみよう。

註
（１）朴淳發は百済の国家形成の指標となる特定様式土器（漢城様式土器）の形成、大型墳（石村洞古墳群）の出現、城郭（風納土城）が出現する３世紀中・後半以降を漢城期とみている［朴淳發 2003］。
（２）漢城期の王城の一つと考えられるソウル風納土城内からは、送風管や鉄滓、土製鋳型などが出土している。特に鉄滓は用途不明の焼土遺構から出土しており、城内で鉄器製作がおこなわれていた可能性が高い［申熙権 2008：50］。また城内からは何らかの金工品製作に伴う金（銅？）屑が出土し、金工品工房の存在した可能性も指摘されている［権五栄 2007b］。
（３）夢村土城出土土器に対する層位学的検討を通じて百済土器と高句麗土器の共存を説いた白井克也は、土器と政治史を安易に結びつけることに警鐘を鳴らし、政治変動や支配者の移動・交代は陶工のあり方に必ずしも変更を強いなかったとみる［白井 1992：78］。一方で、王権と密接な関係が想定される瓦生産［権五栄 2003］や金工品生産［李漢祥 2005：41］については、漢城期と熊津期の間に断絶が認められるとのことであり、土器も「高級の小型土器類」の製作については断絶が認められるという見解もある［権五栄 2007a：137］。

（4）馬霞里古墳群の調査は複数の機関によってなされており、古墳の号数に一部重複がある。そこで便宜上、ソウル大学校博物館の調査墳には古墳の号数の前に（ソ）を、湖巌美術館の調査墳には古墳の号数の前に（湖）を付けて区別したい。
（5）貴重な観察の機会を与えていただいた京畿文化財研究院の李昶燁先生に感謝したい。
（6）水村里古墳群は、古墳の立地や埋葬施設、出土遺物などからII-1・2→3→4→5号墳の順に築造されたと考えられている［李勲ほか2007］。
（7）柳がIIB₁式に分類した資料の多くは、柄頭部と柄部と輪部の接合部分のみを鉄板で補強するものであり、すべてがII式の特徴である幅広の踏込部をもっていたのかどうか、確定しがたい。柳昌煥はIIB₁式鐙がC型鐙の系譜をひくとし［柳昌煥2004b：180］、成正鏞は両者を同じ型式と考えて連続的な変遷を想定する［成正鏞2003a］。土器など共伴遺物の編年研究の進展によってIIB₁式鐙の出現時期が遡る可能性もあるが、IIB₁式鐙と共伴する轡は今のところ、いずれも遊環をもつ轡であり、遊環出現以前の轡と共伴する例が認められないことから、本章ではひとまずその出現時期を百済III段階とみておきたい。
（8）水村里古墳群で最後に築造されたII-5号墳から磻渓堤カ-A号墳と同じIIB₁式輪鐙が出土していることは、このような筆者の想定を裏づけるものである。
（9）日本考古学では一般に、ある遺物が「製作後、1代以上の長期間に渡って継続使用」されることや［小林行1959］、「世代を越えて継続的に器物を使用または保管すること［岩永2003］」を伝世というが、韓国考古学では製作から副葬の間に一定の時間を見積もる際にも伝世という言葉が濫用されており、厳密に定義されていないようである。
（10）李漢祥も熊津初期の古墳から出土する中国陶磁や金属製装身具について、同様の指摘をしている［李漢祥2005：41］。
（11）梁起錫は、高句麗山城の分布や文献史料などの検討を通じて、漢城陥落後直後の百済と高句麗の国境線を牙山湾-稷山-鎮川-清原-大田-槐山-忠州-丹陽を結ぶラインにあったと推定している［梁起錫2008］。また梁時恩は、高句麗による漢江流域支配のあり方を、最新の発掘資料にもとづいて明らかにしている［梁時恩2010］。
（12）造山古墳については出土土器から追葬があったと推測されており［朴天秀2001］、石室の構造は日本列島の福岡県番塚古墳（TK47型式期）との類似が指摘されている［柳沢2001］。白井克也によれば池山洞44号墳とTK47型式期の間には併行関係が設定できることから［白井2003a］、池山洞44号墳例より新しい造山古墳の馬具は追葬（MT15型式期併行？）に伴う可能性が高い。
（13）白井克也は1号甕棺の馬具がMT15型式期の須恵器（𤭯）と共伴するとみたが、この須恵器は4号甕棺の中から出土しており、厳密には共伴していない。
（14）この場合、4号甕棺に伴うMT15型式期の須恵器（𤭯）との関係が問題となる。報告書によると1号甕棺に伴う棺外副葬土器を覆うようなかたちで粘土層が形成され、その上に4号甕棺の棺台が設置されていたとのことで、1号甕棺と4号甕棺の間には一定の時期差があった可能性が高いためである。1号甕棺の棺台と石室壁体の間から出土した馬具が、1号甕棺の埋葬行為に伴うかについても再検討の余地があるのかもしれない。
（15）車衡の両端が楽浪の車馬具にみられる拳銃形金具に酷似することから、報告書で復元された1頭立ての馬車ではなく［国立光州博物館2002：135］、2頭立ての馬車であったと考えられる。よって、その上限年代は楽浪郡設置以前にまで遡りうる［岡内1979］。
（16）正確には「原三国時代IV期―百済成立期（漢城I）」とする。
（17）成正鏞はこれを「'間接支配段階'の初期的様相」と評価する［成正鏞2000］。
（18）法泉里1号墳出土馬具以外にも鑣轡や木心鉄板張輪鐙片が付近から表採されているが［国立中央博物館2002］、いずれも遡っても百済II段階で、おそらくは1号墳出土馬具と同じ百済III段階の資料である。ただし、2号墳から出土した青磁羊形器は、4世紀中葉頃の年代が与えられており、その頃には原州地域が百済の間接支配を受けていたのであれば［権五栄1988、朴淳發2003］、今後、原州地域における馬具の出現が、百済III段階より遡る可能性が十分にある。

遺跡の出典 （表28～30に挙げたもののみ）
［京畿道］
ソウル 風納土城：韓神大学校博物館 2004
華城 白谷里古墳群：韓国精神文化研究院 1994
華城 馬霞里古墳群：湖巖美術館 1998、崇實大学校博物館ほか 2004
華城 花山古墳群：韓神大学校博物館 2002
烏山 水清洞古墳群：李昶燁 2007、畿甸文化財研究院 2008
安城 道基洞古墳群：中央文化財研究院 2008
［江原道］
原州 法泉里古墳群：国立中央博物館 2000a・2002
［忠清道］
忠州 金陵洞古墳群：忠北大学校博物館 2007
清州 鳳鳴洞古墳群：忠北大学校博物館 2005、諫早 2007b、成正鏞ほか 2009
清州 新鳳洞古墳群：忠北大学校博物館 1983・1990・1995、成正鏞ほか 2006
清州 山南洞42-6番地遺跡：中原文化財研究院 2009
清原 松垈里古墳群：韓国文化財保護財団 1999a
清原 主城里古墳群：韓国文化財保護財団 2000、諫早 2005a
天安 斗井洞遺跡：公州大学校博物館 2000b
天安 龍院里古墳群：公州大学校博物館 2000a、서울大学校博物館 2001、李尚律 2001
牙山 鳴岩里パクジムレ遺跡：忠清南道歴史文化院 2011
燕岐 松院里遺跡：韓国考古環境研究所 2010
公州 水村里古墳群：成正鏞 2006b、李勲 2006、李勲ほか 2007
公州 就利山遺跡：公州大学校博物館 1998
公州 宋山里古墳群：野守ほか 1935、伊藤 1979・1980
論山 茅村里古墳群：公州大学校博物館 1994
論山 表井里古墳群：洪思俊 1966
［全羅道］
完州 上雲里遺跡：全北大学校博物館 2010a・2010b
益山 笠店里古墳群：文化財研究所 1989、成正鏞 2009
霊光 鶴丁里大川古墳群：木浦大学校博物館 2000
咸平 新徳古墳：成洛俊 1996、国立中央博物館 1999、金洛中 2010
羅州 伏岩里3号墳：国立文化財研究所 2001
海南 造山古墳：国立光州博物館 1984

第Ⅳ部
日本列島における騎馬文化の受容と展開

第11章　日本最古の馬具をめぐって
―鑷子状鉄製品と初期の轡―

1. 問題の所在

　第Ⅳ部では、いわゆる「初期馬具」[1]が出現してから、独自の馬具製作が始まるまでの時期を中心に、日本列島における騎馬文化の受容と展開についてみていく。奈良県箸墓古墳の周溝から出土した木製輪鐙をのぞくと、日本列島に馬具が出現するのは古墳時代中期に入ってからで、それ以前には馬そのものの存在すら稀薄であることは、序章で述べたとおりである。すなわち、馬具だけでなく馬自体も当該期に海を隔てた大陸からもたらされたと考えられ、むしろ馬の本格的渡来を契機として、馬具の輸入も始まったとみるべきだろう。

　それでは日本列島最古の馬具は一体どのようなものであったのだろうか。この素朴な疑問から本章を始めたい。というのも、これまでその有力な候補と目されてきた福岡県老司古墳出土品（以下、老司例）については、初期馬具（鑣轡）とみる見解と、鑷子（毛抜き）とみる見解が対峙し、意見の一致をみていないからである。同様の事例は老司例以外にもいくつかあり[2]、轡と鑷子状鉄製品の峻別は、初期馬具について考える上で避けては通れない課題といえよう。

　そこで以下では、老司例をめぐる問題点を明らかにした上で、まずその製作技術や連結方法について確認する。次に、棒状金具をもつ鑷子状鉄製品と同時期の轡を比較し、両者の共通点と差異点を明らかにするとともに、老司例の評価を確定する。最後に、出土状況から鑷子状鉄製品の用途・機能についても簡単に検討してみたい。なおここからはひとまず、具体的な用途を含意しない「鑷子状鉄製品」と呼びながら議論を進めていく。鑷子状鉄製品の部分名称は図96のとおりである[3]。

2. 老司古墳出土鑷子状鉄製品について

(1) 研究史の整理

　老司古墳は福岡県福岡市に所在する全長76mの前方後円墳である［福岡市教育委員会 1989］。九州大学考古学研究室および福岡市教育委員会の調査によって、後円部に3基、前方部に1基、計4基の初期横穴式石室が確認され、前期末ないし中期初頭に編年されている。鑷子状鉄製品は後円部の中心主体部である3号石室から出土した（図97）。3点の鑷子状鉄製品と、5点の棒状金具が石室東南隅（Ⅵ群）からまとまって出土しているが（図102：2）、各部品同士の連結方法を出土状況

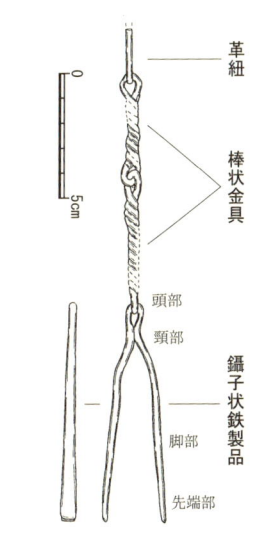

図96　鑷子状鉄製品の部分名称
（S=1/3）（岡崎18号墳第1号地下式横穴例）

第Ⅳ部　日本列島における騎馬文化の受容と展開

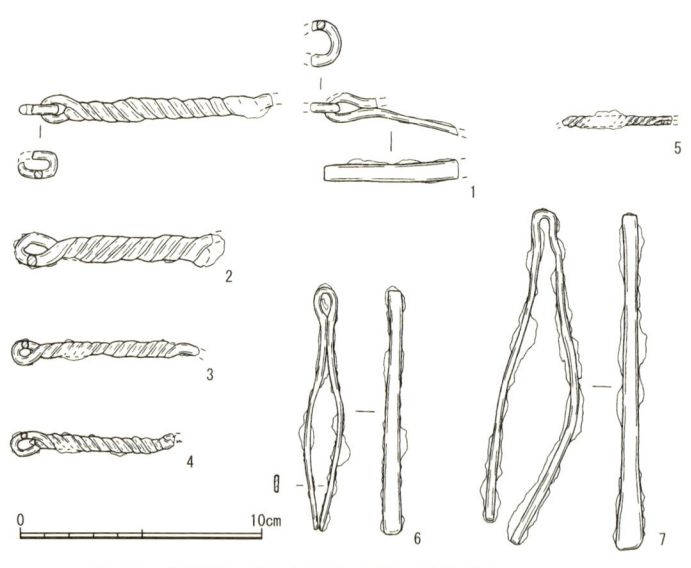

図97　福岡県 老司古墳出土鑣子状鉄製品　(S=1/3)

から把握するのは困難である。
　この老司例は、報告書刊行以前から大谷猛や坂本美夫らによって日本列島最古の馬具として紹介され、注目を受けていた［大谷1985、坂本1985］。千賀久も老司例を日本列島最古の馬具一つと位置づけており、その理解を依然として堅持している［千賀1988・2003aなど］。この他にも多くの研究者が老司例を初期轡の代表例とみてきた［小林謙1990、宮田1993、内山1996、中條1998、塚本ほか2001、中山2001など］。

　老司例が轡ではないことを最初に指摘したのは田中新史である。田中は老司例の造りがきゃしゃなことから、馬の口にはます実用品とは考えがたいとした［田中新1995］。また共伴する鉄製覆輪についても鞍ではなく盾隅金具片の可能性が高いとみた。桃崎祐輔も老司例を含めた鑣子状鉄製品について、刀子の吊金具とする説［渡辺康1986］を支持した［桃崎1999など］。吉田和彦は鑣子状鉄製品が構造上、引手としての機能を果たしえないとするが［吉田和2001］、橋口や千賀は鑣子状鉄製品に対して引手ではなく鑣としての機能を想定しているため、老司例の評価に限っていえば、必ずしも妥当な批判ではない[(4)]。この他にも中村潤子は、鑣子状鉄製品が二つに折れ曲がっていて銜を馬の口中に留める鑣としての機能を果たしえないとした［中村2005b］。

　これほどまでに多くの、特に馬具研究者が老司例に対して言及してきたのは、轡であれば日本列島で最も古い資料となるからであろう。すなわち、老司例を轡とみるかどうかによって、騎馬文化の導入時期やその歴史的意義に、わずかに、ではあるものの、無視しがたい差が生じてくるのである。

（2）資料の検討

　それでは老司例の製作技法や構造について具体的にみてみよう。まず棒状金具の製作技法についてであるが、塚本敏夫らによってすでに指摘されているように、老司古墳から出土した5点すべてS字状の棒材を捩った3條捩り技法で製作されている［塚本ほか2001］。初期の轡にこのような3條捩り技法の轡が多く確認されることも、老司例を轡とする大きな根拠となってきたと考えられる。

　橋口達也は棒状金具の形状や大きさから、図97：1・2、そして図97：3・4をそれぞれ同一個体として復元した（図98）［橋口1989］。しかし、棒状金具に鑣子状鉄製品本体が錆着した状態で出土した図97について、X線写真を参考に実物を詳しく観察すると[(5)]、鑣子状鉄製品の頭部に鉄環片が錆着していることが判明した。鑣子状鉄製品は棒状金具に錆着しているため、棒状金具

の右側環部の一部と考えるのは不自然であり、両者を連結する別造の遊環が存在したと判断される。同様に左側環部にも鉄環片が銹着していて、橋口はもう一方の銜内環と判断したようだが、環の3/4が遺存しており、長楕円形の形態からも銜内環とは考えがたい。こちらも遊環の破片ではないかと推測される。すなわち、棒状金具の両側に遊環を連結し、右側にのみ鑣子状鉄製品本体を連結する構造であったと考えられる。

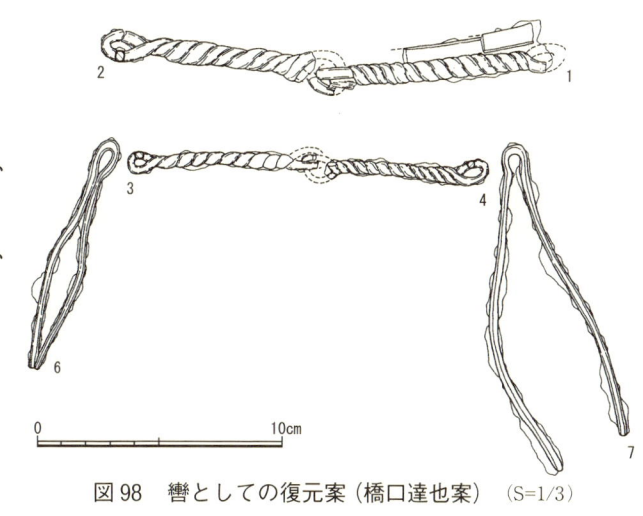

図98　轡としての復元案（橋口達也案）　(S=1/3)

　橋口達也［1989］や千賀久［1988］は鑣子状鉄製品本体に鑣としての機能を想定するが、遊環を介して棒状金具と連結されていたのであれば、むしろ引手としての機能を想定しなければならない。しかし、吉田和彦［2001］が指摘するように先端に横方向の軸棒が存在しなければ、手綱を連結する引手としての機能は果たしえない[6]。すなわち図97：1の鑣子状鉄製品は鑣、引手のいずれを想定するにしても何らかの問題が生ずるのである。また棒状金具についても、両側に遊環を連結する構造からして、銜にはなりえない。

　図97：1に銹着した鑣子状鉄製品が遊環を介して棒状金具と連結されていたのであれば、図97：6・7の鑣子状鉄製品も棒状金具に連結されていた可能性が高く、そうであれば環部内径が鑣子状鉄製品の幅より小さい図97：3・4の左側環部は、いずれも外環ではなく内環とみるべきであろう。しかしそう考えた場合、両内環が完存することになるため、両者は一つの銜とはなりえない。このように老司例を轡とするためにはいくつかの解決すべき問題がある。次節ではこのような棒状金具を有する鑣子状鉄製品について広く検討してみよう。

3．類例の検討

　棒状金具を有する鑣子状鉄製品は日本で16例、韓国で1例が確認される（表31）。日本の出土例は古墳時代中期から後期にかけて認められ[7]、韓国の出土例も古墳時代中期前葉に併行する古墳からの出土である。ここからは棒状金具の製作技法と、鑣子状鉄製品本体との連結方法について検討をおこなう。

（1）棒状金具の製作技法

　棒状金具の製作技法については、無捩り技法、1條捩り技法、3條捩り技法が確認される。すべて実見できたわけではなく、報告書の図面や写真から判断せざるをえなかったものもある。たとえば栃木県佐野八幡山古墳例（図99：1）は、2條捩り技法か3條捩り技法か判別し難く、多條捩り技法とした。また福岡県片山12号墳例（図99：6）は、図面には無捩り技法として表現さ

表31　棒状金具をもつ鑣子状鉄製品一覧

遺　跡　名	鑣子長	棒状金具 製作技法	棒状金具 数	遊環数	連　　結	時　　期
韓国・福泉洞93号墳 副槨	10.9	3條捩り	1	1	鑣—遊—棒	中期前葉併行
栃木・佐野八幡山古墳	—	多條捩り	2	1	鑣—遊—棒—棒	中期前葉
鹿児島・岡崎18号墳1号地下式横穴墓	8.9	3條捩り	2	×	鑣—棒—棒—革	中期中葉
三重・小谷13号墳 埋葬施設1	12.2	3條捩り	1	×	鑣—棒	中期中葉
静岡・千人塚古墳 第2主体部	12.3	3條捩り	1	1	鑣—遊—棒—棒	中期中葉
山口・朝田2号円形周溝墓	(6.5)	無捩り	1	×	鑣—棒	中期中葉
佐賀・久保泉丸山ST002古墳	9.2	無捩り	1	2	鑣—遊—棒—遊	中期中葉
福岡・片山12号墳	(11.1)	1條捩り	2	×	鑣—棒—棒	中期後葉
大分・十六山横穴	(7)	1條捩り	1	1	鑣—遊—棒	中期後葉
奈良・谷5号墳 第1主体部	9.4	1條捩り	1	1	鑣—棒	中期後葉
愛知・長坂6号墳	16.8	1條捩り	1	1	鑣—遊—棒	中期後葉
島根・六重城南1号墳 周溝	10.6	1條捩り	1	1	鑣—棒—革	中期後葉
長野・平田里1号墳 周溝	10.5	1條捩り	1	2	鑣—遊—棒—遊	中期後葉
山口・朝田1号横穴墓	8.7	無捩り	2	1	鑣—棒—棒	後期
神奈川・上依知1号墳	9.4	1條捩り	1	×	鑣—棒	後期
島根・上島古墳 家形石棺	8.9	1條捩り	1	×	鑣—棒—革	後期
群馬・金井丸山古墳	11.6	1條捩り	2	2	鑣—遊—棒—棒—遊	後期

［凡例］・鑣子長の単位はcm　・鑣：鑣子状鉄製品、遊：遊環、棒：棒状金具、革：革紐

れているが、写真をみると條線が確認されることから、1條捩り技法と判断した。

　棒状金具の製作技法は、表31をみる限り中期前葉に3條捩り技法がまず現われ、中期中葉以降、無捩り技法や1條捩り技法が登場し、入れ替わっていったようである。棒状金具の捩り技法はすでに指摘されているように、いずれも銜製作技法にも認められるものである［鈴木 2002］。鑣子状鉄製品と共伴する轡についてみてみると、まず3條捩り技法の棒状金具をもつ鑣子状鉄製品が出土した釜山福泉洞93号墳副槨からは、銜・引手ともに3條捩り技法の轡が出土している（図100）。また、長野県平田里1号墳周溝からは1條捩り技法の棒状金具をもつ鑣子状鉄製品（図99：10）と無捩り技法銜の内彎楕円形鏡板轡が出土している。島根県上島古墳では、家形石棺から1條捩り技法の棒状金具をもつ鑣子状鉄製品が（図99：13）、同一墳丘内に併設された竪穴式石室から無捩り技法銜の轡2点がそれぞれ出土している。後2例に関しては製作技法が異なるものの、1條捩り技法と無捩り技法は棒状金具を捩るか捩らないかという差をのぞけば、製作工程の大部分が共通する（本書、第1章参照）。

　このように棒状金具と銜の製作技法には共通性が認められ、同じ頃に、同じように変化したようである。その変化の画期は轡、鑣子状鉄製品ともに、3條捩り技法と無捩り技法・1條捩り技法が併存する中期中葉頃に求められる。もとより両者は鉄棒の両端に環部をつくり、複数の部品を連結するという基本的な構造を共有する。「きゃしゃ」［田中新 1995］や、「細い」［中村 2005b］といったサイズやつくりの問題以外に、棒状金具が銜であることを否定する積極的な根拠はないといってもいいだろう。

（2）連結方法

　棒状金具同様、鑣子状鉄製品に付属する金具に遊環がある。表31をみると棒状金具をもつ鑣子状鉄製品の多くが遊環を何らかのかたちで連結している。棒状金具をもたず遊環のみを連結する資料も多くみられるが、それらまで轡とみる見解は存在しないため、本章の検討対象からは除

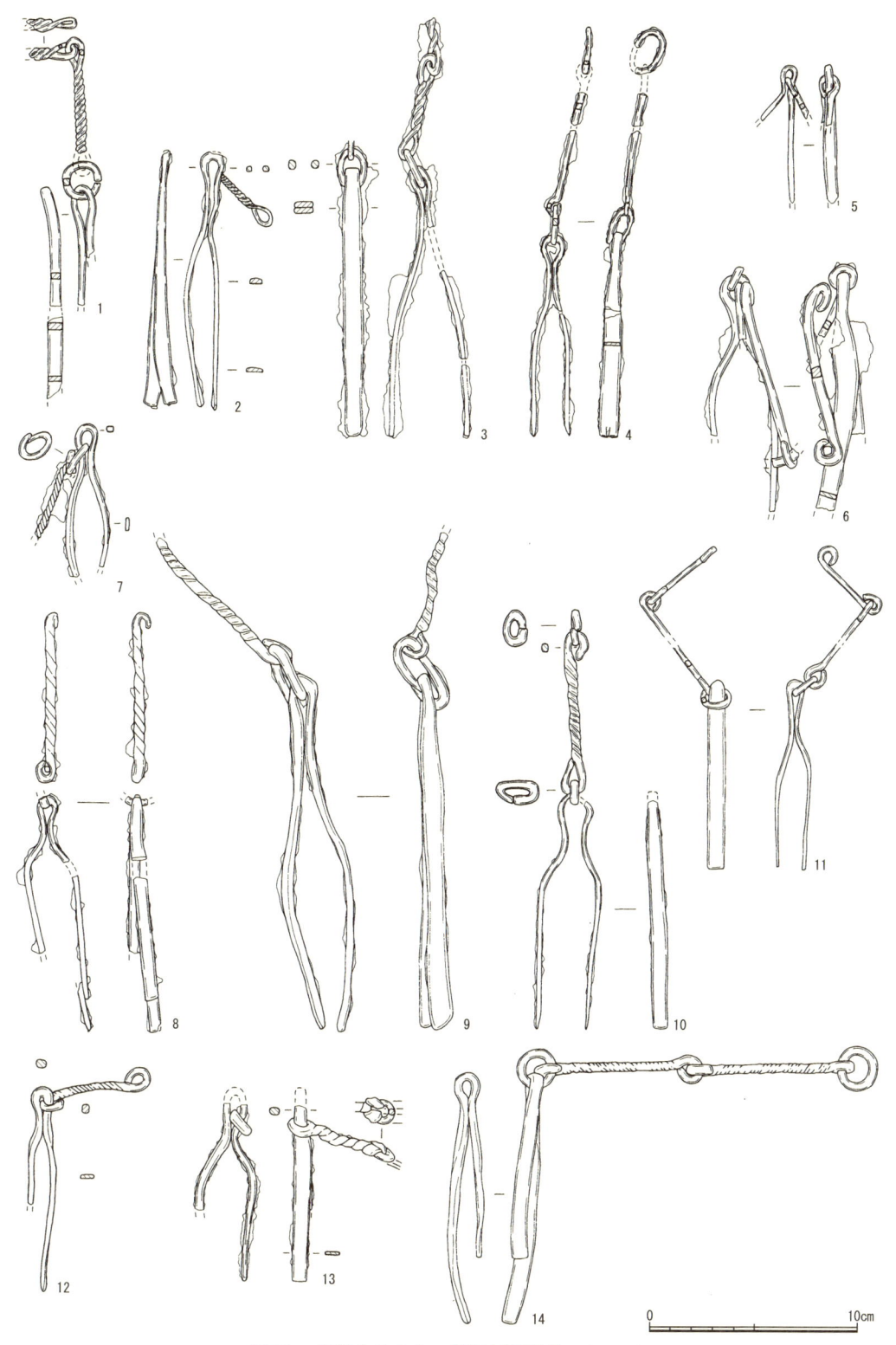

第 11 章 日本最古の馬具をめぐって ―鑷子状鉄製品と初期の轡―

図 99 棒状金具をもつ鑷子状鉄製品 （S=1/3）
1：佐野八幡山古墳 2：小谷 13 号墳 3：千人塚古墳 4：久保泉丸山 ST002 古墳 5：朝田 2 号円形周溝墓
6：片山 12 号墳 7：十六山横穴 8：谷 5 号墳 9：長坂 6 号墳 10：平田里 1 号墳 11：朝田 1 号横穴墓
12 上依知 1 号墳 13：上島古墳 14：金井丸山古墳

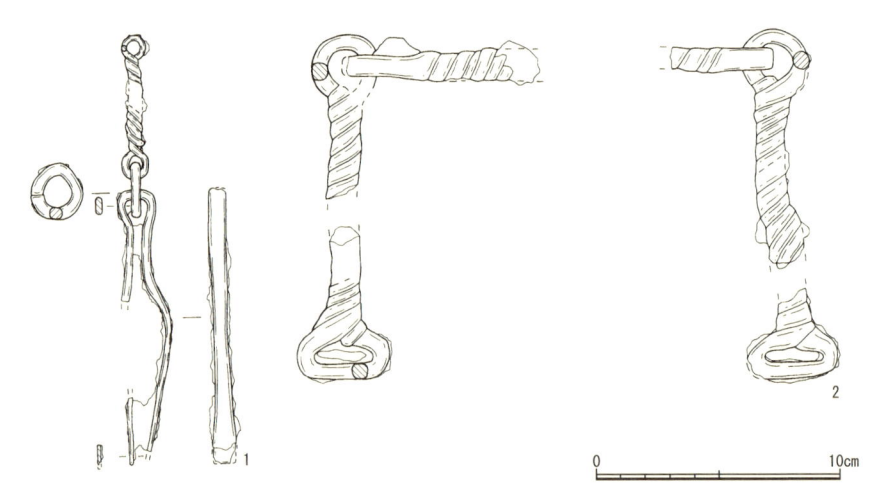

図100　釜山 福泉洞93号墳の鑣子状鉄製品と轡　(S=1/3)

外する。遊環の使用位置は様々であるが、遊環同士を連結する例はないことから、遊環の機能は二つの異なる部品同士を連結することにあったといえる。

　遊環は轡にも認められる要素であり、複数の部品を連結して一つの製品となる両者の類似性を示しているようにもみえる。しかし、その連結方法に注目すると大きな差異が認められる。表32は筆者が第1章で検討した朝鮮半島南部三国時代における銜・引手と遊環の有無の相関に、棒状金具と遊環の有無の相関を加えたものである。轡に関してはすべての資料を検討したわけではないが、全体的な傾向として「3條（多條）捩り技法＋遊環」という組み合わせがないことがわかる。日本列島においても、2條捩り技法の銜に遊環を介して1條線引手を連結する大阪府蔀屋北遺跡出土鑣轡をのぞいて、「3條（多條）捩り技法＋遊環」という組み合わせはない[8]。

　これに対して、棒状金具の製作技法と遊環の有無の相関には特定の傾向は見出せない。轡では排他的な関係であった「3條捩り技法＋遊環」という組み合わせも福泉洞93号墳例、佐野八幡山例、静岡県千人塚古墳例（図99：3）で確認される。また鑣子状鉄製品を引手とみる場合、「2條線引手」となるが、「2條線引手＋遊環」という組み合わせの轡は基本的にない。

　筆者は第1章で遊環について、各部品の連結が容易な3條（多條）捩り技法や2條線引手には基本的に必要ないと考えたが、鑣子状鉄製品には棒状金具の製作技法に関係なく遊環を備える資料が一定数存在する。つまり、一見類似する遊環の採用も連結する部品の組み合わせに差異が認められるのである。

　3條捩り技法の棒状金具に遊環が採用された理由としては、別々につくった鑣子状鉄製品と棒状金具を後から連結する際の利便性や、両者の間に可動性を確保するためといったことが考えられる。理由を一つに限定する必要もないが、断面が円形ないし隅丸方形を呈する引手に比べて、断面長方形の鑣子状鉄製品は環部の中での可動性が低いと考えられることから、前者よりは後者

表32　銜、引手、棒状金具と遊環の有無の相関

		銜			引　手			棒　状　金　具		
		3條（多條）捩り	無捩り	1條捩り	3條（多條）捩り	2條線	1條線	3條（多條）捩り	無捩り	1條捩り
遊環	無	56	36	17	26	39	49	2	1	3
	有		35	12		1	48	3	2	6

の効果に期待した可能性が高いのではないだろうか。

　ところで遊環をもつ鑣子状鉄製品は、佐野八幡山例など中期前葉からみられるが、遊環をもつ轡は中期中葉でも後半（TK216型式期）になるまでみられない［桃崎1999］。すなわち遊環は、轡よりも先に鑣子状鉄製品に採用されているのである。朝鮮半島南部においても古墳時代中期前葉に併行する福泉洞93号墳では、鑣子状鉄製品には遊環がみられるが、轡にはみられない（図100）。そもそも轡における遊環の採用は、基本的に洛東江よりも西側の地域に限られ［金斗喆1993］、福泉洞古墳群全体をみても遊環をもつ轡は、古墳時代中期後葉に併行すると考えられる福泉洞23号墳のf字形鏡板轡のみである（本書、第7章参照）。つまるところ鑣子状鉄製品における遊環の採用は、轡とはまったく異なる脈絡で始まったと考えざるをえない[9]。

　このように遊環は轡と鑣子状鉄製品に共通する要素であるが、連結される部品の製作技法や採用の理由、出現の時期や背景には差異が認められる。遊環使用方法の差は、轡と鑣子状鉄製品を分別する際の基準の一つとできる。

　なお、上島例の棒状金具の環部には、革紐を結びつけた痕跡が確認され、鹿児島県岡崎18号墳例（図96）や島根県六重城南1号墳例にも同じく革紐の痕跡が確認される。佐賀県久保泉丸山ST002古墳例（図99：4）や平田里例、群馬県金井丸山古墳例（図99：14）のような最後に遊環を連結する資料や、今回対象としなかった鑣子状鉄製品に遊環を連結するのみの資料も、本来は有機物製の紐を介することで何かと連結された可能性が高い。もちろん鑣子状鉄製品に直接革紐を結ぶことも可能であり、遊環や棒状金具自体が何かに直接連結された状態で出土した例が1例もないことからみても、鑣子状鉄製品を何かと最終的に連結する際には必ず有機物製の紐を必要としたのであろう。

　古墳時代の轡は2連式の銜の両側に引手をもつ対称構造を原則とする。鑣子状鉄製品にみられる非対称構造は、轡と区別する際の重要な基準となる。

（3）老司古墳出土鑣子状鉄製品の評価

　老司例はこれまでみてきた鑣子状鉄製品と多くの共通点をもつ。すなわち、これらの資料群の中から老司例のみを轡として抽出することは困難である。また、図97：1にみられた「3條捩り技法＋遊環」という組み合わせは、轡には基本的に認められない連結方法であることも明らかとなった。

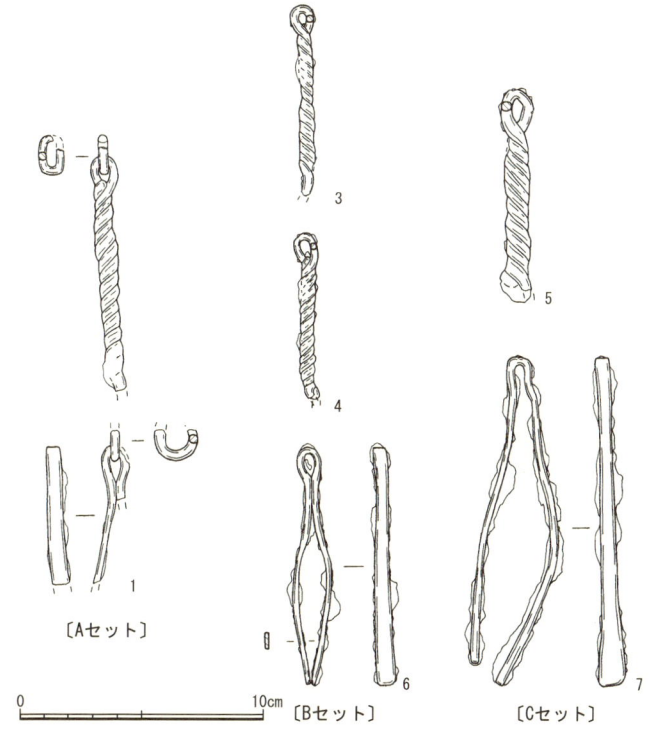

図101　鑣子状鉄製品としての復元案（筆者案）　（S=1/3）

表33 福岡県 老司古墳出土鑷子状鉄製品

	鑷子長	棒状金具 数	棒状金具 製作技法	遊環数	連　結
Aセット	―	1	3條振り	2	鑷―遊―棒―遊
Bセット	9.5	2	3條振り	×	鑷―棒―棒
Cセット	13	1	3條振り	×	鑷―棒

[凡例]・鑷子長の単位はcm　・鑷：鑷子状鉄製品、遊：遊環、棒：棒状金具

　それでは鑷子状鉄製品と考えた場合、どのようなセット関係が想定されるであろうか。図97：1は棒状金具の両側に遊環が存在することから1個体として復元可能である。橋口の指摘するように図97：3・4の棒状金具はその形状や大きさからセットと考えられ、図97：2の棒状金具に比べて小形であることから、小さい方の鑷子状鉄製品(図97：6)と組み合うと考えられる。このように老司例からは、3点の鑷子状鉄製品を復元することが可能である(図101、表33)。

4. 鑷子状鉄製品の機能・用途

　鑷子状鉄製品の用途については、鑷子(毛抜き)、刀剣や刀子の吊金具、腰佩品、釵子、馬具など様々な推定がなされてきたが、いまだ確定には至っていない[10]。これは第一に、鑷子状鉄製品を何かと連結していたであろう有機物製の紐が腐食してしまったことに起因する。また、長期に渡って存続し、形態・サイズの多様な鑷子状鉄製品をすべて一括して議論すること自体、無理がある。ここからは棒状金具をもつ鑷子状鉄製品に限って、その機能・用途を検討してみよう。

　出土状況をみると、すでに指摘されてきたように刀剣や刀子と近接して出土していることが確認できる(表34)。しかし、何人かの研究者が想定するように刀剣や刀子の吊金具としての機能・用途を積極的に証明するような例は、大刀に挟まって出土したという上島例以外存在しない。また鑷子状鉄製品や棒状金具もきゃしゃであるが、それらに結び付けられた幅3～6mmの革紐が刀剣の懸垂するだけの強度をもっていたかは疑問である。すなわち、鑷子状鉄製品と刀剣・刀子は、この革紐を介して直・間接に連結されたことは確かであろうが、それらの懸垂具とは考えにくい。よって先端で何かを挟むという鑷子本来の機能を想定しておくのが妥当であろう。

表34　棒状金具をもつ鑷子状鉄製品の出土位置と共伴遺物

遺　跡　名	墳形(規模)・埋葬施設	出土位置	刀	剣	刀子
韓国・福泉洞93号墳 副槨	主副槨式竪穴式石槨	副槨内	×	×	×
福岡・老司古墳3号石室	前方後円墳(76)・横穴式石室	石室東南隅	×	◎	◎
栃木・佐野八幡山古墳	円墳(40)・竪穴式石室	不明	○	×	×
鹿児島・岡崎18号墳1号地下式横穴墓	円墳(20)・地下式横穴墓	被葬者の頭側	×	◎	×
三重・小谷13号墳 埋葬施設1	円墳(20)・木棺直葬	被葬者の頭側	◎	◎	×
静岡・千人塚古墳 第2主体部	造出付円墳(58)・木棺直葬	被葬者の頭側	○	◎	×
山口・朝田2号円形周溝墓	円墳(7.5)・箱式石棺	被葬者の腰付近	×	×	×
佐賀・久保原丸山ST002古墳	円墳(15)・横穴式石室	被葬者の頭側	×	◎	○
福岡・片山12号墳	円墳(6～8)・竪穴系横口式石室	石室内	○	○	×
大分・十六山横穴	横穴墓	被葬者の横	○	◎	×
奈良・谷5号墳 第1主体部	円墳(16)・木棺直葬	被葬者の頭側	◎	◎	×
愛知・長坂6号墳	円墳(12.5)・木棺直葬	被葬者の足側	×	◎	×
島根・六重城南1号墳	円墳(5.3)・木棺直葬?	周溝	×	×	◎
長野・平田里1号墳 周溝	円墳(24)	周溝	×	×	×
山口・朝田1号横穴墓	円墳(11)・横穴墓	石室内奥壁側	×	×	◎
神奈川・上依知1号墳	円墳(6)・横穴式石室	石室内	○	○	○
島根・上島古墳 家形石棺	円墳(15)・家形石棺	石棺内	◎	×	×
群馬・金井丸山古墳	?・箱式石棺	被葬者の足側	×	◎	×

[凡例]・規模の単位はm　・○：同一遺構内で共伴、◎：近接して出土、×：出土していない

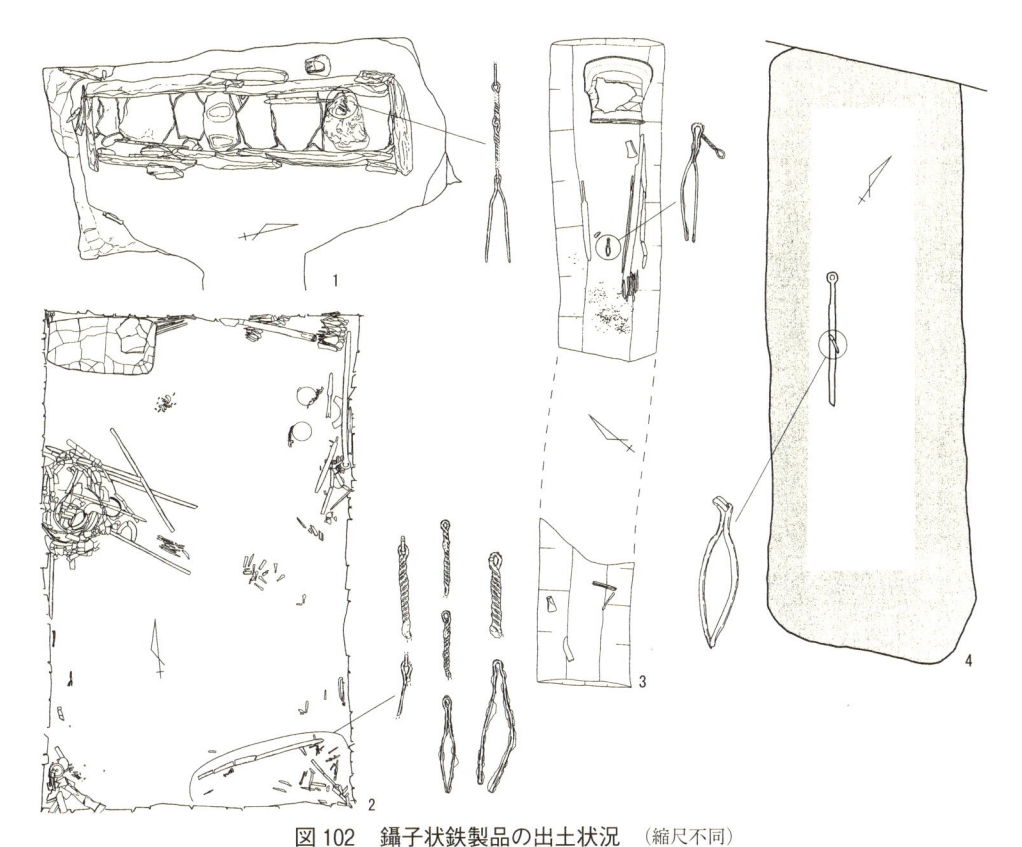

図102　鑷子状鉄製品の出土状況　（縮尺不同）
1：岡崎18号墳1号地下式横穴墓　2：老司古墳　3：小谷13号墳　4：道項里45号木槨墓

　ところで鑷子状鉄製品は、朝鮮半島南東部に類例のあることが早くから指摘されてきた［寺師ほか 1960、佐藤政 1979］。古墳時代前期の副葬品組成に含まれないことから、古墳時代中期に新たに登場する渡来系遺物の一つとして積極的に評価する意見もある［鈴木 1999］。しかし、朝鮮半島で棒状金具をもつ鑷子状鉄製品は、筆者の知る限り福泉洞93号墳例のみである。そもそも鑷子状鉄製品は、朝鮮半島南東部においても原三国時代以前にはみられない。また、金海大成洞29号墳例を嚆矢として三国時代に入り朝鮮半島南東部の副葬品組成に加わってからも、決して主要な副葬品とはならなかった。

　副葬のあり方も決して同じではない。日本列島の出土例は、被葬者の頭付近と推定される位置からの出土が目立つのに対し（図102：1・3）、大刀や刀子と近接する咸安道項里45号木槨墓（図102：4）や陜川玉田67-A号墳の鑷子状鉄製品は、いずれも被葬者の腰付近から出土した。朝鮮半島南東部の出土例が、金銀製の腰佩品はもちろん、鉄製も被葬者の腰付近と推定される位置から出土する傾向が認められることは、両地域の重要な差異といえるだろう。加えて日本列島では、朝鮮半島南東部においては一般的な武器とはいえない鉄剣と鑷子状鉄製品が近接して出土する事例がかなり認められることも重要な差異である（図102：1・2、表34参照）。このように日本列島における鑷子状鉄製品の副葬のあり方は、鑷子状鉄製品の故地である朝鮮半島南東部における一般的な副葬のあり方からは、かなり変容しているといわざるをえない。

　初期の鑷子状鉄製品の中に、朝鮮半島南東部からの移入品（舶載品）が含まれていることは容易

に想像される。しかし腰付近以外の場所への副葬や、鉄剣との強い組み合わせ関係など、その導入当初から器物の本来もっていた意味は変容していた可能性が高い。さらに、革紐で結ぶだけで十分にも関わらず、捩りを加えた棒状金具をもつ資料が長期に渡って確認されることも、現状では日本列島における独自の展開とみるべきであろう[11]。

5. 結 語

本章では製作技法と連結方法という観点から、棒状金具をもつ鑷子状鉄製品と初期轡の峻別を試みた。その結果、両者は特に遊環の採用において大きな差があることがわかった。一方で、複数の部品を連結する両者の構造や製作技法には、密接な関係があることも明らかになった。また鑷子状鉄製品の用途については、刀剣や刀子に伴う場合が多いものの、それらの懸垂具ではなく、何かを挟むという鑷子本来の用途を想定した。

3條捩り技法の棒状金具をもつ老司例は、残念ながら日本列島最古の轡ではなかったものの、古墳時代における初期の鑷子状鉄製品の一つであることは間違いない。棒状金具をもつ鑷子状鉄製品は、鑷子状鉄製品をもたらしたであろう朝鮮半島南東部よりも日本列島で盛行し、その副葬方法も日本列島で独自にアレンジされていた。仮に老司例のような初期の鑷子状鉄製品が、一部であれ日本列島で製作されたのであれば、同時期の3條捩り技法の轡の中にも日本列島で製作されたものが含まれている可能性がでてくる。すなわち、初期馬具＝移入品（舶載品）という安易な図式は見直しを迫られることとなるが、この点については次章以降、改めて検討したい。

註
（1）本書では「初期馬具」や「初期轡」を、千賀久編年のⅠ期［千賀2003aなど］、すなわちf字形鏡板轡や剣菱形杏葉など日本列島で定型化した馬具が出現する以前の馬具、轡の総称として用いる。
（2）本章で取りあげている資料の中では、釜山福泉洞93号墳例、長野県平田里1号墳例、群馬県金井丸山古墳例、栃木県佐野八幡山古墳例が轡として報告・紹介されている。とりわけ金井丸山例については、群馬地域における馬匹生産の開始と関連して、最近もたびたび取りあげられている［右島2008：49、小林修2009：21など］。
（3）鑷子状鉄製品の部分名称は［宇野1985］にしたがう。
（4）ただし、福泉洞93号墳例や金井丸山例の報告では鑷子状鉄製品本体を引手とみなしている。
（5）福岡市教育委員会の比佐陽一郎氏のご協力によってX線写真を観察する機会をえた。記して感謝したい。
（6）側面方向からのX線写真も観察したが、いずれも先端に何かを挿入するための孔などの痕跡は確認されなかった。
（7）中期については前葉（TK73型式期以前）、中葉（TK73～TK216型式期）、後葉（TK208～TK47型式期）に細分する。
（8）蔀屋北遺跡出土鑣轡については、遊環をもつという特徴から百済のものとみる見解も存在するが［岩瀬2006・2012］、百済で2條捩り技法や3條捩り技法の銜と遊環の組み合う例はまだ確認されていない（本書、第10章参照）。銜外環より大きい遊環や異常に短い1條線引手など他の特徴からいっても、百済からの渡来工人がこのような馬具を製作するとは考えがたく、日本列島で在来工人によって模倣製作されたと考える。
（9）同じく環と連結金具を用いて連結する製品である金製垂飾付耳飾が、福泉洞93号墳とほぼ同時期

の慶州月城路カ-13号墳以降、洛東江以東地方に出現する。このような加工にあたって加熱を必要としない金製品の連結方法が、鑣子状鉄製品や轡など高温に加熱する必要のある鉄製品の連結方法にも適宜取り込まれていった可能性が高い。
(10) 鑣子状鉄製品の研究史に関しては［吉田和 2001］が詳しい。
(11) 前期末から中期初頭に登場し、同じく朝鮮半島南東部からもたらされたと考えられている蕨手刀子についても同様の解釈がなされており、興味深い［鈴木 2005］。

遺跡の出典　（表34に挙げた順）
［韓 国］
釜山 福泉洞93号墳：釜山広域市立博物館福泉分館 1997
［日 本］
福岡 老司古墳：福岡市教育委員会 1989
栃木 佐野八幡山古墳：田中新 1995
鹿児島 岡崎18号墳：鹿児島大学総合研究博物館 2008
三重 小谷13号墳：三重県埋蔵文化財センター 2005
静岡 千人塚古墳：浜松市教育委員会 1998
山口 朝田2号墓、1号横穴墓：山口県教育委員会 1976
佐賀 久保泉丸山ST002古墳：佐賀県教育委員会 1986
福岡 片山12号墳：福岡県教育委員会 1970
大分 十六山横穴：三重町教育委員会 1983
奈良 谷5号墳：奈良県立橿原考古学研究所 1987
愛知 長坂6号墳：尾張旭市教育委員会 1983
島根 六重城南1号墳：島根県教育委員会 2009
長野 平田里1号墳：松本市教育委員会 1994
神奈川 上依知1号墳：宍戸 1984
島根 上島古墳：花谷 2007
群馬 金井丸山古墳：渋川市教育委員会 1978

第12章　日本列島初期の轡の技術と系譜

1. 問題の所在

　古墳時代中期に至り、日本列島に本格的に出現する馬具は、この時期に騎馬の風習が大陸からもたらされたことを示す重要な証拠として注目されてきた。しかしそれらがいつ、どこから、どのような背景のもと、四周を海に囲まれた日本列島にもたらされたのかについては、比較対象となる東北アジア各地の新資料や研究の蓄積をふまえて、再検討すべき段階にきているといえる。本章では第Ⅰ・Ⅱ部で明らかにした中国東北部や朝鮮半島の轡製作技術の変遷や地域性を土台として、日本列島の初期轡の製作技術を明らかにし、編年を組んだ上で、その系譜について予察を試みたい。

2. 研　究　史

　江上波夫のいわゆる「騎馬民族日本列島征服王朝説」の提唱［石田ほか 1949、江上 1967など］とそれに対する反論の中で、その考古学的証拠としての古墳出土馬具、とりわけ初期の馬具が学界の注目を受けるようになったのはよく知られるところである。ここからは特に系譜の問題を中心にその研究史を振り返ってみたい。
　小林行雄は木心鉄板張輪鐙に代表される日本列島の初期馬具について、その多くが新羅の装飾的要素に富んだ馬具の形制と軌を一にすることから輸入品であるとの考えを示した［小林行 1951］。続いて小野山節は古墳時代の馬具を4期に編年し、第一期の馬具についてはもっぱら外国製の馬具が使用された時期とし［小野山 1959］、その系譜については中国本土か、中国にごく近接した周辺地域を想定した［小野山 1966］。
　1980年代以降、洛東江下流域において出土資料が増加し、韓国においても馬具研究が本格化するのと歩調を合わせるかのように、日本の初期馬具研究もにわかに活況を呈するようになる。その中でも5世紀代の各種馬具について網羅的に検討を加え、今日の初期馬具研究の基礎をつくった千賀久の作業は特筆に値する［千賀 1988］。日本列島の初期馬具の系譜について、千賀は「半島南部のなかでも、百済の影響を受けた洛東江流域の西岸地域との関わり」［千賀 1988：62］を想定したのに対して、中山清隆は「新羅および加耶東部地域をもっとも初期の馬具の有力な輸入元の候補地」［中山 1990：226］とするなどの差異はあるが、朝鮮半島南部、とりわけ加耶に日本列島の初期馬具の系譜を求める考えは、その後の定説となった。
　1990年代以降、百済や新羅においても出土資料が増加し、これまで様相のほとんどわからなかった三燕で馬具が次々と報告されるに至り、日本の初期馬具研究は大きく旋回する。桃崎祐輔は日本列島における騎馬文化の導入について、鮮卑系馬具の成立と拡散という大局的な見地か

ら論じ、日本のみならず韓国の馬具研究にも大きな影響を与えた［桃崎 1999］。ただし、その後も型式や段階を設定せず、個別資料同士の対比に留まった点は、限界点として指摘せざるをえない。また、桃崎は日本列島の初期馬具の中に三燕から直接もたらされたものがあるとしたが［桃崎 2004a］、氏の類例として提示する三燕馬具を日本列島の初期馬具と同時期とみることについては批判的な見解も存在する［内山 2005、諫早 2008b］（本書、第2章参照）。

また近年、千賀は韓国における馬具研究の成果［金斗喆 1993 など］を参考に、日本列島出土馬具を「新羅系」馬具と「非新羅系」馬具に大別した［千賀 2003b・2004］。その上で初期馬具については、「新羅系」馬具の特徴を示すとしながらも、「鮮卑系馬具からの影響を受けた前期加耶製の可能性がつよい」［千賀 2003b：124］とした。同じく金斗喆や柳昌煥も、日本列島における初期馬具出現の背景に、前期加耶（金官加耶）との密接な交渉を想定している［金斗喆 2004、柳昌煥 2004a］。しかし、朴天秀はこれらを馬具の特徴が示すとおり新羅製とみるなど［朴天秀 2007：138-139］、日本列島の初期馬具の系譜に関する韓国側の見解は、必ずしも一致してはいない。これは単に馬具の問題に留まるものではなく、文献史学の成果や考古資料から組み上げられた「新羅」や「加耶」の領域に対する理解の差に起因するものであり、出土地から系譜を論ずる際にはそういった韓国側の研究動向を十分考慮する必要がある。

以上、日本列島の初期馬具に関する研究史を概観し、その問題点についていくつか指摘してきた。初期馬具研究が、大陸における比較資料の存否や研究動向に強く影響されてきたことは、否定しがたい事実である。しかし、問題の所在はむしろ、比較資料の有無とは本来関係なく進められるべき日本列島の初期馬具それ自体に対する基礎的検討が、1988年の千賀の研究以降、出土例は確実に増加しているにも拘らず、ほとんどなされてこなかった点にこそ求められる。

すでに第3章において、朝鮮半島南部三国時代の馬具の変遷観にもとづいて、日本列島の代表的な初期馬具の時間的位置づけを確認したが、初期馬具それ自体に対する体系的な検討にもとづくものではなかった。ここからは初期馬具の中でも轡に対象を絞って、その製作技術の詳細を明らかにし、大陸、とりわけ日本列島に最も近い朝鮮半島南部における轡の変遷を参考にしつつ、初期轡の編年をおこなう。さらには各地の轡製作技術と比較し、その系譜について検討する。初期の馬具副葬古墳の多くが、轡しか出土しないことを鑑みれば、この作業が日本列島における騎馬文化導入の実相に迫っていく上で、不可欠の作業であることはいうまでもないだろう。

3. 初期轡の製作技術

本節では初期の轡の製作技術について検討をおこなう。検討対象となるのは鏡板轡A類、環板轡、鑣轡の3形式の轡である（図8）。

（1）鏡板轡A類の製作技術

横方向の銜留金具をもつ鏡板轡A類は、かつては頭絡との連結方法から漢代の鑣轡との関連が想定されたが［小野山 1966］、現在では中国東北部から朝鮮半島南部の各地で類例が出土している。この鏡板轡A類は、f字形鏡板轡に代表される縦方向銜留の鏡板轡（以下、鏡板轡B類）より

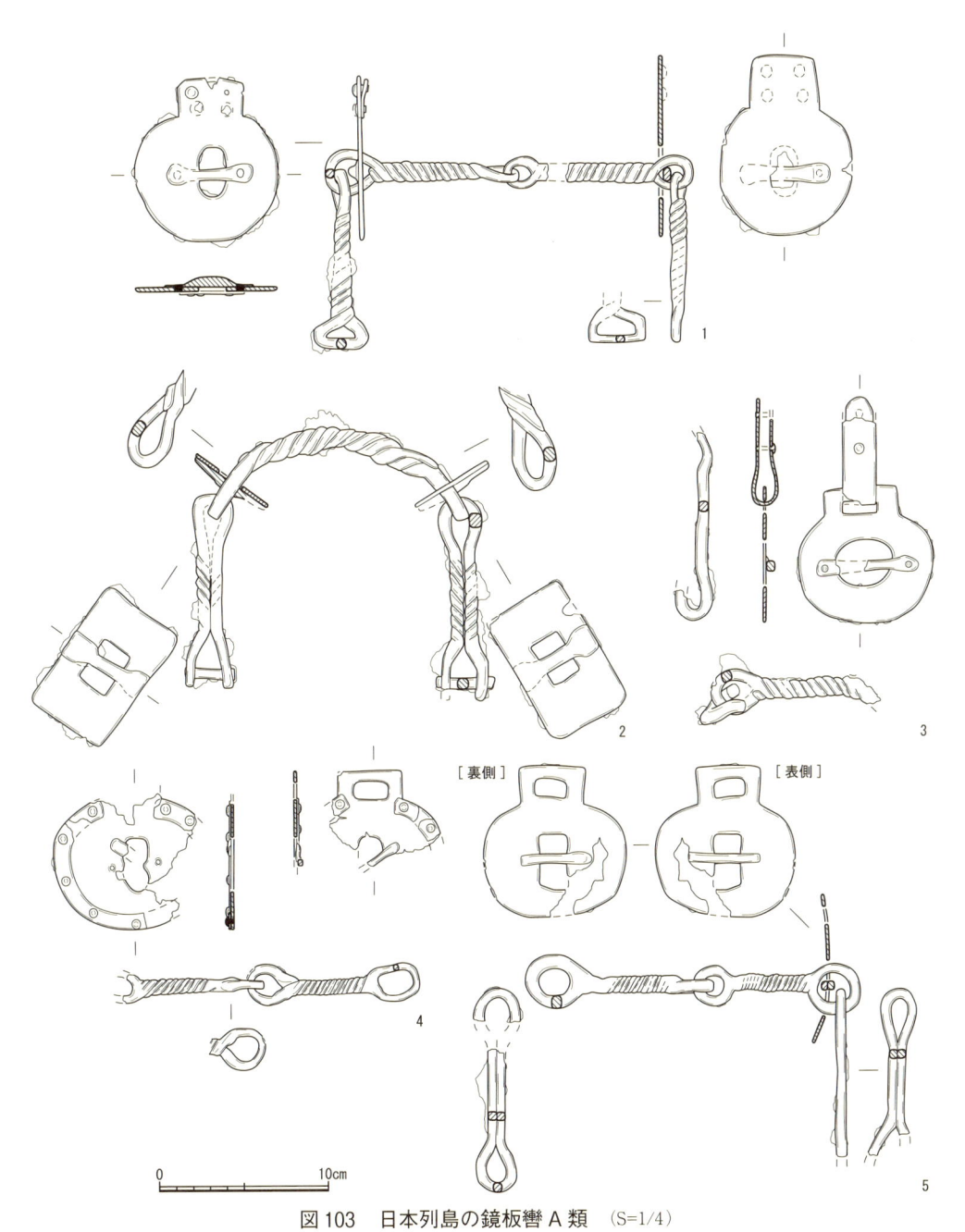

図 103　日本列島の鏡板轡 A 類　(S=1/4)
1：行者塚古墳 1 号轡　2：行者塚古墳 2 号轡　3：鞍塚古墳　4：鳥羽山洞窟　5：吉ノ内 1 号墳

先行する鏡板型式であり、現在までの資料状況をみる限り、4 世紀中葉頃に中国東北部の前燕で成立した可能性が最も高い［桃崎 1999］。日本列島で鏡板轡 A 類やそれに準ずる資料は表 35 に挙げた 9 例である[(1)]。

　銜の製作技法について検討できるのは 6 例で、うち 3 條捩り技法が 3 例、1 條捩り技法が 3 例である。第 1 章でみたように朝鮮半島南部では、両技法は一定の重複期間をもちつつも、基本的に 3 條捩り技法が先出し、1 條捩り技法が後出することがわかっている。次に組み合う引手

表35　鏡板轡A類の諸属性

地名	古墳名	銜	引手	遊環	鏡板 形態	銜留	材質
福岡	月岡古墳	1條捩り?	1條線	×	十字形	横?	鉄金?
兵庫	行者塚古墳（1号轡）	3條捩り	3條捩り	×	楕円形	横	鉄
兵庫	行者塚古墳（2号轡）	3條捩り	2條線b2類（捩）	×	長方形	—	鉄
大阪	鞍塚古墳	3條捩り	2條線a類	×	楕円形	横	鉄
大阪	伝・誉田丸山古墳	—	—*	—	梯形	横	鉄金
滋賀	新開1号墳南椰	1條捩り	1條線a1類	×	楕円形	X	鉄金
長野	鳥羽山洞窟	1條捩り	—	—	楕円形	X	鉄
宮城	吉ノ内1号墳第1主体部	1條捩り	2條線a類	×	楕円形	横	鉄
北海道	大川GP96土壙墓	—	—	—	内彎楕円形	横	鉄

［凡例］・＊は方円結合金具　・鉄金は鉄地金銅張

表36　鏡板轡A類の新古

銜	引手 3條捩り	引手 2條線	引手 1條線
3條捩り	行者塚1号轡	行者塚2号轡、鞍塚	
1條捩り		吉ノ内1	新開1、(月岡)

［凡例］()で囲んだ資料は不確定

表37　環板轡の諸属性

地名	古墳名	銜	引手	遊環	環板
宮崎	六野原10号地下式横穴墓	無捩り	1條線a1類	×	A類
兵庫	向山11号墳第2主体部	1條捩り	1條線a1類	×	B類
大阪	七観古墳西椰	無捩り	1條線a1類*	×	B類
群馬	剣崎長瀞西13号土壙	無捩り	1條線	○	A類

［凡例］＊は方円結合金具

の形態についてみてみると、3條捩り技法銜に組み合う引手は3條捩り引手や2條線引手であるのに対し、1條捩り技法銜には2條線引手や1條線引手が組み合うことがわかる。

ところで、3條捩り技法銜やそれに組み合う引手は、環部成形に鍛接技術を用いていないのに対して、1條捩り技法銜やそれに組み合う引手には、環部成形に鍛接技術を用いるものが含まれる。このように当然なことではあるが、一つの轡を構成する銜と引手の製作技術には共通性が認められることが多い。なお、福岡県月岡古墳例の銜は絵図の捩り表現自体から1條捩り技法の可能性が最も高く、組み合う引手が1條線引手であることもその蓋然性を高める。

続いて鏡板に目を転じると、その形態は楕円形を基本としながらも多様である。銜留金具は滋賀県新開1号墳例と長野県鳥羽山洞窟例（図103：4）のみX字形で、他はすべて横方向である。鏡板の材質に注目してみると、3條捩り技法銜と組み合うものはいずれも鉄製であるのに対して、1條捩り技法銜と組み合うものは鉄製に加えて鉄地金銅張やそれに華麗な透彫を施したものもみられる。なお、初期馬具最北の事例である北海道大川GP96土壙墓例は、銜留金具が欠失した鉄製鏡板1枚のみが石製・ガラス小玉と近接して出土し、日高慎によれば「玉類とセットにしたペンダントとして再利用された、あるいは単独で宝器的な扱いを受けた」可能性が高く、少なくとも副葬された時点で轡としての機能はすでに喪失していたようである［日高 2003］。

以上を整理すると、鏡板轡A類は3條捩り技法銜の一群と、1條捩り技法銜の一群に大別することができる（表36）。朝鮮半島における銜の技術的変化の方向性を参考にすれば、前者から後者へという変遷が想定される。

(2) 環板轡の製作技術

環板轡は韓国の金斗喆によって設定された轡形式で［金斗喆 1993］、日本ではその稀少さゆえか長らく認識されず、いわゆる環状鏡板付轡（韓国の円環轡）の中に一括されてきた。事実、日本列島で環板轡と考えられる資料は、表37に挙げた4例のみである。環板轡は環体中央に取り付けられた銜留金具に銜を連結するもので、環体に銜を連結する円環轡よりは、むしろ鏡板轡とその構造が類似する［金斗喆 1993］。銜留金具の形態は様々であるが、立聞を上に向けた際に銜外

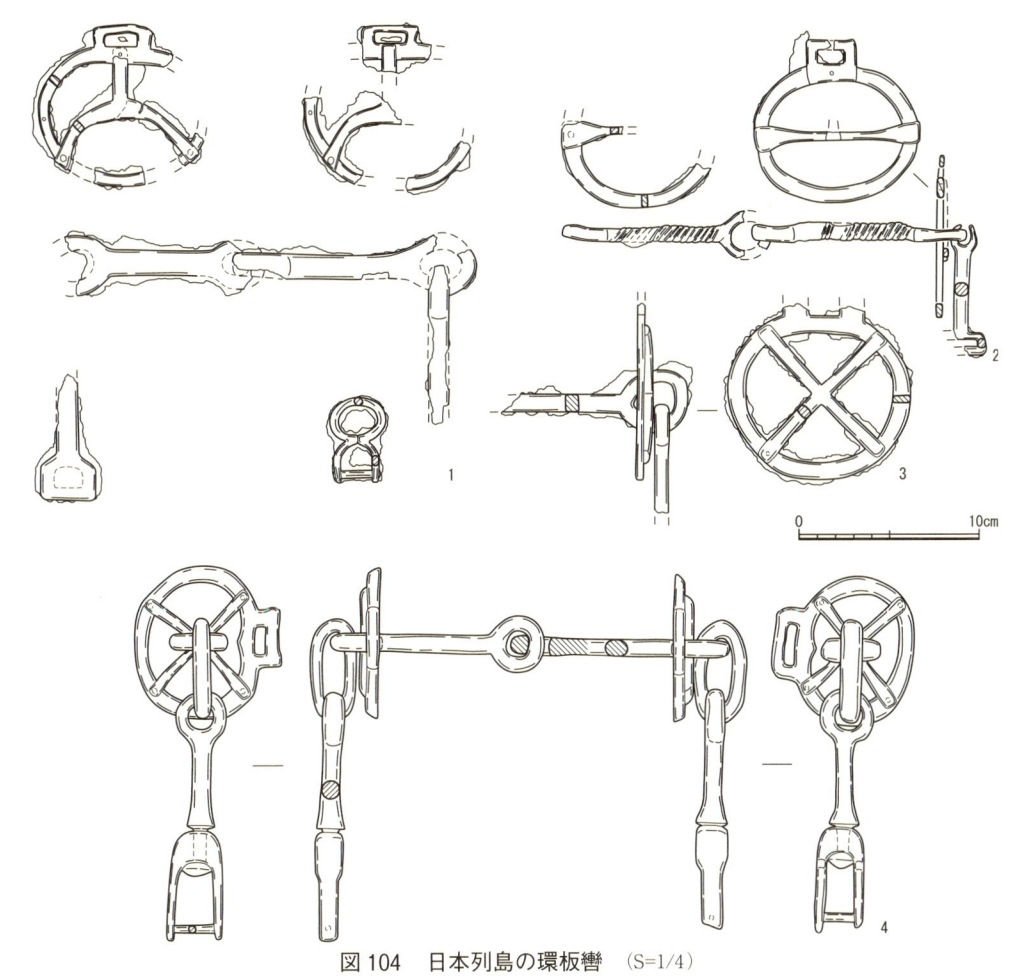

図104　日本列島の環板轡　(S=1/4)
1：七観古墳　2：向山11号墳　3：六野原10号地下式横穴　4：剣崎長瀞西13号土壙

環が縦方向に連結される環板轡A類（X字形銜留）と横方向に連結されるB類（逆T字形、逆Y字形、人字形銜留）に大別される。

　日本列島からはどちらも2点ずつ出土している[2]。銜の製作技法は無捩り技法が3例と1條捩り技法が1例である。引手はいずれも1條線引手a1類、すなわち方形外環をもつ1條線引手が大部分を占める[3]。群馬県剣崎長瀞西13号土壙例（図104：4）は別造りの可動式のスコップ状外環をもつ特異なもので、唯一、銜と引手の連結に遊環を用いる点も注意される［松尾2003］。

　環板轡は、中国東北部にはA類のみが分布し、朝鮮半島南部にはA、B類いずれも分布することから、中国東北部に起源をもつA類をモデルにB類が朝鮮半島南部で独自に創出されたと考えられている［金斗喆1993、柳昌煥2000a］。日本列島の資料には中国東北部や朝鮮半島南部で認められる多條捩り技法銜をもつ資料がなく、いずれも無捩り技法銜や1條捩り技法銜をもつ資料である。また、A類とB類の属性間にも大きな差異は認められない。朝鮮半島南部でB類出現以後も引き続きA類が製作されていることを考慮すれば、環板の形態だけをもって日本列島の環板轡A類と環板轡B類の前後関係を決めることは難しい。

245

表38　鑣轡の諸属性

地名	遺跡名	銜	引手	遊環	立聞
福岡	池の上6号墳①	3條捩り	—	—	b1類
福岡	池の上6号墳②	3條捩り	—	—	b1類
福岡	瑞王寺古墳	1條捩り	2條線a類	×	b2類
福岡	稲童21号墳	1條捩り	1條線a2類	×	b2類
福岡	勝浦井ノ浦古墳	1條捩り	1條線a2類	○	b1類
福岡	カクチガ浦3号墳周溝	無捩り	—	—	b1類
福岡	向田Ⅲ-2号墳	無捩り	1條線a2類	×	b1類
熊本	上生上ノ原3号石棺墓	3條捩り	3條捩り	×	—
熊本	八反原2号墳	多條捩り	—	—	—
熊本	八反原3号墳	1條捩り	1條線a1類	×	—
熊本	八反原4号墳	無捩り	1條線b類	×	—
宮崎	下北方5号地下式横穴墓	無捩り	1條線a2類	×	b1類
宮崎	伝・六野原古墳群	1條捩り	1條線	○	b2類
宮崎	久見迫B地区SK-110土壙	無捩り	1條線c類	○/×	b1類
宮崎	山崎下ノ原第1遺跡SC19	1條捩り	—	—	b1類
岡山	一貫西3号墳	3條捩り	1條線b類	×	b1類/b2類
岡山	寺山7号墳	1條捩り	1條捩り	○	—
岡山	長畝山北3号墳	無捩り	1條線b類	×	b1類
岡山	随庵古墳	無捩り	1條線	○	b2類
愛媛	唐子台No.80地点	無捩り	1條線	×	b1類?
愛媛	桧山峠7号墳	無捩り	1條線b類	×	—
愛媛	溝部1号墳	無捩り	1條線b類	×	—
香川	岡の御堂1号墳	無捩り	1條線a2類	○	—
兵庫	行者塚古墳（3号轡）	3條捩り	—	—	—
兵庫	宮山古墳第3主体部	1條捩り?	1條線a2類	×	b1類
兵庫	宮山古墳第2主体部	1條捩り?	1條線a2類	○	b2類
兵庫	三昧山1号墳	1條捩り	1條線b類	×	—
兵庫	池尻2号墳	無捩り	1條線a2類	○	b2類
奈良	南山4号墳	3條捩り	2條線a類	○	—
奈良	後出3号墳第1主体部	1條捩り	1條線b類	×	—
大阪	蔀屋北遺跡E調査区大溝	2條捩り	1條線a2類	○	—
大阪	小倉東E1号墳周溝	2條捩り/1條捩り	2條線a類/1條線a2類	×	b1類?
大阪	狐塚古墳西椰	無捩り	2條線b2類	×	—
長野	坪ノ内古墳群	2條捩り	1條線b類	×	—
長野	林畔1号墳	1條捩り	1條線a2類	○	—
長野	上池ノ平5号墳	1條捩り	1條線b類	○	b1類
長野	物見塚古墳周溝	1條捩り	2條線a類	×	—
長野	高岡4号墳周溝	無捩り	1條線b類	○	—
山梨	甲斐茶塚古墳	1條捩り	1條線b類	○	b1類?
静岡	西宮1号墳	1條捩り	1條線b類	○	—
東京	喜多見中通南遺跡21号住居	1條捩り	—	○	b1類
群馬	西大山1号墳	1條捩り	1條線a2類	○	b2類
栃木	磯城北2号墳	2條捩り	1條線b類	×	×
栃木	十三塚遺跡6号住居	無捩り	1條線a2類	○	—

［凡例］立聞：立聞用金具

（3）鑣轡の製作技術

鑣轡は鑣と呼ばれる棒状の銜留をもつ轡で、ユーラシアの広範な地域から出土する。東北アジアの鑣轡は、頭絡と連結する部分の構造から2孔式と立聞式に大別され、前者が漢代およびそれ以前、後者が漢代以降の特徴とみて大過ない。日本列島からは後者のみが出土する。本章で検討するのは表38に挙げた44例で[4]、いずれも鹿角や木などを鑣とした有機物製鑣轡と考えられる。有機物製鑣轡は、共伴遺物からみて初期馬具段階以降も引き続き製作・使用されたことは確実だが、型式学的に大きな断絶が認められないため、一括して検討する。なお、金属製鑣轡は確実に初期馬具段階に遡る資料が現状では見出せないため［大谷1985］、検討資料からは外している[5]。

銜の製作技法は3條捩り技法が6例、2條捩り技法が4例認められる他は、大多数が無捩り技法ないし1條捩り技法である。これは、表に挙げた資料の中に初期馬具段階以降の資料が相当数含まれていることも影響している可能性が高い。ところで、1條捩り技法は断面方形の鉄棒を捩るため、1回転で4単位の條線が生じるのが一般的であるが、兵庫県宮山古墳第3主体部例は4単位／5単位、同第2主体部例は4単位／3単位といずれも銜の左右で條線の単位数が異なる［塚本ほか2005］。しかし、X線写真および実物を観察する限り、左右で銜製作技法が異なるとは考えにくく、4単位の銜を一般的な1條捩り技法とみるのであれば、もう一方も1條捩り技法と考えるのが自然である。塚本敏夫らは製作実験をもとに複数の鉄棒を緩く巻いた上で、加熱して捩って製作した可能性を想定しているが［塚本ほか2006］、銜身全体に鉄棒を巻いたいわゆる全周巻き技法は芯棒に1本の鉄棒を巻くのが一般的で[6]、3本や5本の鉄棒を巻いたことが明らかな資料はない。4単位の條線をもつ銜と組み合う点を重視すれば、1條捩り技法の可能性が最も高いと考えられる[7]。

第12章　日本列島初期の轡の技術と系譜

　次に引手との対応関係をみると[(8)]、まず多條捩り技法銜には鏡板轡A類同様、3條捩り引手や2條線引手の組み合わせが認められる。また、鏡板轡A類にはなかった多條捩り技法銜に1條線引手という組み合わせもみられる。これらは多條捩り技法銜の轡の中でも相対的に新しい特徴を示していると考えられる。無捩り技法銜や1條捩り技法銜と組み合う引手は1條線引手が一般的で、2條線引手は極めて稀である。また1條線引手の中でもa2類、すなわち屈曲柄で環部を鍛接したものが最も多い。この1條線引手a2類はかなりの割合で遊環をもつのに対し、1條線引手b類、すなわち環部を鍛接せずに蕨手状に折り曲げただけのものは遊環を伴わない場合が大部分である。遊環は朝鮮半島では無捩り技法や1條捩り技法出現以降に現れ、なおかつ特定地域を中心として分布する時間的にも地域的にも特徴的な属性の一つである。したがって、同じ製作技法の銜を採用しているにも拘らず、引手の形態や遊環の採用に差異が認められる背景には、時間差だけでなく、系譜差も想定する必要があるだろう。なお、福岡県池の上6号墳の2例や兵庫県行者塚古墳3号轡（図105：1）などはもともと引手を伴わない構造であったとみられるのに対し、同じく引手の出土しなかった東京都喜多見中通南遺跡例（図106：4）は遊環が左側の銜外環に錆着していることから、本来は引手を伴っていた可能性が高い。

　有機物製の鑣はそれ自体が残っていることは極めて稀で、鑣を銜外環に固定すると同時に、頭絡の帯紐と連結する立聞用金具だけが遺存する場合がほとんどである。日本列島においては、鉄棒をΩ字状やU字状に曲げたb1類が23例と最も多く、次いで鉄板を切削して、立聞部と脚部を成形したb2類が7例を占める。朝鮮半島南部においてはb1類がb2類（2孔式をのぞく）より先出したと考えられている［張允禎 2003・2008］。

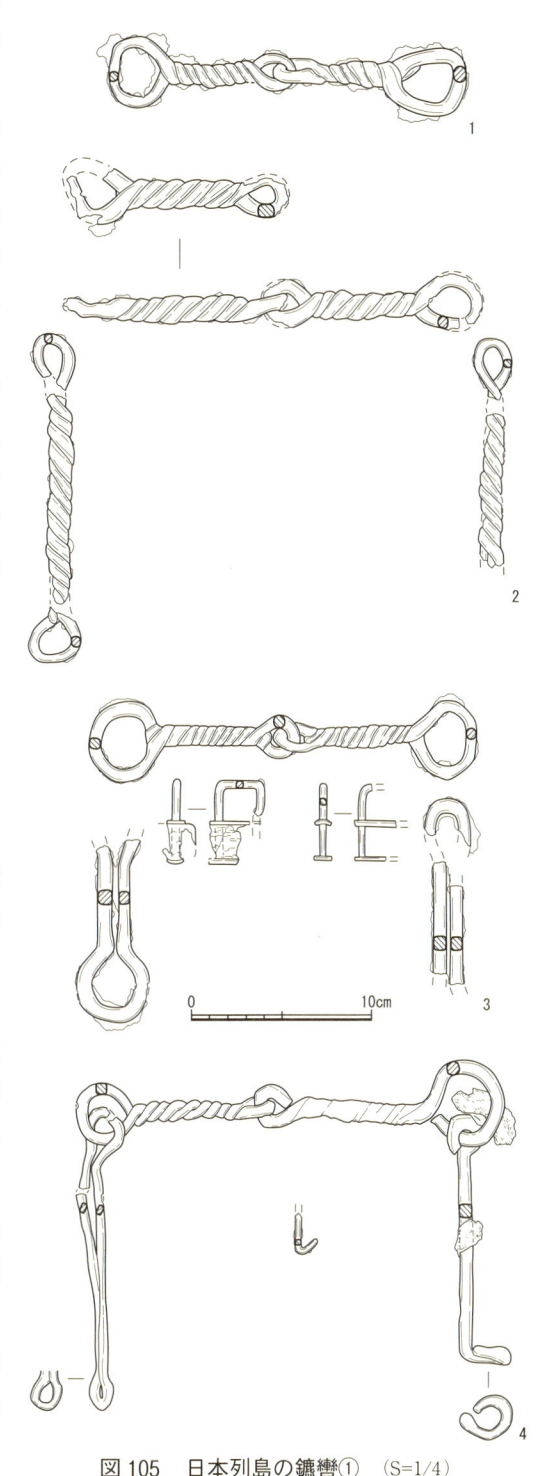

図105　日本列島の鑣轡①　(S=1/4)
1：行者塚古墳3号轡　2：上生上ノ原3号石棺墓
3：南山4号墳　4：小倉東E1号墳

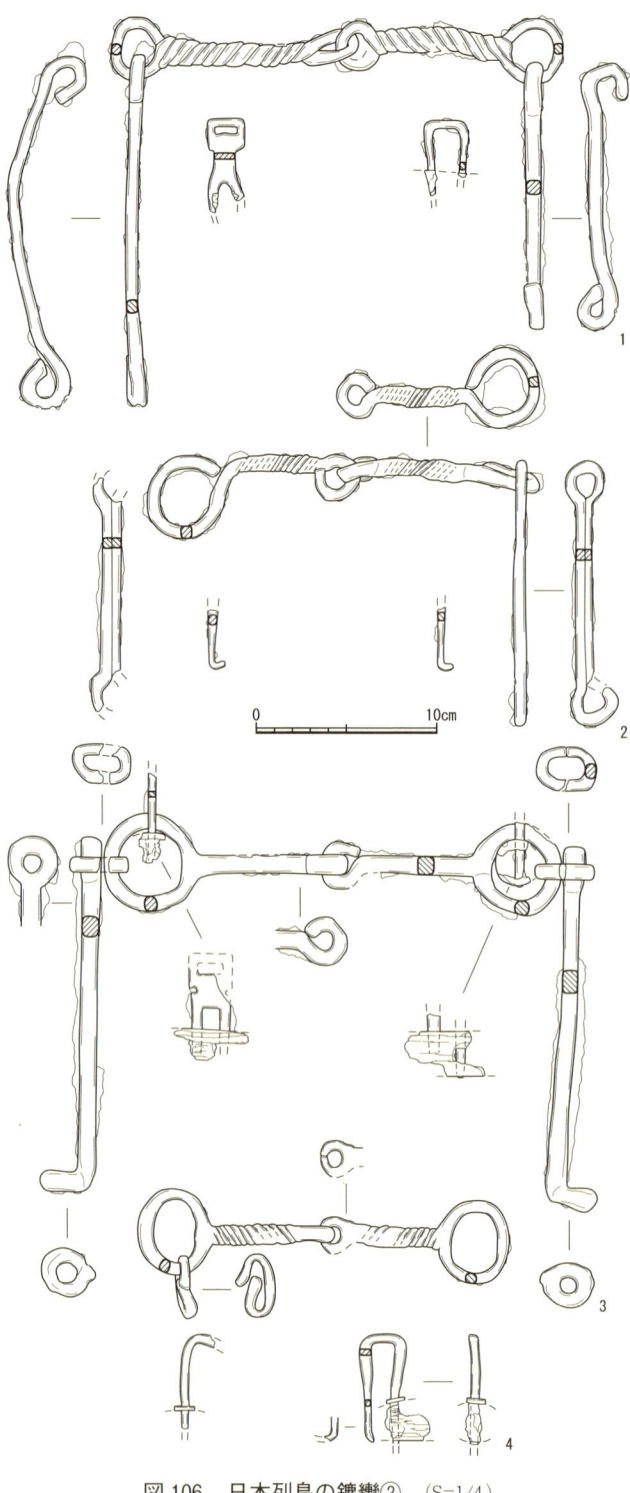

第Ⅳ部　日本列島における騎馬文化の受容と展開

図106　日本列島の鑣轡②　(S=1/4)
1：一貫西3号墳　2：物見塚古墳　3：池尻2号墳
4：喜多見中通南遺跡21号住居址

多條捩り技法銜には基本的にb1類が組み合い、無捩り技法や1條捩り技法の銜にはb1類に加えてb2類が組み合うことから、日本列島においてもb1類が先出した可能性が高い[9]。ところで3條捩り技法銜に唯一、b2類が組み合う岡山県一貫西3号墳例（図106：1）は、b1類の立聞用金具も出土しており、左右の鑣に取り付けられた立聞用金具が異なっていた可能性が高い。左右の引手長が顕著に異なることも含めて、補修品と考えられる。

以上を整理すると、鑣轡も鏡板轡A類同様、まずは多條捩り技法銜の一群と無捩り技法・1條捩り技法銜の一群に大別して理解するのが妥当であろう（表39）。朝鮮半島における銜の技術的変化の方向性を参考にすれば、おおむね前者から後者への変遷が想定されるが、組み合う引手などまで考慮すると前者が古いとは一概にいいきれない。後者の一群の中には鏡板轡A類にみられなかった1條線引手a2類や、遊環をもつ資料が一定数認められる。これらの特徴は鏡板轡B類によく認められることから、後者の一群には鏡板轡B類の普及以降に製作時期が下るものが一定数含まれていたと考えるべきであろう。ところで、鑣轡には一貫西例のような補修品と考えられる資料がこの他にもいくつか存在する[10]。このことは初期馬具が長期間、ないしかなりの頻度で実際に使用されたことを示す一つの証拠といえる。

表39 鑣轡の銜・引手の組合せ

		引手						
		引手なし	多條捩り	2條線	1條線(遊環無)		1條線(遊環有)	
銜	多條捩り	池の上6①[b1] 池の上6②[b1] 八反原2 行者塚3号墳	上生上ノ原3	南山4[b1] (小倉東E1)[b1?]	b類	一貫西3[b1/b2] 坪ノ内 磯岡北2	a2類	蔀屋北[b1]
	1條捩り	山崎下ノ原1-SC19[b1]		瑞王寺[b2] 物見塚[b1]	a1類	八反原3	a2類	勝浦井ノ浦[b1] (宮山第2主体)[b2] 林畔1 西大山1[b2]
					a2類	稲童21[b2] (宮山第3主体)[b1] (小倉東E1)[b1?]		
					b類	三昧山1[b1] 後出3[b1] 上池ノ平5[b1] 西宮1[b1]	その他	寺山7 伝・六野原[b2]
	無捩り	カクチガ浦3[b1]		狐塚[b1]	a2類	向田Ⅲ-2[b1] 下北方5[b1]	a2類	岡の御堂1 池尻2[b2] 十三塚
					b類	八反原4 長畝山北3[b1] 溝部1	b類	桧山峠7
					その他	唐子台№80[b1?] 高岡4[b1] 甲斐茶塚[b1?]	その他	久見迫B-SK110[b1] 随庵[b2]

［凡例］・（　）で囲んだ資料は不確定、ないし左右で製作技法が異なるもの　・［　］内は立聞用金具の型式

4．初期轡の製作年代

（1）段階の設定

　前節での検討の結果、日本列島の初期轡は多條捩り技法銜の一群と無捩り技法・1條捩り技法銜の一群に大別されることが明らかとなった。ここからは白井克也［2003a］の研究を参考に、共伴する馬具や他の遺物からそのような変遷観が妥当なものであるかを検証し、細分の可能性を探る。

　まず、当該期の馬具の中で最も相対編年が安定している木心鉄板張輪鐙との共伴関係についてみてみよう（表40）。木心鉄板張輪鐙の型式分類についてはこれまで同様、柳昌煥［1995］の案にしたがうものの、分期の指標としては形態的特徴にすぎない柄部の長短よりも機能的発達を示す滑止用の踏込鋲の出現を重視する立場［張允禎 2001・2004・2008］をとる。朝鮮半島南部においては、三国時代Ⅱ段階に柄部と輪部の側面幅が一定のⅠ式（無鋲）鐙が出現し、三国時代Ⅲ段階になるとⅠ式（有鋲）鐙や踏込部が幅広のⅡ式鐙が出現する。柄部の太く短いⅠA式と細長いⅠB式の関係については、早くに日本列島において前者の出現時期が古く、後者の出現時期が新しいことが明らかにされ［小野山1966］、朝鮮半島南部においても同じように変遷したと考えられている［申敬澈1985］。このような鐙の変遷観を参考に、初期轡との共伴関係についてみていくと、ⅠA式（無鋲）鐙を出土する大阪府七観古墳例や大阪府鞍塚古墳例が最も古く、三国時代Ⅱ段階と併行すると考えられる。そしてⅠA・ⅠB式（有鋲）鐙や踏込部の幅が広がるⅡ式鐙を出土する大多数の資料は、前2者より新しい三国時代Ⅲ段階、ないしそれ以降と併行すると考えられる。新開1号墳ではⅠA式（無鋲）鐙とⅠA式（有鋲）鐙が共伴し、Ⅱ段階からⅢ段階への過渡期的な様相がうかがえる。このような鐙の変遷観は、共伴する轡から想定される新古とおおむね整合性をもっている。ちなみに鏡板轡B類は、日本列島ではⅠB式やⅡ式以降の鐙と共伴し、ⅠA式鐙

表40　鐙、短甲との共伴関係

古墳名	轡 銜留	轡 銜	轡 引手	轡 遊環	鐙 I式(無鋲)	鐙 I式(有鋲)	鐙 II式ほか	短甲 三革	短甲 三鋲	短甲 横矧
鞍塚	鏡板A	3條捩り	2條線a類	×	IA₁・₄					
新開1	鏡板A	1條捩り	1條線a1類	×	IA₂	IA₄				
月岡	鏡板A？	1條捩り？	1條線	×		IB₄				
七観	環板B	無捩り	1條線a1類*	×	IA₁					
六野原10	環板A	無捩り	1條線a1類	×						
瑞王寺	鑣[b2]	1條捩り	2條線a類	×		IB₄				
狐塚	鑣[b1]	無捩り	2條線b2類	×						
宮山第3主体	鑣[b1]	1條捩り？	1條線a2類	×						
稲童21	鑣[b2]	1條捩り	1條線a2類	×						
下北方5	鑣[b1]	無捩り	1條線a2類	×		IB₄				
甲斐茶塚	鑣[b1?]	無捩り	1條線b類	×		IB₅				
後出3	鑣[b1]	1條捩り	1條線b類	×			IIB₁			
随庵	鑣[b2]	無捩り	1條線	○			IIB			
池尻2	鑣[b2]	1條捩り	1條線a2類	○			IIB₁			
宮山第2主体	鑣[b2]	1條捩り？	1條線a2類	○			IIB₁			
岡の御堂1	鑣	無捩り	1條線a2類	○						
林畔1	鑣	1條捩り	1條線a2類	○						
勝浦井ノ浦	鑣[b1]	1條捩り	1條線a2類	○			壺鐙			

[凡例]・[ ]内は立聞用金具の型式　・*は方円結合金具　・鐙の型式は[柳昌煥1995]
・三革：三角板革綴短甲、三鋲：三角板鋲留短甲、横鋲：横矧板鋲留短甲

とは共伴しない。

　次に、鏡板轡B類と共伴する事例についてみてみよう。鏡板轡B類は日本列島では千賀編年II期以降に、朝鮮半島南部においては三国時代III段階以降に本格的に普及する。鏡板轡A類とB類は基本的に共伴せず、唯一、梯形の鏡板A類と（内彎）楕円形もしくはf字形に復元される鏡板B類が出土した伝・大阪府誉田丸山古墳出土品（図107：1）を挙げうるのみである。鑣轡と鏡板轡B類の共伴例としては福岡県稲童21号墳や福岡県勝浦井ノ浦古墳[11]（図107：2）などが挙げられ、前者は内彎楕円形の鏡板轡B類と、後者はf字形や楕円形の鏡板轡B類とそれぞれ共伴する[12]。以上に挙げた資料はいずれも無捩り技法・1條捩り技法銜の一群に属し、三国時代III段階以降と併行する資料と判断される。

　このように銜製作技法の新古は、共伴馬具の変遷観とも整合性をもっていることが確認された。それでは次にこれまでの分析から導かれた初期轡の変遷観が妥当なものであるのかを検証するために、初期馬具とは異なり確実に日本列島で製作されたと考えられ、同じく技術的観点からその時間的変遷が把握されている短甲との共伴関係についてみてみよう（表40）。現在まで鋲留技法導入期以前の甲冑と馬具の共伴例はなく、鋲留技法導入期、すなわちTK73型式期の鞍塚古墳や新開1号墳などが最も古い共伴例といえる。f字形や内彎楕円形の鏡板轡B類と横矧板鋲留短甲はしばしば共伴するものの、両古墳からも出土している鏡板轡A類と横矧板鋲留短甲の確実な共伴例はない[13]。したがって、鏡板轡A類は横矧板鋲留短甲や鏡板轡B類が普及する頃には、おおむねその副葬を終了したとみてよいだろう。

　最後に須恵器との共伴例についてみてみよう（表41）。須恵器との共伴例のほとんどが鑣轡である。陶邑編年[田辺1981]を参考に、共伴する轡の属性をみていくと、多條捩り技法銜が1條捩り技法・無捩り技法銜より古く位置づけられる点はこれまでの分析結果と同じであるが、栃木県礒岡北2号墳例や一貫西例（図106：1）のようにTK208～23型式期の須恵器と多條捩り技法

銜の轡が共伴しており、注意が必要である。これらは組み合う引手が1條線引手b類であることから、あえて伝世のようなことを想定するよりは、内山敏行も指摘するようにこの時期まで多條捩り技法による銜の製作が一部でおこなわれていたと考えるべきであろう[内山 2006：218]。また、日本列島においても朝鮮半島南部同様、遊環の出現が無捩り技法や1條捩り技法の銜の出現より遅れることが確認できるが、遊環の出現するTK216型式期以降もすべてが遊環を採用したわけではなく、遊環をもつ鑣轡と遊環をもたない鑣轡が併存したと考えられる。なお有機物製鑣轡は須恵器との共伴関係による限り、TK47型式期頃にはその製作と副葬をおおむね終了したとみて大過なかろう。

以上の検討結果にもとづいて、朝鮮半島南部との併行関係に留意しつつ、日本列島の初期轡を次の3段階に編年する。

日本列島Ⅰ段階

多條捩り技法銜の轡のみが確認される。鏡板轡A類とb1類立聞用金具

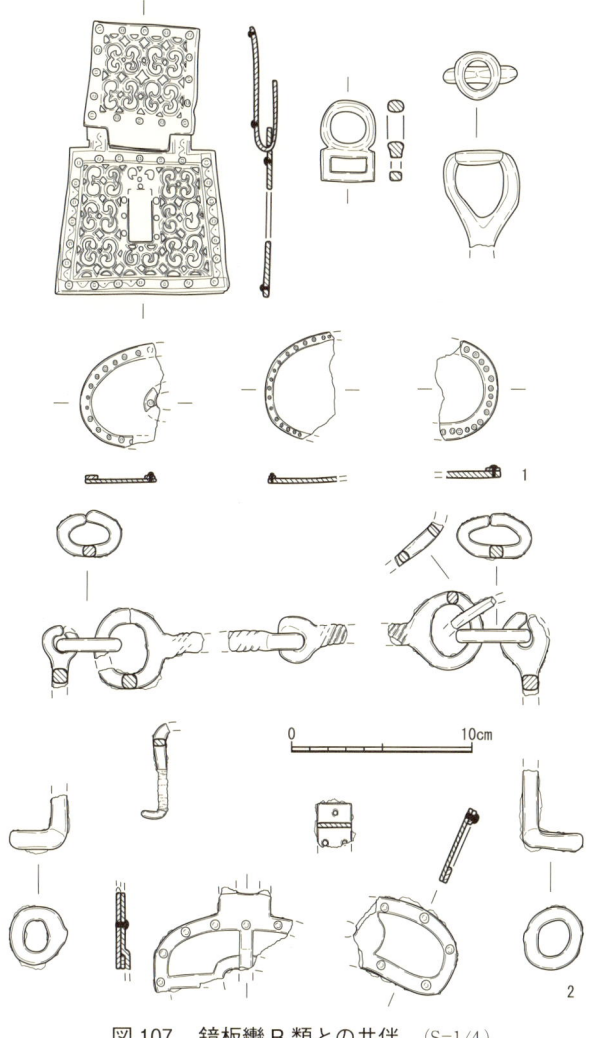

図107　鏡板轡B類との共伴　（S=1/4）
1：伝・誉田丸山古墳　2：勝浦井ノ浦古墳

をもつ鑣轡が確認され、引手は多條捩り引手や2條線引手である。鐙、杏葉と共伴する例はない。行者塚1〜3号轡（図103：1・2、図105：1）を指標とする。熊本県上生上ノ原3号石棺墓例（図105：2）などもこの段階に該当する。古墳時代中期前葉を上限とし、朝鮮半島南部三国時代Ⅰ段階後半とおおむね併行すると考えられる。

日本列島Ⅱ段階

無捩り技法・1條捩り技法銜が出現する。鏡板轡A類とb1類立聞用金具をもつ鑣轡に加えて、環板轡が出現する。2條線引手に加えて1條線引手が新たに登場するが、遊環はまだ出現していない。ⅠA式（無鋲）鐙や鞍金具、環状雲珠・辻金具などと共伴する。杏葉と共伴する例はまだない。3條捩り技法銜の鞍塚例（図103：3）や無捩り技法銜の七観例（図104：1）を指標とし、新旧の製作技法が併存する過渡期的様相を示す。大阪府小倉東E1号墳例（2條捩り技法・1條捩り技法）、宮山第3主体部例（1條捩り技法？）、長野県物見塚古墳例（1條捩り技法）などの鑣轡が

表41　須恵器との共伴関係

古墳名	須恵器	銜留	銜	引手	遊環
南山4	陶質土器	鑣[b1]	3條捩り	2條線a類	×
池の上6	池の上Ⅱ式	鑣[b1]	3條捩り	―	―
宮山第3主体	TK73	鑣[b1]	1條捩り?	1條線a2類	×
小倉東E1	TK73～216	鑣[b1?]	2條捩り/1條捩り	2條線a類/1條線a2類	×
物見塚	TK73～216	鑣[b1]	1條捩り	2條線a類	×
八反原3	TK73～216	鑣	1條捩り	1條線a1類	×
池尻2	TK73～216	鑣[b2]	無捩り	1條線a2類	○
瑞王寺	TK216	鑣[b2]	1條捩り	2條線a類	×
宮山第2主体	TK216	鑣[b2]	1條捩り?	1條線a2類	○
西宮1	TK216	鑣[b1]	1條捩り	1條線b類	×
向山11	ON46～208	環板B	1條捩り	1條線a1類	×
稲童21	TK208	鑣[b2]	1條捩り	1條線a2類	×
後出3	TK208	鑣[b1]	1條捩り	1條線b類	×
磯岡北2	TK208	鑣	1條捩り	1條線b類	×
一貫西3	TK208～23	鑣[b1・b2]	3條捩り	1條線b類	×
カクチガ浦3	TK208～23	鑣	無捩り	―	―
寺山7	TK208～23	鑣	1條捩り	1條捩り	○
向田Ⅲ-2	TK23	鑣[b1]	無捩り	1條線a2類	×
唐子台No.80	TK23	鑣[b1?]	無捩り	1條線	×
岡の御堂1	TK23	鑣	無捩り	1條線a2類	○
桧山峠7	TK23～47	鑣	無捩り	1條線b類	○
溝部1	TK23～47	鑣	無捩り	1條線b類	×
下北方5	TK47?	鑣[b1]	無捩り	1條線a2類	×
長畝山北3	TK47	鑣	無捩り	1條線b類	×
三昧山1	MT15～TK10	鑣[b1]	1條捩り	1條線b類	×

この段階に該当する。TK73型式期を上限とし、朝鮮半島南部三国時代Ⅱ段階とおおむね併行すると考えられる。

日本列島Ⅲ段階

　無捩り技法・1條捩り技法銜が本格的に普及する。多條捩り技法銜も確認されるが、あくまで客体的な存在に留まる。新たにb2類立聞用金具をもつ鑣轡が登場する。2條線引手も存在するものの1條線引手が一般的で、遊環もこの段階に出現する。Ⅰ式（有鋲）鐙や踏込部の幅が広がるⅡ式鐙と共伴する。全面を鉄板で補強するタイプはまだ出現していない。この他にも鞍金具、環状雲珠・辻金具や稀に杏葉を伴う。鐙との共伴関係から新開例が最も古く位置づけられる。月岡例、鳥羽山例（図103：4）、宮城県吉ノ内1号墳例（図103：5）などの鏡板轡A類や、福岡県瑞王寺古墳例や宮山第2主体部例、兵庫県池尻2号墳例（図106：3）、岡山県随庵古墳例などの鑣轡がこの段階に該当する。TK216型式期の須恵器と共伴する場合が多く、朝鮮半島南部三国時代Ⅲ段階前半とおおむね併行する。朝鮮半島南部ではこの段階から鏡板轡B類が出現するものの、日本列島からはこの段階にまで遡る確実な鏡板轡B類はまだ出土していない[14]。

　なお、日本列島Ⅲ段階の下限を鏡板轡A類の副葬終了に求め、そして次の段階を仮に日本列島Ⅳ段階とするのであれば、日本列島Ⅳ段階の上限は鏡板轡B類が本格的に登場するTK208型式期と捉えることができる［宮代1993：40］。稲童例や勝浦井ノ浦例（図107：2）のような鏡板轡B類と共伴する資料がその代表的な例である。ただし、鑣轡自体の特徴から日本列島Ⅲ段階と日本列島Ⅳ段階を峻別するのは困難で、日本列島Ⅲ段階と同じような鑣轡が日本列島Ⅳ段階にも引き続き製作されたと考えるべきだろう[15]。

（2）製作年代の検討

　製作年代については第3章において朝鮮半島南部との併行関係をもとに、日本列島Ⅰ段階の馬具に4世紀中葉～後葉、日本列島Ⅱ段階の馬具に4世紀末～5世紀初、日本列島Ⅲ段階の馬具に5世紀前葉～中葉という暦年代をそれぞれ与えた。基本的な立場に変更はないものの、日本列島の初期馬具の多くが移入品（舶載品）である可能性が高い以上、各地域がそれぞれ独自の馬具生産をおこなっていたと考えられる中国東北部から朝鮮半島南部における製作年代を、日本列島の初期馬具の年代にそのままスライドさせることにはためらいを覚える。

たとえば、TK73型式期の古墳から出土した馬具は日本列島Ⅱ段階と日本列島Ⅲ段階の一部を含み、朝鮮半島南部の年代をそのままスライドさせると4世紀末～5世紀前葉という比較的長い年代幅を設定せざるをえない。しかし踏込鋲をもつ鐙が出現する前後の資料群として理解するのであれば、5世紀前葉から、上限がどこまで遡るのかが問題となるものの、それほど大きく遡るとは考えがたい。またそのように考えていくと必然的に中期前葉の古墳から出土した馬具も、4世紀後葉はともかく、4世紀中葉にまで遡るとは到底考えがたい。このような想定はⅡ段階の標識資料である七観古墳の逆Y字形銜留の環板轡が、4世紀末に出現したと考えられる環板轡B類の最古型式ではないことや[16]、日本列島Ⅰ段階の標識資料である行者塚2号轡にみられる典型的なスコップ柄形引手の出現時期が、鏡板轡A類の出現した4世紀中葉よりは遅れると考えられること[17]からも後押しされる。つまり、日本列島Ⅰ・Ⅱ段階においては、大きくみれば朝鮮半島南部と同じように馬具が変遷していたとしても、各段階の最初期のものは含まれていなかったと判断されるのである。

したがって、あえて須恵器型式によって馬具の年代幅を示すのであれば、TK73型式期以前の馬具には4世紀第4四半期を中心とする年代、TK73型式期の馬具には5世紀第1四半期を中心とする年代、TK216型式期の馬具には5世紀第2四半期を中心とする年代をそれぞれ与えておきたい[18]。

5. 初期轡の系譜

前節で設定した各段階は、朝鮮半島南部三国時代における変化と基本的に対応することから、多くの先行研究が結論づけたように、初期轡の多くが朝鮮半島南部に系譜をもつことは疑いの余地がない。ただ一方で、現状では朝鮮半島南部に類例のない馬具が日本列島に存在することもまた確かであり、それらが三燕や高句麗などの朝鮮半島南部以外の地域からもたらされた可能性は十分にある。このような系譜の問題を考える上でヒントとなるのが、引手形態の地域性である。

たとえば多條捩り引手や1條線引手は、今のところ中国東北部や朝鮮半島北部では確認されておらず、それらの引手をもつ轡の直接的な系譜は朝鮮半島南部に求められる蓋然性が高い。中でも新開例や七観例、兵庫県向山11号墳例の1條線引手a1類は、慶州皇南洞109-3・4号墳例など洛東江以東地方（新羅）に分布が集中し、後2者に採用された環板轡B類もまた同様の分布を示す（図64）。新開例のような透彫金銅装の鏡板轡A類は同時期の洛東江以東地方ではまだ出土が確認されていないものの、5世紀中葉の慶州皇南大塚南墳からは華麗な透彫の施された金銅装の各種馬具が出土しており、4世紀後葉の慶州月城路カ-13号墳の蹴彫の施された銅地金銅張鏡板轡A類や、5世紀前葉の慶山林堂7B号墳の透彫の施された金銅製の胡籙金具、帯金具の存在を考慮すれば、洛東江以東地方でも十分に製作しえたであろう。

2條線引手に関しては、中国東北部では紀元前後の楡樹老河深遺跡中層にすでに認められ、高句麗では少なくとも6世紀代まで採用されつづける。ただし、朝鮮半島南部からも普遍的に出土するため、日本列島の2條線引手をもつ轡の直接的な系譜を、あえて遠く離れた中国東北部に求める必要はなさそうである。2條線引手をもつ資料の中で系譜を絞り込める資料として、柄部

に捩りを加えた2條線引手b2類をもつ行者塚2号墳や、外環側をΩ状に加工した2條線引手a類の瑞王寺例が挙げられる。前者の引手の類例は清州鳳鳴洞B-36号墳例や同B-79-2号墳例など、朝鮮半島南部でも今のところ中西部（百済）に限定される［柳昌煥2004a］。後者は特殊な引手形態とb2類の立聞用金具から洛東江中流域西岸の大加耶に系譜を求めることが可能である［諫早2006b］。

　以上のような引手の地域性に加えて、銜と引手を連結する遊環も中国東北部や朝鮮半島北部ではまだ1例も確認されておらず、中西部（百済）を中心とする洛東江よりも西側の地域の轡の特徴とされる［金斗喆1993］。遊環をもつ鑣轡の中でも特に無捩り・1條捩り技法銜や1條線引手a2類、b2類立聞用金具からなる一群は、百済の特徴的な鑣轡と考えられており［柳昌煥2004b］、5世紀前葉以降の中西部の各地から出土している。日本列島から出土するこのタイプの鑣轡を百済系と推定した桃崎の見解をおおむね追認できる[(19)]［桃崎1999］。

　このように初期轡個々の属性を細かくみていくと、その系譜は非常に多様であることがわかる。これは先行研究のようにすべての初期馬具の系譜を金官加耶［千賀2003b、金斗喆2004、柳昌煥2004a］や新羅［朴天秀2007］といった特定地域に求めることが困難であることを示しており、ひるがえって日本列島に馬が導入される経路が多様であったことを傍証するものであろう。この多様性は、馬の輸入に際して畿内を中心とする倭王権が多方面と交渉した結果によるものであろうか、それとも日本列島内の各地域勢力が独自に馬の輸入を進めた結果によるものであろうか。もちろん両者の関係は完全に排他的なものではなく、比重の問題にすぎないかもしれないが、どちらにウェイトをおくかによって、当該期の古墳時代社会に対する評価は大きく変わってくるだろう。この問題については第14章で初期馬具全体に対する検討をおこなった上で改めて考えてみたい。

　ところでこれらの直接的な系譜が朝鮮半島南部に求められたとしても、日本列島で製作された可能性は依然残される。たとえば新開例や伝・誉田丸山例のような金銅装の華麗な装飾馬具については、甲冑や帯金具などとの比較や技術史的観点から日本列島における製作を想定する見解があり［北野1963、橋本達1995、鈴木勉ほか1996など］、渡来工人の存在が想定される以上、その可能性は十分にある。ただし稀少で定型性も認められない初期の装飾馬具は、たとえ日本列島内で生産されていたとしても、田中由理［2004］や古川匠［2007］らの作業によって明らかとなりつつあるf字形鏡板轡の出現以後にみられる定型性の高い装飾馬具の生産とは、その性格や規模がまったく異なるものであったことだけは確かであろう。

　このような装飾性の高い馬具はさておくとしても、日本列島に馬が導入され、実際に飼育されていく過程で、必要に応じて馬具が製作されたであろうことは想像に難くない。たとえば、多條捩り技法銜と1條線引手a2類を遊環で連結した大阪府蔀屋北遺跡例のような鑣轡は大陸に同じものを探すことができず、日本列島で製作された可能性が高い［諫早2008a：266］。また、鑣轡にしばしばみられる補修品も同じような脈絡で理解することができる。このような状況を総合すれば、岡安光彦［2004］の指摘するように、日本列島Ⅳ段階以降の本格的な装飾馬具の生産開始に先駆けて、馬の飼育開始当初から鑣轡などの簡素な馬具を中心とする生産は始まっていたと考える方が自然であろう。

6. 結　語

　本章では、製作技術に立脚して日本列島の初期の轡を3段階に区分した。また系譜の問題についても若干の検討をおこない、それらが基本的に朝鮮半島南部からもたらされたことを述べた。馬具だけでなく馬自体を海路輸送するリスクを考慮すれば、地理的に最も近い朝鮮半島南部に多くの初期轡の直接的な系譜が求められることは、至極当然の結果といえる。ただし、初期轡個々の属性をさらに細かくみていくとその系譜は多様であり、特定地域からの「騎馬民族」の移動はもちろん、倭王権と特定の国・地域との一元的な関係にもとづいてすべての馬具を合理的に説明することはできない。このような初期轡の多様性は、日本列島に馬が導入され、その飼育が軌道に乗る前の試行錯誤の過程を示しているのではなかろうか。当該期に積極的に馬匹生産の導入を試みた倭と、何らかの事情・目的のもと馬や馬具、そしてそれに関わる技術者を提供した朝鮮半島南部諸国・諸地域の双方の立場から、日本列島における騎馬文化受容過程を明らかにする作業は第14章に譲ることとし、ひとまず本章を終えたい。

註
（1） 福岡県月岡古墳例に関しては資料が現存せず、『筑後将士軍談』の表現［吉井町教育委員会 2005：巻頭図版11（2）］（図120）をみても銜留金具の取り付け方向や立聞の向きなどが表現されていないものの、三燕から出土する三葉形の鏡板轡A類と形態が類似することから、ひとまず鏡板轡A類に含めた。また、行者塚2号轡の長方形鏡板は本来から立聞をもたない構造であったと判断され、厳密にはA類にもB類にも該当しないが、共伴する1号轡が鏡板轡A類であることから、ひとまず鏡板轡A類に含めて検討する。
（2） 兵庫県向山11号墳例に関しては横方向銜留金具として報告され、発掘を担当した兵庫県教育委員会の中村弘氏のご教示によれば、銜外環が銜留金具に直接連結された状態で出土したようである。ただしX線写真を参照したところ、立聞部の直下に鋲の痕跡が確認され、さらに銜留金具中央にかすかではあるが剥離の痕跡も確認された。横方向銜留金具の環板轡は、5世紀前葉頃の金海陵洞11号木槨墓［蔚山大学校博物館 2001］から類例が出土しているものの、環板轡の形態として一般的ではないことから、逆T字形銜留金具が欠損後、補修された可能性が高いと判断し、ここでは製作当初の状況を想定して図化をおこなった（図104：2）。
（3） 宮崎県六野原10号地下式横穴墓例は現状（図104：3）では引手外環が欠失しているが、報告書の写真［宮崎県 1936：図版第一六（下）-5］をみる限り、本来は1條線引手a1類であったと考えられる。
　　なお、天理市教育委員会の石田大輔氏より、七観古墳例の1條線引手a1類は、引手内環側であるとの指摘を受けた。もう一度実物資料にあたってみる必要があるが、いずれにせよ七観例の引手は［京都大学総合博物館 1997：109］に掲載されている写真からみて、1條線引手a1類であったとみておきたい。
（4） この他に福岡県長垂7号墳、佐賀県中原遺跡、宮崎県六野原馬埋葬土壙、奈良県円照寺墓山1号墳、長野県金鎧山古墳、新潟県飯綱山10号墳などから有機物製鑣轡が出土している。
（5） 現状における列島最古の金属製鑣轡は、岡山県勝負砂古墳から出土した鋳銅製鈴付鑣轡である［岡山大学考古学研究室 2009］。ただし鈴杏葉などと共伴することからf字形鏡板轡や剣菱形杏葉など日本列島で定型化した馬具の出現以後の製作とみられる［桃崎 2011］。
（6） 第1章でも述べたように、筆者が実見した全周巻き技法の資料には別材を巻いたものはなく、い

　　　　第Ⅳ部　日本列島における騎馬文化の受容と展開

　　　ずれも環部を成形するために折り返した鉄棒をそのまま巻きつけていた。
（7）ただし、1本の鉄棒を捩ることで5単位や3単位の條線がつくりだせるのかどうかについては今
　　　後の課題として残される。
（8）張允禎もすでに同様の検討をおこなっているが［張允禎 2008］、捩り技法を細分せずに一括して
　　　扱っており、分類に問題がある。
（9）千賀久もb2類の立聞部の形態が鏡板轡の立聞と通じるとし、b1類より新しく位置づけた［千賀
　　　1988］。日本列島においては結果的に今なお妥当な見解であるが、朝鮮半島南部において鏡板轡
　　　A類出現以前に編年される釜山福泉洞38号墳の鉄製鑣轡に、すでに2孔式のb2類立聞用金具が
　　　認められ、鏡板轡の立聞との類似を根拠にb1類とb2類の前後関係を設定することはできない。
（10）銜と引手形態が左右で異なる大阪府小倉東E1号墳例（図105：4）や、左右で引手内環の製作技
　　　法が異なる愛媛県桧山峠7号墳例、左右の引手長が顕著に異なる長野県上池ノ平5号墳例、片方
　　　の銜外環のみ部分巻き技法が採用されている愛媛県溝部1号墳例なども補修の可能性がある。
（11）津屋崎10号墳や勝浦12号墳とも呼ばれるが、本書では最も新しい［津屋崎町教育委員会 1996：
　　　9-10］の呼称にしたがう。
（12）飯綱山10号墳でも内彎楕円形の鏡板轡B類と有機物製鑣轡が共伴しているようである［斎藤秀
　　　1932：図版第二十二（三）］。
（13）唯一、伝・誉田丸山古墳の鋲留短甲片にその可能性が指摘されるのみである［田中晋 2001：142］。
（14）伝・誉田丸山古墳出土の（内彎）楕円形の鏡板B類はその有力な候補となりうるが、共伴する一
　　　体型の1條線引手a3類と組み合うのであれば、最初期の鏡板轡B類とは考えにくい。
（15）中村潤子は初期馬具とf字形鏡板轡出現以降の馬具との間に空白期間を想定しているが［中村
　　　1985・2005bなど］、鑣轡の連続性をみる限り、そのような見方は到底成りたちがたい。
（16）朝鮮半島南部で環板轡B類は、逆T字形銜留→逆Y字形銜留→人字形銜留の順に出現したと考
　　　えられている［柳昌煥 2000a］。なお七観例は環体中央付近に1対の孔があいており、本来は逆T
　　　字形銜留を製作する予定であったのが何らかの理由で逆Y字形銜留に設計変更されたか、補修
　　　時に逆Y字形銜留に改変された可能性がある。
（17）2條線引手b2類自体は三燕で4世紀中葉に出現し、朝鮮半島南部においても鏡板轡A類出現当
　　　初から認められる。ただしそれらはいずれもU字状の鉄棒に横棒を挿入するもので、外環部分
　　　をスコップ柄形につくる行者塚2号轡のような2條線引手b2類は、高句麗の集安七星山96号墓
　　　例に認められ、4世紀後葉〜末頃に出現したものと考えられる。
（18）より具体的に年代を与えるなら、踏込鐙出現前後の様相を示すTK73型式期の馬具は、踏込部
　　　をもたない鐙の下限が現状では集安太王陵（412年没？）や北票馮素弗墓（415年没）から410年代
　　　に求められることから、410〜420年代を中心にその前後として理解できる。またTK208型式期
　　　の馬具に含まれるf字形鏡板轡は、朝鮮半島南部においては慶州皇南大塚南墳（458年没）と併行
　　　する古墳からは出土していないことから、TK216型式期とTK208型式期の馬具の境界を450年
　　　代以降に求めることができる。中期前葉の馬具については4世紀後葉を上限としつつも、TK73
　　　型式期の馬具との関係から末に近い年代、すなわち390年代を中心にその前後の幅として捉える
　　　ことができる。なおこのような年代観は、古墳に副葬された年代を上限や下限として推定してい
　　　るため、馬具自体の製作年代は若干遡及する可能性を含んでいる。
（19）ただし同様の轡は、百済の影響を受けた大加耶などでも製作されたと考えられ、直接的な系譜を
　　　百済に限定できるわけではない。

遺跡出典　（表に挙げた資料のみ。都道府県ごとに五十音順。）
［福　岡］
池の上6号墳：甘木市教育委員会 1979
稲童21号墳：行橋市教育委員会 2005
勝浦井ノ浦古墳：福岡県教育委員会 1977

カクチガ浦3号墳：那珂川町教育委員会 1990
瑞王寺古墳：筑後市教育委員会 1984、諫早 2006b
月岡古墳：吉井町教育委員会 2005
向田Ⅲ-2号墳：穂波町教育委員会 1993
［熊 本］
上生上ノ原3号石棺：熊本県立装飾古墳館 2003
八反原古墳群：桃崎 2007
［宮 崎］
久見迫B地区：えびの市教育委員会 1996
下北方5号地下式横穴墓：宮崎市教育委員会 1977
六野原10号地下式横穴墓：宮崎県 1936、宮代 1995
伝・六野原古墳群：諫早ほか 2010
山崎下ノ原第1遺跡：宮崎県埋蔵文化財センター 2003
［岡 山］
一貫西3号墳：津山市教育委員会 1990
随庵古墳：総社市教育委員会 1965
寺山7号墳：岡山県古代吉備文化財センター 1997
長畝山北3号墳：津山市教育委員会 1992
［愛 媛］
唐子台№80地点：正岡 2000
桧山峠7号墳：松山市教育委員会 1997
溝部1号墳：愛媛県教育委員会 1979
［香 川］
岡の御堂1号墳：綾南町教育委員会 1977
［兵 庫］
池尻2号墳：加古川市教育委員会 1965、置田 1996
行者塚古墳：加古川市教育委員会 1997
三昧山1号墳：龍野市教育委員会 1998
宮山古墳：姫路市文化財保護協会 1970・1973
向山11号墳：兵庫県教育委員会 1999
［大 阪］
小倉東E1号墳：枚方市文化財調査研究会 2006、諫早 2006a
狐塚古墳：柳本 2005b
鞍塚古墳：末永 1991
誉田丸山古墳：千賀 1982、吉田珠 1994
七観古墳：樋口ほか 1961、京都大学総合博物館 1997
蔀屋北遺跡：大阪府教育委員会 2010
［奈 良］
後出3号墳：奈良県立橿原考古学研究所 2003
南山4号墳：阪口俊 1984
［滋 賀］
新開1号墳：滋賀県教育委員会 1961
［長 野］
上池ノ平5号墳：長野市教育委員会 1988
高岡4号墳：飯田市教育委員会 1990、内山ほか 1997
坪ノ内古墳群：桐原 1980

鳥羽山洞窟：関ほか 2000
林畔 1 号墳：小野ほか 1982
物見塚古墳：飯田市教育委員会 1992、内山ほか 1997
［山 梨］
甲斐茶塚古墳：山梨県教育委員会 1979
［静 岡］
西宮 1 号墳：鈴木 2004
［東 京］
喜多見中通南遺跡：世田谷区教育委員会 2000
［群 馬］
西大山 1 号墳：甘楽町教育委員会 1996
剣崎長瀞西遺跡：専修大学文学部考古学研究室 2003、松尾 2003
［栃 木］
磯岡北 2 号墳：栃木県教育委員会ほか 2006
十三塚遺跡：栃木県教育委員会 1991
［宮 城］
吉ノ内 1 号墳：角田市教育委員会 1992
［北 海 道］
大川遺跡：余市町教育委員会 2000、日高 2003

第13章　日本最古の鉄製輪鐙
―東アジアにおける鉄製輪鐙の出現―

1．問題の所在

　乗馬の起源についてはまだ結論が出ていないものの、鐙の出現がそれより遥かに遅れたことは確実であろう。鐙の出現した時期や場所についても諸説ある[1]、今日も広く使われている金属製の鐙の祖形は、「永寧二年（302）」銘磚を出土した湖南省長沙金盆嶺21号墓［湖南省考古博物館 1959］から出土した騎人俑にみられる輪鐙表現を根拠に、3世紀後半頃に騎乗の苦手な漢人によって発明されたとする説が最も有力である［樋口 1972］。事実、初期の実物資料の分布は、現在のところ東アジアに局限される。

　東アジアのどこかで出現したと考えられる鐙がその後、騎馬遊牧民を介して遅くとも7世紀にはヨーロッパにまで伝わったことは、ユーラシア各地から出土する初期の鐙が同時期の東アジアのものとよく似ていることを通じて容易に理解される［Ambroz 1973 など］。ヨーロッパ中世史においては、鐙のもたらした軍事技術の革新が封建社会の引き金となったとする説があるほど、その出現は高く評価されている［White 1962］。

　ところで東アジアにおいては、鐙が発明されてからしばらくの間、様々な素材を用いて多様な形態の鐙が製作されたのに対し、東アジアより西側では基本的に鉄製輪鐙をはじめとする金属製輪鐙のみが確認される[2]。これは、東アジアでつくられた様々な鐙のうち、鉄製輪鐙のみが西方へ伝わったことを物語っている。すなわち、東アジアにおける鉄製輪鐙の出現過程を追究することは、鐙の起源を探ることに勝るとも劣らぬ重要な問題といってよい。本章で紹介する3例は、日本列島と朝鮮半島南部において最も初期の鉄製輪鐙と考えられる資料である。本章ではそれらの資料を手掛かりに、東アジアにおける鉄製輪鐙の出現について考えてみたい。

2．研　究　史

　鐙は、小林行雄が木心鉄板張輪鐙（以下、木心輪鐙）と鉄製輪鐙の性格差や前後関係を論じて以来［小林行 1951］、日韓両国において比較的研究の蓄積されている馬具の一つである。しかし、その関心は木心輪鐙に集中し、鉄製輪鐙に正面から取り組んだ研究は極めて少ない。韓国においては裵基同が型式分類をおこなって以来［裵基同 1975］、張允禎や柳昌煥らによって研究が進められてきたのに対し［張允禎 2001・2008、柳昌煥 2007b］、日本においては佐藤敬美が裵基同の分類案を参考に、日本列島と朝鮮半島から出土した鉄製輪鐙の分布や出土時期、形態について検討をおこなった程度である［佐藤敬 1983］。次節で紹介する日本列島の2例は、いずれも佐藤の論考が発表された後に紹介されたため、佐藤が列島最古と位置づけた熊本県江田船山古墳例（図109：1）よ

り古い、日本列島における初期の鉄製輪鐙として注目されてきたものの［千賀 1988：38、張允禎 2008：35、桃崎 2008b：293 など］、十分な位置づけはなされていない。すなわち、これらの年代がどこまで遡り、どのような系譜をもち、そして鉄製輪鐙の変遷の中でどのように位置づけられるのかについては、実のところほとんど明らかとなっていないのである。韓国においても最近、柳昌煥によって朝鮮半島南部の鉄製輪鐙が集成され、その出現から消滅までが整理されたものの［柳昌煥 2007b］、次節で紹介する清州新鳳洞 92-83 号墳例はなぜか俎上に載せられなかった。

　本章ではまずこれらの資料の形態的特徴を示した上で、その年代について検討し、それらが日本列島と朝鮮半島南部における初現期の資料であることを確認する。最後に視野を西へ広げ、東アジアにおける鉄製輪鐙の出現過程について若干の考察を試みたい。

3. 資料の紹介

（1）福岡県 久原 I-1 号墳　（図108：1）

　福岡県宗像市に所在する久原 I-1 号墳は、竪穴式石槨を埋葬施設とする直径約 17m の円墳である。鉄製輪鐙と考えられる破片が、石槨外の天井石付近から鉄斧、鉄鏃、鉇とともに出土している［宗像市教育委員会 1988］。

　4 点の破片は接合しないものの、各片の形態的特徴から本来一つの鉄製輪鐙を構成していたと考えられる。柄部の平面形態は、直線的ないわゆる「I 字形柄部」［柳昌煥 2007b］で、残存長 6.8cm、最大幅 2.8cm をはかる。柄頭部は欠損しており、柄部上方に方形の懸垂孔の痕跡が認められる。側面幅は柄部 0.5cm、踏込部 1.5cm で、輪上部から踏込部に向かってゆるやかに広がっていく。踏込部外側面には 2 枚の鉄板を合わせて鍛接した痕跡がわずかに認められる。また、輪部の内側面上方に切り込みのような痕跡が認められることから、1 枚の長方形鉄板の中心に鏨などで切り込みを入れた後、二股にわかれた鉄板の厚みを調整し、最後に両端を重ねて鍛接して輪部を成形したと考えられる。ただし鍛接した部分の破片が、踏込部中央よりは側面付近にあたると考えられるため、単純に二股にわけた鉄板をそのまま鍛接したのではなく、騎乗の際に踏込部にかかる圧力が直接、接合部分にかからないように、意図的に踏込部の中心からずらして鍛接した可能性もある。

（2）長野県 飯綱社古墳　（図108：2）

　長野県長野市に所在する飯綱社古墳は一辺 16m の方墳で、1876 年に名称の由来ともなった飯綱社が設置された際に大量の遺物が出土した。馬具は 1 点の鉄製輪鐙の他に、木心鉄板張輪鐙片（図108：3）、鞍金具、鉸具類、蛇行状鉄器が出土している［桐原ほか 1984］。

　鉄製輪鐙はほぼ完形で、全長 17.5cm をはかる。柄部は I 字形で長さ 8.0cm、最大幅 3.3cm をはかる。柄頭部は丸く、上部に隅丸方形の懸垂孔を設けている。輪部は横楕円形で高さ 9.5cm、最大幅 14.5cm である。側面幅は柄部 0.6cm、踏込部 2.2cm で、輪上部から踏込部に向かってゆるやかに広がっていく。踏込部には鉄板を合わせて鍛接した痕跡が認められ、1 枚の長方形鉄板の中心に鏨などで切り込みを入れた後、二股にわかれた鉄板の厚みを調整し、最後に両端を重ねて

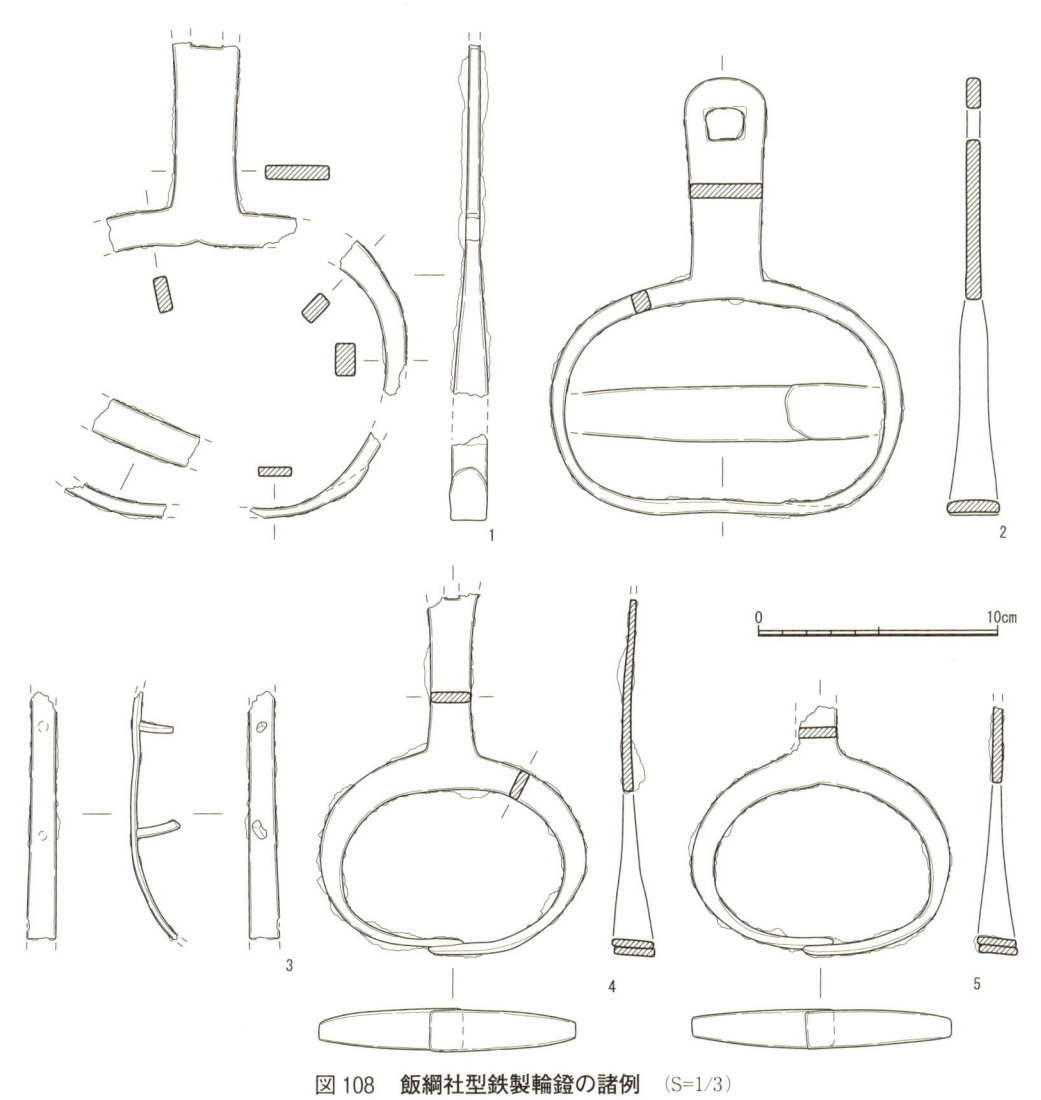

第 13 章　日本最古の鉄製輪鐙 —東アジアにおける鉄製輪鐙の出現—

図 108　飯綱社型鉄製輪鐙の諸例　(S=1/3)
1：久原 I-1 号墳　2・3：飯綱社古墳　4・5：新鳳洞 92-83 号墳　*3 は木心鉄板張輪鐙

鍛接して輪部を成形したと考えられる。久原例同様、接合部分は踏込部の中心からずれている。

(3) 清州 新鳳洞 92-83 号墳　（図108：4・5）

　新鳳洞 92-83 号墳は忠清北道清州市に所在する百済の木槨墓で、馬具以外に直口短頸壺やガラス小玉、大刀、胡籙金具、釘、鎹などが出土した［忠北大学校博物館 1995］。馬具は 2 点の鉄製輪鐙の他に鉄製楕円形鏡板轡や環状雲珠などが出土し、鐙と轡に関しては以前に筆者らが再報告をおこなっている［成正鏞ほか 2006］。

　2 点の鉄製輪鐙はほぼ同形同大である。おおむね完形の図108：4 で残存長 14.4 cm をはかる。柄部は I 字形で残存長 6.4 cm、最大幅 2.0 cm をはかる。柄部上方に方形の懸垂孔の痕跡が認められる。柄頭部の形態は不明である。輪部は横楕円形で高さ 8.0 cm、最大幅 10.9 cm である。側面幅は柄部 0.3 cm、踏込部 1.7 cm で、輪上部から踏込部に向かってゆるやかに広がっていく。いずれも

261

二股にわかれた鉄板の両端を踏込部中央で重ねて鍛接した様子が確認される。また図108：5を みると輪部の内側面上方に切り込みのような痕跡も認められ、1枚の長方形鉄板の中心に鏨など で切り込みを入れた後、二股にわかれた鉄板の厚みを調整し、最後に両端を重ねて鍛接して輪部 を成形したと考えられる。なお権度希はこの鐙について、踏込部の内幅が9cmほどしかないこと から、足の小さい子供用と考えている［権度希 2006b：352］。

4．飯綱社型鉄製輪鐙の設定

　ここからはまず、共伴遺物などをもとにこれらの年代について検討してみよう。なお、当該期 の日本列島および朝鮮半島南部出土馬具に対する暦年代観や併行関係については、これまでに詳 細に論じてきたので、ここでは説明を省略する。
　まずは久原 I-1 号墳についてみてみよう。千賀久はこの古墳の時期を4世紀後半〜5世紀初 頭としているが、その根拠は示していない［千賀 1988：38］。正式報告が出ておらず全容は不明 であるものの、共伴する鉄鏃の形態は桃崎祐輔も指摘するように長頸鏃成立期の特徴をもってお り［桃崎 2008b］、鈴木一有編年［鈴木 2003］のⅢ期（TK216〜ON46型式期）、すなわち5世紀中 葉頃に位置づけられよう。
　次に飯綱社古墳についてみてみよう。この古墳を最初に紹介した桐原健と松尾昌彦は、共伴す る鏡と玉類の検討からその年代を古墳時代中期末と考えた［桐原ほか 1984：298］。その後、鉄鏃 を再検討した風間栄一は、TK73型式期を上限、ON46〜TK208型式期を下限とする年代観を与 えた［風間 2003：85］。短頸鏃の頸部長頸化は鈴木編年Ⅱb期（TK73型式期）に起き、Ⅲ期まで その副葬が確認されることから［鈴木 2003：60］、おおよそ5世紀前半代として大過なかろう。
　最後に新鳳洞92-83号墳についてみてみよう。金成南は土器の検討から同墳出土土器をみずか らの編年の新鳳洞Ⅲ期前半に位置づけた［金成南 2001］。金は新鳳洞古墳群の造営年代を4世紀 後葉〜5世紀中葉とみる成正鏞や朴淳發の見解を参考に［成正鏞 1998、朴淳發 2003］、新鳳洞Ⅲ 期前半の年代を5世紀中葉とみている［金成南 2001：157］。この他に権度希は、鉄製輪鐙をみず からの編年のⅢ期に位置づけ、共伴する中国陶磁の年代観をもとに5世紀中葉〜後葉の年代を 与えた［権度希 2006b］。新鳳洞92-83号墳から出土した楕円形鏡板轡の銜外環に取り付けられた 固定式遊環は、百済の公州水村里Ⅱ-4号墳出土楕円形鏡板轡や、大加耶の高霊池山洞32号墳出 土鉄製鑣轡に確認され、筆者の馬具編年の三国時代Ⅲ段階後半、すなわち5世紀中葉を上限とし、 百済の王都漢城が陥落した475年頃を下限とする幅の中に位置づけることが可能であろう。
　以上の検討から、これらは5世紀前葉から中葉を中心とする比較的短い期間に副葬されている ことが明らかとなった。前章でみたようにこれらはⅠ字形の柄部と幅広の踏込部という形態的特 徴と、1枚の長方形鉄板を中ほどまで裁断した逆Y字状の部材をもとに柄部と輪部を成形し、最 後に輪部の両端を重ねて鍛接するという製作技法を共有する。よって、地理的に大きな隔たりが あるものの、時期的なまとまりを考慮すれば、3者を同じ技術系譜をひく鉄製輪鐙群として理解 することは十分可能であろう。そこで最も遺存状態の良い飯綱社例を基準に、これらを便宜的に 飯綱社型鉄製輪鐙と呼びたい。日本列島はもちろん、朝鮮半島南部においても5世紀中葉以前に

まで遡りうる鉄製輪鐙は他にはなく[3]、両地域における初現期の鉄製輪鐙型式と評価することが可能である。

ところで、この時期の日本列島や朝鮮半島南部における主たる鐙形式は、いうまでもなく木心輪鐙である。この木心輪鐙には柄部が太く短くて柄頭部の丸い短柄鐙と、柄部が細長く柄頭部の角ばった長柄鐙があり、両地域においては前者が相対的に古く、後者が相対的に新しい古墳から出土することがわかっている［小野山 1966、申敬澈 1985］。ここで注目されるのは、飯綱社型鉄製輪鐙の中でも副葬年代の若干古い飯綱社例や久原例が短柄の木心輪鐙と、そして副葬年代の若干新しい新鳳洞例が長柄の木心輪鐙とそれぞれ柄部形態が類似する点である。木心輪鐙の柄部が短柄から長柄へと移行する時期は、おおむね5世紀前葉から中葉にかけてと考えられ、このような同時期の木心輪鐙の製作動向が、飯綱社型鉄製輪鐙の製作にも影響を与えている可能性が高い。

ところで古墳時代・三国時代の鉄製輪鐙の柄部は、中間的な形態も存在するものの、基本的には直線的な柄部の「Ｉ字形」と懸垂孔部分を大きくつくる「Ｔ字形」に大別される［柳昌煥 2007b］。Ｉ字形柄部は、1本の木を「たも」状に折り曲げ、その両端を合わせて柄部とする木心輪鐙の柄部と平面形態が共通する。素材や構造に由来するのか、木心輪鐙の柄部はすべからくＩ字形の柄部をもつ。それに対しＴ字形柄部は、鉄素材の堅牢性を活かして軽量化を図ったものと考えられ［柳昌煥 2007b：296］、鉄製輪鐙にのみ認められる柄部形態である。騎乗の際の安定性を高めたと考えられる2条や3条にわかれた踏込部や格子状の踏込部も、木心輪鐙では基本的になしえない形態であり[4]、同様の観点から理解することが可能である。

このようにみていくと、鍛造品と鋳造品の両方を含み、バラエティに富んだ鉄製輪鐙を、Ｉ字形柄部に1条の踏込部をもつ木心輪鐙系と、Ｔ字形柄部や2・3条の踏込部などをもつ非木心輪鐙系に二分することができる。前者は木心輪鐙にとっては必然的な形態であっても鉄製輪鐙にとっては必ずしもそうではないこと、そして後者は基本的には鉄製であるがゆえに製作可能な形態であることから、型式学的には前者を相対的に古く、後者を相対的に新しく位置づけることができる。現状では、非木心輪鐙系の出現が朝鮮半島南部では5世紀後葉以降、日本列島ではそれより若干遅れることから、一定の併存期間をもちつつも木心輪鐙系から非木心輪鐙系へと変遷していったものと考えられる。

ところで、柳昌煥は朝鮮半島南部の鉄製輪鐙について、「以前から製作・使用されてきた木心鐙の形態と属性、製作技術を基盤に開発・製作された」と木心輪鐙から木心輪鐙系鉄製輪鐙、そして非木心輪鐙系鉄製輪鐙へという変化を朝鮮半島南部の中で単線的に理解した［柳昌煥 2007b：301］。次節ではそのような理解が妥当なものかどうかを検証するために、周辺地域から出土する初期の鉄製輪鐙についてみてみよう。

5．東アジアにおける鉄製輪鐙の登場とその意義

現時点で最も古い金属製輪鐙は、安陽孝民屯 154 号墓から出土した1点の金銅製輪鐙（図109：7）である［中国社会科学院考古研究所安陽工作隊 1983］。河南省に位置する同墓は、第2章で述べたように前燕が冉魏の首都であった鄴城を陥落させた352年、ないし鄴城に遷都した357年以降に

つくられた前燕墓と考えられており、370年の前燕滅亡を下限とする［穴沢 1990a、田立坤 1991］。同じく前燕墓と考えられる遼寧省朝陽十二台郷磚廠88M1号墓（図109：8）からも1対の金銅製輪鐙が出土している［遼寧省文物考古研究所ほか 1997b］。どちらも断面形こそ異なるものの、長柄のI字形柄部と、柄部と側面幅の等しい1条の踏込部は木心輪鐙と共通する。これらは鋳造製と報告されているが、穴沢咊光によれば孝民屯例に関しては厚い銅板を打ち抜き、上から鍍金しているとのことである［穴沢 2000：95］。いずれにせよ飯綱社型鉄製輪鐙とは材質に加えて製作技法にも大きな差異があるといえる。なお孫守道によれば、北燕代から北魏代に比定される遼寧省喀左県草場於杖子窖蔵から長柄のT字形柄部をもつ鋳鉄製輪鐙が出土しているようであるが、詳細は不明である。

　隣接する高句麗においては吉林省集安国内城冷飲石西院遺址［薫峰 1993］や遼寧省撫順高爾山城［撫順市文化局文物工作隊 1964］、京畿道九里峨嵯山第4堡塁［서울大学校博物館 2000］など主に山城遺跡から鉄製輪鐙が出土している。現状で高句麗最古に位置づけられる確実な鉄製輪鐙は漢江下流域の峨嵯山例（図109：6）で、第4堡塁の年代は高句麗がこの一帯を支配した475年頃から551年頃の間に収まり、土器の特徴から6世紀前半を中心とすると考えられる［崔鍾澤 2006］。しかし峨嵯山例は鍛造製ではなく鋳造製とのことであり、懸垂孔も側面方向にあるなど5世紀代の日本列島や朝鮮半島南部の鉄製輪鐙とは差異が大きい。なお、朱栄憲によれば集安下解放大隊遺跡からも長柄のI字形柄部と2条の踏込部をもつ鉄製輪鐙（図109：9）が出土しているようであるが［朱栄憲 1966］、詳細は不明である。

　中原には当該期の実物資料がほとんどないが、北魏には若干の出土例がある。中でも、ササン朝ペルシアのペーローズ1世（在位457〜484年）B式銀貨が出土し、棺に描かれた人物の服飾などの検討から太和10年（486）頃の築造と考えられている寧夏回族自治区固原北魏墓から出土した1対の鉄製輪鐙（図109：10）は、T字形の柄部と幅広の1条の踏込部をもつ［固原県文物工作隊 1984、寧夏固原博物館 1988］。この他にも被葬者が太和8年（484）に死亡したことが明らかな山西省大同司馬金龍墓からも1点の鉄製輪鐙が出土している［山西省大同市博物館ほか 1972］。2010年に大同市博物館で実見し、固原北魏墓例と同じくT字形の柄部と幅広の1条の踏込部をもつことを確認した。

　シベリア南部のアルタイ地域でも、極東型などとよばれる鉄製輪鐙がいくつか報告されている（図109：11・12）。それらを集成した姜仁旭によれば、いずれも鍛造製で、I字形柄部と断面T字形の踏込部をもつ。姜はこれらについて、5世紀後半〜6世紀中頃の墳墓や祭祀遺構から出土したとするが［姜仁旭 2006：178］、7〜8世紀にまで下げてみる見解もあり［Ambroz 1973］、注意が必要である。太く短いI字形柄部や丸い柄頭部は短柄の木心輪鐙と類似するが、アルタイ地域では木心輪鐙はみつかっておらず、今後も出土する可能性が乏しいことを考慮すれば、その出現契機や同時期の東アジアの鉄製輪鐙との関係については今後の課題といえる[5]。

　以上、5世紀代に遡る各地の鉄製輪鐙について概観した結果、飯綱社型鉄製輪鐙を遡る確実な資料は現状では存在しないことが明らかとなった。すなわち飯綱社型鉄製輪鐙は、現状における世界最古の鉄製輪鐙型式と評価することが可能である。木心輪鐙における短柄から長柄へという変遷が、現状では朝鮮半島南部と日本列島に限定して確認されることを考慮すれば、同じような

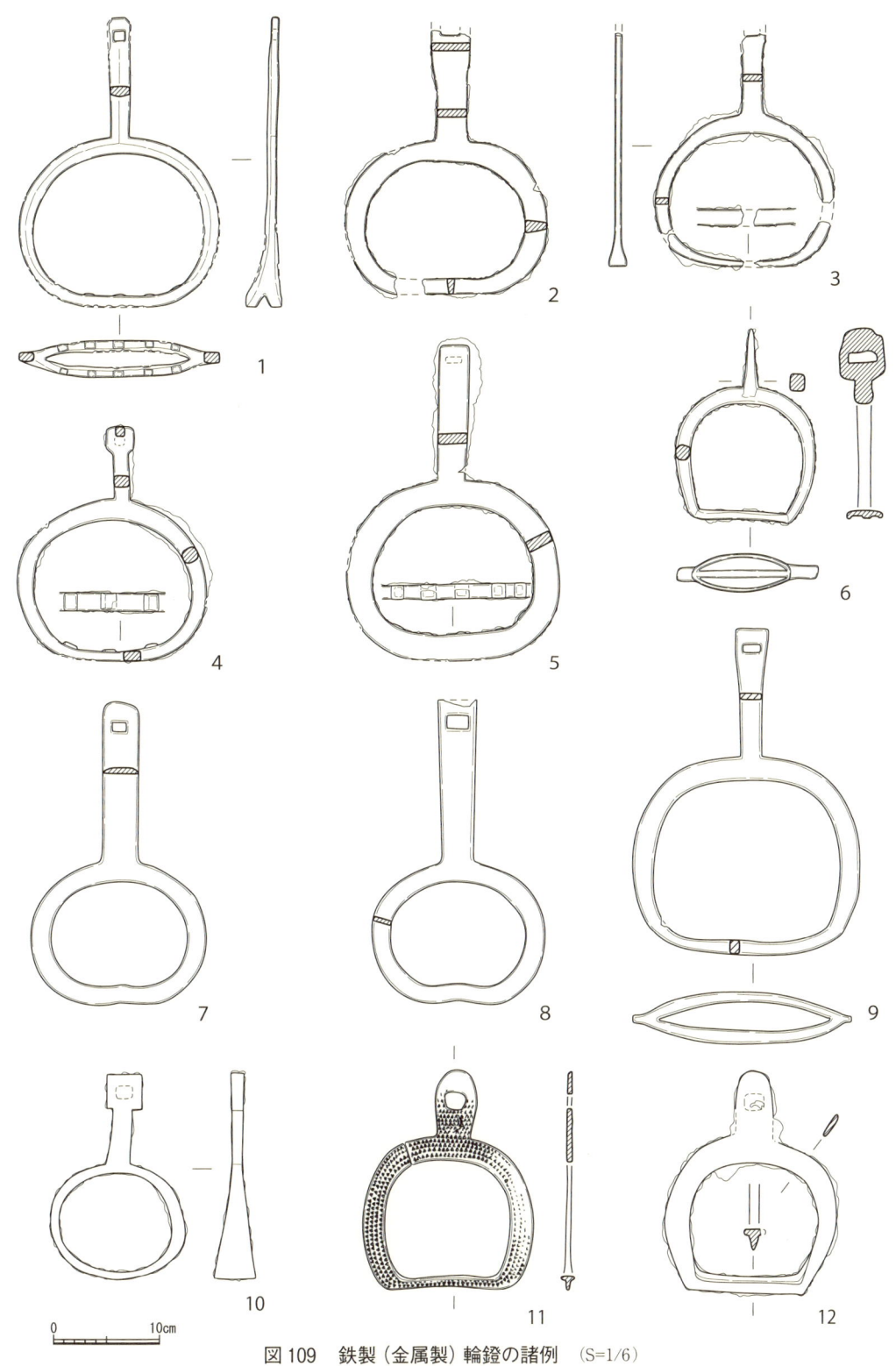

第 13 章 日本最古の鉄製輪鐙 —東アジアにおける鉄製輪鐙の出現—

図 109　鉄製（金属製）輪鐙の諸例　（S=1/6）
1：江田船山古墳　2：若木古墳　3：林堂 E1-2 号墳　4・5：玉田 M3 号墳　6：峨嵯山第 4 堡塁
7：孝民屯 154 号墓　8：十二台郷磚廠 88M1 号墓　9：下解放大隊　10：固原北魏墓
11 トゥーヴァ　ウルーグ＝ホルム 1 号墳　12：アルタイ　クドゥイルゲ 7 号墳

変遷が確認される飯綱社型鉄製輪鐙もこれらの地域で製作された蓋然性は高いだろう。とはいえ鉄製輪鐙自体が百済や倭で最初に考案されたとは考えにくい。前燕代にすでに木心輪鐙系の金銅製輪鐙が存在することをふまえれば、木心輪鐙系の鉄製輪鐙に関しても中国のどこかで出現し、百済や倭などの周辺地域に広がっていった可能性が高い。木心輪鐙が複数の素材を必要とし、製作工程も複雑であるのに比べて、鉄のみで丈夫につくることのできる鉄製輪鐙の出現は、鐙が世界中に普及・拡散していく契機となったと考えられ、そのインパクトは鐙の発明以上であったといっても過言ではない。

ところで飯綱社型鉄製輪鐙は、現状では百済と倭に若干例が分布するのみで、広く普及した形跡は見出しがたい。それよりは出現時期こそ遅れるものの、固原北魏墓例のようなＴ字形柄部をもつ鐙の方が、その後の鉄製輪鐙の展開を考える上で重要であろう。柄部が短小化するなど全体的な形態は大きく変化しつつも、Ｔ字形の柄部は唐代以降の鉄製輪鐙にも認められ[6]、中国より西側の地域で確認される初期の鉄製輪鐙の柄部も多くがＴ字形である［Ambroz 1973：84、Tanabe 1995：327、林俊 1996：96-97］。このような形態がどこで考案されたのかについてはもう少し資料の蓄積を待つ必要があるけれども、Ｔ字形柄部の鐙が後に騎馬遊牧民やソグド人を介して西方に拡散したことや、唐や遼に引き継がれていったことを考慮すれば、鮮卑拓跋部（拓跋鮮卑）の建てた北魏が少なくとも同型式の中心地の一つであった可能性は高い。であれば、朝鮮半島南部や日本列島から出土するＴ字形柄部の鉄製輪鐙も、柳昌煥の考えるように朝鮮半島南部で自生的に出現したのではなく、中国におけるその出現と連動するものであったのだろう。

6．結　語

飯綱社型鉄製輪鐙を糸口に東アジアにおける鉄製輪鐙の出現過程について検討をおこなった。5世紀代の鉄製輪鐙には木心輪鐙系と非木心輪鐙系が存在し、朝鮮半島南部や日本列島では一定の併行期間をもちつつも、前者から後者へという変遷が確認されること、そのような変化が外部（北魏？）からの影響によると考えられることを指摘した。図像資料を用いずあくまで実物資料にこだわって論を進めてきたが、資料数に地域的な偏差が大きく、憶測に憶測を重ねた部分も少なくない。また、本来であれば先行しておこなわれるべき鉄製輪鐙の体系的な分類案や編年案を提示するに至らなかった。論じ残した問題は今後の課題とし、本章をひとまず終えたい。

註
（１）鐙の出現時期や起源については世界各国の研究者が論じている。1990年代までの研究史に関しては林俊雄の整理が詳しい［林俊 1996：66-78］。
（２）銀製や（金）銅製などの輪鐙もあるが、形態や製作技術は鉄製輪鐙と大差ない。また、稀に骨製や木製などの有機物製輪鐙が出土する場合もあるが、それらは基本的に鉄製輪鐙の出現以後のものと考えられている［Ambroz 1973］。
（３）柳昌煥は朝鮮半島南部の鉄製輪鐙について、慶尚南道陜川玉田M3号墳例（図109：4・5）などから5世紀後葉に出現したとみているが［柳昌煥 2007b］、新鳳洞92-83号墳例以外にも、慶尚北道漆谷若木古墳第1槨例（図109：2）［李白圭ほか 1997］など新羅には5世紀中葉に遡る資料が散

見される。日本列島でも、5世紀中葉の奈良県大和4号墳から鉄製輪鐙とされる資料が出土しているが［宮内庁書陵部 1985］、X線写真が公開され、柄部と思われていた部分が錆膨れであることが明らかになったため［宮内庁書陵部陵墓課 2009］、今回は検討対象から除外した。

（4）第8章で述べたように慶尚北道慶州の天馬塚や仁旺洞19-J号墳から2条にわかれた踏込部をもつ全面鉄板張木心輪鐙が出土しており、鉄製輪鐙を模倣したものと考えられる（図72）。

（5）姜仁旭は遼寧省桓仁五女山城出土鐙を根拠に、4世紀末～5世紀初に高句麗で世界最古の「鉄製輪鐙」が出現し、アルタイ地域の鉄製輪鐙にも直接的な影響を与えていると考えている［姜仁旭 2006］。しかし第2章でも述べたように、姜が高句麗最古の鉄製輪鐙として挙げている資料は構造上、鉄製輪鐙ではなく木心壺鐙であり、その年代も6世紀代にまで下がると考えられる。

（6）日本列島のように独自の変遷をたどる地域もあるが、T字形柄部の退化・消失は時期差こそあれ、多くの地域で普遍的に認められる。中国の場合は遼代までT字形柄部をもつ鉄製輪鐙が継続する［白石典 1996］。

第14章　日本列島における騎馬文化の受容と展開

1．問題の所在

　本章では初期馬具に対する検討を通じて、日本列島における騎馬文化の受容・展開過程を明らかにしていく。具体的な手順は以下のとおりである。
　まず、第12章で設定した段階ごとに主要な馬具セットの系譜を追究し、それらとともにもたらされたであろう馬匹の供給元を推測する。もちろん馬に乗るための道具に過ぎない馬具の系譜が、馬や馬飼集団の動きと必ずしも一致するとは限らない。しかしながら、馬歯や馬骨といったウマ遺存体から馬の故地やその渡来時期を細かく把握することが困難な現状においては、初期馬具の系譜をもとにそれを装着したであろう馬の故地を推測していくというのが最善の方法であろうと考えられる。
　初期馬具の系譜については、第12章でも接近を試みたが、轡という馬装を構成する一具に対する限定的な分析に過ぎなかった。大加耶で系譜の異なる馬具を組み合わせて一つの馬装とする事例が確認されたことをふまえれば（本書、第9章参照）、轡のみの簡素な馬装であればともかく、鞍、鐙、杏葉などの各種馬具が共伴している場合には、一つの馬装を構成するセットとして総合的に評価していく必要があろう。各種馬具の個々の系譜に対する検討結果を総合し、セットの由来を明らかにしていくことで、馬具の系譜から馬や馬飼集団の故地を探る方法論を模索したい。
　次にその成果をもとに、倭における馬具生産の開始時期について検討をおこなう。古墳時代馬具の変遷の大綱を確立した小野山節が、初期馬具段階、すなわち本書の日本列島Ⅰ～Ⅲ段階を「もっぱら外国製の馬具が使用された時期」と論じて以来［小野山 1959：92］、一部のイレギュラーな資料は別として、本格的な馬具生産の開始時期については、f字形鏡板轡と剣菱形杏葉を含む装飾馬具セットの成立する本書の日本列島Ⅳ段階以降とみる見解が一般的である［千賀 1988、小野山 1990など］。たしかに初期馬具が日本列島で製作されたとしても、それ以後の馬具生産とはまったく規模・性格の異なるものであったことは想像に難くない。
　ただその一方で、古墳時代中期における牧の議論が活発化している現状を鑑みれば［野島 2008、桃崎 1993・2009、千賀 2001など］、岡安光彦も指摘するように鑣轡などの実用的な馬具の生産開始まで、定型化した装飾馬具の出現以降に下げてみる必要はないだろう［岡安 2004］。同時期の甲冑や各種金工品の製作技術との共通性を根拠に、金属装鞍などの初期の装飾馬具の一部も、日本列島内で製作されたとみる研究者も多い［北野 1963、塚本 1993a・b、橋本達 1995、鈴木勉ほか 1996、勝部ほか 1998、鈴木勉 2004など］。このような現状をふまえれば、初期馬具といえども移入（舶載）を前提とするのではなく、大陸の資料との比較を通じてその是非を問うていく必要があるだろう。元来、騎馬の風習がなかった倭において当該期に騎馬文化が瞬く間に定着・普及した背景を、初期馬具から明らかにすることが、本章の主たる目的である。

2. 初期馬具の系譜と馬匹の供給元

(1) 日本列島Ⅰ段階（表42）

この段階の馬具を出土した代表的な古墳は、兵庫県行者塚古墳である。後円部墳頂に設置された副葬品箱から3点の轡が出土している。まず1号轡（鉄製楕円形鏡板轡A類）については、3條捩り引手をもつことから、ひとまずその系譜を朝鮮半島南部に限定することが可能である。2号轡（鉄製長方形鏡板轡）にみられる柄部に捩りをもつ2條線引手b2類は、同時期の中西部（清州地域）に類例が認められる［柳昌煥 2004a］。長方形鏡板は立聞部をもたない特殊なものだが、金斗喆の指摘するように梯形の鏡板轡A類と関連する可能性が高い［金斗喆 2004：277］。梯形鏡板轡の類例は、洛東江下流域（金海、釜山地域）およびその西側の咸安地域と、中西部（清州・清原地域）や洛東江上流域の尚州地域に分布する（図110）。したがって2号轡は、鏡板・引手ともに類例の存在する中西部に系譜を求められる可能性が最も高い。3号轡（鑣轡）は3條捩り技法銜で引手をもたない。このような鑣轡は、同時期の洛東江下流域（金海大成洞39号墳例）と中西部（清州鳳鳴洞A-76、C-9号墳例）で確認されている。よって行者塚古墳から出土した3点の轡は、いずれも南東部の洛東江下流域周辺と、中西部にその系譜を求めてよい。

この他に、熊本県の上生上ノ原3号石棺墓や八反原2号墳からも、この段階に位置づけられる鑣轡が出土している。前者は行者塚1号轡と銜・引手が共通し、後者は行者塚3号轡とまったく同じ構造である。いずれも小型墳であり、墳長約100mの前方後円墳である行者塚古墳とは、古墳の規模に顕著な差が認められるが、馬具は同じ系譜をひくようである。

以上を総合すると、日本列島最古の馬具は、百済や金官加耶からもたらされた可能性が高い。八反原2号墳例は馬歯を伴っており、馬具に伴って馬匹もおそらくはこれらの地域からもたらされたのであろう。上生上ノ原3号石棺墓や八反原2号墳が所在する熊本県菊池川流域からはこれ以降も連綿と馬具の出土が確認されており、付近に後の肥後国二重馬牧（国牧）の比定地があることなどから、「渡来系民よる組織的な馬匹繁殖」が推定されているが［桃崎 2009：169］、両例はその嚆矢といえる。

この段階の馬具の系譜が、『日本書紀』応神紀15年条の「百済王遣阿直岐貢良馬二匹 即養於軽坂上厩 因以阿直岐令掌飼」という内容とよく符合することは、馬や馬飼集団の渡来背景を考える上で示唆的である。もちろんこの段階のすべての馬や馬具が、記事の示すように王権間の関係の中でもたらされたというつもりはないが、朝鮮半島南部における4世紀代の馬具の分布が非常に限定的であったことを想起すれば、王権間の紐帯関係を前提としなければ、それらの安定した移動は考えにくい。『日本書紀』の記述や石上神宮に伝わる七支刀の銘文から、百済は4世紀後葉の近肖古王代（在位346～375年）に、加耶諸国の一つである卓

表42　日本列島Ⅰ段階の馬具

地名	古墳名	銜留	銜	引手	遊環	その他の馬具
熊本	上生上ノ原3号石棺墓	鑣	3條捩り	3條捩り	×	—
熊本	八反原2号墳	鑣	多條捩り	—	—	—
兵庫	行者塚古墳（1号轡）	鏡板A（楕円）	3條捩り	3條捩り	×	—
兵庫	行者塚古墳（2号轡）	鏡板（長方）	3條捩り	2條線b2類（捩）	×	—
兵庫	行者塚古墳（3号轡）	鑣	3條捩り	—	—	—

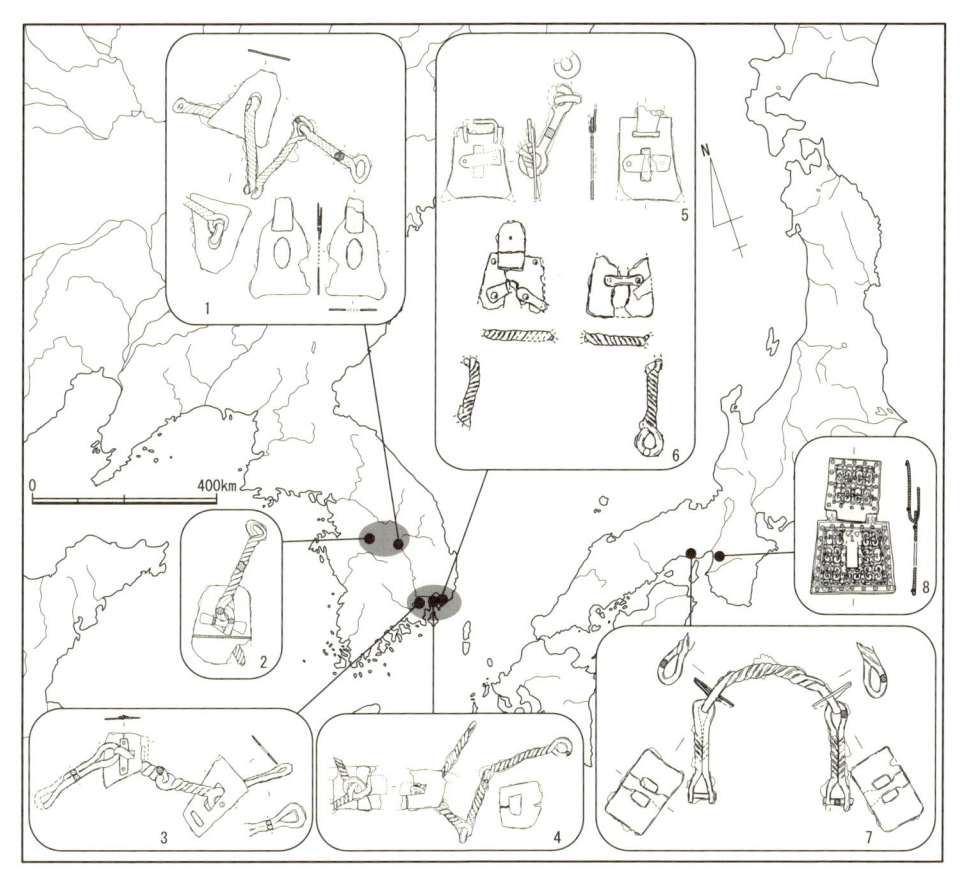

図110 梯形（長方形）鏡板轡A類の類例 （S=1/8）
1：尚州 城洞里107号土壙墓　2：清原 松垈里13号墳　3：咸安 道項里〈文〉3号墳　4：金海 良洞里196号墳
5：釜山 福泉洞54号墳　6：釜山 福泉洞95号墳　7：兵庫 行者塚古墳（2号轡）　8：伝・大阪 誉田丸山古墳

淳国（現在の昌原・馬山付近と推定）を介して倭との通交を開始したとされる［吉田晶 2001］。そのような国際環境の変化を背景として、馬匹の輸入も開始したのであろう。

（2）日本列島Ⅱ段階（表43）

この段階の馬具を出土した代表的な古墳は、大阪府の七観古墳西槨と鞍塚古墳である。

表43　日本列島Ⅱ段階の馬具

地名	古墳名	銜留	銜	引手	遊環	鐙	その他の馬具
福岡	池の上6号墳①	鑣（b1）	3條捩り	―	―	―	鞍金具、鉸具
福岡	池の上6号墳②	鑣（b1）	3條捩り	―	―	―	―
熊本	八反原3号墳	鑣	1條捩り	1條線a1類	×	―	―
兵庫	宮山古墳第3主体部	鑣（b1）	1條捩り？	1條線a2類	×	―	―
兵庫	向山11号墳第2主体部	環板（一字）	1條捩り	1條線a1類	×	―	―
大阪	小倉東E1号墳周溝	鑣（b1?）	2條捩り/1條捩り	2條線a類/1條線a2類	×	―	―
大阪	鞍塚古墳	鏡板A（楕円）	3條捩り	2條線a類	×	ⅠA₁（無鋲）/ⅠA₄（有鋲）	鉄装鞍、環状雲珠、鉸具
大阪	七観古墳西槨	環板B（逆T字）	無捩り	1條線a1類*	×	ⅠA₁（無鋲）	鞍金具、環状雲珠、鉸具
奈良	南山4号墳	鑣（b1）	3條捩り	2條線a類	×	―	―
岐阜	中八幡古墳	―	―	―	―	ⅠA₄（無鋲）？	鉄装鞍、鉄環、鉸具
長野	物見塚古墳周溝	鑣（b1）	1條捩り	2條線a類	×	―	―
長野	新井原2号墳周溝	―	―	―	―	ⅠA₄（無鋲）	鉄製鞍覆輪

［凡例］＊：方円結合金具

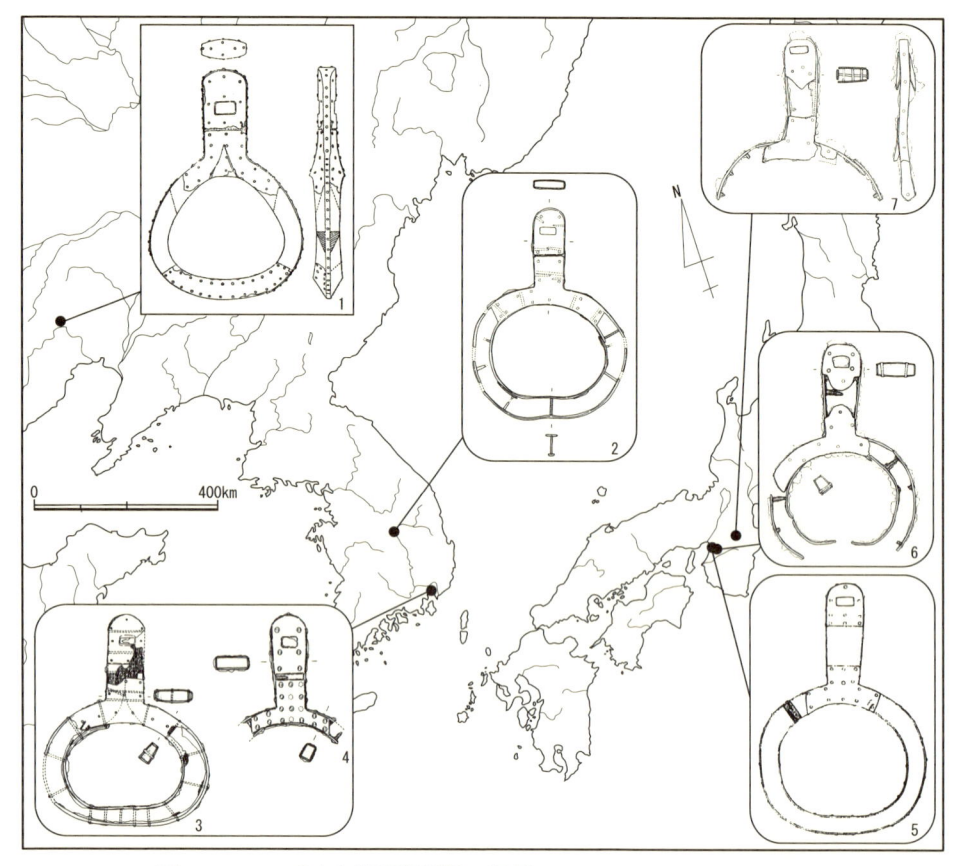

図111　IA₁式木心鉄板張輪鐙の類例　(S=1/8)　＊1は木心金銅板張
1：北票 馮素弗墓　2：尚州 新興里ナ-39号土壙墓　3：金海 良洞里429号墳　4：金海 大成洞1号墳
5：大阪 七観古墳　6：大阪 鞍塚古墳　7：奈良 ウワナベ5号墳

　七観古墳からは環板轡B類、木心鉄板張輪鐙、鞍金具、環状雲珠、鉸具などが出土している。このうち、1條線引手a1類をもつ環板轡B類は、南東部の中でも洛東江以東地方に系譜を求められる（本書、第12章参照）。IA₁式（無鋲）の木心鉄板張輪鐙（図111：5）については、洛東江下流域（金海大成洞1号墳、良洞里429号墳）と洛東江上流域（尚州新興里ナ-39号土壙墓）に類例がみられ（図111）、南東部に系譜を求められる。以上を総合すると七観古墳出土馬具の系譜は、洛東江以東地方に絞られる可能性もあるが、ひとまずは広く南東部に求めておくのが妥当であろう。
　鞍塚古墳からは鏡板轡A類、木心鉄板張輪鐙、鉄装鞍、環状雲珠・辻金具、鉸具などが出土している。まず鏡板轡についてみていくと、楕円形鏡板に取り付けられた帯状の鉤金具は、新羅の鏡板轡の特徴とされる［金斗喆1993、千賀2003b］。同時期の新羅では帯状の鉤金具をもつ資料はまだ確認されていないものの、他に候補地もないため、ひとまず洛東江以東地方に系譜を求めておきたい。
　鐙は七観例と同じIA₁式（無鋲）と、IA₄式（無鋲）という2型式の木心鉄板張輪鐙がセットで出土した。IA₁式鐙（図111：6）は上述のように南東部に系譜を求められる。IA₄式鐙（図112：5）は洛東江以東地方の影響を強く受けていたと考えられる陝川地域（玉田67-A号墳）をのぞくと、釜山地域（福泉洞10・11号墳）、慶山地域（林堂7B号墳）、尚州地域（新興里ナ-37号土壙墓）など洛

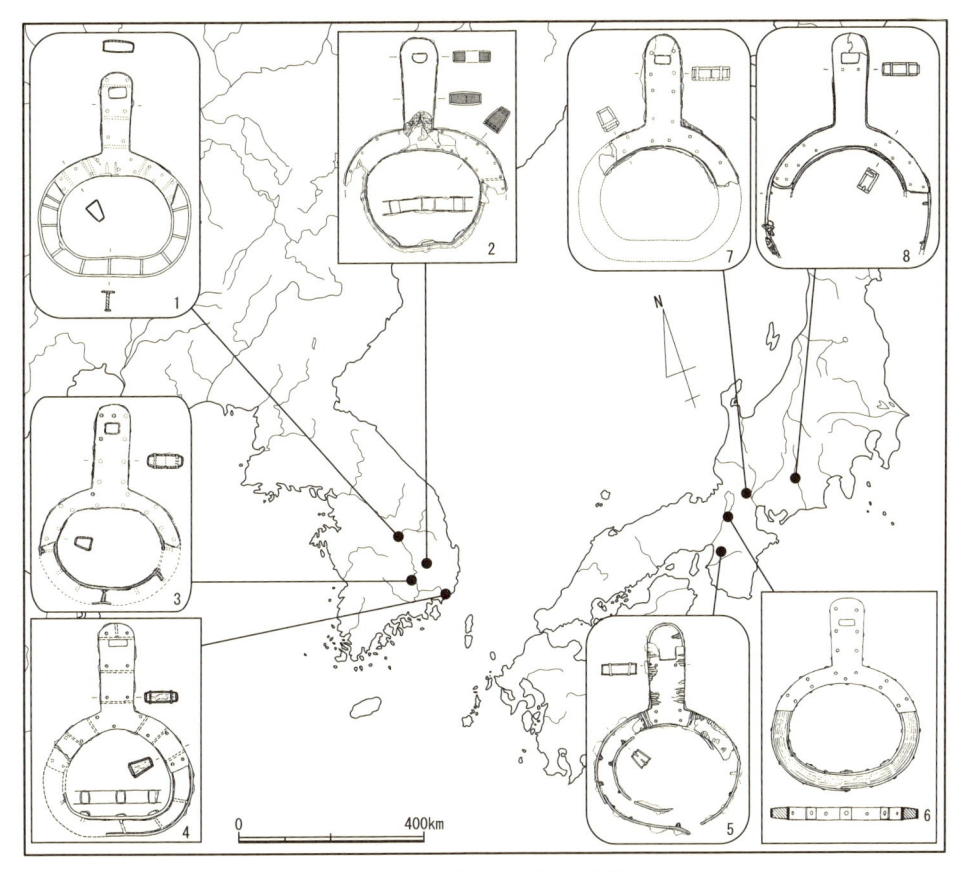

図 112　IA₄ 式木心鉄板張輪鐙の類例　(S=1/8)
1：尚州 新興里ナ-37 号土壙墓　2：慶山 林堂 7B 号墳　3：陝川 玉田 67-A 号墳　4：釜山 福泉洞 10・11 号墳　5：大阪 鞍塚古墳　6：滋賀 新開 1 号墳　7：岐阜 中八幡古墳　8：長野 新井原 2 号墳　＊隅丸方形枠：踏込鋲なし　方形枠：踏込鋲あり

東江以東地方に分布が限定される（図112）。よって、IA₄ 式鐙も洛東江以東地方に系譜を求めておく。

　鉄装の洲浜・磯分離鞍（図113：12）については、これまで中西部では 1 例も確認されておらず、その構造からひとまず南東部にその系譜を限定することが可能である［内山 2005］。千賀久は洲浜・磯分離鞍を「非新羅系」、洲浜・磯一体鞍を「新羅系」とし、前者を三燕・加耶、後者を高句麗・新羅の鞍の特徴とみた［千賀 2003b：105］。しかし、洛東江以西地方の高霊池山洞 35 号墳（大加耶 II 段階前半）や陝川玉田 M1 号墳（大加耶 II 段階後半）などから洲浜・磯一体鞍が出土し、洛東江以東地方の尚州新興里ナ-39 号土壙墓（新羅 II 段階）や慶山造永 EIII-2 号墳（新羅 III 段階前半）で洲浜・磯分離鞍が出土するなど、大加耶で独自の馬具様式が成立する大加耶 III 段階、すなわち 5 世紀後葉以前においては、構造の違いを製作地の違いに短絡的に結びつけることはできない（図113）。

　以上を総合すると鞍塚古墳出土馬具の系譜も、洛東江以東地方に絞られる可能性を残しつつも、ひとまずは広く南東部に求めておくのが妥当であろう。

　次にこの段階に位置づけられる鑣轡についていくつかみていく。鞍金具などを伴う福岡県池の上 6 号墳例をのぞいて、鑣轡のみの簡素な馬装である。

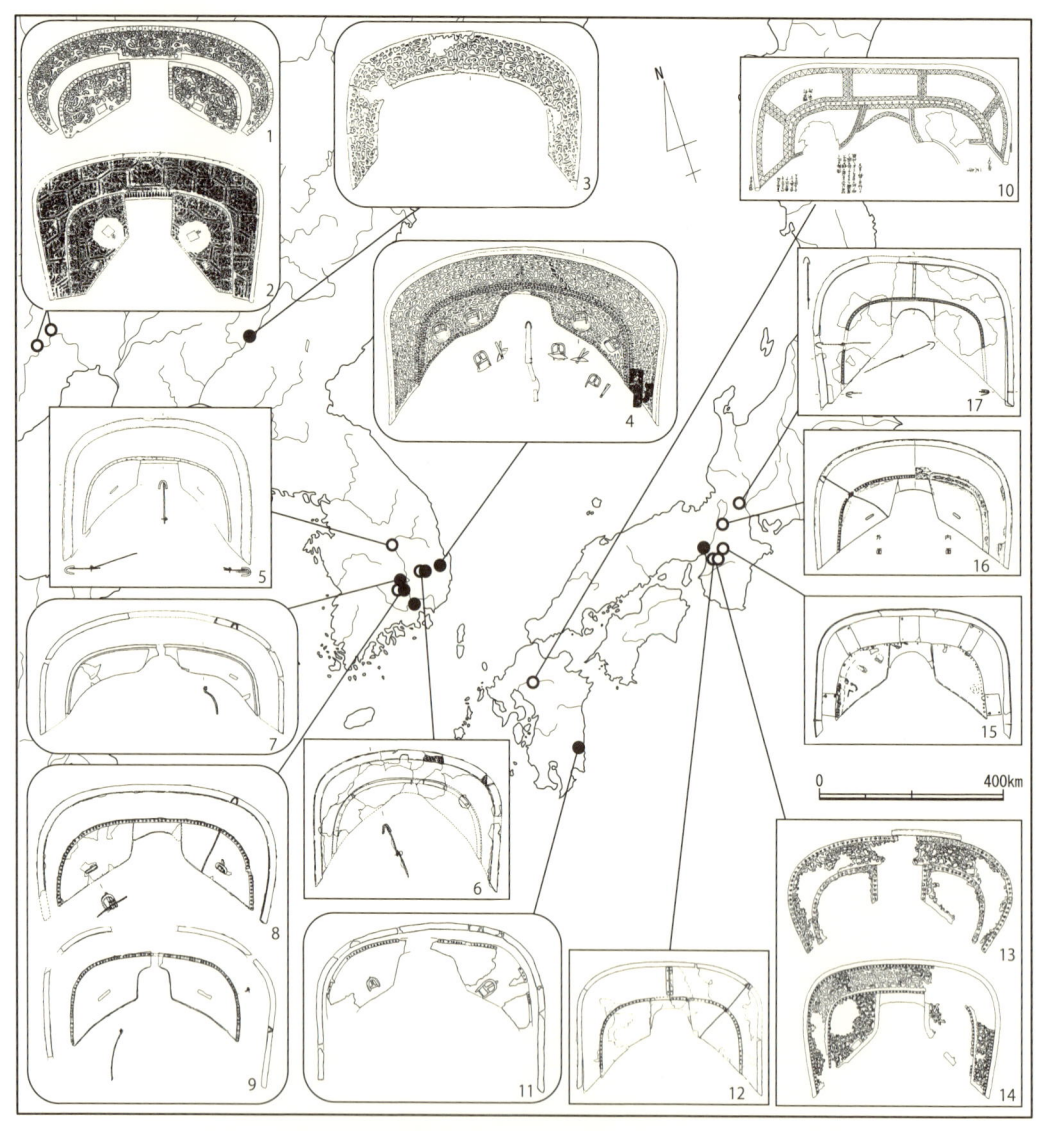

第Ⅳ部　日本列島における騎馬文化の受容と展開

図113　洲浜・磯分離鞍と洲浜・磯一体鞍　（S=1/16、10は縮尺不同）
1：北票 喇嘛洞ⅡM101号墓　2：朝陽 十二台郷磚廠88M1号墓　3：集安 万宝汀78号墓　4：慶州 皇南大塚南墳　5：尚州 新興里ナ-39号土壙墓　6：慶山 造永CⅠ-1号墳　7：高霊 池山洞35号墳　8：陜川 玉田67-B号墳　9：陜川 玉田42号墳　10：福岡 月岡古墳　11：宮崎 下北方5号地下式横穴墓　12：大阪 鞍塚古墳　13：伝・大阪 誉田丸山（2号鞍）　14：伝・大阪 誉田丸山（1号鞍）　15：奈良 ベンショ塚古墳　16：滋賀 新開1号墳　17：岐阜 中八幡古墳
○：洲浜・磯分離鞍　●：洲浜・磯一体鞍　方形枠：前輪　隅丸方形枠：後輪

　個々の系譜についてみていくと、まず長野県物見塚例（図106：2）について桃崎祐輔は、長い2條線引手a類から高句麗系の可能性を指摘する［桃崎2004c：101］。しかし、氏が類例として挙げる伝・集安広開土王碑付近②例は表採資料で、かつその構造から高句麗Ⅵ段階（5世紀後葉以降）の中でも新しい6世紀代の資料とみられる（本書、第2章参照）。2條線引手a類自体は、朝鮮半島南部にも散在するため、高句麗に系譜を限定するだけの根拠は見当たらない。
　1條捩り技法銜に1條線引手a2類を直接連結する兵庫県宮山第3主体部例は、系譜を絞り込むことが難しい。ただ、後続する第2主体部から出土した遊環をもつ鑣轡が中西部に系譜を求

274

められること、第3主体部例から第2主体部例への変化が百済Ⅱ段階から百済Ⅲ段階にかけての鑣轡の変遷と一致することをふまえれば（本書、第10章参照）、第3主体部例についてもひとまず中西部に系譜を求めておくのが妥当であろう。

銜・引手が左右非対称の大阪府小倉東E1号墳例は、2條捩り技法銜と2條線引手a類からなるAセットが何らかの理由で欠損し、1條捩り技法銜と1條線引手a2類からなるBセットを取り付けて補修したと考えられる［諫早2006a］。補修の可能性がある事例としては、日本列島最古である。以前にこの轡の系譜について検討した結果、Aセットは物見塚例などと同じく南東部に、そしてBセットは宮山第3主体部例と同じく中西部にそれぞれ系譜を求められることを論じた。しかし、完州上雲里ナ地区8号墳丘墓

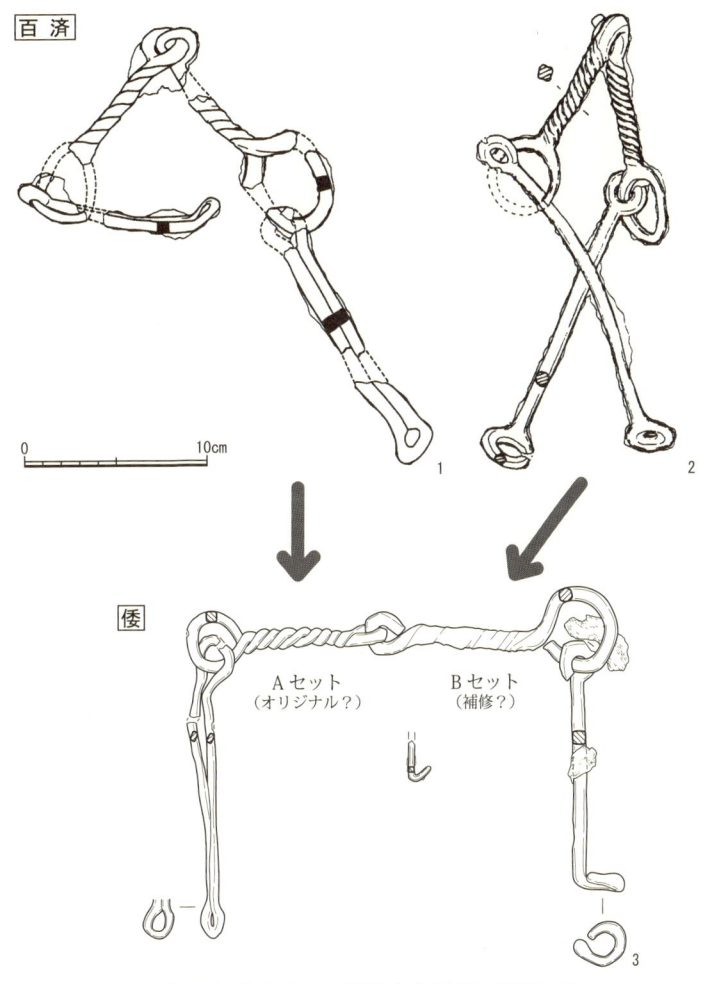

図114　大阪府 小倉東E1号墳出土鑣轡の系譜　（S=1/4）
1：完州 上雲里ナ-8-3号木棺　2：清州 新鳳洞92-54号墳
3：大阪 小倉東E1号墳

3号木棺［全州大学校博物館 2010a］から多條捩り技法銜と2條線引手a類の鑣轡が出土した結果、Aセットの系譜を南東部に限定する積極的な根拠はなくなった（図114）。轡は対称構造を基本とするため、補修品とみることに変わりはないが、その系譜はどちらも中西部とみておくのが最も素直な解釈であろう。

以上の検討を通じて、この段階の馬具は基本的に朝鮮半島南部に系譜を求められることが明らかとなった。南東部には前段階の馬具の分布状況から少なくとも2ヶ所（新羅、金官加耶）の馬具製作拠点が存在し、この段階になると高霊地域を中心とする大加耶や、咸安地域を中心とする阿羅加耶などでも独自の馬具製作が始まっていたとみられる。それらを一括りにした系譜論には物足りなさが残るかもしれないが、洛東江の東西には同じ型式の鐙や鞍が分布しており、現状では顕著な地域性は見出せない。

一方で、環板轡B類など新羅に分布の中心をもつ馬具が現れ、それらが瞬く間に加耶まで広がっていくこともまた事実である。七観古墳の環板轡B類などの存在から、その一部はほぼ時間差

なく日本列島にも入ってきていたことがわかる。ただし、それらが新羅王権との直接的な関係によってもたらされたことを示す積極的な証拠はまだない。新羅におけるこの時期の最上位階層の馬具の実態がよくわからないものの、日本列島Ⅱ段階の馬具は簡素な鑣轡が大部分を占めることや、鐙、鞍を伴っても杏葉を伴わないことなどを勘案すれば、新羅に系譜を求められる馬具は、この段階以降、新羅の対倭交渉窓口となったとみられる洛東江下流域の釜山地域などを介してもたらされたのであろう［高田 2003・2004、金大煥 2003］。

ところで、この段階になると馬具出土古墳が急増し、その分布範囲も中部地方にまで広がる。馬のいなかった日本列島に騎馬文化が急速に広まっていく背景には、高句麗の南下に端を発する東北アジアの国際状況があったことは疑いの余地がない。高句麗との戦いに幾度となく敗れた倭にとって、騎馬の導入は必要不可欠であり、ありとあらゆる手段を用いてその導入・普及に努めたに違いない。同時に、高句麗の脅威は朝鮮半島南部諸国にとってはより深刻であり、倭の軍事的支援に期待する百済や加耶諸国は、その見返りとして馬やそれに関わる諸技術を積極的に倭に提供したのであろう［白石太 2000、千賀 2001 など］。また、高句麗と倭の双方に「質」を送るなど厳しい立場に置かれていた新羅も［木村 2004、高田 2005・2006 など］、消極的にみればやむをえず、積極的にみれば何らかの目的のもとに、それら（馬やそれに関わる諸技術）を提供したとしても何らおかしくない。「質」を含む王権間の贈与外交が、当該期における国家間の技術移転に大きく寄与したとみる田中史生の見解は傾聴に値する［田中史 2005］。もちろん戦乱を避けて、渡来した流移民の中にも、馬に関わる諸技術をもった人々が含まれていたと考えられ、すべてを国家間の政治的関係によって説明する必要はない。

いずれにせよ、この段階の馬具にみられる多様な系譜は、馬匹の供給元がそれだけ多様であったことを示しているとみてよい。文献記録からうかがえる友好関係や敵対関係では説明しきれない多元的関係のもとに、大量の馬や馬飼集団が日本列島に渡来したのであろう。この段階にまで遡りうる北河内の牧が、ほぼ同時に成立した陶邑窯址群などとともに倭王権膝下に形成されていく各種手工業生産の一つとして評価されていることや［菱田 2007：49-59］、同じくこの段階にまで遡りうる伊那谷の牧が形成されるのと軌を一にして、同地域における前方後円墳の築造が開始したことを参考にすれば［澁谷 2007］、日本列島各地における牧の出現には、倭王権が何らかのかたちで関与していたようである[1]。

（3）日本列島Ⅲ段階（表44）

この段階の馬具を出土した代表的な古墳は、福岡県月岡古墳、伝・大阪府誉田丸山古墳、滋賀県新開1号墳南槨などである。鑣轡に関しては、後続する日本列島Ⅳ段階にも同じようなものがつくられつづけるため、表44には共伴馬具などで検証が可能なものだけを挙げている。最も多くの初期馬具がこの段階に該当する。

具体的にみていく前に、併行する時期の朝鮮半島南部の状況を整理しておきたい（表45）。すでに第Ⅲ部で検討したように新羅では高句麗の影響を強く受けつつも扁円魚尾形杏葉に代表される独自の装飾馬具生産を開始し、百済でも遊環をもつ鑣轡が大量に製作され、鏡板轡B類をいち早く採用するなど新羅とは異なる独自の馬具生産をおこなっている。金官加耶の様相について

表44 日本列島Ⅲ段階の馬具

地名	古墳名	銜留	銜	引手	遊環	鐙	杏葉	その他の馬具
福岡	**月岡古墳**	鏡板（十字）	1條捻り？	1條線	×	IB₄（有鋲）	圭形	金銅装飾具、三環鈴、馬鐸、鉄環、鉸具
福岡	瑞王寺古墳	鑣（b2）	1條捻り	2條線a類	×	IB₄（有鋲）	—	環状雲珠、鉸具
福岡	久原Ⅰ-1号墳	—	—	—	—	鉄輪	—	—
宮崎	下北方5号地下式横穴墓	鑣（b1）	無捻り	1條線a2類	○	IB₄（有鋲）	心葉（素）	鉄装鞍、三環鈴、馬鐸
岡山	随庵古墳	鑣（b2）	無捻り	1條線	○	ⅡB	—	鞍金具、鞍金具、鉸具
兵庫	宮山古墳第2主体部	鑣（b2）	1條捻り？	1條線a2類	○	ⅡB₁（無鋲）	—	鉸具
兵庫	池尻2号墳	鑣（b2）	無捻り	1條線a2類	○	ⅡB₁（無鋲）	—	鞍金具、板状一体造辻金具、脚金具、鉸具
大阪	狐塚古墳西槨	鑣（b1）	無捻り	2條線b2類	×	—	心葉（素）	—
大阪	御獅子塚古墳第1主体部	—	—	—	—	—	心葉（素）	鉄装鞍、環状雲珠
大阪	**伝・誉田丸山古墳**	鏡板A（梯）	—	—*	—	—	—	鏡板B類、金銅装鞍、歩揺付菊形飾金具、菊形飾金具、鉸具
奈良	ベンショ塚古墳第2主体部	—	—	—	—	—	—	鉄装鞍、環状雲珠
奈良	ウワナベ5号墳	—	—	—	—	IA₁（無鋲）	—	—
滋賀	**新開1号墳南槨**	鏡板A（楕円）	1條捻り	1條線a1類	×	IA₂（無鋲）/IA₄（有鋲）	—	鉄装鞍、環状雲珠、三環鈴、馬鐸、鉸具
静岡	西宮1号墳	鑣（b1）	1條捻り	1條線b類	×	—	—	鉸具
長野	飯綱社古墳	—	—	—	—	木鉄輪/鉄輪	—	鉄装鞍、鉸具
長野	鳥羽山洞窟	鏡板A（楕円）	1條捻り	—	—	—	—	—
山梨	甲斐茶塚古墳	鑣（b1?）	無捻り	1條線b類	×	IB₅（有鋲）	—	三環鈴、鉸具
群馬	剣崎長瀞西13号土壙	環板A	無捻り	1條線	○	—	—	板状別造辻金具、留金具、鉸具
宮城	吉ノ内1号墳第1主体部	鏡板A（楕円）	1條捻り	2條線a類	×	—	—	馬鐸

[凡例] 太字は金銅装馬具を含む ・＊：方円結合金具 ・鉄輪：鉄製輪鐙、木鉄輪：木心鉄板張輪鐙

は、はっきりとしないものの、大加耶では新羅・百済両国の影響を受けつつも独自の装飾馬具製作を模索した様子をうかがうことができた。また本書では検討することができなかったけれども、新羅・百済両国に系譜をもつ馬具や、それらの要素が融合した馬具は、阿羅加耶にも認められる。

このように朝鮮半島南部ではこの時期に入ると、複数の地域で独自色の強い馬具生産が本格化する。それらは相互に密接な関係をもっており、決して個別に展開したわけではない。特に新羅、百済両国の影響を強く受けていた大加耶には、両国に系譜をたどれる馬具が混在するため、結果としてあらゆる馬具の系譜が大加耶に求められるかのような状況を呈している（表45）。そういった朝鮮半島南部の複雑な様相をふまえた上で、この段階の馬具セットを特定地域に系譜を求められるセットと、そうではないセットに大別した上で、それぞれ細かくみてみよう。

①特定地域に系譜を求められる馬具セット

福岡県瑞王寺古墳、兵庫県宮山古墳第2主体部、大阪府狐塚古墳西槨、大阪府御獅子塚古墳第1主体部、奈良県ベンショ塚古墳第2主体部、山梨県甲斐茶塚古墳出土馬具などが該当する。

まず瑞王寺古墳出土馬具は、以前に詳細に検討したようにb2類立聞用金具と特殊な2條線引手をもつ鑣轡や、断面五角形のIB₄式（有鋲）木心鉄板張輪鐙（図115：8）、刻目の入った責金具をも

表45 三国時代Ⅲ段階における馬具の地域性

		百済	大加耶	新羅
轡	鏡板轡A類			○
	環板轡B類		○	○
	鑣轡（遊環無）	△	○	○
	鏡板轡B類	○	○	△
	鑣轡（遊環有）	○	○	
鞍	洲浜・磯一体		△	○
	洲浜・磯分離		○	△
鐙	IB₅式（木心金銅のみ）			○
	IA₄式			○
	IB₃式		○	
	IB₄式（断面五角形のみ）	○	○	
	IB₅式（断面五角形のみ）	○	○	
	ⅡB₅式	○	○	
	ⅡB₁式	○		
杏葉	心葉形杏葉		○	○
	扁円魚尾形杏葉		○	○
	剣菱形杏葉	△		
雲珠	歩揺付飾金具			○
	半球形飾金具		○	○
	環状雲珠	○	○	○

[凡例] △：わずかに出土

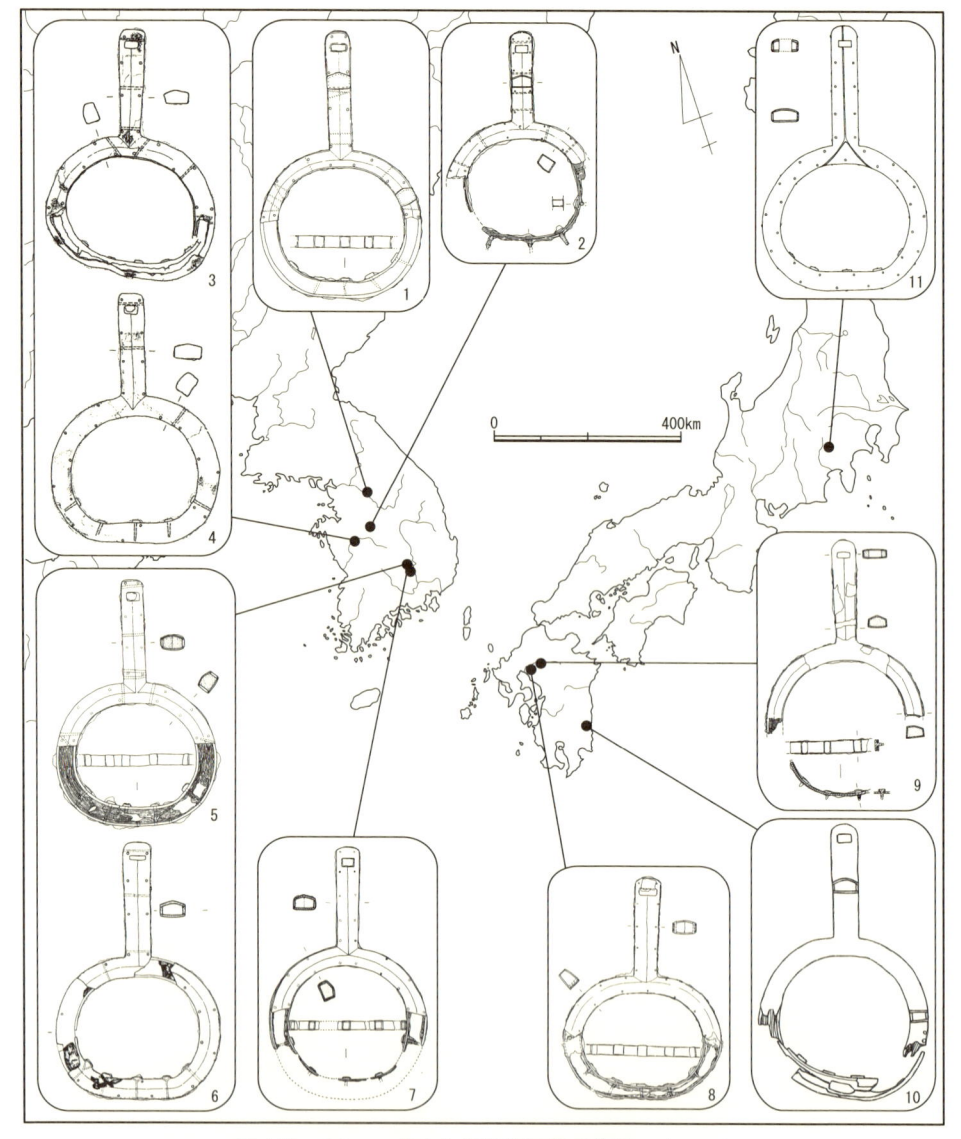

図115 IA₄・₅式木心鉄板張輪鐙の類例　（S=1/8）
1：原州 法泉里1号墳　2：清州 新鳳洞92-93号墳　3：公州 水村里Ⅱ-1号墳　4：公州 水村里Ⅱ-4号墳
5：高霊 池山洞30号墳　6：高霊 池山洞32号墳　7：陝川 玉田M2号墳　8：福岡 瑞王寺古墳
9：福岡 月岡古墳　10：宮崎 下北方5号地下式横穴墓　11：山梨 甲斐茶塚古墳

つ環状雲珠など、いずれも大加耶に類例がある。大加耶からそのままセットでもたらされた可能性が高い［諫早 2006b］。

宮山古墳第2主体部から出土した1條捩り技法銜に遊環を介して1條線引手a2類を連結する鑣轡は、百済Ⅲ段階における最も一般的な鑣轡型式である（本書、第10章参照）。共伴するⅡB₁式木心鉄板張輪鐙については、百済や加耶に系譜を求めつつも［千賀 1988］、側面鉄板の端部を三角形に切り落とすという形態的特徴から、日本列島で製作された可能性が提起されてきた［千賀 1994］。たしかにこのような特徴をもつ木心鉄板張輪鐙はこの段階以降にも継続して認められ、日本列島独自の鐙型式といって差し支えない。しかし、筆者らの調査によって百済Ⅲ段階

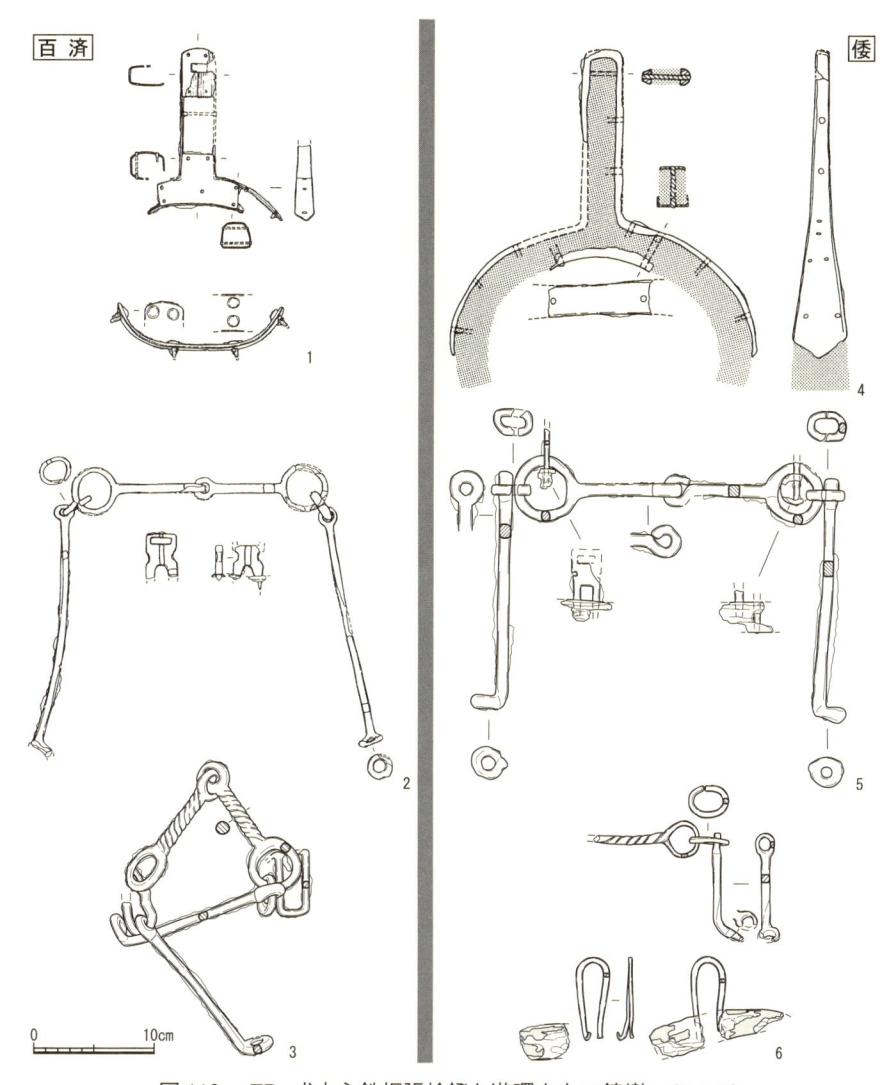

図 116　ⅡB₁式木心鉄板張輪鐙と遊環をもつ鑣轡　（S=1/6）
1：清州 新鳳洞 92-60 号墳　2：清州 新鳳洞 92-74 号墳　3：清州 新鳳洞 92-72 号墳
4・5：兵庫 池尻 2 号墳　6：大阪 蔀屋北遺跡

の清州新鳳洞92-60号墳から形態は若干異なるものの、側面鉄板の端部を三角形に切り落としたⅡB₁式（有鋲）木心鉄板張輪鐙（図116：1）の出土が確認されたため［成正鏞ほか2006］、その系譜は轡とともに百済に求められる可能性が高い。

　狐塚古墳からは2條線引手をもつ鑣轡と素文の心葉形杏葉が出土しており、セットで新羅に系譜を求められる。同じ桜塚古墳群の御獅子塚古墳からは、鉄装の洲浜・磯一体鞍、鉄製心葉形杏葉、環状雲珠、鉸具が出土している。この中で洲浜・磯一体鞍は、新羅の諸例よりも大加耶の高霊池山洞35号墳例と形態がよく似ていることが指摘されている［中村1999］。また心葉形杏葉も新羅の一般的な形態とは差異があり、このような定型性の乏しい杏葉は、剣菱形杏葉出現以前の大加耶の特徴と看取される（本書、第9章参照）。環状雲珠も含めて、セットで大加耶に系譜を求めておきたい。

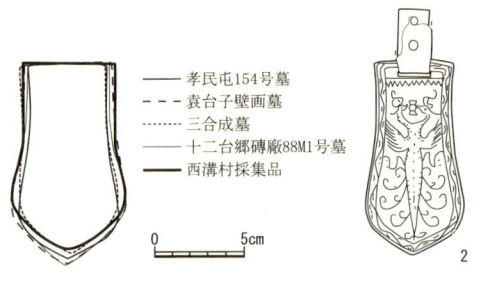

奈良県ベンショ塚古墳のカルタ状鉄板を伴う洲浜・磯分離鞍は、大加耶の陝川玉田67-A号墳にしか類例がない［内山 2005］。環状雲珠も含めて、セットで大加耶に系譜を求められる。

甲斐茶塚古墳からはIB$_5$式（有鋲）の木心鉄板張輪鐙（図115：11）が出土している。断面が明瞭な五角形を呈さないものの、百済や大加耶などに系譜を求めてよいだろう。遊環をもたない鑣轡は、新羅で一般的だが、大加耶にも認められる。ここでは鐙とともにセットで大加耶に系譜を求めておきたい。

図117　倭の圭形杏葉と前燕の圭形杏葉　（S＝1/4）
1：福岡 月岡古墳（絵図より）　2：安陽 孝民屯154号墓

②特定地域に系譜を求められない馬具セット

福岡県月岡古墳、宮崎県下北方5号地下式横穴墓、兵庫県池尻2号墳、伝・大阪府誉田丸山古墳、滋賀県新開1号墳南槨、長野県飯綱社古墳出土馬具などが該当する。

まず月岡古墳出土馬具についてみていくと、断面五角形のIB$_4$式（有鋲）木心鉄板張輪鐙（図115：9）は百済や大加耶などに系譜を求められる［申敬澈 1985など］。また2段3列の区画内部を※印で充填した馬鐸は皇南大塚北墳など新羅に類例がある［桃崎 2002：15］。これに対し、圭形杏葉や十字形鏡板轡は朝鮮半島南部に類例が見出せない。報告者はこれらの類例として、前燕代の圭形杏葉や三葉形鏡板轡を挙げており［児玉 2005］、現状では最も有力な系譜先といえよう。ただし、前燕の圭形杏葉の平面形態には一定の規格性が見出せたのに対し、月岡例の外形はそれらとはまったく異なる（図117）。十字形鏡板轡にみられる1條線引手も、まだ三燕では確認されておらず、現在の資料状況をもとに、三燕に直接的な系譜を求めるのは難しそうである。いずれにせよ、これらの圭形杏葉や十字形鏡板轡が木心鉄板張輪鐙の系譜地とみられる百済・大加耶や、あるいは馬鐸の系譜地とみられている新羅で一括して製作された可能性は限りなく低い。複数地域に系譜をもつ馬具セットであることは明らかであろう。

下北方5号地下式横穴墓では、百済や大加耶などに系譜を求められる断面五角形のIB$_4$式（有鋲）木心鉄板張輪鐙（図115：10）と、新羅に系譜を求められる素文の鉄製心葉形杏葉が共伴している。鉄装の洲浜・磯一体鞍（図113：11）は、大加耶の陝川玉田42号墳例（図113：9）との類似が指摘されている［桃崎 2007］。併行する時期の大加耶では、新羅に系譜を求められる扁円魚尾形杏葉が存在するため、心葉形杏葉も含めて大加耶からセットでもたらされた可能性は否定できないが、同じような心葉形杏葉が大加耶で確認されるまでは、ひとまず系譜を区別しておくべきであろう。

池尻2号墳からは、宮山古墳第2主体部でみられたような百済に系譜を求められる鑣轡（図116：5）や木心鉄板張輪鐙（図116：4）とともに、新羅に系譜を求められる［李炫姃 2008］板状一体造辻金具が出土している。辻金具は2枚の長方形鉄板を十字に重ねて鍛接したもので、鉄板を十字形に切り抜いた新羅のものとは若干異なるものの、少なくとも百済に系譜が求められないことだけは確かであろう。

伝・誉田丸山古墳出土の2対の龍文透彫金銅装の洲浜・磯分離鞍（図113：13・14）の製作時期

や製作地については、これまで様々な見解が提示されてきたが、意見の一致をみていない。三燕から比較資料が出土しはじめるにつれて、三燕からの移入品とみる見解も提起されたが［桃崎2004a・cなど］[(2)]、それらとの間には構造上、無視しがたい重要な差異が認められる［内山2005］。鞍については次節で詳しく検討することとし、ここでは吊手部をもつ歩揺付菊形飾金具と瓢形引手外環片についてみておく。前者は三燕・高句麗と新羅に類例があり［中山1990・1991、濱岡2003など］、後者は百済や大加耶の轡の特徴であり［中山1990、金斗喆1993など］、系譜を異にする。

　新開1号墳出土馬具は、鏡板轡A類（図119：1）の1條線引手a1類や、IA$_4$式（有鋲）の木心鉄板張輪鐙（図112：6）などから、基本的には中山清隆の指摘するように新羅に系譜を求めることが可能である［中山1990・1991］。ただし、鏡板に取り付く方形鉤金具の類例は、伝・誉田丸山古墳出土の梯形鏡板A類と三燕I段階の北票喇嘛洞IIM16号墓の鏡板轡A類（図119：2）に認められるのみで、新羅ではまだ確認されていない。製作地については後述するように検討の余地がある。

　飯綱社古墳では前章で検討した百済に類例のある飯綱社型鉄製輪鐙と、三燕・高句麗や新羅に類例のある「海金属張」［内山2005］の鉄板装鞍が共伴している。破片資料であるため、「海・磯金属張」であった可能性も捨てきれないが、いずれにせよ百済には類例がない。

　以上をまとめると、まず①のセット（特定地域に系譜を求められる馬具セット）の系譜は、百済、新羅、（大）加耶のいずれかに系譜を求められた。特定地域のセット関係を維持するそれらの多くは、馬とともに、おそらくは馬に着装された状態で日本列島にもたらされた可能性が高い。したがって、この段階に日本列島に馬を供給した地域も、基本的には前段階同様、これらの地域（朝鮮半島南部）に求めることができる。

　これに対し、三燕や高句麗からセットでもたらされたといえる確実な事例は、現状では確認できない。すなわち現在の資料状況による限り、両国が日本列島における騎馬文化の受容に与えた影響は間接的、かつ限定的なものに留まったようである。三燕や高句麗から馬飼集団が大挙渡来してくるような状況は、想定しにくい。とはいっても②のセットを構成する馬具の中に、三燕・高句麗に系譜を求められるものや、現状ではどの地域にも系譜を求めがたいものが存在することもまた事実である。すべての初期馬具を朝鮮半島南部諸国との関係で説明することはできない。

　それでは②のセット（特定地域に系譜を求められない馬具セット）は、日本列島にもたらされる以前に何らかの理由でセットとなり、それがそのまま日本列島にもたらされたのであろうか。それとも多様な系譜をひく馬具が、日本列島にもたらされた後にセットとして再構成されたのであろうか。前者の考え方をとるのであれば、すべて移入品とみる点において、①のセットと意味するところに変わりはない。一方で後者の考え方をとる場合、多様な系譜をひく移入品が日本列島内でセットとなった可能性とともに[(3)]、多様な系譜をひく馬具工人が渡来し、そのような中国東北部や朝鮮半島にはない独自のセットを日本列島内でつくった可能性も十分ある。もし仮に②のセットの中に日本列島で製作されたものが含まれるのであれば、初期馬具に対する評価は大きく変わってくる。この問題については次節で検討することとし、ここでは②のセットから馬匹や馬

第Ⅳ部 日本列島における騎馬文化の受容と展開

Ⅲ段階の馬具の東限（◇）

Ⅱ段階の馬具の東限（○）

Ⅰ段階の馬具の東限（●）

● : 日本列島Ⅰ段階
○ : 日本列島Ⅱ段階
◇ : 日本列島Ⅲ段階

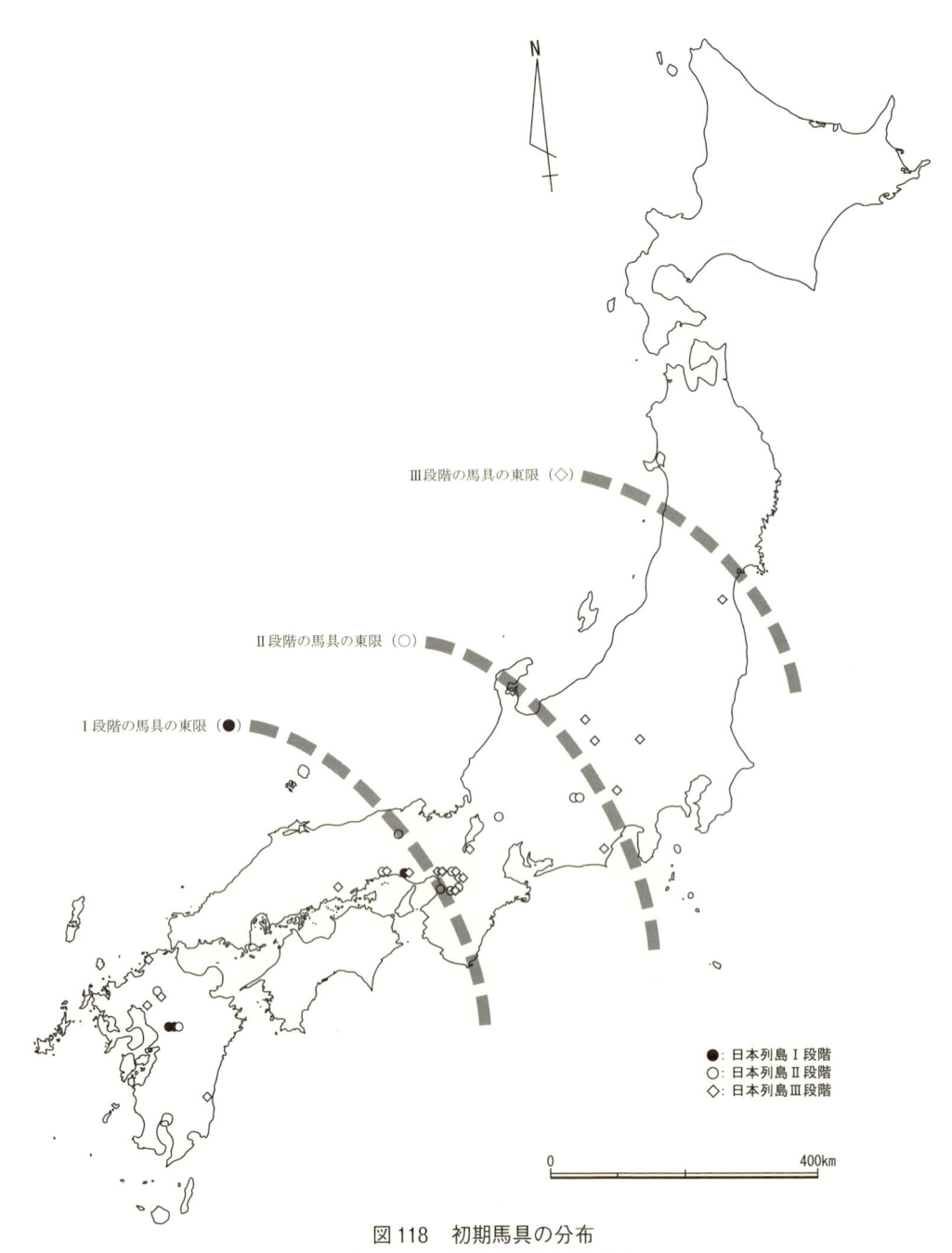

0　　　　　　　　　　400km

図118　初期馬具の分布
＊表42〜44に挙げた資料をもとに作成

飼集団の動きを読みとることの危険性を強調しておきたい。この段階になると金銅装の華麗な装飾馬具が出現するが、それらはいずれも②のセットであり、それらの系譜と馬匹や馬飼集団の故地は、ひとまずわけて考える必要があろう。

　以上の検討から、日本列島に馬をもたらしたのは、基本的に朝鮮半島南部諸国であることが明らかとなった。馬を海上輸送するリスクを想像すれば、日本列島に最も近いこれらの地域が馬の主たる供給元であることは、ある意味当然のことといえる。日本列島Ⅰ～Ⅲ段階の騎馬文化と日本列島Ⅳ段階以降の騎馬文化の間に空白期間を想定し、日本列島Ⅰ～Ⅲ段階における騎馬文化の普及について懐疑的にみる意見もあるけれども［中村 1985・2005b など］、当該期の中でも馬具出土量が徐々に増加し、その分布範囲も次第に東へ広がっていくことをふまえれば（図118）、騎馬文化が急速、かつ極めてスムーズに普及していったことは明らかである。

3．倭における馬具生産の開始

（1）倭における馬具生産の開始

　製作址の明らかでない馬具の生産開始時期を、製品（馬具）自体から実証的に論ずることは決して容易でない。馬具工人の渡来を想定するのであれば、日本列島Ⅰ段階当初から倭での製作がすでに始まっていた可能性は否定できないからである。第11章でみたように、古墳時代中期前葉に出現する3條撚り技法や1條撚り技法の棒状鉄金具をもつ鑷子状鉄製品が、初期馬具段階にすでに倭で製作されていたのであれば、3條撚り技法や1條撚り技法の銜を製作することも十分可能であっただろう。また、同時期の甲冑や各種金工品の製作技術との比較から、初期の装飾馬具についても日本列島内での製作を想定する見解が存在することは、冒頭に述べたとおりである。しかし、倭独自の定型性を見出せない初期馬具の生産を証明するためには、日本列島から出土する他の金属製品との比較を通じて製作が可能であったことを論証していく一方で、大陸に類例が見出せない資料を手がかりとして、倭における馬具生産の開始時期を積極的に推測してみる必要があろう。

　日本列島Ⅰ段階の行者塚2号銜はその嚆矢である。立聞部をもたない鏡板形態や1連式銜などの特異な構造から、すでに指摘されているように朝鮮半島南部における銜製作を熟知していない人物によって製作されたと考えられ［金斗喆 2004：270］、日本列島内において倭人によって模倣製作された可能性も想定されている［中村 2005b：76］。

　日本最古の補修馬具と考えられる日本列島Ⅱ段階の小倉東E1号墳出土鑣銜も、倭の馬具製作を考える上で重要な手がかりとなる。この銜がもし日本列島で補修されたのであれば、それをおこなった馬具工人は、補修だけでなく新たな馬具の製作にもたずさわったであろうことは想像に難くない。

　日本列島Ⅲ段階になると、より明確に倭での製作を想定することのできる資料が現れる。その代表例が側面鉄板の端部を三角形に切り落とすⅡB₁式の木心鉄板張輪鐙である。千賀久はその製作開始時期についてf字形鏡板銜と剣菱形杏葉の出現以降とみた［千賀 1994：25］。しかし、宮山第2主体部例や池尻2号墳例（図116：4）は、共伴する須恵器などからみてf字形鏡板銜と

剣菱形杏葉出現以前の日本列島Ⅲ段階にまで遡る。したがって、遅くとも日本列島Ⅲ段階には、倭においても木心鉄板張輪鐙の生産が始まっていた可能性が高い[4]。共伴する鑣轡は百済のものとまったく同じ構造をしており、轡自体からは移入品かどうかの判別が難しい。ただ、もし仮に木心鉄板張輪鐙が倭で製作されたのであれば、共伴するそれらの鑣轡についても、倭で製作された可能性を考えてみる必要がある。

　同じくこの段階に位置づけられる大阪府蔀屋北遺跡出土鑣轡（図116：6）は、遊環をもつことなどから百済製とみる見解がある［岩瀬 2006・2012］。たしかに全体的なプロポーションは百済Ⅲ段階の鑣轡と全体的な構造はよく似ている。しかしこの時期の百済の銜は、ほぼすべてが無撚り技法ないし1條撚り技法であるのに対し、蔀屋北例は2條撚り技法銜であること、朝鮮半島南部においては、多條撚り技法銜に遊環が組み合うことは基本的にないことをふまえれば（本書、第1章参照）、蔀屋北例は移入品をモデルに倭人によって模倣製作された可能性が極めて高い。

　これらのイレギュラーな資料の存在を手がかりにすれば、倭における馬具製作の始まりは、初期馬具段階にまで十分遡りうる。行者塚2号轡の評価はさておき、鑣轡や木心鉄板張輪鐙の中に、倭で製作されたと考えられるものが含まれていることは重要であろう。特に日本列島Ⅲ段階に出現するⅡB₁式木心鉄板張輪鐙は、f字形鏡板轡と剣菱形杏葉といった定型性の高い装飾馬具の出現する日本列島Ⅳ段階以降にも継続して製作される。これと共伴する遊環をもつ鑣轡も同じである。これらからみて、定型性の高い装飾馬具の生産開始に先立って、鑣轡や木心鉄板張輪鐙などの生産は、すでに始まっていたと考えて大過なかろう。

（2）初期の装飾馬具の製作地

　それでは次に初期の装飾馬具が倭で製作された可能性について検討してみよう。鉄製の鏡板轡や鉄装鞍はともかくとして、倭に金銅装の装飾馬具が出現するのは日本列島Ⅲ段階からである。伝・誉田丸山古墳出土の2対の金銅装龍文透彫鞍はその代表例といえよう。この2対の鞍の製作地をめぐっては、これまで多くの見解が提示されてきたが、いまなお意見の一致をみていない。しかし、鈴木勉らのいうように伝・誉田丸山古墳出土の1号鞍と2号鞍が「デザインとたがねの加工ピッチ」には差異があるものの「使用工具や工程、龍文の表現方法」が近似し、「同一系譜内にある技術者」によって製作されたと考えられるのであれば［鈴木勉ほか 1996：12］、両者はそれがどこであれ、同一の場所で製作された可能性が高い。また、伝・誉田丸山古墳出土1・2号鞍の構造が三燕の鞍と型式学的に区別され、三燕の系譜をひきつつも、朝鮮半島南東部で製作された可能性が最も高く、同地域からの渡来工人によって日本列島で製作された可能性も否定できないという内山敏行の指摘を参考にすれば［内山 2005：73］、その製作地候補は加耶［千賀 2003bなど］、新羅［中山 1990・1991、金斗喆 2004、朴天秀 2007など］、倭［橋本達 1995、鈴木勉ほか 1996など］にまで絞られる。

　千賀久は伝・誉田丸山古墳出土1・2号鞍がともに洲浜・磯分離鞍であることを根拠に、前期加耶（金官加耶）での製作を想定した。しかし、第7章で詳しくみたように金海地域を中心とする金官加耶が、1・2号鞍をつくるだけの高度な透彫技術を保持していた様子は少なくとも現在の出土資料からはうかがえない。そもそも海や磯に金属板を用いた洲浜・磯分離鞍自体が、洛東

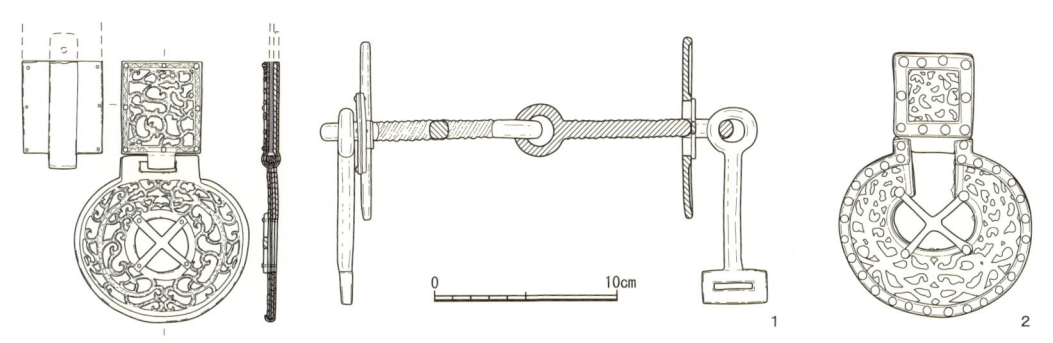

図119　滋賀県 新開1号墳出土鏡板轡とその類例　(S=1/4、2は縮尺不同)
1：滋賀 新開1号墳　2：北票 喇嘛洞ⅡM16号墓

江下流域からはまだ1例も出土していないことをふまえれば、候補地からは除外すべきであろう。
　陝川地域を含む大加耶に関しても、この段階まではまだ洲浜・磯分離鞍と洲浜・磯一体鞍が混在しており、洲浜・磯分離鞍ということを根拠に加耶での製作を論ずることは難しいように思われる。また、大加耶の主要古墳群である高霊池山洞古墳群や陝川玉田古墳群の大型墳から、当該期に位置づけられる金銅装の龍文透彫鞍の出土例はいまだなく、少なくともこの段階の大加耶が1・2号鞍を製作できる工人集団を保持していたとは考えにくい。仮に大加耶で製作されたとして、大加耶の首長墓にさえも副葬されなかった華麗な金銅装鞍が、なぜ日本列島にもたらされたのであろうか。洛東江以西地方の他の地域を含めて、加耶に1・2号鞍の製作地を求めることは現状では極めて困難である。
　続いて新羅についてみていく。新羅Ⅲ段階後半に位置づけられる慶州皇南大塚南墳の金銅装玉虫装飾龍文透彫洲浜・磯一体鞍(図112：4)をみる限り、鞍構造こそ異なるものの、現状における最も有力な製作地候補といってよい。共伴する歩揺付菊形飾金具が新羅の装飾馬具を構成する重要な装具であることも[李炫姃2008]、これを後押しする。
　それでは同じ馬装を構成したとみられる鉄地金銅張の双葉文透彫梯形鏡板A類(図110：8)は、どうだろうか。この鏡板に取り付く透彫を施した方形鉤金具の類例は、新開1号墳出土の鉄地金銅張の龍文透彫楕円形鏡板轡A類(図119：1)にも認められ、両者は同じ文化圏で製作されたと考えられている[千賀2003b：108]。このような透彫を施した方形鉤金具は、先述のように三燕Ⅰ段階の北票喇嘛洞ⅡM16号墓の鏡板轡A類(図119：2)しか類例がないものの[5]、新開例は新羅に特徴的な1條線引手a1類をもつ。伝・誉田丸山例についても新羅製とみるのが一般的であるが[中山1990・1991、桃崎2004a・c]、伝・誉田丸山例のような梯形鏡板は新羅ではまだ1例も出土していない。梯形鏡板の類例は、三燕や高句麗にも存在せず、現状では洛東江下流域と中西部から洛東江上流域にかけての一帯に分布するのみである(図110)。洛東江上流域の尚州地域は、後に洛東江以東地方様式土器の分布域となるものの、第3章で述べたように三国時代Ⅰ段階後半の馬具に関しては、中西部との関係で把握してよいのであれば、鉄鋌に由来すると思われるこの梯形鏡板は、三国時代Ⅰ段階後半～Ⅱ段階に、百済と加耶で採用された特徴的な鏡板形態ということになる。伝・誉田丸山古墳の鏡板A類は、新羅にはみられないこれらの鉄製梯形鏡板をモデルとした可能性が高い。

このように伝・誉田丸山古墳出土馬具を構成する個々の要素の多くは、基本的には三燕・高句麗から強い影響を受けたと考えられる新羅に認められる。一方で鞍構造や鏡板の形態などに無視しがたい差異も存在する。今後、新羅から類例が出土する可能性をまったく否定することはできないけれども、少なくとも洲浜・磯分離鞍や梯形鏡板轡が、新羅Ⅲ段階の王陵である皇南大塚に副葬されなかったことだけは確かである。また、皇南大塚南墳の金銅装玉虫装飾鞍（図113：4）に施された龍文が1・2号鞍（図113：13・14）に比べて、かなり退化している点も見逃せない。慶山林堂7B号墳の帯金具や胡籙金具などといった皇南大塚南墳以前の秀麗な龍文透彫製品から、皇南大塚南墳例以前に伝・誉田丸山例のような龍文透彫をもつ金銅装鞍が存在したと想定することも可能かもしれない。ただ、皇南大塚とほぼ同時期とみられる高句麗の集安万宝汀78号墓（図113：3）からも、皇南大塚南墳例と同じような文様の退化した龍文透彫をもつ金銅装透彫洲浜・磯一体鞍が出土していることをふまえれば、皇南大塚南墳の鞍金具は同時期の高句麗の影響を受けていた可能性が濃厚である。新羅における皇南大塚南墳以前の金銅装馬具の様相が不透明な現状で、鞍構造の違いを無視してまで1・2号鞍の製作地を新羅と断ずるのは早計であろう。

　以上をまとめると1・2号鞍の製作地は、現時点では中国東北部にも朝鮮半島にも求めがたい。それではこれらは一体どこからもたらされたのであろうか。この頃に始まる倭の五王による中国南朝への遣使を参考にすれば、実態のまったく明らかでない南朝からの移入品と考えることも可能かもしれない[6]。しかしそのことを具体的に証明する実物資料が南朝墓から出土しているわけではないし、伝・誉田丸山古墳出土馬具を構成する個々の要素については、今みたようにすべて東北アジアの中で説明することが可能である。倭よりも早くから南朝に遣使し、中国陶磁などの存在から物質文化においても南朝から強い影響を受けたと考えられる百済に類例が認められない現状では、その可能性は低いだろう。となると、残された候補地は倭だけとなる。

　再三述べてきたように甲冑や金工品の製作技術との共通性から、伝・誉田丸山古墳出土馬具を含むこの段階の装飾馬具が倭で製作された可能性については、これまでも指摘されてきた［橋本達1995、鈴木勉ほか1996、勝部ほか1998、鈴木勉2004など］。しかしそれらは装飾馬具自体の分析にもとづくものではなく、あくまで他の各種金工品の製作技術との比較を通じたアナロジーに留まるものであった。もし仮に伝・誉田丸山古墳の鉄地金銅張梯形鏡板が加耶と百済で採用された鉄製梯形鏡板をモデルとするという筆者の理解が妥当であるならば、これらの装飾馬具の製作地が、倭であった可能性を積極的に論じていくことが可能となる。

　もちろんその製作は渡来工人の存在を前提とする。具体的には伝・誉田丸山古墳の梯形鏡板A類の平面形態や、瓢形引手外環片、（内彎）楕円形もしくはf字形と推定される鏡板B類から加耶・百済の馬具工人を、伝・誉田丸山古墳の歩揺付菊形飾金具や新開1号墳の鏡板轡A類の1條線引手a1類から新羅の馬具工人を、そして伝・誉田丸山1・2号鞍と新開1号墳の鏡板轡A類にみられる皇南大塚南墳出土馬具より優れた龍文透彫技法や、伝・誉田丸山古墳と新開1号墳の鏡板轡A類に取り付く方形鉤金具から三燕など朝鮮半島南部以外の馬具工人の渡来を想定することが可能である。また、それらの多様な要素が同一セットの中で共存し、同一個体の中で融合するありようからは、多様なルーツをもつ渡来工人たちが同一工房において共同で馬具製作に従事した様子がうかがえる。このように複数系譜の渡来工人による協業を想定することによって、

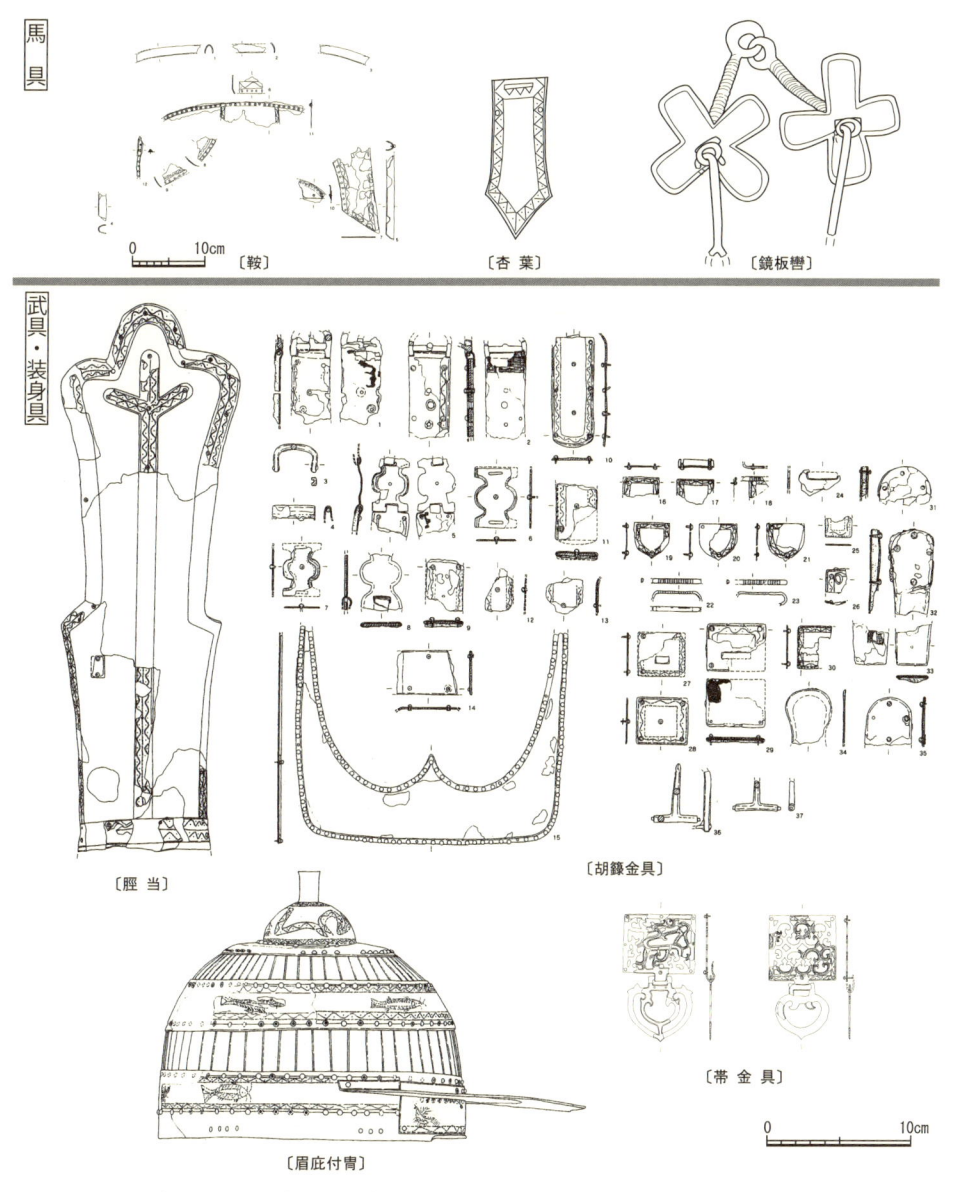

第14章　日本列島における騎馬文化の受容と展開

図120　福岡県 月岡古墳出土各種金銅製品　（S=1/5、鞍はS=1/10、鏡板轡は縮尺不同）

伝・誉田丸山1・2号鞍が、朝鮮半島南東部の鞍の型式学的変遷の中に位置づけられるほど近似しながらも［内山 2005］、加耶にも新羅にも直接の類例を見出しがたい理由を整合的に説明することが可能となる。

　ここで、日本列島Ⅲ段階における装飾馬具生産をより実証的に論ずることのできる資料として、月岡古墳出土馬具に注目したい。先に「特定地域に系譜を求められない馬具セット」として取りあげたが、鉄地金銅張圭形杏葉や金銅装の洲浜・磯分離鞍にみられる波状列点文装飾は、共伴する金銅製龍文透彫帯金具や、金銅装の眉庇付冑、脛当、胡籙金具といった各種武具にも認められる（図120）。このうち、帯金具の製作地については意見がわかれるものの、眉庇付冑に関しては

287

かなりの蓋然性をもって日本列島での製作を想定できるのであれば[7][北野 1963、橋本達 1995 など]、それと同じ鍍金技法、彫金技法が用いられた馬具を含む各種金銅製品についても、橋本達也が指摘するように「同一の技術体系、製作体制下に、ともに製作された」可能性が非常に高いといえよう[橋本達 1995：424]。鈴木勉も月岡古墳出土各種金工品について、つくりがどれも同じことから同一工房でつくられた可能性が高いとする[鈴木勉 2004：19]。

　もちろん波状列点文を共有するというだけで、同じ場所で製作されたとみるのはあまりに短絡に過ぎるかもしれない。それを証明するためには、波状列点文を施文した鏨などの工具痕や蹴彫のピッチなどに対する緻密な比較検討が必要となることはいうまでもない[8]。また、その結果、倭で製作されたことを証明できたとしても、鐙や馬鐸まで倭で製作されたとはいいきれず、移入品とあわせて一つの馬装とした可能性も当然残る。これは他の「特定地域に系譜を求められない馬具セット」に関しても同様である。各事例の詳細な検討作業は今後の課題とせざるをえないが、いずれにせよ日本列島から出土する初期の装飾馬具をすべて移入品と断ずることに無理があることだけは確かであろう。

　このように日本列島Ⅲ段階には、鑣轡や木心鉄板張輪鐙などの生産だけでなく、一部で装飾馬具の生産も開始していたようである。そしてそれは、この頃に「在来甲冑工人・渡来甲冑工人・装飾品工人の協業体制」[内山 2008：388]を構築した甲冑生産と密接な関係をもって展開したものとみられる[9]。日本列島の初期の装飾馬具生産は、新羅を中心としつつも、加耶や百済、さらには三燕などの広範な地域から様々な理由で渡来した馬具工人が、倭王権の掌握する同一工房内に再編成されることによって始まった可能性が高い。複数地域の要素が融合することによって、他には類例のない独自の装飾馬具セットは創出されたのであろう。

　そのように考える場合、日本列島の初期の装飾馬具同士に、形や意匠、組み合わせの共通性がほとんど見出せない点が問題となるかもしれない。森下章司は5世紀代の日本の武装が大陸の形成とは区別される強い独自性を維持するのに対し、馬装はその多くを輸入品に頼り、日本独自の形式を生むには至らなかったとし、さらには6世紀代のように舶載品とその模倣品によって序列化がおこなわれることもないことから、馬装にみずからの工夫を払った形跡は少ないとみた[森下章 1997：54-55]。

　確かに日本列島Ⅲ段階の装飾馬具は数も僅かで、倭独自の定型性は見出せない。定型化した短甲のもつ形態的共通性に期待されたであろう「それらを着用した人々の同一性」[森下章 1997：55]という効果は、これらの装飾馬具には期待すべくもない。しかしこの段階の装飾馬具が、意匠や材質、細部構造の違いによって、装飾的要素を強調し、他の甲冑との差異化を図ったと考えられる金銅装甲冑（月岡古墳）や異形短甲（新開1号墳）と共伴することをふまえれば、装飾馬具はそれらの甲冑と同じように、'もつもの'と'もたないもの'の間の差異を強調し、同じく一部の甲冑にのみ装着された金銅製帯金具[町田 1970、小野山 1975a]とともに、保有者の優越性・隔絶性を高める効果をもっていたとみることはできないだろうか。

　月岡古墳の各種金銅製品はその実態に迫りうる良好なケースといえ、人馬一体でデザインされ、製作・流通・副葬という一連のプロセスをともにする極めて属人性の高い「特注品」の可能性が高い。まだまだ細かな検証が絶対的に不足しているものの、日本列島Ⅲ段階の装飾馬具から国内

においては王者の武装を馬装によっても強調し、国外においては朝鮮半島諸国と可視的に区別される独自の装飾馬装を創出しようとした倭王権の意図を読みとることは、あながち無謀ではあるまい。

4. 結　語

　本章では馬具出土量の増加や分布範囲の拡大を通じて、馬の存在が稀薄であった日本列島に急速に騎馬文化が拡散していったことをみた。列島規模で起こったそのような展開の背後には、やはり倭王権の存在を想定するのが妥当であろう。漢に朝貢し、三韓社会と頻繁な交渉をおこなっていた弥生社会において馬の存在がほとんど見出せないことを想起すれば、騎馬文化の導入は、それを保有する地域との頻繁な地域間交渉の帰結点として理解することはできない。古墳時代中期に日本列島各地で確認される騎馬文化の導入には、莫大なコストをかけて日本列島に馬を海路輸送し、根付かせようと努力した倭王権の強い意志を読みとることが可能である［諫早　近刊 b］。もちろん各地の牧の直接の経営主体はそれぞれの地域の首長であっただろうが、それらに対する王権の影響力は、馬・馬飼集団の故地である朝鮮半島から離れれば離れるほど強まったと予想される。日本列島各地から出土する初期馬具の多様性や現状における分布の偏在性を、地域性や独自性と看取して倭王権の果たした役割を過小評価し、朝鮮半島南部の諸地域と日本列島の各地の直接交渉を強調する高田貫太［2005 など］や張允禎［2008 など］の見解は、必ずしも大勢を捉えているとはいいがたい。

　いずれにせよ日本列島における騎馬文化の導入は、第一に倭側の需要を前提として理解すべきものである。ただその一方で、朝鮮半島南部よりも騎馬文化の導入時期が明らかに遅れることを重視すれば、当時の国際環境における朝鮮半島南部諸国の様々な思惑が、日本列島における騎馬文化の導入時期や普及速度に有形無形の影響を与えていたとみることも可能である。それは、筒形銅器や巴形銅器などに象徴される古墳時代前期後半の金官加耶との相互交渉を通じて［朴天秀 1995・1998a、福永 1998 など］、馬具が伝わっていないことからみて、かなりの蓋然性をもっている。倭の軍備増強と直結する馬やそれに関わる技術を朝鮮半島南部諸国が提供する背景には、高句麗の南下政策に起因する切迫した政治状況があった。また初期馬具の多様な系譜からは、高句麗と敵対し、倭に軍事力供与を期待した百済や加耶だけでなく、高句麗の影響下に置かれながらも独自の国家形成を模索した新羅の政治的意図もみてとれる。

　すなわち、倭における騎馬文化導入のメカニズムは、「朝鮮半島への侵略」［小野山 1990：1］をきっかけに騎馬文化が導入されたという倭の立場だけを強調することによっても、「倭と友好関係にあった百済・伽耶が、倭の武力強化を期待して馬とともに馬飼集団の移住を支援した」［千賀 2001：57］という百済・加耶の立場のみを強調することによっても十分に説明できない。受容主体である倭王権の意志を前提としつつも、高句麗の南下という国際環境のもとにせめぎ合いを繰り広げていた朝鮮半島南部諸国の思惑が複雑に交錯する中で、騎馬文化は海を越えて日本列島にまでもたらされたのである。

　このように日本列島各地に馬が定着する過程で、必然的に初期馬具の生産も開始したと考え

られる。初期馬具の生産の萌芽は、日本列島Ⅰ・Ⅱ段階（4世紀後半〜5世紀初）から認められるが、最大の画期はやはり日本列島Ⅲ段階（5世紀前葉〜中葉）である。この段階になると実用的な鑣轡や木心鉄板張輪鐙の生産も始まったと考えられ、装飾馬具の中にも倭で製作されたものが少なからず存在した可能性が高い。それらは、日本列島における馬匹生産が順調に軌道に乗ったことをうかがい知るに十分である。逆にいえば、安定した馬匹供給体制が構築されるのに伴って、倭王権は独自の装飾馬具生産を模索しはじめたのであろう。それが、後続する5世紀後葉以降のf字形鏡板轡と剣菱形杏葉に代表される定型化した装飾馬具の生産体制にどのように繋がっていくのかについては今後の課題とせざるをえないものの、ひとまず倭における独自の装飾馬具生産の出発点として日本列島Ⅲ段階を位置づけておきたい。

註
（1）この問題については、別稿［諫早 近刊 b］を用意している。
（2）桃崎祐輔は、伝・誉田丸山古墳2号鞍については後燕〜北燕期の慕容鮮卑製、1号鞍については百済か大加耶周辺での製作を想定している［桃崎 2004c：103］。
（3）高橋克壽は初期馬具の技術水準に「統一性のないことはその入手先が一定で、かつ一つのルートでストレートに入ってきたのではないことを示している」とみた［高橋 1997：34］。
（4）日本列島Ⅱ段階のⅠA₄式の木心鉄板張輪鐙についても、日本列島内での製作を想定する見解がある［小野山 1990：6-7］。しかし、サイズなどの微細な変化まで朝鮮半島南東部における変遷と一致するという指摘もあるように［内山ほか 1997、内山 2005：65］、南東部からの移入品と渡来工人による製作を峻別するのが難しい。
（5）喇嘛洞ⅡM16号墓例は、龍文透彫を施す点やX字形銜留金具をもつ点においても、新開1号墳例と共通する［桃崎 2004a：21］。
（6）かつて上原和や増田精一は、伝・誉田丸山古墳出土1・2号鞍を含む古墳時代の後輪垂直鞍の系譜を中国南朝に求めた［上原 1964、増田 1974］。また藤井康隆は、氏がⅡA1式とする龍文透彫帯金具の文様変遷の中に1・2号鞍の龍文を位置づけ、両者はその故地を同じくするとした上で、その故地を中国南朝に求めた［藤井康 2001］。
（7）たとえば橋本達也は、眉庇付冑を「日本列島において在来の甲冑様式をベースとし、半島の甲冑、帯金具や冠などの渡来系技術の各種要素を加えて技術統合することで日本列島で独自に開発された製品」とみる［橋本達 1995：427］。
（8）鈴木勉氏と共同で月岡古墳出土品など初期の金工品に対する調査に着手しはじめたところである［諫早ほか 2012］。
（9）新開1号墳の鉄装鞍と眉庇付冑については、「同一規格の型打鋲と考えられるものが存在することから、馬具と甲冑が同一工房で製作された可能性」が指摘されている［塚本 1993b：26］。

遺跡出典　（表に挙げた資料のみ。都道府県ごとに五十音順。）
［福 岡］
池の上6号墳：甘木市教育委員会 1979
久原Ⅰ-1号墳：宗像市教育委員会 1988
瑞王寺古墳：筑後市教育委員会 1984、諫早 2006b
月岡古墳：吉井町教育委員会 2005
［熊 本］
上生上ノ原3号石棺：熊本県立装飾古墳館 2003
八反原古墳群：桃崎 2007

［宮崎］
下北方 5 号地下式横穴墓：宮崎市教育委員会 1977
［岡山］
随庵古墳：総社市教育委員会 1965
［兵庫］
池尻 2 号墳：加古川市教育委員会 1965、置田 1996
行者塚古墳：加古川市教育委員会 1997
宮山古墳：姫路市文化財保護協会 1970・1973
向山 11 号墳：兵庫県教育委員会 1999
［大阪］
小倉東 E1 号墳：枚方市文化財調査研究会 2006、諫早 2006a
御獅子塚古墳：柳本 2005a
狐塚古墳：柳本 2005b
鞍塚古墳：末永 1991
誉田丸山古墳：千賀 1982、吉田珠 1994
七観古墳：樋口ほか 1961、京都大学総合博物館 1997
蔀屋北遺跡：大阪府教育委員会 2010
［奈良］
ウワナベ 5 号墳：末永 1949、服部 1991
南山 4 号墳：阪口俊 1984
ベンショ塚古墳：森下浩 2001
［滋賀］
新開 1 号墳：滋賀県教育委員会 1961
［岐阜］
中八幡古墳：池田町教育委員会 2005
［長野］
新井原 2 号墳：内山ほか 1997
飯綱社古墳：桐原ほか 1984
鳥羽山洞窟：関ほか 2000
物見塚古墳：飯田市教育委員会 1992、内山ほか 1997
［山梨］
甲斐茶塚古墳：山梨県教育委員会 1979
［静岡］
西宮 1 号墳：鈴木– 2004
［群馬］
剣崎長瀞西遺跡：専修大学文学部考古学研究室 2003、松尾 2003
［宮城］
吉ノ内 1 号墳：角田市教育委員会 1992

終章　騎馬文化の東漸とその史的意義

1. 東北アジアにおける装飾騎馬文化の成立

　中国東北部における鏡板轡を指標とする装飾性の高い騎乗用馬具セットの出現は、騎馬の風習を朝鮮半島南部全域、さらには海を越えて日本列島中央部にまで広める契機となった。本章ではこの東北アジア独特の装飾騎馬文化の展開を概観した上で、4〜5世紀の東北アジアで起きた騎馬文化東漸現象の史的意義を明らかにする。まずは、東北アジア独特の装飾騎馬文化の成立過程を探ってみよう。

　東北アジア独特の鏡板轡を指標とする装飾騎馬文化が、最初に出現したのは、再三述べてきたように中国東北部の三燕（慕容鮮卑）である［金斗喆 1993、薫高 1995、桃崎 1999 など］。その出現時期は本書の検討にもとづく限り、4世紀第2四半期を遡ることはない（本書、第2章参照）。鏡板轡、硬式鞍、鐙、杏葉などその後、東北アジア各地に広がっていく装飾馬具セットの基本的な組成は、三燕Ⅰ段階（4世紀第2・3四半期）においてすべて出そろっている。馬冑や馬甲なども含めて、三燕はその後、東北アジア各地に広がっていく騎馬文化の原郷といえよう。東北アジア各地から出土する初期の騎乗用馬具を「鮮卑系馬具」とみなした柳昌煥の見解は、現在までに出土した資料にもとづく限り、まことに正鵠をえたものといえる［柳昌煥 2004a］。この三燕Ⅰ段階の各種装飾馬具には、セットとしての規範が確認されると同時に、桃崎祐輔の指摘するように形・意匠・素材による階層分化が認められることから、前燕王権によって管理された宮廷付属工房のような場所で製作された可能性が高い[1]［桃崎 2004a・c］。

　ところで、鏡板轡を指標とする装飾馬具セットは、そもそもどのような経緯で出現したのであろうか。騎馬遊牧民である慕容鮮卑が、本来どのような馬具を用いていたのかについては、実のところよくわかっていない。前燕建国（337年）以前に遡る鮮卑独特の金工品である三鹿文飾金具（図121：1）［志賀 1988］や、毛利光俊彦［2006］分類Ⅰ類の歩揺付冠飾（図121：2）が、馬具とまったく共伴しないことを考慮すれば、鮮卑には歩揺付冠飾などの地域色の強い着装型金工品を製作・副葬する習慣はあっても、装飾馬具を製作・副葬する習慣は本来なかった可能性が高い。彼らがもとも

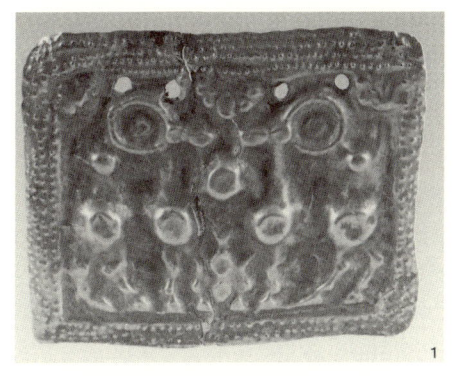

図121　三鹿文飾金具と歩揺付冠飾　（S=1/4、1は縮尺不同）
1：北票 喇嘛洞ⅠM13号墓　2：朝陽 田草溝M2号墓

移入品

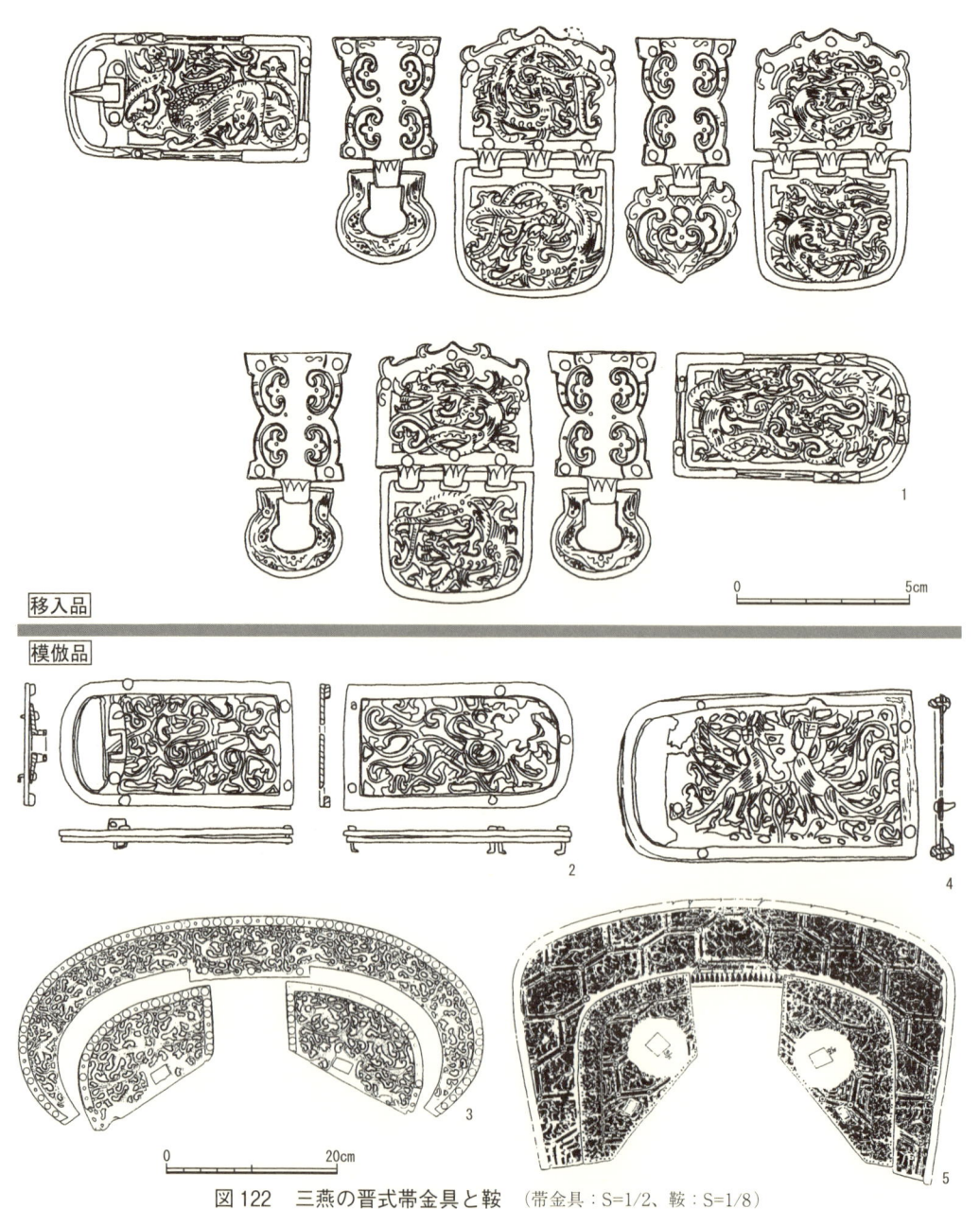

模倣品

図122 三燕の晋式帯金具と鞍 （帯金具：S=1/2、鞍：S=1/8）
1：北票 喇嘛洞ⅡM275号墓　2・3：北票 喇嘛洞ⅡM101号墓　4・5：朝陽 十二台郷磚廠88M1号墓

と住んでいたとされるシラムレン川の北方から大興安嶺周辺にかけての鮮卑墓からも、金銀装の装飾馬具はまったく出土していない［宿白1984、魏堅2004、孫危2007など］。であるならば、この鏡板轡を指標とする装飾騎馬文化は、少なくとも騎馬遊牧を主たる生業としてきた慕容鮮卑固有の文化ではないことになる。みずからの身体を歩揺付冠飾など独特の着装型金工品で着飾ってきた彼らが、装飾馬具で馬を飾り、さらにはそのような装飾馬具一式を墓にまで副葬するに至った契機は何だったのだろうか。もちろん逆半球形飾金具や馬面に取り付けられた心葉形歩揺は、歩揺付冠飾など慕容鮮卑固有の着装型金工品との関係を抜きにしては考えにくい[2]。一方で歩揺

装飾をもつ馬具が基本的に金銅製品であるのに対して、前燕以前に遡る歩搖付冠飾などの着装型金工品はおしなべて金製品である。両者は、原材料やそれらを加工する技術体系がまったく異なる点をふまえれば、三燕における装飾馬具製作の開始は、鍍金技法導入以降のどこか、ということになる。

その時期を推測していくための手がかりは、移入品（舶載品）とその模倣品の存在が明らかな晋式帯金具にある。晋式帯金具とは、晋代に製作され、武官に用いられた金銅製の帯金具で、将軍号などの中国的官位制度と密接に関わる着装型金工品と考えられている［町田 1970］。三燕においては、北票喇嘛洞ⅡM275号墓例（図122：1）のような移入品の晋式帯金具の流入を契機として、漢人工人による模倣品の製作が始まったとされる。その製作開始時期について町田章は、西晋滅亡（316年）を上限とするとみているが［町田 2006：59］、模倣製作されたと考えられている晋式帯金具は、基本的に三燕Ⅰ段階（4世紀第2・3四半期）の馬具と共伴することからみて、西晋滅亡と直接関連づけることには慎重にならざるをえない。共伴する馬具の製作年代をみる限り、現状では藤井康隆のように前燕建国前後に製作を開始したとみておくのが妥当であろう［藤井康 2002：142・2003a：962］。

すなわち金銅製の帯金具と金銅装の装飾馬具は、慕容鮮卑が前燕建国を前後する時期に、ほぼ同時に製作を開始した初期金銅製品ということができる。町田章は、両者が鍍金技法のみならず、龍鳳文透彫といった意匠・装飾技法まで共通し、とりわけ同一墓出土品間に強い関係性が認められることから（図122：2・3と4・5）、前燕王権の管理する宮廷付属工房のような場所で製作され、セットで下賜された可能性が非常に高いとする。さらには、西晋に由来する帯金具に「騎馬民族の至宝ともいえる」馬具を加えて官制に伴う服飾具として制度化されたと考えた［町田 2006：59-60］。3世紀中葉に遼西地方に移住し、定住生活を始めた慕容鮮卑は、漢人流移民を積極的に受け入れながら急成長を遂げ、4世紀前半代には段階的に中国的官僚機構を整備していったことが文献史料から明らかにされている［三崎 2006：53-75］。町田の想定するように前燕王権のもとで製作された帯金具や、それとセットでつくられた可能性の高い同一素材・意匠の装飾馬具が、これらの中国的官位制度と対応する可能性は十分にあるだろう。

一方で、装飾馬具の出現する背景については、古代中国において身分秩序と王権の威儀を示すものとして、歴代王朝に重視された鹵簿[3]制度との関連を想定する見解もある［桃崎 2005c：97・100など］。蘇哲によれば、漢人で前燕建国直前の咸康2年（336）に高句麗へ亡命し、永和13年（357）に没した冬寿の墓と考えられている黄海北道安岳3号墳［科学院 考古学 및 民俗学研究所 1958a、朝鮮遺蹟遺物図鑑編纂委員会 1990］の壁画に描かれた出行図（図123）を通じて、そのような鹵簿制度が前燕建国前後には存在したことが推測され、その隊列の構成や服飾には、西晋および東晋からの強い影響が認められるという［蘇哲 1999・2002・2007］。被葬者をめぐる議論が決着をみていない[4]安岳3号墳に立脚した議論には一抹の不安が残るものの、前燕王権が前燕建国後もしばらくの間は東晋の帝権を認めていたことをふまえれば［三崎 2002］、前燕に東晋の影響を受けた鹵簿制度が存在しても何ら不思議ではない[5]。

このような官位制度や鹵簿制度と、墳墓に副葬された装飾馬具セットとの具体的関係については、今後の課題とせざるをえないものの、前燕建国前後にそれらの諸制度が導入・整備されていく

図123　黄海北道 安岳3号墳の鹵簿出行図

のと軌を一にして、三燕Ⅰ段階の装飾馬具や帯金具の製作が開始することは偶然の一致とは考えにくい。すなわち、三燕Ⅰ段階の装飾馬具は、町田の考えるように前燕王権が王（皇帝）を頂点とする安定した身分秩序を構築するために中国王朝の諸制度を取り入れる中で、服飾とセットで整備された極めて政治性の高い器物であったと考えられる。様々な形・意匠・素材を駆使した各種馬具と、それらを組み合わせることによって完成する多様な馬装は、直接的にはそれを装着した馬を序列化するものであったと考えられるが、必然的にその飾馬の所有者の武官としての序列をも表したのであろう。

　併行する時期の中原で、どのような装飾馬具が製作・使用されていたのかを知る手がかりは、残念ながらほとんどない。とはいえ完成された装飾馬具セットが、帯金具と同時に製作されるに至った背景には、西晋あるいは東晋に、少なくともそのモデルとなりうる装飾馬具セットがあったと考える方が自然だろう[6]。一方で、歩揺が鏤められた飾馬は、慕容鮮卑としてのアイデンティティを強烈に主張するものであり、西晋あるいは東晋の装飾馬具をそのまま模倣したとも考えにくい[7]。中国北方の帯金具製作に伝統的に用いられてきた鉄地金張技法や［町田 2006］、それをベースに鍍金技術の導入を契機として出現したとみられる鉄地金銅張技法による馬具の製作は、三燕における独自の展開として評価しうる。

　以上を整理すると、三燕Ⅰ段階の装飾馬具セットの成立は、安定した身分秩序の構築を目指す前燕王権のもとになされた、極めて政治的な現象として評価できる。前燕王権がこの時期に導入した官位制度や鹵簿制度を可視化する身分表象の一環として、独自の装飾馬具セットは創出されたのであろう。その出現は、基本的には遼西地方で定住生活を営みはじめ、中国王朝の諸制度を取り入れる中で急成長を遂げた慕容鮮卑の漢化（中国化）現象の一端として理解することが可能である。一方でその馬装にみられる独自性には、独自の装飾馬装の創出を試みた前燕王権の明確な意図が読みとれる。その意味において、前燕の装飾馬具セットや装飾騎馬文化は、まさしく胡漢融合の装飾馬具セット、胡漢融合の装飾騎馬文化であったといえるだろう。

　その成立時期が、慕容皝（在位333～348年）が337年に燕王を自称し、東晋の支配から離脱していく時期とおおむね対応することをふまえれば、胡漢融合の装飾馬具セット・装飾騎馬文化の成立は、胡族王権がみずからを中国正統王朝として位置づける「中華」意識や「天下」観の形成［川本 2005：316-319 など］とも密接に関わるものであった可能性が高い。中国的官位制度にもとづく帯金具（服飾）に、装飾馬具（飾馬）を加えた独自の身分表象は、前燕王権が王（皇帝）を頂点とする世界秩序をビジュアルに表現するための装置であったといってよい。ただし、それがあく

まで礼制にもとづく中国の伝統的な世界秩序を模倣したものに留まったことは、改めていうまでもないだろう［川本 2005：320-322］。

　なお三燕Ⅱ段階の馬具を通じて、後・北燕代にも装飾騎馬文化の存在が推測される。しかし良好な一括資料に恵まれず、その実態は必ずしも明らかではない。ただ、少なくとも三燕Ⅰ段階の装飾馬具が三燕Ⅱ段階にそのまま継承されたわけではないことは確かであり、馬具副葬行為自体も三燕Ⅰ段階に比べると低調であったようである[8]。

2. 東北アジアにおける装飾騎馬文化の拡散

(1) 高句麗における装飾騎馬文化の受容と展開

　前燕で建国を前後する時期に成立した鏡板轡を指標とする装飾騎馬文化は、その後どのようにして隣接する高句麗、さらには朝鮮半島南部諸国や倭へと伝わっていったのであろうか。第2章でみたように、高句麗ではすでに原三国時代から馬具が出土し、高句麗Ⅲ段階（4世紀前葉～中葉）には立聞式鑣轡と金銅製の歩搖付菊形飾金具などからなる独自の装飾馬装が成立していたと考えられる。前燕で成立した鏡板轡を指標とする装飾馬具セットの出現以前に、それとは系統を異にする装飾馬具が出現する背景として、楽浪・帯方郡の衰退・滅亡と連動する高句麗自身の急成長があったことは想像に難くない［李成市 2006 など］。それらの地域などから流入した漢人工人を王権が掌握することで、高句麗における各種金工品の製作は始まったとみられる。

　このように独自の金工品製作基盤を整えつつあった高句麗に、前燕で成立した鏡板轡を指標とする装飾騎馬文化が伝わるのは、現在の資料にもとづく限り高句麗Ⅳ段階（4世紀後葉）以降である。この段階に新たに出現する装飾馬具セットは、歩搖付菊形飾金具など前代までの高句麗馬具の伝統を引き継ぎつつも、その組成や装飾性に大きな飛躍が認められる。その導入過程を具体的に知りうる実物資料は、残念ながらまだ出土していない。ただ、第2章で設定した併行関係にもとづく限り、三燕Ⅰ段階の鏡板轡を指標とする装飾馬具セットがすぐさま高句麗に波及したわけではない。すなわちその導入は、342年に前燕に歴史的敗北を喫して以降、しばらく続いた従属的関係の中でなされたわけではなく、前燕滅亡後、小獣林王代（在位 371～384 年）以降の復興の中で進められたようである。この点は、高句麗Ⅲ段階にはすでに導入されたと考えられる馬冑や馬甲のような甲騎具装の様相とは［神谷 2006］、非常に対照的である。

　前燕に由来する装飾馬具セットが高句麗に受容される過程で、本来身分表象の一環であった装飾馬具セットのもつ意味が、どのように変容したのかを考古資料から具体的に説明することは難しい。ただ、太王陵出土馬具をはじめとする高句麗Ⅳ段階の各種装飾馬具から、広開土王代（在位 391～412 年）には材質などにもとづく装飾馬具の階層分化が認められるという指摘に加えて［桃崎 2005a：123］、この頃にはすでに高句麗においても「上下序列的な秩序体系に整備された十三等構造の官位制が展開した」という武田幸男の見解をふまえれば［武田 1989：398］、高句麗Ⅳ段階に成立する装飾馬具セットが、そういった高句麗内で整備されつつあった官位制度と無関係であったとは考えにくい。このことは、新羅における装飾馬具セットの成立背景をふまえることによって、より一層明確となる。

ところで、高句麗Ⅳ段階の馬具に新たにみられる要素の多くは、三燕Ⅰ段階の馬具にすでに認められるものであったが、だからといって、高句麗は前燕で完成した装飾馬具セットをそのまま受容したわけではない。たとえば前燕では圭形杏葉が主体的であったのに対し[9]、高句麗では心葉形杏葉をこれ以後も長期に渡って採用している点や、三燕Ⅰ段階の歩揺付逆半球形飾金具にみられる筒金を在来の歩揺付菊形飾金具に導入する現象からは、前燕の装飾馬具をそのまま模倣するのではなく、適宜取捨選択しアレンジを加えていた様子をうかがうことができる。また、三燕Ⅱ段階の馬具には高句麗に由来する歩揺付菊形飾金具がみられるなど、両国間の影響関係は決して一方的なものではなく、少なくとも三燕Ⅱ段階≒高句麗Ⅳ段階においては双方向的なものであったようである。この他にも、三燕Ⅰ段階の鞍は洲浜・磯分離鞍であるのに対し、高句麗の鞍は洲浜・磯一体鞍であり、その系譜は三燕以外に求められる可能性が高い。

　このように高句麗王権は、鏡板轡を指標とする前燕の装飾馬具セットをそのまま模倣するのではなく、取捨選択やアレンジを加えながら高句麗独自の装飾馬具セットを創出したと考えられる。その後の高句麗における装飾馬具の展開については、判然としないものの、少なくとも馬具が墳墓に副葬される高句麗Ⅴ段階（5世紀前葉～）までは高句麗Ⅳ段階と同じような装飾馬具生産体制が維持されたとみてよい。6世紀代になると馬具副葬行為自体はおおむね終焉を迎えたようであるが、高句麗Ⅵ段階（5世紀後葉～）の山城出土馬具などを通じて、そのような装飾馬具が製作・使用されつづけていたことを、おぼろげながら推察することができる。

（2）朝鮮半島南部諸国における装飾騎馬文化の受容と展開

　次に鏡板轡を指標とする装飾騎馬文化が、どのようにして朝鮮半島南部諸国に伝わっていったのかについてみてみよう。楽浪郡などとの関係のもと、原三国時代から馬具が確認される朝鮮半島南部に、鏡板轡A類が出現するのは、三国時代Ⅰ段階後半（4世紀中葉～後葉）である。朝鮮半島南部独特の多條捩り引手をもつ資料の存在から、この頃には早くも朝鮮半島南部のいくつかの地域において、鏡板轡A類の製作を開始していたと考えられる。すなわち鏡板轡A類は、前燕における出現とほぼ時間差なく、朝鮮半島南部にまで伝わったようである。この段階の馬具が、いくつかの王権所在地を中心とする限定的な分布に留まったことをふまえれば、各地における騎馬文化の導入やそれに伴って始まった騎乗用馬具の生産も、基本的には王権単位で展開した可能性が高い。

　なお、現在までに報告されている資料による限り、朝鮮半島南部諸国は高句麗よりも先に鏡板轡A類を導入したことになるが、当時の歴史的状況や東北アジアの地理的環境からいって、それは考えにくい。三国時代Ⅰ段階前半の立聞式鑣轡や三国時代Ⅱ段階の環板轡B類、三国時代Ⅲ段階の木心鉄板張輪鐙にみられる踏込鋲などの出現に、高句麗からの影響が想定されることをふまえれば、おそらくは高句麗にも4世紀中葉に遡る鏡板轡A類が存在し、高句麗を介して朝鮮半島南部各地へ伝わっていったと想定しておくのが自然であろう。

　ところで、同時期の三燕や高句麗では金銅装の装飾馬具がかなり普及していた様子がうかがえるのに対して、この段階の朝鮮半島南部の馬具は、鉄と、木や鹿角などの有機物からなる簡素な馬装に留まった。もちろん多條捩り引手をもつ大成洞2号墳の青銅製楕円形鏡板轡A類などか

ら、金官加耶では鋳銅製馬具の製作がおこなわれていたと考えられる。また、慶州月城路カ-13号墳の銅地金銅張鏡板轡A類が慶州地域で製作されたのであれば［李熙濬 1996a］、新羅ではいち早く金銅装馬具の製作がおこなわれた可能性もある。しかし、たとえそうだとしても三燕Ⅰ段階（4世紀第2・3四半期）、あるいは高句麗Ⅳ段階（4世紀後葉～5世紀初）に相次いで成立した装飾馬具セットとは、明確に区別しておくべきであろう。

　いずれにせよ三国時代Ⅰ段階後半における鏡板轡A類や杏葉の出現は、直接的であれ間接的であれ、中国東北部で成立した装飾騎馬文化との関係なしには説明しがたい。一方で、朝鮮半島南部に伝わるまでの間にセット関係が大きく崩れ、鍍金技法や透彫技法といった装飾技法に象徴される様々な要素も欠落してしまったことも同時に注意しておかねばならない。このような状況は三国時代Ⅱ段階（4世紀末～5世紀初）においても基本的に変わるところはない。朝鮮半島南部における三燕Ⅰ段階、あるいは高句麗Ⅳ段階の装飾馬具セットと対比しうる定型性の高い装飾馬具セットが朝鮮半島南部に出現するのは、三国時代Ⅲ段階（5世紀前葉～中葉）まで待たねばならないようである。

　朝鮮半島南部において、定型性の高い装飾馬具セットの製作を最初に開始した地域は、洛東江以東地方、すなわち新羅であった。それが高句麗からの強い影響を受けていたであろうことは、これまでも多くの研究者によって指摘されてきたとおりである［千賀 1985 など］。個々の馬具の形や装飾技法から、馬装全体のグランドデザインに至るまで、高句麗との関係抜きに新羅における装飾馬具セットの成立を論ずることはできない。この新羅Ⅲ段階における装飾馬具セット成立の前提として、新羅の高句麗に対する長年に渡る従属的関係［末松 1954、武田幸 1989］があったことは疑いの余地がないだろう。

　その一方で、扁円魚尾形杏葉という独自の杏葉形式を創出し、高句麗において王陵級古墳出土馬具にも採用されてきた心葉形杏葉よりも上位形式として位置づけたり、玉虫やイモガイといった高句麗では入手困難な素材を用いた装飾馬具を製作し、最上位階層の馬具として採用するといった、新羅独自の展開が当初から認められることをふまえれば、その成立は高句麗に対する従属していた時期ではなく、そこから離脱していく過程で起こったとみるべきである。すなわち、新羅独自の馬装秩序の構築は、訥祇王代（在位417～458年）に始まる新羅の「脱高句麗化」［井上直 2000］の一環として理解される。

　この新羅王を頂点とする序列化の動きは装飾馬具だけでなく、ほぼ同時に出現する冠、耳飾、帯金具、装飾大刀などの着装型金工品にも認められる［李熙濬 2002 など］。第8章でみたようにそれらの一部と装飾馬具セットの間には、意匠や材質の共有が認められることから、新羅においても、装飾馬具セットは服飾の一部である着装型金工品と製作・使用・廃棄のプロセスを同じくする極めて属人性の高い器物であったと考えられる。つまり形・意匠・素材によってつくりわけされた装飾馬具を着装した飾馬は、人に着装する服飾と同様に、その馬の所有者の新羅内における身分を何らかのかたちで反映しているとみてよい。このような新羅において装飾馬具に付託された社会的機能が、高句麗にもあり、また高句麗を介してそれが新羅に伝わったと考えることは、新羅における装飾馬具セット成立の経緯や中原高句麗碑にみられる服飾下賜の記事からみて、極めて自然であろう［李漢祥 1995 など］。ただし、新羅における官位制の成立は520年のいわゆる

「律令」頒示[10]を遡りえず［武田幸 1974・1997 など］、また新羅においては、装飾馬具セットや着装型金工品にみられる序列が、女性や子供を被葬者とする古墳出土品にも認められる点をふまえると［金龍星 1998、李熙濬 2002］、高句麗から新羅へ伝わる過程で、装飾馬具のもつ意味も大きく変容していた可能性が高い。

いずれにせよ、5世紀前葉から中葉にかけて独自の装飾馬具セットを整備していった新羅に対して、複数の地域で馬具生産がおこなわれていたとみられる洛東江以西地方、すなわち加耶における独自の装飾馬具セットの成立を一概に論ずることは難しい。たとえば、新羅や百済とともに、三国時代Ⅰ段階後半に鏡板轡A類の製作をおこなっていたとみられる金官加耶では、新羅Ⅲ段階でみられるような定型性をもった装飾馬具セットは、ついに製作されなかった（本書、第7章参照）。これは単に馬具だけに留まる問題ではなく、5世紀代に入り金海大成洞古墳群における大型墓の築造が終焉を迎えることとも対応する。

これに対し大加耶では、大加耶Ⅱ段階（5世紀前葉～中葉）には新羅および百済からの強い影響を受けながらも、独自の装飾馬具生産を始めたようである。ただし、この段階はまだ個別的・散発的な生産に留まり、着装型金工品との関係も密接とはいいがたい。後続する大加耶Ⅲ段階（5世紀後葉～末）になると、剣菱形杏葉を指標とする大加耶独自の装飾馬具セットの製作を開始する。それらは、百済や倭との共通性と新羅との差異性を兼ね備えていることからして、先行する新羅における装飾馬具セットの成立を強く意識したものであったとみられる。また、素材や装飾技法に着装型金工品と共通性が認められることから（本書、第9章参照）、この段階には服飾と一連の装飾馬具生産が大加耶でも始まったようである。その成立時期は、他の考古資料をみると大加耶様式の土器や墓制、金工品が高霊以外の地域に広く拡散していく時期に［朴天秀 1996 など］、そして文献史料をみると大加耶単独による中国南斉への遣使（479年）がおこなわれた時期にまさにあたることから、大加耶独自の装飾馬具の成立も、基本的には大加耶王権自体の伸長を直接の契機としたのであろう[11]。

しかし、大加耶における装飾馬具生産は、あくまで王とそれに準ずる人々のための限定的な生産に留まったようである。また装飾馬具の形態もその時その時の大加耶王権を取り巻く国際環境に合わせて変化していく。独自の装飾馬具製作基盤を維持しつつも、独自の装飾馬具伝統は最後まで形成されなかった。このような状況は、基本的には大加耶内における王権への権力の統合や王を頂点とする階層分化が新羅などに比べて進まなかったことに起因するものと考えられるが［田中後 1992］、以下に述べる百済の騎馬文化の影響を受けていた可能性も完全には排除できない。

中西部を中心とする百済では、新羅や加耶に比して装飾馬具の製作は活発でない。定型性をもった百済独自の装飾馬具セットは、ついに抽出できなかった。もちろん古墳副葬品に依存した議論には限界もあるだろう。ただ、百済Ⅲ段階（5世紀前葉～中葉）以降に製作が本格化したと考えられている金銅冠や金銅製飾履、装飾大刀などと共伴する馬具をみる限り［李漢祥 2007b］、それらの着装型金工品に比べて、装飾馬具の製作が低調であったことだけは確かである。すなわち、漢城期においては、着装型金工品と装飾馬具がセットで製作・副葬されることは基本的になかった。百済王陵で唯一、副葬品の全容を知ることのできる公州武寧王陵（523年没、525年埋葬）から、豊富な着装型金工品が出土したにも関わらず、馬具が1点も出土していないことをふまえれ

ば、これは百済の騎馬文化の一貫した特徴とみてもよいだろう。

　百済Ⅲ段階には定型性の高い騎乗用馬具セットが大量に生産されるなど、決して騎馬の風習自体が低調であったわけではないにも関わらず、百済の騎馬文化には、中国東北部から朝鮮半島北部を経て、朝鮮半島南部や日本列島へと広がっていく装飾騎馬文化からは逸脱した部分が多く認められる。その理由を具体的な証拠を挙げて説明することは難しいけれども、第一には高句麗との恒常的な敵対関係が、服飾と飾馬の一体化した身分表象の受容を妨げていた可能性がある。また、馬具非副葬地域である中国南朝との密接な関係が、百済の装飾騎馬文化にも有形無形の影響を与えていた可能性も十分ある[12]。

(3) 倭における装飾騎馬文化の受容と展開

　最後に、日本列島中央部、すなわち倭において鏡板轡を指標とする装飾騎馬文化がどのように受容されたのかについて整理する。古墳時代以前における馬自体の存在が稀薄な日本列島に馬具が出現しはじめるのは、日本列島Ⅰ段階、すなわち4世紀後葉から末にかけてのことである。この段階の馬具はまだ類例が少ないものの、鏡板轡A類を含むことから基本的には中国東北部で成立した装飾騎馬文化の延長線上に位置づけてよい。ただし、それらの中に中国東北部から直接もたらされたといえるものはほとんどなく、この段階を含めて日本列島の初期馬具の直接的な系譜は、基本的に朝鮮半島南部諸国に求められた。これは海に四周を囲まれた日本列島の地理的環境を考えた時、馬具の輸入に併行して、あるいはその前提として進められたであろう馬匹自体の安定した供給元が、それらの地域に限定されたであろうことからも容易に推測される。

　こうして始まる日本列島の騎馬文化は、少なくとも初期馬具の系譜をみる限り多様で、決して特定地域との関係のみで説明できるものではない。この事実は、騎馬文化の導入契機が外部からの侵入などによるものではなく、基本的には倭側の需要にあったことを雄弁に物語るものである。また、日本列島Ⅰ段階からⅢ段階にかけて、徐々にではあるが、急速に初期馬具の分布範囲が東へ広がっていく現象（図118）は、朝鮮半島南部各地と日本列島各地の地域間交流だけでは十分に説明できない。短期間のうちに騎馬文化を日本列島に根付かせようとした当時の倭王権の強い意志を読みとることが可能であろう。

　倭王権を中心に遂行された騎馬文化導入のひとまずの帰結点は、5世紀後葉以降に起きたf字形鏡板轡・剣菱形杏葉を指標とする定型性の高い装飾馬具セットの生産開始に求められる。一方で装飾馬具セットの製作開始自体は、その直前の日本列島Ⅲ段階（5世紀前葉～中葉）にまで遡る可能性が高い（本書、第14章参照）。それらは、東アジアのどの地域にも同じものを探しえない独自の装飾馬具セットであり、様々な地域から渡来した工人が倭王権の掌握する工房内で再編成されることによって初めてその製作が可能となったものと考えられる。またそれらの中に、同時期に創出された眉庇付冑などの金銅装甲冑と共通した意匠や装飾技法によって製作されたものが存在することは注目に値する［橋本達1995］。それらを通じて、新羅における定型性の高い装飾馬具セットの成立とほぼ同時期に、倭王権の主導のもと、定型性こそ低いものの、独自の装飾馬具製作がおこなわれていた様子がうかがえる。またそれが、眉庇付冑や短甲といった倭の特徴的な武具の製作と一体で展開していった点に、倭の独自性を見出すことも可能であろう。

それが始まった5世紀前葉～中葉は、300年以上に渡る古墳時代の中で最も巨大な前方後円墳が築造され、倭の五王によって150年ぶりに中国遣使がなされ、「府官制」[13][鈴木靖 1984・2002 など]が導入されるなど、王権が大きく伸長していった時期にあたる[14]。ただし、この段階の装飾馬具生産は、あくまで特定個人のための特注品の水準に留まったとみられ、同時期の新羅で確認されるような馬具の階層分化は、5世紀後葉にf字形鏡板轡や剣菱形杏葉を指標とする定型性の高い装飾馬具セットが成立して以降に起こったようである[中條 1998]。それらの定型性の高い装飾馬具セットの成立過程については、本書では追究できなかったものの、その成立時期からして、ワカタケル大王＝雄略天皇の治世にみられる倭独自の「天下」観[西嶋 1985など]の形成や、「人制」[直木 1958など]などの政治組織の整備と連動するものであったのかもしれない。

3. 騎馬文化の東漸とその史的意義

　ここからは、当該期に起こった騎馬文化東漸現象の史的意義を論じた上で、「民族移動」に代わる新しい騎馬文化伝播モデルを提示する。

　騎馬文化が、野生馬の本来棲息していない地域に伝わっていく第一の理由は、序章でも述べたように陸上における移動手段としての優秀性にあったことは大方の想像のつくところであろう。家畜としての馬の用途がそれだけに留まらなかったことはいうまでもないが、そのことはここではさほど重要ではない。ここで問題となるのは、ユーラシア草原地帯で遥か昔に始まっていた騎馬の風習が、なぜ当該期になるまで伝わらなかったのか、である。海によって大陸と隔てられている日本列島はともかく、ユーラシア草原地帯と地続きの関係にあり、中国東北部の青銅器文化の影響を強く受けたことが明らかな朝鮮半島南部において、原三国時代以前に馬飼育が認められない理由を、明快な根拠をもって説明することは難しい。しかし、大型哺乳動物である馬を飼育・繁殖させることにかかるコストを想像すれば、青銅器時代の朝鮮半島南部の生産力や社会的統合度の未熟さが、家畜としての馬の普及を妨げていたことは事実であろう。いずれにせよ騎馬文化の伝播は、それをもつ地域ともたない地域の日常的接触を通じて、必ずしも起こるわけではない。

　4～5世紀にかけて騎馬文化が徐々に東へ広がっていく背景には、中国における統一王朝の崩壊に端を発する「東アジア世界」[西嶋 1983・2000など]全体の流動化があったとみられる。311年の永嘉の乱による西晋滅亡（316年）の余波は、当然、東北アジアにも波及し、それまで400年の長きに渡って東夷諸族を抑圧してきた楽浪郡が、高句麗の攻撃を受けて313年に滅亡する。そのような流れの中で、騎馬武装した高句麗の脅威が直接及ぶようになった朝鮮半島南部諸国において、騎馬の導入が急がれたことは想像に難くない。4世紀前半のことである。導入の目的が軍事利用を第一とするものであったことは、その出現が武装体系の変化と連動することを通じて容易に理解される[金斗喆 2000：292-308、成正鏞 2000：97]。農業生産力の発展や鉄をめぐる交易により社会的統合度が高まり、朝鮮半島南部各地で王権が成立したことに加えて、原三国時代からすでに一定数の馬が飼育されていたこともあって、この頃には大量の馬を組織的に飼育する社会的・経済的基盤も整っていたのであろう。

終章　騎馬文化の東漸とその史的意義

　朝鮮半島南部諸国に対し、倭の騎馬文化導入は若干遅れたようである。その理由は、古墳時代前期においてはまだ、馬に対する倭側の需要が、それを海路輸入するリスクや飼育にかかるコストよりも低かったことにあるのかもしれない。一方で、朝鮮半島南部諸国が後背に位置する大国である倭の騎馬武装化を警戒していたとみることもできるだろう[15]。そのように複眼的にみることによって初めて、筒形銅器や巴形銅器などの儀器の共有に象徴される倭と金官加耶の密接な相互交渉の中で、鉄製甲冑の技術は伝わったものの［橋本達1998：72］（それも鋲留技法は欠落したかたちであったが）、騎馬の風習が伝わらなかった理由を整合的に説明することが可能となる。

　日本列島に馬や馬具がもたらされはじめる4世紀後葉～末は、朝鮮半島南部、とりわけ百済において高句麗の南下がいよいよ現実問題となってきた時にあたることは決して偶然ではない。応神紀の百済王による貢馬記事や、百済と金官加耶に系譜を求められる初期馬具の存在は、加耶を介した倭との軍事同盟によって、局面の打開を図ろうとした百済王権の政治的意図をうかがい知るに十分である［吉田晶2001など］。ただし、この段階の騎馬文化の普及具合から考えて、この軍事同盟もあくまで形式的・象徴的な関係に留まった可能性が高く、歩兵主体の倭軍は少なくとも400年・404年の2度に渡って高句麗軍に敗北を喫することとなる。この敗北が、倭を騎馬の本格的導入に向かわせる決定的な契機となったことは明らかである。それと同時に、427年に高句麗が平壌に遷都し、ますます朝鮮半島南部諸国に対する軍事的圧力を強めていく中で、倭に「傭兵」的な軍事力供与［吉田晶1999］や馬匹供給地としての役割を期待した百済・加耶や［白石太2000、千賀2001など］、高句麗と倭の双方に「質」を送るなど厳しい立場［木村2004など］にあった新羅の政治的意図もあって、馬やそれに関わる人・モノ・情報（知識・技術）の海峡を越えた移動が比較的スムーズに展開したのであろう。

　『日本書紀』には6世紀代になると倭が百済へ馬を送ったという記述がしばしば登場し、馬具の出土量からいっても、その頃には相当数の馬が日本列島で飼育されていたとみられる[16]。4世紀代には馬のほとんどいなかった日本列島に、極めて短期間の間に、騎馬文化が普及・定着していった最大の要因は、「騎馬民族」の侵入・征服でも、倭の朝鮮半島における軍事活動に伴う略奪でもなく、高句麗南下政策を基軸とする当時の東北アジアの国際情勢の中で、受容主体である倭と、供給元である朝鮮半島南部諸国、双方の利害が一致したことに求められる。騎馬文化受容のメカニズムは、決して倭側の視点のみでは説明できない。

　以上をまとめると、騎馬文化は、生産力の増大や社会的統合の進展によって東北アジア各地に形成された王権の存在を前提とし、「東アジア世界」全体の流動化に伴う諸王権間の競合関係の中で、玉突き現象のように東へ伝わっていったと考えられる。もちろん騎馬文化の伝達プロセスは、王権間の関係だけで説明できるわけではない。騎馬文化の伝播は、馬の飼育・調教や馬具製作の専門性を考えると、馬だけでなく馬飼集団・馬具工人の移動を伴うものであったと考えられるが、彼らの移動の契機は戦争、同盟、あるいは政治的亡命や避難など様々であっただろう。各地域における王権の権力が相対的優位に留まったと考えられる当該期においては、王権を介さない独自の動きも当然想定されてしかるべきである。だがそれらは、東北アジア独特の装飾騎馬文化を下支えするものではあっても、それを規定するものでは決してなかった。東北アジアに広がる装飾馬具の地域性は、装飾馬具工人が各王権の膝下に集約されることによって初めて説明が

可能となる。であれば、そのような装飾馬具が身分表象の道具となりえた前提としての騎馬の普及に関しても、各王権が主導的な役割を果たしていたと考えるのが素直であろう。騎馬文化の導入・普及に果たした王権の存在は、海に四周を囲まれた日本列島においては、なおさら重要なものであったはずである［諫早 近刊b］。

　要するに、江上波夫が「騎馬民族」移動の産物とみなした東北アジアにおける騎馬文化の伝播は、各国を取り巻く国際環境の中で、馬やそれに関わるあらゆる人・モノ・情報（知識・技術）に対して、各王権が主体的にアクセスし、それを各地域社会に普及・定着させることによって起こったと考えられる。各王権は、騎馬のもつ軍事力によって、他国との、そして国内における様々な交渉を優位に進めようとしたに違いない。しかし軍事力としての需要は、東北アジア以外の地域における騎馬文化の伝播にもあてはまる一般論であり、それだけをもって東北アジアの多くの地域が経験した騎馬の普及→独自の装飾馬具セットの成立という一連の階梯は、説明することができない。

　第1節で明らかにしたように、前燕で成立した服飾（着装型金工品）と飾馬（装飾馬具セット）が一体となった身分表象は、みずからを頂点とする世界秩序を構築しようと試みた前燕王権の「中華」意識の昂揚と、決して無縁ではない。前燕王権は馬装に独自の秩序づけ、意味づけをおこなうことによって、東晋とは異なる独自の世界秩序を国内外に可視的に表現しようとしたと考えられる。川本芳明が指摘するように、それはあくまで中国文明が育んできた世界秩序の模倣に留まったが［川本 2005：320-322］、一方で、漢族以外が中国正統王朝となる道を切り拓いた点において「東アジア世界」の歴史の中で画期的な出来事であった。このような「中華」意識にもとづく独自の世界秩序の構築自体は、決して前燕のみに起こった特殊な現象ではなく、華北で興亡を繰り広げた多くの胡族王権が試みていたようである［三崎 2002 など］。それらを考古資料から復元していく作業は今後の課題であるが、いずれにせよこのような五胡十六国時代に生み出された新しい世界観は、南北朝時代以降も北魏を嚆矢とする「拓跋国家」［杉山 1997］に継承され、ついには隋唐帝国を生み出す基盤となった。

　話をもとに戻そう。この前燕の身分表象は、王を頂点とする独自の秩序を各王権みずからが創出しえた点において、新興の東夷の諸王権にとってもまた都合の良いものであったと考えられる。武人としての序列を、材質や意匠によって格差づけされた服飾（着装型金工品）と飾馬（装飾馬具セット）で可視的に表現する点は、これらの地域において、時として礼制にもとづく中国的官位以上に効果的であっただろう。各王権がそれぞれの歴史的状況の中で、独自の着装型金工品や装飾馬具の生産を始めた理由は、明白である（図124）。

　ただし、この身分表象は、国内における王権の軍事的優位を前提とする極めて脆弱なものであった。もちろん軍事的優位自体は、王権ごとにその事情は異なるだろうが、騎馬の導入によってさらに促進されたであろう。一方で、三国時代・古墳時代の間は、王権の軍事優位はあくまで相対的なものに留まったと考えられる。王権を支える基盤が不安定であったことは、各王権が三国時代・古墳時代を通して断続的に中国王朝へ遣使し、みずからの王号や将軍号の叙正に留まらず、時には臣下に対する将軍号、郡太守号の仮授権さえ求めたことを通じて容易に理解される。このように依然として求心力を維持していた中国王朝の権威にもとづく伝統的な身分秩序と、

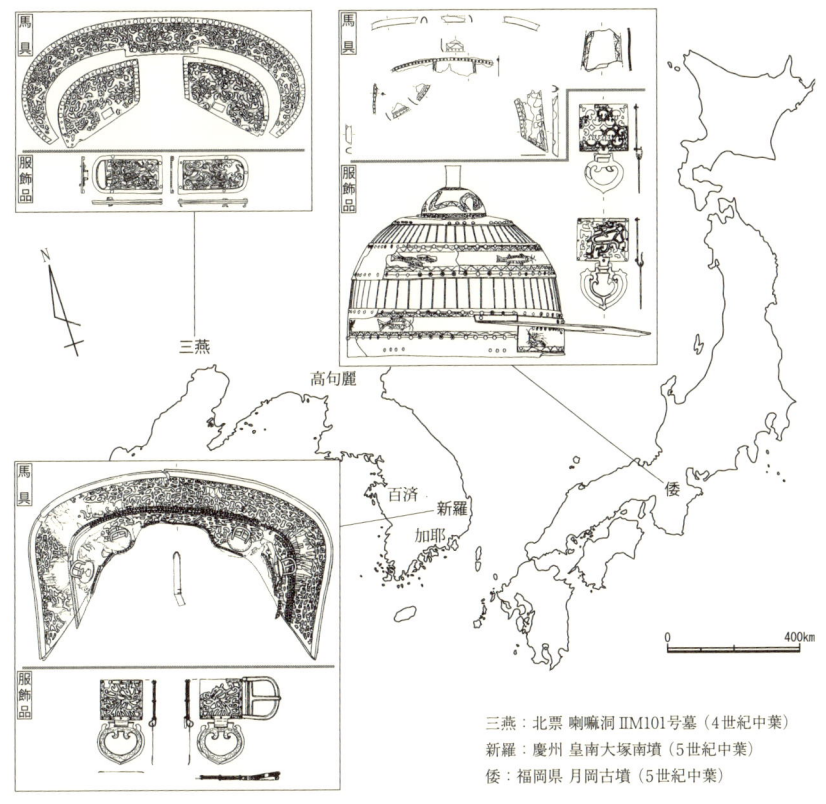

終章　騎馬文化の東漸とその史的意義

三燕：北票 喇嘛洞ⅡM101号墓（4世紀中葉）
新羅：慶州 皇南大塚南墳（5世紀中葉）
倭：福岡県 月岡古墳（5世紀中葉）

図124　東北アジア各地の着装型金工品と装飾馬具　（縮尺不同）

軍事的基盤に立脚する各王権の創出した可視的な身分秩序の間の微妙なバランスの差が、各地に地域色の強い装飾騎馬文化が形成されていく要因となったのであろう。

当該期には騎馬文化に限らず、様々な先進文物・知識・技術が東北アジアに拡散し、各地において国家形成が飛躍的に進んでいった［李成市 1998 など］。そのように各地で国家形成が共時的に進んでいく理由としては、もちろん西嶋定生の説くように中国王朝と個別的に結ばれた冊封によるところもあったかもしれない［西嶋 1983］。しかし騎馬文化の拡散に関しては、そういった中国王朝を中心とする放射状の関係以上に、隣接する発展段階の異なる王権間の競合関係が重要な役割を果たしたようである。そのことは、「東アジア諸国における文化の伝播過程を子細に見てみれば、中国皇帝と周辺諸国の君長との二国間関係に規定されるというよりは、中国文明が周辺諸国に伝播、受容される過程には、中国との関係以上に、周辺諸民族相互間の関係の中で、中国文明の伝播と受容されている事実がむしろ顕著である」［李成市 2006：80］という李成市の言葉に言い尽くされている。

だがそれは、直接的には李の考えるように高句麗を介して朝鮮半島南部諸国や倭に伝わったのかもしれないが［李成市 2006］、決して高句麗を起点とするものではなかった。東北アジアの諸王権に広がる「中華」意識や「天下」観が漢族以外の王権に定着する過程には、五胡十六国時代における胡漢の葛藤があったことは周知の事実であり［川本 2005］、李成市の説く「脱中国化のための中国化」［李成市 2000：77］の動きは、すでに華北の胡族王権の中で起こっていた（それを「中国

305

史」という一国史の枠組みの中に押し込めるのであれば話は変わってくるのだろうが）。前燕で出現した装飾騎馬文化は、まさしくそのような「脱中国化のための中国化」の産物といえる。であれば、東北アジア各地へ「文明の媒介」［李成市 2006：81］をした高句麗の役割と同じくらいに、いやそれ以上に、「文明の咀嚼」をした慕容鮮卑・三燕が東夷諸族の国家形成に与えた影響を積極的に評価してもいいだろう。東北アジア各地に広がった装飾騎馬文化は、その何よりの証拠である。

こうして各王権の主体的導入によってなされた騎馬文化の東漸は、東北アジアの一体化と、それぞれの地域における独自の国家形成という一見矛盾した動きを同時に加速化させていく契機となった。古代国家の成立はもちろん、現在の東アジアの国際関係さえも規定しうる重要な変化が、この時期に起こったのである。騎馬文化東漸の史的意義を、今わたくしはこのように考えている。

註

（1）神谷正弘は、三燕の馬具・甲冑・馬冑・馬甲について、郡県制から区別された軍営に属し、各地の食料・衣料・兵器などの生産に携わったとされる「営戸」［谷川 1971：88-99］ごとに、個別に生産されたと推測している［神谷 2006：139］。しかし本書の検討による限り、少なくとも装飾馬具に関してはそのように考えることはできない。

（2）『晋書』慕容廆載記には、慕容鮮卑の始祖とされる莫護跋が歩揺冠を好み、「歩揺」の音が訛って「慕容」となったと記録されている。なお、後漢代の檀石槐のもとに仕えた大人の中にも「慕容」の名がすでにみられるが、これが後の慕容鮮卑に相当するものかどうかについては明らかでない［谷川 1971：69］。

（3）皇帝あるいは貴族が出行するときの儀仗と護衛の列［蘇哲 2002：113］。

（4）安岳3号墳の被葬者については前燕からの亡命漢人である冬寿とみるのが一般的だが、美川王（在位 300～331 年）や故国原王（在位 331～371 年）とみる見解もある。

（5）ただし『晋書』輿服志などによれば、晋代の鹵簿の主役（皇帝・貴族）は牛車に乗っていたはずであるが、そのことを示す実物資料は三燕ではまだ確認されていない。安岳3号墳の鹵簿出行図の中心には牛車が描かれているものの、これが前燕あるいは高句麗の一般的な様相であったどうかについては、慎重に判断する必要がある。

（6）たとえば鐙については、西晋代に騎乗の下手な漢人によって発明されたと考えられている［樋口 1972］。また田立坤によれば文献史料と図像資料から、中原では遅くとも後漢末には金銅装の硬式鞍が出現していた可能性もある［田立坤 2006］。

（7）北燕代の馮素弗墓出土の歩揺付蝉文龕形冠飾についても同様の解釈がなされている［藤井康 2005］。ただし、馮氏については鮮卑出身とみる見解もあるが［内田 2005 など］、漢族出身とみる見解のほうが一般的である。もし漢族出身であるならば、これは北燕の「鮮卑化」［三崎 2006：121-135］という脈絡で捉えるべき現象であろう。

（8）小林聡は後燕代に慕容氏が華族的軍事指導者から華北有数の名族へと転化したとする［小林聡 1988］。このような慕容氏自体の変質が、後燕代に装飾馬具副葬が低調であった理由の一つだったのかもしれない。

（9）三燕で圭形杏葉が製作されたのは三燕Ⅰ段階で、三燕Ⅱ段階にどのような杏葉形式が存在したのかはまだよくわかっていない。

（10）『三国史記』巻4 法興王7年（520）条 「七年 春正月 頒示律令 始制百官公服 朱紫之秩」

（11）5世紀後葉から末にかけて、それまで複数系統が併存していた池山洞古墳群の首長系譜が一系統に統合されるという指摘は傾聴に値する［朴天秀 2009a：613-614］。

（12）南朝の貴族墓からはしばしば華麗な着装型金工品や金銀器が出土しており［藤井康 2003b、羅宋真 2005］、馬具の非副葬を薄葬の風習によるものと一概にはいいきれない。南朝が貴族制社会で

あったこと［川勝 1974］、『宋書』礼志によれば武官の受爵者は「朝服武冠」を下賜されていること［武田佐 1984］をふまえれば、そもそも南朝社会における馬具のもつ社会的位相自体が東北アジアとはまったく異なっていた可能性を考慮すべきであろう。南宋代には皇帝が臣下に「金梁橋鞍」を下賜するという記事がみられる一方で、後漢代には「鏤衢鞍（透彫鞍）」が貸し金の対象とされた記事がみられるように［田立坤 2006］、中国社会において透彫金銅装鞍に代表される装飾馬具は、時として下賜の対象ともなる奢侈品ではあっても、上述の「朝服武冠」や「印綬」、「節」のように身分制と直結するものではなかったようである。

(13) 中国皇帝から将軍号を授けられることによって府を開き、その属僚である長史・司馬・参軍などの府官に臣従者を任命する制度［鈴木靖 2002：8］。

(14) 桃崎祐輔は南朝遣使による「府官制」の導入に伴って、馬具にも「階層標章化」が指向され、加耶の鉄製馬具だけでなく、慕容鮮卑・高句麗製を模倣して新羅（や百済？）で製作された金銅装馬具も輸入されたと考えている［桃崎 2005c：106-107］。傾聴に値するが、中国南朝との関係にもとづく「府官制」に伴って、なぜ中国南朝以外の地域の馬具が「階層標章」の道具として選択されたのかについては、十分な説明がなされていない。また装飾馬具だけでなく、ほとんどの初期馬具を輸入品とみている点で筆者とは立場を大きく異にする。

(15) 古墳時代における製鉄技術の技術移転について、村上恭通が同様の指摘をおこなっており興味深い［村上 2007：189-190］。

(16) 日本列島における馬匹生産の展開については、別稿［諫早 近刊 b］にて検討をおこなっている。

参考文献

日本語（五十音順）
【あ行】

秋山進午 1964「楽浪前期の車馬具」『日本考古学の諸問題―考古学研究会十周年記念論文集―』、考古学研究会十周年記念論文集刊行会

秋山進午（編）1995『東北アジアの考古学的研究［日中共同研究報告］』、同朋舎出版

東　潮 1988「高句麗文物に関する編年学的一考察」『橿原考古学研究所論集』第10、吉川弘文館

東　潮 1997『高句麗考古学研究』、吉川弘文館

東　潮 1999「鉄鋌の基礎的考察」『古代東アジアの鉄と倭』、渓水社

東　潮 2006a「高句麗王陵と巨大積石塚―国内城時代の陵園制―」『朝鮮学報』第199・200輯、朝鮮学会

東　潮 2006b「楽浪古墳出土の銅器（鼎・帯鉤・鍑）と墓制」『倭と加耶の国際環境』、吉川弘文館

東　潮 2010「辰韓・濊・秦韓・新羅・統一新羅」『北東アジアの歴史と文化』、北海道大学出版会

東　潮・田中俊明 1989『韓国の古代遺跡』2（百済・伽耶篇）、中央公論社

穴沢咊光 1972「慶州古新羅古墳の編年」『古代学』第18巻第2号、古代学協会

穴沢咊光 1990a「五胡十六国の考古学・上」『古代学評論』創刊号、古代を考える会

穴沢咊光 1990b「古墳文化と鮮卑文化」『季刊 考古学』第33号、雄山閣

穴沢咊光 1990c「騎馬民族はやってきたのか」『争点 日本の歴史』2（古代篇Ⅰ）、新人物往来社

穴沢咊光 2000「華北・遺跡と史跡の旅―燕と中山の遺跡を訪ねる―」『史峰』第27号、新進考古学同人会

穴沢咊光・馬目順一 1973「北燕・馮素弗墓の提起する問題―日本・朝鮮考古学との関連性―」『考古学ジャーナル』No.85、ニュー・サイエンス社

穴沢咊光・馬目順一 1975「昌寧校洞古墳群―「梅原考古資料」を中心とした谷井済一氏発掘資料の研究―」『考古学雑誌』第60巻第4号、日本考古学会

穴沢咊光・馬目順一 1976「龍鳳文環頭大刀試論」『百済研究』第7輯、忠南大学校百済研究所

穴沢咊光・馬目順一 1980「慶州鶏林路14号墓出土の嵌玉金装短剣をめぐる諸問題〈付〉慶州鶏林路出土の短剣についてのソ連邦・西独の考古学者の諸見解」『古文化談叢』第7集、九州古文化研究会

穴沢咊光・馬目順一 1998「慶州玉圃塚（路東洞4号墓）発掘に関する資料―「梅原考古資料」による研究―」『網干善教先生古稀記念 考古学論集』下巻、網干善教先生古稀記念論文集刊行会

阿南　亨 2007「古墳時代の船と航海―考古資料を中心として―」『大王の棺を運ぶ実験航海―研究編―』、石棺文化研究会

甘木市教育委員会 1979『池の上墳墓群』（甘木市文化財調査報告 第5集）

綾南町教育委員会 1977『岡の御堂古墳群調査概報』

有光教一 1955「慶州邑南古墳群について」『朝鮮学報』第8輯、朝鮮学会

有光教一・藤井和夫 2000『朝鮮古蹟研究会遺稿Ⅰ』、ユネスコ東アジア文化財センター・東洋文庫

飯田市教育委員会 1990『高岡遺跡―高岡3・4号墳―』

飯田市教育委員会 1992『八幡原遺跡　物見塚古墳』

池内　宏 1951『満鮮史研究 上世編』、祖国社

池田町教育委員会 2005『中八幡古墳　資料調査報告書』

諫早直人 2005a「朝鮮半島南部三国時代における轡製作技術の展開」『古文化談叢』第54集、九州古文化研究会

諫早直人 2005b「原三国時代における鉄製轡製作技術の特質」『朝鮮古代研究』第6号、朝鮮古代研究刊行会

諫早直人 2006a「E1号墳周溝内出土の鑣轡について」『小倉東遺跡Ⅱ』、枚方市文化財研究調査会
諫早直人 2006b「瑞王寺古墳出土馬具の再検討」『筑後市内遺跡群Ⅸ』、筑後市教育委員会
諫早直人 2008a「鑷子状鉄製品と初期の轡」『大隅串良 岡崎古墳群の研究』、鹿児島大学総合研究博物館
諫早直人 2008b「古代東北アジアにおける馬具の製作年代―三燕・高句麗・新羅―」『史林』第91巻第4号、史学研究会
諫早直人 2008c「日韓出土馬具の製作年代」『日韓交流の考古学』、嶺南考古学会・九州考古学会
諫早直人 2009a「大加耶における装飾馬具生産の展開―高霊池山洞44号墳出土馬具を中心に―」『日本考古学協会 第75回総会 研究発表要旨』、日本考古学協会
諫早直人 2010a「東アジアにおける鉄製輪鐙の出現」『比較考古学の新地平』、同成社
諫早直人 2010b「日本列島初期の轡の技術と系譜」『考古学研究』第56巻第4号、考古学研究会
諫早直人 2010c『海を渡った騎馬文化 馬具からみた古代東北アジア』、風響社
諫早直人 2011a「朝鮮の鍑と日本の鍑」『鍑の研究―ユーラシア草原の祭器・什器―』、雄山閣
諫早直人 近刊a「統一新羅時代の轡製作」『文化財論叢Ⅳ』、奈良文化財研究所
諫早直人 近刊b「馬匹生産の開始と交通網の再編」『古墳時代の考古学』第7巻(内外の交流と時代の潮流)、同成社
諫早直人・甲斐貴充 2010「伝 六野原古墳群出土の鑣轡について」『宮崎県立西都原考古博物館 研究紀要』第6号
諫早直人・鈴木 勉 2012「古墳時代の初期金工品生産に関する予察―福岡県月岡古墳出土品の調査成果から―」『奈良文化財研究所紀要2012』、奈良文化財研究所
石田英一郎・岡 正雄・八幡一郎・江上波夫 1949「日本民族=文化の源流と日本国家の形成」『民族学研究』第13巻第3号、日本民族学協会
石田英一郎(編)1966『シンポジウム 日本国家の起源』、角川書店
石村 智 2008「威信財」『日本考古学協会2008年度愛知大会 研究発表資料集』、日本考古学協会
伊藤秋男 1974「韓国における三国時代の鑣轡について」『韓』第3巻第1号、韓国研究院
伊藤秋男 1980「韓国公州宋山里古墳群出土の馬具(補訂)」『アカデミア』第32号、南山大学
伊藤秋男 1987「新羅古墳出土の装身具と馬具」『朝鮮学報』第122輯、朝鮮学会
井上主税 2007「倭系遺物からみた金官加耶勢力の動向」『九州考古学』第82号、九州考古学会
井上直樹 2000「高句麗の対北魏外交と朝鮮半島情勢」『朝鮮史研究会論文集』№38、朝鮮史研究会
岩瀬 透 2006「蔀屋北遺跡の調査成果」『河内湖周辺に定着した渡来人―5世紀の渡来人の足跡―』、大阪府立近つ飛鳥博物館
岩瀬 透 2012「大溝出土の初期騎乗用馬具」『蔀屋北遺跡Ⅱ』、大阪府教育委員会
岩永省三 2003「伝世」『日本考古学辞典』、三省堂
上原 和 1964『玉虫厨子の研究』、日本学術振興会
内田昌功 2005「北燕馮氏の出自と『燕志』、『魏書』」『古代文化』第57巻第8号、古代学協会
内山敏行 1996「古墳時代の轡と杏葉の変遷」『'96 特別展 黄金に魅せられた倭人たち』、島根県立八雲立つ風土記の丘
内山敏行 2005「中八幡古墳出土馬具をめぐる問題」『中八幡古墳 資料調査報告書』、池田町教育委員会
内山敏行 2006「古墳時代中期の群集墳」『東谷・中島地区遺跡群7』、栃木県教育委員会・とちぎ生涯学習文化財団
内山敏行 2008「古墳時代の武器生産―古墳時代中期甲冑の二系統を中心に―」『地域と文化の考古学』Ⅱ、六一書房
内山敏行・岡安光彦 1997「下伊那地方の初期の馬具」『信濃』第49巻第4・5号、信濃史学会
宇野慎敏 1985「鑷子考」『末永雅雄先生米寿記念 献呈論文集 乾』、末永先生米寿記念会
梅原末治 1925「南朝鮮に於ける漢代の遺蹟」『大正十一年度古蹟調査報告』第二冊、朝鮮総督府
梅原末治 1932「慶州金鈴塚飾履塚発掘調査報告」『大正十三年度古蹟調査報告』第一冊、朝鮮総督府
梅原末治 1938「古代朝鮮における北方系文物の痕跡」『古代北方系文物の研究』、星野書店

梅原末治 1960『蒙古ノイン・ウラ発見の遺物』(東洋文庫論叢 第27冊)、東洋文庫
梅原末治・藤田亮策(編)1947『朝鮮古文化綜鑑』第一巻、養徳社
梅原末治・藤田亮策(編)1966『朝鮮古文化綜鑑』第四巻、養徳社
江上波夫 1948「馬弩関と匈奴の鉄器文化」『ユウラシア古代北方文化』、全国書房
江上波夫 1965「日本における民族の形成と国家の起源」『アジア文化史研究 要説篇』、山川出版社
江上波夫 1967『騎馬民族国家 日本古代史へのアプローチ』、中央公論社
江上波夫 1986「騎馬民族説批判にこたえる」『騎馬民族国家』(江上波夫著作集6)、平凡社
江上波夫 1989「日本民族の成立過程と統一国家の出現」『日本民族と日本文化』(民族の世界史2)、山川出版社
江上波夫 1992「「騎馬民族説」は実証された」『江上波夫の日本古代史』、大巧社
江上波夫・佐原 眞 1990『騎馬民族は来た!? 来ない?!』、小学館
江上波夫・水野清一 1935『内蒙古・長城地帯』(東方考古学叢刊 乙種 第一冊)、東亜考古学会
江上波夫・森 浩一 1982『対論・騎馬民族説』、徳間書店
えびの市教育委員会 1996『小木原遺跡群 蕨地区(C・D地区)・久見迫B地区・地主原地区 原田・上江遺跡群 六部市遺跡・蔵元遺跡・中満遺跡・法光寺遺跡Ⅰ・Ⅱ』(えびの市文化財調査報告書 第16集)
愛媛県教育委員会 1979『溝部遺跡埋蔵文化財調査報告書』
大阪府教育委員会 2010『蔀屋北遺跡Ⅰ』(大阪府埋蔵文化財調査報告 2009-3)
大谷 猛 1985「日本出土の「鑣轡」について」『論集 日本原史』、論集日本原史刊行会
岡内三眞 1979「朝鮮古代の馬車」『震檀学報』第46・47合併号、震檀学会
岡内三眞 1993「騎馬民族説をめぐって」『古墳時代の研究』第13巻(東アジアの中の古墳文化)、雄山閣
岡内三眞 2007「トルファン五銖銭と中原五銖銭」『中国シルクロードの変遷』(アジア地域文化学叢書7)、雄山閣
岡崎 敬 1955「中国におけるかまどについて―釜甑形式より鍋形式への変遷を中心として―」『東洋史研究』第14巻第1・2号、東洋史研究会
岡村秀典 1999「漢帝国の世界戦略と武器輸出」『人類にとって戦いとは』1(戦いの進化と国家の生成)、東洋書林
岡安光彦 1984「いわゆる「素環の轡」について―環状鏡板付轡の型式学的分析と編年―」『日本古代文化研究』創刊号、古墳文化研究会
岡安光彦 2004「古墳時代中期の馬具と馬匹―生産と流通―」『日本考古学協会 第70回総会 発表要旨』、日本考古学協会
岡山県古代吉備文化財センター 1997『寺山古墳群 大日幡山城出丸跡』(岡山県埋蔵文化財発掘調査報告118)
岡山大学考古学研究室 2009『吉備の前方後円墳 勝負砂古墳 調査概報』、学生社
置田雅昭 1996「池尻2号墳」『加古川市史』第4巻(資料編Ⅰ)、加古川市
小田富士雄 1977「対馬・クビル遺跡の再検討」『考古論集―慶祝松崎寿和先生六十三歳論文集―』、松崎寿和先生退官記念事業会
小田富士雄 1979「集安高句麗積石墓遺物と百済・古新羅の遺物」『古文化談叢』第6集、九州古文化研究会
小野勝年・横山浩一 1982「林畔1・2号墳・山の神古墳」『長野県史』考古資料編 主要遺跡(北・東信)、長野県
小野山節 1959「馬具と乗馬の風習 半島経営の盛衰」『世界考古学大系』第3巻、平凡社
小野山節 1966「日本発見の初期の馬具」『考古学雑誌』第65巻第1号、日本考古学会
小野山節 1975a「帯金具から冠へ」『古代史発掘』6(古墳と国家の成立ち)、講談社
小野山節 1975b「騎馬民族征服王朝説をめぐって」『古代史発掘』6(古墳と国家の成立ち)、講談社
小野山節 1990「古墳時代の馬具」『日本馬具大鑑』1(古代 上)、日本中央競馬会・吉川弘文館

小野山節 2000「鐘形装飾付馬具の故国は北斉か」『東亜考古』第1号、東アジア考古研究会
尾張旭市教育委員会 1983『長坂古墳群―第5号墳・第6号墳の調査―』
【か行】
角田市教育委員会 1992『西屋敷1号墳・吉ノ内1号墳発掘調査報告書』(角田市文化財調査報告書 第8集)
加古川市教育委員会 1965『印南野―その考古学的研究― 一』(加古川市文化財調査報告3)
加古川市教育委員会 1997『行者塚古墳 発掘調査概報』(加古川市文化財調査報告書15)
風間栄一 2003「長野市飯綱社古墳出土の鉄鏃―未報告資料の紹介―」『帝京大学山梨文化財研究所 研究報告』第11集、帝京大学山梨文化財研究所
勝部明生・鈴木 勉 1998『古代の技―藤ノ木古墳の馬具は語る』、吉川弘文館
金関 恕 1968「天理参考館所蔵の銅鍑と銅甑」『朝鮮学報』第49輯、朝鮮学会
神谷正弘 2003「玉虫装飾品集成」『古文化談叢』第50集(中)、九州古文化研究会
神谷正弘 2006「中国・韓国・日本出土の馬冑と馬甲」『東アジア考古学論叢―日中共同研究論文集―』、奈良文化財研究所・遼寧省文物考古研究所
神谷正弘・李 午憙・鄭 永東 2004「韓国慶州市皇南大塚出土玉虫装杏葉の復元製作について」『古文化談叢』第51集、九州古文化研究会
鹿児島大学総合研究博物館 2008『大隅串良 岡崎古墳群の研究』(鹿児島大学総合研究博物館 研究報告 No.3)
加茂儀一 1973『家畜文化史』、法政大学出版局
榧本亀次郎・野守 健 1933「永和九年在銘塼出土古墳調査報告」『昭和七年度古蹟調査報告』第一冊、朝鮮総督府
川勝義雄 1974『魏晋南北朝』(中国の歴史 第3巻)、講談社
川西宏幸 1978「円筒埴輪総論」『考古学雑誌』第64巻第2号、日本考古学会
川又正智 1994『馬駆ける古代アジア』、講談社
川又正智 2002「颯爽たる王」『アジア遊学』No.35、勉誠社出版
川又正智 2006『漢代以前のシルクロード～運ばれた馬とラピスラズリ～』、雄山閣
川又正智 2011「序にかえて―漢字名称「鍑」について―」『鍑の研究―ユーラシア草原の祭器・什器―』、雄山閣
川本芳昭 2005『中華の崩壊と拡大 魏晋南北朝』(中国の歴史05)、講談社
甘楽町教育委員会 1996『西大山遺跡』(甘楽町埋蔵文化財発掘調査報告書 第7集)
菊水町史編纂委員会 2007『菊水町史 江田船山古墳編』
貴志川町史編集委員会 1981「(3)丸山古墳」『貴志川町史』第3巻(史料編2)、貴志川町
北野耕平 1963「中期古墳の副葬品とその技術史的意義―鉄製甲冑における新技術の出現―」『近畿古文化論攷』、吉川弘文館
木下尚子 1996「イモガイをつけた馬具―騎馬文化の中の南島産貝」『南島貝文化の研究 貝の道の考古学』、法政大学出版局
木下尚子 2001「古代朝鮮・琉球交流試論―朝鮮半島における紀元一世紀から七世紀の大型巻貝使用製品の考古学的検討」『青丘学術論集』第18集、韓国文化研究振興財団
木村 誠 2004『古代朝鮮の国家と社会』、吉川弘文館
京都大学総合博物館 1997『王者の武装―5世紀の金工技術―』
桐原 健 1980「松本市中山の古墳、古墳群―既掘古墳記録と中山考古館収蔵資料の提示―」『長野県考古学会誌』36、長野県考古学会
桐原 健・松尾昌彦 1984「長野市飯綱社古墳の出土遺物」『信濃』第36巻第4号、信濃史学会
金 栄珉(平郡達哉訳)2007「縦長板甲と福泉洞古墳群の性格」『古代武器研究』第8号、古代武器研究会
金 元龍(西谷 正訳)1972『韓国考古学概論』、東出版
金 錫亨 1969『古代日朝関係史―大和政権と任那―』、勁草書房

金　斗喆 2004「加耶と倭の馬具」『国立歴史民俗博物館研究報告』第 110 集、国立歴史民俗博物館
金　洛中（竹谷俊夫訳）2001「五〜六世紀の栄山江流域における古墳の性格―羅州新村里九号墳・伏岩里三号墳を中心に―」『朝鮮学報』第 179 輯、朝鮮学会
宮内庁書陵部 1985『出土品展示目録　武器 武具 馬具』
宮内庁書陵部陵墓課 2009『考古資料の修復・複製・保存処理』、学生社
J. クラトン＝ブロック（清水雄次郎訳）1997『図説 馬と人の文化史』、東洋書林
熊本県立装飾古墳館 2003『肥後の至宝展Ⅰ』
小池伸彦 2006「遼寧省出土の三燕の帯金具について」『東アジア考古学論叢―日中共同研究論文集―』、奈良文化財研究所・遼寧省文物考古研究所
甲元眞之 1992「大ボヤール岩壁画と銅鍑」『比較民俗研究』6、筑波大学比較民俗研究会
国立歴史民俗博物館・釜山大学校博物館 2006『日韓古墳時代の暦年代観』
児玉真一 2005「Ⅳ 馬具」『若宮古墳群Ⅲ―月岡古墳―』、吉井町教育委員会
後藤　健 2000「吐魯番盆地における車師前国時代の墓葬」『シルクロード学研究紀要』vol.10、なら・シルクロード博記念国際交流財団・シルクロード学研究センター
後藤富男 1970『騎馬遊牧民』（世界史研究叢書 2）、近藤出版社
後藤守一 1922「対馬国上県郡佐須奈村発掘品（東京帝室博物館新収品の解説）」『考古学雑誌』第 12 巻第 8 号、日本考古学会
小林　修 2009「古墳時代後期における古墳属性の分析と史的意義―榛名山噴火軽石埋没・高塚と積石塚の比較検討から―」『考古学雑誌』第 93 巻第 2 号、日本考古学会
小林謙一 1990「歩兵と騎兵」『古墳時代の工芸』（古代史復元 7）、講談社
小林　聡 1988「慕容政権の支配構造の特質―政治過程の検討と支配層の分析を通して―」『東洋史論集』16、九州大学文学部東洋史研究会
小林行雄 1951「上代日本における乗馬の風習」『史林』第 34 巻第 3 号、史学研究会
小林行雄 1959「でんせい－ひん　伝世品」『図解 考古学辞典』、東京創元社
近藤誠治 2001『ウマの動物学』、東京大学出版会
近藤　恵 1993「千葉県木戸作遺跡縄文後期貝層出土ウマ遺存体の年代の再評価―伴出哺乳動物骨のフッ素分析より―」『第四紀研究』第 32 巻第 3 号、日本第四紀学会
近藤　恵・松浦秀治・中井信之・中村俊夫・松井　章 1993「出水貝塚縄文後期貝層出土ウマ遺存体の年代学的研究」『考古学と自然科学』第 26 号、日本文化財科学会
近藤　恵・松浦秀治・松井　章・金山喜昭 1991「野田市大崎貝塚縄文後期貝層出土ウマ遺残のフッ素年代判定―縄文時代にウマはいたか―」『人類学雑誌』第 99 巻第 1 号、日本人類学会

【さ行】
蔡　泰亨 2002「渤海の歴史と考古学における新しい成果」『古代朝鮮の考古と歴史』、雄山閣
斎藤秀平 1932「南魚沼郡餘川群集墳」『新潟県史跡名勝天然紀念物調査報告』第 3 輯、新潟県
斎藤　忠 1937「慶州皇南里第百九号墳皇吾里第十四号墳調査報告」『昭和九年度 古蹟調査報告』第一冊、朝鮮総督府
早乙女雅博 2000『朝鮮半島の考古学』、同成社
早乙女雅博 2001「新羅の考古学調査「一〇〇年」の研究」『朝鮮史研究会論文集』No.39、朝鮮史研究会
酒井清治 2008「陶質土器と須恵器―栄山江流域との関係を中心に―」『百済と倭国』、高志書院
阪口俊幸 1984「南山古墳群」『大和を掘る』4、奈良県立橿原考古学研究所附属博物館
阪口英毅（編）2005「馬具関連文献目録」『馬具研究のまなざし―研究史と方法論―』、古代武器研究会・鉄器文化研究会連合研究集会実行委員会
佐賀県教育委員会 1986『久保泉丸山遺跡（上巻）』（佐賀県文化財調査報告書 第 84 集）
坂本美夫 1985『馬具』、ニュー・サイエンス社
坂元義種 1978『古代東アジアの日本と朝鮮』、吉川弘文館
櫻井秀雄・茂原信生 1997「篠ノ井遺跡群出土の動物遺存体」『篠ノ井遺跡群　成果と課題編』、長野県

教育委員会・長野県埋蔵文化財センター
定森秀夫 1989「韓国ソウル地域出土三国時代土器について」『生産と流通の考古学』(横山浩一先生退官記念論文集Ⅰ)
佐藤敬美 1983「輪鐙に関する一考察―日本・朝鮮出土の鉄製輪鐙を中心として―」『史艸』第24号、日本女子大学史学研究会
佐藤政則 1979「古墳時代の釵子、鑷子について」『河内太平寺古墳群』、河内考古刊行会
佐原　眞 1986「騎馬民族は王朝をたてなかった」『日本人誕生』(日本古代史1)、集英社
佐原　眞 1993『騎馬民族は来なかった』、日本放送出版協会
志賀和子 1988「三鹿文飾金具をめぐって―中国北方民族における打ち出し技法の受容―」『考古学と技術』、同志社大学考古学シリーズ刊行会
滋賀県教育委員会 1961「栗東町安養寺古墳群発掘調査報告」『滋賀県史蹟調査報告』第12冊
宍戸信悟 1984「厚木市上依知一号墳出土の毛抜き形鉄器について」『神奈川考古』第19号、神奈川考古同人会
渋川市教育委員会 1978『丸山古墳発掘調査報告書』(渋川市文化財発掘調査報告Ⅱ)
澁谷恵美子 2007「馬匹文化を介した古墳築造の開始と展開」『飯田における古墳の出現と展開』、飯田市教育委員会
島根県教育委員会 2009『六重城南遺跡　瀧坂遺跡　鉄穴内遺跡』(中国横断自動車道尾道松江線建設予定地内埋蔵文化財発掘調査報告書16)
島根県立八雲立つ風土記の丘 1996『'96特別展　黄金に魅せられた倭人たち』
車　勇杰 2002「韓国忠北地域出土の武器と馬具―清州新鳳洞百済古墳群出土遺物を中心に―」『古代武器研究』Vol.3、古代武器研究会
朱　洪奎 2010「高句麗積石塚出土巻雲文瓦の編年再検討」『古文化談叢』第64集、九州古文化研究会
宿　白(前園実知雄訳) 1984「"鮮卑"遺跡研究の現状と新発見」『考古学論攷』第10冊、奈良県立橿原考古学研究所
徐　賢珠 2008「栄山江流域における古墳文化の変遷と百済」『百済と倭国』、高志書院
白井克也 1992「ソウル・夢村土城出土土器編年試案―いわゆる百済前期都城論に関連して―」『東京大学文学部考古学研究室研究紀要』第11号、東京大学文学部考古学研究室
白井克也 2003a「馬具と短甲による日韓交差編年―日韓古墳編年の並行関係と暦年代―」『土曜考古』第27号、土曜考古学研究会
白井克也 2003b「新羅土器の型式・分布変化と年代観―日韓古墳編年の並行関係と暦年代―」『朝鮮古代研究』第4号、朝鮮古代研究刊行会
白井克也 2003c「日本における高霊地域加耶土器の出土傾向―日韓古墳編年の並行関係と暦年代―」『熊本古墳研究』創刊号、熊本古墳研究会
白石太一郎 1979「近畿における古墳の年代」『考古学ジャーナル』№164、ニュー・サイエンス社
白石太一郎 1985「年代決定論(二)―弥生時代以降の年代決定―」『岩波講座　日本考古学』1(研究の方法)、岩波書店
白石太一郎 2000「古代日本の牧と馬の文化(下)―騎馬民族征服王朝説をめぐって―」『東アジアの古代文化』104号、大和書房
白石典之 1996「遼・金代における轡と鐙の変化とその背景」『考古学と遺跡の保護』、甘粕健先生退官記念論集刊行会
申　敬澈 1993「加耶成立前後の諸問題―最近の発掘調査成果から―」『伽耶と古代東アジア』、新人物往来社
申　敬澈 2004「金海大成洞古墳群の始まりと終わり」『シンポジウム　倭人のクニから日本へ』、学生社
末永雅雄 1949「宇和奈辺古墳群　大和第五号墳(方形墳)」『奈良県史蹟名勝天然記念物調査抄報』第4輯、奈良県
末永雅雄(編) 1991『盾塚　鞍塚　珠金塚』、由良大和古代文化研究協会

末松保和 1954「新羅建国考」『新羅史の諸問題』、東洋文庫
杉山正明 1997『遊牧民から見た世界史 民族も国境もこえて』、日本経済新聞社
鈴木　治 1958「朝鮮半島出土の轡について」『朝鮮学報』第13輯、朝鮮学会
鈴木一有 1999「(3) 鑷子状鉄製品」『五ヶ山B2号墳』、浅羽町教育委員会
鈴木一有 2002「捩りと渦巻き」『考古学論文集 東海の路―平野吾郎先生還暦記念―』、『東海の路』刊行会
鈴木一有 2003「中期古墳における副葬鏃の特質」『帝京大学山梨文化財研究所 研究報告』11、帝京大学山梨文化財研究所
鈴木一有 2004「中ノ郷古墳出土遺物の検討」『三河考古』第17号、三河考古刊行会
鈴木一有 2005「蕨手刀子の盛衰」『待兼山考古学論集―都出比呂志先生退任記念―』、大阪大学考古学研究室
鈴木　勉 2004『ものづくりと日本文化』、奈良県立橿原考古学研究所附属博物館
鈴木　勉 2008「古代史における技術移転論試論Ⅱ―文化と技術の時空図で捉える四次元的技術移転の実相―」『橿原考古学研究所論集』15、八木書店
鈴木　勉・松林正徳 1996「誉田丸山古墳出土鞍金具と5世紀の金工技術」『考古學論攷』第20冊、奈良県立橿原考古学研究所
鈴木靖民 1984「東アジア諸民族の国家形成と大和王権」『講座 日本史1』（原始・古代1）、東京大学出版会
鈴木靖民 2002「倭国と東アジア」『倭国と東アジア』（日本の時代史2）、吉川弘文館
鈴木靖民（編）2004『シンポジウム 倭人のクニから日本へ』、学生社
成　正鏞（山本孝文訳）2003a「百済漢城期 騎乗馬具の様相と起源」『古代武器研究』Vol.4、古代武器研究会
成　洛俊（太田博之訳）1996「咸平礼徳里新徳古墳緊急収拾調査概報」『韓国の前方後円形墳 早稲田大学韓国考古学学術調査研修報告』、雄山閣
関　孝一・永峯光一 2000『鳥羽山洞窟―古墳時代葬所の素描と研究―』、信毎書籍出版センター
関野　貞・谷井済一・栗山俊一・小場恒吉・小川敬吉・野守　健 1925「楽浪郡時代ノ遺蹟」『古蹟調査特別報告』第四冊（図版 上冊）、朝鮮総督府
関野　貞・谷井済一・栗山俊一・小場恒吉・小川敬吉・野守　健 1927「楽浪郡時代ノ遺蹟」『古蹟調査特別報告』第四冊（本文）、朝鮮総督府
積山　洋 2010「日本列島における牛馬の大量渡来前史」『日本古代の王権と社会』、塙書房
世田谷区教育委員会 2000『喜多見中通南遺跡Ⅱ』
千　寛宇 1980「韓国史からみた騎馬民族説」『［比較］古代日本と韓国文化 上』、学生社
専修大学文学部考古学研究室 2003『剣崎長瀞西5・27・35号墳』（専修大学文学部考古学研究報告 第1冊）
総社市教育委員会 1965『総社市 随庵古墳』
蘇　哲 1999「安岳3号墓の出行図に関する一考察」『博古研究』第17号、博古研究会
蘇　哲 2002「五胡十六国・北朝時代の出行図と鹵簿俑」『東アジアと日本の考古学』Ⅱ（墓制②）、同成社
蘇　哲 2007『魏晋南北朝壁画墓の世界 絵に描かれた群雄割拠と民族移動の時代』、白帝社
孫　守道（宮本一夫訳）1995「三燕時代と古墳時代の騎馬文化の比較研究」『東北アジアの考古学研究［日中共同研究報告］』、同朋社

【た行】
高久健二 1993「楽浪墳墓の編年」『考古学雑誌』第78巻第4号、日本考古学会
高久健二 2000「楽浪郡と弁・辰韓の墓制―副葬品の編成と配置を中心に―」『考古学からみた弁・辰韓と倭』、九州考古学会・嶺南考古学会
高久健二 2002「楽浪郡と三韓」『韓半島考古学論叢』、すずさわ書店

高久健二 2004「楽浪古墳文化研究の最前線」(楽浪文化と東アジア―楽浪郡研究の最前線 発表資料)、早稲田大学朝鮮文化研究所
高田貫太 2004「5、6世紀日本列島と洛東江以東地域の地域間交渉」『文化の多様性と比較考古学』、考古学研究会
高田貫太 2006「5、6世紀の日朝交渉と地域社会」『考古学研究』第53巻第2号、考古学研究会
高田貫太 2011「朝鮮三国時代と古墳時代の接点」『季刊 考古学』第117号、雄山閣
高橋克壽 1997「5世紀の日本と東アジア」『王者の武装―5世紀の金工技術―』、京都大学総合博物館
高濱　秀 1994「中国の鍑」『草原考古通信』No.4、草原考古研究会
高濱　秀 2003「ユーラシア草原地帯東部における王権の成立」『古代王権の誕生』Ⅲ（中央ユーラシア・西アジア・北アフリカ編）、角川書店
高濱　秀 2011「中国の鍑」『鍑の研究―ユーラシア草原の祭器・什器―』、雄山閣
滝沢　誠 1992「複環式鏡板付轡の検討」『史跡 森将軍塚古墳―保存整備事業発掘調査報告書―』、更埴市教育委員会
武田佐知子 1984『古代国家の形成と衣服制―袴と貫頭衣―』、吉川弘文館
武田幸男 1974「新羅・法興王代の律令と衣冠制」『古代朝鮮と日本』、龍渓書舎
武田幸男 1980「序説 五～六世紀東アジア史の一視点―高句麗『中原碑』から新羅『赤城碑』へ―」『東アジア世界における日本古代史講座』第4巻（朝鮮三国と倭国）、学生社
武田幸男 1989『高句麗史と古代東アジア』、岩波書店
武田幸男 1997「新羅官位制の成立に関する覚書」『朝鮮社会の史的展開と東アジア』、山川出版社
龍野市教育委員会 1998『中垣内天神山・三昧山古墳群』（龍野市文化財調査報告19）
田中晋作 2001「誉田丸山古墳と誉田御廟山古墳」『百舌鳥・古市古墳群の研究』、学生社
田中新史 1995「古墳時代中期前半の鉄鏃（一）」『古代探叢Ⅳ―滝口宏先生追悼考古学論集―』、早稲田大学出版部
田中俊明 1992『大加耶連盟の興亡と「任那」加耶琴だけが残った』、吉川弘文館
田中俊明 2009『古代の日本と加耶』、山川出版社
田中史生 2005『倭国と渡来人　交錯する「内」と「外」』、吉川弘文館
田中　琢 1991「河内王朝と騎馬民族」『倭人争乱』（日本の歴史②）、集英社
田中由理 2004「f字形鏡板付轡の規格性とその背景」『考古学研究』第51巻第2号、考古学研究会
田中由理 2007「馬具」『勝福寺古墳の研究』、大阪大学勝福寺古墳発掘調査団
田辺昭三 1981『須恵器大成』、角川書店
谷　豊信 1989「四、五世紀の高句麗の瓦に関する若干の考察―墳墓発見の瓦を中心として―」『東洋文化研究所紀要』第108冊、東京大学東洋文化研究所
谷　豊信 2002「楽浪土器の系譜」『東アジアと日本の考古学』Ⅳ（生業）、同成社
谷川道雄 1971『隋唐帝国形成史論』、筑摩書房
田村晃一 1984「高句麗の積石塚の年代と被葬者をめぐる問題について」『青山史学』第8号、青山学院大学文学部史学科研究室
千賀　久 1982「誉田丸山古墳の馬具について」『考古学と古代史』、同志社大学考古学シリーズ刊行会
千賀　久 1985「高句麗の馬具と馬装」『考古学と移住・移動』、同志社大学考古学シリーズ刊行会
千賀　久 1988「日本出土初期馬具の系譜」『橿原考古学研究所論集』第9、吉川弘文館
千賀　久 1994「日本出土初期馬具の系譜2―5世紀後半の馬装具を中心に―」『橿原考古学研究所論集』第12、吉川弘文館
千賀　久 2001「古墳時代の牧と馬飼集団」『季刊 考古学』第76号、雄山閣
千賀　久 2003a「付論 日本の馬具の系譜を考える」『春季特別展　古墳時代の馬との出会い―馬と馬具の考古学―』、奈良県立橿原考古学研究所附属博物館
千賀　久 2003b「日本出土の「新羅系」馬装具の系譜」『東アジアと日本の考古学』Ⅲ（交流と交易）、同成社

千賀　久 2004「日本出土の「非新羅系」馬装具の系譜 大加耶圏の馬具との比較を中心に」『国立歴史民俗博物館 研究報告』第 110 集、国立歴史民俗博物館
筑後市教育委員会 1984『瑞王寺古墳』(筑後市文化財調査報告書 第 3 集)
中條英樹 1998「副葬馬具組成からみた古墳時代中期における階層性」『遡航』第 16 号、早稲田大学大学院文学研究科考古談話会
中條英樹 2007a「韓国・尚州新興里古墳群出土の鑣轡について―最近の東アジア出土鑣轡の研究動向から―」『専修考古学』第 12 号、専修大学考古学会
中條英樹 2007b「馬具からみた新疆ウイグル自治区の文化交流―吐魯番盆地出土轡の製作技術を中心に―」『中国シルクロードの変遷』(アジア地域文化学叢書 7)、雄山閣
張　允禎 2001「朝鮮半島三国時代における鐙の展開と地域色」『岡山大学大学院文化科学研究科紀要』第 12 号、岡山大学大学院文化科学研究科
張　允禎 2003「韓半島三国時代の轡の地域色―とくに立聞用金具を中心として―」『考古学研究』第 50 巻第 2 号、考古学研究会
張　允禎 2004「日本列島の鐙にみる地域間関係」『考古学研究』第 51 巻第 3 号、考古学研究会
張　允禎 2005「韓半島における馬具研究の流れ」『馬具研究のまなざし―研究史と方法論―』、古代武器研究会・鉄器文化研究会連合研究集会実行委員会
張　允禎 2008『古代馬具からみた韓半島と日本』、同成社
趙　栄済 1994「陜川玉田古墳群の墓制について」『朝鮮学報』第 150 輯、朝鮮学会
張　承志(梅村坦訳) 1986『モンゴル草原遊牧誌　内蒙古自治区で暮らした四年』、朝日新聞社
塚本敏夫 1993a「鋲留甲冑の技術」『考古学ジャーナル』No.366、ニュー・サイエンス社
塚本敏夫 1993b「馬具―近畿― 初期馬具から見た渡来系工人の動向と五世紀の鉄器生産体制」『古墳時代における朝鮮系文物の伝播』、埋蔵文化財研究会関西世話人会
塚本敏夫 2003「古代の日韓鉄器製作技術の交流」『第 2 回大手前大学・蔚山科学大学提携学術シンポジウム 海峡をこえる技術の交流 要旨集』、大手前大学史学研究所
塚本敏夫 2009「初期馬具の製作技法の解明―轡の復元製作を通じて―」『もの・ワザ・情報―古の匠に挑む― 古墳時代金工品の復元』、元興寺・元興寺文化財研究所
塚本敏夫・岡本一士・宮本佳典 2001「初期馬具製作技法の復元的研究―兵庫県加古川市行者塚古墳出土初期馬具の復元製作を通して―」『日本文化財科学会第十八回大会研究発表要旨集』、日本文化財科学会
塚本敏夫・橋本英将・諫早直人・田中由理・中村栄順 2005「東アジアの初期馬具における棒鋼加工技術の多様性に関する復元的研究―轡における撚り・巻き技法を中心として―」『日本文化財科学会第二十二回大会研究発表要旨集』、日本文化財科学会
塚本敏夫・大谷輝彦・菅野成則・撫養健至・中村栄順 2006「姫路市宮山古墳出土鑣轡の復元模造品製作」『日本文化財科学会第 23 回大会研究発表要旨集』、日本文化財科学会
津屋崎町教育委員会 1996「津屋崎町古墳番号について」『須多田古墳群』
津山市教育委員会 1990『一貫西遺跡』(津山市埋蔵文化財発掘調査報告 第 33 集)
津山市教育委員会 1992『長畝山北古墳群』(津山市埋蔵文化財発掘調査報告 第 45 集)
鄭　仁盛 2001「楽浪土城と青銅器製作」『東京大学考古学研究室研究紀要』第 16 号、東京大学考古学研究室
鄭　仁盛 2004「楽浪土城の鉄製品とその生産」『鉄器文化の多角的研究』、鉄器文化研究会
鄭　澄元・洪　潽植 2000「筒形銅器研究」『福岡大学 総合研究所報』第 240 集、福岡大学総合研究所
寺師見国・三島　格 1960「鑼及びタカラガイ副葬の蔵骨器について 薩摩大口市・伊佐郡における蔵骨器諸例」『人類学研究』第 7 巻第 1・2 号、人類学研究発行所
栃木県教育委員会・とちぎ生涯学習文化財団 2006『東谷・中島地区遺跡群 7』(栃木県埋蔵文化財調査報告 第 299 集)
栃木県教育委員会 1991『十三塚遺跡』(栃木県埋蔵文化財調査報告 第 115 集)

【な行】
直木孝次郎 1958『日本古代国家の構造』、青木書店
直良信夫 1970『日本および東アジア発見の馬歯・馬骨』、日本中央競馬会
那珂川町教育委員会 1990『カクチガ浦遺跡群』(那珂川町文化財調査報告書 第23集)
長野市教育委員会 1988『地附山古墳群』(長野市の埋蔵文化財 第30集)
中村潤子 1985「新沢一二六号墳と初現期の馬具」『考古学と移住・移動』、同志社大学考古学シリーズ刊行会
中村潤子 1999「日本の初期騎馬文化の源流について―遼西発見の馬具、特に鞍金具に関連して―」『文化学年報』第48輯、同志社大学文化学会
中村潤子 2005a「馬の使役とその道具についての一考察―考古資料と民具の間Ⅱ」『朝鮮古代研究』第6号、朝鮮古代研究刊行会
中村潤子 2005b「初期馬具」『季刊 考古学』第90号、雄山閣
中山清隆 1990「初期の輸入馬具の系譜」『東北アジアの考古学 天地』、六興出版
中山清隆 1991「初期の馬具の系譜」『季刊 考古学』第33号、雄山閣
中山清隆 2001「馬具の系譜―最古の轡をもとめて―」『季刊 考古学』第76号、雄山閣
奈良県立橿原考古学研究所 1987『榛原町 下井足遺跡群』(奈良県史蹟名勝天然記念物調査報告 第52冊)
奈良県立橿原考古学研究所 2003『後出古墳群』(奈良県史蹟名勝天然記念物調査報告 第61集)
西嶋定生 1983『中国古代国家と東アジア世界』、東京大学出版会
西嶋定生 1985『日本歴史の国際環境』、東京大学出版会
西嶋定生 2000『古代東アジア世界と日本』、岩波書店
西島庸介 2007「琴柱形石製品の研究」『考古学集刊』第3号、明治大学文学部考古学研究室
野島　稔 2008「王権を支えた馬」『牧の考古学』、高志書院
野守　健・神田惣蔵 1935「忠清南道公州宋山里古墳群調査報告」『昭和二年度古蹟調査報告』第二冊、朝鮮総督府

【は行】
橋口達也 1989「馬具」『老司古墳』、福岡市教育委員会
橋本達也 1995「古墳時代中期における金工技術の変革とその意義―眉庇付冑を中心として―」『考古学雑誌』第80巻第4号、日本考古学会
橋本達也 1998「竪矧板・方形板革綴短甲の技術と系譜」『青丘学術論集』第12集、韓国文化研究振興財団
橋本輝彦 2002「纒向遺跡第109次出土の木製輪鐙」『古代武器研究』vol.3、古代武器研究会
服部聡志 1991「木心鉄板張輪鐙の分類と二、三の問題」『盾塚 鞍塚 珠金塚古墳』、由良大和古代文化研究協会
花谷　浩 2006「三燕地域出土馬具について―鞍金具と轡を中心に―」『東アジア考古学論叢―日中共同研究論文集―』、奈良文化財研究所・遼寧省文物考古研究所
花谷　浩 2007「上島古墳出土遺物の再調査報告」『出雲市埋蔵文化財発掘調査報告書』第17集、出雲市教育委員会
濱岡大輔 2003「植山古墳出土歩搖付飾金具について」『続文化財学論集』第二分冊(水野正好先生古稀記念論文集)、文化財学論集刊行会
濱田耕作・梅原末治 1924「慶州金冠塚と其遺宝」『古蹟調査特別報告』第3冊(本文・図版上冊)、朝鮮総督府
濱田耕作・梅原末治 1927「慶州金冠塚と其遺宝」『古蹟調査特別報告』第3冊(図版下冊)、朝鮮総督府
濱田青陵 1932『慶州の金冠塚』、慶州古蹟保存会
浜中邦弘・田中元浩 2006「初期須恵器と実年代との狭間―宇治市街遺跡出土資料を考える―」『河内湖周辺に定着した渡来人―5世紀の渡来人の足跡―』、大阪府立近つ飛鳥博物館
浜松市教育委員会 1998『千人塚古墳、千人塚平・宇藤坂古墳群』

林　俊雄 1996「鞍と鐙」『創価大学 人文論集』8、創価大学人文学会
林　俊雄 2002「ユーラシア草原における馬の埋納遺跡（スキタイ時代以前）」『北アジアにおける人と動物のあいだ』、東方書店
林　俊雄 2007『スキタイと匈奴　遊牧の文明』（興亡の世界史 02）、講談社
林巳奈夫 1959「ほっぽうしき―どうふく　北方式銅鍑」『図解考古学辞典』、東京創元社
林巳奈夫 1964a「後漢時代の馬車（上）」『考古学雑誌』第 49 巻第 3 号、日本考古学会
林巳奈夫 1964b「後漢時代の馬車（下）」『考古学雑誌』第 49 巻第 4 号、日本考古学会
林巳奈夫（編）1976『漢代の文物』、京都大学人文科学研究所
林田重幸 1974「日本在来馬の源流」『日本古代文化の探究 馬』、社会思想社
東アジア考古学会 2006『第 18 回 東アジア古代史・考古学研究交流会 予稿集』
樋口隆康 1972「鐙の発生」『青陵』No.19、奈良県教育委員会
樋口隆康・岡崎　敬・宮川　徙 1961「和泉国七観古墳発掘調査報告」『古代学研究』第 27 号、古代学研究会
菱田哲郎 2007『古代日本 国家形成の考古学』、京都大学学術出版会
日高　慎 2003「北海道余市市大川遺跡出土資料の再検討」『考古学に学ぶ（Ⅱ）』、同志社大学考古学シリーズ刊行会
姫路市文化財保護協会 1970『宮山古墳発掘調査概報』（姫路市文化財調査報告Ⅰ）
姫路市文化財保護協会 1973『宮山古墳第 2 次発掘調査概報』（姫路市文化財調査報告Ⅳ）
枚方市文化財調査研究会 2006『小倉東遺跡Ⅱ』（枚方市文化財調査報告 第 48 集）
兵庫県教育委員会 1999『向山古墳群・市条寺古墳群・一乗寺経塚・矢別遺跡』（兵庫県文化財調査報告 第 191 冊）
福岡県教育委員会 1970『片山古墳群』（福岡県文化財調査報告書 第 46 集）
福岡県教育委員会 1977『新原・奴山古墳群』（福岡県文化財調査報告書 第 54 集）
福岡市教育委員会 1989『老司古墳』（福岡市埋蔵文化財調査報告書 第 209 集）
福永伸哉 1998「対半島交渉からみた古墳時代倭政権の性格」『青丘学術論集』第 12 集、韓国文化研究振興財団
藤井和夫 1979「慶州古新羅古墳編年試案―出土新羅土器を中心として―」『神奈川考古』第 6 号、神奈川考古同人会
藤井康隆 2001「古墳時代中期から後期における金工製品の展開―金工生産研究の展望―」『東海の後期古墳を考える』、第 8 回東海考古学フォーラム三河大会実行委員会
藤井康隆 2002「晋式帯金具の製作動向について―中国六朝期の金工品生産を考える―」『古代』第 111 号、早稲田大学考古学会
藤井康隆 2003a「三燕における帯金具の新例をめぐって」『立命館大学考古学論集』Ⅲ-2、立命館大学考古学論集刊行会
藤井康隆 2003b「初論中国南朝前期の金属工芸」『帝京大学山梨文化財研究所　研究報告』第 11 集、帝京大学山梨文化財研究所
藤井康隆 2005「中国南朝の金属工芸と十六国」『中国考古学』第 5 号、日本中国考古学会
藤田亮策・梅原末治・小泉顕夫 1925「第 3 節 東大院里許山の遺蹟と遺物」『南朝鮮に於ける漢代の遺蹟』（大正十一年度古蹟調査報告 第二冊）、朝鮮総督府
古川　匠 2007「6 世紀における装飾馬具の「国産化」について」『古文化談叢』第 57 集、九州古文化研究会
朴　淳發（吉井秀夫訳）2001「栄山江流域における前方後円墳の意義」『朝鮮学報』第 179 輯、朝鮮学会
朴　淳發（木下　亘・山本孝文訳）2003『百済国家形成過程の研究　漢城百済の考古学』、六一書房
朴　天秀 1995「渡来系遺物からみた伽耶と倭における政治的変動」『待兼山論叢』史学編 第 29 号、大阪大学文学部
朴　天秀 1998a「考古学からみた古代の韓・日交渉」『青丘学術論集』第 12 集、韓国文化研究振興財団
朴　天秀 2001「栄山江流域の古墳」『東アジアと日本の考古学』Ⅰ（墓制①）、同成社

朴　天秀 2007『加耶と倭　韓半島と日本列島の考古学』、講談社
穂波町教育委員会 1993『穂波地区遺跡群』第 5 集（穂波町文化財調査報告書 第 8 集）
【ま行】
正岡睦夫 2000「今治市桜井雉之尾丘陵の古墳出土遺物―2―」『古代学研究』150 号、古代学研究会
増田精一 1974「考古学からみた東亜の馬具の発達」『日本古代文化の探求 馬』、社会思想社
町田　章 1970「古代帯金具考」『考古学雑誌』第 56 巻第 1 号、日本考古学会
町田　章 2006「鮮卑の帯金具」『東アジア考古学論叢―日中共同研究論文集―』、奈良文化財研究所・遼寧省文物考古研究所
町田　章 2011「前燕高橋鞍の検討」『勝部明生先生喜寿記念論文集』、同刊行会
松井　章 1990「動物遺存体から見た馬の起源と普及」『日本馬具大鑑』第 1 巻（古代 上）、日本中央競馬会・吉川弘文館
松井　章 1991「家畜と牧―馬の生産」『古墳時代の研究』第 4 巻（生産と流通Ⅰ）、雄山閣
松浦秀治 1983「堆積層における骨遺残の共時性を調べる―骨の年代決定法・時代判定法―」『考古学ジャーナル』№.223、ニュー・サイエンス社
松尾昌彦 2003「13 号土坑出土の馬具」『剣崎長瀞西 5・27・35 号墳』、専修大学文学部考古学研究室
松本市教育委員会 1994『松本市 出川南遺跡Ⅳ 平田里古墳群―緊急発掘調査報告書―』
松山市教育委員会 1997『桧山峠 7 号墳』（松山市文化財調査報告書 61）
馬目順一 1980「慶州飾履塚古新羅墓の研究―非新羅系遺物の系統と年代―」『古代探叢―滝口宏先生古稀記念考古学論集―』、早稲田大学出版部
三重県埋蔵文化財センター 2005『天花寺丘陵内遺跡群発掘調査報告Ⅵ　天花寺城跡・小谷赤坂遺跡・小谷古墳群（第 6・7 次調査）』（三重県埋蔵文化財調査報告 259）
三重町教育委員会 1983『十六山横穴　三重町川辺所在遺跡調査報告書』
三上次男 1966「朝鮮の古代文化と外来文明」『古代東北アジア史研究』、吉川弘文館
右島和夫 2008「古墳時代における畿内と東国―5 世紀後半における古東山道ルートの成立とその背景―」『研究紀要』第 13 集、由良大和古代文化研究協会
三崎良章 2002『五胡十六国時代　中国史上の民族大移動』、東方書店
三崎良章 2006『五胡十六国の基礎的研究』、汲古書院
水野清一・樋口隆康・岡崎　敬 1953『對馬―玄海における絶島對馬の考古学的調査―』（東方考古学叢刊 乙種第六冊）、東亜考古学会
光谷拓実・次山　淳 1999「平城宮下層古墳時代の遺物の年輪年代」『奈良国立文化財研究所年報』1999-Ⅰ、奈良国立文化財研究所
宮崎県 1936『六野原古墳調査報告』（史蹟名勝天然紀念物調査報告 第 13 輯）
宮崎県埋蔵文化財センター 2003『山崎上野原第 2 遺跡 山崎下ノ原第 1 遺跡』（宮崎県埋蔵文化財センター発掘調査報告書 第 79 集）
宮崎市教育委員会 1977『下北方地下式横穴第 5 号』（宮崎市文化財調査報告書 第 3 集）
宮代栄一 1993「5・6 世紀における馬具の「セット」について―f 字形鏡板付轡・鉄製楕円形鏡板付轡・剣菱形杏葉を中心に―」『九州考古学』第 68 号、九州考古学会
宮代栄一 1995「宮崎県出土の馬具の研究」『九州考古学』第 70 号、九州考古学会
宮代栄一 1996「古墳時代における馬具の暦年代―埼玉稲荷山古墳出土例を中心に―」『九州考古学』第 71 号、九州考古学会
宮代栄一 2000「東国の馬具研究史」『大塚初重先生頌寿記念考古学論集』、東京堂出版
宮代栄一 2004「「杏葉」と呼ばれてきた「障泥」―古墳時代の障泥にみられる 2 つの系譜―」『日本考古学協会 第 70 回総会 研究発表要旨』、日本考古学協会
宮田浩之 1993「北部九州の馬具と馬飼」『古墳時代における朝鮮系文物の伝播』、埋蔵文化財研究会 関西世話人会
宗像市教育委員会 1988『久原遺跡』（宗像市文化財調査報告書 第 19 集）

村石眞澄 1998「甲斐の馬生産の起源―塩部遺跡 SY3 方形周溝墓出土のウマ歯から―」『動物考古学』第 10 号、動物考古学会
村石眞澄 2004「甲斐の馬生産の起源 Ⅱ―塩部遺跡 SY3・SY4 方形周溝墓出土のウマ歯から―」『山梨考古学論集』Ⅴ、山梨県考古学協会
村上恭通 1994「弥生時代における鉄器文化の特質―東アジア諸地域との比較を通じて―」『九州考古学会・嶺南考古学会 第 1 回 合同考古学会 ＝資料編＝』、九州考古学会・嶺南考古学会合同考古学会実行委員会
村上恭通 1997「原三国・三国時代における鉄技術の研究―日韓技術比較の前提として―」『青丘学術論集』第 11 集、韓国文化研究振興財団
村上恭通 1998『倭人と鉄の考古学』、青木書店
村上恭通 2007『古代国家成立過程と鉄器生産』、青木書店
桃崎祐輔 1993「古墳に伴う牛馬供儀の検討―日本列島・朝鮮半島・中国東北地方の事例と比較して―」『古文化談叢』第 31 集、九州古文化研究会
桃崎祐輔 1999「日本列島における騎馬文化の受容と拡散―殺馬儀礼と初期馬具の拡散に見る慕容鮮卑・朝鮮三国伽耶の影響―」『渡来文化の受容と展開―五世紀における政治的・社会的変化の具体相（2）』、埋蔵文化財研究会
桃崎祐輔 2001「棘葉形杏葉・鏡板の変遷とその意義」『筑波大学 先史学・考古学研究』第 12 号、筑波大学考古学フォーラム
桃崎祐輔 2002「九州地方における騎馬文化の特質と軍事的背景」『考古学ジャーナル』No.496、ニュー・サイエンス社
桃崎祐輔 2004a「倭国への騎馬文化の道―慕容鮮卑三燕・朝鮮半島三国・倭国の馬具との比較研究―」『考古学講座 講演集』（「古代の風」特別号 No.2）、市民の古代研究会・関東
桃崎祐輔 2004b「斑鳩藤ノ木古墳出土馬具の再検討―3 セットの馬装が語る 6 世紀末の政争と国際関係―」『考古学講座 講演集』（「古代の風」特別号）No.2）、市民の古代研究会・関東
桃崎祐輔 2004c「倭の出土馬具からみた国際環境―朝鮮三国伽耶・慕容鮮卑三燕との交渉関係―」『加耶、그리고 倭와 北方』、金海市
桃崎祐輔 2005a「高句麗太王陵出土瓦・馬具からみた好太王陵説の評価」『海と考古学』、六一書房
桃崎祐輔 2005b「稲童 21 号墳・8 号墳出土馬具の検討」『稲童古墳群』、行橋市教育委員会
桃崎祐輔 2005c「東アジア騎馬文化の系譜―五胡十六国・半島・列島をつなぐ馬具系統論をめざして―」『馬具研究のまなざし―研究史と方法論―』、古代武器研究会・鉄器文化研究会連合研究集会実行委員会
桃崎祐輔 2005d「馬具研究の現状と課題」『七隈史学』第 6 号、七隈史学会
桃崎祐輔 2006「馬具からみた古墳時代実年代論―五胡十六国・朝鮮半島三国伽耶・日本列島の比較の視点から―」『日韓古墳時代の年代観』、国立歴史民俗博物館・釜山大学校博物館
桃崎祐輔 2007「馬具からみた中期古墳の編年」『九州島における中期古墳の再検討』、九州前方後円墳研究会
桃崎祐輔 2008a「古代山城出土馬具と馬具の見方」『第 2 回 東アジア考古学会・中原文化財研究院研究交流会 予稿集』、東アジア考古学会・中原文化財研究院
桃崎祐輔 2008b「江田船山古墳遺物群の年代をめぐる予察」『王権と武器と信仰』、同成社
桃崎祐輔 2009「牧の考古学―古墳時代牧と牛馬飼育集団の集落・墓―」『韓日 聚落 研究의 새로운 視角을 찾아서 日韓集落研究の新たな視角を求めて』、韓日聚落研究会
桃崎祐輔 2010「高句麗と馬具の系譜」『季刊 考古学』第 113 号、雄山閣
桃崎祐輔 2011「岡山県勝負砂古墳から出土した鋳銅鈴付馬具類の予察」『福岡大学考古資料集成』4（福岡大学考古学研究室研究調査報告 第 10 冊）
森　浩一 1974「考古学と馬」『日本古代文化の探究 馬』、社会思想社
森　幸彦・鈴木　勉（編）2002『福島県文化財センター白河館 研究紀要 2001』、福島県教育委員会・

福島県文化振興事業団
森下章司 1997「馬具と武具」『王者の武装―5世紀の金工技術―』、京都大学総合博物館
森下浩行 2001「奈良市ベンショ塚古墳出土の馬具」『奈良市埋蔵文化財調査センター紀要』2001、奈良市教育委員会
毛利光俊彦 1983「新羅積石木槨墳再考」『文化財論叢』（奈良国立文化財研究所創立30周年記念論文集）、奈良国立文化財研究所
毛利光俊彦 2004『古代東アジアの金属製容器Ⅰ（中国編）』（奈良文化財研究所史料 第68冊）、奈良文化財研究所
毛利光俊彦 2005『古代東アジアの金属製容器Ⅱ（朝鮮・日本編）』（奈良文化財研究所史料 第71冊）、奈良文化財研究所
毛利光俊彦 2006「中国古代北方民族の冠」『東アジア考古学論叢―日中共同研究論文集―』、奈良文化財研究所・遼寧省文物考古研究所
森本六爾 1927「古墳発見の鐺」『日本上代文化の考究』、四海書房

【や行】
柳沢一男 2001「全南地方の栄山江型横穴式石室の系譜と前方後円墳」『朝鮮学報』第179輯、朝鮮学会
柳本照男 2005a「（ニ）御獅子塚古墳」『新修豊中市史』第四巻（考古）、豊中市
柳本照男 2005b「（ホ）狐塚古墳」『新修豊中市史』第四巻（考古）、豊中市
山口県教育委員会 1976『朝田墳墓群Ⅰ 木崎遺跡』（山口県埋蔵文化財調査報告 第32集）
山田 琢 2002「笊内37号横穴墓出土鉄製轡の製作技術」『福島県文化財センター白河館 研究紀要2001』、福島県教育委員会・福島県文化振興事業団
山田良三 1975「古墳時代鐙の形態的変遷」『橿原考古学研究所論集』、吉川弘文館
山梨県教育委員会 1979『甲斐茶塚古墳』（風土記の丘埋蔵文化財調査報告書 第1集）
山本孝文 2008「考古学から見た百済後期の文化変動と社会」『百済と倭国』、高志書院
山本孝文 2011「古代韓半島の道路と国家」『古代東アジアの道路と交通』、勉誠出版
山本忠尚 1972「スキタイ式轡の系譜」『史林』第55巻第5号、史学研究会
雪嶋宏一 1993「鍑の用途について」『草原考古通信』No.3、草原考古研究会
雪嶋宏一 1999「ユーラシア草原の開発―騎馬遊牧の起源と成立―」『食糧生産社会の考古学』（現代の考古学3）、朝倉書店
行橋市教育委員会 2005『稲童古墳群―福岡県行橋市稲童所在の稲童古墳群調査報告―』（行橋市文化財調査報告書 第32集）
余市町教育委員会 2000『大川遺跡における考古学的調査Ⅱ』
吉井秀夫 1991「朝鮮半島錦江下流域の三国時代墓制」『史林』第74巻第1号、史学研究会
吉井秀夫 1993「百済地域における横穴式石室分類の再検討―錦江下流域を中心として―」『考古学雑誌』第79巻第2号、日本考古学会
吉井秀夫 2004「考古資料からみた朝鮮諸国と倭」『国立歴民俗博物館 研究報告』第110集、国立歴史民俗博物館
吉井秀夫 2006a「考古学からみた百済の国家形成とアイデンティティ」『東アジア古代国家論 プロセス・モデル・アイデンティティ』、すいれん舎
吉井町教育委員会 2005『若宮古墳群Ⅲ―月岡古墳―』（吉井町文化財調査報告書 第19集）
吉田 晶 1999「東アジアの国際関係と倭王権―三世紀後半から五世紀まで―」『人類にとって戦いとは』1（戦いの進化と国家の生成）、東洋書林
吉田 晶 2001『七支刀の謎を解く 四世紀後半の百済と倭』、新日本出版社
吉田和彦 2001「「毛抜形鉄器」の機能・用途認定に向けての基礎的研究（1）」『史学論叢』第31号、別府大学史学研究会
吉田珠己 1994「丸山古墳」『羽曳野市史』第3巻、羽曳野市
由水常雄 2005『ローマ文化王国―新羅 改訂版』、新潮社

【ら行】

楽浪漢墓刊行会 1974『楽浪漢墓』第一冊

楽浪漢墓刊行会 1975『楽浪漢墓』第二冊

羅　宗真（中村圭爾・室山留美子訳）2005『古代江南の考古学 倭の五王時代の江南世界』、白帝社

李　勳・山本孝文 2007「公州水村里古墳群に見る百済墓制の変遷と展開」『古文化談叢』第 56 集、九州古文化研究会

李　尚律（庄田慎矢訳）2003「加耶、百済の初期馬具—その源流と特徴を中心に—」『東アジアと日本の考古学』Ⅲ（交流と交易）、同成社

李　成市 1998『古代東アジアの民族と国家』、岩波書店

李　成市 2000『東アジア文化圏の形成』、山川出版社

李　成市 2006「東アジアからみた高句麗の文明史的位相」『アジア地域文化学の発展』（アジア地域文化学叢書 2）、雄山閣

柳　昌煥（武末純一訳）2004a「古代東アジア初期馬具の展開」『福岡大学考古学論集—小田富士雄先生退職記念—』、小田富士雄先生退職記念事業会

柳　昌煥（諫早直人訳）2008「加耶馬具の変遷と性格」『古代武器研究』Vol.9、古代武器研究会

林　澐（村上恭通訳）2000「西岔溝銅柄鉄剣と老河深、彩嵐墓地の族属」『東夷伝の考古学』、青木書店

【わ行】

和歌山県立博物館 2008『特別展　田辺・高山寺の文化財』

渡辺康弘 1986「古代刀子の拵について」『史観』115 冊、早稲田大学史学会

渡辺信一郎 2003『中国古代の王権と天下秩序—日中比較史の視点から』、校倉書房

ハングル（カナダ順）

【ㄱ】

諫早直人 2007a「慶州 月城路 다-6 号墳 出土 複環式環板轡의 再検討」『慶北大学校博物館 年報』第 4 号、慶北大学校博物館

諫早直人 2007b「製作技術로 본 夫餘의 轡와 韓半島 南部의 初期 轡」『嶺南考古学』第 43 号、嶺南考古学会

諫早直人 2009b「大伽耶圏 馬具 生産의 展開와 그 特質—高霊 池山洞古墳群을 중심으로—」『高霊 池山洞 44 号墳—大伽耶王陵—』、慶北大学校博物館・慶北大学校考古人類学科・高霊郡大加耶博物館

諫早直人 2010d「3）M3 号墳」『順天 雲坪里 遺蹟 Ⅱ』、順天大学校博物館

諫早直人 2011b「洛東江 下流域 出土 馬具의 地域性과 그 背景」『慶北大学校 考古人類学科 30 周年 紀念 考古学論叢』、慶北大学校出版部

諫早直人・金大煥・金宇大・土屋隆史 2011「京都大学 総合博物館 所蔵 金冠塚 出土 遺物에 대하여」『新羅古墳 精密測量 및 分布調査 研究報告書』、国立慶州文化財研究所

諫早直人・李炫姃 2008「高霊 池山洞 44 号墳 出土 馬具의 再検討」『慶北大学校博物館 年報』第 5 号、慶北大学校博物館

姜裕信 1987『新羅・伽倻古墳 出土 馬具에 대한 研究—金銅製杏葉・雲珠・鐙子를 中心으로—』（嶺南大学校大学院碩士学位論文）

姜裕信 1995「「嶺南地方의 騎乗文化의 受容과 発展」에 대하여」『伽耶古墳의 編年 研究 Ⅲ—甲冑와 馬具—』、嶺南考古学会

姜裕信 1999『韓国 古代의 馬具와 社会—新羅・加耶를 中心으로—』、学研文化社

姜裕信 2002「韓半島南部 古代馬具의 系統」『悠山姜仁求教授停年紀念東北亜古文化論叢』、韓国精神文化研究院

姜仁旭 2006「高句麗 鐙子의 発生과 유라시아 草原地帯로의 伝播에 대하여」『北方史論叢』第 12 号、高句麗研究財団

姜賢淑 2006「高句麗 古墳에서 보이는 中国 三燕 要素의 展開過程에 대하여」『韓国上古史学報』第 51

号、韓国上古史学会
姜賢淑 2008「古墳 出土 甲冑와 馬具로 본 4, 5 世紀의 新羅, 伽倻와 高句麗」『新羅文化』第 32 輯、東国大学校新羅文化研究所
京畿文化財研究院 2009『加平 大成里遺蹟』(学術調査報告 第 103 冊)
慶南考古学研究所 2000『道項里・末山里遺蹟』
慶南考古学研究所 2005『鳳凰土城』
慶南発展研究院歴史文化센터 2004『Ⅰ. 咸安 末山里 451-1 番地 遺蹟 Ⅱ. 咸安 末山里 101-2 番地 遺蹟 Ⅲ. 晋州 所谷里 遺蹟』(慶南発展研究院歴史文化센터 調査研究報告書 第 14 冊)
慶北大学校博物館・慶北大学校考古人類学科・高霊郡大加耶博物館 2009『高霊 池山洞 44 号墳—大伽耶王陵—』(慶北大学校博物館 学術叢書 37・慶北大学校考古人類学科 考古学叢書 1)
慶尚大学校博物館 1988『陜川 玉田古墳群Ⅰ 木槨墓』(慶尚大学校博物館調査報告 第 3 輯)
慶尚大学校博物館 1990『陜川 玉田古墳群Ⅱ M3 號墳』(慶尚大学校博物館調査報告 第 6 輯)
慶尚大学校博物館 1992『陜川 玉田古墳群Ⅲ M1・M2 號墳』(慶尚大学校博物館調査報告 第 7 輯)
慶尚大学校博物館 1993『陜川 玉田古墳群Ⅳ M4・M5・M6 號墳』(慶尚大学校博物館調査報告 第 8 輯)
慶尚大学校博物館 1995『陜川 玉田古墳群Ⅴ M10・M11・M18 號墳』(慶尚大学校博物館調査報告 第 13 輯)
慶尚大学校博物館 1997『陜川 玉田古墳群Ⅵ 23・28 号墳』(慶尚大学校博物館調査報告 第 16 輯)
慶尚大学校博物館 1998『陜川 玉田古墳群Ⅶ 12・20・24 号墳』(慶尚大学校博物館調査報告 第 19 輯)
慶尚大学校博物館 1999『陜川 玉田古墳群Ⅷ 5・7・35 号墳』(慶尚大学校博物館調査報告 第 21 輯)
慶尚大学校博物館 2000『陜川 玉田古墳群Ⅸ 67-A・B, 73～76 号墳』(慶尚大学校博物館調査報告 第 23 輯)
慶尚大学校博物館 2003『陜川 玉田古墳群Ⅹ 88～102 号墳』(慶尚大学校博物館調査報告 第 26 輯)
慶尚大学校博物館 2004『宜寧 景山里古墳群』(慶尚大学校博物館調査報告 第 28 輯)
慶尚大学校博物館 2006『山清 生草古墳群』(慶尚大学校博物館調査報告 第 29 輯)
慶尚大学校博物館 2009『山清 生草 M12・M13 号墳』(慶尚大学校博物館研究叢書 第 31 輯)
慶尚北道文化財研究院 2000『大伽耶 歴史館 新築敷地内 高霊池山洞古墳群』(学術調査報告 第 6 冊)
慶尚北道文化財研究院 2005『星州 栢田 礼山里 土地区画整理事業地区内 文化遺蹟発掘調査報告書』(学術調査報告 第 48 冊)
慶尚北道文化財研究院 2008『星州 시비실遺蹟』(学術調査報告 第 105 冊)
慶星大学校博物館 2000a『金海大成洞古墳群Ⅰ―概報―』(慶星大学校博物館 研究叢書 第 4 輯)
慶星大学校博物館 2000b『金海大成洞古墳群Ⅱ』(慶星大学校博物館 研究叢書 第 7 輯)
慶星大学校博物館 2003『金海大成洞古墳群Ⅲ』(慶星大学校博物館 研究叢書 第 10 輯)
慶星大学校博物館 2010『金海大成洞古墳群Ⅳ』(慶星大学校博物館 研究叢書 第 14 輯)
慶熙大学校博物館 1974『慶州 仁旺洞（20・19 号）古墳発掘 調査報告』(慶熙大学校博物館 叢刊 第一冊)
啓明大学校博物館 1982『高霊池山洞古墳群』
啓明大学校博物館 1995『高霊本館洞古墳群』(啓明大学校博物館 遺蹟調査報告 第 4 輯)
高久健二 1995『楽浪古墳文化研究』、学研文化社
高久健二 1997「楽浪郡과 三韓과의 交渉形態에 대하여 ―三韓地域 出土의 漢式遺物과 非漢式 遺物의 検討를 중심으로―」『文物研究』創刊号、東아시아文物研究学術財団
高麗大学校考古環境研究所 2007『紅蓮峰第 2 堡塁』(高麗大学校考古環境研究所 研究叢書 第 25 輯)
高田貫太 2003「5・6 世紀 洛東江以東地方과 日本列島의 交渉에 관한 予察」『韓国考古学報』第 50 輯、韓国考古学会
高田貫太 2005『日本列島 5・6 世紀 韓半島系 遺物로 본 韓日交渉』(慶北大学校大学院博士学位論文)
公州大学校博物館 1994『論山 茅村里 百済古墳群 発掘調査報告書(Ⅱ)―1993 年度 発掘調査―』
公州大学校博物館 1998『済・羅會盟址 就利山』
公州大学校博物館 2000a『龍院里古墳群』(公州大学校博物館学術叢書 00-03)

公州大学校博物館 2000b『斗井洞遺跡』(公州大学校博物館学術叢書 00-06)
科学院 考古学 및 民俗学研究所 1958a『安岳 第3号墳 発掘 報告』(遺蹟 発掘 報告 第3輯)
科学院 考古学 및 民俗学研究所 1958b『台城里 古墳群 発掘 報告』(遺蹟 発掘 報告 第5輯)
科学院 考古学 및 民俗学研究所 1959『大同江 및 載寧江 流域 古墳 発掘 報告』(考古学資料集 第2輯)
国立慶州文化財研究所 1995『慶州 皇南洞 106-3 番地 古墳群 発掘調査報告書』(学術研究叢書 12)
国立慶州文化財研究所 2010『国立慶州文化財研究所 発掘調査 成果 慶州 쪽샘遺蹟』
国立慶州博物館 1987『菊隠 李養璿 蒐集文化財』
国立慶州博物館 2000『玉城里 古墳群―『가』地区 発掘調査報告―』
国立慶州博物館 2001・2003『慶州 朝陽洞遺蹟Ⅱ』(国立慶州博物館 学術調査報告 第13冊)
国立慶州博物館 2002『慶州 隍城洞古墳群Ⅱ』(国立慶州博物館 学術調査報告 第14冊)
国立慶州博物館 2006『慶州 九政洞 古墳』(国立慶州博物館 学術調査報告 第18冊)
国立慶州博物館 2007『永川 龍田里 遺蹟』(国立慶州博物館 学術調査報告 第19冊)
国立慶州博物館 2010『慶州 鶏林路 14 号墓』(国立慶州博物館 学術調査報告 第22冊)
国立慶州博物館 2011『慶州 普門洞合葬墳 旧 慶州 普門里夫婦塚』(国立慶州博物館 学術調査報告 第24冊)
国立慶州博物館・慶北大学校博物館 1990『慶州市 月城路古墳群』
国立光州博物館 1984『海南月松里 造山古墳』(国立光州博物館学術叢書 第4輯)
国立光州博物館 2002『光州 新昌洞 低湿地 遺蹟Ⅳ』(国立光州博物館学術叢書 第45冊)
国立金海博物館 1998『国立金海博物館』
国立文化財研究所 2001『羅州 伏岩里 3 号墳』
国立文化財研究所 2005『小倉 컬렉션 韓国文化財 日本東京国立博物館所蔵』(韓国所在文化財調査 第12冊)
国立全州博物館 1994『扶安竹幕洞祭祀遺蹟』(国立全州博物館 学術調査報告 第1輯)
国立中央博物館 1999『特別展 百済』
国立中央博物館 2000a『法泉里Ⅰ』(古蹟調査報告 第31冊)
国立中央博物館 2000b『慶州路東里 4 号墳』(日帝強占期資料調査報告 1)
国立中央博物館 2001『楽浪 The Ancient Culture of Nangnang』
国立中央博物館 2002『法泉里Ⅱ』(古蹟調査報告 第33冊)
国立中央博物館 2008『몽골 흉노무덤 資料集成 Xiongnu Tombs in Mongolia』
国立中央博物館 2009『도르릭나르스 흉노무덤 Xiongnu Tombs of Duurlig Nars』
国立中央博物館 2010『黄金의 나라 新羅의 王陵 皇南大塚』
国立中央博物館・몽골국립역사박물관・몽골과학아카데미고고학연구소 2003『몽골 호드긴 톨고이 흉노 무덤』
国立晋州博物館 1987『陜川磻渓堤古墳群』(陜川댐 水没地区 発掘調査 報告 1)
国立昌原文化財研究所 1996『咸安岩刻画古墳』(学術調査報告 第3輯)
国立昌原文化財研究所 1997『咸安 道項里古墳群Ⅰ』(学術調査報告 第4輯)
国立昌原文化財研究所 1999『咸安 道項里古墳群Ⅱ』(学術調査報告 第7輯)
国立昌原文化財研究所 2000『咸安 道項里古墳群Ⅲ』(学術調査報告 第8輯)
国立昌原文化財研究所 2001『咸安 道項里古墳群Ⅳ』(学術調査報告 第13輯)
国立昌原文化財研究所 2002『咸安 馬甲塚』(学術調査報告 第15輯)
国立昌原文化財研究所 2004『咸安 道項里古墳群Ⅴ』(学術調査報告 第26輯)
国立清州博物館 1990『三国時代 馬具特別展』
権度希 2006a「百済馬具의 研究」『崇實史学』第19輯、崇實大学校史学会
権度希 2006b「百済 鐙子의 製作方法과 展開 様相」『先史와 古代』24、韓国古代学会
権度希 2007「百済 馬文化에 보이는 装飾具類에 대하여」『馬事博物館誌』2006、馬事博物館
権五栄 1988「4 世紀 百済의 地方統制方式 一例 ―東晋青磁의 流入経緯를 中心으로―」『韓国史論』18、

서울大学校国史学科

権五栄 2003「漢城期 百済 기와의 製作伝統과 発展의 画期」『百済研究』第 38 輯、忠南大学校百済研究所

権五栄 2007a「漢城百済의 시작과 끝」『日韓古墳・三国時代の年代観（Ⅱ）』、釜山大学校博物館・国立歴史民俗博物館

権五栄 2007b「遺物을 통해 본 風納土城의 位相」『風納土城 —500 年 百済王都의 비젼과 課題—』、国立文化財研究所

畿甸文化財研究院 2008『烏山細橋 宅地開発地区内 文化遺蹟 発掘調査 第 12 次 指導委員会議（5・16 地点）』

吉井秀夫 2006b「日帝 強占期 慶州 新羅古墳의 発掘調査」『新羅古墳 発掘調査 100 年』、国立慶州文化財研究所

金建洙 2000「우리나라 古代의 馬」『馬事博物館誌』2000、馬事博物館

김경수 2008「高霊 池山洞 第 73・74・75 号墳 発掘調査」『무덤연구의 새로운 시각』、韓国考古学会

金基雄 1968「三国時代의 馬具小考」『白山学報』第 5 号、白山学会

金基雄 1985「武器와 馬具—百済」『韓国史論』15、國史編纂委員会

金吉植 1998「竹幕洞遺蹟出土 金属遺物의 検討」『扶安 竹幕洞祭祀遺蹟 研究』、国立全州博物館

金吉植 2001「三韓地域 出土 楽浪系 文物」『楽浪 The Ancient Culture of Nangnang』、国立中央博物館

金吉植 2006「弁・辰韓 地域 楽浪 文物의 流入 様相과 그 背景」『楽浪 文化 研究』（東北亜細亜歴史財団 研究叢書 20）、東北亜細亜歴史財団

金洛中 2010「栄山江流域 古墳 出土 馬具 研究」『韓国上古史学報』第 69 号、韓国上古史学会

金大郁・金大煥・諫早直人・河野正訓・土屋隆史 2009「慶山 造永 EⅢ-2 号墓 出土 鉄器類의 基礎整理 所見」『天馬考古研究会 2009 年度 夏季 定期学術発表会 資料集』、天馬考古研究会

金大煥 2003「釜山地域 金官加耶説의 検討」『嶺南考古学』第 33 号、嶺南考古学会

金大煥 2004「新羅 高塚의 地域性과 意義」『新羅文化』第 23 輯、東国大学校新羅文化研究所

金大煥・諫早直人・金恩鏡 2008「慶州 皇南洞 110 号墳 出土 馬具 再報告」『継往開来』第 6 号（嶺南大学校博物館 2007 年報）、嶺南大学校博物館

金東淑 2000「Ⅳ. 考察 나. 遺物」『大伽耶 歴史館 新築敷地内 高霊池山洞古墳群（本文Ⅱ）』（学術調査報告 第 6 冊）、慶尚北道文化財研究院

金斗喆 1992「新羅와 加耶의 馬具—馬装을 中心으로」『韓国古代史論叢』第 3 輯、駕洛國史跡開発研究院

金斗喆 1993「三国時代 轡의 研究」『嶺南考古学』第 13 号、嶺南考古学会

金斗喆 1995「嶺南地方의 騎乗文化의 受容과 発展」『伽耶古墳의 編年 研究 Ⅲ —甲冑와 馬具—』、嶺南考古学会

金斗喆 1996「韓国과 日本의 馬具—両国間의 編年調律」『4・5 世紀의 日韓考古学』、嶺南考古学会・九州考古学会

金斗喆 1998a「前期加耶의 馬具」『加耶史論集』1（加耶와 古代日本）、金海市

金斗喆 1998b「新羅馬具研究의 몇 課題」『新羅文化』第 15 輯、東国大学校新羅文化研究所

金斗喆 2000『韓国 古代馬具의 研究』（東義大学校大学院博士学位論文）

金斗喆 2001「大加耶古墳의 編年 検討」『韓国考古学報』第 45 輯、韓国考古学会

金斗喆 2003「釜山地域 古墳文化의 推移—加耶에서 新羅로」『港都釜山』第 19 号、釜山広域市史編纂委員会

金斗喆 2007「三国・古墳時代의 年代観（Ⅱ）」『日韓古墳・三国時代の年代観（Ⅱ）』、釜山大学校博物館・国立歴史民俗博物館

金斗喆 2010「前期加耶連盟와 新羅」『釜山大学校 考古学科 創設 20 周年 記念論文集』、釜山大学校考古学科

金武重 2005「土器를 통해 본 百済 漢城期의 中央과 地方」『考古学』第 4 巻第 1 号、서울京畿考古学会

김미숙 2010「2. 木槨墓」『慶州 隍城洞 575 番地 古墳群』

金成南 2001「中部地方 3～4 世紀 古墳群 細部編年」『百済研究』第 33 輯、忠南大学校百済研究所

参考文献

金成南 2006「百済 漢城時代 南方領域의 拡大過程과 支配形態 試論」『百済研究』第44輯、忠南大学校 百済研究所
김신규 1970「우리 나라 原始遺蹟에서 나온 哺乳動物相」『考古民俗論文集』2、社会科学出版社
金栄珉 2000「有刺利器로 본 4-5 世紀의 福泉洞古墳群」『韓国 古代史와 考古学』(鶴山 金廷鶴博士 頌寿紀念論叢)、学研文化社
金栄珉 2004「儀器性 遺物로 본 福泉洞古墳群의 地域性」『古代의 南東海岸 国家形成』、福泉博物館
金玉順 2007「金海地域 土器 新羅様式化의 社会的 脈絡」『天馬考古学論叢』、石心鄭永和教授停年退任紀念論叢刊行委員会
金龍星 1994「Ⅶ. 考察 1. 林堂遺蹟 墳墓의 変化」『慶山 林堂地域 古墳群Ⅱ』、嶺南大学校博物館
金龍星 1996「土器에 의한 大邱・慶山地域 古代墳墓의 編年」『韓国考古学報』第35輯、韓国考古学会
金龍星 1998『新羅의 高塚과 地域集団―大邱・慶山의 例―』、春秋閣
金龍星 2003「皇南大塚南墳의 年代와 被葬者 検討」『韓国上古史学報』第42号、韓国上古史学会
金龍星 2007「新羅古墳의 年代観―皇南大塚南墳을 中心으로―」『日韓古墳・三国時代의 年代観(Ⅱ)』、釜山大学校博物館・国立歴史民俗博物館
金元龍 1969「皇吾里第一号墳」『慶州 皇吾里 第一・三三号 皇南里 第一五一号 古墳 発掘調査報告』、文化公報部
金元龍 1973『韓国考古学概説』、一志社
金銀珠 2007「慶山 造永 1B-60号墓 出土 札甲 再報告」『天馬考古学論叢』、石心鄭永和教授停年退任紀念論叢刊行委員会
金一圭 2007「韓半島 中西部地域에 있어 三韓・三国時代의 土器編年」『日韓古墳・三国時代의 年代観(Ⅱ)』、釜山大学校博物館・国立歴史民俗博物館
金載烈 2007『慶山地域 古墳의 装身具 研究』(嶺南大学校大学院碩士学位論文)
金宰佑 2004「嶺南地方의 馬冑에 대하여 ―金海 大成洞古墳出土 馬冑를 素材로―」『嶺南考古学』第35号、嶺南考古学会
金宰佑 2006「3世紀代 狗邪国의 対外交渉―楽浪・帯方과 関連하여―」『石軒 鄭澄元教授 停年退任記念論叢』、釜山考古学研究会論叢刊行委員会
金載元 1948『壺杅塚과 銀鈴塚』(国立博物館 古蹟調査報告 第1冊)、乙酉文化社
金載元・金元龍 1955『慶州路西里 雙床塚、馬塚、138号墳』(国立博物館 古蹟調査報告 第2冊)、乙酉文化社
김종찬 2006「加速器 質量分析[AMS]에 의한 炭素年代測定과 韓国考古学 現場 適用事例」『考古学과 自然科学』、嶺南考古学会
金廷鶴・鄭澄元・林孝澤 1980「Ⅰ. 味鄒王陵 第七地区 古墳群 発掘調査 報告」『慶州地区 古墳発掘調査報告書』第2輯、文化財管理局 慶州史蹟管理事務所
金鍾徹 1979「Ⅲ. 高霊 池山洞 45号古墳 発掘調査報告」『大伽耶古墳発掘調査報告書』、高霊郡
김종혁 1963「万景台 土壙 무덤 発掘 報告」『各地 遺蹟 整理 報告』(考古学 資料集 第3輯)、科学院 考古学 및 民俗学研究所
金泰植・宋桂鉉 2003『韓国의 騎馬民族論』(馬文化研究叢書Ⅶ)、韓国馬事会・馬事博物館

【ㄴ】

南都泳 1996「初期 国家時代의 馬政」『韓国馬政史』(馬文化研究叢書Ⅰ)、韓国馬事会・馬事博物館

【ㄷ】

大成洞古墳博物館 2010『金海 大成洞古墳群 発掘調査 指導委員会』
大成洞古墳博物館 2011『金海 大成洞古墳群 6次発掘調査 略報告書』
東国大学校 慶州캠퍼스博物館 2000『皇吾洞 100遺蹟―発掘調査 略報告書』
東亜大学校博物館 1970『東莱福泉洞第一号古墳発掘調査報告』(1970年度 古蹟調査報告)
東亜大学校博物館 1972『咸陽上栢里古墳群発掘調査報告』(1972年度 古蹟調査報告)
東亜大学校博物館 1984「東莱福泉洞古墳群」『上老大島』(古蹟調査報告 第8冊)

東亜大学校博物館 1986『陝川鳳渓里古墳群』(古蹟調査報告 第 13 冊)
東亜細亜文化財研究院 2008『咸安 道項里 六号墳』(発掘調査 報告書 第 22 輯)
東亜細亜文化財研究院 2009『金海 竹谷里 遺蹟Ⅱ』(発掘調査 報告書 第 36 輯)
東義大学校博物館 2000『金海良洞里古墳文化』(東亜大学校博物館学術叢書 7)
東義大学校博物館 2008『金海良洞里古墳群Ⅰ』(東義大学校博物館学術叢書 14)
【ㄹ】
柳昌煥 1995「伽耶古墳 出土 鐙子에 대한 研究」『韓国考古学報』第 33 輯、韓国考古学会
柳昌煥 2000a「環板轡의 編年과 分布」『伽倻文化』第 13 号、伽倻文化研究院
柳昌煥 2000b「大伽耶圈 馬具의 変化와 画期」『鶴山金廷鶴博士頌寿紀念論叢 韓国 古代史와 考古学』、学研文化社
柳昌煥 2004b「百済馬具에 대한 基礎的 研究」『百済研究』第 40 輯、忠南大学校百済研究所
柳昌煥 2007a「加耶馬具의 研究」(東義大学校大学院博士学位論文)
柳昌煥 2007b「三国時代 鉄製鐙子에 대한 一考察」『考古學廣場』創刊号、釜山考古学研究会
柳昌煥 2009「2) 馬具」『山清 生草 M12・M13 号墳』、慶尚大学校博物館
리순진 1964「《夫租薉君》무덤에 대하여」『考古民俗』1964 年第 4 号、科学院 考古学 및 民俗学研究所
리순진 1974a「夫租薉君무덤 発掘報告」『考古学資料集』第 4 集、社会科学出版社
리순진 1974b「雲城里遺蹟 発掘報告」『考古学資料集』第 4 輯、社会科学出版社
【ㅁ】
木浦大学校博物館 2000『霊光 鶴丁里・咸平 龍山里 遺蹟』
文化公報部 文化財管理局 1974『天馬塚 発掘調査報告書』
文化財管理局 文化財研究所 1985『皇南大塚 (北墳)』
文化財管理局 文化財研究所 1993・1994『皇南大塚 (南墳)』
文化財研究所 1989『益山笠店里古墳 発掘調査報告書』
【ㅂ】
朴敬信 2005「韓半島 先史 및 古代 炊事道具의 構成과 変化」『先史・古代의 生業経済』、福泉博物館
朴普鉉 1987「樹枝形立華飾冠의 系統」『嶺南考古学』第 4 号、嶺南考古学会
朴普鉉 1990「心葉形杏葉의 型式分布와 多様性」『歴史教育論集』13・14 合輯、歴史教育学会
朴淳發 1992「百済土器의 形成過程 —漢江流域을 中心으로—」『百済研究』第 23 輯、忠南大学校百済研究所
朴淳發 2005「公州 水村里 古墳群 出土 中国陶磁器와 交叉年代 問題」『忠清学과 忠清文化』第 4 輯、忠清南道歴史文化院
朴洋震 1998「族属推定과 夫余 및 鮮卑 考古学資料의 比較 分析」『韓国考古学報』第 39 輯、韓国考古学会
朴日薫 1964「皇南里破壊古墳発掘調査報告」『皇吾里 四・五号 古墳 皇南里 破壊 古墳 発掘調査報告』(国立博物館 古蹟調査報告 第 5 冊)、国立博物館
朴日薫 1969「皇南里第 151 号墳」『慶州 皇吾里 第一・三三号 皇南里 第一五一号 古墳 発掘調査報告』、文化公報部
朴重均 2002「百済 初期馬具 小考—清州 鳳鳴洞遺蹟 出土 轡를 中心으로—」『百済文化의 몇 問題』、湖西史学会・公州大学校百済文化研究所
박진욱 1966「三国時期의 馬具」『考古民俗』1966 年第 3 号、科学院 考古学 및 民俗学研究所
박진욱 1974「咸鏡南道一帯의 古代遺蹟 調査報告」『考古学資料集』第 4 輯、社会科学 出版社
박진욱 1983『考古学資料集』第 6 輯、科学百科事典出版社
박진욱 1986「高句麗의 馬具에 대하여」『朝鮮考古研究』1986 年第 3 号、社会科学院考古学研究所
박창수 1977「高句麗의 馬具一式이 드러난 地境洞古墳」『歴史科学』1977 年第 3 号、科学百科事典出版社
박창수 1986「平城市 地境洞 高句麗무덤 発掘報告」『朝鮮考古研究』1986 年第 4 号、社会科学院考古学研究所

朴天秀 1996「大伽耶의 古代国家 形成」『碩晤尹容鎭教授停任紀念論叢』、同刊行委員会
朴天秀 1998b「大伽耶圏 墳墓의 編年」『韓国考古学報』第 39 輯、韓国考古学会
朴天秀 2004「土器로 본 大伽耶의 形成과 展開」『大加耶의 遺蹟과 遺物』、大加耶博物館
朴天秀 2006a「3〜6 世紀 韓半島와 日本列島의 交渉」『日韓新時代의 考古学』、九州考古学会・嶺南考古学会
朴天秀 2006b「新羅 加耶古墳의 編年―日本列島 古墳과의 並行関係를 中心으로―」『日韓古墳時代의 年代観』、国立歴史民俗博物館・釜山大学校博物館
朴天秀 2009a「5〜6 世紀 大伽耶의 発展과 그 歴史的 意義」『高霊 池山洞 44 号墳―大伽耶王陵―』、慶北大学校博物館・慶北大学校考古人類学科・高霊郡大加耶博物館
朴天秀 2009b「考古学을 통해 본 新羅와 倭」『湖西考古学』第 21 輯、湖西考古学会
裵基同 1975「新羅・加耶 出土 鐙子考」『文理大学報』29、서울大学校文理科大学学生会
백련행 1965「石巖里에서 나온 古朝鮮 遺物」『考古民俗』1965 年第 4 号、社会科学院出版社
福泉博物館 2003『釜山蓮山洞遺蹟』(福泉博物館 学術研究叢書 第 15 輯)
福泉博物館 2010a『東莱福泉洞古墳群（167〜174 号）』(福泉博物館 学術研究叢書 第 33 冊)
福泉博物館 2010b『東莱福泉洞古墳群（38 号）』(福泉博物館 学術研究叢書 第 35 冊)
釜慶大学校博物館 1998『金海 北部地区 宅地開発事業地区内 杜谷遺蹟 発掘調査（指導委員会議 및 現場説明会 資料）』
釜慶大学校博物館 2006『釜山松亭洞遺蹟』(釜慶大学校博物館 研究叢書 第 7 輯)
釜山広域市立博物館福泉分館 1997『東莱 福泉洞 93・95 號墳』(釜山広域市立博物館福泉分館研究叢書 第 3 冊)
釜山広域市立博物館福泉分館 1999『釜山五倫台遺蹟』(釜山広域市立博物館 福泉分館 研究叢書 第 8 冊)
釜山広域市立博物館福泉分館 2001『東莱 福泉洞古墳群―52・54 号墳―』(釜山広域市立博物館 福泉分館研究叢書 第 11 冊)
釜山大学校博物館 1983『東莱 福泉洞古墳群Ⅰ』(釜山大学校博物館 遺蹟調査報告 第 5 輯)
釜山大学校博物館 1985『金海礼安里古墳群Ⅰ』(釜山大学校博物館 遺蹟調査報告 第 8 輯)
釜山大学校博物館 1986『咸陽白川里 1 号墳』(釜山大学校博物館 遺蹟調査報告 第 10 輯)
釜山大学校博物館 1990a『東莱 福泉洞古墳群Ⅱ』(釜山大学校博物館 遺蹟調査報告 第 14 輯)
釜山大学校博物館 1990b「東莱 福泉洞古墳群 第 3 次調査概報」『嶺南考古学』第 7 輯、嶺南考古学会
釜山大学校博物館 1996『東莱 福泉洞古墳群Ⅲ』(釜山大学校博物館 研究叢書 第 19 輯)
釜山大学校博物館 1997『蔚山 下岱遺蹟―古墳Ⅰ』(釜山大学校博物館 研究叢書 第 20 輯)
釜山大学校博物館 2001『東莱 福泉洞 鶴巣台古墳』(釜山大学校博物館 研究叢書 第 26 輯)
釜山大学校博物館・国立歴史民俗博物館 2007『日韓古墳・三国時代의 年代観（Ⅱ）』
釜山博物館 2002『博物館物語り―釜山の歴史と文化―（日本語版）』
釜山直轄市立博物館 1990『釜山 杜邱洞 林石遺蹟』(釜山直轄市立博物館 調査報告書 第 4 冊)
釜山直轄市立博物館 1992『東莱 福泉洞 53 號墳』(釜山直轄市立博物館遺蹟調査報告書 第 6 冊)

【ㅅ】

社会科学院 考古学研究所 田野工作隊 1978『考古学資料集』第 5 輯、科学、百科事典出版社
社会科学院考古学研究所 1983『考古学資料集』第 6 輯、科学、百科事典出版社
서울大学校博物館 2000『峨嵯山 第 4 堡塁』
서울大学校博物館・서울大学校人文学研究所 2001『龍院里遺蹟 C 地区 発掘調査報告書』
成正鏞 1998「3〜5 世紀 錦江流域 馬韓・百済墓制의 様相」『3〜5 世紀 錦江流域의 考古学』、韓国考古学会
成正鏞 2000『中西部 馬韓地域의 百済領域化過程 研究』(서울大学校大学院博士学位論文)
成正鏞 2002「大伽耶와 百済」『大加耶와 周邊諸国』、高霊郡・韓国上古史学会
成正鏞 2003b「百済와 中国의 貿易陶磁」『百済研究』第 38 輯、忠南大学校百済研究所
成正鏞 2006a「中西部地域 原三国時代 土器 様相」『韓国考古学報』第 60 輯、韓国考古学会

成正鏞 2006b「百済地域의 年代決定資料와 年代観」『日韓古墳時代の年代観』、国立歴史民俗博物館・釜山大学校博物館
成正鏞 2008「土器 様式으로 본 古代国家 形成」『国家形成의 考古学』、社会評論
成正鏞 2009「益山 笠店里 石室墓出土 馬具의 製作技術 検討」『歷史와 談論』第 53 輯、湖西史学会
成正鏞・中條英樹・権度希・諫早直人 2006「百済 馬具 再報（1）―清州 新鳳洞古墳群 出土 馬具―」『先史와 古代』24、韓国古代学会
成正鏞・権度希・諫早直人 2007「鼓楽山城과 馬老山城 出土 馬具에 대하여」『湖南考古学報』27、湖南考古学会
成正鏞・権度希・諫早直人 2009「清州 鳳鳴洞遺蹟 出土 馬具의 製作技術 検討」『湖西考古学』第 20 輯、湖西考古学会
宋桂鉉 2000「伽耶古墳의 鉄器副葬様相」『伽耶考古学論叢』第 3 輯、駕洛国史蹟開発研究院
宋桂鉉 2005「桓仁과 集安의 高句麗甲冑」『北方史論叢』3 号、高句麗研究財団
宋桂鉉・洪潽植・李海蓮 1995「東萊 福泉洞 第 5 次 発掘調査 略報」『博物館研究論集』3、釜山市立博物館
松井 章・丸山真史・菊地大樹・永井理恵 2009「金海 會峴里貝塚 出土 脊椎動物遺存体」『金海 會峴里貝塚』Ⅱ、三江文化財研究院
順天大学校博物館 2003『麗水 鼓楽山城 I』（順天大学校博物館 地方文化叢書 第四十四）
順天大学校博物館 2010『順天 雲坪里 遺蹟Ⅱ』(順天大学校博物館 学術資料叢書 第 66 冊)
崇實大学校博物館・서울大学校博物館 2004『馬霞里古墳群』
崇實大学校 附設 韓国基督教博物館 1988『崇實大学校 附設 韓国基督教博物館』
申敬澈 1985「古式鐙子考」『釜大史学』第 9 輯、釜山大学校史学会
申敬澈 1988「釜山 蓮山洞古墳群 発掘調査概報」『釜山広域市立博物館 年報』第 10 輯
申敬澈 1989「伽耶의 武具와 馬具―甲冑와 鐙子를 中心으로―」『國史館論叢』第 7 輯、国史編纂委員会
申敬澈 1992「金海礼安里 160 号墳에 대하여 ―古墳의 発生에 関連하여―」『伽耶考古学論叢』第 1 輯、駕洛国史蹟開発研究院
申敬澈 1994「加耶 初期馬具에 대하여」『釜大史学』第 18 輯、釜山大学校史学会
申敬澈 1995a「金海大成洞・東萊福泉洞古墳群 点描―金官加耶 理解의 一端―」『釜大史学』第 19 輯、釜山大学校史学会
申敬澈 1995b「三韓・三国時代의 東萊」『東萊区史』、東萊区史編纂委員会
申敬澈 1997「福泉洞古墳群의 甲冑와 馬具」『加耶史 復元을 위한 福泉洞古墳群의 再照明』、釜山広域市立福泉 博物館
申敬澈 2000a「金官加耶土器의 編年―洛東江下流域 前期陶質土器의 編年―」『伽耶考古学論叢』第 3 輯、駕洛国史蹟開発研究院
申敬澈 2000b「金官加耶의 成立과 連盟의 形成」『加耶各国史의 再構成』（民族文化学術叢書 20）、慧眼
申敬澈・宋桂鉉 1985「東萊 福泉洞 4 号墳과 副葬遺物」『伽倻通信』第 11・12 合輯号、伽倻通信編纂部
辛勇旻 2000a「弁・辰韓地域의 外来系 遺物」『考古学からみた弁・辰韓と倭』、九州考古学会・嶺南考古学会
辛勇旻 2000b「金海地域 北方民族 征服論 検討」『嶺南考古学』第 26 号、嶺南考古学会
申勇旻・金美京 2009「金海 竹谷里古墳群 出土 土器 小考―高杯・長頸壺를 중심으로―」『金海 竹谷里 遺蹟 Ⅱ』、東亜細亜文化財研究院
申熙権 2008「都城의 出現과 百済의 形成」『国家形成의 考古学』、社会評論

【○】

安在晧 1993「Ⅵ. 考察 1. 古墳의 編年」『金海礼安里古墳群Ⅱ』、釜山大学校博物館
安在晧 1997「福泉洞古墳群의 土器編年」『加耶史 復元을 위한 福泉洞古墳群의 再照明』、釜山広域市立福泉博物館
梁起錫 2008「475 年 慰礼城 陥落 以後 高句麗와 百済의 国境線」『韓国 古代 四国의 国境線』、書景文

化社
梁時恩 2010「高句麗의 漢江流域 支配方式에 대한 検討」『考古学』第9巻第1号、서울京畿考古学会
嶺南大学校博物館 1975『皇南洞古墳発掘調査報告』
嶺南大学校博物館 1986『新羅文化展図録』
嶺南大学校博物館 1994『慶山 林堂地域 古墳群Ⅱ ―造永 EⅢ-8 号墳外―』(学術調査報告 第 19 冊)
嶺南大学校博物館 1998『慶山 林堂地域 古墳群Ⅲ ―1B 地域―』(学術調査報告 第 22 冊)
嶺南大学校博物館 1999a『慶山 林堂地域 古墳群Ⅳ ―造永 CⅠ・Ⅱ号墳―』(学術調査報告 第 25 冊)
嶺南大学校博物館 1999b『時至의 文化遺蹟Ⅱ ―古墳群1』(学術調査報告 第 27 冊)
嶺南大学校博物館 1999c『時至의 文化遺蹟Ⅲ ―古墳群2』(学術調査報告 第 28 冊)
嶺南大学校博物館 1999d『時至의 文化遺蹟Ⅳ ―古墳群3』(学術調査報告 第 29 冊)
嶺南大学校博物館 1999e『時至의 文化遺蹟Ⅴ ―古墳群4』(学術調査報告 第 30 冊)
嶺南大学校博物館 1999f『時至의 文化遺蹟Ⅵ ―古墳群5』(学術調査報告 第 31 冊)
嶺南大学校博物館 1999g『時至의 文化遺蹟Ⅶ ―古墳群6』(学術調査報告 第 32 冊)
嶺南大学校博物館 2000『慶山 林堂地域 古墳群Ⅴ ―造永 EⅠ号墳―』(学術調査報告 第 35 冊)
嶺南大学校博物館 2002『慶山 林堂地域 古墳群Ⅵ 林堂2号墳』(学術調査報告 第 42 冊)
嶺南大学校博物館 2003『慶山 林堂地域 古墳群Ⅶ 林堂5・6号墳』(学術調査報告 第 44 冊)
嶺南大学校博物館 2004『高霊 池山洞 古墳群』(学術調査報告 第 46 冊)
嶺南大学校博物館 2005『慶山 林堂地域 古墳群Ⅷ 林堂7号墳』(学術調査報告 第 48 冊)
嶺南埋蔵文化財研究院 1996『高霊快賓洞古墳群』(嶺南埋蔵文化財研究院学術調査報告 第 3 冊)
嶺南埋蔵文化財研究院 1998a『高霊池山洞 30 号墳』(嶺南埋蔵文化財研究院学術調査報告 第 13 冊)
嶺南埋蔵文化財研究院 1998b『浦項 玉城里古墳群Ⅱ』(嶺南埋蔵文化財研究院学術調査報告 第 14 冊)
嶺南文化財研究院 2001a『慶州舎羅里遺蹟Ⅱ』(嶺南文化財研究院学術調査報告 第 32 冊)
嶺南文化財研究院 2001b『慶山林堂洞遺蹟Ⅱ ―G地区5・6号墳―』(嶺南文化財研究院学術調査報告 第 34 冊)
嶺南文化財研究院 2001c『慶山林堂洞遺蹟Ⅲ ―G地区 墳墓―』(嶺南文化財研究院学術調査報告 第 35 冊)
嶺南文化財研究院 2004『高霊 池山洞古墳群Ⅰ』(嶺南文化財研究院学術調査報告 第 70 冊)
嶺南文化財研究院 2006a『高霊 池山洞古墳群Ⅱ』(嶺南文化財研究院学術調査報告 第 108 冊)
嶺南文化財研究院 2006b『高霊 池山洞古墳群Ⅲ』(嶺南文化財研究院学術調査報告 第 109 冊)
嶺南文化財研究院 2006c『高霊 池山洞古墳群Ⅳ』(嶺南文化財研究院学術調査報告 第 110 冊)
嶺南文化財研究院 2007『慶州 舎羅里遺蹟Ⅲ』(嶺南文化財研究院学術調査報告 第 130 冊)
嶺南文化財研究院 2010『慶州 隍城洞 575 番地 古墳群』(嶺南文化財研究院学術調査報告 第 174 冊)
呉永賛 2001「楽浪馬具考」『古代研究』8 輯、古代研究会
呉永賛 2006『楽浪郡研究―古朝鮮系와 漢系의 種族 融合을 통한 楽浪人의 形成―』、四季節
禹炳喆・金汶澈 2009「蕨手文鉄器로 본 辰・弁韓 政治体의 相互作用」『第 4 回 鉄器文化研究会 学術세미나 発表 要旨』、韓国鉄器文化研究会
蔚山大学校博物館 2001『金海陵洞遺蹟Ⅰ』(蔚山大学校博物館 学術研究叢書 第 8 輯)
俞炳夏 1998「扶安 竹幕洞遺蹟에서 進行된 三国時代의 海神祭祀」『扶安 竹幕洞祭祀遺蹟 研究』、国立全州博物館
尹武炳 1991『韓国青銅器文化研究』、芸耕産業社
尹世英 1975「Ⅱ. 味鄒王陵地区 第 9 区域(A号破壊古墳)発掘調査報告」『慶州地区 古墳発掘調査報告書』第 1 輯、文化財管理局 慶州史蹟管理事務所
尹龍九 1999「三韓의 朝貢貿易에 대한 一考察―漢代 楽浪郡의 交易形態와 関連하여―」『歴史学報』第 162 集、歴史学会
尹容鎮 1979「Ⅱ. 高霊 池山洞 44 号古墳 発掘調査報告」『大伽耶古墳発掘調査報告書』、高霊郡
尹容鎮 1981「韓国青銅器文化研究―大邱坪里洞出土一括遺物検討―」『韓国考古学報』第 10・11 輯、韓国考古学会

尹邰映・金甫相 2005「艇止房遺蹟 및 大田 月坪洞 調査 追報」『国立公州博物館紀要』第 4 輯、国立公州博物館

李健茂・宋義政・鄭聖喜・韓鳳奎 1995「昌原 茶戸里遺蹟 発掘進展報告（Ⅳ）」『考古学誌』第 7 輯、韓国考古美術研究所

李基東 1982「百済 王室 交代論에 대하여」『百済研究』特輯号、忠南大学校百済研究所

李道学 1990「百済의 起源과 国家形成에 관한 再検討」『韓国古代国家의 形成』、民音社

李道学 2006『高句麗 広開土王 碑文 研究』、書景文化社

伊藤秋男 1979「公州 宋山里古墳出土의 馬具」『百済文化』第 12 輯、公州師範大学附設百済文化研究所

李白圭・朴天秀 1997「若木古墳 発掘調査 再報告」『京釜高速鉄道 大邱・慶北圏 文化遺蹟 発掘予備調査報告書』、慶北大学校博物館

李尚律 1990「東萊福泉洞 23 号墳과 副葬遺物」『伽倻通信』第 19・20 合輯号、伽倻通信編集部

李尚律 1993「三国時代 杏葉 小考—嶺南地方 出土品을 中心으로—」『嶺南考古学』第 13 号、嶺南考古学会

李尚律 1996「三韓時代의 鑣轡에 대하여—嶺南地方 出土品의 系統을 中心으로—」『碩晤尹容鎭教授停年退任紀念論叢』、同刊行委員会

李尚律 1998「新羅, 加耶 文化圏에서 본 百済馬具」『百済文化』第 27 輯、公州大学校百済文化研究所

李尚律 2001「天安 斗井洞, 龍院里古墳群의 馬具」『韓国考古学報』第 45 輯、韓国考古学会

李尚律 2005a「三国時代 圓環轡考」『古文化』第 65 輯、韓国大学博物館協会

李尚律 2005b『三国時代 馬具의 研究』（釜山大学校大学院博士学位論文）

李尚律 2006「三韓時代 鑣轡의 展開」『石軒 鄭澄元教授 停年退任記念論叢』、釜山考古学研究会論叢刊行委員会

李尚律 2007「三国時代 壺鐙의 出現과 展開」『韓国考古学報』第 65 輯、韓国考古学会

李尚律 2008「三韓時代 鑣轡의 受容과 画期—嶺南地域을 中心으로—」『韓国上古史学報』第 62 号、韓国上古史学会

李尚律 2009a「加耶 首長墓 馬具의 意義 —재갈을 중심으로—」『加耶의 首長들』、金海市

李尚律 2009b「新羅・大加耶 新式板轡의 成立」『古文化』第 74 号、韓国博物館協会

李尚律 2010「扁円魚尾形杏葉의 発生」『釜山大学校 考古学科 創設 20 周年 記念論文集』、釜山大学校考古学科

李盛周 1999「辰・弁韓地域 墳墓 出土 1～4 世紀 土器의 編年」『嶺南考古学』第 24 号、嶺南考古学会

李盛周 2004「技術, 埋葬儀礼, 그리고 土器様式—尚州地域 洛東江以東 土器様式의 成立에 대한 解釈」『韓国考古学報』第 52 輯、韓国考古学会

李殷昌 1975「Ⅴ. 味鄒王陵地区 第 10 区域 皇南洞 第 110 号古墳 発掘調査報告」『慶州地区 古墳発掘調査報告書』第 1 輯、文化財管理局 慶州史蹟管理事務所

李殷昌 1980「Ⅱ. 味鄒王陵地区 第 4 地域古墳群（皇南洞 味鄒王陵 前地域 A 地区 古墳 発掘 調査報告）」『慶州地区 古墳発掘調査報告書』第 2 輯、文化財管理局 慶州史蹟管理事務所

李在賢 1996「Ⅳ. 考察—4 世紀代 福泉洞 木槨墓의 諸様相」『東萊福泉洞古墳群Ⅲ』、釜山大学校博物館

李在賢 2003『弁・辰韓 社会의 考古学的研究』（釜山大学校大学院博士学位論文）

李鐘宣 1992「積石木槨墳의 編年에 대한 再論議」『韓国古代史論叢』第 3 輯、駕洛国史蹟開発研究院

李昶燁 2007「中西部地域 百済漢城期 木棺墓 変化」『先史와 古代』27、韓国古代学会

李昌熙 2008「嶺南地方으로의 鉄器文化 流入에 대한 再考—鑣轡를 中心으로—」『考古学廣場』創刊号、釜山考古学研究会

李漢祥 1995「5～6 世紀 新羅의 辺境支配方式 —装身具 分析을 中心으로—」『韓国史論』33、서울大学校人文大学国史学科

李漢祥 1997「装飾大刀의 下賜에 반영된 5～6 世紀 新羅의 地方支配」『軍史』35、国防軍史研究所

李漢祥 2004a『黃金의 나라 新羅』、김영사

李漢祥 2004b「大加耶의 装身具」『大加耶의 遺蹟과 遺物』、大加耶博物館

李漢祥 2005「威勢品으로 본 漢城百済의 中央과 地方」『考古学』第4巻第1号、서울京畿考古学会
李漢祥 2007a「5～6世紀 金属製装身具의 年代論」『考古学探求』創刊号、考古学探究会
李漢祥 2007b「威勢品으로 본 古代国家의 形成」『国家形成에 대한 考古学的 接近』、韓国考古学会
李海蓮 2003「우리나라 출토 銅鍑에 대하여」『博物館研究論集』10、釜山市立博物館
李海蓮 2006「銅鍑에 대하여」『石軒 鄭澄元教授 停年退任記念論叢』、釜山考古学研究会論叢刊行委員会
李炫妵 2007「新羅古墳 鞍橋손잡이 試論」『嶺南考古学』第41号、嶺南考古学会
李炫妵 2008『嶺南地方 三国時代 三繋装飾具 研究』(慶北大学校大学院碩士学位論文)
李炫妵・柳眞娥 2011「馬具와 耳飾를 통해 본 昌寧地域의 金工品 製作 可能性」『慶北大学校 考古人類学科30周年 紀念 考古学論叢』、慶北大学校出版部
李賢珠 2001「Ⅳ. 考察」『東萊福泉洞古墳群—52・54号—』、釜山広域市立博物館福泉分館
李賢恵 1994a「三韓의 対外交易体系」『李基白先生古稀紀念 韓国史学論叢 (上)』、一潮閣
李賢恵 1994b「1～3世紀 韓半島의 対外交易体系」『古代東亜細亜의 再発見』、三星美術財団湖巌美術館
李 勲 2006「水村里古墳群 出土 百済馬具에 대한 検討」『忠清学과 忠清文化』第4輯、忠清南道歴史文化院
李熙濬 1994「高霊様式 土器 出土 古墳의 編年」『嶺南考古学』第15号、嶺南考古学会
李熙濬 1995a「慶州 皇南大塚의 年代」『嶺南考古学』第17号、嶺南考古学会
李熙濬 1995b「土器로 본 大伽耶의 圏域과 그 変遷」『加耶史研究—大加耶의 政治와 文化—』、慶尚北道
李熙濬 1996a「慶州 月城路 가-13号 積石木槨墓의 年代와 意義」『碩晤尹容鎮教授停年退任紀念論叢』、同刊行委員会
李熙濬 1996b「洛東江 以東 地方 4・5世紀 古墳 資料의 定型性과 그 解釈」『4・5世紀の日韓考古学』、九州考古学会・嶺南考古学会
李熙濬 1998「金海 礼安里 遺蹟과 新羅의 洛東江 西岸 進出」『韓国考古学報』第39輯、韓国考古学会
李熙濬 2002「4～5世紀 新羅 古墳 被葬者의 服飾品 着装 定型」『韓国考古学報』第47輯、韓国考古学会
李熙濬 2004a「初期鉄器時代・原三国時代 再論」『韓国考古学報』第52輯、韓国考古学会
李熙濬 2004b「慶山 地域 古代 政治体의 成立과 発展」『嶺南考古学』第34号、嶺南考古学会
李熙濬 2006「太王陵의 墓主는 누구인가?」『韓国考古学報』第59輯、韓国考古学会
李熙濬 2007『新羅考古学研究』、社会評論
林 澐 1993「西岔溝型銅柄鉄剣與老河深、彩嵐墓地的族属」『馬韓・百済文化』第13輯、円光大学校馬韓・百済研究所

【ㅈ】

張信堯・金遠澤 1994「人骨에 對한 考察」『皇南大塚 (南墳) 発掘調査報告書 (本文)』、文化財管理局文化財研究所
張容碩 2001「Ⅳ. 考察」『慶山林堂洞遺蹟Ⅱ —G地区5・6号墳—』、嶺南文化財研究院
全北大学校博物館 1989『斗洛里 発掘調査報告書』(全北大学校博物館 学術叢書2)
全北大学校博物館 2010a『上雲里』Ⅰ (全北大学校博物館 叢書52)
全北大学校博物館 2010b『上雲里』Ⅱ (全北大学校博物館 叢書52)
全栄來 1983『南原, 月山里古墳群発掘調査報告』、円光大学校馬韓百済文化研究所
全玉年・李尚律・李賢珠 1989「東萊 福泉洞古墳群 第2次調査概報」『嶺南考古学』第6号、嶺南考古学会
鄭仁盛 2003「弁韓・加耶의 対外交渉—楽浪郡과의 交渉関係를 中心으로—」『加耶 考古学의 새로운 照明』、慧眼
鄭仁盛 2009「加平 大成里遺蹟 出土의 外来系 遺物—西北韓系 遺物을 中心으로—」『加平 大成里遺蹟』、京畿文化財研究院
鄭燦永 1963「慈城郡 照牙里, 西海里, 法洞里, 松岩里 高句麗 古墳 発掘 報告」『各地遺蹟整理報告』(考古学資料集 第3集)、科学院 考古学 및 民俗学研究所
鄭昌熙 2000「Ⅳ. 考察 다. 編年」『大伽耶 歴史館 新築敷地内 高霊池山洞古墳群 (本文Ⅱ)』、慶尚北道

文化財研究院
朝鮮遺蹟遺物図鑑編纂委員会 1989『朝鮮遺蹟遺物図鑑』2（古朝鮮，夫余，辰国編）
朝鮮遺蹟遺物図鑑編纂委員会 1990『朝鮮遺蹟遺物図鑑』5（高句麗編（3））
趙栄済 1996「玉田古墳群의 編年研究」『嶺南考古学』第 18 号、嶺南考古学会
趙栄済 2002「考古学으로 본 大加耶連盟体論」『盟主로서의 金官加耶와 大加耶』、金海市
趙栄済 2007『玉田古墳群과 多羅国』、慧眼
趙栄済 2009「3）編年과 性格」『山清 生草 M12・M13 号墳』、慶尚大学校博物館
朱甫暾 1998a「麻立干時代 新羅의 地方統治」『新羅 地方統治体制의 整備過程과 村落』、新書院
朱甫暾 1998b「4～5 世紀 釜山地域의 政治的 向方」『新羅 地方統治体制의 整備過程과 村落』、新書院
朱栄憲 1966『中国 東北 地方의 高句麗 및 渤海 遺蹟 踏査 報告』、社会科学院出版社
中央文化財研究院 2008『安城 道基洞遺蹟』（発掘調査報告 第 127 冊）
中原文化財研究院 2008『清原 南城谷 高句麗 遺蹟』（調査報告叢書 第 64 冊）
中原文化財研究院 2009『清州 山南洞 42-6 番地 遺蹟』（調査報告叢書 第 80 冊）
秦弘燮 1969「皇吾里第三十三号墳」『慶州 皇吾里 第一・三三号 皇南里 第一五一号 古墳 発掘調査報告』、
　　　文化公報部
【ㅊ】
車順喆 2006「解放以後 現在까지의 慶州 新羅古墳 発掘調査」『新羅古墳 発掘調査 100 年』、国立慶州
　　　文化財研究所
昌原大学校博物館 1992『咸安 阿羅伽耶의 古墳群（Ⅰ）』（昌原大学校博物館 学術調査報告 第 5 冊）
昌原大学校博物館 2006『蔚山 中山里遺蹟Ⅰ』（昌原大学校博物館 学術調査報告 第 40 冊）
崔夢龍 1976「潭陽 斉月里 百済古墳과 그 出土遺物」『文化財』第 10 号、文化財管理局
崔秉鉉 1983「古新羅鐙考」『崇實史学』第 1 輯、崇實大学校史学会
崔秉鉉 1984「皇龍寺址出土 古新羅土器」『尹武炳博士回甲紀念論叢』、通川文化社
崔秉鉉 1992『新羅古墳研究』、一志社
崔鍾圭 1983「中期古墳의 性格에 대한 약간의 考察」『釜大史学』第 7 輯、釜山大学校史学会
崔鍾圭 1992「済羅耶의 文物交流―百済金工Ⅱ―」『百済研究』第 23 輯、忠南大学校百済研究所
崔鍾澤 2006「南韓地域 高句麗 土器의 編年 研究」『先史와 古代』24、韓国古代学会
忠北大学校博物館 1983『清州 新鳳洞百済古墳群 発掘調査報告書―1982 年度調査―』（調査報告 第 7 冊）
忠北大学校博物館 1990『清州 新鳳洞百済古墳群 発掘調査報告書―1990 年度調査―』（調査報告 第 24 冊）
忠北大学校博物館 1995『清州 新鳳洞古墳群』（調査報告 第 44 冊）
忠北大学校博物館 2005『清州 鳳鳴洞遺跡（Ⅱ）』（調査報告 第 106 冊）
忠北大学校博物館 2007『忠州 金陵洞 遺蹟』（調査報告 第 112 冊）
忠清南道歴史文化院 2011『牙山 鳴岩里 밖지므레遺蹟』（遺蹟調査報告 77 冊）
【ㅎ】
韓国考古環境研究所 2010『燕岐 松潭里・松院里 遺蹟』（韓国考古環境研究所 研究叢書 第 39 冊）
韓国文化財保護財団 1998a『慶山 林堂遺蹟（Ⅰ）』（学術調査報告 第 5 冊）
韓国文化財保護財団 1998b『慶山 林堂遺跡（Ⅵ）』（学術調査報告 第 5 冊）
韓国文化財保護財団 1998c『尚州 新興里古墳群』（学術調査報告 第 7 冊）
韓国文化財保護財団 1999a『清原 松垈里遺蹟』『清原 梧倉遺蹟（Ⅰ）』（学術調査報告 第 23 冊）
韓国文化財保護財団 1999b『尚州 城洞里古墳群』（学術調査報告 第 40 冊）
韓国文化財保護財団 2000『清原 主城里遺蹟』（学術調査報告 第 78 冊）
韓国文化財保護財団 2005『慶州 隍城洞 遺蹟Ⅱ』（学術調査報告 第 171 冊）
韓国文化財保護財団 2007『蔚山 下三亭遺蹟・芳里 甕器窯址』（学術調査報告 第 194 冊）
韓国文化財保護財団 2009『慶山 玉谷洞 遺蹟Ⅳ』（学術調査報告 第 218 冊）
韓国文化財保護財団 2010『慶州 塔洞 21-3 番地 木棺墓』（現地説明会資料）
韓国精神文化研究院 1994『三国時代遺蹟 調査研究（Ⅱ）華城白谷里古墳群 附 水原古索洞遺蹟』（調査

研究報告書 94-1）
韓神大学校博物館 2002『花山古墳群』（韓神大学校博物館叢書 第 14 冊）
韓神大学校博物館 2004『風納土城Ⅳ ―慶堂地区 9 号 遺構에 대한 発掘報告―』（韓神大学校博物館叢書 第 19 冊）
韓永熙・金正完 1985「居昌末屹里古墳群」『国立博物館古蹟調査報告』第 17 冊
韓志仙 2005「百済土器 成立期 様相에 대한 検討」『百済研究』第 41 輯、忠南大学校百済研究所
咸舜燮 2010「皇南大塚을 둘러싼 論争, 또 하나의 可能性」『黄金의 나라 新羅의 王陵 皇南大塚』、国立中央博物館
湖南文化財研究院 2004『潭陽 大峙里 遺蹟』（湖南文化財研究院 学術調査報告書 第 19 冊）
湖巌美術館 1997「古墳金属Ⅰ―高霊 池山洞 出土 遺物―」『湖巌美術館所蔵 金東鉉翁蒐集文化財』
湖巌美術館 1998『華城 馬霞里 古墳群』（湖巌美術館 遺蹟発掘調査報告 第 5 冊）
洪潽植 1998「金官伽倻의 成立과 発展」『加耶文化遺蹟 調査 및 整備計画』、慶尚北道・加耶大学校附設加耶文化研究所
洪潽植 2000「考古学으로 본 金官加耶」『考古学을 통해 본 加耶』、韓国考古学会
洪潽植 2003『新羅 後期 古墳文化 研究』、春秋閣
洪思俊 1966「百済의 長剣과 馬具類의 新例」『考古美術』77 号、韓国美術史学会
洪思俊・金正基 1964「皇吾里四・五号古墳発掘調査報告」『皇吾里四・五号古墳 皇南里破壊古墳発掘調査報告』（国立博物館古蹟調査報告 第五冊）、国立博物館
洪志潤 1999「尚州地域 土壙墓의 性格」『湖西考古学』第 2 輯、湖西考古学会

中国語（拼音順）
【c】
陳大為 1960a「桓仁県考古調査発掘簡報」『考古』1960 年第 1 期、中国社会科学院考古研究所
陳大為 1960b「遼寧北票房身村晋墓発掘簡報」『考古』1960 年第 1 期、中国社会科学院考古研究所
陳大為・李宇峰 1982「遼寧朝陽後燕崔遹墓的発現」『考古』1982 年第 3 期、中国社会科学院考古研究所
陳　山 2003「北票新発現的三燕馬具」『文物』2003 年第 3 期、文物出版社
【f】
撫順市文化局文物工作隊 1964「遼寧撫順高爾山古城址調査簡報」『考古』1964 年第 12 期、中国社会科学院考古研究所
【g】
国家文物局 1993『中国文物地図集 吉林分冊』、中国地図出版社
固原県文物工作隊 1984「寧夏固原北魏墓清理簡報」『文物』1984 年第 6 期、文物出版社
【h】
河北省文物考古研究所 1996『燕下都』、文物出版社
湖南省考古博物館 1959「長沙西晋南朝隋墓発掘調査報告」『考古学報』1959 年第 3 期、考古雑誌社
【j】
集安県文物保管所 1979「集安県両座高句麗積石墓的清理」『考古』1979 年第 1 期、中国社会科学院考古研究所
吉林省博物館集安考古隊 1964「吉林集安麻線溝一号壁画墓」『考古』1964 年第 10 期、中国社会科学院考古研究所
吉林省博物館文物工作隊 1977「吉林集安的両座高句麗墓」『考古』1977 年第 2 期、中国社会科学院考古研究所
吉林省博物館文物工作隊 1983「吉林集安長川二号封土墓発掘紀要」『考古與文物』1983 年第 1 期、陝西人民出版
吉林省集安県文物保管所 1982「集安万宝汀墓区 242 号古墓清理簡報」『考古與文物』1982 年第 6 期、陝西人民出版

吉林省文物考古研究所 1987『楡樹老河深』、文物出版社
吉林省文物考古研究所 2009『吉林集安高句麗墓葬報告集』、科学出版社
吉林省文物考古研究所・集安市博物館 2004『集安高句麗王陵―1990～2003 年集安高句麗王陵調査報告―』、文物出版社
吉林省文物考古研究所・集安市博物館 2005「洞溝古墓群禹山墓区 JYM3319 号墓発掘報告」『東北史地』2005 年第 6 期、吉林省社会科学院
吉林省文物考古研究所・集安市博物館・吉林省博物院 2010『集安出土高句麗文物集粋』、科学出版社
吉林省文物考古研究所・集安市文物保管所 1993「集安洞溝古墓群禹山墓区集錫公路墓葬発掘」『高句麗研究文集』、延辺大学出版社
吉林省文物志編集委員会 1983『集安県文物志』
吉林省文物志編集委員会 1984『渾江市文物志』

【l】
聯合国家教科文組織駐中国代表処・新疆文物事業管理局・新疆文物考古研究所 1999『交河故城―1993、1994 年度考古発掘報告』、東方出版社
遼寧省博物館 1984「遼寧本渓晋墓」『考古』1984 年第 8 期、中国社会科学院考古研究所
遼寧省博物館文物隊・朝陽地区博物館文物隊・朝陽県文化館 1984「朝陽袁台子東晋壁画墓」『文物』1984 年第 6 期、文物出版社
遼寧省文物考古研究所 2002『三燕文物精粋』
遼寧省文物考古研究所 2004『五女山城―1996～1999、2003 年桓仁五女山城発掘報告』、文物出版社
遼寧省文物考古研究所・朝陽市博物館 1997a「朝陽王子墳山墓群 1987、1990 年度考古発掘的主要収穫」『文物』1997 年第 11 期、文物出版社
遼寧省文物考古研究所・朝陽市博物館 1997b「朝陽十二台郷磚廠 88 M1 発掘簡報」『文物』1997 年第 11 期、文物出版社
遼寧省文物考古研究所・朝陽市博物館・北票市文物管理所 2004「遼寧北票喇嘛洞墓地一九九八年発掘報告」『考古学報』2004 年第 2 期、考古雑誌社
遼寧省文物考古研究所・朝陽市博物館・朝陽県文物管理所 1997「遼寧朝陽田草溝晋墓」『文物』1997 年第 11 期、文物出版社
李殿福 1985「漢代夫余文化芻議」『北方文物』1985 年第 3 期、≪北方文物≫雑誌社
劉景文・龐志国 1986「吉林楡樹老河深墓葬群族属探討」『北方文物』1986 年第 1 期、≪北方文物≫雑誌社
劉　謙 1963「遼寧義県保安寺発現的古代墓葬」『考古』1963 年第 1 期、中国社会科学院考古研究所
黎瑶渤 1973「遼寧省北票県西官営子北燕馮素弗墓」『文物』1973 年第 3 期、文物出版社

【n】
寧夏固原博物館 1988『固原北魏墓漆棺画』、寧夏人民出版社

【s】
山東市溜博市博物館 1985「西漢斉王墓随葬器物坑」『考古学報』1985 年第 2 期、考古雑誌社
山西省大同市博物館・山西省文物工作委員会 1972「山西大同石家寨北魏司馬金龍墓」『文物』1972 年第 3 期、文物出版社
孫国平・李　智 1994「遼寧北票倉糧窖鮮卑墓」『文物』1994 年第 1 期、文物出版社
孫　危 2007『鮮卑考古学文化研究』、科学出版社

【t】
田立坤 1991「三燕文化遺存的初歩研究」『遼海文物学刊』1991 年第 1 期、≪遼海文物学刊≫編集部
田立坤 2002「袁台子壁画墓的再認識」『文物』2002 年第 9 期、文物出版社
田立坤 2006「高橋鞍的復原及有関問題」『東アジア考古学論叢―日中共同研究論文集―』、奈良文化財研究所・遼寧省文物考古研究所
田立坤・李　智 1994「朝陽発現的三燕文化遺物及相関問題」『文物』1994 年第 1 期、文物出版社

【x】
辛　発・魯　宝・呉　鵬 1995「錦州前燕李廆墓清理簡報」『文物』1995 年第 6 期、文物出版社
新疆考古研究所 1995「鄯善県洋海、達浪坎児古墓群清理簡報」『新疆文物考古新収穫（続）（1979-1989）』、新疆人民出版社
新疆文物考古研究所・吐魯番地区文管所 1997「鄯善蘇貝希墓群一号墓地発掘簡報」『新疆文物考古新収穫（続）1990-1996』、新疆美術撮影出版社
薫　峰 1993「国内城中新発現的遺跡和遺物」『高句麗研究文集』、延辺大学出版社
薫　高 1995「公元 3 至 6 世紀 慕容鮮卑、高句麗、朝鮮、日本馬具之比較研究」『文物』1995 年第 10 期、文物出版社

【y】
伊盟文物工作站 1981「伊克昭盟補洞溝匈奴墓葬清理簡報」『内蒙古文物考古』創刊号、内蒙古文物考古編輯部
于俊玉 1997「朝陽三合成出土的前燕文物」『文物』1997 年第 11 期、文物出版社

【z】
張雪岩 1988「集安両座高句麗封土墓」『博物館研究』1988 年第 1 期、博物館研究編集部
中国社会科学院考古研究所安陽工作隊 1983「安陽孝民屯晋墓発掘報告」『考古』1983 年第 6 期、中国社会科学院考古研究所
中国社会科学院考古研究所 1959『洛陽焼溝漢墓』（中国田野報告書 考古学専刊 丁種第六号）、科学出版社
中国社会科学院考古研究所 1989『北京大葆台漢墓』、文物出版社

【w】
魏　堅（編）2004『内蒙古地区鮮卑墓相的発現与研究』、科学出版社
魏存成 1991「高句麗馬具的発現與研究」『北方文物』1991 年第 4 期、≪北方文物≫雑誌社

欧文
Anthony, D. W. & Brown, D. R. 1991. The origins of horseback riding, *Antiquity* Vol.65
Eelegzen, Gelegdorj. 2011. *Treasures of the Xiongnu*. Institute of Archaeology Mongolian Academy of Sciences, National Museum of Mongolia.
Ledyard, G. K. 1975. Galloping along with the Horseriders; looking for the founders of Japan, *The Journal of Japanese Studies* Vol.1 №2
Levine, M. A. 1990. Dereivka and the problem of horse domestication, *Antiquity* Vol.64
Tanabe, Katsumi. 1995. Nana on Lion－East and West in Sogdian Art－. *ORIENT* XXX-XXXI
Telegin. 1986. *Dereivka*. (BAR International Series 287), Oxford, B.A.R.
Rudenko, S. I. 1970. *Frozen Tombs of Siberia*. University of California Press.
White, L. Jr. 1962. *MEDIEVAL TECHNOLOGY AND SOCIAL CHANGE*. Oxford University Press. （内田星美訳 1985『中世の技術と社会変動』思索社）
Ambroz, A. K. 1973. Стремена и седла раннего средневековья как хронологический показатель (Ⅳ-Ⅷ вв.). *Советская археология* 1973(4)（林俊雄訳 1988「編年基準としての中世初期（4-8 世紀）の鐙と鞍」『中央初期ユーラシア草原における馬具の発達』根岸競馬公苑）

図版出典

序章
図1：［島根県立八雲立つ風土記の丘 1996］を改変再トレース
図2：［諫早 2008b］、［吉田珠 1994］をもとに作成
図3・4：筆者作成

第1章
図5：［川又 1994］をもとに作成
図6・7・10・14・15：［諫早 2005a］より転載
図8：［諫早 2008b］より転載
図9：［山田珠 2002］より転載
図12・13・16：［諫早 2005a］を一部改変
図11：［諫早 2008c］より転載

第2章
図18～20・22・25：［諫早 2008b］より転載
図17・21・24・27：［諫早 2008b］を一部改変
図23：［諫早 2007b］より転載
図26：筆者作成

第3章
図28～30：［諫早 2008c］より転載

第4章
図31～36：［諫早 2005b］より転載

第5章
図37～41・43・45・46：［諫早 2007b］より転載
図42・44：［諫早 2007b］を一部改変

第6章
図47・49～52・55～57：［諫早 2011a］より転載
図48：［李海蓮 2006］を一部改変
図53：［京畿文化財研究院 2009］をもとに作成
図54：［諫早 2011a］、［和歌山県立博物館 2008］をもとに作成

第7章
図58・59・63・67：［諫早 2011b］より転載
図60：［東義大学校博物館 2000・2008］をもとに作成
図61：［諫早 2007a］を一部改変
図62：［諫早 2011b］を一部改変
図64・65：［諫早 2009b］より転載
図66：［全玉年ほか 1989］、［嶺南文化財研究院 2007］をもとに作成

第8章
図68：［国立慶州博物館 2007］をもとに作成
図69：［嶺南文化財研究院 2010］をもとに作成
図70：［嶺南大学校博物館 1986］より転載
図71：［文化財管理局 文化財研究所 1993］をもとに作成
図72：［文化公報部 文化財管理局 1974］、［慶熙大学校博物館 1974］を改変再トレース
図73：1.［諫早 2008b］ 2・38・39．［国立慶州博物館ほか 1990］ 3～8：［斎藤忠 1937］ 9～14．［金

大煥ほか 2008］ 15～23．［文化財管理局 文化財研究所 1993］ 24～26．［文化財管理局 文化財研究所 1985］ 27～30．［国立中央博物館 2000b］ 31・32．［濱田ほか 1924］ 33～37．［馬目 1980］ 40～47．［文化公報部 文化財管理局 1974］ 48～52．［梅原 1932］ 53～59．［金載元 1948］ 60～64．［国立慶州文化財研究所 1995］をもとに作成

図 74・77：筆者作成

図 75：1～3．［嶺南文化財研究院 2001b］ 4．［諫早 2005a］ 5～7・16～18・21～25・32・33．［嶺南大学校博物館 1999a］ 8～15．［嶺南大学校博物館 2005］ 19・20．［嶺南大学校博物館 1994］ 26～31・34～37．［嶺南大学校博物館 2000］ 38～44・52～56．［嶺南大学校博物館 2003］ 45～51．［嶺南大学校博物館 2002］をもとに作成

図 76：1．［嶺南文化財研究院 2001b］ 2．［国立慶州博物館 2000］ 3．［嶺南埋蔵文化財研究院 1998b］ 4．［諫早 2008b］ 5．［嶺南文化財研究院 2007］ 6～8．［昌原大学校博物館 2006］ 9・10．［釜山大学校博物館 1996］ 11．［諫早 2011b］ 12・13．［東義大学校博物館 2000］ 14・15．［慶星大学校博物館 2000a］をもとに作成

図 78：［文化財管理局 文化財研究所 1993］をもとに作成

第 9 章

図 79：［諫早 2009b］を一部改変

図 80・81・83・85・86：［諫早 2009b］より転載

図 82：［文化財管理局 文化財研究所 1993］をもとに作成

図 84：［諫早 2010b］より転載

第 10 章

図 87：［成正鏞ほか 2009］より転載

図 88：［諫早 2009b］を一部改変

図 89：1・3．［成正鏞 2006b］ 2・6．［公州大学校博物館 2000a］ 4．［文化財研究所 1989］ 5．［公州大学校博物館 2000b］ 7・8．［李勲 2006］ 9．［成正鏞 2009］をもとに作成

図 90：［洪思俊 1966］より転載

図 91：1・4．［諫早 2007b］ 2・3．［忠北大学校博物館 2007］ 5～9．［公州大学校博物館 2000b］ 10．［韓国文化財保護財団 1999a］ 11．［忠北大学校博物館 2005］ 12・13．［成正鏞ほか 2009］ 14．［崇實大学校博物館ほか 2004］ 15・16・18．［忠北大学校博物館 1995］ 17．［韓神大学校博物館 2004］ 19・26．［成正鏞ほか 2006］ 20．［公州大学校博物館 2000a］ 21．［国立中央博物館 2000a］ 22・24・25．［忠北大学校博物館 1990］ 23．［成正鏞 2006b］ 27．［李尚律 2001］ 28．［李勲 2006］ 29．［伊藤 1979］ 30．［野守ほか 1935］ 31・33・34．［成正鏞 2009］ 32．［文化財研究所 1989］ 35～37．［公州大学校博物館 1994］ 38～41．［国立文化財研究所 2001］ 42～45．［国立光州博物館 1984］をもとに作成

図 92：［岡内 1979］、［国立光州博物館 2002］をもとに作成

図 93：［諫早 2010b］より転載

図 94：［国立全州博物館 1994］をもとに作成

図 95：筆者作成

第 11 章

図 96～102：［諫早 2008a］より転載

第 12 章

図 103～107：［諫早 2010b］より転載

第 13 章

図 108・109：［諫早 2010a］より転載

第 14 章

図 110：1．［韓国文化財保護財団 1999b］ 2．［韓国文化財保護財団 1999a］ 3．［国立昌原文化財研究所 1997］ 4．［東義大学校博物館 2000］ 5．［諫早 2011b］ 6．［釜山広域市立博物館福泉分館 1997］

7．［諫早 2009a］　8．［吉田珠 1994］をもとに作成
図111：1．［黎瑶渤 1973］　2．［韓国文化財保護財団 1998c］　3．［東義大学校博物館 2000］　4．［慶星大学校博物館 2000a］　5．［樋口ほか 1961］　6．［末永 1991］　7．［服部 1991］をもとに作成
図112：1．［韓国文化財保護財団 1998c］　2．［諫早 2008b］　3．［慶尚大学校博物館 2000］　4．［釜山大学校博物館 1983］　5．［末永 1991］　6．［滋賀県教育委員会 1961］　7．［池田町教育委員会 2005］　8．［内山ほか 1997］をもとに作成
図113：1．［遼寧省文物考古研究所ほか 2004］　2．［遼寧省文物考古研究所ほか 1997b］　3．［吉林省文物工作隊 1977］　4．［文化財管理局 文化財研究所 1993］　5．［韓国文化財保護財団 1998c］　6．［嶺南大学校博物館 1999a］　7．［啓明大学校博物館 1982］　8．［慶尚大学校博物館 2000］　9．［慶尚大学校博物館 1988］　10．［吉井町教育委員会 2005］　11．［宮代 1995］　12．［末永 1991］　13・14．［吉田珠 1994］　15．［森下浩 2001］　16．［滋賀県教育委員会 1961］　17．［池田町教育委員会 2005］をもとに作成
図114：1．［全北大学校博物館 2010a］　2．［忠北大学校博物館 1995］　3．［枚方市文化財調査研究会 2006］をもとに作成
図115：1．［国立中央博物館 2000a］　2．［成正鏞ほか 2006］　3・4．［李勲 2006］　5．［嶺南埋蔵文化財研究院 1998a］　6．［啓明大学校博物館 1982］　7．［慶尚大学校博物館 1995］　8．［諫早 2006b］　9．［吉井町教育委員会 2005］　10．［宮代 1995］　11．［山梨県教育委員会 1979］をもとに作成
図116：1・2．［成正鏞ほか 2006］　3．［忠北大学校博物館 1995］　4．［置田 1996］　5．［諫早 2010b］　6．［諫早 2010c］をもとに作成
図117：［諫早 2010c］より転載
図118：筆者作成
図119：1．［滋賀県教育委員会 1961］　2．［遼寧省文物考古研究所 2002］を改変再トレース
図120：［吉井町教育委員会 2005］をもとに作成

終章

図121：1．［遼寧省文物考古研究所 2002］　2．［遼寧省文物考古研究所ほか 1997］より転載
図122：1．［藤井康 2003］　2・4．［小池 2006］　3．［遼寧省文物考古研究所ほか 2004］　5．［遼寧省文物考古研究所ほか 1997b］をもとに作成
図123：［蘇哲 2007］より転載
図124：［遼寧省文物考古研究所ほか 2004］、［小池 2006］、［文化財管理局 文化財研究所 1993］、［吉井町教育委員会 2005］をもとに作成

※既発表論文で用いた図面の出典は省略した。出典の詳細は既発表論文を参照願いたい。

索　引

I　事　項

【あ行】
障泥　160, 161, 167, 169, 183
阿羅加耶　275, 277
威信財　130, 158, 177, 203, 218, 222
移入品（舶載品）　48, 61, 74, 89, 151, 163, 164, 175, 182, 183, 184, 204, 206, 219, 221, 237, 238, 252, 281, 284, 286, 288, 290, 295
イモガイ　163, 177, 180, 183, 299
ウマ遺存体　1, 4, 5, 6, 269
馬飼集団　10, 269, 270, 276, 281, 283, 289, 303
栄山江　204, 214, 222, 224
衛氏朝鮮　5, 79, 80, 91
王陵　8, 39, 52, 55, 59, 66, 145, 159, 161, 163, 164, 167, 173, 175, 177, 179, 180, 181, 183, 184, 187, 197, 204, 212, 219, 221, 286, 299, 300
帯金具　48, 61, 125, 158, 165, 177, 179, 253, 254, 286, 287, 288, 290, 294, 295, 296, 299

【か行】
外折口縁高杯　135, 137, 148
甲冑　30, 37, 65, 126, 145, 147, 173, 174, 250, 254, 269, 283, 286, 288, 290, 301, 303, 306
鐘形杏葉　167, 173, 180, 181, 184
花盆形土器　114, 120, 129, 131
加耶馬具　10, 65, 66, 136, 152, 157, 203, 206
官位制　181, 183, 184, 295, 296, 297, 299
漢江　49, 53, 55, 56, 210, 218, 224, 225, 264
漢式釜　126, 127, 128, 130
『漢書』　5, 79, 111
漢城　203, 204, 205, 210, 212, 213, 216, 217, 218, 221, 224, 225, 262, 300
間接支配　151, 153, 158, 177, 181, 219, 220, 225
環頭大刀　18, 167, 179
冠　158, 177, 220, 290, 299
　└金銅冠　140, 150, 154, 158, 194, 196, 219, 300
　└歩搖冠　48, 306
　└歩搖付冠飾　293, 294, 295
菊形飾金具　48, 52, 53, 54, 55, 56, 62, 104, 105, 160, 169, 170, 176, 277, 281, 285, 286, 297, 298
騎乗用馬具　1, 2, 5, 7, 11, 16, 30, 49, 60, 65, 80, 92, 95, 105, 108, 109, 111, 203, 217, 293, 298, 301
紀年墓　9, 40, 41, 45, 48, 52, 60, 61, 65, 66, 73, 206
紀年銘資料　9
騎馬民族　2, 3, 4, 5, 6, 10, 11, 80, 95, 106, 108, 110, 113, 114, 126, 130, 131, 241, 255, 295, 303, 304
騎馬民族日本列島征服王朝説　2, 130, 241
騎馬遊牧民　3, 4, 10, 11, 113, 130, 259, 266, 293
逆半球形飾金具　46, 47, 49, 61, 294, 298
旧石器時代　4, 11
鞨城　45, 263
匈奴　3, 101, 103, 106, 107, 111, 129
棘葉形杏葉　142, 152, 167, 173, 180, 181, 192, 199
金官加耶　5, 10, 11, 17, 69, 95, 109, 121, 129, 130, 135, 136, 137, 138, 140, 142, 144, 147, 148, 149, 151, 152, 153, 154, 155, 193, 218, 242, 254, 270, 275, 276, 284, 289, 299, 300, 303
錦江　49, 56, 200, 210, 212
百済王権　10, 203, 204, 217, 218, 219, 220, 221, 222, 224, 303
百済馬具　75, 203, 204, 207, 208, 213, 215, 216
圭形杏葉　46, 47, 49, 280, 287, 298, 306
原三国時代　1, 5, 10, 11, 15, 17, 22, 30, 31, 41, 42, 51, 67, 68, 72, 73, 79, 80, 81, 82, 83, 84, 85, 86, 88, 89, 90, 91, 92, 93, 95, 96, 100, 104, 106, 107, 108, 111, 115, 122, 123, 130, 137, 142, 147, 152, 154, 159, 160, 168, 205, 216, 217, 224, 225, 237, 297, 298, 302
剣菱形杏葉　76, 164, 182, 189, 192, 196, 198, 200, 201, 208, 210, 212, 213, 214, 220, 221, 238, 255, 269, 277, 279, 283, 284, 290, 300, 301, 302
広域編年　7, 9, 10, 15, 43, 58, 61, 66, 75, 205,
後燕　12, 48, 62, 290, 306
広開土王碑　49, 50, 51, 55, 62, 218, 219, 274
高句麗馬具　40, 41, 49, 52, 53, 54, 55, 57, 73, 75, 137, 173, 180, 219, 297
高句麗南征　5, 16, 39, 95, 135, 157, 175, 176
硬式鞍　7, 11, 16, 46, 47, 79, 92, 105, 108, 111, 293, 306
工人　79, 92, 181, 196, 197, 201, 238, 254, 281, 283, 284, 285, 286, 288, 290, 295, 297, 301, 303
工房　47, 48, 61, 184, 196, 219, 224, 286, 288, 290, 293, 295, 301
後漢　115, 117, 306, 307
『後漢書』　128
五胡十六国時代　39, 304, 305
古墳時代　1, 5, 9, 11, 12, 39, 235, 238, 241, 254,

341

263, 269, 290, 301, 302, 304, 307
　└前期　1, 237, 289, 303
　└中期　1, 7, 37, 65, 125, 126, 201, 229, 231, 235, 237, 241, 251, 262, 269, 283, 289
　└後期　231
胡籙　196, 253, 261, 286, 287

【さ行】
三燕　10, 12, 39, 40, 41, 43, 44, 45, 46, 47, 48, 49, 50, 51, 52, 55, 56, 57, 58, 59, 60, 61, 62, 66, 73, 75, 92, 105, 108, 109, 115, 127, 128, 164, 170, 174, 182, 183, 201, 218, 220, 241, 242, 253, 255, 256, 273, 280, 281, 284, 285, 286, 288, 293, 294, 295, 296, 297, 298, 299, 306
三韓　91, 130, 289
『三国遺事』　11, 153
『三国史記』　11, 153, 157, 167, 179, 306
　└車騎条　179, 181
『三国志』魏書東夷伝　1, 12, 93, 130, 216, 217
『史記』　4, 128
泗沘　204, 205, 216, 222, 224
車馬具　5, 11, 79, 80, 86, 87, 88, 89, 91, 92, 93, 104, 105, 106, 107, 111, 117, 119, 120, 225
『周礼』　12
小加耶　145, 150
縄文時代　1
初期馬具　10, 16, 65, 66, 74, 80, 95, 110, 125, 229, 238, 241, 242, 244, 246, 248, 250, 252, 254, 256, 269, 270, 276, 281, 282, 283, 284, 289, 290, 301, 303, 307
新羅王権　10, 135, 150, 151, 152, 153, 158, 176, 177, 179, 180, 181, 182, 184, 276
新羅馬具　33, 37, 40, 57, 60, 66, 135, 136, 141, 154, 157, 158, 159, 160, 161, 166, 169, 171, 173, 175, 179, 203
『晋書』　5, 108, 131, 306
新石器時代　4, 115
心葉形杏葉　46, 55, 57, 67, 72, 75, 142, 144, 145, 158, 163, 164, 165, 169, 170, 172, 175, 176, 177, 179, 180, 181, 183, 184, 192, 193, 194, 198, 199, 201, 213, 214, 222, 277, 279, 280, 298, 299
隋　98, 304
須恵器　74, 76, 214, 225, 250, 251, 252, 253, 283
スキタイ　3, 92
洲浜・磯一体鞍　273, 274, 279, 280, 285, 286, 298
洲浜・磯分離鞍　273, 274, 280, 284, 285, 286, 287, 298
西晋　12, 39, 61, 109, 295, 296, 302, 306
世界秩序　296, 297, 304

『説文解字』　117
前燕　12, 43, 45, 47, 48, 49, 51, 56, 57, 59, 60, 61, 62, 182, 243, 263, 264, 266, 280, 293, 295, 296, 297, 298, 304, 306
前漢　12, 89, 90, 102, 106, 115
戦国燕　80, 89
戦国時代　11
前秦　48, 61, 62, 175
蟾津江　198, 200
遷都　45, 66, 204, 205, 222, 263, 303
鮮卑　48, 61, 98, 108, 109, 110, 241, 242, 293, 294, 306
　└拓跋部（拓跋鮮卑）　266
　└慕容部（慕容鮮卑）　5, 48, 62, 109, 203, 218, 290, 293, 294, 295, 296, 306, 307
『宋書』　307
装飾騎馬文化　8, 10, 224, 293, 294, 296, 297, 298, 299, 301, 303, 305, 306
装飾大刀　158, 177, 196, 217, 219, 299, 300
相対編年　10, 27, 30, 39, 40, 41, 42, 45, 52, 53, 58, 60, 66, 67, 75, 168, 193, 200, 201, 203, 204, 210, 249

【た行】
大加耶王権　196, 199, 200, 222, 300
大加耶馬具　187, 190, 191, 192, 196, 198, 199, 200
帯方（郡）　109, 115, 126, 128, 130, 297
大凌河　43
脱高句麗化　59, 60, 179, 181, 299
玉虫　163, 176, 177, 178, 179, 180, 181, 183, 285, 286, 299
短甲　250, 256, 288, 301
『筑後将士軍談』　255
着装型金工品　177, 181, 219, 293, 294, 295, 299, 300, 304, 305, 306
中原　5, 7, 39, 48, 60, 63, 80, 89, 90, 91, 107, 109, 127, 128, 177, 184, 226, 255, 264, 296, 299, 306
中国陶磁　61, 65, 73, 75, 76, 203, 205, 206, 210, 211, 212, 217, 218, 219, 225, 262, 286
朝貢　218, 220, 224, 289
筒形銅器　69, 74, 130, 135, 148, 149, 150, 152, 289, 303
壺鐙　29, 43, 53, 55, 62, 72, 154, 169, 172, 201, 206, 208, 209, 213, 214, 216, 250, 267
定型性　9, 33, 56, 158, 175, 188, 196, 200, 218, 219, 222, 254, 279, 283, 284, 288, 299, 300, 301, 302
鉄製輪鐙　10, 28, 29, 43, 53, 55, 62, 138, 141, 154,

342

160, 161, 164, 165, 167, 169, 172, 173, 180, 208, 209, 212, 213, 259, 260, 261, 262, 263, 264, 266, 267, 277, 281
鉄鋌　125, 126, 128, 131, 148, 154, 174, 285
伝世　41, 73, 76, 100, 128, 141, 153, 204, 210, 225, 251
唐　98, 266, 304
東夷　1, 7, 10, 12, 93, 109, 130, 183, 216, 217, 302, 304, 306
統一新羅時代　15, 93, 181
東晋　9, 218, 295, 296, 304
道路　92, 93

【な行】
南宋　307
南朝　164, 182, 206, 218, 220, 224, 286, 290, 301, 306, 307
南北朝時代　9, 12, 304
『日本書紀』　11, 270, 303
年代決定資料　9, 10, 15, 35, 39, 40, 48, 55, 59, 60, 61, 65, 66, 75

【は行】
馬骨　1, 4, 5, 6, 154, 184, 269
馬歯　1, 6, 11, 269, 270
馬車　5, 7, 79, 80, 90, 91, 92, 93, 106, 179, 216, 217, 225
波状列点文　170, 172, 176, 194, 196, 287, 288
馬装　33, 41, 61, 69, 105, 151, 157, 174, 175, 176, 177, 179, 180, 181, 182, 195, 197, 198, 199, 200, 201, 212, 269, 273, 285, 288, 289, 296, 297, 298, 299, 304
馬弩関　91
埴輪　6, 125, 126
半球形飾金具　46, 47, 49, 56, 61, 62, 72, 160, 161, 163, 167, 169, 170, 176, 277, 294, 298
鋲留技法　25, 37, 61, 250, 303
府官制　302, 307
服飾　154, 158, 177, 179, 181, 183, 219, 220, 264, 295, 296, 299, 300, 301, 304
副葬年代　37, 40, 43, 45, 65, 73, 126, 128, 189, 263
副葬品　1, 7, 34, 41, 49, 125, 128, 140, 150, 159, 179, 181, 182, 204, 205, 214, 219, 222, 224, 237, 270, 300
踏込鋲　27, 43, 55, 56, 58, 59, 61, 62, 67, 68, 72, 73, 140, 145, 154, 162, 169, 170, 188, 206, 207, 249, 253, 256, 273, 298
夫余　5, 12, 16, 62, 95, 96, 98, 100, 108, 109, 110, 114, 115, 126, 127, 130, 131, 137, 217

夫余系騎馬民族加耶征服説　10, 80, 108, 110, 114
併行関係　10, 27, 39, 40, 42, 43, 55, 57, 60, 61, 65, 66, 75, 168, 183, 192, 204, 206, 213, 214, 216, 225, 251, 252, 262, 297
扁円魚尾形杏葉　57, 59, 67, 68, 69, 72, 75, 138, 140, 141, 150, 151, 153, 157, 160, 161, 162, 163, 167, 169, 170, 172, 176, 177, 179, 180, 189, 195, 196, 198, 199, 212, 213, 221, 276, 277, 280, 299
弁・辰韓　5, 88, 92, 93, 114, 121, 122, 123, 128, 130, 132
方円結合金具　28, 33, 138, 154, 160, 207, 244, 250, 271, 277
放射性炭素年代　11, 76, 101, 102, 105
北燕　12, 45, 47, 48, 49, 51, 56, 264, 290, 297, 306
北魏　39, 264, 265, 266, 304
北方式銅鍑　113, 115, 114, 117, 124, 126, 128, 129, 130, 131

【ま行】
麻立干　158, 175, 179, 182
丸底短頸壺　216, 217
身分秩序　295, 296, 304, 305
耳飾　150, 154, 158, 167, 177, 194, 238, 299
民族移動　6, 95, 130, 302
モンゴル　3, 11, 90, 101, 106, 107, 111, 129

【や行】
弥生時代　1, 93, 124
熊津　204, 210, 212, 216, 221, 222, 224, 225
ユーラシア草原地帯　3, 5, 36, 85, 92, 111, 113, 130, 302

【ら行】
洛東江以西地方　10, 66, 67, 68, 75, 141, 150, 151, 153, 157, 170, 175, 187, 214, 273, 285, 300
洛東江以東地方　10, 66, 67, 68, 69, 72, 75, 141, 145, 147, 148, 149, 150, 151, 153, 154, 157, 158, 159, 170, 172, 173, 174, 175, 176, 177, 179, 182, 188, 193, 194, 219, 239, 253, 272, 273, 285, 299
楽浪（郡）　5, 79, 80, 88, 89, 91, 92, 93, 104, 105, 109, 111, 113, 115, 117, 119, 120, 126, 128, 129, 130, 131, 217, 225, 297, 298, 302
礼制　297, 304
暦年代　9, 10, 15, 16, 31, 33, 35, 39, 40, 57, 58, 60, 61, 65, 75, 105, 153, 165, 204, 210, 252, 262
鹵簿制度　295, 296

【わ行】
倭王権　254, 255, 276, 288, 289, 290, 301

Ⅱ 遺跡名

【あ行】

上島（島根県）　232, 233, 235, 236, 239
安岳（黃海北道）　295, 296, 306
飯綱社（長野県）　260, 261, 262, 263, 264, 266, 277, 280, 281, 291
池尻（兵庫県）　246, 248, 249, 250, 252, 257, 277, 279, 280, 283, 291
池の上（福岡県）　246, 247, 249, 251, 252, 256, 271, 273, 290
磯岡北（栃木県）　246, 249, 250, 252, 258
一貫西（岡山県）　246, 248, 249, 250, 252, 257
稲童（福岡県）　213, 246, 249, 250, 252, 256
禹山下（集安）　49, 50, 51, 52, 53, 54, 55
　└禹山下992号墓　52, 105
　└禹山下3319号墓　49, 50, 51, 52, 54, 56, 60, 105
雲城里（黃海南道）　129, 131
雲坪里（順天）　189, 197, 201, 202
江田船山（熊本県）　213, 259, 265
燕下都（河北省）　89, 90
袁台子（朝陽）　44, 45, 46, 48, 61, 116
王子墳山（朝陽）　44, 45
大川（北海道）　244, 258
岡崎（鹿児島県）　229, 232, 235, 236, 237, 239
小倉東（大阪府）　246, 247, 249, 251, 252, 256, 257, 271, 275, 283, 291
御獅子塚（大阪府）　277, 279, 291

【か行】

會峴里（金海）　5
甲斐茶塚（山梨県）　74, 246, 249, 250, 258, 277, 278, 280, 291
鶴丁里大川（霊光）　213, 216, 222, 226
峨嵯山（九里）　49, 51, 53, 54, 55, 154, 264, 265
花山（華城）　206, 207, 226
下三亭（蔚山）　111
下垈（蔚山）　82, 84, 86, 128
勝浦井ノ浦（福岡県）　246, 249, 250, 251, 252, 256
葛峴里下石洞墳墓（黃海北道）　87, 88
金井丸山（群馬県）　232, 233, 235, 236, 238, 239
喜多見中通南（東京都）　246, 247, 248, 258
狐塚（大阪府）　246, 249, 250, 257, 277, 279, 291
行者塚（兵庫県）　17, 74, 124, 125, 126, 128, 243, 244, 246, 247, 249, 251, 253, 254, 255, 256, 257, 270, 271, 283, 284, 291

玉城里（浦項）　75, 82, 84, 85, 86, 174, 182
玉田（陜川）　23, 26, 28, 29, 31, 32, 33, 34, 37, 69, 145, 153, 175, 187, 188, 189, 193, 194, 195, 197, 198, 199, 200, 202, 222, 237, 272, 273, 274, 278, 280, 285
　└玉田M1号墳　28, 29, 32, 34, 37, 72, 189, 195, 200, 273
　└玉田M3号墳　29, 34, 189, 192, 196, 197, 200, 201, 210, 212, 214, 221, 265, 266
　└玉田23号墳　28, 69, 188, 193, 194, 196
金冠塚（慶州）　160, 164, 165, 167, 179, 180, 182, 184
金盆嶺（湖南省）　42, 259
金陵洞（忠州）　72, 73, 103, 104, 105, 106, 107, 109, 205, 207, 217, 226
金鈴塚（慶州）　161, 165, 167, 173, 180, 182, 184, 201
銀鈴塚（慶州）　161, 167, 181, 184
久原（福岡県）　260, 261, 262, 263, 277, 290
久保泉丸山（佐賀県）　232, 233, 235, 236, 239
鞍塚（大阪府）　74, 243, 244, 249, 250, 251, 257, 271, 272, 273, 274, 291
景山里（宜寧）　192, 199, 202
鶏林路（慶州）　161, 167, 184
月城路（慶州）　145, 147, 160, 161, 162, 184, 198
　└月城路カ-13号墳　31, 37, 57, 58, 59, 60, 67, 160, 161, 162, 169, 174, 239, 253, 299
月坪洞（大田）　210, 216
剣崎長瀞西（群馬県）　244, 245, 258, 277, 291
交河故城（新疆）　102, 106, 110
皇吾洞（慶州）　160, 162, 182, 184, 193
高爾山城（撫順）　53, 264
隍城洞（慶州）　57, 67, 81, 82, 84, 159, 160, 162, 173
壺杅塚（慶州）　161, 167, 173, 181, 184
皇南大塚（慶州）　163, 177, 184, 286
　└皇南大塚南墳　32, 34, 39, 57, 58, 59, 60, 63, 68, 73, 75, 76, 131, 140, 141, 150, 153, 157, 160, 162, 163, 164, 165, 170, 172, 176, 177, 178, 179, 180, 182, 183, 194, 206, 253, 256, 274, 285, 286
　└皇南大塚北墳　160, 163, 176, 182, 183, 280
皇南洞（慶州）　160, 161, 167, 176, 182, 183, 184
　└皇南洞109-3・4号墳　32, 33, 57, 60, 68, 160, 161, 162, 170, 175, 253
　└皇南洞110号墳　68, 157, 160, 162, 170, 184,

344

193
孝民屯（安陽）　16, 43, 44, 45, 46, 47, 48, 60, 61,
　　182, 263, 264, 265, 280
高力墓子村（桓仁）　49, 51, 53
固原北魏墓（寧夏）　264, 265, 266
五女山城（桓仁）　49, 50, 51, 53, 54, 55, 62, 183, 267
鼓楽山城（麗水）　216
誉田丸山（大阪府）　48, 61, 74, 244, 250, 251, 254,
　　256, 257, 271, 274, 276, 277, 280, 281, 284,
　　285, 286, 290, 291

【さ行】
西海里（平安北道）　49, 50, 51, 52, 54, 103, 104,
　　105, 106, 107
西大塚（集安）　49, 50, 51, 52, 54, 56, 105
佐護クビル（長崎県）　115, 124, 125
佐野八幡山（栃木県）　231, 232, 233, 234, 235,
　　236, 238, 239
三合成墓（朝陽）　43, 44, 46, 47
山南洞（清州）　205, 207, 226
塩部（山梨県）　1
七観（大阪府）　74, 244, 245, 249, 250, 251, 253,
　　256, 257, 271, 272, 275, 291
七星山（集安）　49, 50, 53, 54, 55, 56, 60, 256
蔀屋北（大阪府）　234, 238, 246, 249, 254, 257,
　　279, 284, 291
篠ノ井（長野県）　1
司馬金龍墓（山西省）　264
シビシル（星州）　68, 150, 175
下北方（宮崎県）　246, 249, 250, 252, 257, 274,
　　277, 278, 280, 291
舍羅里（慶州）　17, 33, 75, 81, 82, 83, 86, 108, 122,
　　123, 129, 132, 149, 159, 162, 168, 174
十二台郷磚廠（朝陽）　44, 46, 47, 61, 182, 264,
　　265, 274, 294
主城里（清原）　23, 29, 33, 34, 37, 207, 208, 209,
　　226
順天里（黄海北道）　120, 129, 131
松院里（燕岐）　207, 208, 226
上雲里（完州）　206, 207, 208, 218, 226, 275
将軍塚（集安）　56, 62, 63
松坪里（清原）　23, 30, 31, 34, 35, 37, 72, 205, 207,
　　218, 226, 271
城洞里（尚州）　68, 271
勝負砂（岡山県）　255
上里（平壤）　86, 87, 88, 89
飾履塚（慶州）　160, 164, 165, 182, 184
所羅里土城（咸鏡南道）　87, 117, 118, 119, 129
新開（滋賀県）　74, 110, 244, 249, 250, 252, 253,
　　254, 257, 273, 274, 276, 277, 280, 281, 285,
　　286, 288, 290, 291
新興里（尚州）　17, 68, 175, 272, 273, 274
新昌洞（光州）　216, 217
新徳（咸平）　36, 199, 213, 222, 226
新鳳洞（清州）　23, 28, 29, 31, 32, 33, 34, 36, 37,
　　72, 206, 207, 208, 209, 212, 219, 226, 260, 261,
　　262, 263, 266, 275, 278, 279
└新鳳洞92-83号墳　28, 29, 208, 212, 260, 261,
　　262, 266
随庵（岡山県）　246, 249, 250, 252, 257, 277, 291
瑞王寺（福岡県）　74, 246, 249, 250, 252, 254, 256,
　　277, 278, 290
水清洞（烏山）　206, 207, 208, 226
水村里（公州）　69, 72, 76, 153, 201, 207, 208, 209,
　　210, 211, 212, 219, 220, 225, 226, 262, 278
斉王墓（山東省）　90, 91
斉月里（潭陽）　213
生草（山清）　145, 189, 192, 197, 199, 201, 202
石巌里（平壤）　86, 87, 88, 89, 103, 104, 105, 106,
　　109, 113, 117, 118, 119, 127, 128, 129, 131
千人塚（静岡県）　232, 233, 234, 236, 239
造永（慶山）　28, 29, 32, 34, 36, 57, 68, 168, 169,
　　170, 172, 176, 182, 183, 193, 194, 274
└造永EⅢ-2号墳　28, 37, 42, 68, 169, 170, 176,
　　273
造山（海南）　213, 214, 222, 225, 226
宋山里（公州）　165, 183, 212, 213, 221, 226
倉糧窖墓（北票）　44, 45
蘇貝希（新疆）　101, 102, 105, 106

【た行】
太王陵（集安）　39, 40, 52, 53, 54, 55, 56, 59, 60,
　　62, 63, 73, 183, 256, 297
台城里（平安南道）　120, 129
大峙里（潭陽）　154, 216
大成洞（金海）　5, 11, 16, 22, 23, 28, 30, 34, 37, 69,
　　95, 114, 115, 121, 122, 126, 132, 135, 136, 142,
　　144, 145, 147, 148, 150, 151, 152, 154, 155,
　　237, 270, 300
└大成洞1号墳　142, 144, 145, 149, 151, 154,
　　193, 194, 201, 272
└大成洞2号墳　22, 37, 68, 142, 144, 145, 147,
　　174, 298
└大成洞3号墳　142, 144, 145, 193
大成里（加平）　123, 124, 128, 131
大葆台（北京）　90
竹谷里（金海）　144, 145, 155
地境洞（平安南道）　49, 51, 53, 55, 62
竹幕洞（扶安）　221, 222
池山洞（高霊）　69, 72, 150, 154, 187, 188, 189,

　　　　192, 197, 198, 199, 200, 201, 212, 222, 262, 278,
　　　　285, 306
　　└池山洞35号墳　69, 72, 153, 188, 189, 193, 200,
　　　　273, 274, 278, 279
　　└池山洞44号墳　21, 189, 192, 196, 197, 200,
　　　　201, 210, 214, 225
　　└池山洞45号墳　192, 199
茶戸里（昌原）　82, 83, 86, 145
中山里（蔚山）　75, 174
長川（集安）　49, 52, 53, 55
朝陽洞（慶州）　82, 159
チョクセム（慶州）　162
月岡（福岡県）　244, 250, 252, 255, 256, 274, 276,
　　　277, 278, 280, 287, 288, 290
貞梧洞（平壌）　117, 118, 131
貞栢洞（平壌）　87, 88, 129, 131,
　　└貞栢洞1号墓（夫租薉君墓）　87, 117, 118
デレイフカ（ウクライナ）　11, 35
天柱里（黄海北道）　120, 129
天馬塚（慶州）　131, 145, 161, 165, 167, 180, 182,
　　　184, 267
斗井洞（天安）　23, 28, 30, 31, 34, 37, 72, 205, 207,
　　　211, 226
道基洞（安城）　206, 207, 208, 226
道項里（咸安）　23, 28, 29, 31, 32, 34, 37, 237, 271
東大院里許山（平壌）　118, 119, 120, 129
塔洞（慶州）　123, 129, 159
佟利墓（平壌駅前塼室墳）（平壌）　52, 54, 162
ドゥルリグ＝ナルス（モンゴル）　107, 111
杜邱洞林石（釜山）　138, 142, 152, 155
杜谷（金海）　144, 155
鳥羽山洞窟（長野県）　243, 244, 257, 277, 291

【な行】
入室里（慶州）　122, 126
ノヨン＝オール（ノイン＝ウラ）（モンゴル）
　　　101, 102, 105, 106

【は行】
馬霞里（華城）　206, 207, 225, 226
白谷里（華城）　207, 208, 226
ハクビ積石塚（平安北道）　49, 50, 51, 53, 62
箸墓（奈良県）　1, 76, 229
パジリク（ロシア）　111
磻渓堤（陜川）　189, 192, 197, 199, 202, 209, 225
万景台（平壌）　120, 129, 131
万宝汀（集安）　103, 104, 105, 106, 107
　　└万宝汀78号墓　49, 50, 52, 53, 54, 55, 60, 274,
　　　　286
　　└万宝汀242-1号墓　49, 50, 51, 53, 54, 103, 106
平田里（長野県）　232, 233, 235, 236, 238, 239

表井里（論山）　213, 214, 216, 226
風納土城（ソウル）　208, 212, 224, 226
伏岩里（羅州）　213, 214, 216, 222, 226
福泉洞（釜山）　23, 24, 28, 30, 31, 32, 33, 34, 36, 37,
　　　69, 75, 95, 107, 108, 111, 135, 136, 137, 138,
　　　140, 141, 142, 148, 149, 150, 151, 152, 153, 154,
　　　155, 157, 173, 174, 175, 176, 194, 232, 234, 235,
　　　236, 237, 238, 239, 271
　　└福泉洞（東）1号墳　32, 34, 138, 140, 141,
　　　　150, 153, 154, 155
　　└福泉洞10・11号墳　28, 32, 34, 59, 69, 138,
　　　　140, 145, 150, 153, 155, 157, 193, 272, 273
　　└福泉洞21・22号墳　28, 135, 136, 138, 140,
　　　　144, 148, 150, 153, 154
　　└福泉洞23号墳　29, 138, 141, 151, 154, 183,
　　　　235
　　└福泉洞31・32号墳　32, 33, 69, 138, 140, 149,
　　　　162, 193
　　└福泉洞35・36号墳　28, 32, 33, 37, 138, 140,
　　　　193
　　└福泉洞38号墳　25, 31, 68, 107, 108, 111, 137,
　　　　138, 140, 153, 161, 168, 173, 256
武寧王陵（公州）　66, 167, 204, 212, 300
ベンショ塚（奈良県）　274, 277, 280, 291
帽兒山（吉林）　111, 127
法泉里（原州）　195, 207, 208, 209, 212, 219, 225,
　　　226, 278
茅村里（論山）　212, 213, 226
鳳鳴洞（清州）　23, 24, 28, 30, 34, 37, 68, 72, 95,
　　　96, 97, 98, 100, 105, 106, 107, 109, 110, 205,
　　　206, 207, 217, 218, 226, 254, 270
　　└鳳鳴洞C-31号墳　95, 96, 97, 100, 105, 106,
　　　　109, 205, 207
北溝（北票）　43, 44, 45, 46, 47
ホドゥギン＝トルゴイ（モンゴル）　101, 102, 105, 106
補洞溝（内蒙古）　102, 103, 106, 116
本渓小市晋墓（本渓）　49, 50, 52, 54, 55, 56, 62

【ま行】
丸山（和歌山県）　115, 125, 126, 128
宮山（兵庫県）　126, 246, 249, 250, 251, 252, 257,
　　　271, 274, 275, 277, 278, 280, 283, 291
六重城南（島根県）　232, 235, 236, 239
向山（兵庫県）　154, 244, 245, 252, 253, 255, 257,
　　　271, 291
夢村土城（ソウル）　53, 205, 212, 224
六野原（宮崎県）　244, 245, 246, 249, 250, 255, 257
鳴岩里パクジムレ（牙山）　205, 226
物見塚（長野県）　246, 248, 249, 251, 252, 257,
　　　271, 274, 275, 291

【や行】
邑南古墳群（慶州）　159, 160, 161, 162, 163, 166, 167, 174, 181, 182, 183, 184
洋海（新疆）　101, 102, 105, 106
吉ノ内（宮城県）　243, 244, 252, 258, 277, 291
【ら行】
喇嘛洞（北票）　43, 44, 46, 47, 48, 127, 182, 281, 285, 290, 293, 294, 295
　└喇嘛洞ⅡM101号墓　43, 44, 45, 46, 47, 48, 61, 274, 294
　└喇嘛洞ⅡM266号墓　46, 47, 115, 128
龍院里（天安）　23, 24, 28, 29, 31, 32, 33, 34, 37, 72, 206, 208, 210, 214, 226
　└龍院里9号石槨墓　28, 72, 73, 206, 207, 208, 210, 211, 219
笠店里（益山）　211, 212, 213, 221, 226
龍田里（永川）　159
陵洞（金海）　144, 145, 155
良洞里（金海）　23, 28, 30, 34, 37, 69, 82, 84, 86, 89, 121, 122, 123, 124, 126, 128, 129, 136, 142, 143, 144, 147, 155, 174, 271, 272
臨江塚（集安）　49, 50, 51, 53, 54
林堂（慶山）　23, 28, 29, 31, 34, 36, 37, 58, 59, 68, 69, 82, 83, 86, 153, 158, 159, 168, 169, 170, 171, 172, 176, 180, 181, 182, 185, 253, 265, 272, 273, 286
　└林堂G－6号墳　31, 57, 59, 75, 169, 174
礼安里（金海）　144, 145, 147, 151, 152, 155
蓮山洞（釜山）　138, 141, 151, 154, 155
老河深（楡樹）　62, 90, 95, 98, 99, 100, 105, 106, 107, 108, 109, 110, 114, 115, 116, 253
老司（福岡県）　10, 74, 229, 230, 231, 235, 236, 237, 238, 239
【わ行】
上生上ノ原（熊本県）　246, 247, 249, 251, 257, 270, 290

Ⅲ　人　名

【あ行】
阿華王　218
秋山進午　79
東　潮　115, 131, 179
穴沢咊光　39, 45, 65, 264
伊藤秋男　15, 203
井上直樹　306
内山敏行　47, 48, 201, 251, 284
禹炳喆　93
梅原末治　93, 101, 113, 119, 129, 184
浦　宏　125, 126
江上波夫　2, 4, 11, 95, 113, 130, 241, 304
大谷　猛　230
岡内三眞　80, 92, 216
岡崎敬　128
岡安光彦　254, 269
小田富士雄　124
小野山節　4, 42, 61, 241, 269
【か行】
蓋鹵王　205
荷知（嘉悉王）　198
金関恕　115, 128
神谷正弘　183, 306
川西宏幸　125
川又正智　113
木下尚子　183
仇衡王　151, 154
姜仁旭　53, 62, 264, 267
姜裕信　80, 110
金一圭　75, 204
金基雄　15, 203
近仇首王　218
金建洙　4
金錫亨　5
近肖古王　218, 270
金成南　216, 262
金斗喆　12, 15, 16, 20, 22, 23, 30, 33, 37, 65, 75, 80, 82, 85, 86, 92, 111, 141, 153, 157, 179, 182, 203, 212, 242, 244, 270
金洛中　214, 222
金龍星　168, 170, 173
薫高　47, 63, 293
權度希　109, 203, 262
小池伸彦　61
洪潽植　155
甲元眞之　115
呉永贊　80, 92, 129
故国原王　52, 218
故国壌王　52, 56
後藤守一　115, 124
小林行雄　1, 2, 3, 4, 7, 241, 259
【さ行】
崔秉鉉　42, 167
坂本美夫　230

佐藤敬美　259
佐原　眞　11
実聖王　63
小獣林王　52, 56, 297
白井克也　27, 29, 42, 66, 75, 137, 147, 159, 188, 189, 192, 200, 201, 212, 214, 224, 225
辛勇旻　114
申敬澈　5, 10, 16, 61, 80, 95, 108, 113, 114, 121, 126, 130, 135, 137, 138, 151, 153, 155, 175
真興王　167
鈴木　治　15, 20
鈴木一有　17, 262
鈴木　勉　16, 35, 91, 201, 254, 269, 284, 286, 288, 290
成正鏞　35, 73, 75, 203, 204, 205, 213, 225, 262
宋桂鉉　62
蘇哲　295
【た行】
太武帝　39
高久健二　85, 92, 121, 123, 128, 131
高田貫太　150, 154, 289
高濱　秀　113, 115, 126
滝沢　誠　147
田中新史　230
田中俊明　151
田中由理　61, 254
千賀　久　42, 203, 230, 231, 238, 241, 256, 262, 273, 283, 284
中條英樹　61, 104, 106, 110
張允禎　12, 26, 36, 43, 255, 259, 289
趙栄済　192, 193, 200
塚本敏夫　17, 230, 246
鄭仁盛　93, 129
田立坤　45, 46, 49, 306
東城王　221
訥祇王　58, 59, 63, 73, 179, 299
【な行】
中村潤子　35, 110, 230, 256
中山清隆　241, 281
奈勿王　58, 59, 63, 175
【は行】
裴基同　259
橋口達也　230, 231

橋本達也　288, 290
花谷　浩　45, 61
樋口隆康　42
馮素弗　39, 44, 45, 46, 47, 48, 56, 60, 65, 66, 73, 75, 116, 256, 272, 306
藤井康隆　48, 61, 290, 295
古川　匠　254
朴敬信　115, 117, 131
朴淳發　205, 210, 222, 224, 262
朴天秀　136, 187, 188, 189, 192, 200, 214, 242
慕容廆　5, 306
慕容皝　296
慕容儁　45
慕容垂　48
【ま行】
増田精一　35, 290
町田　章　47, 61, 182, 295
馬目順一　39, 65, 164
水野清一　113
宮代栄一　12, 75, 183
桃崎祐輔　12, 39, 47, 62, 66, 115, 128, 213, 218, 230, 241, 262, 274, 290, 293, 307
森下章司　288
毛利光俊彦　115, 127, 131, 183, 293
【や行】
山本忠尚　92
吉井秀夫　182, 212
吉田和彦　230, 231
【ら行】
李海蓮　114, 115, 116, 122, 132
李漢祥　225
李熙濬　39, 52, 57, 59, 63, 75, 92, 151, 152, 153, 155, 158, 162, 173, 183, 187, 189, 198
李炫姃　154, 158, 163, 164, 165, 182, 183, 184
李在賢　137, 138
李尚律　35, 75, 80, 85, 86, 89, 140, 141, 153, 162, 163, 170, 193, 198, 201, 203, 204, 206, 209, 210, 212, 213, 218, 221
李成市　11, 305
李盛周　68, 132
柳昌煥　18, 22, 23, 27, 28, 29, 33, 36, 42, 66, 67, 108, 142, 164, 187, 189, 192, 196, 198, 199, 203, 219, 225, 242, 249, 259, 260, 263, 266, 293

あとがき

　本書は、筆者が 2010 年 3 月に京都大学大学院文学研究科に提出した博士論文『古代東北アジアにおける騎馬文化の考古学的研究』を骨子とする。初出論文の出典は以下のとおりである。いずれもその後の知見をふまえて加筆補訂をおこなっているが、論旨に大きな変更はない。

序　章　本研究の目的と課題　　新稿
第 1 章　鉄製轡の製作技術とその変遷—朝鮮半島南部三国時代を中心に—
　　　　「朝鮮半島南部三国時代における轡製作技術の展開」『古文化談叢』第 54 集、九州古文化研究会（2005 年 10 月）
第 2 章　東北アジア出土馬具の製作年代（1）—三燕・高句麗・新羅—
　　　　「古代東北アジアにおける馬具の製作年代—三燕・高句麗・新羅—」『史林』第 91 巻第 4 号、史学研究会（2008 年 7 月）
第 3 章　東北アジア出土馬具の製作年代（2）—百済・加耶・倭—
　　　　「日韓出土馬具の製作年代」『日・韓交流の考古学』、嶺南考古学会・九州考古学会（2008 年 8 月）
第 4 章　原三国時代における鉄製轡製作技術の特質
　　　　「原三国時代における鉄製轡製作技術の特質」『朝鮮古代研究』第 6 号、朝鮮古代研究刊行会（2005 年 12 月）
第 5 章　轡製作技術からみた朝鮮半島南部における騎馬文化の受容
　　　　「製作技術로 본 夫餘의 轡와 韓半島 南部의 初期 轡」『嶺南考古学』第 43 号、嶺南考古学会（2007 年 11 月）
第 6 章　鍑からみた朝鮮半島南部における騎馬文化の受容
　　　　「朝鮮の鍑と日本の鍑」『鍑の研究—ユーラシア草原の祭器・什器—』、雄山閣（2011 年 11 月）
第 7 章　洛東江下流域における馬具の地域性とその背景
　　　　「洛東江下流域 出土 馬具의 地域性과 그 背景」『慶北大学校 考古人類学科 30 周年 紀念 考古学論叢』、慶北大学校出版部（2011 年 2 月）
第 8 章　洛東江以東地方における馬具生産の展開とその特質　　新稿
第 9 章　洛東江以西地方における馬具生産の展開とその特質
　　　　「大伽耶圏 馬具生産의 展開와 그 特質—高霊 池山洞古墳群을 중심으로—」『高霊 池山洞 44 号墳—大伽耶王陵—』、慶北大学校博物館・慶北大学校考古人類学科・高霊郡大加耶博物館（2009 年 3 月）
第10章　中西部における馬具生産の展開とその特質　　新稿
第11章　日本最古の馬具をめぐって—鑣子状鉄製品と初期の轡—
　　　　「鑣子状鉄製品と初期の轡」『大隅串良 岡崎古墳群の研究』、鹿児島大学総合研究博物館（2008 年 3 月）
第12章　日本列島初期の轡の技術と系譜

「日本列島初期の轡の技術と系譜」『考古学研究』第56巻第4号、考古学研究会（2010年3月）
第13章　日本最古の鉄製輪鐙―東アジアにおける鉄製輪鐙の出現―
　　「東アジアにおける鉄製輪鐙の出現」『比較考古学の新地平』、同成社（2010年2月）
第14章　日本列島における騎馬文化の受容と展開　　　新稿
終　章　騎馬文化の東漸とその史的意義　　　新稿

　修士論文で馬具を扱うか思い悩んでいたのが2003年の秋頃であるから、かれこれ8年が過ぎたことになる。一つの学術書を上梓するにあたって、この8年という時間が長いか短いかはよくわからないが、20代の大半を捧げたこの研究がどうにか一書に纏まったことを、今はただ素直に喜びたい。
　馬具を研究対象に選んだきっかけは、当時アルバイトに通っていた元興寺文化財研究所で、とある中期古墳から出土した銜に捩りをもつ鑣轡を実測したことだった。どのように捩っているのか、どこでつくられたのか、あれこれ考えながら実測しているうちに、テーマは自然と決まっていったように思う。もともと馬具も鉄製品も専門でなかった私に、そのきっかけを与えてくれた元興寺文化財研究所の塚本敏夫氏にまず感謝したい。
　研究を始めた当初は、捩っているかいないか、捩っているのであればどのように捩っているのか、ということにばかり気を取られていたような気がする。そのような些末なことでまともな修論が書けるのか、おそらく周囲はやきもきされていたかと思う。その視点が広範な地域から出土する馬具を扱う上で重要であることは、本書をここまで読み進められた方であればご理解いただけると信じているが、ともかくもそれを解明するために、たくさんの機関に足を運び、膨大な数の資料をみてまわった。本書が先学の研究に少しでも新しい知見を積み上げられたのであれば、それは各地から出土した資料を直接みた結果に過ぎない。とりわけ韓国から出土した資料を、かなりの時間をかけてみることができたことは、私にとって本当に大きな財産となった。その成果を本書にどれほど盛り込めたのか心許ないところもあるが、日本から来た一介の学生に過ぎない私にも別け隔てなく資料をみせてくれた、そして今もみせてくれる韓国の各機関および研究者に、心からの感謝と敬意を表したい。
　たくさんの馬具をみているうちに、知らず知らずに興味は轡から馬具全体、さらには馬や騎馬文化へと広がっていった。いまの日本では、そのことを実感する機会はほとんどないが、動力が機械化される以前、馬は陸上における移動や運搬の手段であり生活の一部であった。また、洋の東西を問わず、一昔前まで馬産は国家政策であり、時として国の存亡をも左右した。2005年に参加したモンゴルでの発掘調査は、人間社会と馬の関わりについて考えるよいきっかけとなった。海のように広がる緑の大草原に島のように点々と浮かぶ無機質なヘレクスル（積石塚）の傍を、鞍も鐙もない馬に跨って颯爽と通り過ぎていく遊牧民の少年をみながら、初めて人が馬に乗り始めた頃のこと、それが長い時間をかけて日本にまで伝わってきたことなどについてあれこれ考えた。門外漢の私を調査に加えていただいた草原考古研究会の諸先生に感謝したい。
　ところで、本書の主たる舞台は日本列島と朝鮮半島ではあるが、それぞれの地域・時代に根差した研究者からみれば、本書の議論には荒さや飛躍が目立つかもしれない。論じ残した課題も

あとがき

山積している。読者諸賢の忌憚なきご批判を乞う次第である。ただ、一地域をいくら注視しても、当該期の東北アジアで起こった騎馬文化東漸現象の実態は捉えられないことだけは確信をもっていえる。本書では「民族移動」に代わる新たな騎馬文化伝播モデルを提示したが、それも結局のところ、一つの仮説に過ぎない。仮説に安住することなく、これからも生の資料と向きあっていければと思う。

　本書のもととなる博士論文をなすにあたっては、京都大学大学院文学研究科の泉拓良先生、上原真人先生、吉井秀夫先生に多大なご指導とご鞭撻を賜った。とりわけ指導教授である吉井先生には、今もなお厳しくも温かいご指導を頂戴している。これまでの学恩に対して改めて感謝申し上げたい。そして早稲田大学教育学部在学時にお世話になった杉山晋作先生、岡内三眞先生、市毛勲先生、韓国の慶北大学校留学時にお世話になった李白圭先生、李熙濬先生、朴天秀先生、京都大学人文科学研究所在籍時にお世話になった岡村秀典先生にも、厚く感謝申しあげたい。また本書の英文・韓文要旨の作成に際しては、京都大学考古学研究室の金大煥氏、James Scott Lyons 氏の協力をえた。このほかにも資料調査をはじめ多くの方々のご協力・ご教示をえたことで、本書を書きあげることができた。この機会を借りて感謝の微意を捧げたい。最後に、出版社をご紹介いただいた工芸文化研究所の鈴木勉先生と、出版を引き受けていただいた雄山閣、そして編集・校正の労をとられた羽佐田真一氏に深く感謝したい。

　なお、本書の内容には日本学術振興会科学研究費補助金（平成20・21年度特別研究員奨励費「古代東北アジアにおける騎馬文化の考古学的研究」、平成22年度特別研究員奨励費「古代東北アジアにおける馬車・騎馬文化の拡散と受容に関する考古学的研究」）、松下国際財団（現・松下幸之助記念財団）平成18・19年度アジアスカラシップ奨学金による研究成果を含んでいる。また本書を刊行するにあたり、京都大学の「平成23年度総長裁量経費　若手研究者に係る出版助成事業」による助成をうけた。

　人の繋がりに感謝しつつ、これからも研究に精進したい。

　2012年3月

諫早　直人

An Archeological Study of Horse Riding Culture in Northeast Asia

ISAHAYA, Naoto

CONTENTS

INTRODUCTION

Research problem and purpose of this study

PART I – Manufacturing techniques and dates of Northeast Asian horse trappings

CHAPTER 1

Manufacturing techniques and changes in iron bits during the Three Kingdoms Period in the southern Korean Peninsula

CHAPTER 2

The dates of manufacture of horse trappings in Northeast Asia (1) : the three Yan kingdoms, Koguryo, and Silla

CHAPTER 3

The dates of manufacture of horse trappings in Northeast Asia (2) : Baekje, Gaya, and Wa

PART II – The introduction of horse riding culture to the southern Korean Peninsula

CHAPTER 4

Characteristics of iron bit manufacturing techniques in the Proto-Three Kingdoms Period

CHAPTER 5

The introduction of horse riding culture to the southern Korean Peninsula as seen from bit manufacturing techniques

CHAPTER 6

The introduction of horse riding culture to the southern Korean Peninsula as seen from metal cauldrons

PART III – The development of horse riding culture in the southern Korean Peninsula

CHAPTER 7

Regional variation in horse trappings around the lower Nakdong River and historical background thereof

CHAPTER 8

The development and characteristics of horse trapping manufacture east of the Nakdong River

CHAPTER 9

The development and characteristics of horse trapping manufacture west of the Nakdong River

CHAPTER 10

The development and characteristics of horse trapping manufacture in the Midwestern Korean Peninsula

PART IV – The introduction and development of horse riding culture in the Japanese Archipelago

CHAPTER 11

On the oldest horse trappings in Japan : iron tweezers or early bits

CHAPTER 12

The technology and lineage of early bits in Japan

CHAPTER 13

A study of the oldest iron stirrups in Japan

CHAPTER 14

The introduction and development of horse riding culture in the Japanese Archipelago

FINAL CHAPTER

The diffusion of horse riding culture in Northeast Asia and its historical significance

Abstract

In this book I clarify the process through which horse riding culture spread from the Eurasian steppes to northeast China, the Korean Peninsula, and the Japanese Archipelago based on archaeological material, and discuss the historical significance thereof. Additionally, I reconsider the introduction and development of horse riding culture in the processes of state formation in each region of Northeast Asia, and present a new model of diffusion to replace the so-called "horse rider theory（騎馬民族説）," which explains the spread of horse riding culture through emigration and conquest.

In Part I, in order to discuss archaeological material recovered over a wide geographical range on the same time scale, I assemble a unified region-wide chronology. In Chapter 1, I lay the groundwork for further investigation by examining the bit manufacturing techniques in the Three Kingdoms Period of the southern Korean Peninsula and clarify the chronological changes. In Chapter 2, I place the horse trappings of the three Yan kingdoms（三燕） and Koguryo（高句麗） in a relative chronology, and provide absolute dates based on material excavated from graves with date inscriptions. In Chapter 3, I construct a relative chronology of the horse trappings in each area of the southern Korean Peninsula as well as the Japanese Archipelago, and by setting the periods of overlap with the chronology for the three Yan kingdoms and Koguryo, provide absolute dates for the southern Korean and Japanese materials.

In Part II, I examine the introduction of horse riding culture to the southern Korean Peninsula. First, in Chapter 4, I clarify the bit manufacturing techniques of the Proto-Three Kingdoms Period and touch upon their technological lineage and relationship to the bit manufacturing techniques of the Three Kingdoms Period. In Chapter 5, I examine the bit manufacturing techniques of Fuyu（夫余）, which are considered by some researchers to have had a direct influence on the horse riding culture of the southern Korean Peninsula. Further, I argue that it is difficult to suppose a direct relationship between the southern Korean Peninsula（especially the area of the lower Nakdong River） and Fuyu. In Chapter 6, I examined metal cauldrons called "Fuku（鍑），" which originated among mounted nomads, and clarify that the metal cauldrons excavated from the southern Korean Peninsula（especially from the lower Nakdong River） cannot serve as evidence of emigration of "the horse rider."

In Part III, I examine the development of horse riding culture in the southern Korean Peninsula. In particular, I pay attention to the decorative horse trappings that characterize the horse riding culture of Northeast Asia, and investigate the process through which decorative horse trapping production started independently in each area. In the first part of Chapter 7, I criticize the predominant opinion that horse riding culture was first introduced into the Geumgwan-Gaya（金官加耶） region of the lower Nakdong River（洛東江） and spread from there to various parts of the southern Korean Peninsula and the Japanese Archipelago. In addition, I confirm that original decorative horse trappings such as those found in neighboring areas did not exist in Geumgwan-Gaya. In Chapter 8, I examine the production of decorative horse trappings in Silla（新羅） chronologically and reveal the existence of a pyramid-shaped ranking structure of horse trappings, with those excavated from kingly tombs at the apex. In Chapter 9, I examine the start and subsequent development of decorative horse trapping production in Dae-Gaya（大加耶）, and clarify the process through which the production of original decorative horse trappings began under strong influence from both Silla and Baekje（百済）. In Chapter 10, I investigate the development and characteristics of the horse trapping production in Baekje, and consider the background to the fact that decorative horse trappings have hardly been excavated in Baekje in spite of the spread of simple and utilitarian horse trappings.

In Part IV, I investigate the introduction and development of horse riding culture in the Japanese Archipelago. Chapter 11 begins with a focus on certain artifacts excavated from the Roji (老司) tumulus in Fukuoka Prefecture. They had been considered to be some of the oldest horse trappings in the Japanese Archipelago. However, I reveal that they are not horse trappings. In Chapter 12, I examine the dates and lineage of early bits, and point out that the direct lineage of most of the horse trappings can be traced to the southern Korean Peninsula. In Chapter 13, I compare the iron stirrups assumed to be the oldest ones in the Japanese Archipelago and the southern Korean Peninsula with iron stirrups in China and other places, and consider the appearance of iron stirrups in the East Asia. In Chapter 14, I investigate the introduction and development of horse riding culture in the Japanese Archipelago. Additionally, I point out the possibility that the original decorative horse trapping production in Wa (倭) may have begun earlier than previously believed.

In the final chapter, I synthesize the arguments of this book to this point and discuss the reasons for the spread of horse riding culture eastward into Northeast Asia and the historical significance thereof. I reveal that the decorative horse riding culture birthed in Qian-Yan (前燕) did not have its origins among the Murong-Xianbei (慕容鮮卑) mounted nomads. Rather they were status symbols maintained by the Qian-Yan kingdom along with clothing and other accessories. I hold that horse riding culture, which from its inception held an inseparable connection to kingly status displays, developed strong regional variation as a result of each kingdom in turn aiming to produce decorative horse trappings with original forms, designs, and materials as the culture was introduced successively to Koguryo, various polities in the southern Korean Peninsula, and Wa. The decorative horse riding culture that blossomed in each part of Northeast Asia has a close relationship to the formation of original world orders by each of the kingdoms with their military foundations, and the "decorated horse," which bore the decorative horse trappings visually represented the king at the top of that order.

Additionally, from the fact that the innovation of horse trapping production in each part of Northeast Asia approximately corresponds with important periods in the political history of each kingdom, I conclude that the diffusion of horse riding culture occurred under the military tension caused by political confusion in China, as each kingdom proactively sought horses, as well as the people, goods, and information to make use of them, and spread them to outlying areas. In this way, the eastward spread of the horse riding culture into Northeast Asia through its proactive introduction by each kingdom was the impetus accelerating the seemingly paradoxical movements of the unification of Northeast Asia and the formation of independent states in each area.

동북아시아 기마문화의 고고학적 연구

이사하야 나오토

목 차

서장 본 연구의 목적과 과제

제 I 부 동북아시아의 마구 제작 기술과 연대
제 1 장 철제 비 (轡) 의 제작 기술과 변천 —삼국시대 한반도 남부를 중심으로—
제 2 장 동북아시아 출토 마구의 제작 연대 (1) —삼연・고구려・신라—
제 3 장 동북아시아 출토 마구의 제작 연대 (2) —백제・가야・왜 —

제 II 부 한반도 남부에서 기마문화의 수용
제 4 장 원삼국시대 철제 비 제작 기술의 특징
제 5 장 비의 제작 기술로 본 한반도 남부에서 기마문화의 수용
제 6 장 복 (鍑) 을 통해 본 한반도 남부에서 기마문화의 수용

제 III 부 한반도 남부에서 기마문화의 전개
제 7 장 낙동강 하류역 출토 마구의 지역성과 그 배경
제 8 장 낙동강 이동지방에서 마구 생산의 전개와 특징
제 9 장 낙동강 이서지방에서 마구 생산의 전개와 특징
제 10 장 중서부에서 마구 생산의 전개와 특징

제 IV 부 일본열도에서 기마문화의 수용과 전개
제 11 장 일본 최고의 마구를 둘러싼 문제 —집게형 철제품 (鑷子狀鐵製品) 과 초기 비—
제 12 장 일본열도 초기 비의 기술과 계보
제 13 장 일본 최고의 철제 등자 —동아시아에서 철제 등자의 출현—
제 14 장 일본열도에서 기마문화의 수용과 전개

종장 기마문화의 동진과 역사적 의의

요 지

본서에서는 유라시아 북방 초원지대를 기원으로 하는 기마문화가 동북아시아 각지 (중국 동북부, 한반도, 일본열도 중앙부) 에 확산하는 과정을 마구와 그와 관련된 고고자료를 통해 구체적으로 밝히고, 그 역사적 의의를 논의하였다. 또 기마문화의 수용과 전개를 각지의 고대국가 형성의 움직임 속에서 재검토하여, 기마문화의 전파를 이주나 정복 등으로 설명하는 소위 '기마민족설'을 대신하는 새로운 기마문화 전파 모델의 제시를 시도하였다.

먼저 제 I 부에서는 광범위한 지역에서 출토된 고고자료를 동일한 시간 축에서 논의하기 위해 광역 편년 망을 구축하였다. 제 1 장은 그것의 기초 작업으로 삼국시대 한반도 남부의 비 제작 기술에 대해 검토하고, 그 변천을 밝혔다. 제 2 장에서는 삼연·고구려 마구의 상대편년을 구축한 후 기년명 고분 출토 자료 등과 같은 연대 결정 자료를 기초로 역년대를 부여하였다. 제 3 장에서는 한반도 남부 각지와 일본열도 출토 마구를 대상으로 상대편년을 정리하고, 삼연·고구려 마구와의 병행 관계를 설정한 후 이 지역의 마구들에도 역년대를 부여하였다.

제 II 부에서는 한반도 남부에서 기마문화의 수용에 대해 검토하였다. 우선 제 4 장에서는 원삼국시대의 비 제작 기술을 밝히고, 그 계보나 삼국시대의 비 제작 기술과의 관계에 대해 언급하였다. 제 5 장에서는, 일부 연구자에 의해 한반도 남부의 기마문화에 직접적인 영향을 주었다고 주장되고 있는 부여의 비 제작 기술을 구체적으로 검토하여 한반도 남부, 특히 낙동강 하류역과의 직접적인 관계는 상정하기 어렵다는 것을 논증하였다. 제 6 장에서는 기마 유목민으로부터 유래하는 '복 (鍑)' 이라는 금속제 자비용기에 대해 검토하여 한반도 남부, 그중에서도 낙동강 하류역에서 출토된 복들이 '기마민족' 이주의 근거가 될 수 없음을 밝혔다.

제 III 부에서는 한반도 남부에서 기마문화의 전개에 대해 지역별로 검토하였다. 특히 동북아시아 기마문화의 특징인 장식 마구에 주목하여 각 지역별로 독자적인 장식 마구의 생산이 전개되는 양상을 살펴보았다. 먼저 제 7 장에서는 기마문화가 낙동강 하류역의 금관가야에 먼저 도입된 후, 그곳을 기점으로 다시 한반도 남부 각지나 일본열도로 확산되었다고 보는 견해를 비판적으로 검토하였다. 또 금관가야는 주변지역에서 볼 수 있는 독자적인 장식 마구 세트가 성립하지 않았음을 확인하였다. 제 8 장에서는 신라의 장식 마구 생산에 대해 통시적으로 검토한 후, 신라의 장식 마구는 왕릉 출토 마구를 정점으로 하는 피라미드 상의 서열이 존재했음을 논증했다. 제 9 장에서는 대가야 장식 마구 생산의 개시와 이후의 전개에 대해 검토하고, 대가야는 신라·백제 양국의 영향을 강하게 받으면서도 독자적인 장식 마구 세트를 성립시켰음을 명확하게 했다. 제 10 장에서는 백제 마구 생산의 전개와 그 특징에 대해 검토해, 실용적인 마구는 성행하는 데 반해 장식 마구는 거의 출토되지 않는 배경에 대해 고찰하였다.

제 IV 부에서는 일본열도에서 기마문화의 수용과 전개에 대해 검토하였다. 우선 제 11 장에서는 일부 연구자에 의해 일본열도 최고의 마구 중 하나로 주장되고 있는 후쿠오카켄 (福岡県) 로지 (老司) 고분 출토품에 대해 검토하고, 그것이 마구가 아님을 명확하게 했다. 제 12 장에서는 초기 비의 연대나 계보에 대해 검토하여 초기 마구 대다수 계보를 직접 한반도 남부에서 구할 수 있음을 지적하였다. 제 13 장에서는 일본열도와 한반도 남부에서 최고의 철제 등자로 생각되는 자료를 중국 등에서 출토된 자료와 비교하여 동아시아 철제 등자의 출현에 대해 고찰하였다. 제 14

장에서는 일본열도 기마문화의 수용과 전개에 대해 검토하였다. 그리고 왜 (倭) 의 독자적인 장식 마구의 생산이 종래의 생각보다 일찍 개시되었을 가능성을 지적하였다.

종장에서는 본서의 논의를 종합하여 동북 아시아에서 기마문화 동진의 역사적 의의에 대해 논의하였다. 우선 전연 (前燕) 에서 성립한 장식 기마 문화는 기마 유목민인 모용선비 (慕容鮮卑) 고유의 문화가 아니라, 전연 왕권에 의해서 복식과 일체로 정비된 신분 표상의 산물임을 밝혔다. 이처럼, 성립 애초부터 왕권에 의한 신분 표상과 밀접한 관계를 가진 장식 기마 문화가 고구려, 그리고 한반도 남부 제국이나 왜로 전해지는 과정에서 각 왕권에 의해 독자적인 형태·의장·소재를 가진 장식 마구의 창출이 시도되었으며, 그 결과, 각지에 지역색이 강한 기마문화가 형성되었다고 보았다. 각지의 장식 기마 문화는 군사적 기반을 토대로 하는 각 왕권의 독자적인 세계 질서의 형성과 밀접한 관계를 맺고 있는데, 장식 마구를 착장한 식마 (飾馬) 는 당시 왕을 정점으로 하는 사회적 서열을 가시적으로 보여주는 하나의 장치였다고 추정했다.

또 각 지역에서 마구 생산의 획기는 각 왕권의 정치적 획기와 대략 대응한다. 그 때문에 과거 '기마민족' 이동의 고고학적 증거로 간주한 기마문화의 전파라는 현상은 '동아시아세계' 전체의 혼란에 수반된 군사적 긴장 관계 아래에서 말이나 말과 관련되는 모든 사람·물품·정보에 대해 각 왕권이 주체적으로 접근해 각각의 지역 사회에 보급·정착시킨 결과로 나타난 것이라고 결론지었다. 이처럼 각 왕권의 주체적인 도입의 결과로 이루어진 기마문화의 동진은 동북아시아의 일체화와 지역별 독자적인 국가 형성이라는, 한편으로 서로 모순되는 움직임을 동시에 가속화하는 계기가 되었다고 보았다.

著者紹介

諫早　直人（いさはや　なおと）

1980 年　東京都生まれ
2003 年　早稲田大学教育学部卒業
2005 年　京都大学大学院文学研究科修士課程修了
2006〜2008 年　韓国 国立慶北大学校大学院考古人類学科留学
2010 年　京都大学大学院文学研究科博士後期課程修了　博士（文学）
現　在　独立行政法人国立文化財機構　奈良文化財研究所　研究員

＜主要論著＞
『海を渡った騎馬文化　馬具からみた古代東北アジア』（風響社）2010 年
『鍑の研究―ユーラシア草原の祭器・什器―』（共著　雄山閣）2011 年
「古代東北アジアにおける馬具の製作年代」『史林』第 91 巻第 4 号　2008 年
「日本列島初期の轡の技術と系譜」『考古学研究』第 56 巻第 4 号　2010 年

2012 年 3 月 30 日 初版発行　　　　　　　　　　　　《検印省略》

東北アジアにおける騎馬文化の考古学的研究

著　者　諫早直人
発行者　宮田哲男
発行所　株式会社 雄山閣
　　　　〒102-0071　東京都千代田区富士見 2-6-9
　　　　ＴＥＬ　03-3262-3231㈹／FAX 03-3262-6938
　　　　ＵＲＬ　http://www.yuzankaku.co.jp
　　　　e-mail　info@yuzankaku.co.jp
　　　　振替：00130-5-1685
印　刷　松澤印刷株式会社
製　本　協栄製本株式会社

©Naoto Isahaya 2012　　　　　　　ISBN978-4-639-02214-5 C3022
Printed in Japan　　　　　　　　　N.D.C.220　360p　27cm

ユーラシア考古学選書

林　俊雄 著
ユーラシアの石人
A5判・248頁／定価 3,675 円

古代遊牧民テュルク（突厥）の残した石人をはじめ中央ユーラシアとそこに隣接するヨーロッパ・西アジア北部・中国北部に及ぶ石人の調査研究を通して、遊牧民の石像文化と文化交流の実態を解き明かす。

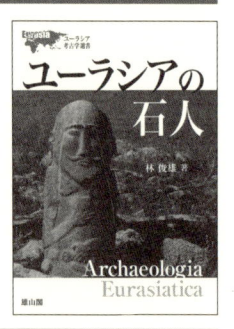

林　俊雄 著
グリフィンの飛翔 ―聖獣からみた文化交流―
A5判・248頁／定価 3,990 円

「グリフィン」と呼ばれるライオンと鷲の合成獣は、いつ・どこで生まれ、どんなルートでユーラシア各地へと伝播していったか？ グリフィン図像の誕生と展開から、各地への伝播と変容の跡を追う。

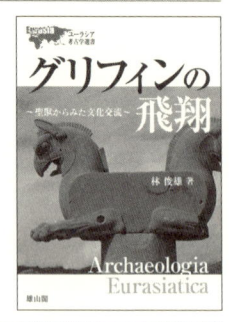

川又　正智 著
漢代以前のシルクロード ―運ばれた馬とラピスラズリ―
A5判・168頁／定価 3,360 円

宝貝やラピスラズリのような物資だけでなく、馬・車や去勢の風といった事物の伝播を事例に、漢代以前の東西交渉の跡を追い、各地域が孤立することなく補完しあいながら歴史を重ねてきた事実を浮き彫りにする。

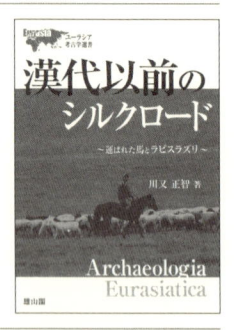

雪嶋　宏一 著
スキタイ騎馬遊牧国家の歴史と考古
A5判・248頁／定価 3,675 円

ヘロドトスの『歴史』第4巻「スキティア誌」に詳述された騎馬遊牧民スキタイとは？　紀元前8世紀末より約千年わたるスキタイ王国の興亡を、アッシリア・ギリシア史料と考古学資料から描き出す。

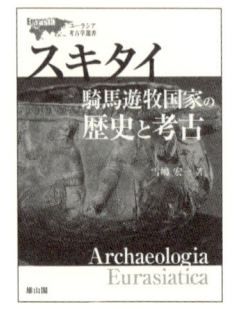

草原考古研究会 編
鍑の研究 ―ユーラシア草原の祭器・什器―
B5判・384頁／定価 18,900 円

中央ユーラシア草原地帯で出土した鍑（青銅製加熱烹煮器）を集成し、その型式分類、製作技術、編年・系統・分布、用途・出土状況などの分析を通して、古代騎馬遊牧民の歴史解明への有力な資料として位置づける。

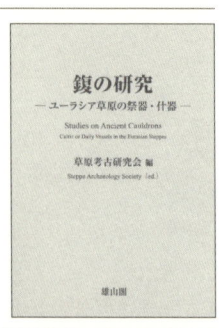